U0362562

本丛书为
北京外国语大学中国文化"走出去"协同创新中心重点项目

中国文化『走出去』研究丛书

总主编 张西平

中国文化『走出去』年度研究报告

（2015卷）

张西平 主编

Annual Report on the "Going-Global" of Chinese Culture (2015)

北京大学出版社
PEKING UNIVERSITY PRESS

图书在版编目 (CIP) 数据

中国文化"走出去"年度研究报告. 2015卷 / 张西平主编. —北京: 北京大学出版社，2016. 6

ISBN 978-7-301-27117-9

Ⅰ. ①中… Ⅱ. ①张… Ⅲ. ①中外关系—文化交流—研究报告—2015 Ⅳ. ①G125

中国版本图书馆CIP数据核字(2016)第100031号

书　　　名	中国文化"走出去"年度研究报告（2015卷） ZHONGGUO WENHUA "ZOUCHUQU" NIANDU YANJIU BAOGAO（2015 JUAN）
著作责任者	张西平　主编
责任编辑	李　娜
标准书号	ISBN 978-7-301-27117-9
出版发行	北京大学出版社
地　　址	北京市海淀区成府路 205 号　100871
网　　址	http://www.pup.cn　新浪微博：@北京大学出版社
电子信箱	zpup@pup.cn
电　　话	邮购部 62752015　发行部 62750672　编辑部 62759634
印　刷　者	北京大学印刷厂
经　销　者	新华书店
	720 毫米 ×1020 毫米　16 开本　34 印张　530 千字
	2016 年 6 月第 1 版　2016 年 6 月第 1 次印刷
定　　价	88.00 元

中国文化"走出去"研究丛书
编辑委员会

总　序

提高中国文化国际影响力的新尝试

　　2013 年 11 月 12 日,党的十八届三中全会通过的《中共中央关于全面深化改革若干重大问题的决定》,首次明确提出"加强中国特色新型智库建设,建立健全决策咨询制度"。2014 年 10 月 27 日,习近平总书记在中央全面深化改革领导小组第六次会议中强调,要重点建设一批具有较大影响和国际知名度的高端智库。2014 年 2 月 10 日教育部印发《中国特色新型高校智库建设推进计划》,2015 年 1 月 20 日,中共中央办公厅和国务院办公厅联合印发了《关于加强中国特色新型智库建设的意见》,这标志着我国由政府统筹的高校智库建设正式启动。

　　《关于加强中国特色新型智库建设的意见》中对高校智库提出专门的要求,文件指出:"推动高校智库发展完善。发挥高校学科齐全、人才密集和对外交流广泛的优势,深入实施中国特色新型高校智库建设推进计划,推动高校智力服务能力整体提升。深化高校智库管理体制改革,创新组织形式,整合优质资源,着力打造一批党和政府信得过、用得上的新型智库,建设一批社会科学专题数据库和实验室、软科学研究基地。实施高校哲学社会科学'走出去'计划,重点建设一批全球和区域问题研究基地、海外中国学术研究中心。"教育部在《中国特色新型高校智库建设推进计划》文件中就高校智库要"聚焦国家急需,确定主攻方向",将"文化建设"列为主攻方向之一,文件指出"围绕提升国家软实力、深化文化体制改革等重大问题,重点推进社会主义核心价值体系建设、中华优秀传统文化传承创新、文化产业发展、中国文化'走出去'等重点领域研究"。

中国文化"走出去"是一个伟大的事业,"提高中国文化国际影响力"是几代人共同的奋斗目标,因为这样一个目标是和整个世界格局的转变联系在一起的。我们必须认识到中国文化"走出去"绝非一路凯歌,中国文化将随着中国国家整体实力的崛起,重新回到世界文化的中心,在整个过程中伴随着与西方文化占主导地位的世界文化格局的博弈,这个历史过程必将充满变数,一切都是崭新的。因此,中国文化"走出去"的战略研究需要有我们对中国文化自我表达的创新研究为基础,有对中国文化在世界各民族的传播轨迹与路径、各国汉学(中国学)发展与历史变迁、世界各国的中国形象形成的机制等问题的系统深入的学术研究做支撑,才能真正揭示文明互鉴中的中国文化的世界性意义,做出有学术含量和有实际指导意义的战略研究。

一、文化自觉是中国文化"走出去"的前提

中华文明是人类历史上最古老的文明之一,是唯一流传至今,仍生机勃勃的文明。中华文化不仅始终保持着独立的、一以贯之的发展系统,而且长期以来以其高度的发展影响着周边的文化。从秦至清大约两千年间,中国始终是亚洲历史舞台上的主角,中华文明强烈地影响着东亚国家。在 19 世纪以前,以中国文化为中心,形成了包括中国在内的日本、朝鲜、越南的中华文化圈。由此,成为与西方的基督教文化圈、东正教文化圈、伊斯兰教文化圈和印度文化圈共存的世界五大文化圈之一。

近代以来中国文化历经磨难,即便此时,中国知识分子对其的祈盼从未停顿。"纵有千古,横有八荒。前途似海,来日方长。美哉我少年中国,与天不老,壮哉我中国少年,与国无疆。"[1]梁启超这激越的文字给处在转折中的中国人多少理想。

---

① 梁启超:《少年中国说》。

　　19 世纪以来,中国已经不可能在自己固有的文化发展的逻辑中演化前进。作为后发现代化的中国,在西方外来势力的干扰下,打断了它自身发展的逻辑,而中华文化其固有的深厚底蕴,中国人民顽强的奋进和努力的探索,也不可能使外来文化毫不改变地移植到中国。"中国近现代新文化既非单纯的西学东渐,也非中华传统文化全方位的直接延续,而是西学与中国传统文化相杂交、相化合的产物。"①

　　当代中国的发展有着自己的逻辑,它所取得的伟大成就并非空中楼阁,中华文化是其伟大成就的思想支撑。中国的古代、近代和现代文化并不是一个断裂的文化,中国古代文化并未死亡,它以新的形态存活在当代文化中,从近代以来中国传统文化所面临的主要问题是如何消化西方文化的问题,完成自己的社会转变。中国有着自己的文化和历史,它不需要,也不可能完全按照西方的道路实现自己的现代化,而是要学习西方乃至世界各种先进和优秀的文化为我所用,在自己文化的基础上创造新的文化。近四百年的中国文化的演变大体是沿着这样的逻辑发展的。中国文化并不是一个博物馆的文化,一个只是发古人之幽思的死去的文化,它活着,它是发展的。中国文化从晚明以来的四百年历史有着一个一以贯之的逻辑和思想:学习西方、走自己的路,这样的自觉性使得中国文化获得新生。三千年、一百年、六十年,环环相扣,代代相传,万变不离其宗,中国文化,历经磨难,凤凰涅槃。

　　国家的独立、民族的自觉是中国文化百年变更的一个最重要成果,中华民族在 1949 年获得国家的独立和民族文化的再生有着中国历史和文化的内在逻辑。美国著名中国学家费正清告诫西方人"要了解中国,不能仅仅靠移植西方的名词,它是一个不同的生命。它的政治只能从其内部进行演变性的了解"。他又说:"中国的国家和社会的当代的形式,是一个基本上独立的进化过程的最终产品,它可以与希腊—罗马的犹太—基督教的西方相比,但绝不是一样的。"②文化民族主义、在西方帝国主义压迫下的国家独立与民族存亡的思想、

---

　　①　冯天瑜、何晓明、周积明:《中华文化史》第 2 卷,上海:上海人民出版社,2005 年,第 924 页。

　　②　[美]R. 麦克法夸尔、[美]费正清:《革命的中国兴起》,北京:中国社会科学出版社,1990 年,第 14、15 页。

中国几千年的传统文化,所有这些构成了中国当代历史发展的逻辑基础。历史中国和当代中国是融合在一起的一个完整的中国。

今天发展的中国以更大的包容性吸收着各种外来文化,在这个"三千年未有之变局"的伟大历史转折中,中国的传统文化作为它的底色,为现代文化的创新提供了智慧和思想,近现代文化的变迁和发展成为我们今天创造新文化的出发点。正像经过六百年的消化和吸收,中国彻底完成了对佛教的吸收一样。四百年来对西方文化的吸收与改造为今天中华文化的重建打下了坚实的基础,中国以其特有的古代文化的资源和现代文化再生的历程可以给当代世界展示其文化的独特魅力,可以为今天的世界提供一种古代与现代融为一体的智慧与思想。中国传统文化经过近代和当代的洗礼,以新的形态存活在中国人的心中,经过近现代西方文化洗礼后的中华文化仍是我们中国人的精神家园。

在探索中行进的中国人并未迷路,在困顿中创新的中国人并未停顿探索。分歧和争论时时发生,矛盾与苦恼处处缠绕着我们,但我们知道这是一个更为成熟的新的文化形态形成的标志;思想从未像今天这样活跃,社会生活从未像今天这样复杂多面,历史的转型从未像今天这样急速,但我们知道,我们在开创着历史,这一切都是崭新的。在向世界学习的过程中,我们的文化观念开始开阔,在消化外来文化之时,我们开始自觉。在发展中我们获得新生,在伟大的历史成就面前我们有理由为我们的文化感到自豪。中国近三十年所取得的伟大成就完全可以和人类史上任何一段最辉煌的历史相比,我们有理由将自己积淀在三千年文化基础上,历经百年磨难后在这个伟大的时代所迸发出来的思想和智慧介绍给世界,与各国人民分享中国的智慧。

二、全球视野是中国文化"走出去"的学术基础

梁启超当年在谈到中国历史的研究时曾说过,根据中国的历史的发展,研究中国的历史可以划分为:"中国之中国""亚洲之中国"以及"世界之中国"三个阶段。所谓"中国之中国"的研究阶段是指中国

的先秦史,自黄帝时代直至秦统一。这是"中国民族自发达自竞争自团结之时代。"所谓"亚洲之中国"的研究阶段,是为中世史,时间是从秦统一后至清代乾隆末年。这是中华民族与亚洲各民族相互交流并不断融合的时代。所谓"世界之中国"的研究阶段是为近世史。自乾隆末年至当时,这是中华民族与亚洲各民族开始同西方民族交流并产生激烈竞争之时代。由此开始,中国成为世界的一部分。

梁公这样的历时性划分虽然有一定的道理,但实际上中国和世界的关系是一直存在的,尽管中国的地缘有一定的封闭性,但中国文化从一开始就不是一个封闭的文化。中国和世界的关系,并不是从乾隆年间才开始。中国文化在东亚的传播,如果从汉籍传入为起点已经有一千多年①,中国和欧洲的关系也可追溯到久远年代,在汉书中已经有了"大秦国"的记载②,而早在希腊拉丁作家的著作中也开始有了中国的记载,虽然在地理和名称上都尚不准确③。我将西方对中国的认识划分为"游记汉学阶段""传教士汉学阶段"和"专业汉学阶段"三个阶段,虽然这样的划分有待细化,但大体说明欧洲人对中国认识的历史进程。这说明中国文化从来就不是一个完全封闭性的文化,它是在与外部世界文化的交流和会通中发展起来的。因此,在世界范围展开中国文化的研究,这是中国文化的历史本质所要求的。唯有此,才能真正揭示中国文化的世界性意义。

中国文化要"走出去",必须具有全球视野,这就要求我们要探索中国文化对世界各国的传播与影响,对在世界范围内展开的中国文化研究给予学术的关照。在中外文化交流史的背景下追踪中国文化典籍外传的历史与轨迹,梳理中国文化典籍外译的历史、人物和各种译本,研究各国汉学(中国学)发展与变迁的历史,并通过对各国重要的汉学家、汉学名著的翻译和研究,勾勒出世界主要国家汉学(中国学)的发展史。

---

① 参阅严绍璗:《日本中国学史》,南昌:江西人民出版社,1999年。

② 参阅[德]夏德著、朱杰勤译:《大秦国全录》,郑州:大象出版社,2009年;[美]费雷德里克·J.梯加特著、丘进译:《罗马与中国》,郑州:大象出版社,2009年;[英]H.裕尔著、张绪山译:《东域纪程录丛》,昆明:云南人民出版社,2002年。

③ [法]戈岱司编、耿昇译:《希腊拉丁作家远东古文献辑录》,北京:中华书局,1987年。

严绍璗先生在谈到近三十年来的海外汉学（中国学）研究的意义时说："对中国学术界来说，国际中国学（汉学）正在成为一门引人注目的学术。它意味着我国学术界对中国文化所具有的世界历史性意义的认识愈来愈深入；也意味着我国学术界愈来愈多的人士开始认识到，中国文化作为世界人类的共同精神财富，对它的研究，事实上具有世界性。或许可以说，这是 20 年来我国人文科学的学术观念的最重要的转变与最重大的提升的标志。"①

我们必须看到中国文化学术的研究已经是一项国际性的学术事业，我们应该在世界范围内展开对中国人文学术的研究，诸如文学、历史、哲学、艺术、宗教、考古，等等，严先生所说的"我国人文科学的学术观念的最重要的转变与最重大的提升"，就是说对中国人文的研究已经不仅仅局限在中国本土，而应在世界范围内展开。

当年梁启超这样立论他的中国历史研究时就有两个目的：其一，对西方主导的世界史不满意，因为在西方主导的世界史中中国对人类史的贡献是看不到的。1901 年，他在《中国史叙论》中说："今世之著世界史者，必以泰西各国为中心点，虽日本、俄罗斯之史家（凡著世界史者，日本、俄罗斯皆摈不录）亦无异议焉。盖以过去、现在之间，能推衍文明之力以左右世界者，实惟泰西民族，而他族莫能与争也。"这里他对"西方中心论"的不满已经十分清楚。其二，从世界史的角度重新看待中国文化的地位和贡献。他指出中国史主要应"说明中国民族所产文化，以何为基本，其与世界他部分文化相互之影响何如"，"说明中国民族在人类全体上之位置及其特性，与其将来对人类所应负之责任"。②虽然当时中国弱积弱贫，但他认为："中国文明力未必不可以左右世界，即中国史在世界史中当占一强有力之位置也。"③

只有对在世界范围内展开的中国文化研究给予关照，打通中外，从世界的观点来看中国才能揭示中国文化的共同价值和意义。

---

① 任继愈主编：《国际汉学》第 5 期，郑州：大象出版社，2000 年，第 6 页。
② 梁启超：《中国历史研究法》，《饮冰室合集》专集之七十三，第 7 页。
③ 梁启超：《中国史叙论》，《饮冰室合集》文集之六，第 2 页。

三、中国文化学术"走出去"的宏观思考

发展的中国需要在世界范围内重塑自己的国际形象,作为世界大国的中国需要在世界话语体系中有自己的声音,作为唯一延续下来的世界文明古国的中国应向世界展示中华文明特有的魅力,而要做到这一点,进一步推动中国文化走向世界,在世界范围内从更高的学术层面介绍中国文化已经成为中国和平发展之急需。

中国现在已经成为世界性大国,中国不仅在全球有着自己的政治利益和经济利益,同时也有着自己的文化利益。一个大国的崛起不仅仅是经济和政治的崛起,同时也是文化和价值观念的崛起。因此,我们不仅需要从全球的角度谋划我们的经济和政治的发展,同时也需要对中国学术和文化在全球的发展有战略性的规划,从而为中国的国家利益提供学术、文化与价值的支撑。

语言是基础,文化是外围,学术是核心,这是世界主要国家向外部传播自己的文化和观念的基本经验。我们应认真吸取这些经验,在继续做好孔子学院和中国文化中心建设的同时,开始设计中国人文社会科学"走出去"的战略计划,并将中国人文社会科学"走出去"的规划置于国家软实力"走出去"整体战略的核心,给予充分的重视和支持。我们应清醒地认识到:真正能够最终为国家的战略发展服务,使中国影响世界,确保中国发展的和平世界环境,并逐步开始使中国掌握学术和思想的话语权的是中国人文社会科学的研究在世界范围内产生影响。所以,要有更大的眼光,更深刻的认识来全面规划中国人文社会科学的"走出去"战略,提升中国软实力"走出去"的层次和水平,从而使中国的"走出去"战略有分工,有合作,有层次,有计划,形成整个中国软实力"走出去"的整体力量,为中国的进一步发展服务。

在传播自己文化和学术时最忌讳的是将国内政治运作的方式搬到国外。中国人文社会科学学术"走出去"的大忌是:不做调查研究,不从实际出发,在布局和展开这项工作中不是从国外的实际形势出发,完全依靠个人经验和意志来进行决策。在工作内容上,只求国内

舆论的热闹,完全不按照学术和文化本身的特点运作,这样必然最终会使中国学术"走出去"计划失败。不大张旗鼓,不轰轰烈烈,"随风潜入夜,润物细无声",这是它的基本工作方式。在工作的布局和节奏上要掌握好,要有全局性的考虑,全国一盘棋,将学术"走出去"和国家的大战略紧密配合,连成一体。

在全球化的今天,在中国已经成为世界大国的今天,我们应反思我们过去外宣存在的问题,以适应新的形势和新的发展。要根据新的形势,重新思考中国学术"走出去"的思路。以下两个思路是要特别注意避免的。

意识形态的宣传方式。冷战已经结束,冷战时的一些语言和宣传的方法要改变,现在是你中有我,我中有你。从全球化的角度讲中国的贡献;从世界近代史的角度讲中国现代历史的合理性;在金融危机情况下,介绍中国道路和中国模式。这样要比单纯讲中国的成就更为合理。冷战结束,并不意味着西方对中国文化的态度转变。但目前在西方对中国的态度中既有国家的立场,也有意识形态的立场。如何分清西方的这两种立场,有效地宣传中国是很重要的。要解决这个问题就必须站在全球化的背景下考虑国家的利益,站在世界的角度为中国辩护。

西方中心主义的模式。在看待中国和世界的关系时没有文化自觉,没有中国立场是个很严重的问题。一切跟着西方跑,在观念、规则、方法上都是西方的,缺乏文化的自觉性,这样的文化立场在国内已经存在很长时间,因而必然影响我们的学术"走出去"。中国有着自己的历史和文化传统,不能完全按照西方的模式来指导中国的发展。要从文化的多元性说明中国的正当性。那种在骨子里看不起自己的文化,对西方文化顶礼膜拜的观念是极其危险的,这样的观念将会使中国学术"走出去"彻底失败。

四、对话与博弈将是我们与西方文化相处的常态

随着我国综合国力的不断增强,中华文化在世界文化格局中的地位越来越重要。当前,推动中华文化"走出去"、提高中华文化国际

影响力，可谓正逢其时。同时也应清醒地认识到，中华文化"走出去"的过程不可能一帆风顺，必然要付出一番艰辛努力。在这个过程中，我们要认真吸收借鉴世界其他民族的优秀文化，使之为我所用；同时要在世界舞台展现中华文化的魅力，让世界了解中华文化的价值。

近代以来，西方国家在世界文化格局中一直处于主导地位。我国在政治制度、文化传统等方面与西方国家存在较大差异，一些西方媒体至今仍惯用冷战思维、戴着有色眼镜看待中国，甚至从一些文化问题入手，频频向我们提出质疑、诘问。如何应对西方在文化上对中国的偏见、误解，甚至挑衅，是推动中华文化"走出去"必须要认真对待和解决的问题。我们应积极开展平等的文化交流对话，在与其他国家文化交流互动中阐明自己的观点主张，在回击无理指责、澄清误读误解中寻找共同点、增进共识。习近平主席在许多重要外交场合发表讲话，勾画了中华文化的基本立场和轮廓，表达了对待西方文化和世界各种文化的态度。他指出："当代中国是历史中国的延续和发展，当代中国思想文化也是中国传统思想文化的传承和升华，要认识今天的中国、今天的中国人，就要深入了解中国的文化血脉，准确把握滋养中国人的文化土壤。"这是对中国历史文化发展脉络的科学阐释，为推动中华文化"走出去"、为世界深入了解中华文化提供了基本立足点和视角。他还指出，"文化因交流而多彩，文明因互鉴而丰富"，为不同文化进行平等交流提供了宽广视野和理论支撑。

推动中华文化"走出去"，既需要我们以多种形式向世界推介中华文化，也需要国内学术界、文化界进一步加强与拓展对其他国家优秀文化传统和成果的研究阐发。同时，对其他国家，尤其是西方国家来说，认识和理解历史悠久又不断焕发新的生机的中华文化，也是一个重要课题。对话与博弈，将是未来相当长时间我们与西方文化相处的基本状态。

在文化传播方面改变西强我弱的局面，推动文化平等交流，需要创新和发展我们自己的传播学理论，努力占据世界文化交流对话的制高点。这需要我们深入探究当今世界格局变化的文化背景与原因，探索建构既具有中国特色，又具有国际视野的文化话语体系，进一步增强我们在世界文化发展中的话语权。需要强调的是，文化与意识形态紧密联系,文化传播工作者一定要把文化传播与维护意识形态安全作为一体两面,纳入自己对中华文化"走出去"的理解与实践。应时刻牢记,"不断扩大中华文化国际影响力,形成与我国国际地位相称的文化软实力,牢牢掌握思想文化领域国际斗争主动权,切实维护国家文化安全"是中华文化"走出去"的根本与前提。

五、发挥外语大学的学术优势,
服务国家文化发展战略

北京外国语大学在 65 年校庆时正式提出北外的战略使命是"把世界介绍给中国和把中国介绍给世界"。这是我国外语大学第一次自觉地将大学的发展与国家的战略任务紧密结合起来。因为中国文化"走出去"是说着外语"走出去"的。同时,中国文化"走出去"作为一项国家战略,急需加强顶层设计、建设高端智库,从中国的国家实力和地位出发,为中国文化"走出去"设计总体战略、中长期发展规划提供咨询;急需充分发挥高校的人才培养的优势,解决当下中国文化"走出去"人才匮乏,高端人才稀缺的不利局面;急需动员高校的学术力量,对中国文化在海外传播的历史、特点、规律做系统研究,为中国文化"走出去"提供学术支撑;急需从国家文化战略的高度做好海外汉学家的工作,充分发挥汉学家在中国文化海外传播的重要作用,培养传播中国文化的国际队伍与本土力量。正是在这样的思考下,北外在 2012 年建立了中国文化"走出去"协同创新中心,与国内高校、国家机关、学术团体等联合展开中国文化"走出去"的战略研究,为中国文化全球发展提供智慧,为中国文化全球发展培养人才队伍。

战略研究、人才培养、政策建言、舆论引导和公共外交是智库的五大功能。北京外国语大学作为以中国文化在全球发展为其研究目标的智库,这五大功能更有着自己特殊的意义。

就战略研究来说,中国文化"走出去"是一个伟大的事业,"提高中国文化国际影响力"是几代人共同的奋斗目标,因为这样一个目标是和整个世界格局的转变联系在一起的。我们必须认识到中国文化"走出去"绝非一路凯歌,中国文化将随着中国国家整体实力的崛起,重新回到世界文化的中心,在整个过程中伴随着与西方文化占主导地位的世界文化格局的博弈。因此,中国文化"走出去"的战略研究需要有我们对中国文化自我表达的创新研究为基础,有对中国文化在世界各民族的传播轨迹与路径、各国汉学(中国学)发展与历史变迁、世界各国的中国形象形成的机制等问题的系统深入的学术研究做支撑,只有这样才能真正揭示文明互鉴中的中国文化的世界性意义,做出有学术含量和有实际指导意义的战略研究。

就人才培养来说,北京外国语大紧密配合中国国家利益在全球发展的利益新需求,在做好为国家部门、企业和社会急需的跨文化交流人才培养,做好文化"走出去"急需的复合型专门人才、战略性语言人才和国际化领袖人才的培养方面已经取得了重要的成果,成为我国高端外语人才的培养基地,中国文化"走出去"高端人才培养基地,中国外交家的摇篮。

就政策建言来说,《中国文化"走出去"年度研究报告》是我们的主要成果,这份年度报告至今仍是国内唯一一份跨行业、跨学科,全面展现中国文化"走出去"的研究报告,也是国内高校唯一一份系统考察中国文化"走出去"轨迹,并从学术上加以总结的年度研究报告。2013年我们已经出版了《中国文化走出去年度研究报告(2012卷)》,这次我们出版的《中国文化"走出去"年度研究报告(2015卷)》给读者呈现中国文化在全球发展的新进展、新成果以及我们对其的新思考。为全面总结中国文化"走出去"战略的实施,总结经验,这次我们编辑了近十年来在中国文化"走出去"的各个领域的重要文章。读者可以从这些文集中看到我国各个行业与领域对中国文化"走出去"的认识。

就舆论引导而言,2015年央视多个频道播出了由北外中国海外汉学研究中心主编的大型学术纪录片《纽带》,受到学术界各方面的好评。

2016年是北外中国海外汉学研究中心成立20周年。北外中国海外汉学研究中心作为北外中国文化"走出去"协同创新中心的核心实体单位做了大量的工作。高校智库建设是"以学者为核心,以机构建设为重点,以项目为抓手,以成果转化平台为基础,创新体制机制,整合优质资源,打造高校智库品牌"。作为我校中国文化"走出去"协同创新中心的核心实体单位,为进一步做好智库建设,2015 年 6 月我们将"中国海外汉学研究中心"更名为"国际中国文化研究院",新的名称含有新的寓意,这就是我们的研究对象不再仅仅局限于海外汉学研究,而是把中国文化在海外传播与发展作为我们的研究对象;新的名称预示着我们有了新的目标,我们不仅要在中国文化海外传播的历史、文献、规律等基础学术研究上推出新的研究成果,同时,也预示着我们开始扩张我们的学术研究领域,将当下中国文化在全球的发展研究作为我们的重要任务之一。这次更名表明了我们不仅要在海外汉学研究这一学术研究领域居于领先地位,而且要将我们的基础研究转化为服务国家文化发展的智慧,努力将"国际中国文化研究院"建设成一流的国家智库。

在"我国前所未有地靠近世界舞台中心,前所未有地接近实现中华民族伟大复兴目标、前所未有地具有实现这个目标的能力和信心"这样伟大的历史时刻,回顾我们 20 年的学术历程,或许李大钊先生的"铁肩担道义,妙手著文章"是我们最好的总结,将安静的书桌和沸腾的生活融合在一起将是我们今后追求的目标。

谨以此为序。

张西平

2016 年 3 月 5 日写于岳各庄东路阅园小区游心书屋

序　言

当前,增强国家文化软实力,提升中华文化国际影响力,推动中国文化"走出去",已经成为新时期中国文化建设的国家战略。党的十七届六中全会、十八大、十八届三中全会、四中全会均对此作出重要论述。习近平总书记围绕国家文化软实力建设、提升中华文化国际影响力、继承和发扬中国优秀传统文化等主题发表了系列重要讲话,要求讲好中国故事,传播好中国声音,在世界舞台上把中国文化讲清楚,把中国文化的独特优势和个性魅力讲明白,展示中华文化魅力,提高国际话语权。中央重要决议和习近平总书记重要讲话均表明,推动中国文化"走出去",实施文化强国战略,增强国家文化软实力,已经成为新时期国家建设与发展的急需,具有十分重要的战略意义。

近年来,随着中国综合国力的日益增强,中国文化"走出去"取得了辉煌成就。

中外文化交流热不断升温。在中美、中英、中欧等高级别人文交流机制以及中俄、中日、中德等双边文化磋商机制推动下,中国与欧盟、东盟、上合组织及世界各国的文化交流步入新阶段,"中法文化年""中欧文化对话年""中俄国家年"等50多项中国文化年、中国文化节举办。欢乐春节、相约北京、亚洲艺术节、中非文化聚焦、阿拉伯艺术节等一批重点文化交流活动已覆盖世界100多个国家和地区,并吸引了数千万海外民众和华人华侨的共同参与。据文化部首次公开发布的2013年文化发展统计公报数据,全国文化系统批准对外文化交流项目2 159起,66 338人次参加;批准对港澳文化交流项目425项,8 883人次参加;批准对台文化交流项目324项,10 802人次参加。2014"欢乐春节"期间,世界各地共有112个国家和地区的321

个城市,累计开展各类春节文化活动 570 起,现场参与观众逾 7 000 万人次。

中国文化对外贸易取得长足进步。影视、动漫、出版、新媒体等已经形成规模,产业链也在不断完善和提升。从 2001 年到 2010 年,文化产品和服务的出口规模分别增长了 2.8 倍和 8.7 倍,图书版权的进出口比例也从 2003 年的 9∶1 下降到了 2010 年的 3∶1。根据国家统计局 2011 年 9 月发布的数据显示,2010 年我国文化产业增加值为 11 052 亿元,占同期 GDP 的 2.75%,而在 2012 年第九届中国文化产业新年论坛上,《中国文化产业发展报告》提到我国 2011 年的文化产业总产值预计将达到 3.9 万亿元,占 GDP 的比重首次超过 3%。

中国哲学社会科学"走出去"取得重要进展。中国学者在哲学社会科学领域国际刊物上发表的论文数量呈逐年递增趋势。中国学者在 SSCI(回溯至 1900 年)和 A&HCI(回溯至 1975 年)上发表文章总计 62 162 篇,而 2012—2013 两年的发表数量为 18 385 篇,占该总量的近 30%。2012—2014 年平均每年将近 5 本中国社会科学英文期刊新刊问世。中国社会科学英文期刊中英文原创稿件相对于中文翻译稿件的比例在逐渐增加,编委会的国际化程度也明显提高。中国学者在 SSCI 上发文的合作者来源由前三年的 83 个增加到 92 个国家和地区。中外学者合作交流进一步加强,中方参与或独立举办的国际学术会议呈现出会议次数明显增加、会议内容涉及学科种类增多、会议交流语言更为丰富、国内学校独立组织国际会议比重增加等特点。中方参与或独立举办的国际学术会议次数呈逐年递增趋势,2009—2010 年度是 81 次,2011—2012 年度增加为 87 次,2013—2014 年度则为 119 次。在 2011—2014 年度,中国学校独立组织的国际学术会议有 88 次,占会议总数比例由 18.5% 上升到 42.7%,这证明国内学校单独组织国际学术会议的能力越来越强。

中国广电媒体"走出去"取得丰硕成果。2012 至 2013 年中国广电媒体"走出去"主题呈现多元化趋势,中央媒体、地方媒体、国有广电机构、民营影视机构相辅相成,以齐头并进势态走向世界。截至 2013 年年底,央视初步形成了以英语新闻频道为龙头,以中文国际频道为纽带,6个语种(汉、英、西、法、阿拉伯、俄),7个国际频道的对外传播频道群,节目覆盖了全球170多个国家和地区的电视家庭用户,基本实现了全球覆盖,接近全球知名媒体英国广播公司(BBC)、美国有线电视新闻网(CNN)的覆盖水平。走向世界的报刊主要有《读者》杂志、《女友》杂志、《人民日报》海外版、《中国日报》《新民晚报》《天津日报》《今晚报》等。《新民晚报》在国外创办了22个海外版,发行遍及全球六大洲;《知音》杂志创办了《知音》海外版,在北美市场和台湾地区市场出版发行,并逐步拓展到港澳地区以及其他华人集中的国家和地区;《今晚报》继美国版、欧洲版和南美版之后,在澳大利亚创办了澳洲版;《读者》海外版行销全球80多个国家和地区。

孔子学院十年建设成绩辉煌。截至2014年12月7日,全球126个国家(地区)建立475所孔子学院和851个孔子课堂。孔子学院设在120国(地区)共475所,其中,亚洲32国(地区)103所,非洲29国42所,欧洲39国159所,美洲17国154所,大洋洲3国17所。孔子课堂设在65国共851个(科摩罗、缅甸、马里、突尼斯、塞舌尔、瓦努阿图只有课堂,没有学院),其中,亚洲17国79个,非洲13国18个,欧洲25国211个,美洲7国478个,大洋洲3国65个。累计注册学员345万人。有61个国家和欧盟将汉语教学纳入国民教育体系,学习汉语的外国人已达1亿人,比2004年初建孔子学院增长3.3倍。

中国问题和中国学者的声音越来越受到重视。如《中国社会科学》英文版在选题上更加重视中国问题、中国经验和中国视角。该刊刊载的中国社科院院长王伟光《马克思主义在中国的伟大胜利》,新加坡国立大学东亚研究所所长郑永年的《国际发展格局中的中国模式》,中央财经大学经济学院陈斌开副教授与北京大学国家发展研究院林毅夫教授合作的《发展战略、城市化与中国城乡收入差距》等文章,都有很高的阅读量和下载量。

然而,不容忽视的是,虽然我国国际政治和经济地位不断提升,但文化软实力的建设与之不相匹配。在中国文化"走出去"战略实践过程中,还面临着整体战略规划与顶层设计薄弱,国际话语权不强,复合型高端国际化人才匮乏,语言与学术创新支撑不足,文化"走出去"内容、路径和方式不科学等诸多问题。

文化发展是国家整体发展的重要标志,文化的影响力是建立在国家整体实力基础上的。中国文化"走出去"是国家实力向外部展开的表现,它既基于国家的整体实力,又为国家整体利益的扩展服务。因此,作为国家的整体政略,软实力的发展建设有赖于硬实力的发展,同时,文化软实力的根本任务和使命是为国家的经济利益、政治利益服务。这是所有从事提高中国文化影响力的行业和部门必须牢记的原则,离开了国家的政治利益和经济利益,文化无法唱独角戏,不能很好服务于国家整体战略大局的文化"走出去",不管多么热闹、多么显赫一时都失去了文化"走出去"的基本目的。当前,世界主要国家普遍把加强对外传播作为增强国家文化软实力的重要手段。各国政府都重视传递价值理念、塑造国家形象、扩大文化影响。实践一再表明,在全球化时代的今天,谁的传播手段先进、传播能力强大,谁的文化理念和价值观念就能广为流传,谁就能掌握国际话语权。可以说,一个国家的传播能力、传播手段是否先进和强大,决定了其主流文化和核心价值观念的流传程度及对世界文化的影响。如果没有健全的传播渠道,在国际上就会陷入有理没处说、说了也传不开的被动境地。近年来,中央针对加强国际传播能力建设进行了重要部署,中国的国际传播能力建设迈出了可喜步伐,取得了重要阶段性成果。但是,总体来说,当前我国国际传播综合实力还不强,国际接受度和影响力还有限。传播力决定影响力,话语权决定主动权。要更好地传播中国声音、塑造国家形象、维护国家利益,必须协调推进国际传播能力建设与对外话语体系建设。这要求我们传播的概念范畴表述既要符合中国国情,有鲜明的中国特色,又要与国外习惯的话语体系、表述方式相对接,易于为国际社会所理解和接受。打造这样的概念范畴表述,是我国对外传播工作的重大任务,有利于中国声音传播出去,有利于中国与世界更好地沟通和交流,有利于国际社会客观、理性地认识中国。为此,推动中国文化"走出去",一方面要积极主动地凝练中国文化的精神价值,以全面加强社会主义核心价值建设为契机,在对外传播中充分体现我们自己的价值理念、实际情况和立场主张;另一方面,要全面总结我国文化"走出去"的经验教训,克服"政出多门""九龙治水"的局面,能将文化"走出去"和国家在全球发展有机协调起来。真正站在国家立场而非部门立场,客观、全面地看待文化"走出去"所取得的成绩,所面临的问题。

为此,从2012年开始,北京外国语大学中国文化"走出去"协同创新中心组织相关学者,突破行业部门限制,全方位梳理中国哲学和社会科学、文化演艺、汉语国际传播、广播电影电视、新闻出版等相关领域"走出去"的基本成果、经验以及问题与对策,撰写了《中国文化走出去年度研究报告(2012卷)》。这是国内第一次比较全面反映中国文化"走出去"整体的专项研究报告,具有较高的理论价值和实践价值。研究报告出版后,反响热烈,受到学界、企业等社会各界有关中国文化"走出去"行业的关注,作为指定材料,被"国务院对外文化工作"部际联席会采用。

为系统总结2012—2014年的中国哲学社会科学、文化艺术、汉语教育、广播影视、新闻出版等领域"走出去"的基本概况、重大项目以及重点案例等内容,使其逐渐成为国内关于中国文化"走出去"的最权威的年度报告,我们策划、组织撰写了这本《中国文化走出去年度研究报告(2015卷)》。

北京外国语大学坚持以党的十八大、十八届三中全会精神为指导,认真学习贯彻习近平总书记系列讲话精神,按照教育部、财政部《关于实施高等学校创新能力提升计划的意见》(教技【2012】6号)要求,以北京师范大学、浙江大学、中国社会科学院、中央民族大学、中国人民大学、国家汉办/孔子学院总部、文化部外联局、中国作家协会创研部、中国外文局对外传播研究中心、国际儒学联合会、中华炎黄文化研究会等为核心参与单位,以中国人民对外友好协会、故宫研究院、博鳌亚洲论坛秘书处、中国国际广播电台国家多语种影视译制基地、中国日报社、中国—东盟中心等为主要协同单位,在中联部、中宣部、外交部、文化部、商务部、联合国教科文组织等政府部门和国际组织的大力支持下,组建了中国文化"走出去"协同创新中心。

中国文化"走出去"协同创新中心立足国家文化强国战略实施和增强国家文化软实力、提升中华文化国际影响力的战略急需,按照"国家急需,世界一流,制度先进,贡献突出"的建设目标,充分发挥自身在外语尤其是非通用语种学科建设和人才培养、中华文化研究、海外汉学研究、中外文化比较研究、汉语国际推广、国际交流与对话等多方面的综合优势,利用高校作为推动中国文化"走出去"的身份优势,积极创建中国文化"走出去"新模式。坚持中国情怀,国际表达,着力打造融通中外的新思维、新概念、新范畴和新表述,讲好中国故事,传播好中国声音,积极引导世界各个国家和地区的人们更加全面客观地认识历史中国和当代中国,阐释清楚中华民族的历史传统、文化积淀、现实基础、基本国情和发展道路。同时,尊重世界文化多样性,坚持和而不同、平等对话,积极研究世界新事物、新情况、新思想和新知识,借鉴人类文明创造的有益成果,促进中国文化与世界多元文化共生共荣。科学把握中外文化传播规律,在世界范围内探究中国文化国际发展轨迹和路径,汇聚中国文化"走出去"整体数据,有效开展中国文化"走出去"效果评估,妥善回应和解决中国文化"走出去"过程中所面临的重大理论与现实问题,增强国家文化"走出去"顶层设计和战略规划的科学化水平,打造中国文化"走出去"的国家智库。

作为中国文化"走出去"的国家智库,我们必须站在国家战略的高度,从中国文化"走出去"的全局出发,走出部门和行业的局限,思考涉及中国文化"走出去"的深层次问题、全局性问题,妥善回应和解决中国文化"走出去"过程中所面临的重大理论和现实问题,为实施国家文化"走出去"战略贡献学界绵薄之力。这本年度报告是我们的一次尝试,我们希望逐年做下去,以推动中国文化走向世界。

目　录

第一章 绪 论

第一节 中国发展的新特点

文化发展是国家整体发展的重要标志,文化的影响力是建立在国家整体实力基础上的。中国文化"走出去"是国家实力向外部展开的表现,它既基于国家的整体实力,又为国家整体利益的扩展服务。因此,总结中国文化"走出去"的新特点、就必须首先认清国家发展的新特点,要制定文化传播与发展的战略规划,首先就要明了国家整体发展的新战略,清楚国家外交的新特点,中国经济全球发展的新要求。文化传播与国家发展之间的关系犹如皮与毛之间关系,"皮之不存,毛将焉附",因此,了解中国在 2014 年发展的新特点,是我们确定中国文化"走出去"新方略的基础。

一、中国外交新格局

习近平在中央外事工作会议上指出,当今世界是一个变革的世界,是一个新机遇新挑战层出不穷的世界,是一个国际体系和国际秩序深度调整的世界,是一个国际力量对比深刻变化并朝着有利于和平与发展方向变化的世界。正是基于这样的理解,2014 年中国外交最鲜明的特点就是主动进取,在全球展开大国外交。习近平主席、李克强总理密集出访了 22 个国家,接待了 65 位外国元首和政府首脑访华,同 300 多位外国政要进行会见交流,与外国达成了约 800 项合作协议。

2014 年中国和俄罗斯先后签订两个能源合作协议、1500 亿元人民币的货币互换协议;在第四次亚信上海峰会,中国倡导共同、综合、合作与可持续的亚洲新安全观,强调亚洲事务应由亚洲国家主导解决,搭建起没有美国参加的 26 个成员国、涵盖 90%亚洲人口的区域安全架构;在北京中国主持召开了 APEC 峰会,倡导追求共同发展、繁荣、进步的亚太梦,会议通过了《北京纲领:构建融合、创新、互联的亚太——亚太经合组织领导人宣言》和《共建面向未来的亚太伙伴关系——亚太经合组织成立 25 周年声明》两个历史性文件,启动 APEC 亚太自贸区进程和构建互联互通网络;2014 年中国出资 100 亿美元和 410 亿美元建立金砖国家开发银行和应急资金;发起成立由 21 个创始会员国的亚洲基础设施投资银行,并出资 500 亿美元;出资 400 亿美元,成立丝路基金,利用中国的资金实力直接支持"一带一路"建设;利用中国成熟的高铁技术,推动周边互联互通网络建设,中俄签署了"莫斯科—喀山"高铁项目实施合作备忘录,中泰高铁项目也已经达成协议。

在复杂多变的国际形势下,中国有胆识、有气派、有智慧地开启了中国外交的新格局。如学者所说:"2014 年中国对外关系方方面面的变化客观上正在开启新的纪元。中国将凭借日益增强的综合国力,更加坚定有效地维护自身主权、安全与发展利益,以东方大国的特有智慧与风范,为 21 世纪的亚洲和世界历史发展再次打上鲜明的中国印记。"①由此,学者认为,2014 年是中国外交的新纪元。

中国在改革开放的初期,在外交上实行的政策是"请进来"和"接轨",前者是指把自己的大门向外在世界开放,后者是指改革自己的内部制度体系和国际秩序接轨。在这一时期在外交上的确要做到"韬光养晦",因为自己实力不强,因此无论是"请进来"还是"接轨",都不会和外在世界发生根本性的冲突。

但今天中国外交进入了"走出去"阶段,进入了有所作为的时期。因为,中国已经成为世界政治经济舞台的一个主角,这必然和舞台上的"既得利益"发生互动和冲突。在这样的情况下,中国必须回答自

---

① 王在邦:《大国外交新纪元:2014 年中国外交述评》,《光明日报》2014 年 12 月 17 日。

己需要什么和如何行动等问题。由此,中国在大国外交和周边外交上都需要有新的思路。

中国外交的两大支柱,大国外交和周边外交。在 2014 年这两个方面,同时开启了新的格局。在大国外交方面是建立新型大国关系的提出。国务委员杨洁篪在《新形势下中国外交理论和实践创新》一文中指出:"构建新型大国关系,实现中国与各大国关系的良性互动、合作共赢,是新一届领导人关于运筹大国关系的重要理念。"避免大国对抗和零和博弈的历史覆辙,中国领导人在构建新型大国关系方面走出了一条新路,用习近平的话说,"前无古人,后启来者"。与其相呼应的是周边外交的开启。从战略上说,中国光有"新型大国关系"并不足以立足于国际政治舞台。拓展同发展中国家的关系,能开辟中国国际战略的"大后方"。这个"大后方"做实了,才会具备更大的力量来实施"新型大国关系"。中国提出的"一带一路"的"丝绸之路"发展蓝图,实际上回答了这些问题。

"一带一路"是中国大外交的精彩设计,是中国全面"走出去"的国家战略。"一带一路"既是中国未来经济战略的大构想,也是中国外交未来的大棋局。这一战略实践了合作共赢、共同发展的理念,由此必然推动建立世界政治格局和世界秩序的变化,一个更加包容、开放,更加平等、民主的世界将会出现。"一带一路"既是亚欧合作的伟大构想,又是南南合作的伟大构想。它包括将建设几个大的经济走廊:中国—中亚—西亚经济走廊、新亚欧大陆桥经济走廊、中蒙俄经济走廊等,把现在的铁路、公路、航空以及一些重点的城镇、口岸、边境、开发区、产业园区衔接起来,形成一个以点带面、以线带面的产业增长格局。而且近年来大量中国企业"走出去",不只是能源企业,也包括服务类、高新科技企业。显而易见,"一带一路"战略将是中国外交与中国经济综合设计的重大国家战略,它必将给中国周边国家与世界带来新的历史机遇。

中国外交的新格局必然对中国文化在全球的发展提出新的要求,所以,习主席在中央外事工作会议上提出:"注重阐述中国梦的世界意义","要争取世界各国对中国梦的理解和支持,中国梦是和平、发展、合作、共赢的梦,我们追求的是中国人民的福祉,也是各国人民共同的福祉。""要提升我国软实力,讲好中国故事,做好对外宣传。"李克强总理提出要增强中国的"经济竞争力""文化影响力""综合实力"。

国家的大战略使我们必须考虑文化"走出去"的大战略、文化"走出去"的全球布局、文化影响力如何与经济竞争力相配合,如何从学术上解释中国战略所内含的中国文化智慧,等等。

二、中国经济的新发展

中国经济经过 30 年的发展,快速融入世界经济体系之中,中国制造,全球消费这一全球分工体系不仅改变了中国,也改变了世界。对西方发达国家来说,他们找到了廉价的生产基地、最大的消费市场。中国制造为世界提供了大量的廉价商品。为降低生产成本,西方资本大量涌入中国,外资的进入成为中国发展的一个重要动力。初步统计,1978 年以来中国获得了 5 000 亿美元的外来投资,成为仅次于美国的第二大世界投资中心,大量外资的投入,推动了中国经济快速发展,形成了人类经济史上前所未有的发展奇迹,30 年来每年以两位数增长,经济平均增长率达到 9.5% 以上,是美国经济增长率的 3 倍。由此,中国成为世界工厂和制造业大国。在制造业迅速发展的同时,中国随即又成为全球最大的出口国和全球最大的外汇储备国。

在中国已经成为全球第二大经济体后,2014 年国际货币基金组织(IMF)数据显示,中国 2014 年的 GDP 达 17.6 万亿美元,超过美国的 17.4 万亿美元,从而成为世界第一大经济体。IMF 的数据是基于购买力平价(Purchasing Power Parity,PPP)计算得出的。根据这一算法,中国在全球经济中所占的份额为 16.5%,而美国所占的比例为 16.3%。IMF 还预计,到 2019 年,中国经济规模将超过美国20%。在中国经济学家看来,"英国和美国成为世界第一大经济体的时候,人均收入水平也达到世界前沿水平。而中国即使总规模重新回到世界第一,人均水平也比较低。况且,IMF 所说的世界第一,是按照购买力平价方法计算的,还不是按照汇率法计算的。按实际汇率计算,美国 2014 年 GDP 为 17.4 万亿美元,远超中国的 10.4 万亿美元,人均 GDP 更是具有压倒性优势。有学者预测,在人均 GDP 方面,中国跟美国的差距可能在 50 年或 70 年。"尽管算法和标准以及思考角度不同,但一个不可否认的事实是,中国已经成为一个具有世界重要影响力的经济大国。

2014 年中国经济的发展以"新常态"为其标志,但在这种新常态下有一个重要的变化就是中国经济"走出去"发生了一个质的变化,这就是:2014 年,中国有望成为资本净输出国,这一变化使未来中国资本极有可能重新塑造全球的金融和贸易格局。十八大报告提出,要加快"走出去"步伐,增强企业国际化经营能力,培育一批世界水平的跨国公司。中国经济"走出去"经历了三个阶段,第一是中国商品"走出去",第二是中国人"走出去",第三是中国资本"走出去"。这是一个质的变化。

中国与全球化智库发布的《中国企业国际化报告(2014)》蓝皮书称,2013 年,中国共有约 1.53 万家企业"走出去",其中国有企业约占 55%,他们对全球 156 个国家和地区的 5 090 家境外企业进行了直接投资,中国香港、东盟、欧盟、澳大利亚、美国、俄罗斯、日本 7 个主要经济体为投资集中区域,中国对外直接投资额 2013 年增速达到22.8%,首次突破千亿美元大关达到 1 078.4 亿美元,对外直接投资存量达到 6 604.8 亿美元。2013 年之后的 5 年里,中国对外投资将超过 5 000 亿美元。而外商对中国的直接投资,在 2013 年则达到创纪录的 1 180 亿美元,基本和中国对外投资持平。但随着外商对中国的投资额增速明显放缓,而中国对外投资在未来 10 年仍然处在10%以上的快速增长通道,中国对外投资额很可能在 2020 年超过2 000亿美元。2017 年中国将成为资本第一输出大国。

从资本输入国到资本输出国,这是中国经济向全球发展的一个重要转折点。这样一个转折带来三个问题:

第一,国际资本的运作经验缺少。由于我国开展境外投资的起步较晚、经验少,企业在推进对外投资过程中,仍将面临不少困难和挑战。国际化经营的专业人才相对匮乏,跨国经营经验不足。

第二,服务体系亟待健全。资本的向外输出需要文化支持的服务体系、投资银行、财务、法律及管理咨询机构等境外投资中介服务体系,我们的这些服务体系的建设远远跟不上资本外输的速度。

第三,缺乏支持资本外输的全球公共产品。经济在全球发展,中国就要参与全球治理,这是对中国提出的新的要求,一方面,中国需要承担更多的全球公共产品供给的义务,另一方面意味着中国在一些全球治理议题上,实际上可以争取到更加有利的地位,从而为中国文化的影响扩展提供完全崭新的途径。

在这个意义上可以说,2014年是中国经济全球发展的元年,中国资本全球扩展的元年,而中国经济的全球发展对中国文化"走出去"提出全新的要求。

三、文化自信与文化交流的新探索

习主席在纪念孔子诞辰2565周年暨国际儒联第五届会员大会上的讲话是2014年中国文化生活中的重大事件,这个讲话为我们做好中国文化的传播,如何提高中国文化国际影响力指明了方向。

习主席在谈到儒家所代表的传统文化的价值时说:"孔子创立的儒家学说以及在此基础上发展起来的儒家思想,对中华文明产生了深刻影响,是中国传统文化的重要组成部分。儒家思想同中华民族形成和发展过程中所产生的其他思想文化一道,记载了中华民族自古以来在建设家园的奋斗中开展的精神活动、进行的理性思维、创造的文化成果,反映了中华民族的精神追求,是中华民族生生不息、发展壮大的重要滋养。"这里指出了儒家所代表的中国传统文化是中国文化之根,任何一个民族的文化发展都离不开自己的传统,这个传统并不是像近代以来的西化思潮所讲的那样,传统与现代化是对立的。它完全可以成为今天精神生活的重要组成部分。习主席以三个"可以"为以古鉴今、古为今用提出了明确的实现路径:"中国优秀传统文化的丰富哲学思想、人文精神、教化思想、道德理念等,可以为人们认识和改造世界提供有益启迪,可以为治国理政提供有益启示,也可以为道德建设提供有益启发。"这三个"可以"说明我们今天纪念以儒学为代表的中国传统文化并不是仅仅发古人之幽思,而是表明这是当代中国文化重建的根本之路。如习主席所说:"优秀传统文化是一个国家、一个民族传承和发展的根本,如果丢掉了,就割断了精神命脉。"

认识中国传统文化的价值,确立文化自信,这是每一个文化传播者必须具备的,这是一个民族对自身文化传统和内在价值的认定与信念,这是一个民族屹立于世界民族之林的根基。作为一种民族心态,高度的文化自信是民族精神与民族文化走向自觉与成熟的表征,也是建设文化强国不可或缺的心理准备和思想条件。一个国家的民族文化自信来源于强大的国力,更源于深厚的文化底蕴。没有这种文化自信,在文化传播的技术层面,在文化传播的实践活动中都会出现问题。

随着儒学在世界范围的传播,越来越多人意识到,儒学文化中蕴含的价值和智慧,为解决全球性问题提供了现实可能性。习主席这次讲话对如何继承和传播好中国传统文化提出了四点原则:一是要维护世界文明多样性;二是要尊重各国各民族文明;三是要正确进行文明学习借鉴;四是要科学对待文化传统。这种新的国际文化观对于我们展开中国文化的传播指出了一个新的路径,具有重要的指导意义。

第二节　中国经济"走出去"新突破

实施"走出去"是我国对外开放战略的重要发展方向。作为全球最大的新兴市场国家,随着经济对外开放程度逐渐扩大以及经济体制改革的不断深化,近年来中国企业掀起海外投资热潮,中国资本开始全球布局,中国对外贸易规模急速扩大,中国金融业加快"走出去"步伐,甚至传统上属于弱势产业的中国农业也开始加大对外投资。可以说,中国参与全球要素资源分配和产业链的广度和深度都有了极大拓展,中国经济"走出去"实现了新的突破。[①] 而文化"走出去"必须与经济"走出去"同步,这就对中国文化在全球的发展提出了新的要求,需要我们将文化"走出去"放到中国经济和社会发展大的战

---

① 尽管中国经济"走出去"的总体规模十分庞大,但目前国内并无统一的计算口径,尤其是对民营企业"走出去"的统计更为困难。我们根据官方公布的资料,从中国企业的海外投资、外贸规模、农业和金融业"走出去"几个方面,概括中国经济"走出去"的新突破。

略背景下来考量。

一、中国企业掀起海外投资热潮

据商务部统计,2014 年中国海外直接投资增长 14.1%,达 1 029 亿美元,其中能源和资源是中国海外投资最为集中的领域。同年,外商在华直接投资增长 1.7%,达 1 196 亿美元,与 2013 年相比增速明显放缓。中国对外投资实现了历史性转变,对外投资增速快于外商直接投资的增速。值得注意的是,2014 年中国对发达国家的投资大幅增加,其中,对美国投资增长了 23.9%,对欧盟投资增长了近 2 倍。

1. 中国企业海外投资趋势

据清科集团旗下私募通统计[①],2009 年至 2014 年第三季度,中国企业海外投资活跃度由 38 大涨至 113,增幅高达 197.4%,尤其是 2011 年以后,每年投资规模都在 100 起以上,活跃度急速上升。投资金额方面,2009 年中国企业海外投资金额在 160.99 亿美元,随后,2010 年出现 18.0% 的降幅至 131.95 亿美元,2011 年起,对外投资金额达到 280.99 亿美元,同比上涨 113.0%;至 2013 年,中国海外投资金额达到 457.53 亿美元,同比上涨 50.7%,较 2009 年增长近 2 倍,这主要由于 2013 年几起大型海外并购案例拉高整体水平,例如中海油 151.00 亿美元收购加拿大尼克森、双汇斥资 71.00 亿美元收购史密斯菲尔德、绿地集团 50.00 亿美元收购布鲁克林大西洋广场地产项目等。

至 2014 年,一些比较大的交易包括:五矿资源牵头的中国联合体以 58.5 亿美元的价格收购秘鲁嘉能可斯特拉塔公司的拉斯邦巴斯铜矿项目;宝钢资源澳洲有限公司与澳洲 Aurizon 公司组成联合体,以约 11.4 亿澳元的价格全面收购铁矿石生产商 Aquila;广晟有色以 14.6 亿澳元的价格收购澳大利亚资源公司 PanAust 50.1% 的股权;中石化以 12 亿美元的价格收购俄罗斯卢克石油公司所持的卡斯潘资源 50% 的股权;汉能太阳能集团有限公司以 11 亿美元的对价收购加纳 Savanna Solar 公司加纳太阳能发电项目 70% 的股权;洲际

---

① 参见《2014 年中国企业海外并购与投资专题研究报告》。http://www.zero2ipo.com.cn/research/ReportDetails.aspx? ReportID=de2ce3fb—f2d5—4d4d—b55c—da8007aba0ca

油气股份有限公司以 5.25 亿美元的价格收购哈萨克斯坦的马腾石油股份有限公司 95％的股权;复星国际以 4.89 亿澳元的价格收购澳洲上市公司 Roc Oil 100％股权;中国河北中铂铂业有限公司以 2.25 亿美元的价格收购东部铂业旗下位于南非的全部铂族金属矿资产;中国熔盛重工集团控股有限公司以 21.84 亿港元(折合 2.8174 亿美元)的价格收购吉尔吉斯 Central Point Wordwide Inc 60％的股权;延长石油以 2.3 亿加元的价格收购诺瓦斯能源公司全部已发行的股份;中国石油天然气股份有限公司下属的凤凰能源(Phoenix Energy Holding)以 11.84 亿人民币(折合 1.9207 亿美元)收购加拿大 Athabasca Oil 的 Dover 油砂项目 40％的股权;中广核矿业以 1.33 亿美元的价格收购了哈萨克斯坦 Semizbay-U 项目。

2014 年海外投资金额达到新高,前三季度的投资规模在 271.65 亿美元(见图 1-2-1)。

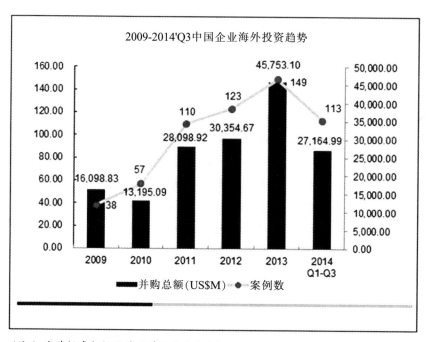

(注 *:海外投资数据统计以并购方式为主)

图 1-2-1 2009—2014′Q3 中国企业海外投资趋势

2. 中国企业海外投资行业分布

从并购投资交易量来看,2012 年至 2014 年第三季度,能源及矿产行业为企业海外投资的热门行业,期间共完成海外并购投资 75 起,占全部交易量的 19.5%;此外,排名第二的是机械制造行业,期间共完成并购投资交易 56 起,占全部交易量的 14.5%;排名第三的是汽车行业,2012 年至 2014 年第三季度共完成并购投资 23 起,占比 6.0%。其余行业的并购投资占比均较小,平均占比在 3.3%左右。从并购投资交易规模来看,2012 年至 2014 年第三季度,能源及矿产行业依然高居首位,期间共完成交易规模 571.37 亿美元,占规模总比的 55.3%;其次是房地产行业,期间完成的交易规模达 102.11 亿美元,占比 9.9%并排名第二;其次是食品 & 饮料行业,期间完成 83.38 亿美元的交易规模,这主要受益于 2013 年 9 月双汇斥资 71.00 亿美元收购美国史密斯菲尔德,拉高了整体规模。总体来看,能源及矿产为企业出海并购投资的热门行业,不论在活跃度或规模方面都稳居第一。相比较下,新兴产业的出海活跃度远远低于传统行业,但在全球信息化的大潮下,更多企业愿意投资海外互联网、光电设备等行业,以学习海外先进技术,同时扩大自身经营规模。

表 1-2-1　2009—2014′Q3 中国企业海外投资行业分布统计(按并购方)

行业	案例数	比例	案例数(金)	并购总额(US$M)	比例	平均并购金额(US$M)
能源及矿产	75	19.5%	59	57,136.59	55.3%	968.42
机械制造	56	14.5%	44	5,611.27	5.4%	127.53
汽车	23	6.0%	12	551.34	0.5%	45.95
清洁技术	20	5.2%	11	1,064.64	1.0%	96.79
生物技术/医疗健康	20	5.2%	15	1,241.48	1.2%	82.77
IT	18	4.7%	16	491.53	0.5%	30.72
金融	18	4.7%	17	5,789.83	5.6%	340.58
电子及光电设备	17	4.4%	13	79.66	0.1%	6.13
房地产	16	4.2%	16	10,211.24	9.9%	638.20
互联网	15	3.9%	8	1,138.73	1.1%	142.34
农/林/牧/渔	14	3.6%	13	1,797.50	1.7%	138.27
电信及增值业务	12	3.1%	10	1,258.86	1.2%	125.89
化工原料及加工	12	3.1%	12	719.06	0.7%	59.92
建筑/工程	12	3.1%	12	1,552.06	1.5%	129.34
连锁及零售	12	3.1%	11	2,082.93	2.0%	189.36
娱乐传媒	9	2.3%	9	2,914.06	2.8%	323.78
食品 & 饮料	8	2.1%	6	8,637.77	8.4%	1,439.63
纺织及服装	5	1.3%	4	24.81	0.0%	6.20
物流	4	1.0%	3	356.96	0.3%	118.99
教育与培训	1	0.3%	1	0.00	0.0%	0.00
其他	18	4.7%	14	612.47	0.6%	43.75
合计	385	100.0%	306	103,272.76	100.0%	337.49

3. 中国企业海外投资地域分布

从并购投资交易整体看,美国在并购活跃度或者交易规模上都排列首位。2012 年至 2014 年第三季度,中国企业共在美国完成 78 起并购投资,占比达 20.3%;其中披露金额的 55 起案例共涉及金额 246.55 亿美元,占比达 23.9%。在并购活跃度方面,排名第二的是德国,期间共完成并购投资 42 起,占比达 10.9%;中国香港排名第三,共完成 33 起案例并占比 8.6%;随后分别有加拿大、澳大利亚、英国和新加坡,完成的并购投资案例数分别为 30、27、22、14。其余国家完成的投资个数均低于 10 起,占比较小。在并购规模方面,除了美国,表现较为突出的为加拿大和葡萄牙,其中加拿大以 202.68 亿美元并占比 19.6% 的成绩排名第二;葡萄牙在 2012 年至 2014 年第三季度共完成 106.00 亿美元的并购投资规模,占全部金额的 10.2%,其余国家及地区的海外并购投资规模相对较小。

4. 中国企业海外投资规模分布

2012 年至 2014 年第三季度,在中国企业海外并购投资中,规模大于 1.00 亿美元的案例共完成 98 起,占比达 32.0%;并购规模在 2,000.00 万美元至 1.00 亿美元之间的案例共 73 起,占全部交易量的 23.9%;小于 2,000.00 万美元的海外投资交易达 135 起,占比为 44.1%。整体来看,大额交易和小额交易的活跃度占比基本相当,其中大部分大额并购都集中在能源及矿产、机械制造、房地产等传统行业。

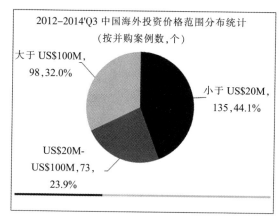

图 1-2-2　2009—2014′Q3 中国企业海外投资价格范围分布统计(按并购方)

表 1-2-2 2009—2014′Q3 中国企业海外投资分布统计(按并购方)

国家及地区	案例数	比例	案例数（金）	并购总额（US$M）	比例	平均并购金额（US$M）
美国	78	20.3%	55	24,654.63	23.9%	448.27
德国	42	10.9%	28	2,389.76	2.3%	85.35
中国香港	33	8.6%	30	5,132.48	5.0%	171.08
加拿大	30	7.8%	28	20,267.83	19.6%	723.85
澳大利亚	27	7.0%	16	6,478.11	6.3%	404.88
英国	22	5.7%	19	6,051.12	5.9%	318.48
新加坡	14	3.6%	12	387.48	0.4%	32.29
法国	8	2.1%	4	80.30	0.1%	20.07
意大利	8	2.1%	8	3,644.51	3.5%	455.56
日本	7	1.8%	7	14.95	0.0%	2.14
荷兰	6	1.6%	4	1,379.17	1.3%	344.79
加蓬	6	1.6%	6	37.91	0.0%	6.32
葡萄牙	6	1.6%	6	10,569.77	10.2%	1,761.63
西班牙	6	1.6%	6	1,444.70	1.4%	240.78
俄罗斯	5	1.3%	1	15.12	0.0%	15.12
新西兰	5	1.3%	5	985.23	1.0%	197.05
中国台湾	5	1.3%	4	14.83	0.0%	3.71
瑞典	4	1.0%	2	8.93	0.0%	4.47
瑞士	4	1.0%	3	1,292.60	1.3%	430.87
泰国	4	1.0%	4	892.43	0.9%	223.11
印度尼西亚	4	1.0%	4	85.59	0.1%	21.40
巴西	3	0.8%	2	143.95	0.1%	71.98
比利时	3	0.8%	2	511.80	0.5%	255.90
波兰	3	0.8%	3	90.86	0.1%	30.29
玻利维亚	3	0.8%	3	58.92	0.1%	19.64
丹麦	3	0.8%	3	9.64	0.0%	3.21
韩国	3	0.8%	3	95.89	0.1%	31.96
南非	3	0.8%	2	675.86	0.7%	337.93
奥地利	2	0.5%	2	154.63	0.1%	77.32
卢森堡	2	0.5%	2	1,552.25	1.5%	776.13
马来西亚	2	0.5%	N/A	N/A	0.0%	N/A
墨西哥	2	0.5%	2	15.22	0.0%	7.61
特立尼达和多巴哥	2	0.5%	1	353.19	0.3%	353.19
以色列	2	0.5%	2	291.63	0.3%	145.82
印度	2	0.5%	2	25.71	0.0%	12.85
英属维尔京群岛	2	0.5%	2	43.75	0.0%	21.88
阿根廷	1	0.3%	1	600.00	0.6%	600.00
阿联酋	1	0.3%	1	1.30	0.0%	1.30
埃及	1	0.3%	1	3,100.00	3.0%	3,100.00
保加利亚	1	0.3%	1	6.62	0.0%	6.62
厄立特里亚	1	0.3%	1	80.00	0.1%	80.00
芬兰	1	0.3%	1	24.88	0.0%	24.88
刚果(民)	1	0.3%	1	1,334.73	1.3%	1,334.73
哥伦比亚	1	0.3%	1	0.97	0.0%	0.97
哈萨克斯坦	1	0.3%	1	15.00	0.0%	15.00
吉布提	1	0.3%	1	185.00	0.2%	185.00
吉尔吉斯	1	0.3%	1	281.81	0.3%	281.81
柬埔寨	1	0.3%	1	24.00	0.0%	24.00
开曼群岛	1	0.3%	1	463.83	0.4%	463.83
蒙古	1	0.3%	1	2.51	0.0%	2.51
秘鲁	1	0.3%	1	7,005.00	6.8%	7,005.00
挪威	1	0.3%	1	5.05	0.0%	5.05
土耳其	1	0.3%	1	67.60	0.1%	67.60
乌克兰	1	0.3%	1	0.01	0.0%	0.01
匈牙利	1	0.3%	1	0.49	0.0%	0.49
越南	1	0.3%	1	15.80	0.0%	15.80
智利	1	0.3%	1	14.28	0.0%	14.28
未披露	3	0.8%	2	193.10	0.2%	96.55
合计	385	100.0%	306	103,272.76	100.0%	337.49

5. 中国企业海外投资特点分析

近年来中国对外投资呈现以下几个特点:投资目标国家/地区较以往更加多元化,除了英美两个"资深"发达国家外,澳、法、德等经济体也吸引了中国企业的大量投资,中国企业也广泛涉足中亚、拉美以及非洲等发展中国家经济体,对各国相关行业的投资也各有侧重;投资领域更加多元化、行业构成更加齐全,从传统能源矿业一枝独大逐步向房地产、基础设施建设、TMT(科技/媒体/通信)、农业等多个领域拓展,新能源、医疗卫生以及文化娱乐也占据了一定投资规模,呈现出百花齐放的局面;投资主体的结构逐渐优化,从以前国企一统天下的局面,发展到现在私营企业在投资项目数量上赶超国企,投资金额差距慢慢缩小的态势;交易的结构日趋复杂化,中国投资者日趋成熟并充分利用市场化的交易和融资安排;对外投资监管大幅松绑,国务院、发改委、商务部、外汇局以及证监会在 2014 年陆续出台了一系列境外投资相关方面的法规政策,进一步简化了中国企业对外投资的审批监管流程。

二、中国对外贸易大国地位更加巩固[①]

根据海关统计,2014 年全国进出口 43 030.7 亿美元,同比增长 3.4%,其中,出口 23 427.4 亿美元,同比增长 6.1%;进口 19 602.9 亿美元,增长 0.4%;贸易顺差 3 824.6 亿美元;出口占全球份额为 12.7%,比 2013 年提高 0.6 个百分点。中国进出口增速比全球贸易增速高出 2.7 个百分点,也高于美国、欧盟、日本、印度、巴西等主要经济体增速,全球第一货物贸易大国地位更加巩固。

1. 国际市场布局继续优化

对发达国家进出口保持稳定,2014 年对欧盟和美国进出口分别增长 9.9% 和 6.6%。进出口企业开拓新兴市场取得新成效,对东盟、印度、俄罗斯、非洲和中东欧国家进出口增速均快于整体增速。自贸区战略促进出口的效果明显,对自贸伙伴(不含港澳台地区)出

---

① 中国商务部综合司:《2014 年中国对外贸易发展情况》。

口增长 10.6％,占出口总额的比重为 13.4％,较 2013 年上升 0.6 个
百分点。

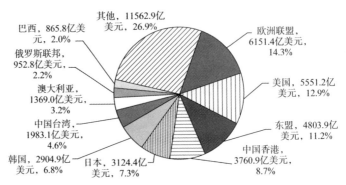

图 1-2-3　2014 年中国前 10 大贸易伙伴进出口额及占比

2. 民营企业对进出口增长的贡献超过一半

2014 年,我国一般贸易出口快速增长,加工贸易出口增速放缓。
有进出口实绩的民营企业占外贸企业总数的比重超过 70％,进出口
1.57 万亿美元,增长 5.3％,占全国进出口总额的 36.5％,较 2013 年
提高 0.6 个百分点,对整体进出口增长的贡献达 55.9％。国有企业
进出口 7475 亿美元,下降 0.2％,连续三年负增长。外资企业进出口
1.98 万亿美元,增长 3.4％。

表 1-2-3　2014 年中国进出口贸易方式和企业性质情况

项目		出口			进口		
		金额 (亿美元)	同比增长 (%)	占比 (%)	金额 (亿美元)	同比增长 (%)	占比 (%)
总值		23427.5	6.1	100.0	19602.9	0.4	100.0
贸易 方式	一般贸易	12036.8	10.7	51.4	11095.1	0.0	56.6
	加工贸易	8843.6	2.7	37.7	5243.8	5.5	26.75
	其他贸易	2547.1	−2.7	10.9	3264.0	−5.0	16.65
企业 性质	国有企业	2564.9	3.1	10.9	4910.5	−1.9	25.0
	外商投资企业	10747.3	3.0	45.9	9093.1	−3.9	46.4
	民营企业	10115.2	10.4	43.2	5599.3	−2.9	28.6

3. 特殊经济区成为体制改革试验区

2013 年建立的上海自贸区,被赋予深化体制改革的特殊意义,

对推动改革开放发挥了重要作用。上海自贸区制度创新在全国推广,之后批准天津、福建和广东成立自贸区。根据海关统计,2014年,我国经济技术开发区和特殊开放区进出口贸易同比增长11.2%,其中上海自贸区贸易进出口贸易 1 240 亿美元,同比增长9.4%,出口加工区进出口贸易 1 358 亿美元,同比增长约 17%。

4. 国际经济合作格局有新突破

2014 年,在全方位、宽领域、多层次的经济外交关系基础上,我国多双边区域合作有了新进展,取得丰硕成果。我国积极推进世贸组织多边体制贸易便利化协定,贸易环境有了很大改善;与主要贸易伙伴的互利共赢合作关系更加稳固,形成多层次的国际经济合作格局;"一带一路"战略为经济外交进行战略布局,大大提升了我国大国形象和影响;积极推进亚太自贸区建设和全球价值链合作,提升我国在整个亚太地区区域经济的影响;我国政府还积极推进同贸易伙伴的自贸区建设,规避贸易保护主义壁垒和西方国家对我国实施市场边缘化。目前为止我国已经同 22 个国家签订了自贸区协定。2014年 11 月 10 日中韩自贸区结束实质性谈判,将消除或大幅减少两国间贸易和投资壁垒;2014 年中澳"实质性结束中澳自贸协定谈判",2015 年 12 月 20 日《中澳自由贸易协定》正式生效,未来五年内两国将给予对方最惠国待遇。我国进口澳大利亚乳制品、牛肉、海鲜、羊毛等制品和煤、铜、镍等矿产价格降低,我国机电产品、工业制成品对澳大利亚出口也将免关税。国际经济合作新格局的形成为我国外贸发展创造稳定和谐的外部环境、市场拓展平台和外贸转型升级空间,是我国经济外交重要内容。

三、中国金融业"走出去"步伐加快

在中国企业"走出去"势头日益强劲的影响及作用下,中国的金融业也加快了海外扩张的步伐,通过增加全球网点布局、持股海外金融机构、吸引国外资产的方式,为走出国门的企业提供各类金融服务及支持。

鉴于投资/交易金额庞大、流程复杂、风险较高等原因,中国金融企业的海外投资/交易呈现出以下特点:不以数量著称、资产集中度相对较高、投资主体和目标国比较局限。就投资主体而言,目前还是以银行为主(且集中在中国银行、工商银行、建设银行、国家开发银行等几家大行),保险、证券以及租赁公司也有相当程度的参与;从目标国/地区来看,主要集中在美国、英国、德国、中国香港等成熟市场,原因在于这些国家/地区作为发达的金融中心,有着完善透明的法律体系和有效的金融市场,对于尚未成熟的中国金融企业而言,在上述国家/地区的投资风险相对可控,并购后整合成功率相对更高,而且可以利用当地既有的先进金融产品,发达的销售网络和成熟的客户群体。

2014 年金融领域几笔重要的海外交易有:工商银行以 7.65 亿美元的对价收购南非标准银行所持的标准银行公众有限公司 60% 的股权;以 3.16 亿美元的价格收购土耳其银行(Tekstilbank)75.5% 的股份。复星国际有限公司以 4.64 亿美元的价格收购美国保险商 Ironshore Inc. 20% 的股权;以 1.3588 亿美元的价格收购葡萄牙储蓄总行保险业务 80% 的股权。

四、中国农业"走出去"规模不断扩大

我国农业"走出去"大规模发展起始于 2006 年,目前已与五大洲 30 多个国家建立了农业投资合作关系,与 140 多个国家和地区建立了双边交流关系,领域涵盖农、林、牧、渔。这些农业对外投资主要分布在非洲、东盟和俄罗斯、拉丁美洲等地区和国家。

我国农业对外投资的规模与我国农业发展水平紧密相关。20 世纪 80 年代以前,我国农业对外投资很少。加入世界贸易组织后,随着经济的快速发展和企业实力的不断增强,我国农业由长期以来的"引进来",开始逐渐转变为"引进来"与"走出去"相结合的共同发展阶段。2006 年以后我国出台多项措施,支持农业"走出去",开展农业对外直接投资,投资规模不断扩大。2003 年—2012 年我国农、林、牧、副、渔对外直接投资流量从 0.81 亿美元快速增长到 14.6 亿美元,年均增长 43%。到 2012 年,参与境外投资的国内农业企业达到 594 家,在境外设立企业达到 1012 家,占全部企业的 4.6%。[1]

---

① 李勇坚、李蕊:《加快我国农业走出去的战略思考》,《全球化》2014 年第 10 期。

从投资领域看,目前我国农业"走出去"已经从最初的渔业发展到多个行业和领域,包括粮食及油料作物种植、农畜产品养殖和加工、仓储和物流体系建设、森林资源开发与木材加工、园艺产品生产、橡胶产品生产、水产品生产与加工、设施农业、农村能源与生物质能源及远洋渔业捕捞等。总体来看,发展规模较大、发展速度较快的产品和行业主要集中在我国国内需求较为旺盛、国内生产比较优势不强的产品或产业,主要包括大豆、玉米、天然橡胶、棕榈油、木薯等产品的种植、加工、仓储物流设施建设以及远洋渔业等。

2014 年初,中央一号文件《关于全面深化农村改革加快推进农业现代化的若干意见》中强调要支持农业"走出去"以及与周边国家进行农业合作。为响应文件精神,也是出于对企业自身发展的考量,中粮集团、中农发集团、光明食品集团、重粮集团等大型国企在 2015 年的对外投资上也迈出了重要的步伐:中粮集团斥资 28 亿美元先后并购荷兰 Nidera 公司、香港来宝集团(Noble Group)旗下来宝农业有限公司,对这两大公司均拥有 51% 的控股权;光明食品集团以 85 亿谢克尔(折合约 25 亿美元)的对价收购以色列最大食品公司 Tnuva 56% 的股权。

除了国企外,地方民企在境外农业投资也初具规模。但民企在融资、政策、营销以及技术水平等方面的劣势,使其在对外投资中很难与国企相匹敌。然而,不论是国企还是民企,同样面临企业运营分散、缺乏协同运作的难题,在国际市场上的竞争力还较弱。为了增强我国农业的海外发展能力,拓宽国际发展渠道,农业企业应当着力于收购具有全球整合能力的国外农业及食品公司,政府及政策性金融机构也应为企业的海外收购提供政策审批便利和资金支持。

随着中国经济"走出去"实现新的突破,中国企业与海外在贸易、投资、人员、思想文化方面的交流交往日益频繁。中国企业在海外为我国创造经济效益的同时,也将中国的经济实力、企业的形象乃至文化形象传播到全球;在履行社会责任、塑造自身良好形象的同时,也将中国文化元素植入国际社会,为促进中国文化在海外的传播做出了积极贡献。

第三节 中国文化"走出去"的新成就

近年来,中国文化以开放、自信、丰富多样的姿态,吸引了全球的目光,时至 2014 年岁末,中国文化"走出去"取得了更加辉煌的成就,中国文化与世界文化的交流与互鉴更加紧密,当今世界对中国文化的认知和接受更加深入,越来越多的人愿意倾听"中国故事",中国文化以其独特魅力在世界文化舞台上大放异彩。

一、孔子学院十周年成绩辉煌

400 多年前意大利传教士把《论语》一书译成拉丁文带到欧洲,开启了孔子学说的西方之旅。2004 年全球第一所中国孔子学院在韩国首尔挂牌。2014 年 12 月 7 日至 8 日第九届全球孔子学院大会在厦门隆重举行,至此,孔子学院走过了 10 年历程。在这短短 10 年的时间里,孔子学院以跳跃式的发展方式取得了令世人瞩目的成就,成为中国加快汉语走向世界、推动中华文化"走出去"的重要平台。

截至 2014 年 12 月 7 日,全球 126 个国家(地区)建立了 475 所孔子学院和 851 个孔子课堂。孔子学院设在 120 国(地区)共 475 所,其中,亚洲 32 国(地区)103 所,非洲 29 国 42 所,欧洲 39 国 159 所,美洲 17 国 154 所,大洋洲 3 国 17 所。孔子课堂设在 65 国共 851 个(科摩罗、缅甸、马里、突尼斯、塞舌尔、瓦努阿图只有课堂,没有学院),其中,亚洲 17 国 79 个,非洲 13 国 18 个,欧洲 25 国 211 个,美洲 7 国 478 个,大洋洲 3 国 65 个。累计注册学员 345 万人。有 61 个国家和欧盟将汉语教学纳入国民教育体系,学习汉语的外国人已达 1 亿人,比 2004 年初建孔子学院增长 3.3 倍。

在教材建设上,孔子学院总部出版了与 45 种语言对照的核心教材,向 136 个国家配送和销售教材图书 1 200 多万册。《孔子学院》8 个语种的中外文对照双月刊自 2009 年发行以来,已进入 102 个国家的高校图书馆。孔子学院总部还组织驻各国孔子学院在当地中小学举办教材巡展 500 多场,国外现有 4 万多所大中小学 500 多万人使用汉办统编教材,倾听中国故事。海外华侨华人把孔子学院看作自己的精神家园,并把它当作子孙后代学习祖国语言文化的重要场所。

在师资培养上,为了更好地增强文化传播效果,孔子学院通过"走出去、请进来"等多种方式,已为 100 多个国家培训汉语教师 20 万人次;设立"孔子学院奖学金",招收 110 多个国家 2.5 万人次来华攻读学位,培养本土师资;支持美国、英国、德国、蒙古国等 8 国 12 所高校建立汉语师范专业;资助孔子学院设立核心教师岗位,不断扩大本土教师队伍。

从师资增长来看,自 2010—2014 年间国家汉办中方教师、志愿者选派规模增长逾 4 倍(详见图 1-3-1),同时各国本土师资培训的规模也相应加大。专业师资培养方面,近年来中国国际汉语教育专业硕士的培养力度有所增加,招生规模不断扩大。同时,华文教师的学历教育也大大加强,以暨南大学和华侨大学为首的高校陆续培养了一批拥有华文教育专业学士学位的师资,为海外华文教育输送了一批骨干力量。

（注：图表数据来自《国家汉办暨孔子学院总部年度报告》〈2010—2014〉）

图 1-3-1　国家汉办外派教师和志愿者增长趋势图

孔子学院承载着传承弘扬中华文明、推动提升国家文化软实力的重要使命。孔子学院以惊人的速度发展,并为中国文化"走出去"做出了卓越贡献,成为增进友谊、构建和谐、连通中国梦与世界各国人民美好梦想的桥梁纽带,是迄今为止中国出口的一个最成功的产品。在世界的文化舞台上,怎样讲述中国的故事、讲好中国的故事是摆在当今中华民族眼前的课题,孔子学院成为了中国当前向国际展示形象的一个良好平台,是中国向世界展示自我的活的名片。美国《纽约时报》,英国《金融日报》,CNN,BBC 等媒体多次评论称,孔子学院推进了世界对中国文化的了解。《中国书画家》,同仁堂,茅台集团,中国银行,CCTV 英、西、法语频道,《人民画报》等中国文化产品纷纷通过孔子学院这个平台,进入各国主流社会。孔子学院也激活了不少外国汉学家的潜能,使更多人热衷于介绍和研究中国文化。

孔子学院建设经历了 10 年的快速发展,取得了很多成绩。但也存在着一些问题和不足。如在教材编写上存在着没能遵循当地文化习惯,教学过程中出现学生不宜消化的"水土不服"问题,在师资队伍培养上存在着本土汉语教师培训存在数量不足、培训体系尚未形成、师资来源缺乏多样化等问题。

二、文化交流深入广泛

自党的十六大至十八大以来,对外文化工作的宏伟蓝图被全面规划出来,中国文化"走出去"已经被提升到一定的国家战略地位,"走出去"的方向任务进一步明确。在此背景下中外文化交流热不断升温,在中美、中英、中欧等高级别人文交流机制以及中俄、中日、中德等双边文化磋商机制推动下,中国与欧盟、东盟、上合组织及世界各国的文化交流步入新阶段,"中法文化年""中欧文化对话年""中俄国家年"等 50 多项中国文化年、中国文化节举办。"欢乐春节"、"相约北京"、亚洲艺术节、"中非文化聚焦"、阿拉伯艺术节等一批重点文化交流活动已覆盖世界 100 多个国家和地区,并吸引了数千万海外民众和华人华侨的共同参与。由文化部牵头,多部委共同举办的海外"欢乐春节"活动进一步增容。2012 年,在全球 82 个国家和地区、144 个城市同期开展的第三届海外"欢乐春节",以 323 项各类文化活动吸引了国外 40 多位总统、总理、议长、王室成员和 500 多位政要,以及 1 500 余家媒体和约 3 000 万外国民众及华人华侨的热情参与。2013 年,"欢乐春节"活动共涉及 385 个项目,在世界 99 个国家和地区的 251 个城市举办,国内参与省(区、市)多达 29 个,另有 100 多个我驻外使(领)馆、中国文化中心、上百家海外中资企业参与,吸引了约 3 500 万海外各阶层民众和华人华侨的参与,得到了 2 000 多家海外各类媒体的正面报道。2014 年是"欢乐春节"活动举办五周年。2014"欢乐春节"期间,世界各地共有 112 个国家和地区的 321 个城市,累计开展各类春节文化活动 570 起,现场参与观众逾 7 000 万人次。

表 1-3-1 2012—2014 年欢乐春节覆盖国家、地区及参与观众数增长情况表

	2012	2013	2014
国家和地区数	82	99	112
城市数	144	251	321
参与民众数	3 000 万	3 500 万	7 000 万

据文化部首次公开发布的 2013 年文化发展统计公报数据,全国文化系统批准对外文化交流项目 2159 起,66 338 人次参加;批准对港澳文化交流项目 425 项,8 883 人次参加;批准对台文化交流项目 324 项,10 802 人次参加。

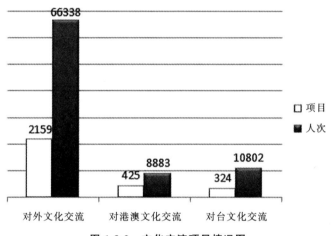

图 1-3-2 文化交流项目情况图

我国的文化对外贸易已经取得了长足进步和丰硕成果。影视、动漫、出版、新媒体等已经形成规模,产业链也在不断完善和提升。从 2001 年到 2010 年,文化产品和服务的出口规模分别增长了 2.8 倍和 8.7 倍,图书版权的进出口比例也从 2003 年的 9∶1 下降到了 2010 年的 3∶1。根据国家统计局 2011 年 9 月发布的数据显示,2010 年我国文化产业增加值为 11 052 亿元,占同期 GDP 的 2.75%。

近两年来,哲学社会科学"走出去"也取得了相应成果。中国学者在哲学社会科学领域的国际刊物上发表的论文数量仍然呈逐年递增趋势。中国学者在 SSCI(回溯至 1900 年)和 A&HCI(回溯至 1975 年)上发表文章总计 62 162 篇,而 2012—2013 两年的发表数量为

18 385篇,占该总量的近30%。2012—2014年平均每年将近5本中国社会科学英文期刊新刊问世。中国社会科学英文期刊中英文原创稿件相对于中文翻译稿件的比例在逐渐增加,编委会的国际化程度也明显提高。中国学者在SSCI上发文的合作者来源由前三年的83个增加到92个国家和地区。中外学者合作交流进一步加强,中方参与或独立举办的国际学术会议呈现出会议次数明显增加、会议内容涉及学科种类增多、会议交流语言更为丰富、国内学校独立组织国际会议比重增加等特点。中方参与或独立举办的国际学术会议次数呈逐年递增趋势,2009—2010年度是81次,2011—2012年度增加为87次,2013—2014年度则为119次。其中500人以上的国际会议由2009—2010年度平均每年只召开1次,2011—2014则增加为平均每年召开4次,仅2014年一年就召开了8次。在2011—2014年度,中国学校独立组织的国际学术会议有88次,占会议总数比例由18.5%上升到42.7%,这证明国内学校单独组织国际学术会议的能力越来越强。同时国际会议内容涉及了历史学、哲学、法学、政治学、社会学、语言文学、新闻传播学、经济学、艺术学等人文社科领域,由2009—2010年度的11个学科变为15个学科,增加了民族学、逻辑学、公共管理和汉学,会议交流内容更加丰富和广泛。会议使用语言在英、法、韩、日、俄5种语种的基础上增加了德语。

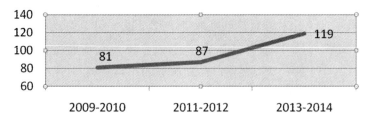

中方参与或独立举办的国际学术会议次数

图1-3-3 中方参与或独立举办国际学术会议次数递增趋势图

三、传媒搭建文化传播新舞台

2012至2013年中国广电媒体"走出去"主题呈现多元化趋势,中央媒体、地方媒体、国有广电机构、民营影视机构相辅相成,以齐头并进势态走向世界。截至 2013 年年底,央视初步形成了以英语新闻频道为龙头,以中文国际频道为纽带,6 个语种(汉、英、西、法、阿拉伯、俄)7 个国际频道的对外传播频道群,节目覆盖了全球 170 多个国家和地区的电视家庭用户,基本实现了全球覆盖,接近全球知名媒体英国广播公司(BBC)、美国有线电视新闻网(CNN)的覆盖水平。

走向世界的广播电视媒体主要有中央电视台的 CCTV-4、CCTV-9,湖南国际频道,浙江国际频道,江苏国际频道,天津国际频道,重庆国际频道,安徽国际频道,上海文广新闻传媒集团面向北美播出的以传播中国文化为特色的新频道 Dragon International,电广传媒集团下的湖南卫视等。走向世界的报刊主要有《读者》杂志、《女友》杂志、《人民日报》海外版、《中国日报》《新民晚报》《天津日报》《今晚报》等。《中国日报》1983 年起在美国印刷发行,《中国日报》2012 年在美国以"中国企业年"为主题,让美国社会更深入了解中国和中资企业;《中国日报》美国版 2009 年 3 月创刊以来,在美国九大城市印刷,峰值发行量超过 17 万份;《天津日报》2006 年 9 月进入"卫星报"销售系统,世界上 39 个国家和地区的读者可以在当地通过自动售报机即时购买到当日出版的报纸;《新民晚报》在国外创办了 22 个海外版,发行遍及全球六大洲。除了美国版和澳洲版外,其余 16 家均为新民晚报与海外华文媒体合作所办;《知音》杂志创办了《知音》海外版,在北美市场和台湾地区市场出版发行,并逐步拓展到港澳地区以及其他华人集中的国家和地区;《今晚报》继美国版、欧洲版和南美版之后,在澳大利亚创办了澳洲版;《读者》海外版行销全球 80 多个国家和地区。

四、话语体系新构建

中国文化"走出去"的目的是以文化的方式向世界介绍中国、展示中国,以赢得外国公众对中国的了解和尊重,为我国开展与外国在各个领域的交流合作创造有利的舆论环境和和谐氛围。中国文化"走出去"要着重抓好两个方面:一方面,要进一步彰显传统文化价值。五千年的文化底蕴是我国传媒文化"走出去"的绝对优势,当前我们就是要进一步地发扬中国传统文化的精髓,让真正代表中国民族传统的优秀文化"走出去"。另一方面,要进一步凝练时代文化。我国文化"走出去",也要展示我国现实情况,展示我国各族人民当代精神风貌。而且中国文化要"走出去",更要"走进去",不仅要走出国门,更要真正地走进海外主流文化市场。

以哲学社会科学期刊社科英文版为例,其全球影响力不断扩大,据模拟统计,2011—2012 年,社科英文版的影响因子为 0.127,在全球 39 个知名文化研究类期刊中排名第 28 位,在全球 92 种社会科学跨学科期刊中排名第 84 位。且社科英文版凭借其优秀的质量和创新的模式,已经初步实现盈利,经济效益逐渐显现,这在中国英文社科综合类期刊中是可喜的现象。

而且随着中国的崛起,中国问题和中国学者的声音越来越受到重视。关注中国问题,传达中国声音,讲好中国故事,形成中国话语是中国社会科学"走出去"的题中应有之义。社科英文版在选题上也一直重视中国问题、中国经验和中国视角。如该刊刊载的中国社科院院长王伟光的《马克思主义在中国的伟大胜利》,新加坡国立大学东亚研究所所长郑永年的《国际发展格局中的中国模式》,中央财经大学经济学院陈斌开副教授与北京大学国家发展研究院林毅夫教授合作的《发展战略、城市化与中国城乡收入差距》等文章,都有很高的阅读量和下载量。

第四节 中国文化"走出去"的新思考

中国文化"走出去"在 2014 年取得了辉煌的成绩,这点在第一节中我们已经做了初步的归纳和说明,但通过以上对国家 2013—2014 年在经济、外交、思想三个方面的总结,我们可以看出,国家在整体战略上有了新的特点,经济已经从资本输入大国变成资本输出大国,外交已经从"韬光养晦"变为有所作为的"走出去",文化思想已经确立了文化自信,道路自信、理论自信已经成为中国思想文化展开的新起点。文化是国家整体发展的表现,文化影响力是国家整体实力的体现。因此,我们从 2013—2014 年国家发展的新特点出发,从文化战略上应对中国文化"走出去"进行新的战略思考和分析,从国家整体利益和新的认知出发,对中国文化全球发展的战略进行新的表述与规划。

一、中国文化"走出去"要有新布局

作为国家的整体政略,软实力的发展建设有赖于硬实力的发展,同时,文化软实力的根本任务和使命是为国家的经济利益、政治利益服务,这是所有从事提高中国文化影响力的行业和部门必须牢记的原则,离开了国家的政治利益和经济利益,文化无法唱独角戏,不能很好服务于国家整体战略大局的文化"走出去",不管多么热闹、多么一时显赫都失去了文化"走出去"的基本目的。

基于这样的理解,中国文化"走出去"的全球战略布局亟待完善。"一带一路"是国家外交与经济的大战略,文化"走出去"要紧紧围绕这个大战略展开布局。从目前来看需要进一步调整文化"走出去"的全球布局。

首先,应完善孔子学院的全球设立规划。截至 2014 年 12 月 7 日,全球孔子学院共 475 所,设在 120 国(地区)。其中,亚洲 32 国(地区)103 所,非洲 29 国 42 所,欧洲 39 国 159 所,美洲 17 国 154 所,大洋洲 3 国 17 所。

"一带一路"是世界上跨度最长的经济大走廊,发端于中国,贯通中亚、东南亚、南亚、西亚乃至欧洲部分区域,东牵亚太经济圈,西系欧洲经济圈。

丝路新图

1、北线:北京——俄罗斯——德国——北欧

2、中线:北京——西安——乌鲁木齐——阿富汗——哈萨克斯坦——匈牙利——巴黎

3、南线:泉州——福州——广州——海口——北海——河内——吉隆坡——雅加达——科伦坡——加尔各答——内罗毕——雅典——威尼斯

"一带一路"所涉及的国家主要是发展中国家,这些国家多数为低收入国家,其中 9 个国家还是最不发达国家,人均国民总收入尚不足世界平均水平的一半。"一带一路"共有 65 个国家,除中国外,在

其他 64 个国家中仅有 49 个国家设立了孔子学院,孔子学院数量为 114 个。

由此,建议国家汉办应尽快调整在海外建立孔子学院的布局,同时,"中国文化中心""十二五"的建设计划也应根据"一带一路"战略的提出,制定新的建设中国文化中心的计划。

其次,应加大对"一带一路"国家的研究和文化投入。"一带一路"涉及 65 个国家,这些国家处于东西方多个文明交汇的地区,基督教(天主教、东正教)、伊斯兰教、佛教等的矛盾与冲突、不同民族与种族的矛盾与冲突,呈现易突发、多样性、复杂化、长期化的特点,某一特定事件的爆发可能对周边国家乃至多个国家产生较强的国家风险外溢效应。同时,这些国家多处于现代化建设阶段,面临突出的政治转制、经济转轨、社会转型的艰巨任务,国内政治经济的稳定性和成熟度较差,容易引发国家风险。这样,为保证中国经济在这些国家的投资和顺利发展,应加大对"一带一路"国家的文化、政治、历史的研究,文化"走出去"的前提是对对象国的文化历史有深入地了解和研究。

同时,应有计划的制定一个对"一带一路"国家做好中国文化传播的规划,提高中国文化在这些国家的影响力,从而为国家的整体利益服务。这样的规划至今没有,这是应引起有关部门注意的。

二、中国话语体系建设的新使命

2013 年年末,中共中央政治局就提高国际文化软实力研究进行了第十二次集体学习。中共中央总书记习近平在主持学习时强调提高国家文化软实力,并做了重要讲话。习近平强调,提高国家文化软实力,要努力传播当代中国价值观念。当代中国价值观念,就是中国特色社会主义价值观念,代表了中国先进文化的前进方向。我国成功走出了一条中国特色社会主义道路,实践证明我们的道路、理论体系、制度是成功的。要加强提炼和阐释,拓展对外传播平台和载体,把当代中国价值观念贯穿于国际交流和传播的方方面面。习近平指出,提高国家文化软实力,要努力提高国际话语权。要加强国际传播能力建设,精心构建对外话语体系,发挥好新兴媒体作用,增强对外话语的创造力、感召力、公信力,讲好中国故事,传播好中国声音,阐释好中国特色。对中国人民和中华民族的优秀文化和光荣历史,要加大正面宣传力度,通过学校教育、理论研究、历史研究、影视作品、文学作品等多种方式,加强爱国主义、集体主义、社会主义教育,引导我国人民树立和坚持正确的历史观、民族观、国家观、文化观,增强做中国人的骨气和底气。

在这个讲话中"提高国际话语权,增强对外话语的创造力、感召力、公信力",成为讲好中国故事,传播好中国声音的关键所在。在全国宣传感召会议上,习近平强调,要精心做好对外宣传工作,创新对外宣传方式,着力打造融通中外的新概念、新范畴、新表述,讲好中国故事,传播好中国声音。

在《中国文化"走出去"年度研究报告(2012卷)》中,我曾写下这样的文字:"在中国文化'走出去'的大战略中,中国社会科学应该承担起一个重大的使命:向世界展示中国的发展与辉煌成就,增强中国学术在国际学术领域的话语权,扩大中国文化的国际影响力。因为文明的中国需要向世界展示中国灿烂的古代文化和独特的思想体系,发展的中国需要向世界阐释中国的理想和道路,强大起来的中国需要在世界的多元文明体系中具有更大的影响力。因此,推动中国哲学社会科学优秀成果和人才走向世界,实施哲学社会科学'走出去'战略,已经成为整个国家文化软实力战略布局中的重要组成部分,成为进一步发展和繁荣中国哲学社会科学的必由之路,成为进一步做好中国文化走出去的关键所在。在国家软实力'走出去'的整本设计中,语言教育是基础,文化交流是途径,媒体传播是手段,哲学社会科学才是国家软实力的核心,这是世界主要国家向外部传播自己的文化和观念的基本经验。正是在语言、文化、传媒和价值理想四路共进中,西方国家才获得了全球的话语支配权。因比,对中国传统文化的世界性意义的说明,对当代中国价值观念和发展模式与道路的展现,只能由哲学社会科学来承担和完成。我们必须看到,目前中国在国际上的话语权与我国的国家地位严重失衡,仅仅通过语言传播、文化交流和在域外设立传媒机构是无法完成的。中国国家话语权的提升,不仅要提高自己话语的音量、扩展自己话语表达的形式、使一般民众了解当代中国的发展,更重要的是要提高自己的话语质量,传播自己的学术思想和价值观念,在世界各国的政治、思想和文化领域产生影响,要将中国所拥有的那种既为世界理解,又独具特色的价值理念表达出来,将有别于西方的中国价值体系和发展模式传播出去,使中华文明在世界多样文明之中产生更大的影响。"

现在看来,能否做好中国话语的建构已经成为中国文化"走出去"的关键所在。2014 年我们这样认识,2015 年我们仍这样认识,在领会学习习主席的讲话后我们更是感到这个问题的重要。这个问题至今并未很好的解决,或许这是一个需要学术界长期努力才能解决的问题。

应该如何"打造融通中外的新概念、新范畴、新表述"呢? 在2014 年的实践中,影响最大、最为成功的就是习主席在中国外交中创造出的一些具有中国特色的中国理念,从而丰富了国际政治的话语体系,这些理念既显示了中国区别于西方国际话语体系的新思想、新观点,同时又符合人类文明的文化传统,从而受到广大发展中国家的欢迎,引起了国际社会的高度重视。

新安全理念。在亚洲相互协作与信任措施会议第四次峰会上习主席发表了重要讲话,提出了"应该积极倡导共同、综合、合作、可持续的亚洲安全观,创新安全理念,搭建地区安全和合作新架构,努力走出一条共建、共享、共赢的亚洲安全之路"。这里的"共同、综合、合作、可持续的亚洲安全观"是一个全新的安全理念。这个理念打破了传统西方的"零和"安全和绝对安全的传统观念,将合作作为命运共同体的基础,"强调只有合作才能应对当前的各种传统和非传统安全挑战,只有通过促进共同安全才能保证自身安全。安全的内涵也得到进一步扩展;没有经济可持续发展,就难以保证可持续安全;没有各方进行安全合作,就不可能实现稳步的持续发展"①。

正确的义利观。"义利观"是中国古代思想中的一个重要观点,孔子曾经说过:"君子喻于义,小人喻于利。"(《论语·里仁》);孟子也曾说:不义之利"不苟得";大义面前连死都不怕,更不会贪利避祸。

---

① 秦亚青:《开拓中国特色大国外交之路》,《光明日报》2014 年 12 月 28 日。

（《孟子·告子上》）2013 年习主席访问非洲时正式提出"正确的义利观"这个概念，以后又多次说"'国不以利为利，以义为利也.'在国际合作中，我们要注重利，更要注重义。只有义利兼顾才能义利兼得，只有义利平衡才能义利共赢。""要弘义融利"。"正确的义利观"的提出成为中国外交的新思维、新概念，王毅外长说："正确义利观承继了中国外交的优良传统，体现了中国特色社会主义国家的理念，已经成为中国与非洲在内的发展中国家交往的重要指南，是新时期中国外交的一面旗帜。"这个基于中国传统的新概念的提出，不仅鲜明表达了中国对外援助的原则和立场，也回击了西方媒体对中国在发展中国家投资的攻击，展现了大国的风采。在国际关系理论中是一个创造，凸显出中国传统文化的智慧。

习主席在外交活动中注重中国理念的提出，"2014 年，带有鲜明中国特色的外交理念进一步丰富和发展，并贯彻到外交实践之中，开始形成以和平发展观、合作安全观和正确义利观为三个重要支点的理论体系。"[①]学者的这个评价，说明习主席通过国际外交这个大舞台，充分利用中国传统文化的智慧，创造出国际关系领域融通中外的新概念、新范畴、新表述，极大提高了中国的国际话语的影响力。

目前，中国学术"走出去"的关键是中国话语体系的构建，打造融通中外的新概念、新范畴、新表述。现在，随着中国国力的强大，中国话语的对外传播渠道已经十分发达，中国对外传播的硬件能力已经完全和西方一样发达，中国话语的对外翻译虽然有一定的困难，但这是可以解决的一个困难。唯独融通中外的新概念、新范畴、新表述，中国风格、中国气派的思想文化概念体系仍在探索之中，这成为中国文化"走出去"的短板。这是中国学术界面临的崭新而重大的课题和任务。在人文社会科学的各个领域，如何在汲取中国传统文化的智慧的同时，总结近百年中国学术进展的精华，构建融通中外的新的学术话语体系是需要我国的人文社会科学学者，破除百年西制崇拜，站在时代的前沿和思想的深处，开创性的展开工作。"中国哲学该出场了"、中国学术界该出场了！这是时代的呼唤。

---

① 　秦亚青:《开拓中国特色大国外交之路》,《光明日报》2014 年 12 月 28 日。

三、文化交流要有新理论

中国文化"走出去"，中国文化的传播依据哪种理论？这是在中国文化"走出去"时必须要思考的问题。传播学无疑是当下最为重要的理论和学科支撑，但应该看到当下的传播学基本上是从西方拿来的。西方传播学在中国的发展经过了三个阶段：把传播理论作为科学的客观式解读、把传播理论作为西学一部分的语境化解读、把传播研究作为社会实践的知识社会学批判。在第三阶段不再把西方的传播研究看成是一个中立客观的学术活，而是将其视为受到意识形态影响的社会实践。知识失去了客观性的面纱，被放到权力的放大镜下仔细剖析。西方传播学内部的发展历程也证实了这一点，"美国经验学派在第二次世界大战期间诞生。由威尔伯·施拉姆钦定的美国传播学具有明显的热战背景和冷战背景，其首要关怀是宣传、说服、舆论、民意测验、媒介内容、受众分析和短期效果，其哲学基础是实用主义和行为主义，其方法论是实证研究和量化研究，其研究对象是宣传、广告和媒介效果，其服务对象是现存的政治体制和商业体制。"[1]以法兰克福学派为代表的批判学派，尽管在美国没有成为主流理论，但一直作为一种重要思潮对西方思想传播学有着重要影响，直到今天德国哈贝马斯的交往理论就是这种批判的代表。

传播学一方面给我们提供了研究人类社会知识与信息传播的规律与特点，同时，这种以西方理论为其基础的学科也有着自身的浓厚文化背景，如何使西方的传播学在中国落地，如何从中国文化传统汲取智慧，使其本色化成为具有中国文化特色的新型传播学，这是历史赋予传播学的一个重任，也是我们在做中国文化"走出去"时对新闻传播学研究领域的一个期待。

2014 年习近平主席所提的"文明互鉴"理论给我们探索中国特色的传播学理论开辟了一个新的思路。今年 3 月，习主席在巴黎联合国教科文组织总部发表重要演讲，全面深刻阐述对文明交流互鉴

---

① 威尔伯·施拉姆著，何道宽译：《传播学概论》"译者序"，北京：中国人民大学出版社，2013 年，第 4 页。

的看法和主张,强调应该推动不同文明相互尊重、和谐共处,让文明交流互鉴成为增进各国人民友谊的桥梁、推动人类社会进步的动力、维护世界和平的纽带。习主席的论述,站在人类社会发展的高度,高瞻远瞩地揭示了世界文明交流融合的方向,思想内涵极为丰富,极大地丰富了文化交流和传播的理论。

1. 文明互鉴理论揭示世界文明多样性的本质,直接消解了西方中心主义;

2. 文明互鉴理论揭示了世界文明发展的根本原因,直接回应了西方的文明冲突论;

3. 文明互鉴理论阐明了中国文化的本质特征,向世界宣告了中国梦的世界意义;

4. 文明互鉴理论指明了中华文化传播的基本原则,为中国特色的传播学奠定了基础。中国文化走向世界的过程,就是有中国特色的文化传播理论不断丰富完善的过程,中国文化走向世界的实践为这一理论提供了广阔的空间和丰富的实践,同时,中国走向世界的过程也期待着中国传播学的理论指导,这是一个崭新的事业,我们期待着传播学界朋友的创造。

中国文化自身认识要有新理解。中国文化"走出去"的前提是传播主体要对自身文化有清晰的认识,一个对自身文化认识混乱的传播者是无法将自身文化介绍给其他文化的。由于中国当下社会正处在急剧的社会转型期,思想的混乱和彷徨是很自然的,如何处理好中国传统文化、百年来在中国已经生根的现代文化和主导思想界的马克思主义三者之间的关系,这已经成为今天思想理论界重大的课题,如何做到"西马儒"融合一体,形成中国当代特色价值体系,如同当年晚明时期那样,"儒释道"三教合一,这无疑是一个重大的理论课题。

尽管这样的问题在短时期并不可能很快解决,但在中国文化走向世界的历程中确时时绕回在每个从事中国文化海外传播的学者和行业从事者心头。我在《中国文化"走出去"年度研究报告(2012卷)》中已经明确指出了这个问题。报告是这样写的:

在中国文化"走出去"的过程中有两大根本性的问题:一是将中国文化理解为一些简单的通俗性文化,例如气功、饮食、武术、京剧、书法、民间艺术等。将中国文化的大小传统相割裂,不能从中国文化的价值高度来说明这些小传统文化的文化意义和思想意义,从而在这些通俗性传统文化"走出去"的过程中没有很好地彰显出中国文化的世界性意义。从文化传播的角度来讲,任何文化传播都是由浅而深,由简单而复杂,由对民族喜闻乐见的文化接受到对思想文化观念的接受。正像在喝可口可乐、吃麦当劳、看美国大片中人们欣赏到美国文化,在任何文化的传播中,都是通俗性文化传播在先,思想性文化传播在后。但成熟的文化传播在于,在传播通俗文化时注意其思想性文化内涵,在思想性文化传播中注意其传播的效果,而加大其通俗性。这两个方面的关系,我们处理得尚不成熟。在目前的中国通俗性文化传播中,商业气味过重,忽略其通俗性文化中的思想内涵。同时,由于西方文化霸权的存在,中国哲学社会科学的"走出去"严重滞后,从而使中国的思想性文化传播远远滞后于通俗性文化传播,二者之间存在严重的不协调。二是对中国文化的解释没有很好地将传统中国文化和当代中国文化加以统一,从而出现历史中国与当代中国的脱节,当代中国文化和历史中国文化的断裂。这是在中国文化传播中应该特别注意的一点。为此,我们应做到在传播中国文化时,将历史中国和当代中国、传统文化和当代文化统一在一个文化中国之中做一详细说明。①

习近平主席 2014 年以来的系列讲话,特别是在纪念孔子诞辰 2565 周年暨国际儒联第五届会员大会上的讲话对这个问题作了系统而全面的阐述,从而对于我们全面认识中国文化,树立文化自信,做好中国文化传播提供了理论武器。

首先,习主席的讲话阐明了以儒家为代表的中国传统文化对中国民族、国家、精神的重要意义;

其次,习主席讲话阐明了以儒家为代表的中国传统文化的当代意义;

再次,习主席讲话指明了马克思主义中国化与儒家传统文化的

---

① 张西平主编:《中国文化走出去年度研究报告(2012卷)》,郑州:大象出版社,2013年,第29页。

关系。

认真领会习主席关于中国文化的论述,认识一个完整的中国是从事中国文化海外传播的所有工作者必须首先认清、讲明、搞懂、理解的重大问题,这个问题不解决就会在中国文化海外传播中出现根本性问题。这个问题的重要性表现在:

第一,由于历史的原因,目前绝大多数从事中国文化海外传播的从业者没有很好的中国传统文化训练,缺乏中国传统文化的素养,从而直接影响了中国文化海外传播的效果。

第二,由于百年以西为师,相当多的文艺工作者在自己的作品、著作中有着较为严重的自我殖民化倾向,从而使我们不少作品不能反映中国传统文化的丰富内涵和世界性意义,文化的自我批判、自我矮化,是百年中国文艺的主潮。如何总结自我反省和文化自信的关系,走出百年以西为帝师的文艺思潮,这是中国当代文艺作品做好传播中国传统文化价值的重要问题。

第三,在对当代中国的认识上,许多从事文化传播的学者不能从世界历史的进程中深刻认识当代中国改革的伟大世界性意义,不能从中国历史宏大的发展中认识新中国建立的划时代意义,不能认识一个发展变革中的中国的复杂性和多维性,从而直接影响了中国思想的发展,从而直接影响了对当代中国文化的传播。

作为中国文化"走出去"的国家智库,必须站在国家思想斗争的前沿,必须从中国文化"走出去"的全局出发,走出部门、行业的局限来思考问题。此文中提出的以上三个问题是涉及中国文化"走出去"的深层性问题、全局性问题,我们需要不断地加以讨论和认识,以使我们有一个清晰的宏观认识。

(文/张西平)

第二章　中国哲学社会科学"走出去"

第一节　综合报告

一、关于中国哲学社会科学"走出去"

中国哲学社会科学"走出去"是指哲学社会科学成果通过学术的方式传播到国际学术界，为其他国家的学者和人民所了解，并对其他国家乃至世界产生影响。哲学是系统化、理论化的世界观，它以抽象方式表达对自然、人和社会的理解，并以此为基础形成人的价值观和精神信仰，构架社会理想和蓝图。哲学社会科学包括传统的文史哲人文学术研究和社会科学门类的研究，它以学术的方式从各个角度和层面分析和解释社会现象的本质及其规律，形成理解社会的理论模型，为社会治理提供科学依据。哲学社会科学具有明显的价值取向和意识形态特点，折射和体现着特定地域、时代和人群对特定社会对象的理解、认同和期许。而这一点既是制定中国哲学社会科学"走出去"战略所考虑的出发点，也是哲学社会科学"走出去"会面临的困境。也就是说，中国哲学社会科学之所以必须"走出去"，是因为（1）世界进入经济全球化时代，国内问题或多或少都有着国际背景，中国需要与各国哲学社会科学工作者一道以中国学者的视角来研究世界共同面临的重大问题。（2）中国经济社会发展已经取得重大成就，并且有着不同于世界上其他国家，特别是西方国家的发展和治理实践，哲学社会科学需要对中国经验进行总结和研究，对世界哲学社会科学做出贡献。然而,国际哲学社会科学领域的主导话语依然受西方主流意识形态的控制,中国哲学社会科学要"走出去",就首先会碰到意识形态差异的困境。因此,因为有差异,哲学社会科学要"走出去";也因为有差异,哲学社会科学较难"走出去"。从这一角度考虑,中国哲学社会科学"走出去"要解决好三个层面的问题:拿什么"走出去",如何"走出去",以及要提升"走出去"效果。

第一个层面,拿什么"走出去"。中国哲学社会科学"走出去"的成果必须要对世界文明有所贡献。中国哲学社会科学要通过以自己独创和新颖的方式研究自己的问题,对世界做出贡献,才能引起世界关注。中国近三十年来以人类历史上前所未有的速度和规模实现了社会的进步和转型,取得了举世瞩目的伟大成就,为此中国的哲学社会科学有基础,有理由通过对中国经验、中国道路、中国模式的研究,将其经验分享给世界。同时,在哲学社会科学的基础性研究中,中国学者也应有自己的东方视野,进行系统的深入的中国化研究,形成有影响力的研究成果,对具有全球意义的重大问题做出独特的贡献,这是中国哲学社会科学"走出去"的基础。

第二个层面,如何"走出去"。在"走出去"的方式上,一方面,应当致力于提升自己的研究水平,致力于将学术研究做成符合国际规范、国际水准的研究。另一方面,必须看到,在目前的国际学术话语体系中,是以西方学术确定的学术话语和标准来作为衡量学术成果尺度的,这个体系既有合理成分,也有相当大的不足,存在着较为严重的"西方中心主义"。我们要想"走出去",必须要表达自己,这样的表达要有一定的体系化话语,我们应从自己的社会实践出发,从中提炼出相应的能说明中国哲学社会科学发展的话语,然后用中国的概念,用一种更为创造性的语言来表达它的新意。应该看到当今所谓的国际惯例和规则系统,其实也就是西方世界的惯例和规则,目前,我们是无法抛开这个系统的。修改或颠覆规则的前提是进入规则,如果我们没有能力进入规则,就没有能力也没有机会改写规则。因此,在现阶段,我们一方面需要按照西方的学术规范和接受习惯先进入世界主流的话语体系,另一方面,又不能完全跟随西方的现有话语体系,我们应同时发出我们新的话语,发出我们的声音。这是一个中国学术界和西方学术界相互学习、相互博弈、相互磨合的历史过程，其困难在此，其意义也在此。

第三个层面，"走出去"的效果如何。衡量"走出去"效果的标准毫无疑问是影响力。具体来说，就是看我们中国学者提出的观点、理论、方法是不是被国际学术界关注、讨论，或者接受，或者批评，这都是正常的。逐步从边缘走向中心是要有一个历史性过程的。由于哲学社会科学具有意识形态性质和学术性质两种特性，因此，在所谓的影响力上会呈现出非常复杂的状况。目前，从思想内容上尚无一个统一的方法来衡量，我们只能从一般的形式上，例如引用率、转载率、出版数量、书籍收藏量等外在条件加以衡量。显然，对于哲学社会科学的影响力来说，这只是个表面的衡量方法，但它又是我们必须做的第一步，我们必须由此开始。如果在哲学社会科学的某个领域，国外同行能以中国学者的思维和视角认可中国学者的研究成果，甚至因此使该领域的理论、方法或研究范式发生质的变化，即在思维方式和研究方法上影响了他们，才是真正实现了走近学术研究之核心。

二、2012—2014 年中国哲学社会科学"走出去"基本态势

中国共产党第十七届六中全会提出了推动中华文化走向世界的战略部署，哲学社会科学"走出去"作为中华文化"走出去"的重要组成部分，它的发展也在这一阶段被明确纳入国家的战略计划。

2011 年 11 月，中共中央办公厅、国务院办公厅转发《教育部关于深入推进高等学校哲学社会科学繁荣发展的意见》，明确提出实施高校哲学社会科学"走出去"计划。随后，教育部、财政部印发《高等学校哲学社会科学"走出去"计划》，对高校哲学社会科学"走出去"的重要意义、工作方针、主要目标、建设重点和保障措施进行了明确定位和全面规划。该文件指出，在新的起点上，实施高等学校哲学社会科学"走出去"计划，对于深入推进哲学社会科学繁荣发展，进一步提升高等教育国际化水平，扩大中国学术的国际影响力，妥善回应外部关切，增进国际社会对我国基本国情、价值观念、发展道路、内外政策的了解和认识，展现我国文明、民主、开放、进步的形象，增强我国国际话语权，具有十分重要的意义。按照该文件要求，实施高校哲学社

会科学"走出去"计划的目标是要经过十年左右的努力,通过加强国际学术交流合作的内涵发展、品牌建设,国际学术交流合作体制机制更加完善,高端国际型人才培养体系基本形成,服务国家外交战略能力大幅提升,国际学术对话能力和话语权显著增强,中国学术海外影响明显扩大。

2012年4月,教育部社科司在广州召开高校哲学社会科学"走出去"工作会议。来自教育部社科司、国际司、中国联合国教科文组织全国委员会、国家汉办、国家留学基金管理委员会、教育部留学服务中心、广东省教育厅和100余所高校的领导,共计240余人出席会议,教育部副部长李卫红出席会议并讲话。她讲到,高校是我国哲学社会科学事业的主力军,在实施文化"走出去"战略、建设社会主义文化强国的伟大进程中,承担着光荣使命和崇高责任。党的十六大以来,高校哲学社会科学以开放促改革、以开放促发展,"走出去"工作已形成良好的发展态势。面临新形势新要求,高校要以人才培养为突破口,培养大批具有国际水平的优秀人才,着力解决"走出去"的瓶颈问题;以文化传承创新为主线,推出大批有国际影响力的优秀成果,着力解决"走出去"的话语体系问题;以交流平台建设为抓手,深化国际学术合作水平,着力解决"走出去"的渠道问题。

2012年以来,中国哲学社会科学"走出去"进入快速发展的轨道。我们从中国哲学社会科学学者论文和著作的国际发表、中国哲学社会科学国际交流平台的建设,以及若干重要的政府项目(如国家社科基金"中华学术外译项目")等"走出去"渠道来看,2012—2014年期间,中国哲学社会科学"走出去"呈现出下面一些特点:

1. 数量快速增长

从中国学者在哲学社会科学领域的国际刊物上发表的论文数量上来看,近两年来仍然呈逐年递增趋势。从纵向比较来看,自1969年建库起至2013年,中国学者在SSCI上所发表的论文,30%是在2012—2013两年发表的,超过2009—2011年度三年间中国学者在SSCI和A&HCI两个索引库中的发文数量,两相对比,2012—2013年两年间中国哲学社会科学学者在国际上的发文量已超过了2009—2011年三年之和,进步趋势非常明显。从横向比较来看,中国学者 2012—2013 年在 SSCI 和 A&HCI 上的发文量在世界范围来看亦算可观,尽管与美国差距仍然巨大,与欧洲传统社会科学的学术大国德国也还有一定差距,但中国学者的发文量在 2012—2013 年超过了法国,并且一直领先于亚洲的其他学术大户日本和新加坡。

从中国哲学社会科学英文期刊的数量来看,2012—2014 年,平均每年将近 5 本新刊问世,步伐相当大。2011—2014 年度国际学术会议次数也呈不断增长的趋势,而且增长的幅度也在上升,特别是 500 人以上的大型会议召开次数有较大程度增长。另外,国家社科基金"中华学术外译项目"的立项数量自 2012 年以来总体上亦呈上升趋势。

中国知网作为中国学术与知识向海外展示的窗口,在中国哲学社会科学研究"走出去"中占有重要地位,近年出口业绩持续增长,国际上许多重要高校和政府智囊也逐步加入中国知网的用户队伍,"中国知网"已经成为海外中国研究的重要工具和基本保障资源。

2. 范围日益扩大

从中国学者在国际哲学社会科学期刊上发表论文的学科分布看,A&HCI 里中国学者文章在传统文科方面的优势比较明显,集中在语言学、文学及近年来兴起的亚洲研究,2012 年以前,在这三个学科发表论文数量占比一直超过 60%,而 2012—2013 年度降至 58%,其他学科的绝对数量和相对比重则有较为明显的增长,表明中国人文社科各学科在走向国际化的进程中,力量日益均衡起来。从国家社科基金"中华学术外译项目"来看,项目立项学科分布趋广,由原来集中于经济学扩大到更广泛的学科,越来越注重人文社科类学科的外译输出;学术外译项目成果题材涉及政治、经济、外交、文化、宗教、军事、文学等各个学科,力图向世界展示一个全面整体的中国;翻译语种也从最初的 1 个语种扩大到包括英、法、西、俄、德、韩、日、阿等 8 个语种,覆盖人口面积趋于增大。此外,2011—2014 年期间,国际学术会议所涉及学科也越来越多,由 2009—2010 年度的 12 个学科变为 15 个学科,说明国际学术会议交流的内容越来越丰富。

3. 中国哲学社会科学英文期刊国际化程度的提高

中国哲学社会科学英文期刊,从稿件来源上看,英文原创稿件相对于中文翻译稿件的比例在逐渐增加。一方面,以往以翻译中文稿件为主的刊物正稳步增加英文原创稿件的比例,另一方面,2012 年以来新创办的刊物中,也以刊发英文原创稿件为主,明确以翻译为主的刊物只有为数不多的几家,发表英文原创稿件而不是中文翻译稿件正成为优先选择,而英文原创稿件中来自海外的英文原创稿件也在增多。2012—2014 年新创办的刊物中,除了少数刊物如 *China Finance and Economic Review* 的编委会完全由中国机构的学者构成外,绝大多数的编委会都是由来自中国和海外机构的学者构成,国际化色彩明显。以上说明,中国英文期刊无论稿源,还是编委会的国际化程度明显提高。Frontiers in China 系列期刊执行严格的同行评议制度,编委会成员及评审专家日趋国际化,已获取了越来越多的海内外高质量学术文章,逐步被海外学者所接受,为国内外社会科学学者提供了交流平台,促进了海内外学术交流。

4. 国际合作加深

中国学者在 SSCI 上发文的合作者来源达到 92 个国家和地区,比此前三年的 83 个又有所增加。国家社科基金"中华学术外译项目"已出版的成果中,外文母语译者占多数,绝大多数译作都由海外出版社出版,促进了中国哲学社会科学优秀著作更加顺利进入海外出版发行主流市场。英文社科期刊的出版方式,也大多与国外著名的出版公司合作,进行海外出版发行,这种国际合作模式能够充分利用海外出版商成熟的发行渠道和在线平台进行海外推广,提高可见度,使出版物能够以最快的速度被本专业领域的国外专家学者以及读者接触到,同时也有助于国内的高水平文章能够与国际标准接轨。

三、中国哲学社会科学"走出去"的良好效应

中国哲学社会科学"走出去"的快速发展带来了良好的效应。我们可以从下面几个方面加以理解:

1. "走出去"促进了哲学社会科学的繁荣

哲学社会科学作为人类认识自然、社会和人类自身的一门科学,在其发展的历史中,具有民族国家的特殊规律和全世界人类社会的普遍规律,同时反映出民族国家和阶级的意识形态特征。人类社会的进步使人类的认识和思想相互渗透、相互融合,哲学社会科学随着人类的认识和思想在跨国界的流动中不断丰富和发展,逐步树立起科学的地位,逐步成为人类社会的共同科学。经济全球化的出现给世界政治、经济、文化带来了一系列深刻的变化,也使我国所处的历史环境发生了巨大的变化,给我国的经济建设、文化事业提出了新的问题,产生了新的压力,也提供了一些发展契机,也为我国繁荣发展哲学社会科学带来了难得的发展机遇。开放的中国在实施"走出去"的战略中,大大扩展了自身的学术视野,开始自觉地将中国的经验在国际学术界大胆表达,在学术研究上也开始逐步树立自信,已经开始有一批学术成果引起国际学术界的重视。中国学术界开始创办自己的英文学术刊物,开始组织世界性学术学科会议。2012年以来,举办高层次哲学社会科学国际学术会议的次数明显增多,涉及的学科明显增加;一批具有国际学术视野和中国情怀的中国学者已经登上一些学科的学术舞台,逐步成为较有影响的学术人物。这些成果在以往是不敢想象的,今天则开始逐步变成现实。正是在"走出去"政策的实施中,中国哲学社会科学在世界学术大舞台上开始展示出中国这个东方国家的人文社会科学的新面貌、新特色。

2."走出去"服务于国家战略的制定

人文社会科学是为国家科技、经济、社会发展等问题提供咨询和决策方案的理论支撑,在服务国家战略的时候,必须为中国经验提供坚实的理论说明,为国家的全球发展提供咨询和智慧。在这方面,人文社会科学正在发挥着不可取代的重要作用。例如,汉语学术界与国家汉办的合作,为汉语在世界的传播提供了一系列的学术支持,从而使汉语迅速走向世界,这是一个十分成功的案例。尽管我们在汉语传播上仍有待完善之处,但在短短十余年内取得如此大的成就是必须加以肯定的,期间有众多学者为这项伟大的事业做出了贡献。又如,目前国家的全球发展,对我们的国别区域研究提出了新的要求,教育部的许多国别区域研究中心,教育部的人文社会科学研究基地都发挥了重要的作用。中国社会科学院、现代国际关系研究院等单位已经成为全球著名的研究智库,中国社会科学院的系列发展报告已经成为中国许多行业和部门在全球发展的必读之物。2012 年以来,中国哲学社会科学领域急国家之急,强化服务国家战略的意识,突出问题研究的导向,把研究的视野聚焦到时代的真问题、大问题上来,把研究的力量集中到国家的重大发展战略上来,加强对全面建成小康社会、建设富强民主文明和谐的社会主义现代化国家、实现中华民族伟大复兴进程中的重大理论和实践问题的研究,夯实基础性研究、聚焦战略性研究、做好前瞻性研究,以高质量、高水平的研究成果服务于党和政府的决策,开始逐步形成一批国家级智库,为中国在全球发展做出了重要贡献。

3. "走出去"向世界讲述了中国故事

经过短短 30 多年的改革开放,中国发生了翻天覆地的变化,尽管我们可能还存在着这样那样的问题,但是一个不争的事实是:我们已经在世界上传统最厚重、文明最悠久、人口最多、封建历史最长的国家初步完成了市场化的改革,持续了长达 30 多年的高速经济增长。这本身堪称了不起的成功。在这些成功的发展经验中,不仅存在着中国人特有的运作模式,而且也存在着中国人的哲学、中国人对制度的认识,等等。从哲学社会科学角度看,世界各国对中国的政治理念、经济制度、社会体系和发展道路,充满了好奇,期待了解改革和开放的中国,特别是中国共产党治国理政的制度理念、中国经济高速发展的动因和机制,而所有这些都是西方社会科学所无法解释的,这要求我们给出正面的回答,用有价值的研究结果予以解释和说明,提出我们的哲学社会科学的研究结果。例如,由国务院新闻办公室会同中央文献研究室、中国外文局编辑的《习近平谈治国理政》一书,收录了习近平总书记在 2012 年 11 月 15 日至 2014 年 6 月 13 日这段时间的讲话、谈话、演讲、答问、批示、贺信等 79 篇,分为 18 个专题。该书以中、英、法、俄、阿、西、葡、德、日等多语种版本出版发行,全面系统回答了新的时代条件下中国发展的重大理论和现实问题,为各国读者开启了一扇观察和感知中国的窗口,是国际社会寻找中国问题答案的一把钥匙。通过阅读这本书,国际社会可以了解以习近平同志为总书记的中共治国理念和执政方略,品味悠长醇厚的中国历史文化,感受当代中国的深刻变革和梦想追求,进一步增进对中国发展理念、发展道路、内外政策的理解,从而更加全面地了解中国、更加客观地看待中国、更加理性地读懂中国。再如,国家社科基金"中华学术外译项目"中,"改革开放 30 年成就系列报告"丛书是中国学者对当代中国最重要时期各方面变革的系列报告,代表了中国政府在推动学术"走出去"过程中迫切希望世界了解中国的最重要领域。2013 年以来,中国学者对马克思主义理论研究的学术外译立项数也明显增长,这些立项选题虽然没有直接讨论中国主题,但体现了中国社会主义国家的意识形态和政治价值观,从而为理解中国当代政治,特别是中国特色社会主义提供支撑。

四、中国哲学社会科学"走出去"面临的困难

虽然中国哲学社会科学"走出去"取得了显著成效,但依然面临重重障碍,这主要表现为:国家语言明显不足,反映中国文化特点的学术话语尚未完成,在国际学术组织机构中影响不大、影响力不强等问题。

1. 国家语言能力已经是制约中国哲学社会科学"走出去"的瓶颈

如今,英语作为主要的国际学术语言的地位不可动摇,但对于不以英语为主要使用语言的中国学者来说,语言始终是制约我国哲学社会科学"走出去"的一大瓶颈,另一方面表现在国内缺乏高水平的翻译队伍,国内知名学者的优秀成果尽管翻译成英文并在国外进行了展示,但是外国读者却看不懂,不知所云,或形成误读,无法形成国际影响力。

国家语言能力不足的另一个突出表现在:我国目前所能掌握的语言覆盖面小,跟不上国家在世界的快速发展。国家"一带一路"战略的提出,这个战略涉及 65 个国家,涉及多种语言。如果落实国家的"一带一路"战略,国家语言能力明显不足的短板就显现了出来。目前,我国仅仅掌握两门非洲的语言:斯瓦希里语、豪萨语。阿姆哈拉语和祖鲁语至今没有开设,非洲的部落语言我国则完全不掌握。我们在外语能力上的薄弱已经开始影响到我国经济在非洲的发展。从外语能力看其国家利益扩展的最典型例子就是美国。美国在 9·11 后痛定思痛,将外语能力作为提高国家能力的三大基本国策,

美国在 2005 年发布的全国语言大会白皮书指出:"我们的构想是,通过外语能力和对世界文化的了解,使美国成为更强大的全球领导者。"这里明确清楚地表达了美国外语能力与国家利益之间的关系。在全球化时代,要求一个国家必须具有更强的全球多种外语的能力。外语能力越强,国家竞争力就越强。美国的国家语言战略根本上就是国家外语战略,这个战略是直接为美国的全球利益服务的,具体来说就是将这种外语能力服务于国家安全,服务于美国经济利益在全球的扩张,服务于美国文化的传播。① 将科技、教育、外语作为三大立国之本,这在美国历史是没有的。由于美国是个移民国家,它自身就拥有 380 种语言人才,同时美国已经出版了 500 种语言的教材。并根据美国的国家利益确定了所谓的"关键语言"给予特别的关照。与西方发达国家相比,我国在国家外语能力上的差距十分显著,这已经成为中国文化"走出去"的瓶颈,必须引起我们的高度关注。

2. 反映中国文化特点的学术话语尚未完成

哲学社会科学"走出去"是一个双向的过程,一方面需要我们主动融入和利用现有的国际学术体系,努力把我们优秀的成果介绍给世界,另一方面要吸收国外的优秀思想成果,进行对等的交流。这是一个全新的事业,中国学术话语的建立是当下中国学术"走出去"之关键,但一个新的话语体系的建立绝非能在短期内完成。例如,就中国传统文化的介绍,首先需要中国学术界系统理解四百年来西方汉学界的学术成果,其对中国典籍的翻译和解释,并对其加以创造性的改造。这本身就是一项需要耐心长期展开的基础性学术研究,那种认为可以抛开汉学界,中国翻译界自创一套话语的想法无疑违背了文化传播的基本规律。在这方面中国国家外文局做出了重要贡献。在当代中国政治话语等建立上中央编译局做出了重要的贡献,但如何进一步将其政治话语体系与国际话语体系融合,在融合中如何保持其自身政治的特色,这些都是有待我们不断努力的。因此,如何把中国各方面的东西解读好,总结中国的经验,形成独特的理论模型,做出真正令人信服的研究成果并介绍给世界,对中国的哲学社会科

① 见王建勤:《美国"关键语言"战略与我国国家安全语言战略》,《云南师范大学学报》2010 年第 2 期。

学学者来说,还是一门尚未很好完成的功课。坚冰已经打破,国门已经打开,中国的巨轮已经开始成为世界发展的重要推动力,我们不能成为话语的沉默者,建立中国自己的话语体系,这是一个崭新伟大的事业。

3. 在国际学术组织机构中影响不大,尚未开始制定符合新的学术发展的运行规则

目前,世界人文社会科学的主要学术刊物仍是以西方学术界所控制的学术刊物为主体,学术评价体系仍是以西方制定的评价体系为标准。例如,目前我们在衡量中国人文科学走向世界的时所用的标准和手段是美国的"社会科学引文索引"(Social Sciences Citation Index,简称 SSCI),这是由美国科学信息研究所(The Institute for Scientific Information)科学文献数据库。该数据库还包括个人推荐选择的确有学术价值的优秀论文,这样大约涉及 6 500 多种刊物。它的语种包括英语、德语、法语、西班牙语、葡萄牙语等,其中英语类期刊占 95% 以上,其次是德语和法语。

另一个重要的人文社会科学论文索引是"艺术与人文引文索引"(Arts & Humanities Citation Index,简称 A&HCI)。它收录报道并标引了 1 452 种艺术与人文科学期刊,还包括 Web of Science 各个引文数据库中有关艺术与人文科学方面的其他 8 000 多种期刊的内容(是选择和艺术与人文科学方面的文章)A&HCI 学科范围涉及考古学、建筑学、艺术、亚洲研究、古典、舞蹈、电影、民俗、历史、人文、语言学、文学、文学评论、中世纪与文艺复兴、哲学、诗歌、宗教、音乐、视觉、表演、广播、电视、戏剧等。2009 年 4 月 A&HCI 收录期刊 1 415 种。

我国在 20 世纪 80 年代开始引进"科学引文索引"(Science Citation Index,简称 SCI)。从历史来看,由于我国科学界选择 SCI 作为对科研机构和科学家的学术水平以及科研绩效客观评价标准,受到了科学界研究人员的普遍重视,从而刺激了中国科技论文数量的增长。随后,各高校也开始利用 SCI 进行科研绩效评价。不久,SSCI 和 A&HCI 也开始被引入人文社会科学系统的科研评价系统,"国家对社会科学国际化的支持、高校重视 SSCI 论文发表的举措,这些对于我国高校社会科学国际化的进程以及 SSCI 论文的发表产生了直接的推动作用。"①因此,SSCI 和 A&HCI 收录以及被收录的数量,在一定程度上可以反映人文社会科学研究的国际化程度或者与国际接轨程度,成为许多大学人文社会科学发展的一个衡量标准。

对于这个现状也受到一些学者的批评,其原因在于 SSCI 和 A&HCI 是由美国所制定,语言主要是英语,这样中国学者的研究被收入就会有一系列的问题。这些问题被一些学者概括为 SSCI 和 A&HCI 有"倾向性而非客观性""片面性而非全面性""地域而非全球、主观而不客观、片面而不全面"。这样的标准引入中国社会科学评价系统后,不仅仅是一个学术成果的评价问题,它也引起了学者在研究上的变化。这就是"问题域。在这种思路的指导下进行学术管理,学者提出的问题就必须在既有的国际学术环境中操作,以美国为代表的欧美国家便成为'学术主流'。而这些所谓'学术主流'社会的人文社会学科,面临的问题却与中国社会并不一致。但为了能在英语刊物上出版,许多学者所用的分析架构与问题意识,就必须先符合这些地区的要求。本地化的议题往往无法成为研究焦点。诸多人文社会研究的问题,本来必须具有明确的历史脉络感,如今却要遭到'去脉络化',或是被淡化隐藏。研究者必须以英语世界所熟悉的理论视角。学术自我殖民化,除了用美国人的语言、考虑美国人的问题外,最严重的后果就是从美国人的角度(西方学者惯用的角度)观察和分析问题。在我国常见的一种现象是,未加分析的全盘引用西方学者的观点,用以解释中国复杂多变的现实问题。而且把这种'拿来主义'作为学术创新的捷径,乐此不疲。如果理论并不切合(也不可能完全切合),则在现实中拼凑可以证明理论的片面事实。在这种美国视角下研究问题,无疑严重影响了本土学术创新,造成了巨大的资源浪费。"②

也有学者认为,这些系统是我们目前在进入国际学术界时所不

---

① 刘莉、刘念才:《我国大陆高校 SSCI 论文定量分析:1978—2007》,《清华大学教育研究》2009 年第 30 卷第 6 期。

② 党生翠:《美国标准能成为中国人文社科成果的最高评价标准吗?——以 SSCI 为例》,《社会科学论坛》2005 年第 4 期。

能摆脱的。因此,"在人文社会科学研究方面,与国际接轨,并不意味着与西方接轨,而是意味着与西方进行对话,通过这种对话逐步达到理论和学术的双向交流,而在这种交流的过程中,中国的学者才能逐步对西方的学者产生某种潜移默化的影响。"①

笔者认为,在当下情况下引进 SSCI 和 A&HCI 索引系统作为中国学术研究的评估系统,对于中国学术的国际化发展是有利的,正如中国加入 WTO 大大促进了中国经济的发展一样。应该看到汉语作为国际学术语言是一个长期的过程,在相当长的时间中英语作为国际影响最大的学术语言的地位不会改变,因此,积极鼓励中国学者用英语写作,积极鼓励中国学者在国际范围内展开学术对话是我们当前做好中国学术"走出去"的重要举措。

但是,同时我们也必须看到这两个索引的不足,从国家文化发展的角度,警惕这种文化霸权对中国学术的负面的影响。学者的批评声音应该引起重视。

从世界多元文化的长远发展来看,英语独霸世界学术语言的状况一定会被打破。目前对美国这两套索引系统不满意的不仅仅是中国学术界,日本、韩国、德国、法国、俄罗斯、巴西等国家的学术界都有不同程度的不满。因为这些国家所使用本民族语言的研究成果无法进入全球学术检索系统。因此,中国人文社会科学学术界应从长远的学术发展着眼,从全球经济发展带来的世界政治文化格局变迁的趋势着眼,可以考虑联合一些国家的学术界建立一个包括世界主要语言在内的更为全面的世界学术索引系统,并借鉴 SSCI 和 A&HCI 索引的成功经验,对其在多元语言与文化背景条件的索引特点做新的创新。尽管困难重重,但中国人文社会科学学术界应该有这样的理想,开始考虑制定新的国际学术话语影响力的新的规则和标准。

(文/陈文力、善渊)

---

① 王宁:《对人文社会科学现行学术评价系统的确认与辩护》,《学术研究》2006 年第 3 期。

第二节　中国学者在国际哲学社会科学期刊上发表论文情况报告(2012—2013)——基于 SSCI 及 A&HCI 数据库①

一、数据来源

SSCI(Social Sciences Citation Index)——"社会科学引文索引"数据库是目前全球最权威的社会科学引文索引数据库,内容基本覆盖社会科学的各个领域,收录社会科学类 3 123 种具有国际性、高影响力的学术期刊,数据最早可以回溯至 1900 年。A&HCI(Arts & Humanities Citation Index)——"艺术与人文科学引文索引"创建于 1976 年,收录从 1975 年至今的数据,是艺术与人文科学领域重要的期刊文摘索引数据库。A&HCI 目前收录期刊 1 731 种,数据覆盖了考古学、建筑学、艺术、文学、哲学、宗教、历史等人文科学领域②。这两个数据库均通过 Web of Science 平台(简称 WOS)进行检索,期刊收录列表等情况则可从汤森路透(Thomson Reuters)主页公开获取③。

以上两种引文索引数据库均由汤森路透公司维护,经过 50 余年的发展,业已成为世界上用来衡量社会科学领域所发表论文质量最重要的参考指标。

关于使用 SSCI 和 A&HCI 来评判论文质量是否科学和全面,在我国学界一直有不同的意见,一方面,这两个数据库是典型的西方视角、英语视角(目前 SSCI 收录的中国期刊仅有 10 余种,而收录的美国期刊有 1 277 种;英文刊占全部收录刊物的近 90%),中国及其他非英语国家学者的发文因此受到极大的限制,这对于客观评价学术质量显然具有不可回避的负面影响;但另一方面,目前尚未出现更权威更全面的产品来取代之,各国国内的类似数据库(如中国南京大学出品的 CSSCI,北京大学出品的中文核心期刊索引等)受语言和接受

---

① 此项目获北京外国语大学世界亚洲研究信息中心资助。
② 数据采集日期:2014 年 11 月 23 日。
③ 网址:http://ip—science. thomsonreuters. com/mjl/。

面的限制,目前还难以得到国际学术界的认可。

本系列报告之所以建立在 SSCI 和 A&HCI 这两个数据库的数据基础之上,一方面由于上述原因;更重要的是因为报告的目标并非为了对中国学者的国际学术地位进行定性分析,即评价其国际学术地位或影响力,而在于汇报一定的时间段内,中国学者在世界具有影响力的刊物上所发表的论文数量、涉及的学科及其趋势等,从而为中国哲学社会科学走向国际的进程定位提供一定的数据支撑。因此,这两个数据库是目前能够采用的较为全面和权威的数据来源。在更完备的评价体系出台之前,本报告将继续以该数据库组为基础,为中国社会科学"走出去"工作提供一个相对客观,且具有延续性的统计指标。

二、2012—2013 中国学者在 SSCI 和 A&HCI 上发表论文的基本情况

1. 中国学者发文数量分析

通过在 WOS 平台上以"国家＝中国""时间＝2012—2013"为检索条件进行检索,得到 2012—2013 两年间,中国学者(含港、澳,不含台湾,此为 WOS 的默认分类)在 SSCI 上共发表文章 17 267 篇[①],在 A&HCI 上共发表文章 1 769 篇。为方便对比,将 SCIE[②] 中的发表篇数也一并列出。具体情况如表 2-2-1 所示:

表 2-2-1

数据库 年 份	SSCI(篇)	A&HCI(篇)	SCIE(篇)
2012	8 126	854	194 763
2013	9 141	915	231 862
总量	17 267	1 769	426 625

---

① 本文所指的文章,包括论文、会议论文、书评、评论等 WOS 平台纳入统计的所有文献类型。

② SCIE(Science Citation Index Expanded)是科学引文数据库,由美国科学信息研究所(ISI)1961 年创办出版。在此列出其数据以便比较,数据同样来自 WOS 数据库平台。

从表 2-2-1、并结合本系列报告上一篇的数据可以看出，近两年来，中国学者在哲学社会科学领域的国际刊物上发表的论文数量仍然呈逐年递增趋势。结合历史来看，从建库之时起至 2013 年，中国学者在 SSCI（回溯至 1900 年）和 A&HCI（回溯至 1975 年）上发表文章总计 62 162 篇，而 2012—2013 两年的发表数量即占该总量的近 30%（18 385 篇[①]）；本系列报告上一篇曾列出 2009—2011 年度三年间中国学者在两个索引库中的发文数量（共 18 228 篇），两相对比，可见近两年间中国哲学社会科学学者在国际上的发文量已超过了往期三年之和，进步趋势非常明显。由此我们可以得出一个结论：2012—2013 这两年里，中国哲学社会科学领域的国际化程度继续稳步提高。图 2-2-1 可以更直观地反映这一点。

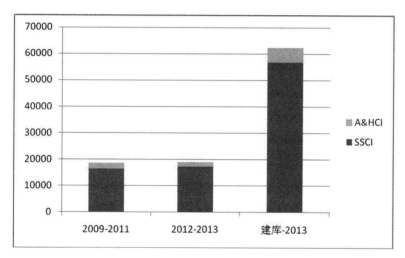

图 2-2-1

然而，与自然科学领域相比，这一数字依然显得非常单薄：两年间，中国学者在 SSCI 和 A&HCI 中的发文量不及在 SCIE 中发文量的 4.5%。当然，这其中有学科要求不同、学科发展程度有别、可发文刊物基数及出版频率相差巨大等很多原因，不能单从数量上下结论。但是至少可以说明，在客观条件类似的情况下，中国哲学社会科

①　此数据不可将 SSCI 发文量与 A&HCI 发文量简单相加而得，因为部分刊物同时被两种索引收录，故仍应以数据库去重后查询出的数据为准，下同。

学国际化的空间还很大。

事实上,中国学者近三年来在 SSCI 和 A&HCI 上的发文量在世界范围来看亦算可观,通过图 2-2-2 的比较我们可以看到,尽管与美国差距仍然巨大,与欧洲传统社会科学的学术大国德国也还有一定差距,但与前三年的数据对比来看,中国学者的发文量在近两年中超过了法国,并且一直远远领先于亚洲的其他学术大户日本和新加坡。德、法、日等国的学者与中国学者类似,同样受到语言关的限制,因此三国学术的国际化程度具有很强的可比性,值得我们长期关注。①

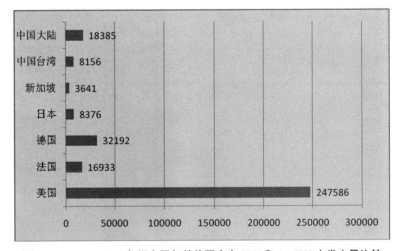

图 2-2-2　2012—2013 年间中国与其他国家在 SSCI 和 A&HCI 上发文量比较

2. 中国学者合作对象情况分析

随着学术国际化的发展,学者之间跨地区、跨国界,乃至跨领域的合作越来越频繁。从 WOS 平台的数据来看,2012—2013 年间,中国学者在 SSCI 上发文的合作者来源达到 92 个国家和地区,比此前三年的 83 个又有所增加。其中排名前十位者及其所占比例如表 2-2-2 所示。

---

① 需要说明的是,WOS 平台默认香港、澳门地区属于中国,而香港是中国的学术重镇之一,发文量相当可观。其具体发文量及与其他中国地区的对比,本报告暂不做分析,感兴趣者可自行找数据分析。

表 2-2-2

国家/地区	记录数	占总量(17267)的百分比
中国大陆	17 267	100.000%
美国	4 201	24.330%
英格兰	973	5.635%
澳大利亚	952	5.513%
加拿大	662	3.834%
中国台湾	417	2.415%
新加坡	393	2.276%
德国	317	1.836%
日本	315	1.824%
荷兰	299	1.732%
韩国	198	1.147%

A&HCI 中的情况也类似,如:

表 2-2-3

国家/地区	记录数	占总量(1769)的百分比
中国大陆	1 769	100.000%
美国	152	8.592%
英格兰	64	3.618%
澳大利亚	29	1.639%
德国	20	1.131%
加拿大	18	1.018%
日本	17	0.961%
荷兰	15	0.848%
西班牙	12	0.678%
新加坡	12	0.678%
中国台湾	11	0.622%

由以上两表可以看出,近年来中国学者选择的合作对象,主要是学术大国,尤其是以英语为母语或英语基础较好的国家或地区的学者,例如美国、英格兰、澳大利亚、加拿大、新加坡、荷兰等。这两个列表若继续往下排,跻身前列的则以欧洲国家为主,如意大利、西班牙、瑞典、奥地利、丹麦、芬兰等,至于其他大洲和地区,虽然也有,但数量非常少。

以上现象一方面表明,中国社会科学学者近年来研究所关注的重点领域,与国际学术界逐渐接轨,能邀请到的合作伙伴范围逐渐扩大;另一方面也反映出 SSCI 和 A&HCI 的西方视角和英语独大,严重制约着中国及其他国家和地区的学者加入其中;同时也提醒着中国学者,要想自己的学术国际化,掌握好外语尤其是英语至关重要。下一节的内容也从另一个侧面说明了这个问题。

3. 中国学者在 SSCI 和 A&HCI 发表文章所用语言情况分析

2012—2013 年,中国学者在 SSCI 和 A&HCI 上发表文章所用语种及所占比例分别为:

表 2-2-4　2012—2013 年度 SSCI 里中国学者文章的语种分布

语种	计数
英语	17 299①
中文	21
法语	7
俄语	4
德语	2
日语	2
西班牙语	2

---

① 该数据超过总量,待与 WOS 数据库确认。

表 2-2-5 2012—2013 年度 A&HCI 里中国学者文章的语种分布

语种	计数	百分比
英语	1 394	78.80％
中文	349	19.73％
德语	13	0.73％
法语	5	0.28％
斯洛文尼亚语	2	0.11％
西班牙语	1	0.06％
斯洛伐克语	1	0.06％
俄语	1	0.06％
葡萄牙语	1	0.06％
意大利语	1	0.06％
克罗地亚语	1	0.06％

可见，SSCI 几乎是英语的天下，其他语种的发文量及占比依然小到可以忽略不计；A&HCI 中的语种则稍为多样化，但值得注意的是，近两年来英语发文量所占的百分比，比之前三年的（73.63％）有所上升，而中文等其他语言的发文量在数量和所占比重方面都显著减小（由近 25％减少至 20％强）。以上两表表明，总体而言，中国学者对于除英语之外的外语，涉猎范围渐渐拓宽，尽管数量并不多，但这对于中国学者扩大在国际上的影响力、中国学术走向世界也是一个可喜的进步；同时中国学者对于英语的掌握程度进一步提高，我们不妨预测，今后中国学者在 SSCI 和 A&HCI 中发表的文章，以英语书写者所占比重将进一步加大。我们希望，随着中国国力的提升，汉语影响力的扩大，中国学者在国际上用中文发表文章的渠道能够越来越多；同时中国学者所掌握的外语种类和水平也能进一步提高。

4. 中国学者在 SSCI 和 A&HCI 所发文章涉及学科(研究方向)情况

中国学者 2012 年和 2013 年在 SSCI 和 A&HCI 上发表的文章学科分布前十名及对应的文章数及占比为：

表 2-2-6　SSCI 里中国学者文章的学科分布

学　科	计　数	百分比
Economics 经济学	2 158	12.50%
Management 管理学	1 251	7.25%
Psychology Multidisciplinary 心理学	899	5.21%
Psychiatry 精神病学	856	4.96%
Environmental Studies 环境研究	853	4.94%
Public Environmental Occupational Health 公共与环境卫生	839	4.86%
Operations Research Management Science 运筹管理学	833	4.82%
Business 商学	719	4.16%
Environmental Sciences 环境科学	677	3.92%
Multidisciplinary Sciences 跨学科研究	616	3.57%
前十名学科累计	9 701	56.19%

（注：此为 WOS 数据库的默认学科分类。）

教育学和语言学已跌出前十，分别以 616 篇和 493 篇排在第 11 和第 16 位。

表 2-2-7　A&HCI 里中国学者文章的学科分布

学　科（研究方向①）	计　数	百分比
Linguistics 语言学	387	21.88%
Literature 文学	367	20.75%
Asian Studies 亚洲研究	279	15.77%
Philosophy 哲学	228	12.89%
History 历史学	155	8.76%
Religion 宗教学	102	5.77%
Geology 地质学	73	4.13%
Arts Humanities Other Topics 其他人文学主题	72	4.07%
Archaeology 考古学	72	4.07%
Architecture 建筑学	71	4.01%
前十名学科累计	1 806	102.1%②

---

① 鉴于 WOS 数据库中默认学科分类法在 A&HCI 数据库中体现得较为混乱（例如将 Language Linguistics 和 Linguistics 分为两类，但又多有重合），因此在 A&HCI 学科统计中笔者选取"研究方向"字段代表学科分类，以更好地揭示出学科分布情况。

② A&HCI 中前十种学科的占比累计超过 100%，原因在于部分文章涉及不止一种学科，在分类时被分别统计。

SSCI 收录期刊所覆盖的学科为通常所称的"大文科",所含学科种类众多。从表 2-2-6 可以看出,中国学者在大文科中发文的重点主要是经管商学类,与前几年的热点一致,也与全世界的热点学术研究学科分布相吻合,这与此类刊物的收录量较大也有关系;同时值得注意的是,在 SSCI 中,中国学者发文最多的十个学科累计,总占比只刚刚过半;而对比表 2-2-7,在 A&HCI 中,中国学者发文最多的十个学科累计占比已超过 100%——A&HCI 所覆盖的学科范围,主要是传统意义上的"小文科",其学科分类比 SSCI 的大文科要少很多。尽管如此,我们依然可以看出中国学者在传统文科方面的优势更明显,成果更集中,尤其是语言学、文学这两大"巨头",以及中国学者具有天然优势的亚洲研究(中国研究、汉学等涵盖于其中)。亚洲研究是近年来兴起的一个新的学术生长点,中国学者在此学科中的发文量一直稳步增长,与语言学和文学两大学科并驾齐驱。具体情况请参见图 2-2-3:

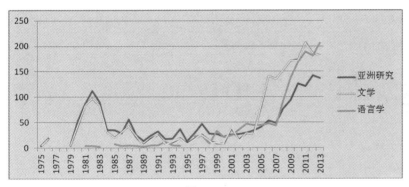

图 2-2-3

另一个值得注意的现象是,2009—2011 年度,中国学者在 A&HCI 中发表的文章,"三巨头"(文学、语言学、亚洲研究)加起来的总占比超过了 60%,其他学科占比较轻;而 2012—2013 年度,"三巨头"总占比降至 58%,其他学科的绝对数量和相对比重则有较为明显的增长。证明中国人文社科各学科在走向国际化的进程中,力量日益均衡起来。

5. 国内高校(含科研机构)在 SSCI 和 A&HCI 上的发文情况初探

虽然国内目前反对"唯 SCI 论"的观点甚嚣尘上,但不可否认的是,各大高校越来越将在 SCI,SSCI 及 A&HCI 上的发文量视作评价教师和科研工作者科研能力的最重要指标,这也是近年来中国学者在 SSCI 和 A&HCI 上发文量不断增长的主要原因之一。本报告不妨将 2012—2013 两年,国内部分高校及科研机构在这两种索引上的发文量整理如下(发文量在 200 篇以下者暂不纳入整理;不含港、澳、台),以便后续报告进行对比和研究。

表 2-2-8

序号	机构名称	2012—2013 年度发文量(篇)
1	中国科学院	1 124
2	北京大学	1 000
3	清华大学	616
4	浙江大学	570
5	复旦大学	550
6	北京师范大学	540
7	上海交通大学	524
8	中国人民大学	521
9	中山大学	471
10	中国医学科学院 北京协和医学院	349
11	武汉大学	317
12	南京大学	295
13	四川大学	259
14	华中理工大学	245
15	同济大学	239
16	西安交通大学	238
17	华东师范大学	236
18	厦门大学	226
19	上海财经大学	216
20	中南大学	212

三、结语

综上所述,2012—2013 年两年间,中国哲学社会科学领域的学者,在以 SSCI 和 A&HCI 为代表的国际学术界上收获的发文量,再创历史新高。这一方面是学者们自身努力和整个学科领域水平不断提高的必然结果,另一方面也与国家对哲学社会科学研究的重视程度逐渐加大有直接关系。放眼中国学术界,有外语背景、海外留学背景的人才越来越多,这一现象直接提高了中国学术界的国际化程度。

不过,由于语言和传统学科思维的限制,中国哲学社会科学学者在国际学术界的声音,依然算不上响亮,与以英语为母语的学术大国之间固然差距甚大,与非英语母语的德国等欧洲传统学术大国相比,也有一定距离。要逐渐消除这两个因素的制约,一方面,中国学者需要继续修炼外语,让自己的成果能在更多英语甚至非英语的国际刊物上被接纳;另一方面,中国学者还应当注意观察国际学术界新的交叉的学科生长点,在发挥传统文科优势的同时,将自己的研究更多地与国际研究热点接轨。同时,应当以国家力量为后盾,在世界上继续扩大汉语的影响力和接受度,壮大汉学家队伍,使得更多中文刊物的质量能得到国际学术界的认可,不断提高中文学术的整体地位,这样才能加快中国哲学社会科学"走出去"的步伐。

(文/全慧)

第三节　中国哲学社会科学英文期刊
"走出去"报告(2012—2014)

中国文化"走出去"、提升国家"软实力",是近年来中国确立的一项重要国家战略。2013 年 11 月份结束的十八届三中全会进一步确立了"以开放促改革"的重要战略思想。鉴于中国国家战略和全球的竞争态势,作为文化重要(也许还是"高端")组成部分的学术是不可能关起门自娱自乐的,中国学术天然承担着传播中国视角和理念、建构中国国际话语权的使命。"走出去"并且产生国际影响,是作为学术重要载体的学术期刊的重要任务。在西方掌握文化霸权、英语实际上是国际学界的"霸权"话语这一背景下,通过英文学术期刊来"走出去",是中国学术和中国文化"走出去"的一个重要渠道。和自然科学英文社科期刊相比,人文社科类英文期刊(以下简称英文社科期刊)相对较少,影响也相对较低。但是,2012—2014 年,中国英文社科期刊"走出去"的势头强劲,在规模和内涵上都有所提升,但是也存在一些突出的问题。

一、中国英文哲学社科期刊"走出去"的特点

在国家"走出去"的战略推动下,高校、社科院、学会等科研机构加大了国际化的步伐,表现之一是竞相创办英文期刊。但是,中国的英文社科期刊情况复杂,有些有 CN 号和 ISSN 号,有些没有 CN 号,只有 ISSN 号,有些是以书代刊出版、只有 ISBN 号。目前,中国国家ISSN 中心对具有 CN 号的英文期刊有集中统计,但是对于没有 CN号,以其他非常规渠道出版的刊物,却没有一个权威机构来提供统计数据。因此,只能通过 google 搜索、知网、万方数据库、外国出版社和国内大学的网站等各个渠道进行不完全统计。所以,关于中国到底有多少英文人文社科期刊,迄今并没有确切的统计数字。有研究表明,至 2011 年,中国内地有 40 余种英文社科期刊。[①] 也有统计表明,到 2011 年中国拥有或编辑的刊物共有 42 种,包括:*The Chinese Journal of Applied Linguistics*,*Social Sciences in China*,*China City Planning Review*,*Journal of Ancient Civilizations*,*Foreign Affairs Journal*,*Contemporary International Relations*,*Chinese Journal of Population Resources and Environment*,*China & World Economy*,*Annals of Economics and Finance*,*Comparative Literature：East & West*,*Chinese Archaeology*,*Human Rights*,*China Tibetology*,*Fudan Journal of the Humanities and Social Sciences*,*China International Studies*,*Ecological Economy*,*China Media Research*,*China Economist*,*Frontiers of Economics in*

---

① 李文珍:《中国学术期刊国际化现状调查之一:英文学术期刊基本状况调查》,《中国社会科学报》2011 年 5 月 3 日。

China，*Frontiers of Education in China*，*Frontiers of Philosophy in China*，*Frontiers of History in China*，*Frontiers of Law in China*，*Frontiers of Business Research in China*，*Frontiers of Literary Studies in China*，*Peking University Journal of Legal Studies*，*China Journal of Accounting Research*，*Qiushi*，*Studies on Socialism with Chinese Characteristics*，*World Review of Political Economy*，*Journal of WTO and China*，*International Critical Thought*，*Peking University Transnational Law Review*，以及 *Chinese Journal of International Law*，*Journal of Modern Chinese History*，*The China Nonprofit Review*，*Chinese Journal of International Politics*，*China Economic Journal*，*China Journal of Social Work*，*China Agricultural Economic Review*，*Nankai Business Review International*，*China Finance Review International*，其中后 9 种是中国机构编辑但不拥有版权的刊物。[1]

从整体上看,2012—2014 年,中国英文社科期刊"走出去"呈现出以下几个鲜明特点:

1. 整体规模:期刊数量迅速增加

据笔者不完全统计,2012—2014 年,又有 14 种中国机构拥有或编辑的英文人文社科新刊问世。从办刊主体来看,这 14 种期刊中有 10 种属于高校;3 种属于中国社会科学院,1 种属于学会;高校期刊占总数的 71%,居主导地位。从学科上看,它们绝大多数是专业性期刊,只有 1 种(*ECNU Review*)是综合性期刊,收录人文社科各领域的论文。这说明,创办专业性期刊已经成为普遍共识。具体请见表 2-3-1。

---

① 李存娜、吕聪聪:《中国英文人文社科期刊的国际化研究》,《清华大学学报》(哲学社会科学版)2015年第 4 期。

表 2-3-1 2012—2014 年创刊的英文人文社科期刊

序号	创刊年	刊名	CN 号	ISSN 号	学科	刊期	编辑(或主办)单位	出版单位	版权归属
1	2012	*Journal of Sport and Health Science*	31—2066/G8	2095—2546	体育学	4 期	上海体育学院	上海体育学院、Elsevier	上海体育学院
2	2012	*China Finance and Economic Review*	10—1077/F	2095—4638	经济学	4 期	中国社会科学院财经战略研究院、社会科学文献出版社	中国社会科学院财经战略研究院、社会科学文献出版社、Springer Open	中国社会科学院①
3	2012	*Quarterly Journal of Chinese Studies*	无	2224—2716	中国学	4 期	厦门大学海外教育学院	厦门大学海外教育学院	厦门大学海外教育学院
4	2012	*ECNU Review*	无	无	综合	1 期	华东师范大学	华东师范大学出版社	华东师范大学
5	2012	*International Journal of Chinese Education*	无	2212—585X	教育学	2 期	清华大学教育研究院	Brill	Brill
6	2013	*The Chinese Journal of Comparative Law*	无	2050—4802	法学	2 期	西安交通大学丝绸之路国际法与比较法研究所	牛津大学出版社	牛津大学出版社

---

① 该刊没有明确标示版权归属。由于主办单位都属于中国社会科学院,此处暂且标明版权属于中国社会科学院。

续表

7	2013	*China Legal Science*	10—1091/D	2095—4867	法学	6 期	中国法学会	中国法学杂志社	中国法学杂志社
8	2013	*Economic and Political Studies*	10—1049/C	2095—4816	经济学、政治学	2 期	中国人民大学 *Economic and Political Studies* 编辑部	中国人民大学出版社	中国人民大学 *Economic and Political Studies* 编辑部
9	2013	*Peking University Law Journal*	无	2051—7483	法学	2 期	北京大学法学院	Hart	Hart
10	2014	*Asian Journal of Law and Society*	无	2052—9015	社会学	2 期	上海交通大学凯原法学院	剑桥大学出版社	剑桥大学出版社、上海交通大学凯原法学院
11	2014	*The Journal of Chinese Sociology*	无	2198—2635	社会学	不定期	中国社会科学院社会学所	Springer Open	中国社会科学院社会学所
12	2014	*China Journal of Economic Research* ①	无		经济学	不定期	山东大学经济研究院	Springer Open	山东大学经济研究院
13	2014	*Chinese Journal of Urban and Environmental Studies*	无	2345—7481	环境学	2 期	中国社会科学院城市发展与环境研究	World Scientific Publishing Co. Pte. Ltd	World Scientific Publishing Co. Pte. Ltd
14	2014	*Journal of Chinese Humanities*	无	2352—1333	文史哲	2 期	山东大学《文史哲》	Brill	Brill

（资料来源：中国国家 ISSN 中心、相关大学的网站、相关国外出版社的网站、知网等。）

---

① 山东大学 2014 年 3 月底宣布该刊正式创办，见 http://www.cer.sdu.edu.cn/articleprint.php? id=2980。

可见,在国家"走出去"战略自上而下的推动下,中国机构通过英文期刊"走出去"的热情很高。2012—2014 年平均每年将近 5 本新刊问世,步伐相当大。

2. 学术内容:普遍突出中国特色,稿源国际化程度提高

中国英文期刊在"走出去"的过程中,有意主打"中国特色",这一点在 2012—2014 年非常明显。如表 2-3-1 所示,在 14 种新刊中,刊名里含有 China 或 Chinese 字样的有 9 家,含有中国机构名称的有 2 家(*Peking University Law Journal* 和 *ECNU Review*),共 11 家,约占 80%。而刊名中没有显示地域特点的刊物中,也有的在办刊宗旨中明确强调以"中国研究"为重点,如 *Economic and Political Studies*[①]。可见,中国英文期刊试图在竞争激烈的全球学术市场中主攻"中国研究"这个细分市场,这是 2012—2014 年比较突出的一个策略。

从稿件来源上看,英文原创稿件相对于中文翻译稿件的比例也在逐渐增加。一方面,以往以翻译中文稿件为主的刊物正稳步增加英文原创稿件的比例,例如高等教育出版社的前沿系列英文期刊,*China Tibetology* 等。以 *China Tibetology* 为例,该刊以往以翻译中文版的《中国藏学》文章为主,每篇文章最后都会注明译者和原文出处;[②]但近来该刊大幅增加了英文原创稿件比例。例如,2013 年第 2 期发表的 7 篇文章中,只有 1 篇明确标注为翻译文章。另一方面,2012 年以来新创办的刊物中,也以刊发英文原创稿件为主,明确以翻译为主的刊物只有为数不多的几家,例如 *China Legal Science* 大量翻译中文版《中国法学》上的文章;*ECNU Review* 目前以翻译华东师范大学学者的中文文章为主。但绝大多数新刊都以接收原创英文论文为主。比较突出的如 *Journal of Sport and Health Science*,2014 年第 2 期共有 12 篇文章,每篇(往往不止一位作者)的作者都全部或部分来自海外;第 1 期共有 13 篇文章,其中 12 篇的作者都全部

---

① 见该刊网站:http://eps. ruc. edu. cn。

② 见 http://www. ciis. org. cn/gyzz/2013－02/04/content_5720662. htm。

或部分地来自海外机构。① 另如 2014 年创刊的 *Asian Journal of Law and Society*，创刊号中除去主编寄语外共有 10 篇文章，作者全部是海外机构的学者。② 以上说明，中国英文期刊稿源的国际化程度在逐步增加。发表英文原创稿件而不是中文翻译稿件正成为优先选择，而英文原创稿件中来自海外的英文原创稿件也在增多。

3. 人员构成：编辑人员构成多元化，编委会的国际化程度提高

参与英文期刊前期内容生产的主要有编辑和编委两部分人员。这里所说的编辑队伍主要指是指主编（Editor，Editor-in-Chief，Chief Editor），副主编（Associate Editor，Associate Chief Editor，Associate Editor-in-Chief），联合主编（Co-Editor），执行主编（Managing Editor，Executive Editor），普通的学术编辑以及负责语言润色的技术编辑（Language Editor）等。

现在，聘请以英语为母语的编辑负责语言润色已经成为普遍存在的标准做法。而在学术编辑的人员构成上，英文期刊的做法并不相同，可以发现不同的编辑队伍的构成方式：（1）编辑人员隶属于同一个中国学术机构，例如 *Social Sciences in China*，*The Journal of Chinese Sociology*，*Economic and Political Studies*，*China Legal Science*，*Qiushi*，*China International Studies*，*Contemporary International Relations* 等。（2）编辑人员来自中国不同的机构，如 *Chinese Journal of Population Resources and Environment*。（3）编辑队伍由来自中国和海外学术机构的学者组成。这里又分两种情况，一种是由中国学者担任主编，聘请海外学者担任副主编和联合主编等职务，如 *Annals of Economics and Finance*，*World Review of Political Economy*，*China & World Economy*，*World Review of Political Economy*，*China Media Research*，*Frontiers of Law in China*，*Frontiers of Philosophy in China*，*Journal of Ancient Civilizations* 等；一种是由中国和海外学者联合担任主编，例如

---

① 见 http://www.jshs.org.cn/EN/volumn/volumn _ 1145.shtml；http://www.jshs.org.cn/EN/volumn/current.shtml。

② 见 http://journals.cambridge.org/action/displayJournal? jid＝als。

Asian Journal of Law and Society, *International Critical Thought*, *Frontiers of History in China*, *Journal of Sport and Health Science*, *China Journal of Social Work*。可以发现,在2012—2014年创刊的英文刊中,三种方式都存在,没有特别明显的主导方式。

但是,2012—2014年,英文期刊的编委构成越发国际化。此前,英文期刊的编委会构成有三种方式。(1)没有或没有注明编委会,如 *Social Sciences in China*,*Qiushi*;(2)编委会完全由来自中国机构的学者构成,如 *China International Studies*,*Contemporary International Relations*,*China Finance and Economic Review*,*China Economist*,*Peking University Journal of Legal Studies* 等;(3)编委会由来自中国和海外机构的学者构成。2012—2014年新创办的刊物中,除了少数刊物如的编委会完全由中国机构的学者构成外,绝大多数的编委会都是由来自中国和海外机构的学者构成,国际化色彩明显。

4. 传播平台:通过"借船出海"扩大国际可见度成为普遍做法

"借船出海",是指英文期刊借用国外知名出版集团进行海外推广发行。由于中国英文期刊大多散布于各个科研机构,在海外推广发行方面没有足够的力量,因此和国外出版社合作,借助其成熟的发行渠道和在线平台进行海外推广,提高可见度。目前,多数英文刊都选择了"借船出海"的推广方式:期刊编辑负责内容提供,国外出版社负责海外发行推广。一方面,传统英文期刊纷纷和国外出版社合作,例如 *Social Sciences in China* 和 Taylor & Francis 合作,*China & World Economy* 由 Wiley-Blackwell 负责海外推广,高等教育出版社的 7 种英文人文社科期刊与 Brill 或 Thomson Reuters 合作,等等。另一方面,在 2012 年以来创立的 14 种新刊中,有 10 本由国外出版社负责海外出版发行。

中国英文期刊与国外出版社合作的重点主要涉及义务、版权、资金三个方面。

第一,在义务或责任分配方面,情况有所不同。有的国际出版社主要负责刊物后期的海外印刷、营销、推广,基本不介入前期的编辑和排版工作。以 *Social Sciences in China* 为例,编辑部负责组稿、编辑(包括润色)、排版、校对,然后把最终的 PDF 和 word 文本传给 Taylor & Francis,Taylor & Francis 负责刊物在海外的印刷、订购、推广等工作。不过,在发送定稿之前,Taylor & Francis 要对稿件的内容进行法律方面的核对,以防止法律纠纷。高等教育出版社的 *Frontiers* 系列刊物,也是由国际出版社负责海外发行推广。[①] 也有一些国际出版社介入刊物的编辑阶段,例如 *China & World Economy*,就由 Wiley-Blackwell 提供一位国外编辑负责文章的语言润色。[②] *International Critical Thought* 则由 Taylor & Francis 负责排版,同时也有外方的语言编辑在编辑后期介入。[③] 从总体上看,刊物编辑部一般负责内容提供,而海外的推广发行则由外方来全权负责。

第二,在版权方面,目前主要有 3 种方式:(1)中方拥有版权,如 *Social Sciences in China*,*China & World Economy*,*Journal of Sport and Health Science* 等;(2)中外共享版权,如 *Asian Journal of Law and Society*,*Fudan Journal of the Humanities and Social Sciences*,以及高教出版社的 7 本英文人文社科期刊等。(3)外方拥有版权,如 *Chinese Journal of Urban and Environmental Studies*,*Journal of Chinese Humanities*,*Peking University Law Journal*,*Chinese Journal of International Law*,*Chinese Journal of International Politics* 等。一般而言,具有 CN 号的期刊往往由中方独占版权或与外方共享版权;但只有 ISSN 号的期刊,有的由中方独占或共享版权,也有不少由外方独占版权。2012—2014 年创办的 14 家刊物中,有 5 种是由外方独占版权。所以,从严格意义上说,这 5 种刊物并非由中国机构"所有"的刊物,而只是由中国机构编辑的刊物。

第三,在资金方面,情况也有不同。一般而言,传统订购模式的

---

① 李文珍:《"中国学术期刊国际化现状调查"之二:国际化道路怎么走?(上)》,《中国社会科学报》2011 年 5 月 10 日。

② 张支南:《中国英文学术期刊如何走向世界》,《中国社会科学报》2012 年 12 月 17 日。

③ 见笔者与该刊编辑部主任王中保先生的通信。

刊物不用支付国际出版社出版费用,还能获得国际出版社的销售分成,像 *Social Sciences in China*,高等教育出版社的 *Frontiers* 系列人文社科期刊。不过,如果没有订阅收入,而采取开放获取模式,租用西方出版社的在线平台,则要支付不菲的平台使用费。

5. 国际影响:少数刊物的国际影响明显提升

判断中国英文社科期刊"走出去"的成功与否,最终落脚点还是在于其产生的国际影响,在于它们是否得到了国际上的关注和认可。在期刊国际影响评估上,主要有主观的认知评估和客观的文献计量分析两种。没有一种评估方法是十全十美的,相对而言,基于文献计量的引文分析还是很有说服力的单一的方法。正如有研究者所言,如果说消费者用美元对商品和服务进行投票,那么学者则用引文来对刊物和文章进行投票——引文是科学共同体中的消费者用来对商品和服务进行投票的美元。[①] 而且,引文分析本身也在不断改进。

在国际范围内,汤森路透发布的期刊引证报告(*Journal Citation Report*,JCR)应该说是目前影响最大的期刊影响评估报告,它使用的是客观的引文分析方法。有人这样描述:每年六月份之前,研究者们都在焦急地等待汤森路透发布最新的影响因子报告;影响因子几乎被普遍认为是评价期刊质量的标尺。[②] 在国内,中国学术期刊(光盘版)电子杂志社、清华大学图书馆、中国学术文献国际评价研究中心共同发布的《中国学术期刊国际引证年报》(CNKI-JCR)报告(以下简称"知网评价")是目前国内最有影响的期刊国际影响评估报告,它也是采用了引文分析方法。两者的基本计量指标和统计源不尽相同,但都是基于被引频次的计量分析,很有参考价值。

在国际影响方面,2012—2014 年,中国拥有的英文人文社科期刊也表现出一些亮点。知网评价先后在 2012、2013 和 2014 年发布过三次中国学术期刊国际影响报告。如表 2-3-2 所示,在"2012 中国最具国际影响力学术期刊"榜上有名的英文社科期刊有三家:

---

① David N. Laband and Michael J. Piette,"The Relative Impacts of Economics Journals:1970-1990," *Journal of Economic Literature*,Vol. 32,No. 2,1994,p. 641.

② Guillaume Chapron and Aurélie Husté,"Open,Fair,and Free Journal Ranking for Researchers," *BioScience*,Vol. 56,No. 7,2006,p. 558.

China & World Economy，*Social Sciences in China* 和 *Ecological Economy*，国际他引影响因子分别为 0.420、0.071、0.095。[1] 2013 年是两家：*China & World Economy* 和 *Social Sciences in China*，国际他引影响因子分别为 0.500 和 0.104。[2] 2014 年，有 3 本期刊入选"中国最具国际影响力学术期刊"：*China & World Economy*（国际他引影响因子 0.658），*Frontiers of Business Research in China*（国际他引影响因子 0.203），*Frontiers of Education in China*（国际他引影响因子 0.153）；有 2 本英文刊物入选"中国国际影响力优秀学术期刊"：*Frontiers of Economics in China*（国际他引影响因子 0.082），*Social Sciences in China*（国际他引影响因子 0.052）。可以发现，表现最为突出的刊物是 *China & World Economy*，它和其他英文刊物的影响因子有数倍的差距。而且，汤森路透最新发布的 JCR 显示，该刊 2013 年的影响因子突破了 0.5，升至 0.772，在 SSCI 收录的经济学刊物中排名第 169 位（总数为 333）。[3] 这在国内英文社科期刊中显然是一枝独秀。另外，在 2012—2014 年新创立的刊物中，上海体育学院主办的体育类刊物 *Journal of Sport and Health Science* 也是异军突起，创刊仅一年半便迅速获得国际关注，被 SCI 和 SSCI 两大数据库同时收录[4]，这也是非常可喜的成就。

表 2-3-2　知网评价中的中国英文社科期刊

年份	中国最具国际影响力学术期刊		中国国际影响力优秀学术期刊	
	刊名	国际他引影响因子	刊名	国际他引影响因子
2012	*China & World Economy*	0.42		
	Social Sciences in China	0.071		
	Ecological Economy	0.095		

---

① http://hii.cnki.net/cajz/index.html。

② 可见《中国新闻出版报》2013 年 12 月 30 日第 8 版。

③ 见 http://onlinelibrary.wiley.com/journal/10.1111/%28ISSN%291749-124X。

④ 鲍芳、冉强辉、张慧、高伟：《〈运动与健康科学〉被 SCI 和 SSCI 收录的成功要素与思考》，《编辑学报》2014 年第 4 期。

续表

年份	中国最具国际影响力学术期刊		中国国际影响力优秀学术期刊	
2013	*China & World Economy*	0.500		
	Social Sciences in China	0.104		
2014	*China & World Economy*	0.658	*Frontiers of Economics in China*	0.082
	Frontiers of Business Research in China	0.203	*Social Sciences in China*	0.052
	Frontiers of Education in China	0.153		

(资料来源:知网 http://www.cnki.net/)

二、中国英文哲学社科期刊"走出去"中存在的问题

从以上分析可见,中国英文社科期刊在"走出去"的过程中摸索出一套做法,取得了一些成绩。然而,不可否认的是,在从编辑到出版的各个环节,中国英文社科期刊仍然存在不少问题。具体如下。

1. 优质稿源紧张,严重制约了刊物的国际影响

学术期刊能否成功走出去,可以说取决于两个关键因素:一个是学术内容,一个是传播渠道。也就是说,学术期刊要获取最大的国际影响力,一方面要提供最好的内容,同时要通过最合适的渠道进行广泛传播。

在新媒体时代、数字化时代,提供优质内容仍然非常关键;在学术领域,"内容为王"仍不过时。可是,中国英文学术期刊普遍面临优质稿源紧张的问题。以中国最有影响的英文社科期刊 *China & World Economy* 为例,据该刊执行主编冯晓明教授介绍,虽然该刊也采用了国际通用的 ScholarOne 投审稿系统,自然来稿量很大,但符合要求的优质稿源仍然缺乏,也还需要编辑部主动组稿。那么,其他刊物的状况就可想而知了。优质稿源缺乏的原因,可以从国内和国际两个方面来看。在国内,能用英文熟练进行学术写作的作者相对较少,这就限制了可能稿源的范围。而在有能力用英文写作的作者中,在投稿的时候,实际上存在一个自上而下的选择模式:先投本领

域国际上最好的刊物；不中，则投次佳刊物；再不中，则再投不知名刊物。中国的英文社科期刊和国际知名刊物相比，还是处于金字塔的底层，所以国内优质稿源往往不会首选中国的刊物。同理，在国际上，由于中国英文期刊的国际显示度低，所以也很难吸引到国际优质稿源。一个刊物国际影响力的大小，根本上还是取决于其刊载论文的学术水平。可是，由于中国英文学术期刊的优质稿源普遍紧张，导致刊物整体上的国际影响较小；而国际影响小，又很难吸引优质稿源，加剧了稿源紧张的问题。因此，可能会形成一个恶性循环。

2. 没有中国自主的大型传播平台可以依托，容易造成版权流失和双重开支

如上文所言，学术内容和传播渠道都非常重要。在数字化时代，传播渠道与终端的作用在不断提升，"酒香不怕巷子深"的年代早就一去不复返了。学术刊物要想在竞争激烈的全球市场中生存下来，要在茫茫的信息海洋吸引国际关注，必须大力提升可见度，而这就有赖于一个给力的国际传播和展示平台。

然而，遗憾的是，在实践中，中国的英文社科期刊由于大多是单兵作战，在内容提供之外，没有足够的力量进行专业化、大规模、成系统的海外推广和营销。而且，中国没有一个成规模的、专业化的、可以与国际大型传媒集团相抗衡的学术传播平台。因此，中国英文社科期刊只好借船出海，借助西方成熟的知名出版平台进行学术传播，试图借其平台的影响力来提高自身的影响力。这样做自然有很多好处，但是也存在一些突出的问题。

一方面，势单力薄的中国英文期刊在与国外大型出版集团的版权谈判时容易处于不利地位。对于采取 OA（开放获取）模式的期刊，由于不会获得期刊订购收入，同时期刊往往会支付高昂的平台使用费，所以版权往往归期刊所有。但是，对于采取传统订阅模式的刊物，国外出版集团往往会争取在合作期间与中方共享甚至独占版权。对于没有 CN 号，由国外出版集团代为申请 ISSN 号的刊物，就更是如此。例如，在表 2-3-1 所示 2012—2014 年创立的 14 种刊物中，有 5 种是由外方独占版权。这些由外方独占版权的刊物，其实不算中国"所有"的刊物，不过是中国编辑为国外出版集团打工而已。

另一方面,借助国外出版集团进行推广发行,还容易造成"两次收费"的问题。中国绝大多数英文刊物的运行经费都来自政府或学术机构的补贴。采取订阅模式的中国刊物,在与国外出版集团合作时,往往是免费为其提供内容。当这些刊物进入国外出版集团的数据库对外销售时,包括中国机构在内的学术机构又要支付非常高昂的费用来购买这些数据库(而其中中国刊物获得的销售分成却非常少);并且,在对这些数据库形成刚性需求后,还不得不忍受费用的不断上涨。这就形成了如下情形:首先,中国花大钱补贴中国刊物进行内容生产;然后,再花大钱把这些内容买回来。显然,这是有问题的。

3. SSCI 崇拜盛行,可能危及中国社会科学的自主性

对于中国英文社科期刊的评价,目前并没有权威的评价机构和评价标准。中国学术期刊(光盘版)电子杂志社、清华大学图书馆、中国学术文献国际评价研究中心至 2014 年一共发布了 3 次刊物国际影响力评价,其中包括具有 CN 号的中国英文社科期刊。与汤森路透的 JCR 相比,知网的评价还覆盖了 Web of Science 没有收录、更多非英语的统计源期刊,因此更能反映中国英文期刊在非英语国家的国际影响。另外,据中国科学文献评价中心主任杜文涛介绍,2013 年的知网评价首次综合使用了影响因子和总被引频次两种计量指标,能从文献生命周期的不同阶段和角度,更加全面地反映期刊学术影响力。[①] 不过,一方面,知网的评价没有覆盖所有中国的英文社科期刊,没有 CN 号的期刊不在其考虑范围之内;另一方面,从实际情况来看,知网这两年刚刚兴起的国际影响评价在影响力和权威性上和汤森路透的 JCR 相比还有明显的差距。

结果是,事实上很多英文期刊在创办之初就以加入 SSCI 为目标,而不少主办机构也以是否加入 SSCI 作为评价中国英文期刊的标准。这就促使一些英文期刊在现实中以 SSCI 的偏好为导向来确定办刊思路。如果说"自然科学无国界",那么,人文社会科学则难免反映具有独特性的文化、国情、价值偏好等。任何一种组织架构都隐含

---

① 中新网:《2013 中国最具国际影响力学术期刊出炉》,见 http://www.chinanews.com/cul/2013/12－31/5683936.shtml。

着特定的知识假设。SSCI 作为美国的一种检索系统,也难免反映西方视为"理所当然"但对他国却"未必如此"的价值偏好。SSCI 的评价标准有明显的科学性,但是,如果看不到其隐含的"英语霸权"等问题,一味以迎合 SSCI 为目标,就可能存在损害中国社会科学自主性的风险,与中国社会科学"走出去"的初衷大相径庭。

三、几点建议

从以上分析可以发现,2012—2014 年中国英文社科期刊在"走出去"的过程中热情高涨,积极探索,取得了一些成就。同时,也存在一些单靠英文社科期刊自身难以解决的问题,例如国际影响不高和优质稿源缺乏形成的恶性循环、缺乏中国自主的大型学术传播平台、缺少中国权威的英文期刊评价体系,等等。针对这些问题,本部分试图提出一些解决问题的思路。

1. 坚持"内容为王",多管齐下吸引国内外优质稿源,提升国际影响

提供优质内容是英文社科刊物提高国际影响力的根本。要多管齐下,吸引国内外优质稿源。

对于刊物来说,可以考虑:(1)以优质服务吸引作者,增强回应性(responsiveness)。比如,加快外审速度,与作者保持密切沟通,文章刊登后向作者免费提供文章电子版和纸本,并在国内外相关学术网站上广泛宣传,等等。(2)以优厚的稿酬吸引作者。国外英文刊物一般不提供稿费,有的刊物还要作者交审稿费等费用。中国英文期刊可以向作者提供稿费,以此吸引一些优质稿源,打破优质稿源缺乏和国际影响不高的恶性循环。当然,这需要刊物的主办机构提供足够的资金支持。(3)发挥编辑人员尤其是主编的积极性,主动约稿。主编是一个刊物的灵魂,其个人影响力、学术脉络、办刊理念、投入程度对刊物的生存和发展有很大的影响。许多刊物起步时都是靠主编个人的学术网络来组织稿件。因此,选择合适的主编非常重要。同时,要增强编辑的学术素养和出版知识积累,培养能与学者进行对话的学者型编辑,以此扩大稿源。

单靠刊物来吸引优质稿源还是不够的,更为有力的措施是国家和学术机构利用学术评价的指挥棒对中国英文刊物进行政策支持。

国家应该鼓励中国学者向中国期刊投稿,特别是对国家支持的基金项目提出一些要求,促进国内优质稿源的回流。

2. 从长远看,可以考虑建立中国的大型学术传播平台

由于没有中国自主的大型传播平台可以依托,容易造成版权流失和双重开支。因此,从长远看,也许可以考虑建立中国自主的现代大型学术传播平台。

2014年8月,中央全面深化改革领导小组第四次会议审议通过了《关于推动传统媒体和新兴媒体融合发展的指导意见》。会上,习近平强调,推动传统媒体和新兴媒体融合发展,要遵循新闻传播规律和新兴媒体发展规律,强化互联网思维,坚持传统媒体和新兴媒体优势互补、一体发展,坚持先进技术为支撑、内容建设为根本,推动传统媒体和新兴媒体在内容、渠道、平台、经营、管理等方面的深度融合,着力打造一批形态多样、手段先进、具有竞争力的新型主流媒体,建成几家拥有强大实力和传播力、公信力、影响力的新型媒体集团,形成立体多样、融合发展的现代传播体系。[①]

和建成有强大实力和传播力、公信力、影响力的新型媒体集团一样,中国也可以尝试建立一个有公信力、影响力的现代学术出版平台。中国所有的学术期刊包括英文社科期刊都可以在这个平台上发布;而且,这个平台可以发挥其专业性、规模化的优势,代期刊进行海外传播和推广,把现在海外出版社替中国英文期刊所做的工作都包揽起来。例如,《浙江大学学报》(人文社科版)执行总编徐枫就认为,目前中国还没有兼具大型数字出版平台、全球性网络销售渠道和高质量品牌期刊群组成的学术出版平台,"期望未来中国能够拥有自己的大型学术期刊出版集团,使我国的优秀学术期刊可以通过自主性的国际出版平台向海外推广发行,在国际市场赢得一席之地。"[②]

3. 建立反映中国需要的、自主的英文期刊评价体系

要破除SSCI崇拜,就需要提供SSCI的替代品。中国人民大学

① 《习近平:要建成几家有强大公信力的新型媒体集团》,见 http://news.jxnews.com.cn/system/2014/08/18/013274599.shtml。
② 毛莉:《学术期刊"走出去"自主自信不能丢》,《中国社会科学报》2013年6月21日。

哲学学院副院长温海明教授强烈建议中国自己搞一个英文期刊索引,以中国的为主,包揽世界上所有的英文中国研究期刊,这个中心就定在中国,目标就是使中国研究的英文期刊话语权慢慢向中国转移。[①]

本文认为,知网对中国学术期刊国际影响的文献定量评价是中国自主评价中国英文期刊国际影响的重要尝试。中国科学文献评价中心主任杜文涛在谈到期刊国际影响力评选的未来方向时提到,知网现阶段的评价工作仍仅限于文献定量研究,而要想更加全面客观地反映期刊国际影响力,则需要与同行评议等定性研究有机结合。为此,中国科学文献评价中心目前正围绕文献定性分析与大数据引证动机挖掘等技术进行集中研发,而依托上述技术的"世界学术文献定性评价统计数据库"建设工程,也已由中国知网正式立项启动,并得到"国家文化产业发展基金"支持。[②] 相对而言,知网的评价有潜力成为 SSCI 之外的另一个选择。当然,这种评价体系要形成国际公认的权威性,还需要假以时日,经得起各种批评和检验。

(文/李存娜)

第四节　中国学者参加的哲学社会科学国际
　　　　学术会议情况报告(2011—2014)

一、2011—2014 中国学者参加的哲学社会科学国际
　　学术会议概况

1. 年度分布

在 2011—2014 年度(2011 年 1 月 1 日—2014 年 12 月 31 日)有中国学者参加的人文社科方向的国际学术会议据不完全统计共有

---

① 王静:《中国"文史哲",如何"走出去"——〈文史哲〉文版首发式上的话语交锋》,《中华读书报》2014年 7 月 23 日。

② 中新网:《2013 中国最具国际影响力学术期刊出炉》,见 http://www.chinanews.com/cul/2013/12-31/5683936.shtml。

206 次①,其中 2011 年 40 次,2012 年 47 次,2013 年 52 次,2014 年 67次。如图 2-4-1 所示。这 206 次学术会议中涵盖了 15 个学科门类,6种语言,举办地点覆盖了亚洲、非洲、欧洲、北美洲,组织单位覆盖了46 所国内外高校。

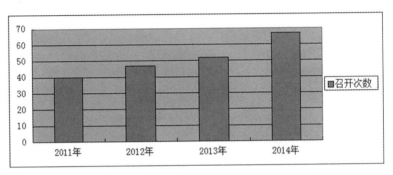

图 2-4-1　2011—2014 年度国际学术会议年度分布情况

2. 学科分布

在 2011—2014 年度有中国学者参加的人文社会科学方向的 206次国际学术会议中,主要涉及哲学、法学、政治学、社会学、历史学、经济学等学科,各学科具体情况②如下:社会学共 101 次,2011 年 15次,2012 年 22 次,2013 年 27 次,2014 年 37 次;哲学共 94 次,2011年 12 次,2012 年 21 次,2013 年 26 次,2014 年 35 次;历史学共 76次,2011 年 15 次,2012 年 18 次,2013 年 25 次,2014 年 18 次;经济学共 53 次,2011 年 10 次,2012 年 12 次,2013 年 13 次,2014 年 18次;政治学共 50 次,2011 年 9 次,2012 年 11 次,2013 年 12 次,2014年 18 次;法学共 47 次,2011 年 9 次,2012 年 11 次,2013 年 13 次,2014 年 14 次;马克思主义理论共 23 次,2011 年 4 次,2012 年 5 次,2013 年 7 次,2014 年 7 次;教育学共 38 次,2011 年 8 次,2012 年 9次,2013 年 10 次,2014 年 11 次;外国语言文学共 22 次,2011 年 5

① 关于 2011—2014 年度(2011 年 1 月 1 日—2014 年 12 月 31 日)国际学术会议的统计数据来源为中国学术会议在线、中国社会科学在线、中国社会科学院网站以及清华大学、北京大学、中国人民大学、复旦大学、北京师范大学、浙江大学、南开大学、武汉大学、南京大学、北京外国语大学、中山大学、上海外国语大学、中国海洋大学、同济大学、华东政法大学等知名高校网站。

② 学科分类方法参考中国学术会议在线。具有学科交叉性的会议,采取了重复计算的办法。

次,2012 年 6 次,2013 年 5 次,2014 年 6 次;中国语言文学共 20 次,
2011 年 3 次,2012 年 4 次,2013 年 5 次,2014 年 8 次;艺术学共 8
次,2011 年 1 次,2012 年 1 次,2013 年 2 次,2014 年 4 次;民族学共 5
次,2011 年 0 次,2012 年 1 次,2013 年 3 次,2014 年 1 次;逻辑学共 2
次,2011 年 0 次,2012 年 0 次,2013 年 2 次,2014 年 0 次;公共管理
共 4 次,2011 年 0 次,2012 年 0 次,2013 年 1 次,2014 年 3 次;汉学
学共 3 次,2011 年 0 次,2012 年 0 次,2013 年 1 次,2014 年 2 次。如
表 2-4-1 所示,从学科上看,社会学门类的国际学术会议举办次数最
多,其次是哲学、历史学、经济学、政治学等。

表 2-4-1　2011—2014 年度国际学术会议学科分布情况

学科年份	2011 年	2012 年	2013 年	2014 年	合计
社会学	15	22	27	37	101
哲学	12	21	26	35	94
历史学	15	18	25	18	76
经济学	10	12	13	18	53
政治学	9	11	12	18	50
法学	9	11	13	14	47
马克思主义理论	4	5	7	7	23
教育学	8	9	10	11	38
外国语言文学	5	6	5	6	22
中国语言文学	3	4	5	8	20
艺术学	1	1	2	4	8
民族学	0	1	3	1	5
逻辑学	0	0	2	0	2
公共管理	0	0	1	3	4
汉学	0	0	1	2	3

3. 语种分析

在 2011—2014 年度(2011 年 1 月 1 日—2014 年 12 月 31 日)有中国学者参加的人文社科方向的国际学术会议中,有 63 次在国外召开:其中在欧美召开的有 37 次,其中 32 次会议语言为英语,3 次在法国,会议语言为法语,2 次在德国,会议语言为德语;7 次在东南亚(马来西亚、泰国、柬埔寨),会议语言为英语;1 次在阿根廷,1 次在阿联酋,1 次在南非,1 次在印度,2 次在斯里兰卡,会议语言为英语;有 9 次在韩国举办,会议语言为韩语;有 4 次在日本举办,会议语言为日语。此外的 143 次在中国内地(大陆)及香港、台湾地区举办,会议语言为英语或者中英双语。[①] 如图 2-4-2 所示。从会议使用语言来看,英语作为世界通用的语言,在国际学术会议中的使用率也很高。

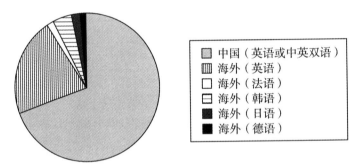

图 2-4-2　2011—2014 年度国际学术会议语种分布情况

4. 参会人数

在 2011—2014 年度(2011 年 1 月 1 日—2014 年 12 月 31 日)有中国学者参加的人文社科方向的国际学术会议中,参会人数在 50 人以内的有 89 次,其中 2011 年 14 次,2012 年 21 次,2013 年 24 次,2014 年 30 次;参会人数在 50 以上 100 以内的有 51 次,其中 2011 年 12 次,2012 年 12 次,2013 年 13 次,2014 年 14 次;参会人数 100 以上 500 以内的有 31 次,其中 2011 年 7 次,2012 年 6 次,2013 年 7 次,2014 年 11 次;参会人数达 500 人以上的会议有 16 次,其中 2011

---

① 在中国内地(大陆)举办的会议较多,无法统计出每一次会议的具体工作语言,由于有各国专家、学者参会,会议语言通常为英语,或者配备中英传译。

年 3 次,2012 年 3 次,2013 年 2 次,2014 年 8 次;参会人数不详的 19 次,其中 2011 年 4 次,2012 年 5 次,2013 年 6 次,2014 年 4 次。如表 2-4-2 所示。从参会人数看来,50 人以内的国际学术会议占百分比最大,因为部分学术会议采用的国际论坛的形式,参与的人数有一定的限制。

表 2-4-2　2011—2014 年度国际学术会议参会人数分布情况

人数 年份	1－50 （不含）	50－100 （不含）	100－500 （不含）	500 以上	信息不详
2011 年	14	12	7	3	4
2012 年	21	12	6	3	5
2013 年	24	13	7	2	6
2014 年	30	14	11	8	4
合计	89	51	31	16	19

5. 会议组织机构分布

在 2011—2014 年度(2011 年 1 月 1 日—2014 年 12 月 31 日)有中国学者参加的人文社科方向的国际学术会议中,绝大多数会议由高校组织,主要分为学校独立组织、国内学校联合组织、国内外高校组织以及政府或非政府组织四大类型。在 2011—2014 年度,学校独立组织的国际学术会议有 88 次,其中 2011 年 20 次,2012 年 21 次,2013 年 22 次,2014 年 25 次;国内学校联合组织的国际学术会议有 60 次,其中 2011 年 12 次,2012 年 13 次,2013 年 15 次,2014 年 20 次;国内外学校联合组织的国际学术会议有 34 次,其中 2011 年 5 次,2012 年 7 次,2013 年 9 次,2014 年 13 次;政府或非政府组织[①]举办的国际学术会议有 24 次,其中 2011 年 3 次,2012 年 6 次,2013 年 6 次,2014 年 9 次。如表 2-4-3 所示。在所有的国际学术会议中,由学校独立组织的所占比例达到 42.7%。

---

① 此处政府组织的国际学术会议指的是政府及其部门组织的国际学术会议,非政府组织的国际学术会议指的是除了高校以外其他非政府机构组织的国际学术会议。

表 2-4-3　2011—2014 年度国际学术会议组织机构分布情况

年份 机构	学校独立 组织	国内学校 联合组织	国内外学校 联合组织	政府或非政府 组织
2011 年	20	12	5	3
2012 年	21	13	7	6
2013 年	22	15	9	6
2014 年	25	20	13	9
合 计	88	60	34	24
所占比例	42.7%	29.1%	16.5%	11.7%

二、年度分析

1. 与以往比较,2011—2014 年度有中国学者参加的国际会议情况特点

2009—2010 年度(2009 年 1 月 1 日—2010 年 12 月 31 日)所统计的国际学术会议基本情况如下:2009—2010 年度有中国学者参加的人文社会科学方向国际学术会议达 81 次,各学科的具体情况如下(部分会议内容有学科的交叉):哲学共 27 次;法学共 3 次;政治学共 7 次;社会学共 11 次;马克思主义理论共 3 次;外国语言文学共 4 次;新闻传播学共 3 次;应用经济学共 8 次;历史学共 7 次;中国语言文学共 5 次;艺术学共 1 次。会议涉及英、法、韩、日、俄 5 种语言。大部分会议由中国内地举办,多达 66 次,有 15 次在国外召开,主要包括欧美、埃及、韩国、日本等国家。另外,从会议组织机构情况来看,学校独立组织的有 15 次,国内学校联合组织的有 12 次,国内外学校联合组织的有 47 次,政府或非政府组织举办的有 7 次。

从前述基本情况中,可以得知,2011—2014 年度与 2009—2010 年度相比较主要差别在以下几个方面:

首先,会议次数增加比较明显,其具体情况如图 2-4-3 所示。

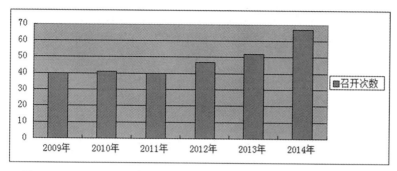

图 2-4-3 2011—2014 年度与 2009—2010 年度国际学术会议次数比较

其次,500 人以上的大型会议召开次数有较大程度增长,具体情况如图 2-4-4 所示。

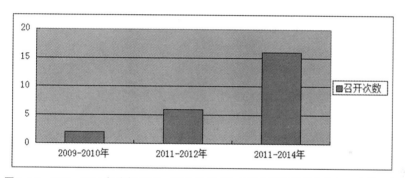

图 2-4-4 2011—2014 年度与 2009—2010 年度 500 人以上国际学术会议召开次数比较

再次,由国内学校独立组织的会议比重增加,国内学校单独组织国际学术会议的能力越来越强,详情如表 2-4-4 所示。

表 2-4-4 2011—2014 年度与 2009—2010 年度国际学术会议组织机构情况比较

年份机构	学校独立组织	占总数比例	国内学校联合组织	占总数比例	国内外学校联合组织	占总数比例	政府或非政府组织	占总数比例
2011—2014	98	47.6%	53	25.7%	30	14.6%	25	12.1%
2009—2010	15	18.5%	12	14.8%	47	58.0%	7	8.7%

与 2009—2010 年度相比较,2011—2014 年度国际学术会议有以下几个方面的特点:一是会议召开次数有了较大幅度增长,由 81 次增加到 206 次。在 2011—2014 年度召开的 206 次会议中 2011—2012 年度召开了 87 次,2013—2014 年度召开了 119 次,由此可以看出 2013—2014 年度召开的会议总数高于 2011—2012 年度召开的会议总数,而 2011—2012 年度召开的会议总数又高于 2009—2010 年度召开的会议总数,整个趋势是不断增长的,而且增长的幅度也呈上升趋势。二是 500 人以上的大型会议召开次数有较大程度增长,由 2 次增加到 16 次。在 2009—2010 年度 500 人以上的大型会议平均每年召开 1 次,在 2011—2014 年度平均每年召开 4 次,尤其是 2014 年 500 人以上的大型会议召开了 8 次,较之于前几年有了相当程度的增长。三是由国内学校独立组织的会议比重增加,哲学共 27 次、法学共 3 次、政治学共 7 次、社会学共 11 次、马克思主义理论共 3 次、外国语言文学共 4 次、新闻传播学共 3 次、应用经济学共 8 次、历史学共 7 次、中国语言文学共 5 次、艺术学共 1 次,说明国内学校单独组织国际学术会议的能力越来越强。四是会议学科的分布情况发生了较大的变化。首先,2011—2014 年度国际学术会议内容大部分有学科的交叉,而 2009—2010 年度国际学术会议仅有 2 次涉及学科的交叉。这说明人文社会科学在内容研究方面越来越具有渗透性,学科发展的综合性趋势越来越强。其次,各个学科所召开次数的排名也发生了较大变化,如社会学会议的排名由 2009—2010 年度的第四名跃居首位,历史学会议也由 2009—2010 年度的第十名跃居第三名,经济学排名也由 2009—2010 年度的第九名跃居第四位。这说明国内外学术界对于社会学、历史学和经济学的研究越来越重视。另外,会议所涉及学科也越来越多,由 2009—2010 年度的 12 个学科变为 15 个学科,说明国际学术会议交流的内容越来越丰富。

2. 取得进步的原因分析

2011—2014 年度,国际学术会议方面取得的进步主要有以下几个方面的原因:

一是政策支持。中国共产党第十七届中央委员会第六次全体会议于 2011 年 10 月 15 日至 18 日在北京举行。全会研究了深化文化体制改革、推动社会主义文化大发展大繁荣若干重大问题,认为总结我国文化改革发展的丰富实践和宝贵经验,研究部署深化文化体制改革、推动社会主义文化大发展大繁荣,进一步兴起社会主义文化建设新高潮,对夺取全面建设小康社会新胜利、开创中国特色社会主义事业新局面、实现中华民族伟大复兴具有重大而深远的意义。2011年中共教育部党组下发了《关于认真学习宣传贯彻党的十七届六中全会精神的通知》,《通知》指出高校要贯彻落实《中共中央办公厅国务院办公厅转发〈教育部关于深入推进高等学校哲学社会科学繁荣发展的意见〉的通知》(中办发【2011】31 号)精神,坚持以重大现实问题为主攻方向,加强对全局性、战略性、前瞻性问题研究,加快哲学社会科学成果转化。积极参与实施哲学社会科学创新工程,着力推出代表国家水平、具有世界影响、经得起实践和历史检验的优秀成果。2011 年 11 月,教育部、财政部联合印发了《高等学校哲学社会科学繁荣计划(2011—2020 年)》,《计划》指出要坚持以推进学术交流与合作为主线,坚持"走出去"与"请进来"相结合,提升国际学术交流质量和水平,推动高等学校哲学社会科学走向世界,增强中国学术的国际影响力和话语权。2011 年 11 月,教育部在印发的《高等学校哲学社会科学"走出去"计划》中进一步指出要积极参与国际学术活动和学术组织,设立国际学术会议专项,支持高等学校举办创办高层次国际学术会议。鼓励参与和设立国际学术组织、国际科学计划,选拔推荐优秀人才参与国际组织的招聘,加强国际职员和复合型人才培养储备。

2012 年 11 月 8 日中共十八大召开,在会议上所做出的十八大报告指出要扎实推进社会主义文化强国建设,增强文化整体实力和竞争力,推动文化事业全面繁荣,发展哲学社会科学、新闻出版、广播影视、文学艺术事业,扩大文化领域对外开放,积极吸收借鉴国外优秀文化成果。2012 年 5 月 7 日文化部颁发了《文化部"十二五"时期文化改革发展规划》,《规划》指出强化文化在国家对外工作大局中的独特作用,进一步密切我国与世界各国及重要国际组织的文化关系。积极参与国际文化事务,增强话语权。加强文化人士交流与互访,拓展表演艺术、视觉艺术、文物、图书、影视等各领域的交流与合作。

《规划》还指出要加强思想文化领域的国际对话,倡导相互尊重、开放兼容的文明观,支持在哲学社会科学领域开展学术对话与研讨,增强国际学术界的中国声音。加快海外中国文化中心建设,提高中华文化的国际传播能力和对国外优秀成果的吸收借鉴能力。《规划》认为应进一步加大"请进来"的力度,在交流交融中促合作促发展。开展文化各领域的交流互访,借鉴和吸收世界先进文化成果和有益经验。准确把握世界文化最新动态与发展趋势,为科学制定符合我国文化体制改革和文化建设的政策措施提供参考依据。

二是近几年来党和政府对民生问题的重视"中国梦"的提出及世界各国对社会保障、平等、社会转型等社会问题的关注使学术界加大了对社会学的研究。与 2009—2010 年度对比,关于社会学的国际学术会议大幅增多,形成了空前的盛况。主要会议包括 2011 年的"长期护理与老年保障国际研讨会""2012 年上海社会科学国际会议(SICSS2012)"、在阿联酋召开的"2012 年管理、应用社会科学国际会议"、2012 年在西班牙召开的"第七届国际跨学科社会科学大会"、2012 年在丹麦召开的"第一届欧洲网络社会科学哲学会议"、在柬埔寨召开的"2012 年第三届人文、历史和社会科学国际会议"、2013 年的"建设性后现代主义与'中国梦'国际学术研讨会""2013 年社会科学国际学术研讨会"、在美国召开的"2013 年国际社会科学联合会年度会议"、2014 年的"第五届空间综合人文学与社会科学国际论坛"、2014 年的"第五届中国—北欧性别与妇女研究国际研讨会""2014 全球社会科学会议"、2014 年"第十届社会保障国际论坛"、2014 年的"旅游发展与社会转型"国际学术讨论会、2014 年在日本举办的"第18 届世界社会学大会",等等。学者们对中国社会和人类社会的关注和思考为中国社会及世界的发展和未来做出了贡献。

三是以儒学为主导的国学研究的持续升温。随着中国国际地位的不断提高,中国的国际影响力也日益举足轻重,中国也更加重视实施文化"走出去"战略,这掀起了国内外对中国传统文化尤其是儒学研究的热潮。与 2009—2010 年度相比,2011—2014 年度尤其是2014 年关于国学方面的国际学术会议进一步增多,主要包括以下会议:2013 年在马来西亚召开的"第 8 届世界海外华人学会国际会议"、2013 年的"传统孝道的当代意义与多元对话国际学术会议"、2013 年的"中国文化与亚洲的价值国际学术研讨会"、2014 的"纪念孔子诞辰 2565 周年国际学术研讨会"、2014 年的"第四届世界汉学大会"、2014 年的"汉学家与当代中国座谈会"、2014 年"中国中古佛教研究的新资料与新方法"国际学术研讨会、2014 年的"中文古籍整理与版本目录学国际学术研讨会"、2014 年的"宋画国际学术会议"、2014 年的"传承与展望：东南亚的中国文化研究"、2014 年在法国召开的"雷慕莎及其继承者：纪念法国汉学两百周年学术研讨会"国际会议，等等。

2011—2014 年度哲学社会科学类国际学术会议在各方面能够获得较大的发展，除了以上原因，最根本的原因还在于随着经济全球化的发展，各国文化的交流也必然不断加强，更为重要的是中国综合国力的增强、中国文化对世界各国的吸引力越来越大及中国与各国和平友好交往的加深。

三、影响重大的国际学术会议

在 2011—2014 年度(2011 年 1 月 1 日—2014 年 12 月 31 日)有中国学者参加的人文社科方向的国际学术会议据不完全统计共有 206 次，会议内容丰富、规格和层次多样，有力地证明了中国人文科学与世界交流的日益密切。其中影响重大的国际学术会议主要有：

1. 纪念孔子诞辰 2565 周年国际学术研讨会系列活动

2014 年 9 月 24 日至 28 日，国际儒学联合会与联合国教科文组织、中国孔子基金会共同举办纪念孔子诞辰 2565 周年国际学术研讨会系列活动。会议开幕式在人民大会堂举行，国家主席习近平出席并发表了重要讲话。习近平指出，孔子创立的儒家学说以及在此基础上发展起来的儒家思想，对中华文明产生了深刻影响，包括儒家思想在内的中国传统思想文化中的优秀成分，对形成和维护中国团结统一的政治局面，对形成和巩固中国多民族和合一体的大家庭，对形成和丰富中华民族精神，对推动中国社会发展进步、促进中国社会利益和社会关系平衡，都发挥了十分重要的作用。他进一步指出对传统文化中适合于调理社会关系和鼓励人们向上向善的内容，我们要结合时代条件加以继承和发扬,赋予其新的涵义,希望中国和各国学者相互交流、相互切磋,让中国优秀传统文化同世界各国优秀文化一道造福人类。会议邀请了联合国教科文组织领导人以及一些外国前政要和著名汉学家出席并发表演讲,并邀请我国文化界、教育界、学术界和企业界有关人士列席。本次会议主题为——儒学:世界和平与发展;下设儒学与当代经济和社会发展,儒学与当代政治和国际关系,儒学与当代文化的发展和不同文明的对话,儒学与当代学校教育和社会教育,儒学与生态环境保护,儒学与世界和地区和平,德治与法治的辩证关系,儒学在世界各地的研究、教育、普及情况,共 8 个子题。50 多个国家和地区的 300 多位知名专家学者应邀出席了会议,并围绕上述主题和子题进行研讨。本次活动除了纪念孔子诞辰2565 周年国际学术研讨会、国际儒学联合会会员大会和理事大会外,会议期间还举办了庆祝国际儒学联合会成立 20 周年大会、庆祝纪念孔子诞辰 2565 周年国际学术研讨会暨国际儒学联合会第五届会员大会全国百位书画家作品展、部分代表赴山东曲阜参加祭孔大典等活动。孔子创立的儒家思想以及在此基础上发展起来的儒学文化,不仅是中国传统文化的重要源头和主干,对中国历史的发展产生了巨大影响和作用,而且陆续传到亚洲、欧洲和世界其他地区并与当地文化相融合,又成为世界文化的一个重要源流和组成部分,对整个人类文明的进步做出了不可磨灭的贡献。本次会议对以儒学为主干的中国传统文化的研究、传播和应用形成了良好的推动和促进作用,在中国国内和国际上产生了良好效果和积极影响。[①]

2. 北京论坛

2014 年 11 月 7 日上午,北京论坛开幕式在钓鱼台国宾馆芳菲厅举行。本届北京论坛的主题是"中国与世界:传统、现实与未来",关注中国与世界共同发展的历史与机遇,探讨文明的和谐与共同繁荣的中国经验。国务院总理李克强为论坛发来贺信,联合国秘书长潘基文发来视频致辞。国务院副总理刘延东,教育部部长袁贵仁,国务院副秘书长江小涓,教育部副部长、联合国教科文组织第 37 届大会

---

① 资料来源:http://edu.people.com.cn/n/2014/0925/c1053-25729971.html。

主席郝平,北京市委常委、教育工委书记苟仲文,北京大学校长、中科院院士王恩哥等嘉宾出席开幕式。北京大学党委书记、校务委员会主任朱善璐主持开幕式。法国前总理多米尼克·德维尔潘、韩国前总理韩升洙和联合国教科文组织副总干事格塔卓·恩吉达进行了会议致辞,充分肯定了北京论坛的意义和作用。在主旨演讲环节,1995年诺贝尔经济学奖获得者、美国芝加哥大学教授 Robert E. Lucas,新加坡国立大学东亚研究所主席、教授王赓武,美国伯克利加州大学校长 Nicholas B. Dirks,北京大学哲学系教授楼宇烈分别发表演讲。韩国高等教育财团事务总长朴仁国主持该环节。本次北京论坛为期三天,举办了九场分论坛和两个专场,分别探讨国际关系、国家治理、汉学研究、新型城镇化等议题。北京论坛作为中国与世界对话的高水平学术论坛,汇集了全球的一流学者,为文明的平等对话搭建了有效平台,对促进文明的和谐与共同繁荣有着重要意义。①

3. 第四届世界汉学大会

2014 年 9 月 6 日,孔子学院总部和中国人民大学共同主办的第四届世界汉学大会在中国人民大学开幕,中共中央政治局委员、国务院副总理刘延东出席开幕式并会见海外汉学家代表。在孔子学院成立十周年之际,来自 38 个国家和地区的 200 多名专家学者从多学科视角就东西文化交流展开对话。教育部部长袁贵仁、国务院副秘书长江小涓、教育部副部长郝平、孔子学院总部总干事许琳、中国人民大学校务委员会主任靳诺、国际哲学协会联合会主席德莫特·莫兰教授、国际比较文学学会主席汉斯·伯顿斯教授、法国索邦大学校长巴泰雷米·若贝尔教授、美国哈佛大学傅高义教授、俄罗斯国家科学院米亚斯尼科夫教授、原德国杜塞尔多夫海因里希·海涅大学校长阿冯斯·腊碧士教授等,以及 30 多位驻华使节代表出席开幕式。中国人民大学校长陈雨露主持开幕式。第四届世界汉学大会主题为"东学西学·四百年",设有元典互释与东西文明:思想对话的"中国主题"、文化沟通与双向影响:历史钩沉的"中国记忆"、文化塑成与经典翻译:域外变迁的"中国形象"、文化传统与制度选择:当今世界的

① 见北京大学新闻网(http://pkunews. pku. edu. cn/xxfz/2014－11/07/content_285726. htm)。

"中国角色"等议题。继第三届大会提出"新汉学"与"大汉学"的构想后,本届大会意在继续扩展汉学的外延,跨越传统文化和政治经济等学科主题,从多角度回顾东西方交流400多年的学术传统。参加本届大会的境外学者规模和与会学者专业跨度均超过往届,研究领域包括传统汉学和新兴中国学,涵盖文史哲、典籍翻译、国际政治、外交关系、中西方经济等多个学科。大会还设立了青年汉学博士生论坛,来自海外的60多名"孔子新汉学计划"青年学者与会交流。大会期间,作为世界汉学大会法定代表机构,世界汉学大会理事会宣布成立,常设在中国人民大学。世界各国从事研究的专家、学者,递交申请并通过理事会审核后,可以成为大会成员。长期以来,海外汉学在世界范围内营构中国图像,并以此影响到世界各国对中国文化观念的认识乃至国家政策的制订,已经逐渐成为中国学界面对的一个重大问题领域。世界汉学大会为世界人民传播分享中华优秀文化、深化人文交流、传承发展中外友谊、促进包容互鉴、增进共识和认同作出了积极贡献。①

4. 第五届世界比较教育论坛

2014年9月27—28日,由北京师范大学主办,教育部人文社会科学重点研究基地北京师范大学国际与比较教育研究院、教育部国别区域研究培育基地北京师范大学国际教育研究中心中国教育学会比较教育分会共同承办的第五届世界比较教育论坛在北京师范大学英东学术会堂隆重举行。来自美国、英国、德国、法国、加拿大、日本、俄罗斯、瑞典、澳大利亚、南非、芬兰、中国等20多个国家以及中国香港和台湾地区的著名专家、学者、教师、学生等260余人参加了这次盛会。论坛开幕式上,北京师范大学董奇校长,中国教育学会名誉会长、北京师范大学资深教授顾明远先生,美国哥伦比亚大学国际与跨文化教育系主任、北美比较与国际教育学会前主席吉塔·斯坦纳—卡姆西(Gita Steiner-Khamsi)教授分别致辞。本届论坛的主题是"全球教育改革:国际化·区域化·本土化"。论坛邀请了八位比较教育国际知名教授进行主题发言,主要有中国教育学会比较教育分

---

① 见中国人民大学国新闻网(http://news.ruc.edu.cn/archives/87034)。

会长、世界比较教育协会联合会副会长、北京师范大学王英杰教授，美国哥伦比亚大学国际与跨文化教育系主任、北美比较与国际教育学会前主席吉塔·斯坦纳—卡姆西（Gita Steiner-Khamsi）教授，全球教育合作伙伴关系首席执行官、多伦多大学卡伦·芒迪（Karen Mundy）教授，法语区比较教育学会会长、法国安第列斯·圭亚那大学多米尼克·格鲁（Dominique Groux）教授，上海师范大学张民选教授，世界比较教育学会联合会前会长、新加坡南洋理工大学国立教育学院李荣安（Lee Wing On）教授，俄罗斯联邦教育科学部社会学研究中心副主任亚历山大·阿列费耶夫（Alexander Arefyev）教授，英国社会科学院成员、英国国际比较教育协会前主席、北京师范大学名誉教授、英国苏塞克斯大学基思·勒温（Keith Lewin）教授。分论坛主题包括国际教育测试与基础教育质量监测，国际学校、国际课程与国际人才培养，跨境教育与学生流动，中外合作办学与学位联授、互授，国际组织与全球教育治理，ICT与教育国际化，教育国际化与教师发展以及比较教育与教育国际化。32个分会场的参会人员分别就各分主题进行了发言，并就相关议题进行了学术研讨。第五届世界比较教育论坛以"全球教育改革：国际化、区域化、本土化问题"为主题，旨在围绕这些热点问题为中外学术同行搭建一个交流思想、解决问题、分享经验的平台。世界比较教育论坛是中外比较教育学者交流的重要平台，也是国际社会了解中国教育的重要窗口，较大地推进了我国比较教育学科与国外同行的交流，也很好地推动了我国比较教育学科的发展。①

5. 中文古籍整理与版本目录学国际学术研讨会

2014年11月8—9日，由中山大学图书馆、《广州大典》与广州历史文化重点研究基地联合主办的以"《广州大典》与广州历史文化研究"为主题的"中文古籍整理与版本目录学国际学术研讨会"在广州图书馆和中山大学图书馆召开。中国国家图书馆名誉馆长、文化部原副部长周和平，广州市市长、《广州大典》主编陈建华，中山大学党委书记郑德涛，中山大学图书馆馆长程焕文，著名版本目录学家、91

---

① 见北京师范大学教育学部网站（http：//fe.bnu.edu.cn/html/002/1/201410/13054.shtml）。

岁高龄的沈燮元先生,87 岁高龄的王贵忱先生以及来自中国内地(大陆)及港、澳、台地区及美国、加拿大、德国、日本等海内外机构的中文古籍整理与版本目录学专家学者共计 200 余人出席了会议。开幕式由中山大学图书馆馆长程焕文主持。与会专家学者就中文古籍整理与版本鉴定,中文古籍善本书志及其编撰研究,中文古籍数字典藏与数字人文研究,海外中文古籍的收藏、整理与利用,中文古籍保存与保护等问题报告了各自的最新研究成果,并展开热烈的交流和讨论。闭幕式上,中山大学图书馆特聘专家、原美国哈佛大学哈佛燕京图书馆善本部主任沈津作了大会总结。此次会议进一步推动了广州地方文献研究,促进了全球中文古籍资源整理的共建共享,以及古籍版本学、目录学、书志学、文献学等学术研究的国际交流与合作。①

6. 工程教育改革与发展国际研讨会暨第九届科教发展战略论坛

2014 年 11 月 18 日,由浙江大学和中国工程院教育委员会联合主办的"工程教育改革与发展国际研讨会暨第九届科教发展战略论坛"在浙江大学举行。来自中国、美国、英国、意大利、新加坡、泰国等国家的 200 多名代表参加会议,围绕"国际工程教育的改革与发展"的主题,进行了研讨。会上,新加坡科技设计大学教授陆继生,清华大学教授余寿文,汕头大学执行校长顾佩华,英国阿斯顿大学专业工程中心研究生项目主任 Bill Glew,美国国家科学基金会中国办公室主任 Nancy Sung,美国弗吉尼亚大学环境科学院全球发展研究项目研究员 Robert J. Swap,意大利国家海洋地理与应用地理研究所国家交流合作部部长 Mounir Ghribi,泰国亚洲理工学院工程和管理学院院长 Voratas Kachitvichyanukul 等专家、学者先后发言,就新时期工程教育的理论与实践、国际工程教育质量保证体系、国际工程教育发展水平评估、创新型工程科技人才培养模式等议题,进行了交流、讨论和经验分享。②

7. 地理模拟与犯罪地理国际研讨会

2014 年 7 月 3 日至 5 日,由中山大学综合地理信息研究中心

---

① 见中山大学新闻网(http://news2. sysu. edu. cn/news01/141032. htm)。
② 见浙江大学求是新闻网(http://www. news. zju. edu. cn/news. php? id=40664)。

（CIGNA）主办，方正国际软件（北京）有限公司、地理信息应用国家公共安全工作委员会、武汉大学测绘遥感信息工程国家重点实验室、北京大学地球与空间科学学院、中国科学研究院新疆生态与地理研究所、云南师范大学信息学院协办的"地理模拟与犯罪地理国际研讨会"在中山大学举行。来自美国、澳大利亚等国家和中国内地、中国澳门等地区的 30 余家科研院所，以及来自国内 20 多家企事业单位的 110 多人参加了此次会议。与会代表围绕"地理模拟与犯罪地理"这一主题，共同探讨国内外地理模拟与犯罪地理研究新进展。大会共设"犯罪地理与警务地理信息系统（PGIS）""国际华人地理信息科学协会（CPGIS）专场""时空过程模拟""智慧城市"四个分会场：上午，美国肯特州立大学 Jay Lee 教授主持"犯罪地理与警务地理信息系统（PGIS）"分会场。作为国内首次举办的犯罪地理国际研讨会，此次会议具有重要的里程碑意义：它不但促进了国内犯罪地理和相关研究及应用领域的交融，而且使得国内外犯罪地理的研究视角在一定范围内产生了交集，这必将对我国今后犯罪地理学的研究产生积极的推动作用。

8. 第八届 21 世纪中华文化世界论坛"中欧文化交流的过去与未来"

2014 年 11 月 3 日至 6 日，由北京外国语大学和中华炎黄文化研究会共同举办的第八届 21 世纪中华文化世界论坛"中欧文化交流的过去与未来"国际学术研讨会在奥地利维也纳大学召开。第九届、第十届全国人大常委会副委员长，中华炎黄文化研究会会长许嘉璐出席会议并分别在开幕式和闭幕式上讲话。北京外国语大学党委书记韩震率团参加会议并在大会开幕式上致辞。他充分肯定了研讨会"弘扬中华优秀文化，振奋民族精神，促进中华文化与世界各民族文化的交流、会通和发展"的宗旨。此次国际学术研讨会在中华文化走向大发展、大繁荣，中欧经济文化交流与合作日益密切，世界多极化、经济全球化和文化多样化发展的背景下召开，具有十分重要的意义。来自 16 个国家的 70 余名学者回顾了中欧文化交流的过去，并对其未来的发展进行了研讨。会议对推进中华文化与欧洲文化、乃至世界各民族文化的进一步交流与对话，构建和谐世界起了较为积极的作用。①

9. "传统孝道的当代意义与多元对话"国际学术会议

2013年7月19至20日,由中国人民大学伦理学与道德建设研究中心联合湖北工程学院中华孝文化研究中心、韩国圣山孝大学院大学孝文化研究所、韩国孝学会共同主办的"传统孝道的当代意义与多元对话"国际学术会议在中国人民大学召开。中国人民大学常务副校长冯惠玲出席会议并致辞。来自中国大陆(内地)及台湾、香港等地区和韩国、美国等国家的50余位学者莅会,会议收到论文42篇。来自美国的国际著名比较哲学与汉学家安乐哲教授、费乐仁教授、南恺时教授,韩国圣山孝大学院大学校长、韩国孝学会会长崔圣奎及11位韩国教授,台湾辅仁大学前校长黎建球教授,湖北工程学院党委书记肖波教授,中国伦理学会会长、清华大学人文学院院长万俊人教授,北京大学李翔海教授,湖南师范大学伦理学研究所所长王泽应教授等国内外该领域研究的著名专家、中国人民大学相关专业教授葛晨虹、龚群、肖群忠、韩星、杨庆中、罗安宪、温海明等出席会议并发表论文。

10. 2011中韩广告国际学术研讨会

2011年6月28日,由中国广告协会、韩国广告学会和北京大学新闻与传播学院共同主办的"2011中韩广告国际学术研讨会"在北京大学博雅国际会议中心召开。由韩国广告学会会长带队的50余名韩国的媒体和广告研究学者以及来自北京大学、中国传媒大学、中国人民大学、武汉大学、厦门大学等我国数十所高校的广告学专业的学科带头人共计140余人参加了此次研讨会,来自中韩双方的16位学者围绕研讨会议题进行了主题发言。这次研讨会是中韩两国广告学术界第一次规模化的正式交流。

11. 2012年公共管理国际会议(第八届)

北京大学政府管理学院萧鸣政教授应会议主办方的邀请,带领政府管理学院博士生吴新辉,于2012年10月25日—27日,参

---

① 见北京外国语大学新闻网(http://news.bfsu.edu.cn/archives/246837)。

加了在印度海德拉巴奥斯马尼亚大学承办的"2012 年公共管理国际会议(第八届)",并作为中方学术代表在会议开幕式上作了题为"中国人的领导行为风格与特征:一项基于文献比较的研究"的主题演讲。本次会议由美国公共管理协会、印度奥斯马尼亚大学、中国行政管理协会和中国电子科技大学等机构主办,印度奥斯马尼亚大学承办,与会者包括来自美国、英国、加拿大、中国、印度、日本等,全球各国公共管理学界、公共组织与政府和非公共组织等方面的代表。

12. 中国比较文学学会(CCLA)第十届年会暨国际学术研讨会

"中国比较文学学会(CCLA)第十届年会暨国际学术研讨会"于 2011 年 8 月 9 日至 11 日在上海举行并圆满落幕。大会主题是"当代比较文学与方法论建构"。大会围绕主题设定了回归文学性/作为文学研究的比较文学、中外比较诗学、中外文学关系、比较文学与翻译研究、世界文学经典的跨文化诠释、流散文学与海外华人文学、比较文学视野下的海外中国学、文学与宗教、文学人类学、回顾与展望:中国比较文学三十年等 17 个议题,近 70 多场次的大会及分组会议举行。包括著名法国哲学家于连(Francois Jullien)及 *Modern Language Quarterly*, *Comparative Literature Studies*, *Neohelicon* 和 *The Minnesota Review* 等国际学术期刊主编在内的 50 多位海外学者和来自全国各地比较文学学者共 420 多人参与了这一学术盛会。①

当前世界多极化、经济全球化和文明多样化深入发展,各国利益相互依存,应当相互理解和尊重对方不同的传统文化和发展现实,和谐相处,共同发展。哲学社会科学类国际学术会议是中外文化和学术交流的重要平台,为文明的平等对话搭建了有效平台,对促进文明的和谐与共同繁荣有着重要意义。一次又一次国际会议的成功举办碰撞出了促进不同文明交融互鉴的多彩思想火花,加强了同世界各国的交流合作,这有利于我们借鉴人类一切文明的有益成果和推进文明之间的相互尊重与多元交流。哲学社会科学类国际学术会议应

---

① 见上海外国语大学新闻网(http://news.shisu.edu.cn/teachnres/2011/2011,teachnres,016824.shtml)。

继续秉承深化人文交流，促进包容互鉴，增进共识和认同的目的不断发展与完善，为建设持久和平、共同繁荣的和谐世界做出积极贡献。

四、问题与建议

虽然在2011—2014年度中国举办的哲学社会科学国际学术会议较之以往会议召开次数和召开规模都有了较大的进展，但也存在一些问题，笔者拟针对这些问题提出相关建议，以为我国哲学社会科学国际学术会议的发展尽绵薄之力。

首先，世界一级学会的大会在华召开的次数并不多，因此我们应该扩展世界一级学会，比如世界哲学学会联合会、世界美学会、世界逻辑学学会在中国召开会议的数量。以世界哲学学会联合会为例，它是世界哲学学科最高级别的国际学术组织，由它发起的世界哲学大会（The World Congresses of Philosophy，简称 WCP）是当前世界哲学学科最高级别的国际学术会议，每五年举办一次，每次大会，有来自世界各国、各地区的成千的哲学家与会。如果我们能够多争取这些世界一级学会在华召开会议，将会极大地增强中国举办国际学术会议的影响力，并进一步推进中国同世界各国的交流合作。

其次，中国举办的哲学社会科学国际学术会议有不少质量还不是很高，存在会议参加者以国内学者为主，国外专家、学者参与数量较少，会议论文水平较低以及会议思想交流、碰撞度不够等问题，必须采取相关措施进一步提高会议质量。

再次，在中国举办的哲学社会科学国际学术会议中已经具有较大影响力的会议，如中国学论坛、中国人民大学主办的世界汉学大会等尚未常规化，对这些会议要更加重视并进行更多的投入和管理，使之常规化进而成为中外文化和学术交流的稳定平台。最后，中国走出国门到国外举办或者与国外组织联合举办的哲学社会科学国际学术会议并不是很多，这也极大地影响了中国举办的哲学社会科学国际学术会议的影响力。我们应该更加积极主动地利用国际资源，加强国际合作，扩大在国外举办或与国外组织联合举办国际学术会议的数量。

（文/郭小香、招佩玲）

第五节 "中华学术外译项目""走出去"影响力 报告(2010—2014)

一、"中华学术外译项目"基本情况

国家社科基金"中华学术外译项目"设立于 2010 年,主要立足于学术层面,资助我国哲学社会科学研究优秀成果以外文形式在国外权威出版机构出版,进入国外主流发行传播渠道,以增进国外对当代中国以及中国传统文化的了解,推动中外学术交流与对话,提高中国哲学社会科学的国际影响力。

"中华学术外译项目"资助国家社科基金项目优秀成果、我国当代哲学社会科学优秀成果以及 20 世纪以来我国哲学社会科学优秀成果的翻译出版,主要领域包括:(1)研究马克思主义特别是中国特色社会主义理论体系的优秀成果;(2)研究总结中国发展道路与发展经验的优秀成果;(3)研究当代中国经济、政治、文化、法律、社会等各个领域,有助于国外了解中国发展变化、了解中国社会科学研究前沿的优秀成果;(4)研究中国传统文化、哲学、历史、文学、艺术、宗教、民俗等具有文化积累和传播价值,有助于国外了解中国文化和民族精神的优秀成果;(5)其他适合向国外翻译推介的优秀成果。

目前,"中华学术外译项目"资助的文版包括了英文、法文、西班牙文、俄文、德文、日文、韩文和阿拉伯文,共计 8 种。申请主体有三类:一是国内在其学术领域具备较高专业水平和双语写作能力的科研人员,二是与国外科研机构开展密切学术交流的国内科研机构,三是具有国际合作出版经验的国内出版机构。现行资助标准为每 10 万字资助 10 万元左右,总字数一般不超过 30 万字,总资助额度不超过 50 万元。经费主要用于项目研究、翻译和出版费用。外译项目常年随时受理申报,一般每年春季和秋季各评审一次。自"中华学术外译项目"实施以来,2010—2014 年五年间,共资助立项 279 项。如果按每个项目平均 25 万字计算,279 个项目的计算资助费用为 6 975 万元。

二、2010—2014 年通过立项情况分析

1. 各年度立项数量和学科分布

为了方便比较,我们以年度为单位进行统计和对照研究。表 2-5-1 是对 2010—2014 年间各年度立项数和学科分布情况的统计,其中 2012 年、2013 年和 2014 年的数据是两批公布数的合计。影响表内学科分布的因素有很多,比如,立项数目有限,不能所有学科一起上;比如,作为国家社科基金的新项目计划,刚开始施行时,对于学科布局的考虑在很大程度上会向那些有准备的申请项目倾斜。但不管怎么说,所立项目的学科分布都体现了过去 5 年间"中华学术外译项目"对外传播中国学术思想的内容偏向。

表 2-5-1　2010—2014 年年度立项数和学科分布表①

立项年度 ＼ 立项数 ＼ 学科分类	5 年间	2010	2011	2012	2013	2014
全部学科	279	13	40	73	67	86
马列科社	21	0	0	9	8	4
哲学	26	3	3	5	6	9
经济学	54	2	11	17	12	12
法学	19	2	5	3	4	5
社会学	28	3	4	7	8	6
民族问题研究	3	0	0	0	0	3
国际问题研究	11	0	4	4	1	2
政治学	14	0	0	2	4	8
历史学	32	2	4	4	9	13
文学	31	0	0	12	5	14
语言学	2	0	0	0	1	1

---

① 根据全国哲学社会科学规划办公室官方网站(http://www.npopss-cn.gov.cn/)每年公布的通过立项信息整理。以下图表未注明信息来源的均同此信息来源。

续表

立项年度＼学科分类＼立项数	5 年间	2010	2011	2012	2013	2014
宗教学	6	1	1	1	1	2
图情文献学	1	0	1	0	0	0
管理学	5	0	3	0	0	2
新闻学与传播学	1	0	0	0	0	1
考古学	3	0	0	0	2	1
艺术学	12	0	2	7	2	1
教育学	7	0	2	2	1	2
其他	3	0	0	0	3	0

　　2010 年是中华外译项目的起始年,13 个通过立项中,近七成属于两大类立项,一是高等教育出版社"中国学术前沿"英文期刊系列,共 4 项;二是社科文献出版社介绍中国改革开放 30 年成就系列报告丛书,共 5 项。前一类可以看作有准备的申请项目,因为"中国学术前沿"英文系列期刊是高等教育出版社从 2006 年就开始做的,到了2010 年,"中华学术外译项目"将其纳入资助之列。"改革开放 30 年成就系列报告"丛书是中国学者对当代中国最重要时期各方面变革的系列报告,代表了中国政府在推动学术"走出去"过程中迫切希望世界了解中国的最重要领域。

　　如果我们把 1949 年中华人民共和国成立以后算作当代的话,2011—2014 年通过的立项中,中国当代题材始终是占主导地位的。图 2-5-1 是 5 年间中国当代题材在通过立项中所占的比例。由图可见,各年度的中国当代题材都达到或将近达到一半,头三年甚至达到了 60％—70％。

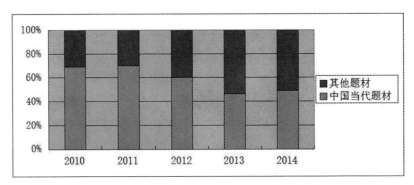

图 2-5-1 2010—2014 年间中国当代题材比例图

从另一个方面看,后两年其他题材的通过立项数增长较快。这一方面说明外译项目计划经过几年的施行,已经带动和推动了更全面的中华学术外译工作,另一方面,也说明该外译项目计划正在往全方位、深层次的选题方向驱动,以使能更好推动中国学术"走出去",往国外的中国研究领域输送更广泛的中国学者的研究成果。

全方位、深层次的选题方向主要表现在:(1)中国社会和历史人文题材比例上升;(2)马克思主义理论研究题材比例上升。从表 2-5-1 来看,后三年立项数目中,哲学、社会学、历史学和文学题材的立项数上升较快。图 2-5-2 是从表 2-5-1 提取的专项图表,形象体现了这一走势。需要说明的是,这些学科领域的立项中,有些与中国当代题材重叠,但数量很少;还有,这些立项数并不包含各年度通过立项中数量偏强学科中的少量历史题材立项,比如,属于经济学学科的《中国近代银行制度变迁及其绩效研究》(2013 年第二批通过立项)、《中国国家资本的历史分析》(2014年第一批通过立项)等。综合考虑,中国社会和历史人文题材比例的上升,使学术外译项目更能推出对中国的立体和深厚的研究。

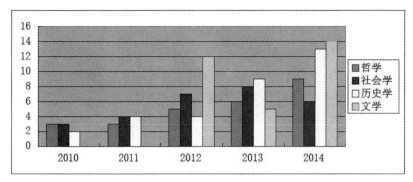

图 2-5-2　2010—2014 年间部分学科题材走势图

中国学者对马克思主义理论研究的外译立项数也明显增长。2013 年开始,诸如以下选题的立项趋于增多:《为马克思辩护:对马克思哲学的一种新解释》(2013 年第一批)、《文本的深度犁耕:后马克思思潮哲学文本解读》(2013 年第一批)、《回到列宁》(2013 年第一批)、《苏联解体二十周年祭》(2013 年第一批)、《马克思主义经济危机和周期理论的结构与变迁》(2013 年第二批)、《马克思主义哲学基础理论研究》(2014 年第一批)、《〈巴黎手稿〉研究——马克思思想的转折点》(2014 年第二批)等。这些立项选题虽然没有直接讨论中国主题,但体现了中国社会主义国家的意识形态和政治价值观,从而为理解中国当代政治,特别是中国特色社会主义提供支撑。

2. 各年度立项数量和文版分布

"中华学术外译项目"立项文版分布能够说明中国学术"走出去"的目的地分布。由表 2-5-2 可见,英文版在各年度都占主导优势,这符合目前国际学术语言主要为英语的情况。从 2012 年开始,通过立项的文版有了俄文、德文、日文和韩文;在此基础上,2013 年又新增法文和西班牙文版,2014 年新增阿拉伯文版。文版种类逐年递增,目前已从最初的 1 种增加到了 8 种。

表 2-5-2 2010—2014 年间立项数和文版分布表

年份	立项数	立项语种项目数							
		英	俄	德	法	西班牙	日	韩	阿拉伯
5 年间	279	197	20	6	3	1	21	30	1
2010	13	13	0	0	0	0	0	0	0
2011	40	40	0	0	0	0	0	0	0
2012	73	50	9	1	0	0	5	8	0
2013	67	44	4	3	1	1	5	9	0
2014	86	50	7	2	2	0	11	13	1

新增文版数较快的是日、韩文版。图 2-5-3 反映了五年间日、韩文版所占比例的增长。截至 2014 年,日、韩两种文版已经占全部立项数的 28%,逼近三分之一。

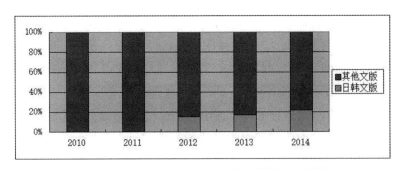

图 2-5-3 2010—2014 年间日、韩文版所占比例图

梳理全部日、韩文版的 51 个通过立项,我们没有发现特别集中的题材。题材分布于中国的政治、经济、社会、法律和文学,以及当代中国的和传统中国的,各方面都有。因此,日、韩文版的相对较快增长,不能单一从文化传统相近的角度进行解释。也许应该解释为:东亚地缘政治、相近文化传统、学术文化交往基础等综合因素影响了两种文版的相对较快增长。

3. 各年度立项数量和申请主体分布

各年度立项申请主体的分布能够反映对于外译项目国外出版发行运作机制的效用预期和评判。除 2014 年以外,通过立项中有三分之二的申请主体为出版机构(见表 2-5-3)。中国学术外译项目,从选题、翻译,到出版、发行,是一个集学者、译者、研究机构和出版机构为一体的系统工作。究竟由哪一个环节出面牵头组织外译项目,主要是看最终效果。随着中国出版"走出去"战略的实施,出版业与国外出版机构越来越多地建立了联系,版权贸易也发展起来。所以,中华外译项目通过的立项多数由国内出版机构牵头申请,其便于与国外出版机构合作出版发行的优势是可以理解的。不过这个问题如果能够解决,学者个人和大学、研究机构作为牵头环节,申请外译立项也有其不可替代的优点,比如能够更准确地评判外译项目的选题价值和学术质量,并且学者现有的国际学术共同体资源也能发挥作用。2014 年,申请主体为学者个人或大学、研究机构的通过立项,首次超过了申请主体为出版机构的通过立项(表 2-5-3)。

表 2-5-3　2010—2014 年间立项数和申请主体分布表

年　份	项目数量	项目申请主体	
		个人或大学、研究机构	出版机构
2010	13	3	10
2011	40	6	34
2012	73	26	47
2013	67	21	46
2014	86	45	41

三、"中华学术外译项目""走出去"影响力

1. 国家社科基金"中华学术外译项目"带动地方学术外译项目

在中国社科基金"中华学术外译项目"的带动下,有些地方也相继设立本省、市的学术外译资助项目。2013 年,上海市和江苏省分别设立"上海市中华学术精品外译项目"和"江苏省社会科学基金学术外译项目"。其中上海市 2014 年 6 月通过立项数 6 项[①],江苏省

----

① 数据来源于上海市哲学社会科学规划办公室官网(http://www.sh-popss.gov.cn/newsInfo.asp?idval=5841)。

2013 年 12 月通过 4 项①。两个地方的项目设计和申请规定在很大程度上参照了国家社科基金的条款,资助金额也基本相同,国家社科基金"中华学术外译项目"计划示范效应明显。

2. 部分外译项目成果情况窥览

我们以国家社科基金每年公布的"中华学术外译项目"立项名单(中文)为线索,在互联网上逐一搜索该立项的成果情况,得到 17 个外译项目成果信息②。由于项目成果信息占立项总数的比例很小,并且信息源非常狭窄,我们很难做出客观合理的分析。以下只是根据报道和发布的内容对成果的特点做出窥览。

(1)译版占绝大多数,但亦有初版。17 个外译成果中,绝大多数是译版,即该书原先在国内出版,然后译成外文由国外出版机构出版发行。不过,其中也有极少数是初版,即外文版和中文版同时出版发行,由国外出版机构和国内出版机构合作出版发行,《中法建交始末》(法文版)就是这种情况。

(2)国外译者占多数。17 个外译成果中,只有少数(大约 3 种)为国内人员或作者本人翻译,多数成果的译者为文版对象国人员。其中包括在中国攻读学位的对象国留学生、国外同行学者、前对象国外交官,等等。

(3)媒体和学界反响不一。有些成果介绍提到国外媒体和学界的反响,有些则没有。其中提到反响最多的为《中华人民共和国国情词典》(英文版),该书由冯俊主编,新加坡天窗出版集团(Enrich Professional Publishing Group)2012 年出版。报道提到,"该书出版后不但取得了良好的经济效益,也获得了出版界和学界的好评。如在东南亚地区销售势头迅猛,列入麦格劳-希尔公司 2013 年度专著

---

① 数据来源于江苏社科规划网(http://jspopss.jschina.com.cn/23790/201312/t1373629.shtml)。

② 17 个项目成果信息分别来自全国哲学社会科学规划办公室官网和中国社会科学网,具体报道包括:(1)《2010 年国家社科基金中华学术外译项目成果简介》(2011 年 9 月 7 日)(含 6 种),http://www.npopss-cn.gov.cn/GB/230094/231487/index.html;(2)《国家社科基金中华学术外译项目成果选介》(2014 年 9 月 17 日)(含 9 种),http://www.npopss-cn.gov.cn/n/2014/0916/c373410-25672877.html;(3)《中华学术外译项目〈回到马克思〉在德国出版》(2014 年 8 月 28 日),http://www.cssn.cn/gd/gd_rwhd/gd_dfwh_1654/201408/t20140828_1308107.shtml;(4)《中华学术外译项目首项西班牙文成果出版发行》(2014 年 10 月 15 日),http://www.npopss-cn.gov.cn/n/2014/1015/c373410-25838018.html。

类图书榜单,并入选其 2013 年 5、6、8、10 月份的专著类图书推荐名单;入选新加坡政府 2013 年度采购图书清单,是入选清单中为数不多的中国研究图书。入选美国贝克·泰勒 2013 年度图书推荐榜榜单,成为整个北美地区畅销的学术专著类图书。在 2013 年 6 月举行的全美最大的图书馆书籍展览——American Library Association 年会中,获得了包括普林斯顿大学、杜克大学等著名大学图书馆的订单。普林斯顿大学图书馆馆长 Karin Trainer 表示,该书'总结并填补了外国对于近现代中国认知的空白,特别是近 30 年新出的词条和定义,使得国外学者对于研究近现代中国过程中出现的新的学术词汇不会再感到陌生和无从下手。'"①

(4) 有些成果起到了直接服务国家外交的作用,切时切景。《中法建交始末》(法文版)一书的出版正值中法建交 50 周年;《南沙争端的起源与发展》(英文版)也是在近年来南海局势动荡,与周边国家摩擦不断增多的大背景下推出;《创造性介入——中国外交新取向》(韩文版)是在"中国崛起"的历史大背景下,围绕中国外交如何适应新形势更加主动积极地塑造一个负责任的新兴大国形象的。《南沙争端的起源与发展》(英文版)被外交部送往我国几个重要的驻外使馆,作为宣传我国南海政策的文宣资料;《中法建交始末》(法文版)在国家主席习近平访问法国之际,举行该书首发式。

3. "中华学术外译项目"资助出版的部分著作在海外图书馆收藏情况

利用互联网用中文逐一搜索外译项目立项名单,我们除了得到前面提到的 17 种成果信息以外,还得到了包括前述 17 种在内的 26 种立项成果已经出版的信息。根据信息提供的外文版著作标题,我们在 OCLC FirstSearch 数据库的 WorldCat 联机联合目录中对这些外译出版物的全球图书馆购买情况进行了检索②,26 种外译项目资助出版的著作在海外图书馆收藏情况如下:

(1)《创造性介入——中国外交新取向》(중국 외교의 창조적 개입)

2012 年第二批立项,韩文版。WorldCat 检索没有结果,其他信

---

① http://www.npopss-cn.gov.cn/n/2014/0916/c373410-25672877-5.html.
② 2014 年 12 月 24 日检索。

息渠道表明,该书出版后,韩国国会图书馆等公共图书馆和各高校图书馆将其纳入馆藏书目。①

(2)《中法建交始末》(*La Reconnaissance de la Chine par la France*)

2013 年第二批立项,法文版。法国 FONDATION MAISON DES SCIENCE DE L'HOMME 图书馆收藏。

(3)《南沙争端的起源与发展》(*Solving the Disputes for Regional Cooperation and Development in the South China Sea:A Chinese perspective*)

2012 年第二批立项,英文版。全球 33 个图书馆收藏,其中澳大利亚 1 个,加拿大 1 个,德国 1 个,英国 3 个,中国香港 3 个,爱尔兰 1 个,日本 1 个,新西兰 1 个,新加坡 1 个,中国台湾 2 个,美国 18 个。此外,全球 103 个图书馆互联网电子图书收藏。

(4)《中国对外经济关系》(*China's External Economic Relations*)

2012 年第二批立项,英文版。全球 19 个图书馆收藏,其中澳大利亚 2 个,加拿大 2 个,新加坡 2 个,泰国 1 个,中国台湾 3 个,美国 8 个,南非 1 个。此外,全球 275 个图书馆互联网电子图书收藏。

(5)《中华人民共和国国情词典》(*Chinapedia—The First Authoritative Reference to Understanding China*)

2011 年立项,英文版。全球 61 个图书馆收藏,其中澳大利亚 4 个,加拿大 2 个,瑞士 1 个,英国 1 个,中国香港 2 个,新西兰 1 个,新加坡 5 个,泰国 1 个,中国台湾 2 个,美国 42 个。此外,全球 41 个图书馆互联网电子图书收藏。

(6)《中西诗歌比较研究》(*равнительное изучение китайской и зарубежной поэзии*)

2012 年第二批立项,俄文版。WorldCat 检索没有结果,其他信息渠道表明,该书发行之初,即被莫斯科文化部图书馆收藏,并被摆放到"新书推荐"书架;同时被俄罗斯人文大学、师范大学等高校和学

---

① http://www.npopss-cn.gov.cn/n/2014/0916/c373410-25672877.html.

术研究机构收藏。[①]

(7)《"全球化"的宗教与当代中国》(*Global Religions and Contemporary China*)

2011 年立项,英文版。WorldCat 检索没有结果显示。

(8)《中国特色社会主义人权保障制度研究》(*Human Rights Protection System in China*)

2012 年第一批立项,英文版。全球 44 个图书馆收藏,其中加拿大 3 个,德国 1 个,英国 1 个,中国香港 2 个,日本 1 个,美国 36 个。此外,全球 187 个图书馆互联网电子图书收藏。

(9)《中国文化的传播者——钢和泰学术评传》(*The Academic Knight between East and West—A Biography of Alexander von Stael-Holstein*)

2012 年第二批立项,英文版。全球 2 个图书馆收藏,其中新加坡 1 个,美国 1 个。

(10)《回到马克思——经济学语境中的哲学话语》(*Back to Marx—Changes of Philosophical Discourse in the Context of Economics*)

2010 年立项,英文版。全球 4 个图书馆收藏,其中瑞士 1 个,德国 2 个,美国 1 个。

(11)《中国与西班牙关系史》(*Historia de las relaciones Sino-Españolas*)

2013 年第一批立项,西班牙文版。全球 10 个图书馆收藏(中国内地〈大陆〉图书馆不在其列),其中西班牙 5 个,中国香港 1 个,美国 1 个,德国 1 个。

(12)《非均衡的中国经济》(*Chinese Economy in Disequilibrium*)

2012 年第二批立项,英文版。全球 10 个图书馆收藏,其中加拿大 1 个,瑞士 1 个,美国 8 个。此外,全球 222 个图书馆互联网电子图书收藏。

———————————

① http://www.npopss—cn.gov.cn/n/2014/0916/c373410—25672877—6.html。

（13）《改革红利——十八大后转型与改革的五大趋势》（*Bonus from Reforms：Five Trends of Transformation and Reforms after the COC's 18th National Congress*）

2013年第一批立项，英文版。全球7个图书馆收藏，其中新加坡1个，斯洛文尼亚2个，美国4个。

（14）《为什么研究中国建筑》（*Chinese Architecture：Art and Artifacts*）

2011年立项，英文版。全球5个图书馆收藏，其中新加坡1个，美国2个，斯洛文尼亚2个。

（15）《西藏简明通史》（*Concise Edition of a General History of Tibet*）

2014年第一批立项，英文版。全球4个图书馆收藏，其中以色列1个，美国3个。

（16）《中国经济改革发展之路》（*Economic Reform and Development in China*）

2011年立项，英文版。由外语教育与研究出版社（北京）2010年出版的 *Economic Reform and Development in China*，全球只有1个图书馆收藏，即英国的 BRITISH LIBR REFERENCE COLLECTIONS。而由英国剑桥大学出版社2012年出版的 *Economic Reform and Development in China*，全球有71个图书馆收藏（中国内地〈大陆〉图书馆不在其列），其中澳大利亚3个，加拿大12个，英国8个，中国香港3个，爱尔兰1个，以色列2个，新西兰1个，卡塔尔1个，新加坡1个，泰国2个，中国台湾2个，美国27个，南非1个，丹麦2个，荷兰1个，波兰1个，德国1个。此外，全球25个图书馆互联网电子图书收藏。

（17）《中国新疆历史与现状》（*Xinjiang of China：Its Past and Present*）

2013年第二批立项，英文版。由新疆人民出版社2005年出版的版本在全球有10个图书馆收藏，加拿大1个，中国香港1个，荷兰1个，美国7个。由中国五洲传播出版社2014年出版的版本在全球有9个图书馆收藏（中国内地〈大陆〉图书馆不在其列），澳大利亚2

个,新西兰 1 个,新加坡 1 个,美国 4 个。

（18）《中国增长质量与减贫》（*The Quality of Growth and Poverty Reduction in China*）

2012 年第二批立项,英文版。2014 版全球 6 个图书馆收藏,其中英国 1 个,日本 1 个,美国 4 个。2012 版全球 4 个图书馆收藏,其中中国台湾 1 个,美国 3 个。此外,全球 227 个图书馆互联网电子图书收藏。

（19）《中国的呐喊:陈安论国际经济法》（*The Voice from China:An CHEN on International Economic Law*）

2013 年第二批立项,英文版。全球 20 个图书馆收藏,其中加拿大 1 个,英国 1 个,中国香港 1 个,美国 17 个。此外,全球 58 个图书馆互联网电子图书收藏。

（20）《中国法律的传统与近代转型》（*The Tradition and Modern Transition of Chinese Law*）

2011 年立项,英文版。全球 31 个图书馆图书收藏,其中澳大利亚 3 个,瑞士 2 个,德国 1 个,中国香港 1 个,美国 23 个,南非 1 个。此外,全球 181 个图书馆互联网电子图书收藏。

（21）《中国经济转型 30 年》（*Transforming the Chinese Economy*）

2010 年立项,英文版。全球 74 个图书馆图书收藏,其中澳大利亚 6 个,加拿大 9 个,瑞士 4 个,德国 1 个,英国 5 个,中国香港 2 个,意大利 1 个,荷兰 3 个,新西兰 1 个,新加坡 1 个,中国台湾 2 个,美国 39 个。此外,全球 1 037 个图书馆互联网电子图书收藏。

（22）《中国走向法治 30 年》（*China's Journey Toward the Rule of Law:Legal Reform*）

2010 年立项,英文版。全球 114 个图书馆图书收藏,其中澳大利亚 8 个,加拿大 5 个,瑞士 2 个,德国 3 个,英国 6 个,中国香港 4 个,日本 1 个,荷兰 3 个,新西兰 1 个,中国台湾 2 个,美国 79 个。此外,全球 868 个图书馆互联网电子图书收藏。

（23）《中国治理变迁 30 年》（*The Reform of Governance*）

2010 年立项,英文版。全球 68 个图书馆图书收藏（中国内地

〈大陆〉图书馆不在其列),其中澳大利亚 5 个,加拿大 5 个,瑞士 2 个,德国 1 个,英国 7 个,中国香港 3 个,日本 1 个,荷兰 4 个,新西兰 1 个,中国台湾 1 个,美国 36 个。此外,全球 579 个图书馆互联网电子图书收藏。

(24)《中国社会变迁 30 年》(*Thirty Years of Reform and Social Changes in China*)

2010 年立项,英文版。全球 75 个图书馆图书收藏(中国内地〈大陆〉图书馆不在其列),其中澳大利亚 3 个,加拿大 8 个,瑞士 3 个,德国 1 个,英国 6 个,中国香港 3 个,荷兰 2 个,新加坡 2 个,中国台湾 1 个,美国 45 个。此外,全球 579 个图书馆互联网电子图书收藏。

(25)《中国民间组织 30 年》(*Emerging Civil Society in China*, 1978—2008)

2010 年立项,英文版。全球 77 个图书馆图书收藏,其中澳大利亚 4 个,加拿大 5 个,瑞士 2 个,德国 2 个,英国 3 个,中国香港 4 个,意大利 1 个,荷兰 3 个,新西兰 1 个,卡塔尔 1 个,新加坡 2 个,中国台湾 3 个,美国 45 个,南非 1 个。此外,全球 736 个图书馆互联网电子图书收藏。

(26)《中国佛教与传统文化》(*China's Buddhist Culture*)

2010 年立项,英文版。全球 19 个图书馆图书收藏(中国内地〈大陆〉图书馆不在其列),其中巴巴多斯 1 个,中国香港 1 个,新加坡 2 个,中国台湾 3 个,美国 9 个。此外,全球 56 个图书馆互联网电子图书收藏。

四、对"中华学术外译"项目的一些思考

1. 学界对外译项目的思考

自从国家社科基金 2010 年设立"中华学术外译项目"以来,学界和有关部门对项目的实施,及其社会效应和海外影响力做出了一些思考。但因该项目实行时间较短,数据本身还不充分,所以对它的研究还比较少。从发表的研究文章来看,相关研究都肯定了项目在增进国外对当代中国和中国哲学社会科学以及中国传统文化的了解,

推动中外学术交流与对话,提高中国哲学社会科学的国际影响力方面的积极作用,但同时也看到项目实施过程中的缺陷和不足,提出了改进建议。这些讨论主要集中在诸如选题、翻译、出版和项目管理等方面。

在选题方面,有学者指出,外译项目选题中的主体部分应该统筹考虑,将国家现有的已经得到认可的优秀成果介绍到国外去,比如国家社科规划办的《国家哲学社会科学成果文库》就是这方面的集大成者,首先应当分期分批把这部分优秀成果介绍到国外去。在此基础上,也可以有少量的选题由出版社和学者提出。[1] 但也有学者从翻译史的"翻译需要"理论出发,认为"中华学术外译项目"的选题计划没有建立在充分研究输出国需求主体需要的基础上,几乎没有看到这方面的调研报告。于是,外译选题"似乎体现为输出国官方之需,以及输出国中者里边少数知识人响应政府号召发出的呼吁"。[2]

关于翻译问题,研究文章大多提出应该尽量由对象国人员担任,也有学者提出由对象国人员和本国人员结合来做。也有学者提出国内要有专门针对各种外译项目翻译工作的研修项目,也应把它列入外译项目计划的系列工作中。[3] 需要指出的是,研究文章中几乎无一例外地提到目前外译项目的翻译大多由中国人承担的情况,但在我们撰写报告的过程中,所掌握的材料没有印证这个说法。20 多个已经找到出版信息的中华学术外译成果中,只有极少数译者是中国人,绝大多数是对象国人员。这说明研究文章中提出的译者母语问题的确是重要的,这一点已经受到重视,但效果还需要进一步调研。

项目规划和管理方面,有学者提出,目前国家各部门设立的涉及图书出版"走出去"的项目不少,除了"中华学术外译项目"以外,还包括 2004 年推出的"中国图书对外推广计划"、2009 年启动的"中国文化著作翻译出版工程"以及同年启动的"经典中国国际出版工程"。

---

① 李雪涛:《对国家社科基金"中华学术外译项目"的几点思考》,《云南师范大学学报》(对外汉语教学与研究版)2014 年第 1 期。

② 王友贵:《从 1949—1977 年中国译史上的翻译需要审视"中华学术外译"》,《外文研究》2013 年第 1 期。

③ 许方、许钧:《关于加强中译外研究的几点思考:许钧教授访谈录》,《中国翻译》2014 年第 1 期。

这些项目分属不同部门管理,项目计划之间基本上没有横向联系,造成了管理职权不太明确,整体协调也不够的后果。[①] 因此在统筹方面还需要加强。

2. 主管部门人员的思考

全国哲学社会科学办公室是"中华学术外译项目"的主管部门,办公室副主任杨庆存的《中国文化"走出去"的起步与探索——国家社科基金"中华学术外译项目"浅谈》[②]一文反映了该项目主管部门最近的考虑。文章对进一步做好"中华学术外译项目"提出了4点思考:一是紧扣中国主题选择资助项目,确保成果的高品位高质量。二是加强国际学术出版信息的收集分析,增强工作针对性。三是从战略层面规划学术成果译介,形成传播合力。四是为培育高水平的外译人才队伍搭建平台。

3. 我们的思考

第一,在定位"中华学术外译项目"计划为提升中国软实力的国家战略工程的基础上进行选题策划,"以我为主",在此基础上辅以市场运作方式。

第二,市场运作方式主要指考虑到效果的运作方式。这就需要了解中华学术成果外译输出地的市场情况,熟悉国外出版机构出版及图书发行机制,以及双边学术和出版交流与贸易机制等。在此条件下选择那些既符合选题策划预期又达到效果条件要求的项目通过立项。

第三,科学运用项目申请审查筛选机制是达到以上要求的合理手段。由于外译项目是集著述、翻译、出版、发行为一条龙的系统工作,而这几个环节各自都非常专业,这就需要在审核时设立分类指标,进行综合考察。分类指标既然分了类,就要相应采用能够有效检测各类指标的方法。比如对于国外出版机构的发行渠道,是否有一

---

① 李雪涛:《对国家社科基金"中华学术外译项目"的几点思考》,《云南师范大学学报》(对外汉语教学与研究版)2014年第1期。

② 杨庆存:《中国文化"走出去"的起步与探索——国家社科基金"中华学术外译项目"浅谈》,《中国翻译》2014年第4期。

些成熟的数据库可以检索和判定它们的出版发行情况。我们在报告撰写过程中观察到,有一些英文版外译著作,根本查不到它们的全球图书馆购买情况。一般来说,由国内出版机构出版的英文外译著作,全球图书馆收藏情况都不太好,大多不会超过 10 家,多数情况下只有几家。但也有个别国外出版机构出版的英文版学术外译著作也查不到图书馆收藏。也许我们可以推测,这个出版社的图书没有进入主流发行渠道。那么,对申请项目进行分类审核时,也许就可以请不同的部门或设立不同的环节进行流水审核。首先是选题范围确定,再由学者或出版机构申请,然后由专家审核内容是否符合选题范围、翻译专家(中外专家)审核译者、出版社审核国外出版机构的资质。这样,我们就可以把一些专业性强的工作分摊到不同的专业人员或机构来做,最后需要进行的就是综合考察。

第四,对项目执行情况和效果持续跟踪研究,建立数据库适时了解情况变化;也可将包括"中华学术外译项目"在内的诸项图书对外传播工程项目打包进行研究,并在社科基金或其他基金项目指南中将此研究列入其中。

(文/张妮妮、董天奇、刘彦斌)

第六节　中国知网"走出去"情况报告①

中国知网(CNKI)是当前国内使用最为广泛的学术文献电子服务平台之一;同时,它也是当前国内面向海外提供和推广中国知识产出与情报服务的重要专业网站。截至目前,它在海外拥有 1 300 多家机构用户,分布于 43 个国家和地区。2007—2014 年间,中国知网连续四届被评为"国家文化出口重点企业";中国知网的"中国学术期刊网络出版总库""中国重要会议论文全文数据库""中国年鉴网络出版总库"和"中国重要报纸全文数据库"也被评为"国家文化出口重点项目"。有鉴于此,我们认为将中国知网列入年度报告进行考察是考

---

① 2014 年 10 月 23 日,编写组相关人员实地走访北京"中国知网",即同方知网(北京)技术有限公司,受到该公司海外发行部相关人员的接待,并获得详细的信息和数据。本文援用的数据和资料主要来源于同方知网(北京)技术有限公司海外发行部,数据截止日期为走访前一日。

察中国哲学社会科学"走出去"工作和中国哲学社会科学海外影响力的重要视角。

一、中国知网概况

1. 中国知网基本介绍

"中国知网"是集知识资源整合出版、学术文献出版、多媒体出版和专业化数字图书馆为一体的数字出版平台,它整合了中国90%以上的学术文献和海外重要的学术文献数据库资源;以网络出版和数字图书馆相结合的方式,实现知识资源的增值服务和学术文献的实时出版,面向全社会各行各业提供知识管理服务。"中国知网"是由中国学术期刊(光盘版)电子杂志社和同方知网(北京)技术有限公司共同创办与运营的。

同方知网(北京)技术有限公司(下简称同方知网)作为同方股份的全资子公司,主要负责"中国知识资源总库"在全球的的销售与服务,目前在北京、日本、韩国等国家和北美、中国台湾、中国香港等地区设立了10个网络服务中心,13个代理机构和办事处,构成了比较完善的全球发行与服务体系。目前,"中国知识资源总库"中的各类文献资源已推广至海内外高等院校、政府、企事业单位、医疗卫生机构、情报服务机构以及农村等各个领域,在海外拥有1300多家机构用户,遍布43个国家和地区。

2. 中国知网涉及哲学社会科学的文献数据库分布结构及情况概要

中国知网大部分数据库涉及哲学社会科学,其中有11个数据库包含哲学社会科学类内容,如"中国学术期刊网络出版总库""世纪期刊人文社科精品数据库"等;有5个数据库全部为哲学社会科学类内容,包括"中国文化精品文化期刊文献库""中国精品文艺作品期刊文献库""中华文化'走出去'图书库""中国精品科普期刊文献库""国学宝典"。各数据库包含的哲学社会科学类文献数量,如图2-6-1所示。

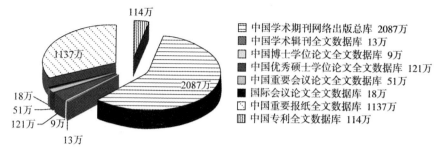

图 2-6-1　哲学社会科学类数据库文献数量分布图

在涉及哲学社会科学类的数据库中,"中国学术期刊网络出版总库"包含文献量最大,共有 2087 万篇,具体学科分布如图 2-6-2 所示,其中经济管理类所占比重最大,占 38%。

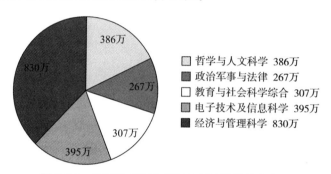

图 2-6-2　期刊数据库文献量(万篇)按学科分布图

3. 中国知网涉及"走出去"业务的结构组成

目前,中国知网"走出去"业务分为海外资源合作、海外产品策划、海外市场开拓和海外发行业务四个部分,如图 2-6-3 所示。

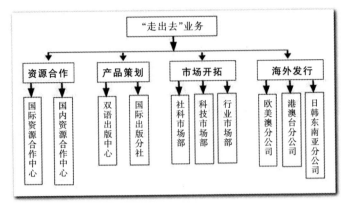

图 2-6-3 中国知网"走出去"业务组织结构图

二、中国知网"走出去"大事记

如图 2-6-4 所示,中国知网"走出去"经历了起始年、数据库海外推广、海外镜像站建立、海外云出版等业务不断扩大的过程。

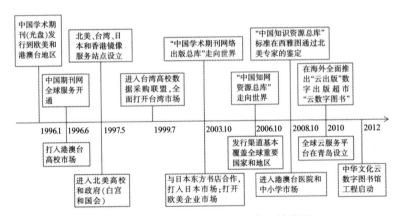

图 2-6-4 中国知网"走出去"大事记轴状图

1. "走出去"元年

1996 年,中国知网开始"走出去"业务,第 1 家用户是香港大学,北美第 1 家用户为加州大学伯克利分校。

2. 2011 年以前"走出去"重要事件

2006 年 10 月,"中国学术期刊网络出版总库"通过新闻出版总署鉴定验收;

2008 年 7 月,中文电子出版及 CNKI 产品标准研讨会在美国西雅图举行,CNKI 标准进入美国市场;

2009 年 10 月,第 61 届法兰克福书展,"中国知网"全球数字图书馆建馆工程揭幕;

3. 2011—2014 年"走出去"大事记

2011 年 9 月,第十八届北京图书博览会,时任中共中央政治局常委李长春同志亲临中国知网指导"走出去"工作;

2012 年 4 月,"'中国知识资源总库'欧洲用户论坛"在伦敦书展 Market Focus 活动区召开;

2012 年,中国知网全面启动建设"基于知识服务引擎的数字出版国际营销平台"。目前,一期工程已经完成,9 000 多种期刊、6 000 多种工具书,200 万篇学位论文、2 000 多种年鉴,4 000 种精品图书在该平台上实现了在线销售。并且实时动态地推送到每一个海外中国学研究者的邮箱中。

2013 年发布了面向海外市场的国际营销平台,这一平台集用户服务、内容发现、产品展示、出版社合作、代理进货、跨国结算等商务功能于一体,汇集了中国知网现有的所有核心技术。实现了电子出版物的主题打包,单种、单篇在线销售,这将有力的推进海外中小机构用户的服务。

2013 年"中华文化'走出去'图书库"正式上线,制定了选书标准和图书库特有的分类导航,策划了 46 套主题图书,进行销售。

三、中国知网海外发行情况

1. 发行情况——出口额和机构用户数

(1) 出口额

中国知网从 1998 年开始进入海外市场,已经形成了在全球范围内稳定的数字出版产品体系。出口业绩持续增长,累计出口额 8 000 多万美元,2013 年出口销售额 1 280 万美元。

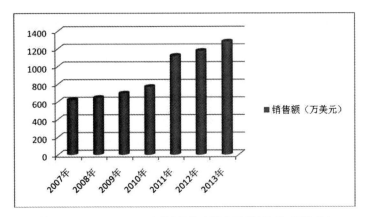

图 2-6-5 2007—2013 年"中国知网"出口额（单位：万美元）

（2）用户数

中国知网已经成为海外中国研究的重要工具和基本保障资源，国际上许多重要高校和政府智囊也逐步加入中国知网的用户队伍，用户增长情况如图 2-6-6 所示。

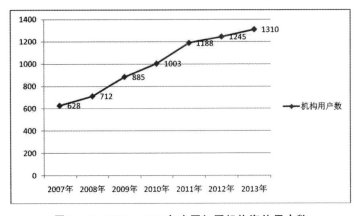

图 2-6-6 2007—2013 年中国知网机构海外用户数

2. 海外发行的目标地分布情况

中国知网目前在全球拥有大型机构用户 1 300 多家，分布在 43 个国家和地区。世界前 500 强大学中，中国知网用户有 206 家，占有率 41.2%；美国卡耐基分类一类院校（研究型大学）总计 151 所，其中 102 家为中国知网用户；80% 的日本、韩国 A 类高校在广泛使用中国知网；77% 的澳大利亚五星级高校使用中国知网；港澳台 260 多家高

校（包括职业技术院校）和研究机构，全部成为中国知网用户，市场覆
盖率达到100％。

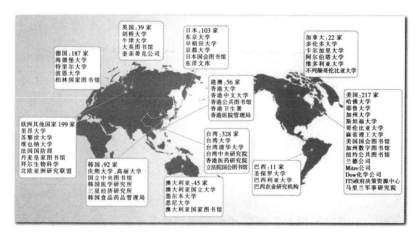

图 2-6-7 中国知网机构用户国家分布图

3. 发行接受机构分布情况

表 2-6-1 是按机构性质划分的中国知网海外接受机构分布表，由
表 2-6-1 可见，高校及研究性质的机构用户占据了大多数，典型用户
一栏表明，各类机构用户中不乏海外重要的机构。

表 2-6-1 中国知网海外接受机构分布表

用户类型	数量	典型用户
高等院校	715	哈佛大学，耶鲁大学，剑桥大学，海德堡大学，澳大利亚国立大学，香港大学，台湾大学，台湾政治大学，日本东京大学，韩国庆熙大学
公共图书馆	68	美国国会图书馆，加州数字图书馆，柏林国家图书馆，大英图书馆
政府机构	102	法国国防部，美国能源部，日本东洋文库，韩国食品药品管理局
政府智囊	85	兰德公司，胡佛战争、革命与和平研究所，布鲁金斯学会，法国国际和战略关系研究所（IRIS）

用户类型	数量	典型用户
大型企业	76	美国国际贸易科技公司,Dow 化学公司,CNA 公司,拜耳生物科学
医院	38	澳门镜湖医院,林口长庚医院,台湾"荣民总医院"
军事机构	27	美国海军军事学院,日本防卫省防卫研究所,台湾"总政治作战局"
银行	18	花旗银行,日本银行,菲律宾亚洲发展银行
中小学	48	台湾斗六高级中学,沪江维多利亚国际学校
学会	11	北美亚洲研究协会,欧洲汉学研究协会

4. 中国知网海外发行区和机构使用情况

图 2-6-8 是 2007—2013 年中国知网海外浏览和下载量的年度数据图,由图 2-6-8 可见,中国知网的海外使用量呈持续上升趋势。至2013 年,浏览量达 2 140 万篇,下载量达 1 700 万篇,分别比 5 年前提高 82％和 130％,其中下载量的增长更加明显。

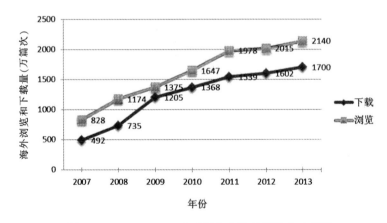

图 2-6-8 2007—2013 年中国知网海外浏览和下载量

在下载量增长情况下,各学科下载量比例如表 2-6-2 所示,其中文史哲、政治军事与法律、教育与社会科学综合,以及经济与管理等哲学社会科学门类的论文下载量占 77％,是中国知网海外影响力生效的主要领域。

表 2-6-2　各学科专辑海外下载量比例表

专辑名称	各专辑下载量比例
理工 A(数学物理力学天地生)	4％
理工 B(化学化工冶金环境矿业)	3％
理工 C(机电航空交通水利建筑能源)	6％
农业	2％
医药卫生	4％
电子技术及信息科学	4％
文史哲	28％
政治军事与法律	12％
教育与社会科学综合	21％
经济与管理	16％

四、中国知网"走出去"业务海外影响力情况

1. 中国知网大面积进入国外高端研究机构

多年来,中国知网在全球高端研究机构市场已经初具规模,世界前 500 强大学中,中国知网用户有 206 家,占有率 41.2％;美国卡耐基分类一类院校(研究型大学)总计 151 所,其中 102 家为中国知网用户。日本、韩国、澳大利亚等高端市场占有率更高,均超过 80％。而且,中国知网的机构用户还在以平均 15％的速度逐年递增。

2. 美国重大政府政策研究和科技咨询机构普遍使用中国知网

中国的学术文献资源,包含了科技、人文、社会等诸方面的丰富的知识信息,不仅是学术研究的重要参考,也是外国政府研究中国、咨询机构进行咨询服务的重要参考。美国 ITS 政府决策资源中心、Venator Consulting Group,Inc 等重大科技咨询机构,均普遍使用中国知网服务。

3. 港澳台地区全部高校和研究机构成为中国知网用户

香港、澳门和台湾一直是大陆学术文献资源的最大需求者之一。中国知网在数字图书馆平台上为港澳台读者提供了较为专业和全面的大陆学术文献。截止 2013 年底,港澳台 260 多家高校(包括职业技术院校)

和研究机构,已全部成为中国知网用户,市场覆盖率达到 100%。

4. 海外社科领域终端学者对中国知网期刊认知度较高

在 2013 年,中国知网公司广泛调研了海外学者对中国期刊的关注情况。海外约有近 2 万家社科专家愿意尝试使用中国知网产品,在考古、旅游、经济、地理、管理等社科领域的《旅游学刊》《旅游研究》《考古》《文物》《中国经济评论》等期刊在海外社科学者中被广泛熟知。海外社会学、经济学、人类学与考古历史、政治外交、管理学、旅游学、人文社科综合等是对中国社科类期刊需求存在巨大潜力的领域。

五、中国知网"走出去"过程中面临的问题和对策建议

1. 语言障碍与文化壁垒

国内出版的外文产品很少。外文报刊只有 200 余种(其中社科期刊不到 10 种),其中多数学术质量较高的已将海外发行权转让给海外发行商;9 400 多种中文期刊中只有 4 300 多种(45.7%)学术类期刊有英文摘要。博、硕士论文,会议论文大多数为中文文献,只有英文摘要。中文图书绝大多数没有英文摘要;多数外文图书属于汉语学习类;古代文学名著外文版大多可在网上免费下载,现代文学名作外文版大多已将版权输出。除了少量语言学习类工具书之外,年鉴、百科全书、专业词典、标准、专利等工具书只有很少一部分有英文词目。尽管中国知网利用中英、中法、中德、中俄、中西等翻译词典配备了在线词语翻译功能和跨语言检索功能,但难以克服阅读的语言障碍。

读者对中国内容产品价值的认同,离不开对产生这些产品的历史文化背景的理解。封建时代长期的闭关锁国,半封建半殖民地时期的民族屈辱,特别是西方敌对势力对社会主义中国的歪曲和封锁,造成了国际社会长期以来对中国社会文化的陌生、误解和曲解,扭曲了中华文化的国际形象,严重地阻碍了正常的中外文化交流,形成了中国出版"走出去"的文化壁垒。

2. 缺乏专门面向出口的内容产品

一直以来,由于缺乏对海外市场的了解,绝大多数国内出版机构

没有开展直接面向海外市场的出版业务。中国知网面临的主要问题,一是如何把面向国内的出版物内容转化为适合于海外市场的产品,譬如选择优秀作品进行规模化全文翻译,或大量翻译概念、原理、观点、方法、事实等各类知识元,出版简明扼要的"知识元数据库";二是如何将海外需求恰当地反馈给国内出版机构合作者,有效地组织面向海外的创作和出版。

3. 网络基础设施建设严重不足

由于网络国际带宽、硬件设备投入、网络安全、中文浏览器标准国际化、国际支付和国际法律等方面的问题,特别是要面向海外大众读者全面采用"知识服务免费+全文内容收费"的商业模式,中国知网当前的单纯依赖设在国内的网站难以满足全球市场的需要。

4. 面向中小机构市场的渠道建设严重不足

学术研究、高校、政府、企业、医院、中小学、社区、公共图书馆等机构是专业出版内容产品(包括学术研究、工程技术开发、政策理论研究著作和教材教辅等)的主要用户群。随着我国对外合作交流的日益深化,数量巨大的中小型机构将是未来我国数字出版产品出口的重要潜在市场。由于这类机构地域分布、行业分布很广,研究性需求差异很大,实用性需求复杂,特别是严重缺乏对中国出版物内容价值的了解,通用的产品与服务难以启发市场需求。只有通过本地化的营销渠道细分市场,特别是通过针对性的个性化服务引导需求,才能进行大规模的市场开发。

针对上述问题,除去产品服务与技术方面的限制,中国知网要想突破市场方面的瓶颈,仍然要继续致力于开拓海外的中小机构用户群。包括政府单位、中小学和社区公共图书馆在内的广大中小机构,是构成海外各个国家知识与文化市场需求的主流力量和中坚力量。随着近年来中国文化海外影响力的不断提升,这部分力量对包括数字出版在内的中国知识出版物的需求持续升温。以美国为例,全美范围内拥有公共图书馆约 14 500 家,其中绝大多数图书馆提供免费上网服务,而这一领域却是中国数字出版业尚未涉足的蓝海。中国知网如果能以优良的对口数字出版产品将其纳入目标客户群,不仅可以突破海外市场瓶颈，进一步占领和整合海外市场；同时，也将有助于中国的哲学社会科学研究乃至整个中国文化的"走出去"克服文化壁垒，推动交流升级，使得广大海外国家的民间力量和主流社会分享到中国文化"走出去"的成果。

（文／胡国平）

第七节 "中国学术前沿"（Frontiers in China）社会科学系列期刊状况报告

一、"中国学术前沿"社会科学系列期刊基本概况

Frontiers in China（"中国学术前沿"）系列期刊是由中华人民共和国教育部主管、由高等教育出版社主办和出版的系列英文学术期刊，旨在集中高校科研优势，凝聚国内科研力量，建设一个中国品牌的国际化学术交流平台。

Frontiers in China 于 2006 年创刊，涵盖基础科学、工程技术、生命科学、人文社会科学四个学科领域。刊物学术质量和规范化运作在国际上得到较高认可，特别是在环境科学与工程、数学、物理、计算机科学及生命科学等领域，已有期刊陆续被 SCI，EI 或 Medline 等国际权威检索机构收录，同时，系列期刊中有 15 种自然科学类期刊被 CSCD（中国科学引文数据库）核心库收录[①]，是目前国内规模最大、覆盖学科最广的系列英文学术期刊，Frontiers 系列期刊数据库共含 30 种全英文学术期刊（保持更新的期刊 26 种），其中人文社会科学类 7 种，定位于各研究领域的最新学术成果和发展动向，及时反映重大科研成果。

高等教育出版社前沿（Frontiers）系列英文学术期刊的内容发布平台是"中国学术前沿"期刊网（journal. hep. com. cn）。该系列期刊以网络版和印刷版形式出版，由教育部主管、高等教育出版社有限公司出版、德国 Springer（施普林格）出版公司和荷兰 Brill 出版社负责

---

① 见高等教育出版社网站（http://hep. calis. edu. cn）。

海外发行,旨在凝聚国内顶级科研力量,建设一个中国品牌的国际化学术交流平台。该系列期刊也是国内第一个成规模的英文人文社会科学期刊群,包括《中国工商管理研究前沿》(*Frontiers of Business Research in China*)、《中国经济学前沿》(*Frontiers of Economics in China*)、《中国教育学前沿》(*Frontiers of Education in China*)、《中国历史学前沿》(*Frontiers of History in China*)、《中国法学前沿》(*Frontiers of Law in China*)、《中国文学前沿》(*Frontiers of Literary Studies in China*)和《中国哲学前沿》(*Frontiers of Philosophy in China*)7个人文社会科学学科领域。现与国内第三方平台 CALIS(中国高等教育文献保障系统)文理中心与高等教育出版社有限公司共同负责国内数字化内容服务工作,面向高校用户提供 Frontiers 系列期刊的在线访问服务。①

2014 年 8 月 28 日,在第 21 届北京国际图书博览会上,高等教育出版社正式启动了升级后的"中国学术前沿"期刊网,在国内出版界率先推出了能够提供全球访问服务的英文学术期刊数字化内容服务平台。据了解,此次升级后,"中国学术前沿"期刊网采用录用后发表、单篇在线优先出版和整期(Just Accepted,Online First,Issue)三种版本更替上网机制,在保证论文学术质量的前提下实现科学思想的快速传播,在开放性、标准化和国际化等方面都有较大提升,可以提供面向全球用户的访问服务。②

二、"中国学术前沿"社会科学系列期刊的运行效果

首先,在刊物合作模式上,Frontiers 系列期刊与各高校、研究(院)所、学(协)会进行合作,人文社科类系列期刊分别得到了中国人民大学、南开大学、中国教育学会、四川大学、北京大学、北京师范大学等国内著名大学以及众多国外知名大学和各专业领域权威学者的支持。以《中国经济学前沿》为例,此刊的编委会成员由学术造诣深厚的海内外经济学家组成,分别来自包括国内的上海财经大学以及

---

① 见高等教育出版社网站(http://hep. calis. edu. cn)。
② 见中国新闻出版网(http://www. chinaxwcb. com/2014-09/01/content_301529. htm)。

国外的美国三一学院、佛罗里达大学加拿大卡尔顿大学、范德比尔特大学以及美国哥伦比亚大学等知名院校。

其次,在出版方式上,Frontiers in China 的人文社科类系列期刊与德国 Springer 和荷兰 Brill 等国外著名的出版公司合作,进行海外出版发行,这种国际合作模式能够充分利用海外出版商的市场资源,使出版物能够以最快的速度被本专业领域的国外专家学者以及读者所接触到,同时也有助于国内的高水平的文章能够与国际标准接轨。

再次,在出版刊期方面,从 2010 年起系列期刊陆续缩短刊期,由季刊变为双月刊、月刊。期刊的出版周期是一个期刊影响因子的主要影响因素之一,出版周期短的期刊在吸引优质的稿件方面非常有力,也更容易获得较高的影响因子。系列期刊在出版方式上采用单篇在线优先出版(Online First)方式,保证文章以最快速度发表。

第四,在文章来源以及下载量方面,在创刊之初,很多人文类系列期刊主要是将在国内已经出版的文章翻译成英文进行发表,从 2010 年起,陆续有期刊开始改版,主要出版在国内未曾发表过的英文原发文章。以《中国教育学前沿》为例,从 2010 年全新改版,只出版未曾发表过的原发文章,并且在 2013 年又增加了书评,旨在评介全球范围最新出版的关于中国教育研究的论著。《中国教育学前沿》所发文章与中国教育理论与实践密切相关。2010—2013 年,海外作者比例均在 70% 以上,海外全文下载量年均近万次。[①] 从全局上来看,截至 2014 年 8 月底,Frontiers in China 系列期刊全文在海外的全年下载总量达到 180 余万篇。[②]

最后,在文章质量方面,Frontiers in China 系列期刊执行严格的同行评议制度,编委会成员及评审专家日趋国际化,已获取了越来越多的海内外高质量学术文章,逐步被海内外学者所接受。以《中国教育学前沿》为例,所有文章均通过同行匿名评审,从 2013 年起使用全球领先的 Scholarone 投审稿平台,作者、审稿人与编辑在线协同工

---

① 见北京师范大学教育学部网站(http://fe. bnu. edu. cn/html/1/201309/9971. shtml)。

② 见高等教育出版社网站(http://www. hep. com. cn/news/details? uuid=41c42a0a-1490-1000-0837-3fafc67de19c)。

作,作者可实时查询稿件进程。[1] 而《中国经济学前沿》和《中国工商管理研究前沿》在审稿方面均是同行专家双向匿名审稿期刊,旨在发表经济学和工商管理领域高质量的前沿研究成果,为国内外经济学者和工商管理研究学者提供交流平台,促进海内外学术交流。

三、Frontiers in China 社会科学系列期刊面临的挑战及对策

1. 社会科学系列期刊的国际影响力相对较低

Frontiers in China 系列期刊于 2006 年创刊,涵盖基础科学、工程技术、生命科学、人文社会科学四个学科领域。在环境科学与工程、数学、物理、计算机科学及生命科学等领域,已有期刊陆续被 SCI,EI 或 Medline 等国际权威检索机构收录,在国际上得到了较高的认可。同时,系列期刊中有 15 种自然科学类期刊被 CSCD(中国科学引文数据库)核心库收录。[2] 而相对于其他三个学科领域的期刊来看,人文社科类系列期刊却未被收录在与 SCI,EI 等国际知名的检索系统相应的 SSCI 进行检索,这就使人文社科类系列期刊的影响力较自然科学类偏低。要解决这一问题,就需要努力使 Frontiers 系列期刊的人文社科类也能够尽快进入国际知名的检索数据库。借助国际知名的检索系统,一方面可以提高刊物在国际上的显示度和被引频次,另一方面,也可以更快地被国内外的科研管理人员和科研人员所认可,以吸引更多、更好的来稿,才能充分保障期刊的文章来源和质量以及期刊在国际上的关注度。

在这个方面做得比较好的是系列期刊中的 *Frontiers of Law in China*(《中国法学前沿》,简称 FLC)。虽然也没有被 SSCI 等权威的检索数据库所收录,但该期刊不仅在 2011 年被中国人民大学列为核心期刊,还入选了国家社会科学基金"中华学术外译项目"(批准号为 10WFX002)。[3] 并且,自 2006 年创刊以来的全部内容已经由万律

---

[1]　见北京师范大学教育学部网站(http://fe.bnu.edu.cn/html/1/201309/9971.shtml)。

[2]　见高等教育出版社网站(http://hep.calis.edu.cn)。

[3]　见中国民商法律网网站(http://www.civillaw.com.cn/article/default.asp?id=52550)。

(Westlaw China)①进行全文收录,且新刊内容不断迅速加入。不仅如此,这些内容还与万律的其他板块实现了智能链接,读者可以在轻松浏览刊物的同时,经由智能链接更好地了解相关信息。② 不仅如此,FLC在被众多检索数据库收录的同时,也被国际知名院校和科研机构所订阅,包括耶鲁大学、哈佛大学、加利福尼亚大学伯克利分校、哥伦比亚大学、纽约大学、华盛顿大学、杜克大学等近30所知名高校和研究机构。这些成绩都使得FLC在代表高等教育出版社参加"中国国际学术期刊展"中被评为最受欢迎的六种期刊之一。即使《中国法学前沿》在这方面做得比较优秀,但根据《中国期刊引证报告(扩刊版)》的数据显示,2013年的法律刊均影响因子(学科内)③为0.731,而《中国法学前沿》在2013年的影响因子④仅为0.014;从被引频次上看,2013年法律刊均被引频次(学科内)⑤为1 007,而《中国法学前沿》的被引频次⑥为5。为了提高《中国法学前沿》在国际和国内学科内部的影响力,该引证报告的数据也给Frontiers社会科学系列期刊在提升影响力方面提出了新的挑战。

2. 社会科学的传播受制于既定的背景

自然科学的研究受制于国别与价值观的限制较小,与自然科学不同,人文社会科学通常有既定的研究背景,因此在评价标准的客观性和权威性上就相对欠缺。在这种情况下,中国的人文社科在由西方主导的学术界就会受到制约。⑦ 尤其是政治学、哲学和社会学领域,就更难以被西方学者所接受。也正是因为这样,西方国家对中国的国情产生或多或少的误解,出现了有如"中国崩溃论"和"中国威胁论"此类谬论。这一点不但说明了中国的学者不能放松对国内外人

---

① 万律(Westlaw China)是汤森路透法律信息集团基于世界领先的Westlaw法律信息平台的技术和经验打造的智能化中国法律信息双语数据库,为法律执业人士提供最佳的中国法律解决方案。

② 见互动百科网(http://www.baike.com/wiki/《中国法学前沿》)。

③ 刊均影响因子(学科内):所在学科内所有期刊的影响因子相加除以学科内期刊数。

④ 本刊影响因子:该刊前两年发表论文在统计当年被引用的总次数除以该刊前两年发表论文总数。

⑤ 刊均被引频次(学科内):指统计当年本刊所在学科内所有期刊的平均总被引频次。具体算法:所在学科内所有期刊的总被引频次相加除以学科内期刊数。

⑥ 本刊被引频次:指本刊在创刊以来所登载的全部论文在统计当年被引用的总次数。

⑦ 陈菁霞:《中国人文社会科学研究如何跻身国际一流——专访清华大学外国语言文学系教授王宁》,《中华读书报》2011年2月25日。

文社会科学的学术研究,反而给中国的社会科学工作者提出了挑战,应当将中国当今社会的政治、经济等方面的观察和研究以及真实情况快速而准确地告诉给世界人民。同时,也要求对人文社科类的学术研究的海外读者进行准确定位,找到目标群体,如海外的中国学者和海外汉学家等,通过这些人来间接传递中国的人文社会科学的最新的和最重要的研究成果。

3.　期刊的文章来源相对受限

前面介绍到,Frontiers 系列期刊中的自然科学类期刊已经在环境科学与工程、数学、物理、计算机科学及生命科学等领域陆续被 SCI,EI 或 Medline 等国际权威检索机构收录,在国际上得到了较高的认可,多种自然科学类期刊也已陆续被 CSCD 核心数据库收录。而 Frontiers 的社会科学系列期刊却未被国际知名的检索系统 SSCI 或者 A&HCI 收录,又由于是全英文期刊,它也未被国内的 CSSCI 期刊收录。众所周知,国内进行专业学术研究和发表学术论文的群体主要是各高校的教师、博士生以及各种科研机构的科研人员,而这些人员也有相应的科研业绩方面的要求和需要,在进行学术论文发表的选择上,难免会优先选择跟自身科研业绩能够挂钩的期刊。从这一点上来讲,由于 Frontiers 人文社会科学系列期刊未被 SSCI 和 CSSCI 所收录,对于大多数追求科研业绩的研究人员来说往往会敬而远之。以《中国法学前沿》在 2013 年的发文量为例,根据《中国期刊引证报告(扩刊版)》2013 年的发文量统计数据,2013 年法律刊均发文量(学科内)[1]为 309,而《中国法学前沿》的发文量[2]仅为 30。

除了上述的原因使得期刊的文章来源受到一定限制之外,还有另外一个原因,就是语言水平的局限性。虽然也会有科研人员不在乎科研业绩方面的原因,但由于该期刊是全英文系列,之前是将国内已经发表的文章进行翻译和汇编,2010 年后陆续开始有部分期刊要求出版未曾发表过的全英文原发文章,这对于母语是非英语的研究

---

①　法律刊均发文量(学科内):指统计当年本刊所在学科内所有期刊的平均发文量。具体算法:所在学科内所有期刊的来源文献量相加除以学科内期刊数。

②　本刊发文量:指统计当年本刊发表的全部论文数。

人员来说,无疑也是增加了一部分工作量。

4. 在保证文章质量的前提下缩短出版时滞

出版周期对于期刊的受关注度和吸引高质量的文章都具有重要的作用。众所周知,如果文章能够快速地被录用且发表,不但对于作者来说具有极大的吸引力,期刊的时效性对于国内外从事相同或相关学科的研究人员来说也具有极大的吸引力。虽然系列期刊中有部分期刊从 2010 年起期刊陆续缩短刊期,由季刊变为双月刊、月刊,但社会科学系列期刊仍然是保持着季刊的出版周期。并且,从作者投稿开始,即使文章被决定录用,编辑还要对文章进行翻译和对语言进行润色,到文章最后顺利出版,中间所经历的时间至少要 4~6 个月。这个时间对于作者的积极性以及与海内外相关学者进行交流的时效性来讲是一种损失。

同时,作为唯一由教育部直接领导并在国外出版的英文学术刊物,系列期刊也要在保证出版周期尽量缩短的前提下对文章的质量进行严格把关。在不断完善文章质量的同时提高文章表达的标准化与国际化。系列期刊的人文社科类期刊都分别受到各大高等院校和科研(院)所、专业学(协)会的协作支持,并且各个编委会成员也都来自于世界各大著名高校和科研机构的专家学者,对于稿件的质量审查是一个优势。编委会应当充分发挥作用,而不能因为工作繁忙,将审查的工作都交由非编委会成员来做,成为"挂名"编委,使刊物变成编辑办刊而非学者办刊的道路。[1] 应当充分利用编委会的优势,在保证文章质量的同时尽可能提高稿件审查的速度,缩短从投稿到最终出版的周期。

(文/刘菁)

---

[1] 程朋军、颜帅:《关于 Frontiers in China 等翻译汇编类期刊发展的思考——以〈Frontiers of Forestry in China〉为例》,《编辑学报》2011 年第 6 期。

第八节 稳步走向世界的《中国社会科学》
（英文版）（2012—2014）

在中国 30 多年改革开放的壮阔历程中,中国社会科学的发展和成绩有目共睹,不但专业和学科不断完善,而且对国计民生和国民精神产生了积极和深远影响。但令人遗憾的是,与中国经济和社会不断增长的国际影响力相比,中国社会科学呈现出严重的"入超"局面,"引进来"大大超过"走出去"。因此,讲好中国故事,传播好中国声音,形成中国话语,提高中国在全球的软实力,成为一个亟待解决的问题。

为扭转这一态势,使中国学术积极参与国际人文社会科学的知识生产和传播,党的十七届六中全会提出了"推动中华文化走向世界","实施文化走出去工程"的战略目标。《国家哲学社会科学研究"十二五"规划》也明确提出,要深入实施哲学社会科学研究"走出去"战略,推动我国哲学社会科学优秀成果和优秀人才走向世界,加强对外学术交流合作,不断提升我国哲学社会科学研究的国际影响力。凭借这一战略的强大推动,近年来,中国哲学社会科学"走出去"呈现出方兴未艾的局面。但由于经验缺乏等种种原因,目前还主要处于摸索阶段,成功经验并不多。《中国社会科学》(英文版)(*Social Sciences in China*)作为中国社会科学"走出去"的先行者之一,在这方面取得了令人瞩目的成绩,正在稳步走向世界。无论是刊物质量和发行量,还是国际影响力和经济效益,该刊在中国综合性社科英文刊物中堪称翘楚,成功经验可资借鉴。

一、《中国社会科学》(英文版)"走出去"情况简介

《中国社会科学》(英文版)(*Social Sciences in China*,以下简称"社科英文版")是中国社会科学院主管、中国社会科学杂志社主办的综合性英语学术季刊。该刊于 1980 年和《中国社会科学》中文版同时创刊,是中国最早和最重要的哲学社会科学综合类英文学术期刊。

社科英文版涉及的主要学科领域有:马克思主义理论、哲学、政

治学、经济学、法律学、文学、历史学、社会学、民族学等。其主体文章主要选自《中国社会科学》中文版已经和即将发表的文章。另外，自2002年起，在单篇主体研究论文之外，新开设了《专题研究》栏目，每期集中对某一重大学术问题做跨学科综合研究，突出问题意识、学科前沿以及作者队伍的国际化。

借助中国崛起的强大推力，社科英文版经过多方面长期不懈努力，在中国社会科学"走出去"的历程中成绩显著。这主要体现在以下方面：

1. 全球发行量不断上升

截止2013年底，全球共有93家机构直接订阅了社科英文版。到2014年3月底，全球共有7 000多家机构或个人通过订阅或打包销售方式下载或阅看社科英文版文章。目前，已有EBSCOhost，Elsevier BV，Association for Asian Studies，National Library of Medicine，CSA和OCLC等国际知名数据库收录该刊。通过标准平台（Standard Platforms）和EBSCOhost全文数据平台下载社科英文版文章的数量在逐年上升，2013年全文下载量接近万次，如图2-8-1所示。

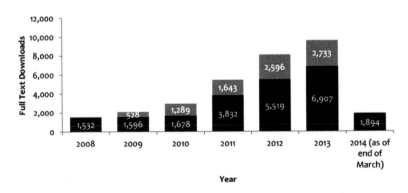

图2-8-1　2008—2014年3月通过标准平台和EBSCOhost全文数据平台下载社科英文版文章数量

2．全球发行范围不断拓展

目前,社科英文版的发行范围和读者遍及全球所有地区,发行地区分布和订阅数量如表 2-8-1 所示。

表 2-8-1　社科英文版发行地区和数量

地区	订阅数	地区	订阅数
南亚	507	北欧	68
南欧	257	南美	53
东欧	190	英国 & 爱尔兰	40
北美	178	澳大拉西亚	38
非洲	157	中东	27
亚洲	127	中欧	21

3．全球影响力不断扩大

据模拟统计,2011—2012 年,社科英文版的影响因子为 0.127,在全球 39 个知名文化研究类期刊中排名第 28 位,在全球 92 种社会科学跨学科期刊中排名第 84 位。这一成绩在中国英文社科综合类期刊中绝无仅有。

4．经济效益逐渐显现

目前,中国绝大多数社科英文刊物主要依靠政府补贴,而社科英文版凭借其优秀的质量和创新的模式,已经初步实现盈利。这在中国英文社科综合类期刊中同样是不多见的。

二、精品意识和创新精神:《中国社会科学》(英文版)走向世界的双轮

社科英文版能取得如此成绩,源于该刊主办单位中国社会科学杂志社在创办和出版该刊过程中强烈的精品意识和创新精神。

1．精品意识

呈现中国学术精品一直是社科英文版 35 年来最着力的追求。它具体体现为:精华内容、精英队伍、精细流程。

（1）精华内容

刊物的影响力取决于它为读者提供的思想的价值。社科英文版一直以向全球读者呈现中国社会科学的精华内容为己任,几十年来孜孜以求,从不松懈。

第一,重视哲学社会科学的中国声音和中国话语。随着中国的崛起,中国问题和中国学者的声音越来越受到重视。关注中国问题,传达中国声音,讲好中国故事,形成中国话语是中国社会科学"走出去"的题中应有之义。社科英文版在选题上一直重视中国问题、中国经验和中国视角。如该刊刊载的中国社科院院长王伟光《马克思主义在中国的伟大胜利》,新加坡国立大学东亚研究所所长郑永年的《国际发展格局中的中国模式》,中央财经大学经济学院陈斌开副教授与北京大学国家发展研究院林毅夫教授合作的《发展战略、城市化与中国城乡收入差距》等文章,都有很高的阅读量和下载量。

第二,严格把关,层层筛选,确保文章的学术价值。为确保文章的学术水准和价值,社科英文版刊载的文章都要求在学术上具有引领性和全球视野,能代表中国当代哲学社会科学的最高水平。社科英文版一直实行一套严格的学术筛选机制,包括同行专家匿名评审制度,发稿会制度等。

（2）精英队伍

第一,作者队伍:精英学人。《中国社会科学》中文版是我国最高水平的综合类人文社会科学期刊,而社科英文版的每篇主体文章均精选自《中国社会科学》中文版已经和即将发表的文章,可谓优中选优;每期专题文章的选题也是由中文编辑精心策划,并联系国内外有关领域的学界精英撰稿而成。许多主体文章和专题文章发表后收到良好反响。(见表2-8-2和表2-8-3)

表 2-8-2　2014 年(1 月—3 月)在 Taylor & Francis 在线平台
下载次数最多的前十篇文章

出版年	期号	作者	文章题目	下载次数
2013	4	刘军强 熊谋林 苏　阳	《经济增长时期的国民幸福感 ——基于 CGSS 数据的追踪研究》	108
2011	4	Ulrich Beck	《多元文化主义或世界大同主义:我们如何描述和理解世界多样性》	87
2014	1	康香阁	《专题研究:重建儒学谱系:荀子的思想及其历史形象》	69
2013	2	金冲及	《论传统文化在近代中国的命运》	54
2009	3	郭贵春	《语义分析方法与科学实在论的进步》	51
2014	1	陈斌开 林毅夫	《发展战略、城市化与中国城乡收入差距》	49
2011	4	胡　湛 彭希哲	《公共政策视角下的中国人口老龄化》	34
2009	2	陈忠林	《死刑与人权》	31
2009	2	于志刚	《死刑存废的国际现状与中国思路》	30
2014	1	周炽成	《荀子乃性朴论者,非性恶论者》	30

表 2-8-3　2013 年在 Taylor & Francis 在线平台
下载次数最多的前十篇文章

出版年	期号	作者	文章题目	下载次数
2011	4	Ulrich Beck	《多元文化主义或世界大同主义:我们如何描述和理解世界多样性》	176
2010	4	高健军	《1895 年钓鱼岛等岛屿的领土地位:关于这些岛屿的争端的一个关键问题》	174
2009	2	陈忠林	《死刑与人权》	154
2011	4	胡　湛 彭希哲	《公共政策视角下的中国人口老龄化》	151
2011	4	王伟光	《马克思主义在中国的伟大胜利》	148

出版年	期号	作者	文章题目	下载次数
2010	2	张裕亮	《中国女性形象的建构与转折——对当代中国女性杂志的观察》	111
2010	2	王立新	《"我们是谁?"威尔逊、一战与美国国家身份的重塑》	104
2011	4	宋 玲	《中国传统反腐败制度、文化构建与现代学习》	103
2012	1	胡 潇	《马克思恩格斯关于意识形态的多视角解释》	94
2010	2	郑永年	《国际发展格局中的中国模式》	93

第二,编辑和翻译队伍:精选团队。中国的英语学术出版最大瓶颈之一是语言。语言质量不高,不但影响刊物品质,还会使思想的传播大打折扣。为突破这一瓶颈,社科英文版通过培育稳定优秀的译者群体,形成经验丰富的编辑团队,聘请精通中文的汉学家,很好地解决了这一问题,使该刊保持不逊色于国际同行的语言质量。

a. 严谨的编辑队伍。社科英文版的英语编辑(和主编)主要负责初核、复核和审校等环节。初核的任务是进行翻译基本要求的检查和体例修改;复核负责定稿,进行学术、语言把关和政治把关。为保证质量,社科英文版对编辑提出了很高要求。初核编辑作风上要求严谨细致,语言上要求能达到参与相应翻译工作的水平以保持对语言的敏感性;复核编辑则要求由语言专家担任。一支思想过硬,作风细致,热爱本职的编辑队伍为社科英文刊的编校质量提供了可靠保证。

b. 精选的译者团队。社科英文版涉及的社科学术翻译包括人文社会科学众多领域,对译者英语水平、学术素养和严谨性都有很高的要求。为此,英文版通过试译和其他各种方式广泛遴选译者,建立翻译人才团队。在译者筛选过程中,编辑部始终将译者的态度放在十分突出的地位。有的译者虽然有不错的水平,但如果译风不严谨,也不会入选。目前,社科英文版的译者主要由经验丰富的翻译专家、海归人才和大学教师等组成。鉴于社科论文翻译对专业素养有很高要求,刊物对译者的翻译专业领域进行了相对分工,使译者能各擅其长,译文能更加精准。此外,刊物还提高了翻译稿酬,以使译者的技能和付出能得到相应回报。

c. 高水平的语言把关专家。不同于一般出版物,社科英文版刊载的是代表学界最高水平的学术论文,许多文章内容艰深,阅读已非易事,翻译的难度可想而知。这不但对译者和编辑提出很高要求,对负责译文润色的外国专家更是极高的挑战,不但要有相应的英语水平,而且必须有很高的中文造诣和人文社科素养。为此,社科英文版一直精心挑选汉学家担任外语润色专家,从而保证了译文质量。

（3）精细流程

为保证质量,社科英文版将刊物出版细分为审稿,缩编,翻译,初核,润色,复核,排版,校对(包括一校、二校和三校),终审等各个环节,每个环节都制订了严格详细的流程,每个流程都有具体严格的规范要求,而且列出了奖罚制度。这一切为刊物质量提供了很好的制度保证。

2. 创新精神

在全球化背景之下,中国哲学社会科学"走出去",仅靠自己找市场已经远远不够。为提高国际影响力,跻身国际主流学术市场,提高可见度和使用率,中国社会科学杂志社领导在社科英文版的发行上以创新思维和开拓意识,开展了卓有成效的工作。主要包括以下方面:

（1）借船出海

中国社会科学杂志社经过详细研究分析后认为,要想让中国学术更好地"走出去",必须在发行上有重大创新。社科英文版的海外发行,采用"借船出海"的方式,即借助在全球有巨大影响力的学术出版集团的品牌效应和销售渠道进行全球发行和销售。

社科英文版在和几家国际学术出版集团接触后,最终决定和全球知名的社科出版集团 Taylor & Francis 合作。从 2008 年开始,社科英文版的海外发行业务,由 Taylor & Francis 独家代理。

与 Taylor & Francis 的合作,使社科英文版跨上了一个新台阶。

在外方建议下,社科英文版对刊物进行了全新的包装设计,而且根据主流学术刊物的惯例进一步完善了学术规范和体例,并被纳入 Taylor & Francis 的整体出版计划。Taylor & Francis 为推广社科英文版,也采取了一系列举措,其中包括:建立社科英文版的专门网页;在国际会议上推广社科英文版;积极争取国外图书馆和研究机构等机构订户;与其他相关刊物打包进行在线销售;提供年度出版报告为编辑提供参考;为提高刊物影响因子提出操作性建议;等等。这些措施大大提高了社科英文版的刊物形象和在全球知识界的可见度。

(2)"请进来","走出去",全面调研

社科英文版编辑部长期与海外知名大学、研究机构及学术期刊等保持密切交流,既将海外知名学者"请进来",同时也频繁"走出去",第一手了解国外学术期刊发展动态,介绍自己,在交流与合作中不断扩大刊物影响力。如 2009 年 11 月,美国著名的汉学家、美国哈佛—燕京学社社长裴宜理教授(Elizabeth J. Perry)应邀来社访问,介绍了美国的学术研究动态,对改进英文版的工作提供了很好的启发。此外,杂志社每年数次邀请发行方提供发行报告或举行相关说明,详尽介绍和分析刊物的海外发行情况。

与此同时,中国社会科学杂志社领导及相关人员多次出访,对北美、欧洲、澳大利亚、南美等地区的著名大学、出版机构、研究机构、期刊杂志社等进行访问交流,深入了解各国社科学术现状,学术出版、采编流程及电子期刊出版状况,对社科英文版的发稿重点和方向等进行充分说明,扩大社科英文版的国际影响力。

(3)新旧媒体,全方位推广

社科英文版充分借助各种手段和措施,包括传统媒体、电子媒体和社交媒体等以及国际会议等进行全方位推广工作等,提高国际可见度。这些手段和措施包括:

第一,在传统媒体刊登广告。社科英文版在美国维斯里安大学的《历史与理论》(*History and Theory*)的 International Journal Abstracts 栏目刊登内容提要,在加拿大不列颠哥伦比亚大学的《太平洋事务》(*Pacific Affairs*)刊物刊登广告。

第二,在电子媒体进行推介,包括在新创办的《中国社会科学报》

英文电子版、手机报等新媒体平台上进行介绍。

第三,在各种学术会议上展示。社科英文版充分利用各种国内国际会议进行推广工作,其中包括中美论坛、中德论坛、中拉(丁美洲)论坛及其他各种场合。

三、社科英文版面临的问题与对策

在取得突出成绩的同时,社科英文版在以下一些方面尚显不足:

1. 英文原创稿件不足

目前社科英文版主要以翻译稿件为主,英文原创稿件数量较少,质量有待提高。为此,应克服困难,加强与国内外社科界名家的交流沟通,加强英文原创稿件。

2. 编辑委员会制度有待建立

由于各种原因限制,社科英文版目前并没有建立编委会。作为一个有国际影响力的刊物,建立编委会是一种趋势和要求。

3. 刊物版面有待增加

社科英文版目前为季刊,而且每期刊物的容量有限,很多优秀的研究论文无法介绍给海外读者,令人有遗珠之憾。应该努力增加人员和其他投入,早日将社科英文版扩大为双月刊甚至月刊,以便更全面地向全世界充分呈现中国社会科学精品。

表 2-8-4 参考资料

Regional Break-down of Library and Institution Online-Only Sales Packages

Region	2011	2012	2013
South Asia	620	460	507
Southern Europe	247	299	257
Eastern Europe	217	245	190
North America	130	209	178
Africa	120	123	157
Asia	91	114	127
Northern Europe	59	60	68
South America	10	56	53
UK & Ireland	51	48	40
Australasia	44	45	38
Middle East	32	26	27
Central Europe	19	27	21

(文/谭悦涵)

第九节 中国理念"走出去"的实践与世界反应

"中国理念"是中国共产党的执政理念,也是中华民族思想文化的时代体现。中国理念的提出及其实践,是中国对世界文明的理解和贡献。面对日益纷繁的文明间的冲突,中国理念"走出去"的世界意义正是中国经验的世界性分享,也是中国文化对世界发展的时代回应。

一、新时期对外交往的中国理念及其确立

党的十八大召开后,中国社会主义现代化建设进入了全面建成小康社会、为实现中国梦而奋斗的新的历史周期。这个时期甫一来临,中国的对外交往就以卓尔不群的姿态和前所未有的速度全面走向世界。这一次,中国"走出去"的重大成果不是丝绸瓷器,也不是"Made in China",而是具有中国特色、中国气派、中国贡献、中国作用的中国理念。可以这样说,2013 年和 2014 年正是构建和弘扬新时期对外交往的中国理念开元之期。中国理念成为了指导中国对外交往的总阀门,也为"走出去"战略谱写了最为强劲的时代乐章。在过去的两三年里,国际形势发生着巨大而深刻的变化。西方发达国家为摆脱金融危机带来的影响而挣扎求变,新兴国家在国际事务中的话语权和影响力迅速提升,国际力量对比正在潜移默化中酝酿深刻变革,现行国际体系与国际秩序正在经受新的更大的挑战。一方面,以 20 国集团为代表的国际力量正在走向全球治理的中心舞台,为新兴国家提供了更为广阔的发展空间。世界经济的国家间融合和依存程度大大加深,各种文化的交流频繁密切;另一方面,世界并不太平。霸权主义、恐怖主义仍在为患世界。和平与发展事业需要人类在文明尊重与文明互鉴的基础上贡献出更大的智慧和力量。在这种新形势下,中国共产党提出的中国理念突出显示出其重大的现实意义和深远的战略意义。

纵观近两年来中国领导人和中国政府对外交往的战略运筹与决策,中国理念的基本框架呼之而出,主要内容可以归纳为以下几个

方面：

1. 辩证的机遇观

科学认识我国面临的机遇，并把中国机遇转变为与世界的共享，是马克思主义辩证法在解决中国发展的创造性运用。中国的发展离不开世界，世界的繁荣也需要中国。中国理念强调了和平发展、繁荣进步以及由此形成的机遇对于世界各国的重要性，认为：中国走和平发展道路，其他国家也都要走和平发展道路，只有各国都走和平发展道路，各国才能共同发展，国与国才能和平相处。世界繁荣稳定就是中国的机遇，同样，中国发展也是世界的机遇。和平发展道路能不能走得通，很大程度上要看我们能不能把世界的机遇转变为中国的机遇，把中国的机遇转化为世界的机遇，这样才能在中国与世界各国良性互动、互利共赢中发展前进。在机遇形成的过程中，要把握好三个点：一是构建更加公正、合理的国际新秩序的时代机遇。习近平总书记在 2013 年亚太经合组织工商领导人峰会上提出亚太地区应该谋求共同发展、应该坚持开放发展、应该推动创新发展、应该寻求联动发展。这个发展过程一方面是新型伙伴关系打造过程，也会在多边合作、共同发展、共同繁荣中创造更多形式的共赢机遇。中国推动亚太自贸区建设，为亚太区域间合作注入了新的活力，建设亚太自贸区的启动，标志着亚太地区新的发展格局正在形成。在这个格局下，超越并整合本地区各种碎片化形态下的双多边自贸安排，成为 APEC 进程中具有里程碑意义的重大进展。中韩、中澳自贸区结束实质性谈判，实现了自贸区建设历史性的突破。此外，还启动了中国—东盟自贸区升级谈判、中国—斯里兰卡自贸区谈判，推动区域全面合作伙伴关系谈判（RCEP）和中日韩自贸区的谈判。同时，参与多边合作和规则制定，积极推动世贸组织审议批准《贸易便利化协定》，参与 20 国集团、金砖国家多边合作，与各参与方创造并共享开放合作的机遇和成果。二是中国所蕴含的消费需求机遇。作为世界制造业大国，中国对全球性矿产资源的巨大需求以及不断增长的需求态势都是明确的事实。2011 年，中国的锌、锡消费量接近全球总消费量的 90%，铜、铝、铅等的消费量也接近或超过全球总消费量的 40%。^① 2011—2035 年中国能源需求的增长速度为 2.23%,高于国际能源署(IEA)新政策情景下的 1.9%;而同期能源生产的增长速度为 1.97%,也高于 IEA 的 1.4%,在总体上均提升了世界能源的供需水平,使中国能源供需在世界能源的占比更加突出。2013 年中国能源消费总量预计为 37.92 亿吨标准煤,能源消费弹性系数为 0.6,预计 2014 年和 2015 年能源消费弹性系数分别为 0.66 和 0.73,能源需求增长迅猛。^② 与能源需求比,国内消费需求也持续平稳增长。2012 年,城乡居民最终消费支出达到 19 万亿元人民币,2013 年近 24 万亿人民币。居民消费的刚性增长成为中国经济持续发展的最大动力,也是中国推动发展的最大优势。三是投资机遇。2012 年,在全球外国直接投资流出流量较上年下降 17% 的背景下,中国对外直接投资为流量 878 亿美元,同比增长 17.6%,首次成为世界三大对外投资国之一。投资存量突破 5 000 亿美元。截至 2012 年底,中国对外直接投资累计净额(存量)达 5 319.4 亿美元,位居全球第 13 位。2013 年,中国对外直接投资流量首次突破千亿美元大关,创下 1 078.4 亿美元的历史新高,同比增长 22.8%,连续两年位列全球三大对外投资国。投资存量全球排名前进两位,投资覆盖国家(地区)不断扩大。截至 2013 年底,中国 1.53 万家境内投资者在国(境)外设立 2.54 万家对外直接投资企业,分布在全球 184 个国家(地区);中国对外直接投资累计净额(存量)达 6 604.8 亿美元,全球排名从第 13 升至第 11 位。^③ 2014 年中国成为资本净输出国,这是中国机遇转化为世界机遇的历史见证,中国对外投资开始走向新纪元。

2. 远大的奋斗观

中国理念中最伟大的魅力在于以实现中国梦为基础构筑造福各国人民的美好梦想。中华民族比鸦片战争以来任何时候都更接近于实现伟大的民族复兴,这是中华民族近代以来最伟大的梦想。中国

---

① 于宏源:《周边战略矿产资源治理合作探析》,《国际展望》2015 年第 1 期。

② 《报告称 2035 年中国能源需求将占世界约四分之一》,中国新闻网 2014 年 2 月 18 日。

③ 中国商务部、国家统计局、国家外汇管理局:《2012 年度中国对外直接投资统计公报》《2013 年度中国对外直接投资统计公报》。

共产党 2012 年把中国梦作为全体中国人民的奋斗目标提了出来,成为引领当代中国经济社会发展的航标。中国梦的本质是国家富强、民族振兴、人民幸福。中国梦的实现基础在于中国人民的道路自信、理论自信、制度自信。中国梦是中国人民近代以来的最大理想,对这个理想的追求既体现了中国精神和中国力量之所在,也是不折不扣的历史抉择。中国是世界大家庭的一员,实现中国梦对世界会产生重大影响,中国梦的世界意义在于中华民族的伟大复兴带来的不是战争、灾难,而是世界和平、合作共赢。在此基础上,2014 年 5 月,习近平总书记在亚洲互信峰会第四次会议上提出了以持久和平和共同发展为核心的亚洲梦,在 2014 年 6 月在纪念和平共处五项原则发表 60 周年大会上阐述了中国梦与亚洲梦的联系,积极树立双赢、多赢、共赢的新理念,摒弃零和思维,实现"各美其美,美人之美,美美与共,天下大同"。2014 年 11 月在亚太经合组织工商领导人峰会上,首次提出了共建亚太梦的构想。亚太梦的核心是顺应和平、发展、合作、共赢的时代潮流,继续引领世界发展大势。中国梦、亚洲梦、亚太梦形成了以中国为引擎的三个共同发展同心圆,这三个同心圆的人口、资源、经济发展都是重量级的。中国的 13 亿人口,GDP 占世界 12% 多,世界第一大贸易国。亚太地区有占世界 40% 的人口,57% 的经济总量,48% 的贸易量,世界发展的发动机就在这个同心圆地带。同时,中国实现伟大的民族复兴与和平崛起的重大战略是既要实现中国的经济社会进步,也要促进世界共同繁荣。这是世界历史上新兴国家实现跨越式发展中罕见的"命运共同体"式的和谐发展、共同奋斗观念,创新并改写了人类社会对共同崛起的认识和实践形式。

3. 互利共赢的合作观

在中国理念中,对时代潮流有一个新的判断,这就是和平、发展、合作、共赢。在这样的判断下,建立新型国际合作关系就成为中国对外交往的战略重点之一。2013 年,习近平总书记在访俄期间,提出了各国应该共同推动建立以合作共赢为核心的新型国际关系的倡议,并在 2014 年中央外事工作会议上,提出要坚持合作共赢,推动建立以合作共赢为核心的新型国际关系,坚持互利共赢的开放战略,把合作共赢理念体现到政治、经济、安全、文化等方面。

互利共赢的合作观是中国文化传统在对外交往中的灵活运用，其理论源于对世界文明多样性的尊重和包容。文明因交流而精彩，因互鉴而丰富。当今世界上有些地区发生"文明冲突"，重要原因就是文明中心主义使然。承认不同文明的多彩性、平等性、包容性是文明互鉴的基础，而在"和而不同"的文明融合中，把自身利益与他国利益结合在一起，形成利益共同体、合作共同体、市场共同体，就会形成双赢、多赢、共赢的局面。文明互鉴思想正是在这样的历史条件下提出来的具有世界性战略意义的思路，这对于摒弃"文明冲突"思维，建立新型国际关系，具有极大的理论与政策意义。

从这一战略的理论形态出发，逐步形成全方位对外交往的基本格局，同时构建三个层次的合作关系：第一是周边国家（地区）关系成为我国对外交往的突出重要的地区。2013年10月中共中央召开了周边外交工作座谈会，会上对突出周边在我国发展大局和外交全局中的重要作用达成了共识。这些共识之一包括树立命运共同体意识。在与周边国家（地区）的关系中，经济贸易往来是多边关系中基础性的关系之一。在多年来的共同努力下，中国同周边国家（地区）间的贸易水平和贸易规模均已达到举足轻重的战略地位。2012年，中国与周边国家贸易额达到了1.2万亿美元，超过了中国与欧洲、美国贸易的总和。中国对亚洲经济发展的增长的贡献率已经超过50%。[1] 2013年，中国进出口总额达到4.16万亿美元，2014年为4.30万亿美元，成为全球最大货物贸易大国，同时中国与周边国家和地区贸易关系进一步加深。2012年，中国对欧盟的进出口额为5 460亿美元，对美国的进出口额为4 846亿美元，对东盟的进出口额为4 000亿美元，对中国香港的进出口额为3 414亿美元，对日本的进出口额为3 294亿美元，对韩国的进出口额为2 563亿美元，对中国台湾的进出口额为1 689亿美元，对澳大利亚的进出口额为1 223亿美元，对俄罗斯的进出口额为881亿美元。（见图2-9-1）[2]2013年，中国对欧盟的进出口额为5 590亿美元，对美国的进出口额为

---

① 《杨洁篪：中国对亚洲经济增长的贡献率超50%》，人民网2013年3月11日。
② 中国商务部综合司：《2012年中国对外贸易发展情况》。图表为资料方提供。

5 210亿美元,对东盟的进出口额为4 436亿美元,对中国香港的进出口额为4 010亿美元,对日本的进出口额为3 125亿美元,对韩国的进出口额为2 742亿美元,对中国台湾的进出口额为1 972亿美元,对澳大利亚的进出口额为1 363亿美元,对俄罗斯的进出口额为892亿美元。(见图2-9-2)①命运共同体的基础是经济发展的互利合作,周边国家的经济发展规模决定了其命运联系的战略性与重要性。

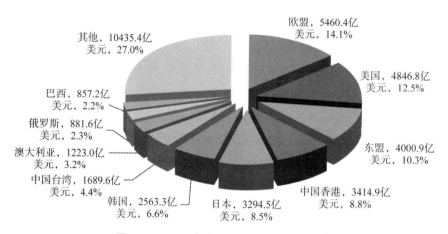

图 2-9-1　2012 年中国对外贸易发展情况②

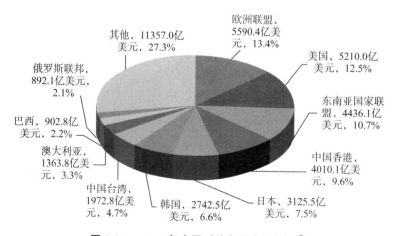

图 2-9-2　2013 年中国对外贸易发展情况③

①　中国商务部综合司:《2012 年中国对外贸易发展情况》。图表为资料方提供。

②　来源:中国商务部综合司。

③　来源:中国商务部综合司。

共识之二包括进一步深化互利共赢格局。中国与周边国家(地区)在加强贸易合作的同时,客观形成合作深化的需求。在当前世界经济发展一体化的今天,区域经济合作是中国与周边国家(地区)实现互利合作的战略契合点。构建区域经济一体化新格局是必然选择。在中国和东盟国家建立发展中国家间最大的自贸区,上海合作组织制订了中长期发展规划,中韩自贸区、中澳自贸区谈判获得重要进展的基础上,筹建亚洲基础设施投资银行,实施互联互通,完善金融安全网络都为新格局奠定了基础。

第二个层次是准确把握定位全球性大国合作关系。中美、中俄、中欧关系均属于这个层次的关系。这个层次的关系是在以合作共赢基础上,发展战略利益共同体。2013 年,中美领导人"庄园会晤"时,双方同意共同构建新型大国关系。认为面对经济全球化迅速发展和各国同舟共济的客观需求,中美应该也可以走出一条不同于历史上大国冲突对抗的新路。构建中美新型大国关系的内涵,包括三个要点:一是不冲突不对抗,二是相互尊重,三是合作共赢。不冲突不对抗是互信互利的基础,美国要认识中国人追求中国梦的历史发展缘由,中国也有让世界读懂中国的责任和义务。中国的发展有利于美国,也有利于世界。冲突和对抗的结果是双方利益受损。相互尊重是合作的对等性原则,只有如此,中美才能求同存异,实现和谐相处。合作共赢是期待和前景,中美共赢,不仅是中美两家的共赢,也是世界各国的共赢。奥巴马表示,美国愿意与中国构建新型大国关系。中国继续和平发展符合美国利益。美中合作而不对抗,就更有可能实现各自安全和繁荣的目标,也有助于双方共同应对许多全球挑战。同年 9 月,奥巴马在"二十国集团"领导人峰会期间表示,美中同意致力于建立基于务实合作、建设性处理分歧的大国关系新模式。美国欢迎中国继续和平崛起,希望中国能够在维护亚太乃至世界的稳定、繁荣中扮演负责任的角色。美国国务卿克里也认为,中美有必要避免陷入将彼此视为战略对手的陷阱。构建新型大国关系,出发点就是用"新型合作"代替大国间对抗。以合作共赢避免陷入"修昔底德陷阱",开创前所未有的大国竞争与合作的关系。中美关系的健康发展对中俄关系、中欧关系的协调发展具有重要的导向意义。大国间的互信合作是构建新型大国关系的关键所在。这一点，中俄、中欧都有着经典合作的范例。2013 年，中俄元首签署了联合声明，明确承诺坚定支持对方发展复兴，坚定支持对方自主选择发展道路和社会政治制度的权利，坚定支持对方维护主权、领土完整、安全等核心利益；此外，中欧关系也积极落实《中欧合作 2020 战略规划》中加强了深度对接，树立了大国之间互信合作的典范。

第三个层次是同发展中国家团结合作的关系。广大发展中国家是中国外交的基石。中国经济发展迅速，尽管经济规模已经达到世界第二位，但仍然属于发展中国家这个基本定位并没有改变。坚持为发展中国家说话办事，坚定地站在发展中国家立场观察世界、维护发展中国家的正当权利和共同利益是中国始终遵循的政治原则。在对亚洲、非洲、拉丁美洲广大发展中国家的关系中，政治上相互支持、经济上互利合作、文化上对话交流是基本的合作形式。中国把自身利益与广大发展中国家利益有机地统一起来，形成双向性利益共同体。实施更加积极的开放战略，在"引进来""走出去"的同时，把共同利益的蛋糕越做越大，使中国同发展中国家的合作基础越来越坚实，越来越雄厚。

互利共赢的合作观体现在以上三个层次的同时，还贯穿着一个重要理念，即构建全球伙伴关系网络。在 2014 年 11 月召开的中央外事工作会议上，习近平提出，要在坚持不结盟原则的前提下广交朋友，形成遍布全球的伙伴关系网络。这是中国对外交往的一个重要特色。构建全球伙伴关系网络，表明中国开始探索走出一条结伴而不结盟的新路。截至 2014 年底，中国已同 67 个国家、5 个地区或区域组织建立了 72 对不同形式、不同程度的伙伴关系，基本覆盖了世界上主要国家和重要地区。[①] 这一理念的提出，对于开拓新型国际关系格局具有重要的战略意义。

4. 中国特色的义利观

义利观是中国理念的核心内涵之一，其哲学思想是中国传统文

---

① 2014 年 12 月 24 日，外交部长王毅出席由中国国际问题研究院、中国国际问题研究基金会主办的 2014 年国际形势与中国外交研讨会开幕式的演讲。题目为《盘点 2014：中国外交丰收之年》。

化在对外交往实践中的经典展示。对于义和利的理解和认识,中国人有自己的思路。2013 年习近平提出"正确义利观"以来,对义利关系的阐释成为中国理念中的一个亮点。2014 年,习近平在一系列活动中谈到了中国特色的义利观,比如:对塔吉克斯坦进行国事访问前夕,他在塔媒体发表署名文章指出,绝不牺牲对方利益谋求一己私利,而是坚持走共同发展、共同繁荣的道路;在马尔代夫他强调了愿意同国际社会分享中国发展的机遇,合作共赢,共同发展。在蒙古国指出,中国开展对发展中国家的合作,将坚持正确义利观,不搞我赢你输、我多你少,在一些具体项目上将照顾对方利益。在韩国发表演讲时表示:"国不以利为利,以义为利也。"在国际合作中,我们要注重利,更要注重义。中国特色的义利观不仅充实了中国理念对世界发展的认识理性,同时也大大增强了政策方针的情谊味道,体现出不同于其他国家政治理念的亲和力和感染力。

具体而言,正确的义利观包括以下几个方面的要素:第一,以诚相交,讲信修睦。2013 年习近平在非洲访问时提到,中非关系的本质特征是真诚友好、相互尊重、平等互利、共同发展。中非的真朋友关系最可贵,中非传统友谊弥足珍贵,值得倍加珍惜。在周边外交工作座谈会上,他提出了要体现亲、诚、惠、容的理念,要诚心诚意对待周边国家,争取更多朋友和伙伴。诚是信的前提,只要有真诚的心意,就会有建立信任的基础。有信且立,为信义之利;第二,寓情于亲,寓意于利。在与发展中国家交往中,相互平等、相互尊重十分重要。无论是中非关系、中拉关系、还是周边关系,要讲出"亲"的味道,走出"亲"的关系,因为亲近感是在相互尊重、相互理解、相互支持的过程中逐步形成的。在亲的关系中就会产生情义,同时在常走动、多交流的基础上发展经济,共同得到实惠,反过来更加加深了亲近的情义。第三,秉持公道,伸张正义。中国在世界事务中以发展中国家的事务为己任,在建立新型国际关系、维护发展中国家共同利益的关键问题上,始终与世界上大多数发展中国家站在一起,反对以大欺小、以强凌弱、以富压贫,坚持国家不分大小、强弱、贫富一律平等。在世界事务中高举正义大旗,为缩小南北差距,加强南南合作创造条件。第四,顾全大局,维护道义。世界的和平与发展关系人类生存之道。

中国理念的义利观把各国的发展同世界的进步统一于各种不同类型伙伴关系下的共同体,这对于以往国际关系的发展进程而言,是一种全新的认识与实践。以合作共赢为利益成果的世界,最终将推进全球的整体性发展进步,这是一种全新的发展道义,这种道义的直接载体就是中国梦、亚洲梦、亚太梦。

二、中国理念"走出去"的路径与模式

进入 21 世纪,世界多极化发展趋势呈现新的变化。中国以新的姿态更加主动地参与世界事务,在错综复杂的国际形势下,为谋求世界共同发展提出了自己的思路。中国理念的提出、形成和实践正是对世界发展形势的有针对性的回应,同时显示出了前所未有的影响力和贡献力。

1. 共赢思想指导下的经济增长生成与驱动的协同发展模式正在世界范围内形成

中国理念的提出,是中国对世界文明的理解和贡献。中国理念认为文明因交流而多彩,因互鉴而丰富。承认文明的丰富性、平等性、包容性是中国理念的哲学基础,这个基础的认识论表现就是推动不同文明相互尊重、和谐共处,让文明交流互鉴成为增进各国人民友谊的桥梁、推动人类社会进步的动力、维护世界和平的纽带。在这样认识的基础上,世界应当走向合作共赢的新的发展道路。因为现今世界,无论发达国家还是发展中国家,在文明的交融汇合中,客观、现实地形成了你中有我、我中有你的命运共同体。这种不同文明间的相互"嵌入"不应是文明间冲突的缘由,而应是文明间合作的基础。中国理念的世界意义正是面对纷繁复杂国际局势的一种战略回应,是时代回应,同样也是中国文化对世界发展的回应。

实践中国理念的模式正在世界范围内形成之中,而蓝图已经开始描绘。以"丝绸之路"发展战略为核心的协同发展模式就是这张蓝图的初绘。2013 年 9 月,习近平在访问哈萨克斯坦期间提出了共同建设"丝绸之路经济带"的倡议。这个经济带的建设在合作的模式上具有重大创新意义。经济带的合作基础是构建在上海合

作组织协商实现交通便利化之上形成的,在实现跨境基础设施建设的过程中形成连接东亚、西亚、南亚的交通运输网络,大幅提高区域经济循环速度和质量,达到互利共赢目标。2013 年 10 月,习近平在访问印度尼西亚时,提出了共同建设"海上丝绸之路"的倡议,加强与东盟国家的互联互通建设,筹建亚洲基础设施投资银行,并提出把握中国—东盟战略合作大方向,形成中国—东盟命运共同体,以多元共生、包容共进、合作共赢的精神造福本地区人民。"一带一路"发展模式是中国对世界经济发展做出的新的贡献,也是新的经济社会发展模式探索。这个模式的立足点是对中国周边广大发展中国家普遍存在的发展需求和发展期待的回应,也是进一步平衡中国国内经济发展步伐东快西慢格局的一种战略选择。"一带一路"沿线以新兴经济体、发展中国家为主,总人口约 44 亿,经济总量约 21 万亿美元,分别约占全球的 63% 和 29%。据统计,2013 年中国与"一带一路"国家的贸易额超过 1 万亿美元,占中国外贸总额的 1/4。过去 10 年,中国与沿途国家的贸易额年均增长 19%。未来 5 年,中国将进口 10 万亿美元的商品,对外投资将超过 5 000 亿美元,出境游客数量约 5 亿人次,周边国家以及丝绸之路沿线国家将率先受益。(见图 2-9-3)[1]2014 年,中国与上述国家共同推动"一带一路"建设:一是与一些沿线国家签署了有关合作备忘录。不断深化和沿线国家贸易投资合作,提升了相互间的贸易投资便利化水平。二是一大批合作项目得到顺利推进。例如,中国企业在哈萨克承建的 30 万千瓦马伊纳克水电站已经投入运营;塔吉克斯坦杜尚别 2 号火电站二期工程如期开工;欧亚地区第一个跨境国际合作中心——中哈霍尔果斯国际边境合作中心中方建设和运营已经初具规模;中塔公路一期项目已经全线贯通;塔吉克斯坦沙尔—沙尔隧道连接线的修复项目也已经竣工。中国和哈萨克的中—哈连云港物流中转基地、中国和巴基斯坦之间的中—巴喀喇昆仑公路升级改造等一批互联互通项目已经陆续开工建设。三是与沿线国家贸易投资合作规模进一步扩大。2014 年全

---

[1] 《习近平提战略构想:"一带一路"打开"筑梦空间"》,中国经济网 2014 年 8 月 11 日。

年,中国与沿线国家货物贸易额突破 1 万亿美元,达到 11 206 亿美元,占全国的 26％。2014 年 1－11 月,中国企业在沿线国家非金融类对外直接投资达到 103 亿美元,占全国的 11.5％,承包工程完成营业额达到 525 亿美元,占全国的 43.3％,说明中国承包工程企业在"一带一路"沿线国家是很受欢迎的。[①] 与这些国家开展深入的、高层次的经济合作是有深厚的历史文化渊源,同时也是完全符合合作双方的利益要求的。对此,亚洲开发银行副行长张文才谈及"一带一路"建设时表示,"'一带一路'将成为亚太地区乃至世界的增长源"[②]。

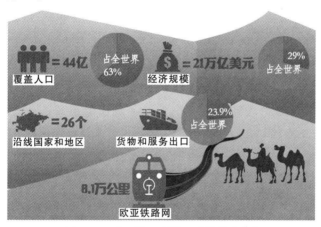

图 2-9-3　"一带一路"打开"筑梦空间"

　　协同发展模式的另一个重要表现就是以亚太自贸区建设为标志的经济贸易组织内合作。建设亚太自贸区早在 2006 就由亚太经合组织经济体同意作为发展愿望。2010 年,亚太经合组织领导人发布了《实现亚太自贸区的可能路径》,为实现亚太自贸区做了积极的准备,成为亚太自贸区的孵化器。2014 年,亚太经合组织第 22 次领导人非正式会议将建设亚太自贸区的愿望变成了现实。在会议宣言——《北京纲领》中提出,决定启动并全面、系统地推进亚太自贸区进程。会议批准并实施《亚太经合组织推动实现亚太自贸区北京路线图》,且申明在本地区现有自贸安排基础上尽早建成亚太自贸区的

---

① 中国商务部:商务部新闻发布会,2015 年 1 月 19 日。

② 《亚行副行长:"一带一路"将成世界经济新增长源》,参考消息网 2015 年 2 月 22 日。

目标。这标志着亚太区域经济一体化进程迈出了关键的一步。中国对亚太自贸区的全面启动发挥了巨大的推动作用。这种作用的发挥恰恰体现了中国理念中的合作共赢与"亲、诚、惠、容"思想,与"一带一路"建设相互呼应。亚太自贸区的建立将是继北美自贸区、欧盟之后,完整体现世界三大经济圈的区域经济发展极。亚太地区包括了世界前三大经济体和数量众多的国家、人口,自贸区的建立将对世界经济资源优化与整合产生重要影响。

协同发展模式的第三个重点领域是广大发展中国家。发展中国家大多集中在亚洲、非洲、拉丁美洲,这些地区大多与中国保持良好的传统友谊。在东北亚,全面加强伙伴关系,建设中韩、中蒙战略伙伴关系。在中东,中国与埃及、阿尔及利亚关系提升为全面战略伙伴,主办中阿合作论坛第六届部长会议,提出中阿共建"一带一路"、打造"1+2+3"合作新格局倡议。在南太平洋,与南太岛国建立相互尊重、共同发展的战略伙伴关系,推进了同南太建交岛国整体合作。在非洲,2013年,习近平提出"真实亲诚"对非原则;2014年,李克强访问非洲,提出推动"七大合作工程"、共建"三大交通网络"等倡议,不断充实新型战略伙伴关系内涵。在拉美,习近平同拉美和加勒比国家领导人举行中拉关系史上首次领导人会晤,宣布建立全面合作伙伴关系,正式创建中国—拉共体论坛,全面提升了中拉关系,实现了我国同发展中国家整体合作机制的全覆盖。

2. 中国理念在走向世界中不断发展完善

中国理念不仅仅在经济发展的路径创新上得以展示,在地区安全交流、政党交流以及文化交流中均得以体现。2014年5月,在第四次亚信峰会上,习近平倡导建设共同、综合、合作、可持续的亚洲安全观,创新安全理念,搭建地区安全和合作新架构,努力走出一条共建、共享、共赢的亚洲安全之路。2013、2014年,围绕阿富汗问题伊斯坦布尔进程、伊朗核问题全面协议谈判进程、朝鲜半岛无核化进程、解决巴以冲突进程、推动解决叙利亚问题进程以及坚持对话协商和平解决与周边一些国家的领土主权和海洋权益争端,比如中国同东盟国家在落实《南海各方行为宣言》框架下启动"南海行为准则"磋商,同文莱、越南就推进共同开发与海上合作达成一致,维护了南海的和平稳定。在这些热点问题解决过程中充分显示和发挥了中国作用。

中国理念通过与世界各国政党的党际交往得以在广泛传播中发挥中国作用。中国共产党与世界各国政党的交流日益密切、深入,形式多种多样。近年来,随着中国国际影响力的显著提升,世界了解中国,特别是了解中国共产党的愿望日益增加。据有关统计,中国共产党与国外政党交往中,按当期党际交流量洲际占有比例关系的前三位看,2012 年是亚洲国家政党 35.5%,非洲国家政党 25.7%,欧洲国家政党 24.6%;2013 年是亚洲国家政党 33.5%,欧洲国家政党 30.6%,非洲国家政党 18.8%;2014 年是欧洲国家政党 35.1%,亚洲国家政党 33.0%,非洲国家政党 19.0%。此外,2012—2014 年中国共产党与国外政党党际交流量同比增长近 50%。[①]

中国理念是中国共产党执政理念,同时也是中华民族思想文化的体现载体。中国实施"走出去"战略的根本立足点在于中国能为世界贡献什么,这是"走出去"战略要实现的最重要的目标——中国经验的世界性分享。面对日益纷繁的文明间冲突,中国的"和合"文化思想和价值取向已经开始显露出了巨大的内生性优势,使这种内生性优势走向世界,为世界提供多样性的发展路径选择,正是中国理念走向世界的巨大潜在动力和能量。英国的历史学家汤因比曾经说过,"避免人类自杀之路,在这点上现在各民族中具有最充分准备的,是两千年来培育了独特思维方法的中华民族"。那么,这个"独特的思维方法"究竟是什么,只有中国人才最有资格把这个问题解释清楚,并与世界分享。

三、中共执政理念与实践的世界反应

中共十八大以来,习近平先后提出中国梦的概念,倡导"一带一路"建设,坚持和平发展道路,加强治国理政能力建设,体现出中国党和中国领导人高度的战略思维、世界眼光和务实作风,展示了中国特色社会主义制度和经济社会发展模式具有旺盛的生命力,这是对世

---

① 数据根据中共中央对外联络部网站有关信息统计而成。

界和平、稳定和发展做出的重要贡献。国外各界特别是西方学者对中国共产党的执政理念和实践保持着持久不衰的热度，发表了大量论著，反映了国外各界对中共执政的关注重点和基本倾向。了解世界关于中共执政理念与实践的反应，有利于我们以更加开放的眼界，更加自信的心态，推进我们党执政理念与实践的丰富和发展。

1. 国外关于中国梦的反响

2012 年 11 月 29 日习近平在参观"复兴之路"展览时对中国梦内涵的阐释，引发了国际社会对中国梦的热议。对是否存在中国梦、提出中国梦的背景和目的、中国梦的内涵、中国梦的价值和意义、中国梦与美国梦的关系等问题，国际社会一些长期关注中国的学者提出了许多独特的见解。[①]

（1）对中国梦概念的认同

习近平对中国梦概念的阐释，得到了许多国外专家、学者的认同，他们普遍认为，中国作为一个拥有几千年历史文明积淀，曾遭遇百年曲折而在当代又展示出蓬勃生机的大国，应该有属于自己的梦想。埃及前驻华大使阿拉姆指出："中国人民有伟大的历史和文化遗产，这个伟大的国家必定有伟大的梦想，这个梦想就是中国梦。"并且，许多学者也都认可习近平对中国梦概念的阐释，认为中国梦既是民族梦、国家梦，也是每一个中国人的梦。对此，俄罗斯远东研究所中国政治研究中心高级研究员亚历山大·拉林认为，习近平表达的建设美好生活、提高物质水平的愿望，极大地鼓舞了中国人民。每个人的愿望汇集在一起，就是整个国家的梦想。这种一致，这种和谐，实际上就是"中国梦"。《当中国统治世界》一书的作者、剑桥大学政治与国际关系高级研究员马丁·雅克指出："国家梦与个人梦是相辅相成的，中国梦的实现有赖于众多个人梦想的实现。这一点我们已经可以从中国年轻人对未来积极乐观的态度上感受得到。"而且，在一些国外学者看来，中国梦虽然是一个"梦想"，但因为得到了人们的认同和支持，因此并不虚幻，也并不遥远。西班牙加利西亚国际研究所所长、中国问题专家胡里奥·里奥斯指出，中国梦"包括了现在中

---

① 刘爱武：《国外学术界对中国梦的研究：主要观点、偏见及启示》，《社会主义研究》2014 年第 4 期。

国的很多愿望和抱负,这不是一个遥不可及的乌托邦,这是经历几十年长期努力后一个可以达到的东西,现在看起来这个梦想并不远,是可以实现的。"

（2）对中国梦内涵的认识

一些国外学者认为,中国梦虽然听起来是一个十分抽象的概念,但却有着非常现实的内容。一些学者在肯定习近平关于中国梦内涵阐释的基础上,还从不同视角对中国梦的内涵做出了更加具体的解读。美国美中关系全国委员会会长斯蒂芬·欧伦斯主要从社会层面分析了中国梦的内涵,认为"中国梦"指的是一个更加繁荣的社会,一个更加富裕的社会,一个更加清洁的社会——环境得到更好的保护,国家对经济的影响越来越小,人们可以更自由地创办各类企业,等等。也有一些学者把中国梦与中国特色社会主义联系起来,认为二者的目标是一致的。美国中国问题分析家毕晓普认为:"'中国梦'的说法'把民族复兴、改善民生、建设更美好社会等目标,囊括为可以在社会主义之下得到完满实现的中国人民的共同梦想'。"对中国长期关注的美国学者约翰·奈斯比特则强调,"中国梦"追求的终极目标不仅是经济发展,更是一种振奋人心的精神力量。中国政府需要为民众的幸福生活创造公平的社会环境,时刻倾听民众呼声、回应民众期待,保证民众平等参与、平等发展的权利,维护社会公平正义,让人们认为生活在中国能够通过自己的努力实现梦想。

（3）对中国梦意义的肯定

对于中国梦的重要意义,一些国外学者给予了积极的肯定。一方面,他们认为,对正处于高速发展,而改革又到了关键时期的中国来说,需要一种更容易被广大人民群众理解和接受的理念来统领整个社会的发展。约瑟夫·格雷戈里·马奥尼强调:要认可中国梦潜在的价值与增强民族自我认同、提升国人自信心的重要性。这个时代尤其需要这样的提法,因为这是历史的转折期。俄罗斯政治研究专家谢尔盖·卢贾宁也指出,在当代中国,对全民族,同时也是对每个人"振兴中国"理念的理解要远比"社会主义"(甚至是中国特色社会主义)框架更为宽泛,因此在现阶段也更加能够凝聚人心。另一方面,学者们也认为,中国梦的提出具有十分重要的世界意义。约瑟夫·格雷戈里·马奥尼同时指出,人类发展已经到了政治、经济、生态思维基本范式需要转移或相关认识论进行裂变式更新的时候了。不能否认的是,中国梦至少可以为这种转变提供一种新的思路。谢尔盖·卢贾宁则指出,中国梦中包含的三个关键元素:和平、发展和合作,不仅给中国人民带来希望(梦想),也给所有发达国家和发展中国家和人民带来希望(梦想)。

(4)对中国梦与美国梦关系的阐释

一些学者认为,中国梦的确不同于美国梦,但中国梦与美国梦并不是截然对立的。约瑟夫·格雷戈里·马奥尼认为,总的来说,中国梦一方面能够让人想起美国梦,而另一方面也表明了它是一个与之相反的梦。二者应避免陷入一种二元的、对抗的逻辑中。也有学者把中国梦与美国梦进行比较,认为相对于个人主义的美国梦来说,中国梦是一个更加复杂,内涵更为广泛的概念。胡里奥·里奥斯指出:美国梦属于个人的梦,就是名、权、钱。而中国提出的梦是不一样的梦,它集中了亿万中国人的期待和向往。它提出的是集体的努力,其目标囊括方方面面,是一个内容丰富、广泛、复杂的概念。要理解中国梦与美国梦,必须联系这两个国家不同的历史文化背景。当然,对于在同一个时代能够共存的中国梦和美国梦而言,二者也必然存在某些相通之处。

(5)中国梦面临的问题

一种论调是中国"威胁论"。日渐崛起的中国可能对世界大国和中国周边国家带来的威胁,是国际主流媒体的重要关切。有些外国媒体一方面看到了中国与世界合作共赢的愿望,另一方面却也企图烘托世界大国和中国周边国家因中国崛起而感受到的威胁和不安的气氛。有文章称,中国复兴将导致中国与亚洲邻国矛盾升级,对区域及全球经济发展带来威胁。另一种论调是中国"崩溃论"。多年来,涉华的某些负面论调此起彼伏,花样翻新。近来中国一部分经济指标出现下滑,致使有些媒体发出唱衰中国经济的声音,甚至出现"中国拖累世界经济说"。CNN通过对中国2014年一季度国内生产总值同比增长率的预计,以所得数据(7.3%)低于中国"政府工作报告"明确的经济增速目标

(7.5%)为由,而渲染所谓中国经济正失去动力。[1]

总体上看,海外已出现不少对中国梦的研究,但由于时间较短,现有研究一般以时评、短论的形式出现,还不够系统、深入。现有研究中既有真知灼见,也有偏见与误解,既为我们实现中国梦提供启迪与教益,也凸显出向海外尤其是向国际社会正确解释中国梦的必要性与紧迫性。

2. 国外关于"一带一路"的评价

2013年,中国国家主席习近平先后提出要与国际社会共建"丝绸之路经济带"和"21世纪海上丝绸之路",这两大倡议合称为"一带一路"战略,受到海内外的高度关注。在2014年11月举办的APEC峰会上,习近平主席再次强调要"积极推进'一带一路'建设,努力寻求同各方利益的汇合点,通过务实合作促进合作共赢"。2015年3月28日,中国公布了《推动共建丝绸之路经济带和21世纪海上丝绸之路的愿景与行动》,"一带一路"有了纲领性文件。在许多国外政要、专家、学者、企业家的眼里,由中国提出的这项倡议,充满着无比多的商业机会,将带来"现象级"全球机遇,因而也是一项伟大而具有历史意义的事业。在国际社会对"一带一路"倡议给予积极评价的同时,也有一些疑虑和误读。[2]

（1）关于"一带一路"倡议的正面评价

"一带一路"倡议是在世界经济与国际局势发生深刻变革的背景下提出的,国际社会对"一带一路"倡议广泛给予正面评价。一是内涵丰富深刻,体现中国的全球战略创新。第六十七届联合国大会主席、塞尔维亚共和国前外交部长武克·耶雷米奇2014年3月在"中国发展高层论坛"上指出,中国的古丝绸之路促进了不同文明的对话与交融,新时期的"一带一路"构想具有更加丰富的内涵,体现了中国全球战略的创新。俄罗斯人民友谊大学教授尤里·塔夫罗夫斯基认为,"一带一路"构想是中国争取更广阔的发展空间、融入全球经济的战略创新,是中国梦的延伸。缅甸执政党联邦巩固与发展党党报《联

---

[1]　项久雨:《国外学者的中国梦研究:意义、问题及启示》,《学习与实践》2014年第5期。

[2]　冯巍、程国强:《国际社会对"一带一路"倡议的评价》,中国经济新闻网2014年7月15日。

邦日报》主编吴温丁表示,缅甸国内对"一带一路"构想给予高度评价,认为这是中国领导人高瞻远瞩、对外开放、锐意创新的发展思路。二是有利于促进本国经济发展,推动区域经济合作。2014 年 2 月,俄罗斯总统普京与习近平主席会晤时表示,俄罗斯支持中国"一带一路"构想,两国可在基础设施、能源、经贸、人文交流等方面加强合作,促进区域经济合作。希腊驻华大使瓦西里奥斯·科斯蒂斯在"丝绸之路经济带"国际学术研讨会上表示,希腊正从严重的经济危机中挣脱出来,参与"一带一路"建设对加快希腊经济恢复与发展是一个机会,希望在交通和基础设施等领域与中国开展紧密合作。三是有利于促进人文交流,增进相互信任。吉尔吉斯斯坦前文化、信息和旅游部部长苏尔丹·拉耶夫表示,该国近年掀起了学习中国文化和中文的热潮,"丝绸之路经济带"建设有利于推进两国人民交往,增加相互了解与信任。土耳其安卡拉德兹大学汉学家古莱接受《人民日报》专访时说,中土两国渊源深厚,古代丝绸之路将双方连在了一起,"一带一路"建设不仅会加强中土经济合作,也将促进历史与文化交流,增进两国人民的互信。四是有利于深化合作关系,实现区域共同发展。欧盟前驻华大使赛日·安博说,中亚五国是内陆国家,"丝绸之路经济带"建成后可保持安全贸易通道,中亚各国希望与更多国家开展经贸合作,避免只与俄罗斯进行贸易而产生单一货币结算问题。埃及开罗大学亚洲研究中心主任萨利赫表示,"一带一路"建设不仅是区域经济合作,也是历史、文化等交流合作;不是一国单方面发展,更为"一带一路"国家深化合作、共同发展提供了难得的战略机遇。五是有利于促进地区和平与稳定,打击"三股势力"。哈萨克斯坦总统纳扎尔巴耶夫表示,丝绸之路的复兴将促进周边国家的政治稳定、和平与发展。美国卡内基国际和平基金会高级研究员黄育川认为,"一带一路"将使中国在亚洲取得更加积极的外交效果,缓和地区紧张关系,确保主要海上通道的安全畅通与稳定。新加坡学者郑永年认为,通过参与"一带一路"建设,相对落后的国家将获得重新融入世界经济主流的机会,逐步消除贫困,这有助于根除"三股势力"。

（2）对"一带一路"倡议存在的疑虑和误读

一是担忧会挑战现有区域合作机制。国外部分学者担忧"一带

一路"会挑战现有的区域合作机制,华盛顿国际战略研究所研究员克
里斯·约翰逊说,"一带一路"将加强从太平洋到波罗的海的区域合
作,有些学者担心这种广泛的合作或许将挑战现有的区域合作机制。
美国"印度、中国和美国研究所"国际商务研究部主任施泰因博克认
为,亚太地区将是 21 世纪经济活动的中心,美国推动 TPP 与中国在
东亚地区的利益是对立的,中国正试图通过"一带一路"建设获得竞
争优势。美国朝鲜政策研究所政策分析师克里斯蒂娜·安认为,中
美在亚太地区的经济活动是竞争关系,美国通过拓宽在中国邻国的
市场准入,扩大影响力,深化自身与 TPP 国家的经济交往等一系列
措施,削弱他们与中国的经济融合,并通过更广泛的"太平洋支点"计
划在军事上遏制中国。美国《耶鲁全球化》在线杂志 2014 年 1 月 18
日刊登文章表示,"一带一路"构想将抗衡美国的亚洲轴心战略与
TPP。二是误读"一带一路"的理念与内涵。俄罗斯学者谢尔盖·卢
贾宁认为,"一带一路"构想包含的和平、包容、互利共赢的理念,听起
来很容易接受,但中国在南海的不稳定因素与敌对方不断增加,"和
平之旅""互利共赢"等理念很难让这些国家信服。他还认为,"一带
一路"构想的目的是中国重新划分从太平洋到欧洲的经济版图,同时
遏制美国并将其赶到大西洋。美国东西方中心高级研究员丹尼·罗
伊认为,"一带一路"所倡导的互利共赢不是中国真正的意图。俄罗
斯尤里·塔夫罗夫斯基教授 2013 年 11 月 15 日在俄罗斯《独立报》
发表文章指出,一些莫斯科汉学家认为,"一带一路"构想是中国霸权
主义的体现,是对抗欧亚经济联盟机制。

（3）关于"一带一路"建设的操作思路[①]

一是通过人文桥梁,促进丝绸之路国家间合作的复兴。国外专
家普遍强调文化交流、青年交流、学者交流和民间交流的重要性。吉
尔吉斯斯坦文化、信息和旅游部原部长苏尔丹·拉耶夫认为,没有人
文合作的发展,很难实现经济合作的进步,希望通过人文桥梁,促进
丝绸之路国家间合作的复兴。德国专家建议与有关国家合作编写历

---

① 蒋希蘅、程国强:《"一带一路"研究若干观点要览——对近期国内学术研究、国外研讨会观点的调研
报告》,《北京日报》2014 年 10 月 20 日。

史教科书,共同挖掘历史文化遗产,加强文化认同感。同时建议借鉴波罗的海国家民间组织推动城市间人文交流,从而推动政府间合作的经验,从软性的外交中获得持续不断的政治动力,通过软实力外交,消除硬实力的顾虑。希腊教育部原部长季亚曼托普鲁等提议设立"丝路文化之都"项目,每年由一个沿线国家组织文化活动,涵盖文化、科技、展览、经济合作,并进行定期评估,用标准化方式推行,市场化运作,建立人文交流长效机制,淡化"文化输出"痕迹。欧洲一些国家,如希腊、西班牙等国都表达了对主办这类交流活动的浓厚兴趣,可考虑与这些国家合作举办。

二是善用恰当话语体系,阐释倡议内涵。郑永年认为,国内有些研究和话语经常把经济活动战略化,用战略甚至是军事战略的概念来描述中国的对外经贸策略,用"西南战略大通道""桥头堡""西进"等概念,给地方政府或者企业的贸易投资行为人为添上战略色彩,把本来可以成为软力量的东西转化成硬力量了。印度对"西南战略大通道"很警觉,担忧中国会损害印度国家利益。东盟国家对"桥头堡"也很警觉,认为这个概念包含过多的军事因素。俄罗斯则对中国的"西进"非常担忧。从历史上看,丝绸之路的核心是经贸,其性质是和平的。他建议不要把丝绸之路的话语"战略化"。曾任驻哈萨克斯坦、吉尔吉斯斯坦等中亚国家大使的姚培生也表示,应强调中国不搞单边主义,不把自己的意志强加于人,避免使用"西进""崛起"等带有单边色彩的概念引起外界疑虑。

三是兼容并蓄,对接现有区域合作机制。丝绸之路经济带上,俄罗斯是最具影响力的大国。目前,俄主导的机制有关税同盟、欧亚经济委员会、跨西伯利亚运输委员会等。中亚地区影响较大的合作机制还有联合国教科文组织 1988 年启动的"综合研究丝绸之路——对话之路"项目;日本的"丝绸之路外交"、美国的"新丝绸之路"计划以及"北南走廊"计划。欧盟前驻华大使安博指出,俄罗斯对前苏联国家持有"主权有限论",会对中国的进入保持警惕。中国若强调在"一带一路"中与俄罗斯合作共赢,应会得到俄的支持。海上丝绸之路面临美国以及日本、印度等地区大国主导的多、双边机制的竞争,加之南海领海主权争端,情况更为复杂。美国基辛格协会副会长雷默在

"中国发展高层论坛陆海丝绸之路专题研讨会"上建议,陆海丝绸之路构想应加强与现有地区机制的衔接,找到各机制的互通性,协调配合,相互促进。

四是形成国内合力,突出企业主体作用。专家普遍建议,要合理界定和发挥我国政府、企业及智库等非官方组织的作用,在"一带一路"建设中形成合力。建议政府做好对外政策沟通协调,营造良好合作环境,对内强化统筹协调,如设立"一带一路"建设部际协调机制和有关省市参加的地区发展协调机制,内外结合,统筹兼顾,既发挥各部门各地区的积极性,又要避免"一哄而上"和恶性竞争。专家们提出,要树立企业贸易投资合作主体的地位,引导企业特别是民营企业参与,降低一些国家的疑虑,但同时要引导企业按照市场规则守法诚信经营,强化企业社会责任意识和可持续发展意识。专家们也提出,目前,中国各类研究机构和高校在周边国家研究方面力量相对薄弱,急需增强有关研究力量,深化"一带一路"国家国别研究,与有关国家智库构建合作网络,加大援外培训、学术交流、政策研究、人才培养力度,增强"一带一路"建设的智力和人才支撑。

3. 国外关于中国和平崛起的认知

中国崛起正在成为 21 世纪影响世界格局的主导因素。崛起的中国将对现有的世界体系产生何种影响成为国外特别是西方学者关注和研究的焦点。基于不同的认知角度,国外学者对中国崛起的世界影响以及如何应对中国崛起等问题进行了深入研究。国外学者关于中国"和平崛起"的研究不仅影响本国民众对中国的认知,更会影响到国家决策者对华战略的制定和实施。当前,国外学者关于中国崛起对世界影响的认知主要有三种观点:中国机遇论、中国责任论和中国威胁论。

（1）中国机遇论

作为世界第二大经济体和安理会五大常任理事国之一,中国对世界经济发展、地区稳定和世界和平的重要性不言而喻。很多国外学者认为中国崛起对世界而言是机遇和贡献。美利坚大学国际关系学院教授赵全胜和查尔斯顿学院政治学系教授刘国力强调,中国与亚太地区和整个世界和谐共存,共享繁荣;中国和平发展给亚太地区带来"和平环境"。约瑟夫·奈指出,"和平发展"和建设"和谐世界"战略"表明中国的崛起能够为世界做出积极的贡献","能够增强中国的'软实力'",中国能够从建设"和谐世界"以及和平的国际关系中"获益很多"。卡内基国际和平基金会高级研究员史文(Michael D. Swaine)指出,中国着重强调在一切可能的情况下尽量避免对抗,向这些国家保证中国的崛起并不威胁地区邻国及潜在敌手的利益,鼓励所有大国将中国视为一个必要的合作伙伴。布鲁金斯学会高级研究员黄靖指出,之前世界大国的崛起都是靠扩张,而中国则走出一条和平的道路,"中国主动将自己融入世界市场当中,对亚太区域经济的发展起到了建设性的作用。"密歇根大学政治学教授李侃如指出,中国的发展对美国并不是"威胁"。"如果我们在寻求增长时都遵循全球贸易规则和投资规则行事,一方的增长对另一方而言应该是个机会。"所以,美国"赏识"中国走和平发展道路。[①] 近年国外学者对中国"和平发展"战略作出许多正面的评价,这在某种程度上顺应了"求和平、谋发展、促合作"的时代潮流,有利于中国今后继续走和平发展道路,有利于推动中外关系总体继续稳定发展。

(2)中国责任论

近几年来,国外特别是西方国家兴起了一股"中国责任论"。这是由美国前常务副国务卿佐利克于 2005 年提出的,它是"中国威胁论""中国崩溃论"及"中国不确定论"等论调的一种较为理性的变种,其实质是借助中国崛起来维持其占据主导地位的国际秩序,要求中国对西方的长远利益担负单向责任。

"中国责任论"主要分为两种,一种来自广大发展中国家。许多发展中国家从自身利益和需要出发,在政治上普遍期望中国能够成为制衡国际强权的中坚力量,在经济上希望从中国的快速发展中多多受益,并借鉴中国的成功经验。另一种来自西方发达国家。美国等一些西方国家希望中国成为"负责任的利益相关方",遵循它们制定的游戏规则,避免损害其既得利益和优势地位,同时帮助它们维护现行的国际秩序。

---

① 郭晓东:《认知与反应:西方学者对中国"和平崛起"研究述评》,《社科纵横》2012 年第 5 期。

"中国责任论"的兴起不是偶然的,有着深刻、复杂的国际背景。西方的普遍逻辑是:力量意味着责任,中国力量的发展意味着中国责任的突出。中国 GDP2010 年 8 月首次超过日本,位居世界第二,随之而来的是要求中国承担更大责任的呼声高涨。美、日等资本主义国家要求中国政治民主化,保护人权;开放市场、放松管制、减少顺差、保护知识产权;承诺更大的减排标准,改变获取外部资源的方式;增加军事透明度,承诺在台湾问题上不使用武力,加强反恐合作,防扩散;与西方国家合作对付"问题国家",增加联合国会费。① 从以上这些"中国责任论"的内容中也可以看出,这种论调宣扬的是单向责任。就目前形势而言,中国责任论很可能成为主导性的国际舆论,国际责任问题日益成为未来中国外交战略的重要议题。

(3)中国威胁论

在一些西方国家看来,中国的发展崛起,是对其主导下的传统国际秩序及地缘政治格局的挑战。从资本主义崛起的历史经验看,历史上所有大国的崛起,都伴随着强权与战争,都是以运用武力为手段的。英、美、德、日等国的崛起,无不是遵循着富国—强兵—战争扩张的规律。在此基础上形成的西方国际关系理论,无论是西方权力转移理论或霸权转移理论,都认为伴随着中国综合国力的提高,必然会使得国家间的关系发生权力转移,中国将挑战现有的国际结构,导致国际体系的不稳定乃至爆发战争。为此,害怕中国的发展强大将挑战其既有的国际地位,是西方国家宣扬"中国威胁论"的真正担忧;借"中国威胁论"来制约中国的崛起发展,是西方国家宣扬"中国威胁论"的动机所在。在一些周边国家看来,中国的发展崛起,是对领土资源现状的可能改变及本国政治、经济利益的可能冲击。"中国威胁论"成为这些国家攫取形形色色国家利益的一种政治手段。纵观全世界,唯有"中国威胁论"近 20 多年来长久不衰,且得到包括西方及周边相关国家大规模认同。究其原因,这与中国的崛起发展密切相关。概言之,"中国威胁论"实质上是西方及周边相关国家,基于自身危机意识,缘于形形色色利益因素,用来制约中国崛起发展的一种政

① 徐进:《如何看待西方兴起的"中国责任论"》,《中国社会科学报》2013 年 11 月 4 日。

治手段,是冷战时期"零和"思维在新的时代条件下的体现和反映。"中国威胁论"已经成了某些国家国内政治中的惯用工具,成了国际社会中的一种权力话语现象。每当某些国家遭遇国内相关政治议题时,往往搬出"中国威胁论"应急。面临"中国威胁论"的这种现状,我们要培育与大国相适应的从容心态,继续推进并大力加强国际合作,积极塑造良好的国家形象,坚定不移地走和平发展的道路,聚精会神地干好自己的事情,确保安然度过当前的发展关键期。①

4. 国外关于中国特色道路的理解

中国道路,就是围绕什么是社会主义,怎样建设社会主义这个根本问题,形成和发展起来的中国特色社会主义道路。随着中国改革开放的进一步深化,中国特色社会主义道路取得巨大成功,中国的发展变化不仅对东亚地区乃至对整个世界的历史进程都产生了重大影响,中国特色社会主义道路也因此日益引起国际社会的广泛关注和热烈讨论。总体上讲,国外大多数学者对中国的改革开放和取得的成就都能给予比较客观的认识和评价,虽然由于长期以来受西方价值观念、意识形态的影响,加上对中国历史和国情缺乏应有的了解,因而有些学者的研究也表现出一定的片面性、局限性甚至是错误,但是其中也不乏一些真知灼见,是可以参考和借鉴的。我们要从多方面来把握中国特色社会主义,开阔视野,保持清醒认识,为中国改革开放创造一个有利的国际环境,坚定不移地走自己的路,不断推进中国特色社会主义道路的建设和发展具有重要意义。

(1) 对中国特色道路的总体评价

纵观国外各界人士对中国特色社会主义道路或被西方称之为中国发展模式的研究和评价,可以说纷繁复杂,褒贬不一,大体可以分为两大类:一类是对中国的发展成就给予积极和肯定的评价;另一类是对中国的发展成就持否定和歪曲的立场。从总体上看,绝大多数专家学者和政界人士,包括社会主义国家、一些发展中国家以及中国周边国家的学者、政要甚至包括发达资本主义国家的不少正直的专家学者和政界人士,都能本着尊重历史、尊重事实的治学精神和客观

① 释清仁:《从容淡定应对"中国威胁论"》,《中国青年报》2015年5月18日。

公正的态度,对中国特色社会主义道路给予较为客观的认识和评价。
首先,社会主义国家的学者、政要大都对中国的发展模式给予积极的
评价。越南、老挝、古巴等社会主义国家与中国有着相似的价值观念
和经济社会基础,也面临着相似的外部环境,中国的改革开放早于这
些社会主义国家,而又取得了初步的成功,因此中国发展道路和成功
经验对这些国家来说有着很强的吸引力。其次,一些发展中国家以
及中国周边国家的学者、政要也对中国的发展模式大为称道。印度、
韩国、新加坡等一些亚洲国家以及非洲等一些发展中对中国发展
道路也产生了极大的兴趣,大部分专家学者希望通过对中国发展模
式的研究、中国成功原因的探索以及存在问题的分析获得启示,归纳
出对本国发展有益的经验,所以他们的研究,目的和出发点也比较客
观公正。再次,近年来西方一些专家学者和政界人士,也能采取实事
求是的态度,对中国发展模式给予较为理性的评价。英国伦敦政治
经济学院教授马丁·雅克 2010 年 1 月出版的《当中国统治世界》认
为,西方的现代化只是现代化道路中的一条,中国不是西方意义上的
现代民族国家,而是一个建立在独特的文明基础上的文明体。中国
模式也是一种现代化的发展模式,与北美和欧洲模式并存,具有自身
的独特性,与西方经历的道路"完全不一样"。他甚至认为,随着西方
的衰落,未来的世界将由中国重新塑造,中国将成为世界霸主。英国
剑桥大学教授彼得·诺兰则认为中国开创了世界发展的"第三条道
路"。他在《处在十字路口的中国》一文中认为,如果"第三条道路"是
指国家与市场之间的一种创造性的、共生的相互关系,那么中国
2000 年以来一直在走它自己的"第三条道路",并且中国探索出来的
这条道路,可以作为对美国主导的全球自由市场原教旨主义冲动的
一种替代选择,将促进全球的生存和可持续发展。

(2) 对中国特色道路的质疑和争论

由于多种原因,国外学者对中国特色社会主义道路的分析还存
在许多质疑,甚至持否定和歪曲的立场。综合起来主要有以下三个
突出特点:一是关于道路的"姓氏"问题争议。从中国开始实行改革
开放政策至今,国外学者对中国道路姓"资"姓"社"问题的争议从未
停止。2012 年底,《近代中国》(Modern China)杂志还出版了一期

《"国家资本主义"还是"社会主义市场经济"——中西学者的对话》专刊。黄宗智、崔之元和伊万·赛乐尼等人展开专题研讨。西方学者对这一问题关注和研究的持续性和重视程度由此可见一斑。二是关于中国发展的"模式"问题讨论。与中国道路姓"资"姓"社"关系密切,引发热议的是中国模式问题。讨论主要集中在中国模式是否真正存在,中国模式的概念、内涵、特点以及影响等问题上,包括了"三定理说""八大特质说""六特点说""三特点说"等几大类。其中,持肯定、承认态度的学者认为,中国模式已经开始在经济、社会以及政治方面改变着整个国际格局,给世界带来了新的变化,能为一些国家的发展道路提供可资借鉴的经验。当然,对此持否定、质疑态度的学者也不在少数,其中还裹挟着"中国威胁论""大国重起说"等负面的观点。随着中国经济社会的持续快速发展,国外学者从探讨中国模式是否存在,转向分析中国模式能否持续;从探讨中国模式的内涵、特征等基本问题,延伸到追寻支撑中国模式的文化渊源;从探讨中国模式给世界带来了哪些影响,转向研究世界如何应对崛起的中国。三是将中国特色社会主义道路前后两个历史时期割裂或对立起来。国外学者对中国进入社会主义社会以后历史的研究,涉及面较为广泛,研究较多的是"大跃进""文化大革命"和改革开放三个时段。研究中最突出的问题是将毛泽东和邓小平领导的两个历史时期割裂甚至对立起来,将毛泽东思想和邓小平理论对立起来。一些人借"褒扬"邓小平领导的中国特色社会主义建设成果,否定改革开放前毛泽东领导社会主义建设过程中积累起来的正反两方面经验;否定毛泽东思想关于社会主义建设一系列独创性理论成果对邓小平开创有中国特色社会主义的重大意义和提供的理论基础;否定毛泽东在建立中国社会主义制度、开辟社会主义建设事业上的丰功伟绩,进而从根本上否定中国的社会主义性质。[1]

(3) 对国外研究的理性应对

对国外关于中国特色社会主义道路的研究及其成果,我们必须给予足够的关注与重视,要客观分析,理性面对。对于国外的看法和

---

[1] 梁怡:《国外中国特色社会主义研究情况评析》,《毛泽东邓小平理论研究》2014 年第 6 期。

评价我们既不能沾沾自喜,也不能妄自菲薄,而是应该时刻保持清醒的头脑,趋利避害,不断为中国特色社会主义道路的发展营造良好的外部环境。一要高度重视国外的研究成果,汲取其中的合理成分作为中国特色社会主义道路进一步发展的参考和借鉴;二要积极进行宣传,不断扩大中国的正面影响和效应,增强世界对中国的了解与信任;三要不为外界舆论所左右,坚定不移地走自己的路,办好自己的事。

(文/刘汉峰、管永前)

第十节　对中国哲学社会科学"走出去"未来发展的若干思考

以上我们从中国学者论文的国际发表、中国主办英文期刊情况和中国主办及参加国际会议情况等三个侧面报告了中国哲学社会科学"走出去"的情况,我们还就四个案例展开讲述了"走出去"的细节。报告收集和整理了能够找到的数据材料,从诸多方面分析了中国哲学社会科学"走出去"的基本态势。鉴于数据获得途径的限制和报告撰写时间紧迫,有些重要方面我们还来不及整理,比如人员交流、社科著作出版情况等。但我们知道,在哲学社会科学人员"走出去"方面,这几年也取得了重要突破,不仅学术交流人员在数量和深度上都有扩展,而且中国学者甚至在国际学术组织和协会中担任了主席职务,比如中国社会科学院文学研究所高建平研究员担任国际美学学会主席等。本章前面的报告也分析了中国哲学社会科学在"走出去"过程中碰到的问题和困难,并分别提出了建设性的意见。

总体上看,中国哲学社会科学"走出去"是一个刚刚起步的事业,需要我们持续不断地努力才能够向前推进,为此我们提出以下综合考虑:

一、培养复合型人才

要想自己的学术国际化,掌握好外语尤其是英语至关重要。一方面要造就一大批具有较高外语水平的专家学者,在学术文化交流中发挥积极作用,在各重要领域发出中国的声音;另一方面需要培养和选拔一批高水平、专业化的翻译精英,造就一批学贯中西、造诣高深的翻译名家,了解国际文化交流的方式方法,这样,翻译出来的作品才会更好地满足国外受众的阅读和欣赏需求。为此,要创新人才培养方式,加大人才培养力度,进一步加大对国外研修、合作研究、人员互访等国际交流合作的支持,着力培养引领学术发展的外向型专家和中青年拔尖人才,把在国际上具有一定影响的学术骨干作为重点培养对象,创造条件,帮助他们尽快成长为"走出去"的核心力量。要鼓励和支持高校办好若干示范性中外合作办学项目,加强全英文课程建设,开展全英文人才培养、联合培养和中外暑期学校等项目。外语院校和外语实力较强高校要重视培养具有较好专业素养的创新型、复合型外语人才。

二、扩大汉语的影响力和接受度

语言以及语言为载体的文化国际化程度,决定了这一语言、文化,这一民族、国家在世界民族之林的地位。应以国家力量为后盾,以传播中国语言、文化和文明融入世界大文化为宗旨,以世界各国广泛接纳中国语言、文化和文明为目标,通过孔子学院以及相关文化中心在世界各国的建立和发展,不断深化中国语言、文化和文明的海外传播力度,在世界上继续扩大汉语的影响力和接受度,壮大汉学家队伍,使得更多中文刊物的质量能得到国际学术界的认可,不断提高中文学术的整体地位,这样才能加快中国哲学社会科学"走出去"的步伐。

三、形成合力,建立中国的大型学术传播平台

"走出去"是一项复杂的系统工程,涉及外事、教学、科研、人事等方方面面,容易造成资源分散、多头管理。政府要加大改革力度,做好顶层设计和实施方案,加强制度建设,建立沟通协调机制,整合力量,充分调动各方面的积极因素,建立起符合哲学社会科学特点、激励创新创造、有利于"走出去"的科研管理体制和多元评价体系,为全面推动"走出去"提供制度保障。可以尝试建立一个有公信力、影响力的现代学术出版平台,中国所有的学术期刊包括英文社科期刊都

可以在这个平台上发布,而且,这个平台可以发挥其专业性、规模化的优势,代期刊进行海外传播和推广,使我国的优秀学术期刊可以通过自主性的国际出版平台向海外推广发行,在国际市场赢得一席之地。除了构建纸质出版系统的学术交流平台以外,还应该很好地利用网络,构筑若干大型国际性研究数据库和有影响力的外文学术网站,将哲学社会科学的优秀成果在外文学术网站进行推介,使之成为国际学者研究中国及相关国际问题的信息数据中心,展示中国哲学社会科学优秀成果的窗口,宣传最新成果和优秀人才的平台,以方便中国学者与国际学者之间进行交流。

四、建立海外中国学术研究中心和自主的英文期刊评价体系,增强中国哲学社会科学的自主性

我们必须提出自己在哲学社会科学学术问题上的态度和观点,不能随波逐流,听任西方的学术霸权,要站在中国立场,采用国际表达和国际叙述讲述中国故事。通过建立海外中国学术研究中心,吸引海外学者参与研究项目,用世界的语言来讲述中国的故事,使其容易被国外的读者理解和接受。要建立反映中国需要的、自主的英文期刊评价体系,以中国英文期刊为主,包揽世界上所有的英文中国研究期刊,使中国研究的英文期刊话语权慢慢向中国转移,增强中国社会科学的自主性。

五、加大政府推动的力度

我国哲学社会科学研究在国际上的影响力还很弱,因此,需要政府的大力推动。政府可以为我国出版机构、新闻传播机构、社会团体、科研机构及高校哲学社会科学"走出去"牵线搭桥,出台各种优惠政策,创造公平、公正、公开的市场竞争条件,优化与实施哲学社会科学"走出去"战略相适应的外部环境,鼓励并吸引社会各界特别是民间资本参与投资哲学社会科学"走出去"工程,政府在财政、金融、外汇和税收政策上应给予大力支持。例如针对前面提到的中国英文社科期刊优质稿源不足的问题,政府应从学术评价方面对中国英文刊物进行政策支持,鼓励中国学者向中国期刊投稿,特别是对国家支持

的基金项目提出一些要求,促进国内优质稿源的回流,同时通过资金支持,吸引优质的国际稿源。

六、加强市场运作,"走进"国外市场

哲学社会科学"走出去",必须加强市场运作,才能真正"走进"国外市场。首先要对输出对象国进行充分的市场调查研究,深入了解输出对象国对哲学社会科学的市场需求,因为不同政治、经济体制的国家,有着不同的市场需求和文化传播途径。其次要对输出对象国的市场准入规则、出版发行体制的惯行方式和操作流程非常清楚,使中国哲学社会科学成果能顺畅地进入输出国市场。第三,哲学社会科学成果产品的封面包装和内容编排要适合输出国受众的阅读和观看习惯,并将哲学社会科学内容,特别是将哲学社会科学研究思想和价值观用对方接受的语言和方式进行表达,让输出国受众从内心接受中国哲学社会科学研究所体现的思想和价值观,真正达到"走进去"的效果。

七、保证数量增长,注重质量提高

科学研究,数量是基础,质量是生命,强调质量,并不是不要数量,不断增多的研究成果是我国哲学社会科学研究繁荣发展的表现,是提高质量的必要积累,也是"走出去"的基础。没有数量的增长,就不会有质量的提升,但有数量不一定有质量,繁荣发展高校哲学社会科学,要坚持数量与质量的辩证统一,逐步改变重数量轻质量的科研管理理念、模式和评价方法,在保证一定数量增长的基础上,着力提高研究质量,把科研和科研管理的重点转变到提升质量上来。要把创新程度作为衡量科研质量高低的核心要素,适应哲学社会科学研究从数量增长向质量提升的转变,建立以质量为导向的评价体系,使优秀的哲学社会科学成果源源不断产生,特别是要增加高水平的学术成果的产出,提升中国哲学社会科学的国际影响力。

八、着力打造中国学术话语体系

哲学社会科学"走出去",必须深入开展对外交流,交流意味着对

话,对话意味着不同学术话语体系的相互借鉴、相互启迪、相互吸收和相互发展。打造中国学术话语体系,是推动中国哲学社会科学真正"走出去"的必然要求。中国学术话语体系应具有中国特色、中国风格、中国气派。

中国特色是指中国的哲学社会科学研究应当立足中国去研究问题、解决问题,这是中国哲学社会科学研究首要和核心的问题,其研究的着眼点是中国国情,其研究的方法是实事求是,其研究的精神是开拓创新。不了解中国国情、不解决中国实际问题的哲学社会科学研究既不可能体现出中国特色,也不可能对全人类的共同利益做出贡献,只有解决好中国的问题才能进而对全世界和全人类的问题提供有益借鉴。

中国风格是指中国的哲学社会科学研究应当运用中国自己的创新话语和解释路径。这种创新话语是一种综合性话语,它既延续传统,也反映现实;它既有民族精神的主脉,也汲取外来思想的营养。是一种结合时代精神和世界眼光的创新性和开放性的话语。我们强调运用中国自己的创新话语和解释路径,并非一味强调传统,更不是要闭门造车。对于外国的哲学社会科学理论要坚持以我为主、为我所用的原则有所批判、有所吸收,既不可全盘接受,也不可形式主义地接受。外国的哲学社会科学理论必须和中国的民族特点相结合,要有一个民族话语、民族思维的转化过程。

中国气派是指中国的哲学社会科学研究应当维护中国的国家利益。当然这里还要处理好中国立场和世界眼光的关系问题。在世界越来越成为一个利益相关体的时代,也应当注意保持中国与人类某些共同利益的一致性,唯有立足中国、放眼世界,才能使中国的哲学社会科学研究为中国的现代化建设和民族复兴提供理论支撑,同时在世界科研领域确立中国的地位,树立起中国的气派。

九、加强中国政治话语的国际传播能力

改革开放三十多年,中国的发展令世界惊叹,取得的成就举世无双,国际地位日益提升。然而,对于世界特别是欧美来说,历史的中国和当代的中国在不少人眼中是分裂开的。历史的中国辉煌灿烂,

但它已经不复存在,只活在博物馆里;而当代中国虽然经济发展,但政治不符合西方的价值标准。显然,西方的这种认识具有很大局限性。因为历史的中国和当代的中国是一脉相承的,当代中国是历史中国的延续和发展。中国的发展有着自己的逻辑,它所取得的伟大成就并非空中楼阁,中国特色社会主义道路和制度是其重要保证。

在很多西方人眼中中国仍是"神秘的东方大国",仍不理解中国的政治制度和执政理念。这种现象的症结,一方面在于他们从西方中心论出发,抱着冷战思维,存在较强的意识形态色彩,具有一定的局限性,一些研究成果仍然较强地反映着"西方普世价值观";另一方面是因为中国的话语权尤其是政治话语权较弱,与中国的国际地位相比差距较大。

中国哲学社会科学界应当因势而谋、应势而动、顺势而为,主动发挥学术为国家战略服务的功能,自觉加强中国政治话语的国际传播能力,满足世界了解中国的意愿,纠正西方社会的种种偏见,在国际政治传播中构建中国话语体系,提升政治话语传播能力,善于从改革发展的成功实践中总结提炼鲜活话语,准确把握新一届中央领导集体治国理政的新理念,总结形成准确阐释中国道路、中国精神的对外表达方式,真实讲述好中国故事、传达好中国声音、书写好中国的历史,为中国发展营造良好的外部环境。

(文/陈文力)

第三章 中国文学"走出去"①

第一节 2012 年中国文学海外传播概观

在中国文化"走出去"的战略部署中,中国文学"走出去"一直在发挥引领作用。如果说中国文学起着中国文化"走出去"的领头羊的作用,这种说法是可以成立的。在 2012—2014 年间,中国文学海外传播出现了许多可圈可点之处。从总体上看,在 2012—2014 年间,中国文学海外传播的节奏较往年明显加快,步伐显著提速,辐射范围有了实质性拓展,语种进一步增多,文类继续保持多元并存的格局,渠道得到明显拓展,手段更加综合,参与主体更加丰富,传播和研究的自觉性及理论支撑有了明确提升,中国文学海外传播效果有了标志性突破,中国文学作为世界文学重要组成部分之一的源语言文学的意义和价值得到突出显现。可以毫不夸张地说,中国文学海外传播正在成为一项全社会高度关注,海内外共同参与,政府与民间通力协作的文化伟业。作为中国文化"走出去"战略部署的重要内容之一,中国文学海外传播正在逐步成为彰显中国文化软实力,塑造中国国家形象,讲好中国故事,传递中国声音的有效手段、重要场域和可持续性力量。

---

① 根据中国文化"走出去"协同中心的整体规划,本年度报告意在集中梳理、分析中国当代文学在海外传播的各种现象及问题,一般情况下不涉及对中国古代文学、中国现代文学在海外传播现象的描述及相关问题的论析。职是之故,文中所用的"中国文学"这一范畴,一般情况下即指"中国当代文学",有明确限定性表述的情况则不在此列。

一、2012—2014 年中国文学海外传播的国别概观

2012—2014 年,中国文学海外传播的国别总体上存在着地区分布不均衡的现象,但是绝对数量较往年有了明显增加。毋庸讳言,我们以往的中国文学海外传播,目光和关注的焦点主要是盯着英、美、法、德这些传统意义上的大国或者说文化强国,即便是对于在世界文学领域占有特殊意义的瑞典,也关注不多。无论是面对与中国在地缘上有着天缘联系的韩国、日本、蒙古等国家,还是面对西方体系以外的诸如拉美国家、非洲国家、阿拉伯世界各国,都缺乏强烈的中国文学海外传播意识。但是,我们不得不注意的是,中国当代文学作品在日本、韩国的译介,仍然继续保持着领先态势,对于推动亚洲文化交流格局的良性形成发挥着不可忽略的示范和促进作用。而这种作用的产生,主要得益于中日、中韩之间在历史上形成的错综复杂的文化交流传统。

具有积极意义的是,中国文学海外传播国别分布不均衡,中外文化对话与交流不对等的现象,在 2012 至 2014 年间有了明显的变化。随着中国大力促进与世界各国的人文交流,俄罗斯、印度、墨西哥、古巴、阿根廷、巴西、智利、希腊、埃及、塞尔维亚、意大利、印度、西班牙、斯里兰卡、哈萨克斯坦、越南等国,成为了中国文学传播的重要目标国。最近几年,特别是 2012 年至 2014 年,随着我国国家领导人的频繁对外出访,以及我国主办的一些重要国际外事活动,也在一定程度上为推动中国文学"走出去"营造了良好的氛围,开通了新的渠道。其中特别值得提及的几件事情是:2013 年 5 月,在中国国务院总理李克强访问印度期间,与印度签署的双边文化交流协议中,就包含了互相翻译出版对方国家 25 部经典文学作品的计划;2014 年,为迎接中国国家主席习近平访问包括印度在内的南亚四国,中印双方的学者举行了专门会议,遴选并商定了纳入该计划的书目,为接下来的翻译、出版与传播工作奠定了良好的基础;在国家新闻出版广电总局的支持下,2014 年 5 月,五洲传播出版社与阿拉伯出版商协会合作,开始承担"中阿典籍互译出版工程"。2014 年 8 月 28 日,五洲传播出版社与阿拉伯出版商协会在北京共同签署了《"中阿典籍互译出版工

程"合作框架协议》。

2014 年,对于中国文学在意大利的传播来说,是一个颇有纪念意义的年份。本年度的 GIUSEPPE ACERBI 国际文学奖为中国文学年,共有四部作品入围,分别是余华的《活着》、张洁的《无字》、韩寒的《三重门》以及虹影的《上海之死》,最后由意大利读者选出本届获奖作品。最终,中国当代作家余华创作的小说《活着》荣获第 22 届 GIUSEPPE ACERBI 国际文学奖。此次颁奖活动连续进行了三天(11 月 6 至 8 日),分别在意大利北部 Mantova 及 Castel Goffredo 举行,吸引了当地各界民众的浓厚兴趣。在与当地中小学生互动的环节,获奖作家余华回答了与文学相关或无关的多个问题,对于激发意大利青少年了解中国、了解中国文化和文学的热情,发挥了积极的影响。在威尼斯大学的裴尼柯教授看来,意大利的青年更加愿意接受中国当代文学,因为这是他们了解当代中国的最好途径之一。

在东欧的一些小国家,诸如匈牙利、塞尔维亚、黑山等国,近几年也开始出现了解中国和中国文学的新动向。正如塞尔维亚汉学家安娜·约万诺维奇所言,莫言获得 2012 年诺贝尔文学奖后,塞尔维亚掀起了翻译、阅读莫言作品的热潮,也带动了该国读者对中国更多通俗文学以及中国人当下生活方式的兴趣。2014 年 8 月,在参加中国出版集团公司和青岛市人民政府主办的"首届中外出版翻译恳谈会"期间,塞尔维亚笔协前副主席(2008—2010)、地缘政治出版社主编、出版商兼作家弗拉迪斯拉夫·巴亚茨也明确表达了翻译中国文学作品的愿望。他早年从英语翻译并出版的《禅故事》以及他自己所写的长篇历史小说《绿宝石》(Hamam Balkania)就融入了中国文化和禅文化元素。余华、张悦然、麦家等中国作家的作品也陆续有了塞尔维亚语译本。塞尔维亚作家协会国际部主任、诗人德拉根·德拉格耶洛维奇已经翻译了 18 位中国诗人的作品。随着 2015 年贝尔格莱德书展的举行,中国再一次成为大型国际书展的主宾国,这必将有助于进一步推动中国文学在塞尔维亚的翻译、出版和接受。

在覆盖国家、地区上,《今日中国文学》还进入了黎巴嫩、纳米比亚,这些以往很难进入中国文学界视野的国家。[①]

在俄罗斯,对于中国当代文学的介绍和翻译仍然非常有限。2013年1月22日,俄罗斯外交部第一副部长杰尼索夫在中国驻俄大使馆为俄罗斯汉学家举办的迎春招待会结束后接受采访时说,中国作家在俄罗斯依旧鲜为人知,这与俄罗斯出版界对中国文学作品推广不力有关。根据杰尼索夫提供的情况,即便是莫言这位获得2012年诺贝尔文学奖的中国当代作家,在当时的俄罗斯也仅出版了由И. А. 叶戈罗夫翻译的《酒国》和《丰乳肥臀》两部长篇小说,所以他期待莫言获得诺奖能够助推中国文学乃至汉文化在俄罗斯的进一步推广和普及。值得注意的是,莫言获得诺贝尔文学奖以后,情况改变了,俄罗斯读者对中国当代文学的兴趣高涨起来。截至2014年底,杰尼索夫的祝愿与期待已经部分得到了实现,除《酒国》之外,莫言的《变》《丰乳肥臀》以及《生死疲劳》也已先后在俄罗斯出版。在莫言作品的俄语译者之一И. А. 叶戈罗夫看来:"莫言获得诺贝尔文学奖对传播中国文化与文学很重要,特别是对青年人来说。青年汉学家们发现了莫言的作品,表示很高兴。多年住在中国的俄罗斯人承认,他们重塑了对中国的看法,重新发现了中国。"

自2012年以来,在西班牙语国家和地区,中国当代文学的出版也开始有了明显上升的态势。这主要得益于两方面的工作,其一是2014年麦家的特情小说在24个西班牙语国家同步上市所引发的对中国当代文学的关注,其二就是五洲传播出版社自1993年成立以来,积极面向西班牙语国家传播包括中国当代文学在内的中国文化所产生的推动作用。自1994年正式运营以来不到十年的时间里,五洲传播出版社已经出版了一百多种西语版中国主题图书,其中就包括约20本中国当代小说。在2012年至2014年间,五洲传播出版社在向西班牙语国家和地区推广传播中国当代文学方面取得了令人瞩目的成绩,2012年密集地推出《暗算》《手机》《神木》《荒山之恋》等十部中国当代小说西班牙语版,2013年推出了刘震云的调查体小说《温故一九四二》的西班牙语版,2014年出版了迟子建的长篇小说

---

① 见何明星、崔明淑:《中国文学期刊走向世界的瓶颈》,《出版广角》2013年8月上旬刊。

《额尔古纳河右岸》的西班牙语版。

不可否认,总体而言,中国文学在西班牙语国家和地区的译介和传播无疑仍处在初级阶段,被译介到西班牙语国家和地区的中国文学作品仍然屈指可数,且印数和销售量均很有限。但是,随着五洲传播出版社这样具有多方资源优势的出版机构的长期推介,借助2014年的"麦旋风"所激发的西班牙语国家和地区对中国当代文学的浓厚兴趣,我们有理由相信,中国文学将会迎来在西班牙语国家和地区"走出去"的可喜前景。

随着中国的综合国力进一步提升,中国文学将会在全球范围内赢得更大的关注,从而助推中国文学向更广阔的地域空间和文化空间传播。正如英国路透社在2014年10月16日的报道中所预测的那样,中国的文学将通过日渐增长的国际版权贸易通往全世界。从2012年至2014年中国文学海外传播的国别分布情况来看,与以往主要流向法、德、英、美、意等传统意义上的西方大国相比,在中国文学海外传播版图上新近出现的塞尔维亚、黑山、黎巴嫩、纳米比亚等这些国家,以及像印度、俄罗斯、越南这几个与中国的文化和历史具有独特政治、文化地缘渊源的国家的"重新"出现,具有极为重要的标志性及象征性意义:在全球化进程日益快速推进的当今世界语境中,文化交流与沟通格局的丰富化、多元化乃至复杂化,已经是一个不容漠视的事实。这就启发我们,应该应时而动,面向更加广大的国家和地区开展中国文学海外传播事业。我们既要高度重视传统意义上的西方大国对于中国文学的海外传播所具有的不可替代的引领、认证作用,也要将以往被我们有意无意忽视,乃至漠视的偏远、边缘国家和地区纳入中国文学海外传播的空间布局,进行有针对性的拓展,在推动中心与边缘的互相融合中优化中国文学海外传播的理想版图,从而让中国文学走向更多的国家和地区,融入更多的民族文学。

二、2012—2014 年中国文学海外传播的文类概观

就文类而言,在2012—2014年间,中国当代文学在海外的传播,总的来说仍然是以小说为主,诗歌紧随其后,科幻文学、谍战文学在海外的传播大有后来居上之势。至于戏剧、散文、报告文学、儿童文

学,以及通常意义上的非虚构类文学作品等文学样式,则依然处于比较寂寞乃至尴尬的状态,在中国当代文学海外传播版图上所占的比重相当有限,几乎没有吸引域外世界读者的认真关注。

当然,具体到不同的国家,情况又有差别。就中国文学在日本的译介来说,小说与戏剧是两种主要的文类。这一点,可以饭塚容与菱沼彬晁两位汉学家在中国文学的译介上形成的某种有趣而又有益的互补关系为例来加以说明。比如,日本中央大学文学部教授饭塚容,虽身兼中国现当代文学学者、戏剧研究家和翻译家三职。但是,在他翻译的 40 余部中国现当代文学作品中,90% 都是小说作品,涉及作家有鲁迅、曹禺、铁凝、叶兆言、余华、毕飞宇、陈染、孙甘露。另外一名日本翻译家菱沼彬晁,身为中日戏剧交流团体"话剧人社"事务局长、日本笔会和国际戏剧联盟两个团体的理事,则以译介中国戏剧为主,陆续翻译了《潘金莲》《李白》《鸟人》《西太后》《懿贵妃》等剧本,兼译中国小说,比如莫言的小说《牛》和《筑路》、邓友梅的《别了,濑户内海》《烟壶》等小说,都是经由他的翻译和推介而进入了日本读者的视野。对于 2012 年至 2014 年间中国文学在日本的传播来说,特别值得一提的是,2012 年由勉诚出版社出版了饭塚容等人共同编译的 10 卷本《Collection 中国同时代小说》,各卷的组成分别为:阿来《空山》、王小波《黄金时代》、韩东《扎根》、苏童《离婚指南》、刘庆邦《神木》、王安忆《富萍》、迟子建《第三地晚餐》、方方《落日》、李锐《旧址》、林白《一个人的战争》。在饭塚容看来,这 6 男 4 女 10 位中国当代作家堪称文笔最为成熟的一代,入选作品本身在文学类型、题材和视角的多样化、整体的平衡以及时代背景的多元性方面都极具代表性,大体能够反映近 20 年来中国当代文学的精华。这套丛书的出版,让人自然地想起了 20 世纪 50 年代至 90 年代中国文学在日本被译介的黄金时代,同时也与 20 世纪 90 年代以后到 2012 年之间中国文学在日本被译介的衰落状况形成了鲜明的对比。在这套丛书问世时,包括日本著名作家辻井乔在内的多位日本作家、文艺评论家、学者,纷纷撰写文章向读者推荐这套丛书。随着这套书的出版,以及 2012 年莫言荣获诺贝尔文学奖所带来的影响,中国当代文学在日本的影响力和认可度有望再次提升。

　　意大利威尼斯大学的裴尼柯翻译的中国文学,也几乎是小说,主要是余华、格非和叶兆言的小说,意大利使馆文化处李莎女士翻译的中国当代文学作品也大多是小说,分别是莫言的《檀香刑》《蛙》《生死疲劳》和《四十一炮》《为人民服务》《我叫刘跃进》《变》。又比如,韩国翻译家金泰成所翻译的40多部中国文学作品中,仅有《顾城诗选》、舒婷的《致橡树》两部诗集,其余则全部是小说。

　　随着莫言荣获2012年诺贝尔文学奖,在中国文学的对外传播上逐渐出现回暖迹象的俄罗斯,已经翻译、出版的中国当代文学作品就全部是小说,即莫言的《变》《丰乳肥臀》《酒国》和《生死疲劳》。在越南、韩国、日本等这些亚洲邻国,最近几年翻译、介绍的中国当代文学作品,也主要是小说。以韩国为例,"自1992年与中国建交以来,对中国现当代文学作品的翻译介绍呈积极姿态,并且得到了飞跃性的发展,两国关系逐渐回暖的连续几年中每年都有30多本译本出版发行"①。在韩国所译介的中国当代作家中,余华是颇有代表性的:从1997年开始,韩国译介的余华作品依次为《活着》(1997)、《许三观卖血记》(1999)、《世事如烟》(2000)、《我没有自己的名字》(2000)、《在细雨中呼喊》(2004)、《兄弟》(2007)、《灵魂饭》(2008)、《炎热的夏天》(2009)。从中国当代文学作品在越南的译介与传播来看,小说也明显占据了压倒性优势地位。余华和莫言的小说,以及70后、80后作家的作品在越南的译介,也主要是小说。在该国被青年读者认可乃至追捧的中国当代作家,以所谓80后为主,比如郭敬明、春树、李傻傻、卫慧、韩寒就是颇受越南青年读者关注的中国作家。但是,这类作家及其作品被异域读者关注,其实有一种难以否认的讽刺意义在其间。因为这些以"另类""露骨的性描写""没有方向的反抗"等为标志的中国当代文学作品,尽管在越南卖得好、卖得多,然而很难体现中国当代文学的主流审美风潮,也无法代表中国当代文学的真实成绩。但是,偏偏是这些作品首先被介绍到了国外。这不能视为中国文学海外传播的幸事,反倒是一种悲哀。这种不幸与悲哀,与其说来自中国文学本身,不如说来自中国文学海外传播目的国本身的悲哀:

---

　　①　张乃禹:《韩国文学语境中的余华》,《小说评论》2013年第4期。

无论是传播者还是接受者,都不是以文学作为第一评判标尺,也不是以审美判断为第一要务,而是彻底投入了金钱和物质的怀抱。对于出版商来说,卖得多,卖得好,赚得盆满钵满是第一位的,至于艺术与文学,那都得靠边站。而对于被翻译介绍出去的作家而言,既得了名,也得了利,在腰包鼓胀起来的同时,也可以在作品推介会、作品签售会等场合风光风光,何乐而不为呢?然而,从中国文学海外传播的使命来看,中国"另类文学"在越南所受到的关注和欢迎,并不是中国文学海外传播期待的目标和愿景。

从已经出版的书目来看,国内的外文出版社推出的"中国文学大家译丛",以及外语教学与研究出版社从 2012 年开始推出的双语版"中国文学经典丛书"的入选书目,也是以小说为主。比如,在外文出版社推出的"中国文学大家译丛"中,当代作家目前已推出了铁凝、王蒙、刘震云及史铁生四位作家,除史铁生外,其余三位主要都是以小说扬名的,他们各自纳入该译丛的作品分别为《麦秸垛》《蝴蝶》及《一地鸡毛》。

如果说,我们的亚洲邻国偏重的是对中国当代小说的翻译的话,那么,在英语世界、法语世界、德语世界,则有不一样的情况。以英语世界为例,中国古代文学作品的重印是一个值得注意的现象。比如亚瑟·韦利所译的《中国古诗一百七十首》(*A Hundred and Seventy Chinese Poems*)仍然被喜爱中国诗歌的人视为优秀的文学资源。继 1919 年初版,1965 重印之后,进入 21 世纪,先后有康奈尔大学图书馆(Cornell University Library,2009),哈德出版社(Hard Press Publishing,2013)和纳布出版社(Nabu Press,2014)等多家出版社推出了该书的新版本,亚马逊网上书店还在 2013 年推出了这部中国古诗经典译作的两种电子版,面向 kindle 用户售卖。作为中国古典诗歌英译的里程碑式作品,《中国古诗一百七十首》在英语世界被反复出版或重刊,这无可置疑地表明,在英语世界,仍然存在对于中国古典诗歌的浓厚兴趣。

德国汉学家顾彬在论及英语世界和德语世界对于中国文学的趣味时,曾有明确的讨论,他认为中国的诗人在德语世界受到的礼遇,要远远超出他们在英语世界所受到的礼遇。

2012—2014 年间,通常被视为类型文学、边缘文学的科幻文学在海外的传播堪称可圈可点。与 20 世纪相比,进入 21 世纪以来,中国科幻文学在海外的传播有了明显的变化,这主要表现在以下三个方面:第一,被翻译介绍到国外的科幻文学作品数量明显增加;第二,被翻译介绍到国外的中国当代科幻作家的数量明显增加,中国当红新锐科幻作家在国外的受关注度逐年增长;第三,在整个 20 世纪,中国科幻文学要么是以单篇、单章形式,要么是以选集的形式被介绍传播到海外的,直到 21 世纪,才出现了整本科幻小说被翻译介绍到国外的情况。

对于中国科幻文学在海外的传播来说,2012 年和 2014 年或许将分别成为一个具有特殊意义的年份。2012 年,北京果米科技公司(Guomi Digital Technology Co.)以近乎"集束炸弹"的规模,推出了面向英语世界的多部刘慈欣科幻小说。2012 年,可谓刘慈欣科幻作品外译的爆炸年份。果米科技公司在这一年内,一次性推出了由新西兰翻译家 Holger Nahm 翻译的刘慈欣七部科幻作品,即《吞食者》《微纪元》《中国太阳》《山》《白垩纪往事》《带上她的眼睛》和《地球大炮》。这七部英语版的刘慈欣科幻小说目前全部在亚马逊网上书店上市,以每本 2.99 美元的单价售卖给 Kindle 电子书用户。2013 年,果米又以同样的方式推出了《赡养人类》《太原诅咒》(又名《太原之恋》)《流浪地球》刘慈欣三部作品,以及由刘宇昆翻译的《赡养上帝》。2013,《科幻小说》(*Science Fiction Studies*)杂志 119 期推出了中国科幻文学专号,其中发表了刘慈欣的一篇科幻随笔《超越自恋——科幻给文学的机会》。

2014 年,刘慈欣的三部曲长篇科幻小说《三体》的第一部《三体问题》(*The Three-Body Problem*)被翻译成英语在美国出版。由托尔书局(Tor Books)出版的这部中国当代最好的科幻小说,刚一登陆美国各大实体书店和网上书店,就受到了美国读者的热烈欢迎。截止 2014 年 12 月,这部小说已经在美国售出 2 万多册,创下了中国科幻文学作品海外传播与销售的最好纪录。《三体问题》一度在亚马逊的"亚洲图书首日销量排行榜"上排名第一,并登上"2014 年度全美百佳图书榜";在美国最权威的亚马逊图书排行榜的幻想类文学中,该小说曾经冲到第 30 名。对于占据着当今科幻文学约 80％市场份额的美国来说,《三体问题》所取得的上述销售成绩固然难以与欧美当红科幻作家的市场认可度比肩,然而对于中国科幻文学在海外的传播还是颇为振奋的。更值得注意的是,《三体问题》出版前后,《纽约时报》《华盛顿邮报》《出版商周刊》等美国重要报刊进行了一系列报道,吊足了海外读者的胃口,为该书在美国的销售起到了推波助澜之功。据业界研究,在亚马逊网站已发布的 195 条读者评论中,有 134 人给出了 5 星的评价,占到了总投票读者数的 68.7％,而给出的评价从 4 星到 1 星的读者数分别为 31、20、4 和 6。这些数字也许有点儿枯燥,然而对于我们了解美国读者针对这部来自中国的最佳科幻小说之一所作的接受反应还是非常有参考价值的。比如来自美国宾州的南希•法莫拉瑞(Nancy Famolari)认为,这是她所读到的最佳科幻小说之一。这部小说在很大程度上以物理学为背景,这是其引人入胜的重要原因。在南希•法莫拉瑞看来,刘慈欣不仅成功地刻画了叶文洁和汪淼两个人物,而且展示了将真实的概念编织到故事中的优秀技巧,对于那些喜欢物理学的读者来说,这是一本必读书。所以她毫不犹豫地给这部来自中国的科幻小说评了 5 星。许多读者对于刘宇昆的忠实而流畅的翻译赞不绝口,想必这也是该书大受美国科幻迷们追捧的重要原因之一,更何况译者本人就是多次获得星云奖、雨果奖的著名科幻作家呢。

尤为值得关注的是,《三体问题》一书还获得了 2014 年度最佳长篇科幻小说星云奖(The 2014 Nebula Award for Best Novel)的提名。与此同时,刘慈欣的一部中篇科幻小说也获得了这一提名。虽然刘慈欣未能最终斩获星云奖,这部作品已经激发了英语世界的读者对于中国当代科幻文学的浓厚兴趣,美国评论家詹森•赫勒(Jason Heller)就热情期待这部作品能够在东方科幻与西方科幻之间架起一座沟通的桥梁。越来越多的读者期待能够读到这部三部曲的第二、第三两部小说。就在《三体问题》启动全球发行之际,2014年 11 月 12 日,中国教育图书进出口有限公司与土耳其最大的科技奇幻类出版社 Ithaki 出版社就《三体》土耳其语版签约,该书将由Ithaki 出版社和湖南科学技术出版社联合出版。

同在 2014 年,刘慈欣的科幻小说《赡养上帝》(*Quién cuidará de los dioses*),由译者雅维尔·阿尔塔约(Javier Altayó)直接从中文翻译成西班牙语版,被收入西班牙语的当代世界科幻选集《新大陆》(*Terra Nova*)的第 3 辑。出版社在其网站首页介绍《赡养上帝》这部作品的同时,还大量介绍了《三体问题》在英语世界引发的热烈反响,似乎是在为该社将《赡养上帝》纳入第 3 辑的《新大陆》提供某种慧眼识珠的证明,当然也是为了激发读者阅读中国当代科幻文学的兴趣,推动这部选集的销售。另外,华裔科幻作家刘宇昆的小说连续第三次入选此选集,并凭《纸异兽》获得了西班牙科幻最高奖,即多明戈·桑托斯(Domingo Santos)科幻小说奖,这对于助推中国文学在西班牙读者中的关注度,自然是利好消息。

截止到 2014 年年底,刘慈欣一共有 18 部/篇科幻作品被翻译成英语,其中 90% 以上都是在 2012 年至 2014 年间推出的。毋庸置疑,刘慈欣如此多的作品被翻译成外语(目前主要是英语),在中国以外的异域读者中引起如此广泛的关注,代表了当代中国科幻文学"走出去"的最好水平,借用严峰的说法,我们似乎有理由说:"刘慈欣单枪匹马把中国科幻文学提升到了世界级的水平"。

自 2012 年以来,香港中文大学翻译研究中心主办的《译丛》英语杂志,以及《人民文学》和 Paper Republic 网站合办的英语杂志《路灯》(*Pathlight*),也为中国科幻文学,尤其是中国当代科幻文学的海外传播做出了值得称道的贡献。《路灯》杂志 2013 年春季号的专题是"未来",由星河组织编辑,收录了以下中国科幻作家作品的英译版本:吴岩、星河合著的《中国科幻:一个总览》(由 Bryan Davis 翻译)、王晋康的《养蜂人》(由 Carlos Rojas 翻译)、星河的《去取一条胳膊》(由 Brian Holton 翻译)、刘慈欣的《2018 年 4 月 1 日》(由 Christopher Elford 翻译)、陈楸帆的《无尽的告别》(由 Ken Liu 翻译)、杨平的《山民纪事》(由 Jesse Field 翻译)、凌晨的《泰坦故事》(由 Joel Martinsen 翻译)、郝景芳的《最后一个勇敢的人》(由 Poppy Toland 翻译)。就笔者所掌握的材料来看,采取这种中外合作的方式,较为集中地向域外世界推介中国当代科幻文学,这还是第一次。这刚好与《译丛》在 2012 年第 77、78 期合刊(No. 77 & 78,Spring &

Autumn 2012)推出的"中国科幻文学:晚清和当代"专号构成了一种连续性。在该期专号的第二部分中,重点译介了 21 世纪的中国科幻文学,被译介的作家作品情况如下:刘慈欣的《诗云》和《乡村教师》,分别由 Chi-yin Ip 和 Cheuk Wong,以及 Christopher Elford 和 Jiang Chenxin 翻译;韩松的《过客与创造者》,由 Nathaniel Isaacson 翻译;王晋康的《转生的巨人》,由 Carlos Rojas 翻译;拉拉的《永不消失的电波》,由 Petula Parris-Huang 翻译;赵海虹的《一九二三年科幻故事》,由 Nicky Harman 和 Pang Zhaoxia 翻译;迟卉的《雨林》,由 Jie Li 翻译;飞氘的《魔鬼的头颅》,由 David Hull 翻译;夏笳的《关妖精的瓶子》,由 Linda Rui Feng 翻译。

另外值得一提的是,2014 年,飞氘的《众神之战》入选意大利科幻选集 *ALIA EVO*。这个意大利语的世界科幻选集每年一本,已经连续出了十年。此前曾收入吴岩、陈楸帆、潘海天、飞氘等中国科幻作家的作品。

从上述介绍不难看出,最近 3 年,中国科幻文学海外传播的渠道和方式较以往都有了明显的拓展。就形式而言,有了电子书、电子杂志等新门类,比如《路灯》《译丛》《科幻小说》等国内外刊物,以及电子杂志《克拉克斯世界》(*Clarksworld*)上均有对中国科幻文学的译介,这比起原来的选集和纸媒体杂志来说,有了明显的增加;从渠道而言,外部主动译介明显超过了国内的推介,尤其值得一提的是美国的托尔书局主动介入刘慈欣《三体》英译本在美国的出版与销售;就语种而言,英语依然是中国科幻文学对外传播的最大目标语言,然而日语、意大利语、西班牙语也是极有前景的目标语言。这就启发我们的科幻文学作家,我们的科幻文学出版机构乃至相关的经纪人,要根据上述变化的情况,有针对性地进一步开展中国科幻文学的对外传播。

2012 年至 2014 年,与以刘慈欣为代表的中国科幻文学作家在海外,尤其是欧美世界所受到的广泛欢迎和高度关注遥相呼应的,是以麦家的作品为代表的中国当代谍战文学(亦称"特情文学")在海外受到的广泛关注。麦家的经典密码小说《解密》及《暗算》,在 2014 年的海外图书市场刮起了一股强劲的"麦旋风"。2014 年,麦家的《解密》在 35 个英语国家、24 个西班牙语国同步上市,随后又签下其他

14 个语种的版权,创造了中国当代文学在海外图书市场的奇迹。
《解密》上市当天,就创造了中国文学作品海外销售排名最好成绩:在
英国亚马逊网上书店综合排名 385 位;在美国亚马逊网上书店综合
排名 473 位,并一跃而进入世界文学图书榜 22 位;2014 年 12 月,《解
密》被英国《经济学人》杂志评为年度图书。除了在图书销售市场上
的优秀表现外,海外出版商对于该书所作的长达 8 个月的前期营销
宣传,包括《纽约时报》《华尔街日报》《纽约客》《芝加哥报》《新共和》
《出版人周刊》《泰晤士文学增刊》《每日电讯报》《卫报》《观察者报》
《金融时报》《经济学家》《独立报》等 40 多家西方主流报刊,以及英国
BBC 广播电台等媒体所给予的极高评介,凡此种种,都是中国当代文
学作品在海外传播过程中受到罕见礼遇的有力证明。《经济学家》为
《解密》刊发的书评的标题为《一本每个人都该看的中文小说》,开篇
的第一句话就宣布:"终于,出现了一部伟大的中文小说。"《泰晤士文
学增刊》甚至说:"上世纪八十年代中国文坛出现了莫言、苏童、余华、
王安忆等一大批优秀作家,但从新世纪以来中国文坛崛起的只有一
个作家就是麦家。"

　　在这个意义上,将 2014 年称为中国文学海外传播的"麦家年",
应该不是一个吸引眼球的夸张说法。麦家的《解密》在域外世界的成
功,创造了中国当代文学海外传播的多项荣誉,同时嫁入多家豪门
(美国 FSG 出版社、英国企鹅兰登出版集团、西班牙行星出版集团、
法国罗贝尔·拉封出版集团、德国蓝灯书屋旗下的 Heyne/Diana 出
版社等);上市第一天,创下了中国作家的作品在海外销售的单日最
好成绩;入选"企鹅经典"文库,这是中国当代文学第一次获此殊荣;
西方多家主流媒体认为《解密》的出现,是"中国最重要的文学现象登
录西方";正式开卖前,发表书评为之造势的西方主流媒体数量创下
新高;海外出版社给小说家麦家开出的版税高达 15%,预付版税 10
万美元,与国际一线作家并肩,堪称中国作家海外高版税第一人;同
一年份内,单部作品在海外同步上市的国家数量最多;在出版的同一
年份内,卖出的外语版权数量最多(截至 2014 年底,《解密》已经签下
22 种外语版权,其他语种的版权正在商议之中);真正进入美国大众

文化消费圈,为普通读者所认可①。

2014 年,西班牙行星出版集团注意到《解密》的英语版在全球引起的广泛关注后,迅疾推出了该小说的西班牙语版本,首版发行量为 3 万册,于当年 6 月在全球 24 个西班牙语国家同步上市。不到一个月的时间,《解密》仅在西班牙就卖出了 13 000 本,创下了当代中国作家的作品在当地的新书前期销售纪录。正是这家在西班牙出版行业坐第一把交椅的西班牙行星出版集团,同时将《解密》西语版收入集团旗下经典品牌"命运书库"(DESTINO),与马尔克斯、博尔赫斯、略萨等多位诺贝尔文学奖得主的作品并列,这也是中国首部被收入该品牌的作品,对中国作家来说可谓史无前例。为了推动西语版的销售,出版社还制定了邀请麦家出访西班牙、墨西哥和阿根廷三国的豪华宣传之旅。坊间戏称这是为麦家量身定做的"巡游"级重磅宣传。在长达 25 天的时间里,麦家先后接受了 107 家西语媒体的采访。当麦家一行抵达阿根廷时,西语版的《解密》才问世 27 天,当地的一家书店就已经销售了 1 200 本左右。这个数字,对于把中国当代文学视为新事物的阿根廷受众来说,已经是一个非常不错的成绩了,几乎赶得上欧美一流作家的作品在当地的销售表现。

对于自己的《解密》一书在海外取得的成功,麦家在面对媒体采访时,说得最多的一句话是"运气好"。麦家的这一说法无疑是很谦虚的。其实,《解密》在海外传播与接受中所取得的成功,除了大品牌出版社的成功营销,出色的翻译,大规模的密集采访、宣传和报道之外,更重要的一点就是作品本身的话题很好,契合海外读者的阅读期待。用通俗的话来说就是,《解密》非常符合读者的口味。麦家自己说,因为海外对于中国当代文学的了解非常有限,国外出版机构对于中国当代文学的认可度不高,大多还停留在 20 世纪 80 年代初期的水平,以为中国的文学不过是以乡村文学为主。在这样一种认识误

---

① 依据全球图书馆收藏数据的 OCLC(Online Computer Library Center,Inc.,联机计算机图书馆中心)资料显示,海外目前收藏《解密》一书的图书馆类型,70% 左右是公共图书馆和社区图书馆,30% 是学术和研究型图书馆。这表明,《解密》在海外的接受和传播的主要受众是大众。这与以往主要是对中国文化有兴趣或是直接从事中国文学研究的专业读者阅读中国文学的情形有很大的差别。这也为我们全面、准确评价中国文学在海外的传播与接受,提供了极为有用的信息。

差所营造的氛围中,对于西方读者而言,《解密》的出现无论是从题材上看,还是从英雄主义上看,都给人耳目一新的感觉。比如,英国《金融时报》刊发的书评就认为,麦家的写作结合了博尔赫斯和纳博科夫的特点,将谍战小说、历史元素和数学、逻辑学融合成了一个具有震撼力的整体,从而使《解密》成为一部完全独创的文学类型,这是令人惊喜的。此外,在表面的特情故事的背后,麦家也写出了人的命运,触及了具有共性的人性问题,这未尝不是《解密》在海外读者群中赢得认可的重要原因之一。也正是基于这样的认识,麦家也真诚地希望自己的作品在海外取得的成功,能够为中国文学的海外传播打开某种通道。

当我们从不同的方面探讨"麦旋风"带给中国文学海外传播的启示时,切不可忽视了版权经纪人谭光磊所发挥的作用。如果没有谭光磊对麦家小说的文学特质的敏锐判断,如果没有他锲而不舍的坚持,如果没有他拼命三郎式的专业推介,"麦家年"或许很难以我们已经看到的方式出现。

在 2012 年至 2014 年间,中国当代诗歌的海外译介与传播也有较好表现,其中尤以在英语世界和德语世界的传播最为突出。欧阳江河、杨炼、翟永明、北岛、于坚、多多等诗人的作品继续保持在欧美诗歌、文学报刊上发表的领先地位。有关中国现当代诗歌的英译情况,伦敦大学亚非学院的李德凤教授已经有了很好的梳理[①]。从 2012 年至 2014 年,中国当代诗歌在海外的传播与译介,最值得提到的大概有如下几个方面。第一,与以往中国诗歌在国外仅有零星译介或多人入选一部诗集不同的是,这两年仅在英语世界里,就出版了三部中国当代诗人的个人诗集,其中一部是由美国青年汉学家石江山(Jonathan Stalling)翻译的食指诗集《冬天的太阳》(*Winter Sun*),还有一部是由美国诗人梅丹理(Denis Mair)翻译的吉狄马加诗集《黑色狂想曲》(*Rhapsody in Black*),这两部个人诗集分别于 2012 年和 2014 年由同一家出版社,即美国的俄克拉荷马大学出版社出版。还有一部是由香港城市大学的助理教授 Lucas Klein 翻译,新方

---

① 李德凤、鄢佳:《中国现当代诗歌英译述评(1935—2011)》,《中国翻译》2013 年第 2 期。

向出版社于 2012 年 2 月出版的《关于文字的注释:西川诗选》。尽管大学出版社的目标读者通常都是海外研究中国文学、中国问题的专家和对中国文化感兴趣的读者,然而同一家外国大学出版社在两年的时间内愿意出版两部中国当代诗人的诗集。单单是这一点,也从侧面说明域外世界了解中国当代诗歌的兴趣正在呈现缓慢然而稳定的增长。第二,民族诗人诗歌的对外传播成为中国当代诗歌传播努力的方向之一。以往也偶尔有汉族以外的其他诗人的诗歌被翻译介绍到国外的情况。比如,中国当代最具有国际影响的实力派诗人之一、彝族诗人吉狄马加的诗歌在此前就有多个不同语种的译本①,取得了中国当代民族诗人诗歌海外传播的骄人成绩。然而,在整个中国当代诗歌的海外传播中,少数民族诗人的作品被译介到外部世界的情况仍然不够常见,无论是规模和质量都有待进一步提升。也正是在这个意义上,《人民文学》的英语版《路灯》2014 年春季号推出的"多民族文学专号"就颇为值得关注,具有某种积极的象征意义和风向标作用。在这期专号中,作品部分别出心裁地划分为"虚构""非虚构"及"诗歌"三大板块,"诗歌"板块译介的诗人及其作品情况为:阿尔泰的《草原深处,老人》,吉狄马加的《我们的父亲》,马桓的《邻居的城堡》《在邻居的城堡赶集》和《城堡之中》,艾多斯·阿曼泰的《诗四首》,鲁若迪基的《一群羊从县城走过》,聂勒的《京城之夜》《冬至》和《南方》。这刚好与北京师范大学文学院主编的《今日中国文学》(*Chinese Literature*,CLT)杂志在 2012 年第 2 期上推出的"少数民族诗歌与诗学"(Ethnic Poetry and Poetics)专辑构成了一种呼应或者说推波助澜之势。马克·本德尔(Mark Bender)的《白鹇之泣——云南和四川的当代民族诗歌》一文指出,要对当代诗歌的多样性进行穷尽式分类,正如对时下的音乐的所有文类、次文类和次次文类进行穷尽式分类一样是难以想象的。本德尔不仅讨论了中国诗歌内部的

---

① 据现有的材料,在 2012 年之前,吉狄马加被译成外语的诗集情况如下:《天涯海角》(意大利文版,罗马伊姆普罗特出版社,2005 年)、《秋天的眼睛》(马其顿文版,马其顿共和国斯科普里学院出版社,2006 年)、《"睡"的和弦》(保加利亚文版,保加利亚国家作家出版社,2006 年)《吉狄马加诗歌选集》(塞尔维亚文版,"斯姆德雷沃诗歌之秋"国际诗歌节书出版,2006 年)、《时间》(捷克文版,捷克芳博斯文化公司出版,2006 年)以及《彝人之歌》(德文版,德国波鸿项目出版社,2007 年)。

异质性及其成因，而且考察了从中国少数民族的古代文学的口头或书面传统中涌现出的当代作家新声。他较为细致地梳理了云南省包括彝族、佤族、哈尼族、傣族、景颇族和壮族在内的大约 25 个少数民族族群，精选了来自不同族群的诗歌作品加以研究，从而向读者展示中国当代民族诗歌的多样性，文章的主体部分则着力分析了四川凉山彝族的诗派的诗歌及其诗学。本德尔在文中不仅提及了许多当代中国少数民族的诗人，而且还节译了多首民族诗歌作品。紧随此文之后的，是梅丹理所写的《彝族缪斯的儿子——诗人吉狄马加》一文，然后是由梅丹理所翻译的吉狄马加诗 5 首（《布拖女郎》《母亲的手》《毕摩的声音》《岩石》和《獐哨》）。这 5 首诗后来都收入了 2014 年由俄克拉荷马大学出版社出版的双语版吉狄马加诗集《黑色狂想曲》中，译者仍然是梅丹理。《今日中国文学》的"少数民族诗歌与诗学"专辑，与同一期杂志上推出的主打作家《伊沙：诗人的诗人》构成了某种对话与互补的关系。第三，国内出版社在向外译介、传播当代诗人的诗集方面也有值得关注的动作。这里需要特别提到的就是 2013 年由外语教学与研究出版社出版的《词语与火焰——吉狄马加诗集》。这部诗集同样是双语版，译者仍然是梅丹理。与 2014 年由俄克拉荷马大学出版社出版的《黑色狂想曲——吉狄马加诗集》相比，《词语与火焰——吉狄马加诗集》收诗的数量比前者多出了一多半：《词语与火焰》共收入吉狄马加的诗歌 114 首，而《黑色狂想曲》仅收入吉狄马加的诗歌 72 首。换句话说，2014 年在美国出版的《黑色狂想曲》是 2013 年在中国出版的《词语与火焰》的瘦身版。再往前追溯，《词语与火焰》又是 2010 年由四川文艺出版社出版的双语版《吉狄马加的诗》的瘦身版，前者在后者的基础上减去了一半的篇幅，没有变化的是，译者就是梅丹理。考察从《吉狄马加的诗》，然后到《今日中国文学》上所刊载的吉狄马加诗 5 首，再到《词语与火焰》，最后到《黑色狂想曲》，在将近 5 年的时间里，梅丹理对于吉狄马加的诗歌的关注、翻译和推介，可谓有始有终。

《今日中国文学》2013 年第 1 期、第 2 期合刊的双期特刊，登载了两组很有意思的诗，其中一组是在美国的华裔诗人（裘小龙、叶维廉和王云）用英语所写的诗歌，另一组是经常在中国活动（梅丹理和蔚雅风)乃至定居北京的美国诗人(徐贞敏)用汉语写的诗歌。也是在这同一期特刊上,将于坚作为本期主要诗人予以推介,刊登了于坚历时近两年完成的一首长诗《小镇》,是由澳大利亚翻译家西敏(Simon Patton)翻译的。兼具学者与诗人双重身份的叶维廉,更是这一期《今日中国文学》深度推介的人物。该刊在发表包括其有名的《赋格》等多首诗歌的同时,还配发了他本人的文章《对正确的诗的追求——我的现代主义开端》,以及石江山对他所作的长篇访谈,这无疑有助于读者从多个角度深入了解其跨越 50 年的诗歌创作道路,其深得中国古典诗歌神韵而又博采西方现代主义之长,融合道家思想与现代主义影响的诗学观念。

《今日中国文学》杂志在向英语世界重点翻译、介绍和传播中国当代小说的同时,也把关注的重点投向了对于中国当代诗歌的翻译、介绍和传播,这从上述的文字中已经足以证明。在《今日中国文学》2014 年第 4 卷第 2 期上,重点介绍了池凌云的诗歌创作,发表了其 5 首短诗,即《菊问》《布的舞蹈》《一种诗艺》《海百合》和《一朵焰的艰难》,为域外世界的读者了解中国当代女诗人的创作,尤其是她们的女权主义意识、表达同情的多种不同的可能性、作家的社会责任问题、诗人的地位同语言的关系等,提供了一个颇有代表性的个案。

至于戏剧,特别是当代话剧的海外传播,几乎没有什么值得专门梳理的成绩。就笔者目前看到的材料,在 2012 年至 2014 年间,除了通过文化交流活动赴境外演出的剧目外,真正被译介到海外的中国当代戏剧作品屈指可数。据设在美国俄亥俄州立大学的中国现代文学与文化资料中心(MCLC Resource Center)的资料显示,2012 年,《中国现代文学与文化》的在线出版系列中发表了由 Mark Talacko 翻译的廖一梅话剧《恋爱的犀牛》。在 2012 年到 2014 年间,在一些研究中国文学的著作里,有对中国戏剧的研究(比如桑禀华的《中国文学简史》),但是都不成系统,在推动中国戏剧"走出去"方面所发挥的影响极为有限,仅仅停留在有研究中国文学的少数师生之中。

需要注意的是,小说也好,诗歌也好,戏剧也罢,在海外最畅销的中国文学作品,未必就是当代中国最好的文学作品。中国文学如何讲述中国故事,讲好中国故事,固然是中国文学安身立命之所在。然而,如何把讲述中国故事与讲好中国故事有机结合起来,并且在其中传达共同价值观念,书写普遍性主题,是每一类中国文学作品都需要认真对待的问题。如何把更多、更丰富的中国文学的其他文类传播到海外,仍然是摆在我们面前的一项极为重要而紧迫的任务,这不仅是译介与传播的问题,更是我们当代文学的创作所需要面对的问题。

三、2012 年中国文学海外传播的渠道概观

中国文学海外传播的渠道,既有传统类型,又有随着新媒体时代的到来而涌现的新渠道。这种情况在内外两方面都较以往得到了明显的拓展。

从国内来说,出现了以传播中国文学为宗旨的专门性网站,如"中国文学海外传播网"(http://ccloc.cn/)等。由于试运行时间过长,中国文学海外传播网目前的资料更新速度极为缓慢。也有以传播中国文学为旨趣的在线专门项目,如译言网推出的"中国文学'走出去'"(http://article.yeeyan.org/view/396212/359793)等。按照该项目的线上介绍,"中国文学'走出去'"是由译言、作家出版社和版权中心三家合作来推广中国文学的公益项目。该项目目前已精选出19 本由作家出版社提供的版权书来做推广。其大体做法是,借助古登堡计划这个平台来招募 19 位志愿译者参与这 19 本优秀作品的翻译工作。由组织方从每本书中节选出 2 000 字—3 000 字左右的内容来进行中译英的翻译工作,内容包括:作者介绍、内容简介及节选章节等。项目组织方已经通过 2014 年 5 月底的京交会(CIFTIS)来推广该项目,从而为中国文学"走出去"助力。按照译言官网发布的信息,未来还会与作家社乃至其他出版社继续推进合作,并找到合适的方式回馈社区。"中国文学'走出去'"项目首期推出了"女人如花""爱情迷局""人生奋斗史""文化检索"以及"生命的意义"5 个板块,共 19 部作品。按照项目负责人的介绍,铁凝的《玫瑰门》、严歌苓的《第九个寡妇》及《小姨多鹤》、师永刚和林博文的《宋美龄画传》归入"女人如花"板块,徐名涛的《北京往事》、李禹东的《人间犬吠》、海岩的《玉观音》和彭名燕的《倾斜至深处》归入"爱情迷局"板块,刘玉栋的《年日如草》、高满堂的《温州一家人》、李佩甫的《生命册》、王殿举

的《老子》归入"人生奋斗史"板块，冯骥才的《乡土精神：文化散文》、简墨的《京昆之美》、李怀苏的《湘西秘史》、喜宏的《春晚》归入"文化检索"板块，周大新的《安魂》、吕运斌的《无名的名山》，以及张炜的《你在高原》被归入"生命的意义"板块。这些作品，主要通过网络协作的形式来进行翻译。这种方式，既有可能加快翻译速度，也能够把跨越地域和文化背景的翻译者联系在一起，从而在一定程度上改变原有的以个体独立的精神文化活动为主的文学翻译模式。与此同时，这种翻译合作模式，也是中国文学海外传播的一种新渠道。从理论上来说，通过网络而形成的这种翻译联盟，可以是面向整个世界而进行中国文学传播。在海外，也出现了相应的网站，如为了配合《今日中国文学》杂志的出版、发行而建设的"今日中国文学网"（http://www.ou.edu/clt/）。该网站不仅提供迄今为止该刊各期目录、作者信息，也开放了部分文章。与此同时，还通过与 Zinio 官网合作，以每年 15 美元的价格提供给普通读者征订，同时通过该网站免费的App，供 PC/Mac，iPad，iPhone 以及其他智能手机用户阅读《今日中国文学》的电子版。设在美国俄亥俄州立大学的中国现代文学与文化网络资源中心（MCLC Resource Center），也是中国文学海外传播的重要平台。《中国现代文学与文化》（ISSN ♯ 1520—9857, *Modern Chinese Literature and Culture*）是该中心一家具有重要学术影响力的刊物，创刊于 1984 年，是致力于刊载研究现当代中国文学与文化（包括港澳台地区和海外华语文学和文化）成果的纯学术期刊，代表着海外中国研究领域的最新研究水平。该刊发表的论文被收入美国艺术与人文引文索引（Arts and Humanities Citation Index）。与《中国现代文学与文化》期刊共存的 MCLC 网络资源中心含有丰富的本学科研究资料，从 2003 年开始，该期刊登载的书评均发表于此。

充分利用中外建交的大型周年纪念活动或大型国际书展，整体传播中国文学，成为中国文学"走出去"的综合性渠道。2009 年，在第 61 届法兰克福国际书展上，中国第一次受邀担任主宾国。为了让域外世界更好地了解中国文学，中国作协派出了由铁凝、莫言、余华、苏童、毕飞宇等 100 余位作家组成的庞大代表团，展开了包括"中国当代小说在德国""德语小说在当代中国""与中国文学和当代文学家对话""你'听'我'说'朗读会""中国作家学者德国朗读之旅""'文学与女性关怀'——三国原创女作家座谈会""'爱、成长与教育'——中、外儿童文学创作主题交流会"等演讲、对话、论坛、朗诵会。这些形式多样、内容丰富、主题鲜明的交流活动,在较为广泛的范围内引发了包括德国读者在内的西方世界的受众面对面了解中国文学的兴趣,也为他们提供了在家门口阅读、评价中国文学的机会。

2012 年,在第 42 届伦敦国际书展上,中国应邀担任主宾国,中国作协组织 30 多位中国作家和海外华人作家前往助阵。这是继法兰克福书展之后,中国作家又一次在国际社会集体亮相。"作为此次书展的市场聚焦主宾国(China Market Focus),中国再次在国际舞台上展现了大国风范。参加伦敦书展的中国出版社和作家涵盖了各个年龄各个阶段和各种文学体裁。"

以此次伦敦书展为例,在中国文学海外传播方面有几个值得关注的特点。第一,出场作家尽量体现多样性。这次中国作协邀请了王蒙、铁凝、李敬泽、刘震云、西川、杨红樱、严歌苓、韩东、冯唐、安妮宝贝、张悦然、郭小橹、次仁罗布、张悦然、盛可以、徐坤、李洱、刘醒龙、邱华栋等作家,多样化程度相当高,尤其像阿乙这样的网络作家,对于中国文坛来说,像一个不约而至的闯入者。此外,还邀请到了蓝博洲这位来自台湾的作家。第二,中国图书首次批量进入英国主流销售渠道。在第四十一届伦敦书展期间,经中国图书进出口(集团)总公司经过数月努力,克服各种困难,最终与英国最大的连锁图书销售商 WH Smith 集团达成协议:精选包括小说、诗歌在内的数百种国内出版的英语图书和部分"中国图书对外推广计划"资助的中国主题图书,推入 WH Smith 旗下的连锁书店进行展销。2012 年伦敦书展期间推出的这次为期一个月的"中国主题图书推广月"活动,是中国图书首次成规模地进入英国主流销售渠道,因而引起当地媒体的注意和公众兴趣,英国有多家媒体报道了此次销售活动。

这次参加伦敦书展期间,一些能够直接用英语交流的作家,比如陆建德、严歌苓、王蒙、郭小橹、冯唐等的出场或者说坐镇,增加了中国作家与英国读者沟通的可能性。如果我们的作家在长于创作的同时,也能够有意识地掌握一点外语,这对于促进他们与外部世界的沟通和交流,对于推动中国文学走向世界,都是不可多得的催化剂。

与此同时,外文出版社、五洲传播出版社、外语教学与研究出版社等国内出版机构,仍然充当着主动向海外世界传播中国文学的重要渠道。自从 10 年前第一家孔子学院开办以来,目前已经在 126 个国家建立起 475 家孔子学院(CIs)和 851 家孔子课堂(CCs),它们已经而且必将成为对外传播中国文学的可以依赖的渠道。如果加上我国驻世界各国使领馆、境外的中国文化中心等机构,那么中国文学面向海外传播的渠道就更加丰富了。

第二节　2012—2014 中国文学海外传播的主要特点

与以往的历史相比,2012 年至 2014 年间,中国文学海外传播呈现出诸多新的特点。其中有些特点的出现,与中国文学在最近几十年里所取得的自身成绩直接相关,而有些特点的出现,则带有一定的偶然性因素。换句话说,由不同的观察视角切入,对于这两年间的中国文学海外传播所呈现出的特点所作的概括也就会存在差异。根据笔者的观察和掌握的材料,我认为 2012 年至 2014 年间的中国文学海外传播,具有以下三方面的明显特点:第一,中国文学海外传播已成为文化"走出去"国家战略的重要组成部分,第二,莫言荣获诺奖创造了中国文学海外传播的里程碑;第三,中国文学海外传播已出现中外互动的良好格局。

一、中国文学海外传播已成为文化"走出去"国家战略的重要组成部分

近些年来,随着我国综合国力的日渐上升,如何塑造和传播中国的国际形象,如何有效建设国家软实力,已经成为一个迫切而具有重要现实意义的问题。由于多方面的原因,国际范围内对中国这个新兴经济体的迅速崛起反应不一:欢迎者有之,观望者有之,反对者亦有之。这种情况也影响到了中国的国际形象建构问题。在人类进入多元文化时代的今天,越来越多的国家和民族日渐用心致力于通过

对外传播本国、本民族的文化而成功塑造自己在域外的正面形象。这一点，对于有着五千年悠久文明的中国来说，自然也不例外。从某种意义上讲，这一问题对于中国来说具有较其他许多国家和民族更加突出的必要性和紧迫性。

积极推动包括中国文学在内的中国文化的海外传播，是中国共产党对于文化自信的高屋建瓴的认识。中共十七届六中全会明确指出，要"开展多渠道多形式多层次对外文化交流，广泛参与世界文明对话，促进文化相互借鉴，增强中华文化在世界上的感召力和影响力"，要"增进国际社会对我国基本国情、价值观念、发展道路、内外政策的了解和认识，展现我国文明、民主、开放、进步的形象"，要在"建设中华民族共有精神家园"的同时，"为人类文明进步作出更大贡献"。以高度的文化自觉和文化自信，加快推动当代中国文化走向世界，是增强中华文化影响力、实现文化强国战略目标的重要举措。在党的十八大报告的第三部分，在阐述"全面建成小康社会和全面深化改革开放的目标"，习近平同志明确指出，与以往的历史阶段相比，包括中国文学在内的"中华文化'走出去'迈出更大步伐"。

毫无疑问，从国家层面推动中国文化"走出去"，有着不容回避的目标诉求，那就是要提升中国积极、正面、有力的国际形象。

对于如何成功塑造正面的中国国际形象，从政府到民间，从创作界到翻译界，从学术界到出版界，都在进行多方面的探索。从世界文明史的进程来看，从当今国际文化交流的格局来看，文学交流在促进各民族的相互了解、认识，消除彼此之间的隔膜，加深彼此之间的友谊，塑造源语国的正面、积极国际形象方面所具有的功能，是其他文化形式无可替代的。正是基于这样的认识，自 1949 年新中国成立以来，中国政府就采取了诸多手段来推动中国文学的海外传播。在这方面，我们曾经取得了一些成绩，也走过了一些弯路，同时也积累了一些经验，这对于我们在当代语境中开展中国文学的海外传播，无疑具有积极的借鉴意义。

就笔者的观察所及，目前似乎中国十分重视"走出去"，才举国上下如此关注本国文学在海外的传播。我们迫切地希望得到外部世界的承认，我们迫切地希望成为世界认可的文学新高地，甚至成为引领世界文学风潮的旗手,我们迫切地要以我们在这个全球性文学版图中的存在而体现我们的价值。不仅如此,我们还要将我们的影响不断地发挥出来,从而改写整个世界文学的版图。

中国文学"走出去",或者说,中国文学海外传播已经日渐变成一种国家行为。国务院新闻办、国家新闻出版广电总局、文化部、中国作家协会、国家外文局、外文出版社、五洲传播中心、中国出版集团等部门和组织,以及北京师范大学、中国人民大学等高等教育机构,高度重视文化"走出去"的国家战略,积极推动中国当代文学的对外翻译、对外推广,采取多种方式和有效手段,推动多家国内出版社与国外版权机构签订合作协议,既为中国文学"走出去"牵线搭桥,也为中国文学"走出去"给予人力、财力、物力及政策等多方面的支持,基本形成了一种上下齐支招,群策群力推动中国文学海外传播的局面。在这种背景下推出的"经典中国国际出版工程""中国图书对外推广计划""大中华文库"工程、"中华学术外译项目""中国当代文学百部精品对外译介工程""中印经典和当代作品互译出版项目""中国文学海外传播工程""国剧海外传播工程""陕西文学海外翻译计划""中国文化著作翻译出版工程",以及上海外语教育出版社推出的"中国文化汉外对照丛书"、中国对外翻译出版公司的"中译经典文库:中华传统文化精粹"等出版项目,使得中国文学的海外传播更加呈现出有组织、有计划的特点,直接推动着中国文学在海外的传播。

此外,无论是国家层面的国家社科基金和教育部人文社会科学的项目中,还是在各省市各高校及科研机构的科研项目的规划中,都设置了中国文学"走出去"方面的研究课题,其中较有代表性的有如下一些项目,如"百年来中国文学海外传播研究"(批准号 12 & ZD161)[1]、"中国当代文学海外传播研究"(批准号:12AZB086)[2]、"莫言作品海外传播研究"(项目批准号 13CWXZ02)[3]、"晚清至现代中国文学对外译介史"(11YJC751023)[4]、"中国文学作品在海外的传播

① 主持人为苏州大学的王尧教授。
② 主持人为北京师范大学张健教授。
③ 主持人为山东师范大学的姜智芹教授。
④ 主持人为上海海事大学耿强副教授。

及影响(批准号:09BWW003)"①、"本土写作与世界影响——中国当代作家海外传播研究"(批准号:12YJC751054、10YJC740076)②、"北京文化国际传播策略研究"(批准号:2014SKLGZ008)③。

从国家层面的翻译、出版工程和文库、计划的推出,到相关科研项目的设置,再到多层次、多规格的中外文学交流活动、论坛的展开,种种迹象表明,当前的中国文学海外传播出现了多途径、多渠道的组合拳格局。作为国家层面的文化战略,作为渐变成一种国家行为的中国文学海外传播,正在吸引国内外的高度关注。

二、莫言荣获诺奖创造中国文学海外传播的里程碑

不管你承认不承认,不管你喜欢不喜欢,莫言荣获 2012 年度诺贝尔文学奖,实实在在地给中国文学在海外的传播注入了一针兴奋剂。这针兴奋剂,来得颇为及时,也在一定程度上契合着外部世界了解中国的热情和兴趣。正如阎连科所说:"莫言得到这个诺贝尔文学奖是名至实归的,表明了中国文学乃至亚洲文学的提升,中国文学需要这样一个诺贝尔文学奖,这是对中国文学 30 年大发展的一个肯定。"学界一致公认,莫言的小说创作,非常有效地表达了中国的经验,让中国的经验成为世界经验的有机组成部分,极大地丰富了当代中国文学和世界文学的内涵。莫言荣获 2012 年度诺贝尔文学奖,不仅有效拉近了中国文学与世界各国读者的距离,而且为中国文学海外传播拓宽了渠道,进一步激发了域外世界对中国文学和中国作家的关注,同时极大地鼓舞了那些一直致力于向海外传播、译介中国文学的汉学家们、翻译家们、出版家们、代理人和文学经纪人们的信心。自莫言获得诺贝尔文学奖以来,有关此次获奖在中国文学海外传播史上所具有的里程碑意义,已经有了充分的讨论,这是不必赘述的。需要强调的一点是,我们必须充分利用莫言荣获 2012 年度诺贝尔文学奖所带来的对中国本土文学的关注效应,以及国际社会对中国文学日渐增长的兴趣,以更大步伐,更加有效的措施,来切实开展中国

---

① 主持人为天津外国语大学曾琼副教授。
② 主持人为浙江师范大学刘江凯副教授。
③ 主持人为北京外国语大学何明星教授。

文学的海外传播。在这个过程中,我们要努力排除一些杂音的干扰,向着我们认准的目标前进。缺乏这样的勇气与自信,中国文学海外传播的道路就不会收获鲜花与掌声。

三、中国文学海外传播已出现中外互动的良好格局

进入 21 世纪以来,随着中国文学海外传播节奏的加快,无论是在国家领导人的出访活动中,还是在中外作家之间、作家与翻译家之间、作家与文学经纪人之间,都逐渐呈现出中外文学交流的良性互动格局。这主要表现在以下三个方面:

第一,中外作家在面对面互动中增进了解。近年来,中国作家与域外作家之间的交流日渐活跃,大家就像走亲戚一样,你家到我家,我家到你家,中外文学交流呈现出你中有我、我中有你的格局,国内外大学、文学团体和研究机构之间所展开的中外作家之间的互访、交流,等等,也日显活跃。

与此同时,中国作家在域外相继斩获诺贝尔文学奖、纽斯塔特国际文学奖、纽曼华语文学奖、卡夫卡文学奖等文学大奖,也进一步彰显了中国文学在世界文坛的分量,激发了世界了解中国文学的兴趣,是中外文学交流、对话形成良性格局的最好明证。尽管作家不是为了在国外获奖而写作,然而他们的创作成就,他们作品的艺术魅力,他们书写人类共通主题的本领,是可以联通世界的。

通过丰富多样的文学交流活动,域外作家、读者、翻译家、评论家、汉学家乃至出版商,可以面对面地与中国作家交流、沟通与对话,在零距离的互动中增进对中国文学的了解和认识。中外作家的良性互动,不仅可以为中国文学的海外传播提供有效渠道和宝贵契机,而且可以为中国文学海外传播营造富有品位的接受氛围。

第二,作家与翻译家之间的良性互动已呈常态。与我们本土极为活跃的文学创作、极为丰富的文学作品相比,中国当代文学在海外的传播总体上并不尽如人意。文学认知的差异、审美好尚的分野、意识形态的不同、价值观念的冲突,等等,都有可能成为制约中国文学海外传播的因素,翻译或许是制约中国文学海外传播的最大瓶颈之一。随着中国对外开放的持续推进,域外世界了解中国的兴趣日益

浓厚,对中国的了解也愈加广泛和深入,域外的翻译家已经与中国作家之间形成了良好的互动局面。他们可以通过中外文学交流活动,或者私人交往的方式,与他们有意翻译的中国作家之间建立起良好的私人关系,进行深层次的沟通与交流。

"西方首席汉语文学翻译家"葛浩文已经将莫言的 11 部作品翻译成了英语,评论界将其视为把莫言介绍给世界的重要功臣。葛浩文公开称赞莫言对译者很体贴:"他很清楚汉语和英语之间是不可能逐字逐句对应的,他会很体贴地解释作品中的一些晦涩的文化和历史背景,他明白翻译是对原文的补充而非替代。"莫言对葛浩文的翻译水准充分信任,总是十分放心地把自己的作品交给他。

同样,葛浩文与贾平凹、刘震云、李锐、姜戎、苏童和毕飞宇等其他中国当代作家也保持着顺畅的沟通。这种良好的互动格局,要做到"疑义相与析",甚至要彼此成为净友,在目的语和源语的审美习惯、价值观念之间实现平衡。在葛浩文着手翻译刘震云的《手机》之前,就注意到小说场景始于 30 年前,然后闪回到现代,接着又回到 30 年前。葛浩文坦率地对刘震云说:"如果照这种顺序翻译,看过 40 页后,美国读者就会说'真没劲',然后把它扔到一边。"他建议作家把开场设在现代,然后再展开回忆。这个建议得到了作者的同意。这一改变,提高了《手机》英译本的销量。

除了个体之间的良性互动,国家也在行动。北京师范大学与美国俄克拉荷马大学共同实施的"中国文学海外传播工程"、2011 年至 2014 年中国作协连续主办三届"汉学家文学翻译国际研讨会",还有"首届中外出版翻译恳谈会""世界汉学大会""青年汉学家研修计划""国际汉学翻译家大会"等诸多活动,在客观上也向海外的汉学家、翻译家传递了十分积极的信息:中国文化"走出去"的确成为中国的国家文化战略。这对于营造中国文学与海外文学沟通的良好氛围,激发海外翻译家翻译中国文学的热情,具有极为现实而深远的意义。

第三,经纪人与作家之间开始出现良好合作格局。作家身边出现经纪人,是非常晚近的事情。2013 年 2 月 15 日,莫言在自己的微博上发文,授权女儿管笑笑出任其经纪人,使文学界对于作家经纪人这个话题表现出了较以往更加浓厚的兴趣。但国内大部分当红的或大牌的作家,都还没有真正意义上的经纪人。对大多数作家来说,让他们把自己的作品交给经纪人,无异于直接交给市场来检验。在他们看来,文学的价值不能由市场和利润来决定,他们更看重的是由专家所构成的文学批评体系对其文学价值的评判。另外中国作家的版税收入普遍不高,让他们难以雇佣经纪人。再有我国的出版市场发育尚不够充分,文学作品出版领域还缺乏成熟而专业的经纪人。也正是由于专业经纪人的缺位,才使得中国作家潜在的市场号召力及其作品的附加值没有得到有效挖掘,这反过来也影响了作家收入的增加,他们自然也就请不起专业的经纪人了。

以往,中国作家在处理自己的海外版权过程中,受骗上当、遭遇霸王条款的情况并非个例。麦家的小说《解密》在 2014 年的海外图书市场所刮起的"麦旋风",就与其经纪人的成功运作密不可分。如果没有版权经纪人谭光磊对麦家小说的文学特质的敏锐判断,如果没有他锲而不舍地坚持和拼命三郎式的专业推介,"麦家年"或许很难以我们已经看到的方式出现。最近几年来,谭光磊在助推华语文学走向世界方面可谓成绩斐然,迟子建、吴明益、张翎等多位华语作家也是由他经纪而卖出了多国版权。迄今已有近 30 个国家购买了阿来《尘埃落定》一书的版权,所有洽谈和签约事宜也完全是由经纪人来运作的。阿来表示:"对于作家来说,应付商业其实比较困难,所以经纪人可以帮到一些,这样便于让作家去安心专注于文学创作。"

与此同时,国外的版权代理人正在积极发掘中国市场,2014 年 8 月,中国出版集团主办的"首届中外出版翻译恳谈会"上,就出现了前来中国主动寻找代理机会的国外出版机构及其经纪人。

"麦旋风"出现以后,我们有理由相信,在面对中国的海外传播时,将会有更多的作家选择与文学经纪人合作,作家与文学经纪人之间的良好互动格局也有望逐步提升。

除了上述互动格局外,我们也期待中国文学海外传播的研究界、出版界等方面也出现中外良性互动的格局,从而形成助推中国文学海外传播的合力,在彰显我们的文化自觉和自信的同时,为丰富并发展世界文学,做出中国文学的独特贡献。

第三节 中国文学海外传播的思考与建议

一、有关中国文学海外传播的几点思考

从整个世界范围来看,中国文学"走出去"的语境较以往任何时代都有了巨大的变化。从某种程度上来说,这种变化,得益于文学全球化(literary globalization)格局的发展、变化。尽管人们对于全球化究竟出现在什么时候还存在着争论(有的认为全球化开始于 19 世纪,有的认为全球化开始于 20 世纪,有的人甚至认为在古罗马晚期就已经开始了全球化,还有的认为地理大发现时代就标志着人类进入了全球化时代),然而,无可否认的是,在更早的时代,比如说,西方的地理大发现时代(15—17 世纪)、郑和下西洋、丝绸之路(海上与陆上)时代,其间伴随着征服、航海、贸易、探险活动而出现的现代模式的经济与通商活动,就催生出了不同民族间文化交流的基础性机制(fundamental mechanism)。中国文学的海外传播,是与在这种机制之下逐渐出现的文学全球化趋势密不可分。套用一句已经被用滥了的话来说,全球化格局既为中国文学海外传播提供了机遇,也提出了挑战。

对于民族文学的语境来说,中国文学被翻译成外语,在另一个国家、另一个民族的语言系统和文学系统内传播,被人阅读、评论,或者说它在一个完全不同于其源出国的语言和文化环境里被接受,为它进入世界文学准备了条件。世界文学不是自动生成的。中国文学要成为真正意义上的世界文学,也不是自动生成的。它必须要经过跨文化、跨民族、跨国家的翻译,在域外世界被接受的语境中获得第二次生命。

中国文学海外传播,必将为人们探究跨文化的联系与交流模式提供新的路径。不能否认的是,今天的一部分西方读者,仍然是戴着有色眼镜或者说意识形态的眼镜来看待中国文学的。他们仅仅对于那些公开批评中国共产党的领导,批评中国政府,揭露中国社会弊端的作品感兴趣,对那些书写宏大主题的中国文学作品则少有耐心。

基于这种情况,不能不让人怀疑他们的文学格调,不能不让人怀疑他们的立场和出发点,也更加不能不让人怀疑他们的文学观的科学性与真理性。

从世界范围内来看,跨文化、跨民族、跨国家的文学传播与交流固然并非是我们这个时代的新事物、新现象,然而,无可否认的是,在我们今天所处的这个时代,跨文化、跨民族、跨国家的文学传播与交流会以引人注目的速度进行。那些有市场号召力的作家,其作品虽然还在创作阶段,甚至仅仅有一个创作提纲,都有可能被嗅觉敏锐的版权代理商或精明的出版商延揽在怀中。一些大型的国际书展,往往也成了推动跨文化、跨民族、跨国家的文学传播与交流的重要平台或渠道。借助这些大型国际书展,比如法兰克福书展、伦敦书展等,一部作品的版权也许会被同时卖到多达二三十种不同语言的国家中,被人翻译出来,经过同步上市等市场运作,加上媒体宣传造势,就能够形成一种超大规模的传播效应。当然,按照哈佛大学比较文学系的戴维·达姆罗什(David Damrosch)的看法,通过这些大型国际书展所推动的文学作品版权交易,与长期以来形成的文本旅行和转型历程并没有本质上的不同,而仅有程度上的差别。我们需要注意的是,在没有实施版权保护法之前,在有些情况下,文学作品的跨文化、跨民族、跨国家传播与交流,要比今天这个时代来得更加自由而便捷。

中国文学海外传播,是中国文学成为世界文学的必由之路。世界文学总是由充满活力的民族间的相互影响而创造出来的。实际上,世界文学早在近代意义上的民族国家(the modern nation-state)出现之前,就已经诞生了。这一点,在波斯奈特所著的《比较文学》一书就有明确的论述。

今天的中国文学界,需要明确一个问题。更准确地说,是要形成一种共识:中国文学海外传播,是全方位的,全球范围的,而不能仅仅限于英语世界或传统意义上的西方大国,而应该全球开花。如果我们还像以往那样,仅仅把目光牢牢盯在西方大国,或者像眼前不少等而下之的做法,仅仅把目光盯在英国、美国、德国、法国等,那就实在是很悲哀的事情。说实在话,我们在开展中国文学海外传播的时候,有一些人是戴着有色眼镜的。这种有色眼镜,在我看来,其实是一种变相的文化自卑心态的表现:一方面,我们认为自己的文学不如西方,所以急于获得西方的认可;另一方面,我们又觉得自己的文学超出了不发达国家的文学。换句话说,我们对于较我们优势的文化圈(可以是一个国家的,也可以是一个地区的)内的文学,是抱着一种仰视乃至谄媚的心态的,而对于较我们劣势的文化圈(可以是一个国家的,也可以是一个地区的)内的文学,是抱着一种漠视乃至鄙视的心态的。我说这番话,可能让人听了很不舒服。但这是一个必须直面的问题。如果我们的目光仅仅盯着有限的几个所谓发达国家,而漠视更加广大的版图,从长久来看则是得不偿失,甚至有可能丢城弃池。

要在当前的世界文学版图中有机地嵌入中国文学,实际上面临着世界话语系统的重构问题。这样的重构,是以对于既有的文学价值观、文学审美观、文学经验的挑战和调整为前提的。自第一次鸦片战争以来,西方社会已经将自己打扮成了一个可以放之四海而皆准的世界价值中心。中国文学的海外传播,对于欧洲或者说西方而言,有一个从边缘到中心的运动轨迹。但是,中国文学,不仅仅是中国文学,除了欧美以往的其他国家的文学,都有一个向外传播的问题。当然,这个问题对于当代中国来说,似乎更加紧迫,更加具有现实意义。而且,我们也具备了对外传播中国文学有利条件。这是我们不能错过的历史机遇。在这方面,我们不需要隐瞒,也不需要否认我们把中国文学传播到整个世界的美好愿望。中国文学进入世界文学,必将改写世界文学的版图,必将搅动中心与边缘的对峙格局。

中国文学海外传播,是一项长期性的、充满挑战性的伟大文化事业,值得几代人甚至数十代人用心去推进。我们要力戒盲目、急躁、冒进的心态,我们一定要力戒浮躁之气,尽量尊重跨民族、跨地域、跨语言的文学传播的特殊性和规律性,按照循序渐进的路数来开展这方面的工作。在具体的实践层面,我们宜向当年那些优秀的来华传教士学习,主要是学习他们那种不畏艰险、锲而不舍、坚韧不拔的精神,以及他们那种亲力亲为、知难而进的作风。当然,这是从我们主动传播中国文学说的。而对于那些主动传播中国文学的外国友人,我们则要给予友情的支持、理性的引导、学理的解释。从政府层面来说,要尽量把限制放宽,要相信自己的作家,要相信自己的知识分子,要相信自己的人民,他们会主动把优秀的民族文学传播到世界上去。真正的文人,从来都是非常爱惜自己的名声的。至于那些想要靠异议去博得眼球、换取钞票的人,大可不必视为洪水猛兽。如果对这样的人,这样的人的作品大加挞伐或批评,那么反倒是抬举了他们,为他们造势了。对于这些非主流、不走正道的作家,我们要对其进行冷处理,让他们自生自灭。我们相信,对于世界范围内有真正文学品味和鉴赏力的读者和批评家来说,那些靠异议来推销自己的人,最终是难以行之久远的。

二、对中国文学海外传播的几点建议

第一,要在表达自我与倾听他者之间进行沟通与对话。近年来,无论是在作家群体中,还是在批评家群体中,乃至在出版界,都有不少人在倡导"中国经验"。从一般意义上讲,中国作家书写的就是"中国经验",这是没有问题的。这个说法,换成我们熟悉的表述就是,"民族的"与"世界的"之关系的讨论。但是,既然我们的文学作品瞄准的是世界文学市场,是世界范围的读者,那么,有针对性地去倾听目的国的声音,有针对性地为了目的国的读者做一些调整或者适应性改变,并不是失去文化自信力的表现,更不是文化上的投降主义的表现。文学固然有很强烈的民族底蕴,但是也可以在自由、爱、美、人道主义、创造力等主题上俘获最广大范围的读者。在这个意义上说,文学书写的主题可以是民族性与世界性、地域性与全球性兼容的,而表达的方式上则可以是民族性的。

从这个意义上讲,我们既然是为了"走出去",就要有意识地采用域外的人民能够理解的方式和手段来推动中国文学的海外传播,让域外的受众在熟悉的方式中逐渐走入中国文学的天地。对于域外的不同民族文学而言,中国文学有点像一个闯入者。我们的人民,在全球范围内流动,我们要鼓励他们去世界各地走一走、看一看,让他们扩大眼界,增长见识,我们还要鼓励他们、引导他们,把我们民族优秀的文化,把我们优秀的文学介绍出去。我们可以鼓励我们的旅行社

（我当然指的是那些开展国际旅游业务的机构）以得体的民间的方式，把我们的文学介绍到每一次旅行的目的地去。起初的时候，可以介绍一些比较浅显的，讲述中国人独特审美情感、独特文化、独特价值观念的作品。慢慢地，在了解对方的反应之后，可以增加所传播作品的深度。如果希望别人欣然接纳中国这个闯入者，那就要做一些必要的铺垫、沟通与适应的工作，让中国文学与域外文学、中国作家与域外读者之间彼此聆听，既要避免任何的沙文主义的倾向，也要避免任何的民族虚无主义倾向，在一种平等、尊重、自由、灵活的氛围中推动中国文学在世界不同文化中的译介、传播与接受。

第二，要采取切实的措施，建立作家与译者、经纪人或出版家之间稳定的关系，进行深入的交流，在拟定翻译图书的选择、翻译策略和推广方式等各个环节加强沟通与研究。要特别重视选择作品，加强对不同文化传统的国家或地区的图书市场、读者的审美期待和阅读习惯的研究，从而实现定位准确、目标明确的中国文学海外传播，避免盲目、随意，甚至是错误地将中国文学译介到对中国的文化有抵触，乃至敌视情绪的地方去。

要实现这样的目标定位，就不能忽视国外文学研究界对中国文学所作的研究与评论。要注意跟踪和了解国外汉学界对中国文学的研究工作，促进合作性研究和对重点作品的深层次研究。对于国外汉学家们就中国文学乃至整体的中国文化所提出的批评意见，要抱着积极、开放的态度去了解并回应，而不能盲目地抵触或拒绝。这些以汉学家为代表的国外学者（就某种意义而言，他们也是读者）对中国文学所作的研究与评论，大体上能够呈现出其所在国家的民众审美趣味和审美习性。了解不同国家的民众的审美趣味和审美习性，有助于提升在海外传播中国文学的针对性和功效性。

第三，要关注新技术对于文学传播所起的特别作用，调动各种媒介手段，形成各种媒介的互动。随着新媒体时代的到来，人们的阅读习惯和阅读方式都在发生着极大的改变。人类社会已经由读文时代进入了读图时代。由于工作节奏加快，生活方式出现多元化，读者的阅读习惯发生了巨大的变化。随着智能手机、智能移动终端设备的日益普及，以及网上联机大型数据库的不断出现，我们要像前面提到的果米公司、《今日中国文学》杂志那样因时而动,推出可以供读者在多种品牌、不同款式的智能手机、移动终端下载、阅读中国文学作品的电子版,从而改变靠纸质媒介和音像制品等传播中国文学较为单一化局面,使传播的手段更加多样化、丰富化、时尚化。与此同时,还要充分重视根据中国文学名著的原著改编成电影、电视的可能性,力争打造中国文学海外传播的复合型途径。

第四,着力挖掘中国文化中心、孔子学院、孔子课堂、中国驻外使领馆的文化教育处及其他驻外机构传播中国文学的潜力,从而形成海外传播的在地化综合平台。遍布世界各国的中国驻外使领馆、中国文化中心、孔子学院、孔子课堂等机构,都可以按照不同方式,为中国文学在海外,尤其是各自所在国传播中国文学牵线搭桥,提供平台,拓展渠道。在过去的十年中,孔子学院无疑是中国文化"走出去"最为成功的文化名片。尽管孔子学院及孔子课堂是以教授汉语为主要任务,然而在客观上也为中国文化在海外的深入传播提供了影响深远的潜在条件。向世界展示文学的中国,需要重视海外汉语的教育和发展。只有语言的传播、文学的交流、文化的交流形成合力,中国文学和文化才会在世界上产生深刻影响。因此,国内文学和图书推广机构应与国外孔子学院加强合作,将汉语教育与文学及文化传播相结合。我国驻外的外交机构也应重视文学与文化的对外译介和传播。国家汉办每年一度的"全球孔子学院大会"等诸多活动,虽然并非直接针对中国文学的海外传播,但是在客观上也向海外的汉学家、翻译家传递了十分积极的信息:中国文化"走出去"的确已成为中国的国家文化战略。这对于营造中国文学与海外文学沟通的良好氛围,激发海外翻译家翻译中国文学的热情,自然具有极为现实而深远的意义。

第五,要积极推动作家的版权代理人制度。国外的作家,特别是欧美作家,早已经习惯了将自己的版权事物交给代理人去打理,从而腾出更多的时间用来构思、体验和创作。而对于代理人来说,如果有了合适的利益分配和奖励机制,他/她或机构就会充分调动各种手段与资源,尽可能多地推动作家的作品被卖出更多不同语种的版权。

国内大部分当红的或大牌的作家,都还没有真正意义上的经纪人。优秀的翻译、高效的版权代理人制度和专业化的作家经纪人(也称文学经纪人),是制约中国文学海外传播的重要因素。作家对于经纪人的态度,也各不相同。这主要是由三个原因所致。一、观念问题。对大多数作家来说,让他们把自己的作品交给经纪人,无异于把自己的作品直接交给市场来检验,这在不少作家看来是媚俗的表现,是文学堕落的征兆。在这些作家看来,作为独特的审美意识形态,文学的价值不能由市场和利润来决定,他们更加看重的是由批评家和专业学者所构成的文学批评体系对于其文学价值的批判。二、中国当代作家的版税收入普遍不高,让他们难以雇佣经纪人。实事求是地说,中国的图书定价普遍偏低,文学作品的定价远不能与欧美等发达国家相比,出版社支付给作家的版税额度尚不尽如人意。除少数当红作家外,作家从出版社获得的版税并不理想。如果有些不诚实的出版社还要在印数上玩猫腻,那作家得到的利润就更加要打折扣了。三、我国的出版市场发育尚不够充分。毫无疑问,我国已然是一个出版大国,然而,我们还称不上一个出版强国。而"要打造一个成熟的出版产业,作家经纪人应是其中必备的重要岗位之一"。

由此看来,如果中国文学要在海外传播之路上走得顺心、舒坦、畅达,必须义无反顾地引入作家经纪人制度。麦家的经典密码小说《解密》在 2014 年的海外图书市场所刮起的"麦旋风",就与其经纪人在背后的成功运作密不可分。当我们从不同的方面探讨"麦旋风"带给中国文学海外传播的启示时,切不可忽视了版权经纪人谭光磊所发挥的作用。值得一提的是,最近几年来,谭光磊在助推华语文学走向世界方面可谓成绩斐然,甚至改写了版权经纪这一行业,他除了出任麦家的经纪人外,迟子建、吴明益、张翎等多位华语作家也是由他经纪而卖出了多国版权。

事实上,在麦家之前,就已经有不止一个中国当代作家见证并认可了文学经纪人的工作效益。阿来可谓是这方面的代表之一。迄今已有近 30 个国家购买了阿来《尘埃落定》一书的版权,所有洽谈和签约的事宜也完全是由经纪人来运作的。在他看来,自己的《尘埃落定》一书版权输出后能在海外市场取得成功,与版权经纪人对这本书的成功推荐和运作密不可分。阿来坦言,自己不了解国外的情况,而经纪人运作很规范,完全按照市场化的办法进行。所以凡涉及其作品国外版权的问题,他都会找经纪人。交易成功后,经纪人按版税的10％至15％来提取佣金,在阿来看来也是可以接受的。阿来表示:"对于当今作家来说,应付商业其实比较困难,所以经纪人可以帮到一些,这样便于让作家去安心专注于文学创作。"

与此同时,我们也应该看到,国外的版权代理人正在积极发掘中国市场,就像阿来说过的那样:"市场化以后,真正有市场价值的,西方人也在找。"西方的文学经纪人制度已经有效运转了漫长的历史时间。当面对商业效益明显的中国作家和作品时,他们又有什么理由拒绝呢?

"麦旋风"出现以后,我们有理由相信,至少在面对中国的海外传播时,将会有更多的作家选择与文学经纪人合作,作家与文学经纪人之间的良好互动格局也有望逐步提升。学习国际社会的优秀经验,建立高效的版权代理人制度,培育专业化的作家经纪人(也称文学经纪人),将是提升中国文学海外传播能力、水平和收效的重要努力方向。

第六,要大力推动儿童文学、科幻文学等传统观念中的边缘文学走向世界。在域外世界,中国的儿童文学基本上处于失语状态。从目前的情况来看,在我国低幼和少儿阶段的文学读物中,外来的作品占据着绝对优势,这对于我国青年未来的审美观念、文学观念的培育,对于中国优秀传统文化的传承,都存在着文化安全隐患。这与我们敞开胸怀,热情地拥抱世界各国优秀儿童文学的盛况形成了鲜明的对比。这反过来启发我们,从未来、从长远来看,中国文学的海外传播,要把目光更多地投向儿童文学。在任何一个国家,任何一个民族中,儿童和青少年都是其当然的未来。征服了一个国家、一个民族的儿童,也就意味着征服了那里的未来。我们要仔细思考如何用文学去征服外部世界的儿童和青少年的心灵世界、精神世界、阅读空间,在创造出更加优秀的中国儿童文学的基础之上,采用各种有效手段和方法,推动中国儿童文学"走出去"。

第七,营造更加宽松的创作环境,加强中国文学自身内功建设。俗话说得好,打铁还需自身硬。我们要注意净化本土的文学氛围,不要让权力伤害了文学。在过去的三年中,特别是 2013 年的茅盾文学奖的评选中所出现的问题,就是很大的讽刺。"一些文学奖想获得关注而不得,另外一些想躲避质疑也躲不开。"在域外的翻译家、汉学家看来,在中国文学的重大文学奖项的评审过程中出现这么多质疑的声音,这无异于一桩又一桩的丑闻。以这些被丑闻而不是获奖的光环所熏染的作品作为向外推介的作品,显然是极其不明智之举。如果对这些现象置之不理,那么给外界传达的声音就是,中国社会的不公正、不公开、不透明,也渗透到了纯净的文学中来了。权力对文学的干预或者玷辱变得明目张胆起来了。这样的文学,怎么可以成为优秀中国文学的代表?怎么可以成为被译介、传播到海外的中国文学的首选之作、代表之作呢?即便没有权力对于文学的干预,然而那些获得评委通过的低劣、庸俗、油滑之作能够通行无阻,这岂不是中国文学界扇自己的耳光吗?比如,2014 年获得鲁迅文学诗歌奖的周啸天的诗歌创作,不少与打油诗相去无几。这样作践诗歌,真是不多见。尽管王蒙似乎在力挺周啸天,而且我们不否认其诗集中也有可读之作,然而周啸天的诗歌所存在的明显问题,却是不容置疑的。这从投票的两极分化情况也可以反映出来。与周啸天获得鲁奖而让国人大跌眼镜相映成趣的是,阿来的作品《康巴 200 年传奇》竟然获得了零票。这令阿来感到脸上无光,声称自己作为一名纳税人,有权调查此次鲁迅文学奖评奖的公正性。而作家何建明则说,"曾经以小说获奖的作家,并不能保证他写报告文学也能够获奖",还有些评委认为阿来的作品能否称得上报告文学都有待商榷。

我们要把文学奖授予文学,而不是授予关系或权力。这正如 2014 年 12 月份顾彬在深圳作演讲期间,接受媒体采访时指出的那样:"中国文学在国际上地位很低,其根本原因是中国作家自己造成的,从来都是攻击别人,这种几乎普遍的彼此攻击和谩骂,把中国作家的形象都破坏了。"顾彬的这番话或许过于刺耳,过于尖刻,然而这是值得我们的文学界好好倾听的。在中国文学海外传播过程中,我们要学会让市场自身来推动,国家或者说政府要从台前走向幕后,要放手让作家、汉学家、翻译家、版权代理人、出版商去推动或运作。政府可以给政策、给资助,但是不要用权力干涉文学。

当代中国文学应当依托国家崛起的实力,主动、自觉承担推动中国文学"走出去"的历史重任,既推进创作者自身不断发展,又促进中国文学国际影响力的提升。我们要让文学自身来说话,让中国文学保持自己的尊严,中国文学的海外传播才有光明的前景。

第八,设立高规格的"中国文学翻译传播奖",使之成为推动中国文学在海外传播与接受的重要手段。可以参照"全国优秀文学翻译彩虹奖""韩素音青年翻译奖""傅雷翻译出版奖",由中国作协或民间机构设立高规格的"中国文学翻译传播奖",以表彰在中国文学的翻译和传播领域做出突出贡献的翻译家、出版家、国内外文化机构、国内外出版机构。参赛的翻译作品,必须经过严格的匿名评审,使其在国际文学界、出版界的影响力逐年上升,其权威性、公正性获得国际文学界、出版界的高度认可,从而使之成为推动中国文学在海外传播与接受的重要手段。

第九,要充分重视持续保持对东亚文化圈、儒家文化圈的影响力,巩固并扩大中国文学在这两个具有高度重合性的文化圈内的传播与辐射。通过这样的传播与辐射,会产生二次、三次乃至 N 次衍生传播或者副传播。这种衍生传播或副传播,首先表现为转译成第三国/地区的语言,为第三国/地区的读者所阅读、了解和评价。在世界文化交流中,尽管人们一直对转译有种种尖锐批评,然而在实践领域,转译仍然是文化交流、沟通、对话的有效手段之一。如果我们的当代文学能够持续不断地提升其在东亚文化圈、儒家文化圈的影响力,那自然会为中国当代文学走向世界提供更加广阔的舞台。与此相联系的是,我们要充分重视在海外华人中传播中国文学。这既可以让他们及时把握和了解中国文学的现状和最新成就,也可以通过他们,将中国文学传播到他们所旅居、侨居、定居的非中国文化地区和国家。在这个意义上,完全可以把海外华人视为中国文学海外传播的天然媒介。借船出海,借鸡生蛋,通过国际合作而整合资源、搭建平台,为及时有效地把中国当代文学和作家推介出去提供新的增长空间,从而进一步丰富中国文学海外传播的有效渠道。只要深入加以研究之后采取有效措施予以跟进,东亚文化圈、儒家文化圈以及海外华人文化圈完全可以成为促进中国文化海外传播,增加中国文学转译概率的有效渠道。

后记：在撰写本报告过程中，我参考了大量的国内外相关报道、纸质媒体或网络上的有关评论，得到了许多国内外诸多同行及师友的帮助，谨此一并致谢。在此要特别感谢张健教授、张西平教授、何明星教授、吴岩教授、张清华教授、张柠教授、严春友教授、石江山博士、SF 先生、曾琼博士、狄帕克教授、阿维杰特博士、谭中先生、李德凤教授、杨鸥女士、郭景红博士、乔斯博士候选人、王文欣博士候选人、王国礼博士候选人、崔潇月博士候选人、郝琳、王莹、卢阳同学等人以不同形式所给予的关心或提供的帮助。由于本报告的写作启动时间较晚，交稿时间极为紧迫，一些材料还来不及整理，致使现有的报告还存在不足，敬请方家和读者们不吝指教。——姚建彬

（文/姚建彬）

第四章　汉语国际传播

　　2012 年,党的第十八次全国代表大会胜利召开,大会选举产生了新一届的中央领导集体,指明了中国未来 5 年乃至更长时期的发展目标和方向。汉语和中华文化"走出去"也迎来了前所未有的发展机遇。汉语国际传播对提升国家软实力发挥着重要作用,其发展状况和趋势如何,值得深入探讨。本章将从事实出发,介绍 2011—2014 年汉语国际传播的发展概况、特点以及相关思考。

第一节　汉语国际传播发展概况(2011—2014)

一、汉语国际传播成为国家软实力战略的重要部分

　　2012 年党的十七届六中全会发表了《中共中央关于深化文化体制改革、推动社会主义文化大发展大繁荣若干重大问题的决定》,提出要开展多渠道多形式多层次对外文化交流,实施文化"走出去"工程,加强海外中国文化中心和孔子学院建设;十八大报告(简称《报告》)再次强调了全面实现小康社会的目标,其中"文化软实力显著增强"是一项重要内容,《报告》提出,让中华文化"走出去"迈出更大步伐,增强中华文化的国际影响力。国家领导人在多个全国性会议上多次提及文化软实力建设问题。在全国宣传思想政治工作会议上,国家主席习近平对文化软实力的重要性做出了重要论述,指出"文化这种'软实力'在一定情况下会转化成'硬实力',形成 GDP,对国民经济的快速发展起到重

要作用"。他指出"虽然我国国际政治和经济的地位不断提升,但是文化软实力的建设与之不相匹配。为了进一步把我国深厚的文化底蕴转化成文化竞争优势,应该大力加强海外文化中心的建设"①。

2011—2014 年,汉语国际传播事业同国家软实力战略的关系日渐明晰。在大力推动中华文化"走出去"的过程中,汉语国际传播事业受到了党和国家的高度重视和大力支持,成为国家软实力战略的重要组成部分。国家领导人相继出席了一系列推动汉语国际传播的重要活动,显示了党中央对于汉语国际传播的高度重视,向世界各国传达了中国致力于促进中外文化交流的积极信号;"孔子学院"成为国家领导人外交活动中的高频词,设立孔子学院成为推动中外语言文化交流的标志和象征。以 2013 年为例,国家领导人出席各类汉语国际传播活动达 15 次之多(详见表 4-1-1)。2014 年 9 月,在全球同步举办的"孔子学院日"活动中,国家主席习近平和国务院总理李克强专门发来贺信,对孔子学院表达了美好祝愿。

表 4-1-1　2013 年国家领导出席汉语国际传播活动一览表

	国家领导人	活动	日　期
1	习近平	与南非总统雅各布·祖马共同见证德班理工大学孔子学院签约仪式	2013 年 3 月
2	李克强	与巴基斯坦总统扎达尔共同见证孔子学院总部与卡拉奇大学签订设立孔子学院合作协议	2013 年 5 月
3	李克强	与德国总理默克尔出席中德语言年开幕式,见证《关于加强语言教学合作的谅解备忘录》和《关于设立中国研究基金教席谅解备忘录》的签署	2013 年 5 月
4	李克强	与以色列总理内塔尼亚胡共同见证孔子学院与希伯来大学签订设立孔子学院合作协议	2013 年 5 月
5	习近平	出席孔子学院总部与西印度大学圣奥古斯丁分校签订合作协议仪式	2013 年 5 月

---

① 见《坚守文化责任　彰显文化力量——深入学习贯彻习近平同志在全国宣传思想工作会议上的重要讲话精神》,中国中央文献研究室网站(http://www.wxyjs.org.cn/ddwxgzdt_548/201309/t20130912_144843.htm)

	国家领导人	活动	日期
6	习近平	与乌兹别克斯坦总统卡里莫夫共同见证孔子学院总部与乌兹别克高等和中等专业教育部签订合作设立撒马尔罕孔子学院协议	2013 年 9 月
7	刘云山	参观考察俄罗斯国立大学孔子学院,为乌克兰基辅国立语言大学孔子学院揭牌	2013 年 9 月
8	习近平	与巴林国王哈马德共同见证孔子学院总部与巴林大学签署合作设立巴林大学孔子学院协议	2013 年 9 月
9	习近平	访问印尼期间与阿拉扎大学孔子学院学员交流	2013 年 10 月
10	李克强	和越南总理阮晋勇共同见证越南第一所孔子学院——河内大学孔子学院合作协议签订	2013 年 10 月
11	刘奇葆	参观考察以色列特拉维夫孔子学院	2013 年 10 月
12	李克强	访问泰国期间接见赴泰国汉语教师志愿者	2013 年 10 月
13	刘延东	在华盛顿为孔子学院美国中心揭牌,并参观美国乔治·华盛顿大学孔子学院	2013 年 11 月
14	刘延东	参观埃塞俄比亚亚的斯亚贝巴孔子学院,出席亚的斯亚贝巴孔子学院签约仪式	2013 年 11 月
15	刘延东	出席第八届全球孔子学院大会并致辞	2013 年 12 月

国家领导人的高度重视和重要讲话极大地鼓舞了广大汉语国际传播从业者,有关讲话精神得到有关部委的积极响应,纷纷制定相关政策,并采取具体措施推动汉语和中华文化走向世界。越来越多的海内外人士开始关注汉语国际传播事业,关注孔子学院建设,海外人士汉语学习热情更加高涨。

二、汉语国际传播发展势头依旧强劲

2011—2014 年汉语国际传播发展势头依旧强劲,主要体现在以下方面:

1. 汉语学习需求快速增长

近年来,世界各国的汉语学习需求持续快速增长。在政府到民间

的交流项目、媒体报道和汉语教学工作者的亲身体会中,都反映出世界各国对汉语学习的热情。其中,亚洲地区以韩国、日本、泰国最为显著,欧洲和美洲的增长也十分迅速。据报道,作为 2012 年中泰教育文化交流计划的一部分,泰国请求中方教育机构派遣 10 000 名汉语教师赴泰进行教学。泰国教育部大力推进本国教育改革,力争在 2015 年东盟经济共同体建立之际,使泰国学生具备中英双语能力。①

在美国,汉语学习需求不断增长,尤其是中小学的需求增幅很快。越来越多的家长希望孩子尽早开始学习汉语,以华盛顿育英学校②为例,该校在过去几年中应家长的强烈要求不断扩大招生规模,目前汉语学习项目每学期有 30 个新名额,但申请人已逾千名。③

在欧洲,越来越多的民众对中国传统文化表现出浓厚兴趣,人们学习汉语的热情快速升温。在英国,大部分的私立学校都已经开设中文课。2012 年 6 月,英国教育部计划修改教学大纲,将外语作为英国小学三年级开始的必修课,可选语种包括汉语、拉丁语、希腊语、德语、西班牙语等。该计划将促使汉语教学在英国主流学校普及。同时,越来越多的英国当地人倾向于到中国投资置业,报名参加孔子学院的商务中文课程,更多大学希望同中国大学合作建立孔子学院。

2. 孔子学院(课堂)数量保持稳步增长

2014 年是孔子学院创立 10 周年。目前全球已有 126 个国家和地区建立了 475 所孔子学院、851 个孔子课堂,累计注册学员 345 万人。④ 从分布情况看,美洲居首,欧洲其次,再次为亚洲、大洋洲和非洲。各州孔子学院(课堂)增长趋势见图 4-1-1—图 4-1-5。

---

① 新华网 http://news. xinhuanet. com/english/culture/2012－06/24/c_131673062. htm。
② 美国第一夫人米歇尔·奥巴马曾访问该校汉语课堂。
③ 《上海日报》网络版:http://www. shanghaidaily. com/article/article_xinhua. aspx? id＝221894。
④ 数据来自第九届孔子学院大会网站:http://conference. chinesecio. com/? q＝node/173。

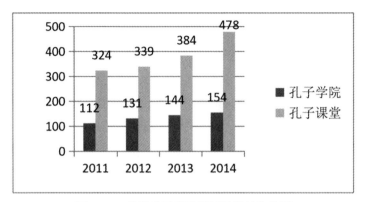

图 4-1-1　美洲孔子学院(课堂)增长趋势图

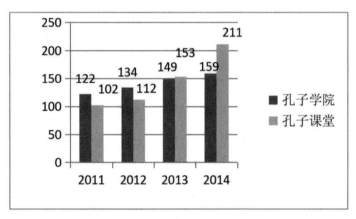

图 4-1-2　欧洲孔子学院(课堂)增长趋势图

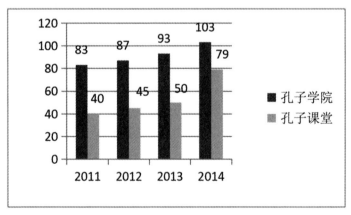

图 4-1-3　亚洲孔子学院(课堂)增长趋势图

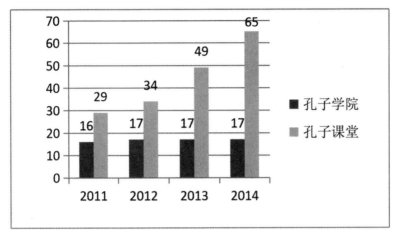

图 4-1-4　大洋洲孔子学院(课堂)增长趋势图

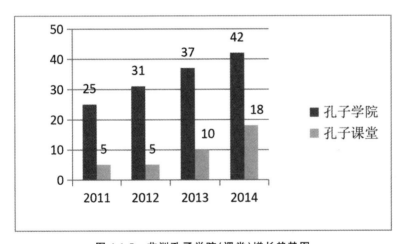

图 4-1-5　非洲孔子学院(课堂)增长趋势图

(注:以上图表数据来自《国家汉办暨孔子学院年度报告》〈2011—2013〉,2014 年数据来自国家汉办)

由以上图表可见,各洲孔子学院(课堂)均保持了增长趋势,其中美洲和欧洲在总量和增幅上均保持了绝对优势。亚洲位居其次,增幅相对放缓。非洲和大洋洲还有较大的增长空间。欧美国家(含大洋洲的国家)孔子学院增幅较稳定,孔子课堂的数量则呈现快速上升趋势。在美国,孔子学院已达 100 所,孔子课堂达 356 所,成为全球孔子学院(课堂)最多的国家;英国的孔子学院数量达 24 所,各地中小学建立孔子课堂 92 所,是欧洲孔子学院和孔子课堂最多的国家。

韩国拥有孔子学院 19 所,居亚洲国家之首;吉尔吉斯斯坦异军突起,近几年共设立孔子课堂 12 所,成为亚洲孔子课堂最多的国家。

3. 全球汉语水平考试人数持续增长

2011—2014 年,全球汉语考试考生数量再创新高,截至 2014 年,各类汉语考试考生达 542 万人,其中,参加中国 HSK,HSKK,BCT,YCT 等考试的考生达 43 万人。考点规模不断扩大,共在全球 116 个国家和地区设立 886 个考点,[①]。考教结合成为孔子学院教学的重要手段。汉语考试影响力不断提升,除在中国被作为外国人入学、就业的汉语水平证明外,HSK,HSKK,YCT 和 BCT 也已被韩国、日本、新加坡、马来西亚、印度尼西亚、泰国、澳大利亚、加拿大、爱尔兰等国政府、教育机构和企业作为汉语教学考核和人员选聘的标准。

4. 来华留学生人数总体持续增长,受雾霾等因素影响北京高校留学生人数普遍急剧下降

近年来华留学生人数持续增长,越来越多的海外学生来到中国求学,寻求发展机会。详见图 4-1-6。

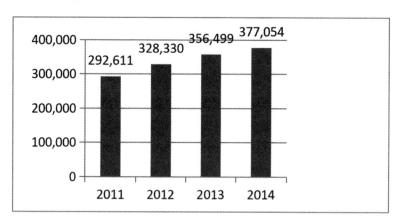

图 4-1-6 来华留学生增长趋势图

(注:数据来自数据来自中国高等教育学会外国留学生教育管理分会网站,http://www.cafsa.org.cn/research/72.html)

---

① 数据来自国家汉办。

2014 年度共有来自 203 个国家和地区的 377 054 名各类外国留学人员在华学习。其中亚洲生源最多,其次是欧洲和非洲,非洲和大洋洲生源增幅最为显著,韩国、美国和泰国留学人数位居前三。北京地区高校由于受到雾霾、中日关系等因素的影响,留学生人数普遍急剧下降,但总数仍达 74 342 人,居全国之首。

5. 华文教育保持良好发展势头

近年来,国务院侨务办公室出台多项政策,采取多种措施帮助海外华人华侨发展华文教育,鼓励海内外和海峡两岸积极开展交流、互访以及合作办学。华文教育交流活动层次丰富,参与对象来源广泛,遍布五大洲。国务院侨办打造了"中国寻根之旅""中华文化大乐园""中华文化大赛""华文教育·华夏行"等一系列华文教育品牌项目,每年都有数以万计的华裔青少年参加这些活动。

海内外各有关单位(含巡讲团、培训班、各学校或机构组织的培训班)承办各类华文师资培训班,种类繁多,适应面广,不仅针对华文教师,也包括华文学校校长培训项目。仅以 2012 年为例,以国务院侨办为主体的各级侨务部门及华文教育基地等相关单位先后培训了外派华文教师 600 余人,在中国境内培训了海外来华教师或校长等近 2 000 人,以"华文教育·名师巡讲团"等形式外派专家赴海外培训所在地华文师资 3 000 余人。2013 年国务院侨办《华文教师证书实施方案》正式定稿。该方案充分考虑华文教师的特点,为华文教师认证提供了一套完整的测评体系,对加强海外华文师资建设具有重要意义。

与此同时,华文教育的研究和教材资源建设也取得了较大的进展,"两岸华文教育协同创新研讨会""第九届东南亚华文教学研讨会""两岸华文教师论坛"等多个学术研讨会在海内外成功举办;新加坡华文教研中心推出小学华文读本《小飞鱼》,暨南大学出版社出版了"海外华文教育系列教材"《华文教材教法》,专门供华文教育专业的本科生以及华文师资培训使用。

6. 文化部所建海外文化中心积极开展汉语教学

《国家"十二五"时期文化改革发展规划纲要》对"海外中国文化

中心建设"做出了具体要求,即要"统筹宣传文化系统与地方文化系统,形成布局合理、功能多样、内容丰富的中华文化海外展示、体验并举的综合平台"。自此,海外文化中心加速了建设步伐,丰富了职能,在文化传播方面发挥了更加积极的作用。截至 2014 年,文化部已有 20 所海外文化中心正式运营①,其中"教学培训"是中心的三大职能之一:"组织语言、文化艺术、体育健身等各类培训项目以及实施各类短期培训计划。"②目前运营的各中心均提供汉语培训项目,汉语国际传播成为文化中心工作的重要部分,一些中心的汉语培训工作甚至早于孔子学院。如韩国首尔中国文化中心免费对普通市民开放汉语课,并根据学员的不同水平和时间要求,设立了基础汉语和中高级汉语共 6 个班。中心先后接待了数以万计的韩国友人,并拥有 4 900 多名固定会员。如今,文化中心将语言教学同形式多样的文化活动相结合,与孔子学院等教学机构互为补充,形成良性互动。2002 年—2012 年是中国文化中心的起飞期,如今文化中心已进入高速发展期。根据《海外中国文化中心发展规划(2012—2020 年)》,到 2020 年,我国将在海外建成 50 个文化中心,形成覆盖全球主要国家和地区的传播和推广中国文化的主干系统。③

7. 汉语国际教育人才培养与输出快速增长

为满足对象国不断增长的需求,国家汉办中方教师、志愿者选派规模不断扩大,自 2010—2014 年间增长逾 4 倍(详见图 4-1-7)。同时各国本土师资培训的规模也相应加大。

---

① 《"好声音"助力中国文化"走出去"》,引自《中国日报》:http://www.chinadaily.com.cn/hqcj/xfly/2015-02-06/content_13188767.html.

② 中国文化中心网站:http://www.cccweb.org/cn/whzxjs/zxjj/23122.shtml。

③ 中华人民共和国文化部网站:http://www.mcprc.gov.cn/whzx/bnsjdt/dwwhllj/201408/t20140804_435021.html。

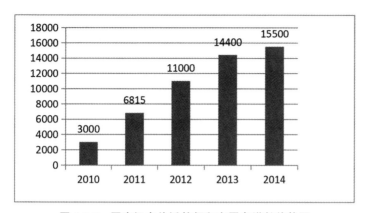

图 4-1-7　国家汉办外派教师和志愿者增长趋势图

（注：图表数据来自《国家汉办暨孔子学院总部年度报告》〈2010—2014〉）

专业师资培养方面，近年来中国国际汉语教育专业硕士的培养力度有所增加，招生规模不断扩大。同时，华文教师的学历教育也大大加强，以暨南大学和华侨大学为首的高校陆续培养了一批拥有华文教育专业学士学位的师资，为海外华文教育输送了一批骨干力量。

8. 国际汉语教学及中华文化传播资源建设迈出新步伐

为满足各国汉语教材的多样化需求，国家汉办/孔子学院总部采取了支持海外本土教材开发的新策略。2011—2014 年，本土开发的汉语教材数量大幅增加。此外，国家汉办还积极开发文学文化类的教学资源，组织开发《中国好人》《孔子卡通读物》等新教材，翻译 30 多个语种的《中国历史常识》《中国地理常识》《中国文化常识》、"中外文化交流故事丛书"等，在全球各大书展上发布。

国际汉语教学资源建设步伐加快，形式丰富，呈现多样化和立体化的特点。中小学教材不仅限于纸介课本，还配有教学图卡、音视频、网络资源等；同一图书不仅有多语种版本，还开发出 iPad 版等新型版本；文化类教材开发出少年版、卡通版等趣味性强的版本，各类在线教学平台也纷纷上线。为鼓励市场参与国际汉语教学资源建设，国家汉办采取了市场化机制，公开征集策划方案，《新概念汉语》"中外文化交流故事丛书"和"中国蒙学经典故事丛书"项目均通过该办法实现多家出版社合作编著与出版，大大激发了市场活力。

第二节　汉语国际传播的主要特点

一、汉语国际传播活动成为公共外交的重要内容

汉语国际传播活动已成为我国公共外交的重要内容。过去，公共外交被简单地等同为对外宣传，大众传媒是其主要手段。而今，"新公共外交"理念打破了单向传播思维，强调双向对话，公众参与受到重视。在各类文化交流项目中，汉语国际传播活动显示出独特优势。从 2010 起，中国先后同俄罗斯、西班牙、法国等国互办"语言年"，这类活动取得了极大的成功。2011—2012 年，法国举办了 208 场汉语主题活动，以语言为主题的活动持续了长达 19 个月的时间，取得了良好效果，有力地增进了两国人民的交流与往来。"语言年"的成功证明了汉语国际传播活动是一项十分有效的公共外交手段，中国政府将以此为开端，推动中外互办系列"语言年"。同样，汉语国际传播活动也成为中外"文化年""文化节"的重要角色。2012 年德国举办中国文化年，在 40 多个城市举办了 500 多场活动，德国孔子学院积极参加各类民间交流活动，吸引了众多德国民众，使他们深刻感受到了汉语和中华文化的魅力，提升了公共外交活动的效果。

二、汉语国际传播本土化进程加快

汉语国际传播的另一显著特点是本土化进程加快。许多国家将汉语教学纳入了国民教育体系，同时，教师队伍和教材资源建设也加速了"本土化"进程。

1. 更多国家将汉语教学纳入国民教育体系[①]

在孔子学院和广大汉语国际传播从业者的推动下，越来越多国家和地区开始将汉语列入当地教学大纲，推进了汉语教育在基础教育领域的拓展，大学汉语教学层次不断提高，汉语专业学历教育不断扩大。截至 2014 年，欧盟和全球 61 个国家已将汉语教学纳入国民

---

① 本节信息主要来源为国家汉办官方网站新闻：http://www.hanban.org。

教育体系[①]，这大大提高了汉语在对象国教育体系中的地位，标志着汉语国际传播开始向纵深发展。

以美国为例，自 2009 年秋季起，美国肯尼索州立大学孔子学院与佐治亚州幼儿教育厅合作推广幼儿汉语教育，取得了突出成绩：汉语教学项目从最初的 7 个班 140 名学生，发展到 2012 年的 453 个班 10 177 名学生，增长了 73 倍，形成了一个从 4 岁到 18 岁，覆盖幼儿、小学、初中、高中及远程汉语教学的完整体系。在毕博郡学区，汉语教学已经成为了该学区公立学校的必修课程。美国俄勒冈州的汉语教学也取得了新的进展：波特兰孔子学院协助所辖的 25 个孔子课堂开设沉浸式汉语教学项目，其中多家中小学将汉语纳入了选修课程；比佛顿国际学校则把汉语作为 IB(International Baccalaureate)考试科目，目前有 6—12 六个年级的学生学习汉语。

德国莱比锡大学孔子学院下设的萨尔兹曼外国语学校孔子课堂将汉语设为必修的第二外语课，并将汉语列入了中学毕业考试科目，汉语教学纳入了德国国民教育体系。

荷兰莱顿大学孔子学院已有的五所中小学教学点中，两所中学已经将汉语课程纳入学校正式教学体系，成为学分课程。

爱尔兰教育与技能部正式发布了《爱尔兰中学过渡年中国文化及语言教学资源包》，使汉语和中国文化首次进入爱尔兰主流教育体系并成为爱尔兰中学过渡年教育大纲的科目之一。爱尔兰国家教育大纲和考试评估委员会于 2014 年将汉语列入初中选修课程，并会在不久的将来列为高考科目。

2014 年，作为深化澳大利亚政府《亚洲世纪中的澳大利亚》白皮书计划目标的一部分，中文普通话课程被列入澳大利亚中小学教育的正式课程之一。[②]

大学方面，汉语课程融入大学学分体系，各国纷纷建立中国语言文化专业，开展学历教育，影响较大的学校列举如下：

---

① 刘延东：《迈向孔子学院的新 10 年——在第九届孔子学院大会开幕式上的主旨演讲》，http://conference.chinesecio.com/? q＝node/150,2014。
② 贾益民主编：《世界华文教育年鉴 2013》，北京：社会科学文献出版社，2014 年。

表 4-2-1 汉语课程融入大学教育体系情况简表

年份	国家	高校名称及课程类型
2007	美国	孟菲斯大学孔子学院创建了亚洲研究和国际贸易本科专业,开设"亚洲人文""亚洲经济贸易"及汉语课程,年选修人数超过 80 名。
2012	德国	莱比锡大学语言中心汉语和文化课程列入学分课程。
2012	赞比亚	穆隆古昔大学率先通过了汉语课作为大学必修课程的计划。 铜带省大学和赞比亚大学的汉语必修课程将分别于 2013 三月份、八月份新学期实施。
2012	西班牙	格拉纳达大学孔子学院所开设的大部分课程纳入大学的学分体系,实现学分对等认证。
2012	马耳他	马耳他大学孔子学院为当地培养出首批汉语专业文凭毕业生。
2012	意大利	罗马智慧大学建立了完整的汉语本科、硕士、博士学历教学体系。
2013	日本	札幌大学建立汉语本科专业。
2013	泰国	朱拉隆功大学孔子学院成功开设汉语学历代码课程,并开始培养汉语专业硕士和博士。
2013	肯尼亚	内罗毕大学的汉语专业本科和汉语培训证书课程纳入大学课程管理体系。 汉语硕士专业正式招生。
2011—2013	英国	爱丁堡大学将汉语课程引入大学学分课程系统,成为大学公选课,并建立了完整的汉语本科、硕士、博士学历教学体系。 兰卡斯特大学孔子学院汉语学分课程正式开班授课。 汉语辅修专业的学位课程通过大学核准,2013 年 10 月正式开课。

（注:本表信息主要来源为"第七届孔子学院大会"官方网站 http://conference. chinesecio. com/conference/huigu/07. html）

2. 本土汉语人才队伍建设步伐加快,培养模式有所创新

汉语国际传播人才队伍建设中,本土人才队伍的建设受到高度重视,步伐明显加快。2010 年,中英教育部领导在北京签署了在英推动汉语教学的框架协议,规定在 5 年内,中方帮助英国培养 1 000 名本土汉语教师。近年来,国家汉办/孔子学院总部将"走出去"和"请进来"的培训方式相结合,每年培训几千名外国汉语教师,仅 2013 年就培训外国本土汉语教师 5 720 名。学历教育方面,中外高校面对新形势,积极研究现有师资培养模式的改革方案。截至 2013 年,已有 300 所高校建立汉语国际教育本科专业,招生人数超过 15 000 人①,更多高校开始招收对外汉语本科留学生;迄今为止,全国已有 81 所高校设立了汉语国际教育专业学位硕士点。该专业留学生招生规模不断扩大,招生渠道不断拓宽,目前已有数批汉语国际教育专业留学生获得硕士学位。

孔子学院方面,为解决师资流动性大的问题,增强孔子学院师资的稳定性,国家汉办制定了《孔子学院专职教师队伍建设暂行办法》,努力建立一支专职孔子学院师资队伍,专职教师任期由 2 年延长至 4 年。此举有利于孔子学院骨干教师队伍的稳定,也为孔子学院教师在当地长期发展、转变为有经验的本土教师提供了可能。

此外,本土人才在培养方式上也有所创新。首先是师资培养专业化,学历教育得到较大发展。国家汉办牵头,支持海外高校设立汉语师范专业,已有美、英、德、蒙古、匈牙利、坦桑尼亚等 8 国 10 所大学建立了本土汉语师范专业,培养专业的本土师资。国内高校也大力开展中外联合培养项目,培养有针对性的本土师资。北京语言大学与海外学校合作,在汉语学习人数较多的泰国、韩国、日本、新加坡等地开办分校,专门招收本土学生;北京外国语大学自 2008 年起与马来西亚政府达成协议,为马来西亚对口培养具有本科学历的汉语师资,迄今已招收 6 届本科生,第一届汉语本科师资已顺利毕业。其次是国内外生源培养双线推进。一方面大力提升海外本土生源的专

---

① 见新华网《我国开设汉语国际教育本科专业高校逾 300 所》,http://news.xinhuanet.com/edu/2013-10/26/c_117884425.htm。

业水平,另一方面,推进中国生源的联合培养与输出,促进国产师资本土化。越来越多的高校探索出成功的中外联合培养模式,打通了海外就业渠道,使中国毕业生能够实现海外就业,成功转型为本土师资。如华东师范大学与美国纽约大学共同创立的汉语种子教师"直通车"培养模式,其特点是中外联合、本硕连读,目前已有 4 届毕业生,均考取美国纽约州教师资格证书,在美获得相当的影响力和好评①;中央民族大学汉语国际教育硕士专业的 1+2+X 培养模式,以海外就业为导向,与美国西东大学、罗德岛大学、南佛罗里达大学、波特兰州立大学、布兰戴斯大学、马里兰大学、西肯塔基大学等高校联合培养,二至三年内可以获得两个硕士学位,同时申请相关教师资格证。目前该校已有三批学生在美获得硕士学位和教师资格证,并受聘担任中小学汉语教师。

本土人才创新培养的另一标志是国家汉办启动实施了"孔子新汉学计划"。该计划专门针对海外本土高端人才的培养,以课题研究为主线,涵盖中外合作培养博士、来华攻读博士学位、"理解中国"访问学者、青年领袖、国际学术会议和出版资助等 6 个项目。北京大学、复旦大学等 14 所高校成为首批中方试点大学,于 2013 年正式招生。"新汉学计划"鼓励跨学科培养,将海外本土人才的培养范围扩展到人文和社会科学领域,其培养对象将不仅精通汉语,而且成为中国政治、经济、文化、艺术、汉学等领域的专家。

3. 本土教学资源建设力度加大

国际汉语教材资源的本土化建设力度也进一步加大。国家汉办推动教材本土化建设的方式有三种:第一,扩大版权转让,鼓励国内汉语教材海外发行。国家汉办积极参加全球各类大型书展,推动国产教材的版权转让,向俄罗斯、西班牙、日本等 30 国转让教材版权100 多种,实现了这些教材的本土出版。第二,大力支持海外本土教材开发。一方面,汉办牵头与国际知名出版机构合作开发本土教学资源,如与英国剑桥大学出版社、Mandarin Matrix 出版社、英国伦敦大学 IOE 孔子学院、法国阿尔多瓦及法国 Espaceset Signes 出版社,

---

① 吴勇毅:《汉语种子教师"直通车"培养模式》,《国际汉语教育》2011 年第 1 期。

等等;另一方面,汉办大力鼓励孔子学院和本土教学机构自主研发教材。为促进本土教材的开发,汉办编写了《国际汉语教材编写指南》,旨在为各国编写本土汉语教材提供数据支持。截至 2014 年,国家汉办已支持 75 个国家的孔子学院(课堂)开发本土教材 668 套[①],一些汉语教材的海外出版填补了一些国家本土教材的空白。第三,大力开展教材使用培训。国家汉办每年面向世界各国本土汉语教师举办几百场教材使用培训会,增强本土教师对国产教材的了解,促进国产教材的本土使用和再创造。

此外,各国自主开发的本土教材也层出不穷,相比之下,中国周边国家的开发速度更快,如韩国、日本、泰国、越南等地,新教材数量和种类都很多,尤其是中小学阶段的教材。绝大多数教材由本土作者编写,或采用中外合作的方式。汉语教材"本土化"问题也日益受到学术界的关注,自 2009 年起,厦门大学连续主办了两届"汉语国别化教材国际研讨会",来自世界各国和中国港澳台地区的近 60 所学校的数百名学者参加了会议,共同探讨国际汉语教材开发和国别化、本土化等问题。

三、汉语国际传播注重同先进教育技术结合,同文化产品结合

数字技术的发展日新月异,也给汉语国际传播带来了变化和机遇。教学的方式和教学资源的形态都呈现出与先进教育技术相结合的特点。国内外以汉语教学为主题的网络平台数量日益增多。国家汉办网络孔子学院多语种频道与栏目不断增加,还构建了中国语言文化国际传播数字平台,开设新闻汉语、在线学习、孔子学院、文化集锦等多个板块,提供图文、音视频多媒体资源。吸引了 31 万新注册用户,总注册人数达 59.6 万人。2013 年,孔子学院数字图书馆、孔子学院教学案例库、信息库正式上线运行。全球越来越多的教学机构开始实践远程网络教学,如美国肯尼索州立大学孔子学院利用新型网络多媒体教材《长城汉语》开设远程课程;新西兰奥克兰孔子学院开发了"可视汉语学习网络系统";巴西圣保罗州立大学孔子学院

---

① 数据来自中国国家汉办。

与门户网站 Universia 合作开展网络汉语课程,等等。随着国内知名高校与网络公司推出 MOOC 学习平台,汉语课程加入 MOOC 平台的步伐也将加快。

汉语网络测试和评估的发展也很快。全球共在美、加、韩、日、英、法、荷、意、印尼、新加坡、马来西亚、泰国等 15 国设立网络计算机考点 316 个①。国务院侨务办公室推出的"三常"②知识竞赛在线测试及学习系统③在中国华文教育网正式上线运行,采用人机互动、在线模拟测试和多媒体练习的动态学习方式,为海外华裔青少年学习汉语、了解中华文化提供了方便。

近年来,汉语国际传播越来越多地同文化产品结合起来,相关文化资源建设也得到了大发展。如国家汉办组织开发并向孔子学院配送含影视、戏剧、音乐、文学等 100 部优秀作品的文化资源包,以及 10 个语种的"中国蒙学经典故事丛书""中外文化交流故事丛书"等。《家有儿女》《一个都不能少》《刮痧》等影视作品被改编为汉语视听教材。不少海外汉语教师主动将国内流行的影视作品引入汉语教学,以提高青年学生的学习兴趣。而一些综艺节目、中外合拍电影在国内热播,间接促进了汉语国际传播的发展。如 2012 年国内上映的《泰囧》掀起了赴泰旅游的热潮,直接引起了泰国多地汉语导游供不应求,使多年来持续高涨的泰国汉语学习热潮继续大幅度升温④。"非诚勿扰""我是歌手"等综艺节目在海外华人圈产生了强烈反响,并辐射到非华人群体中,激发了海外人士对中国语言和当代文化的兴趣。

四、孔子学院传播体系进入调整转型阶段

1. 传播体系结构的调整

孔子学院自建立以来,一直由国家汉办/孔子学院总部直接管

---

① 数据来自国家汉办。
② 指国务院侨务办公室推出的华文教学辅助读物《中国地理常识》《中国历史常识》《中国文化常识》。
③ 系统网址:http://exam.hwjyw.com/。
④ 见《〈泰囧〉刺激中国人赴泰国旅游当地华语导游紧缺》,中国新闻网 http://www.chinanews.com/hr/2013/03—15/4645920.shtml。

理,形成一种伞状传播体系,各孔子学院直接同汉办对接,同一区域内的学院彼此独立,各自为政。随着孔子学院数量的增加,这种体系结构逐渐不能适应发展的需要,因此,在国家汉办的主导下,一些分布较密集的地区开始成立区域中心。2013 年,孔子学院美国中心在华盛顿成立,次年 5 月,在智利成立了孔子学院拉美中心。[①] 区域中心的功能是根据当地特点,协调整个区域的孔子学院工作,强化区域内孔子学院的交流与合作。区域中心的建立显示了孔子学院传播体系的一种结构调整趋势——由伞状结构向塔网结构[②]的过渡。塔网结构的基本构建是,塔尖顶层为决策、指挥和研发机构(孔子学院总部),底层为最基层的语言传播实施机构(孔子学院),中间层是确保顶层和基层直接联络畅通的渠道(区域中心),这种塔网结构的优势是"辐射面广、结构有序"且不会因为塔顶的扩张而导致塔网结构不稳。依照这种思路,其他大洲和孔子学院密集的国家也应陆续建立类似的区域中心,以确保沟通的顺畅和工作的针对性。

2. 孔子学院功能的拓展

孔子学院的调整转型还体现在传播领域的拓展上。"从单一的语言教学向文化交流、科技合作、信息咨询等多元服务功能发展,从简单的你来我往向深层次的汉学研究、国别研究和经典互译发展。"[③]2012 年国家汉办推出《中华传统文化视听读本》,系全球首套以中华优秀文化为主干内容的通用教材。教材选取《弟子规》《三字经》《论语》《孙子兵法》等国学文化经典课程,同时涵纳《中国传统历法与节日》《中国茶文化》等内容,形成传统文化与艺术兼容并重的教学体系。同类教材还有"中外文化交流故事丛书"和"中国蒙学经典故事丛书"等。此举意味着孔子学院正致力于系统地、完整地把中华优秀传统文化展示在世界面前,把现有的汉语教学向文化传播转型。[④] 此外,各国孔子学院与当地合作,大力开展中华传统经典的译

---

① 新华网 http://news. xinhuanet. com/world/2014－05/13/c_1110665413. htm。

② 见吴应辉:《汉语国际传播研究理论与方法》,北京:中央民族大学出版社,2012 年。

③ 刘延东:《迈向孔子学院的新 10 年——在第九届孔子学院大会开幕式上的主旨演讲》,http://conference. chinesecio. com/? q＝node/150,2014。

④ 中国新闻网 http://www. chinanews. com/hwjy/2012/1－16/4412047. shtml。

介活动。如巴西圣保罗州立大学孔子学院 2012 年与圣保罗州立大学出版社合作出版了汉葡双语版《论语》,墨西哥国立自治大学孔子学院在当地推介《红楼梦》西班牙语少年插图版等。可见,孔子学院正试图走出民俗、手工艺等物质文化和行为文化的浅层次传播,向传播中华民族优秀思想文化的方向努力。

3. 办学模式的多元化

不仅如此,孔子学院总部鼓励孔子学院因地制宜,谋求特色发展。刘延东同志在"第七届孔子学院大会"的主旨发言中指出,有条件的孔子学院"可以积极开展当代中国研究,成为认识中国的重要学术平台。还要鼓励兴办以商务、中医、文学、艺术、武术、旅游等教学为特色的孔子学院,支持发展中国家实行汉语教学与职业培训并举。"可见,未来孔子学院的类型不仅是语言教学类,还会有学术类、文化类和技术类,等等,其职能也将更加丰富。

此外,孔子学院的资金渠道也将趋向多元化。如今的孔子学院已告别了规模扩张时期,进入内涵发展阶段,财政投入趋于稳定。未来孔子学院将通过多元渠道实现发展融资。2013 年党的十八届中央委员会第三次全体会议通过了《中共中央关于全面深化改革若干重大问题的决定》,其中明确"鼓励社会组织、中资机构等参与孔子学院和海外文化中心建设",孔子学院也开始讨论成立校友会和基金会等问题[1]。这些都表明,孔子学院未来的发展将更加多元化、市场化,生存和发展的动力将促使孔子学院更加贴近当地需求,积极寻求合作。

五、汉语国际传播研究日渐形成一个独立的研究领域

随着汉语国际传播的快速发展,越来越多的学者开始关注该领域的研究,相关研究成果日益丰富,从汉语国际传播的宏观问题到微观问题,从理论到实践均有所涉猎,已日渐形成一个独立的研究领域。具体表现在以下四个方面:

---

[1] 《外媒:孔子学院何去何从?》,中国日报网 http://ent.chinadaily.com.cn/2014−12/29/content_19194541.htm。

1. 专门研究学会成立

2012 年 10 月,由上海同济大学牵头,联合中央民族大学、复旦大学、上海交通大学、华东师范大学和上海外国语大学等全国多所大学共同发起的"中国语文现代化学会汉语国际传播研究分会"正式成立。[①] 学会经国家教育部和民政部批准,旨在从学术层面对汉语国际传播过程中出现的各种问题进行分析和研究,深入探索和有效解决汉语教学中的诸多难点和难题。学会在全国范围内选举该领域知名专家和学者任理事会成员,每年定期举行"汉语国际传播学术研讨会"。这标志着汉语国际传播研究拥有了一个独立的学术组织。

2. 相关理论著作问世,专门性学术刊物及学术专栏不断涌现

汉语国际传播形成独立研究领域的另一个标志是相关理论专著的问世。截至目前,该领域已有约 18 部基础理论和专题性、国别性研究专著出版,其中约三分之二由中央民族大学国际教育学院的教师和博士撰写,见表 4-2-2:

表 4-2-2 汉语国际传播领域相关专著

作者	出版年度	专著名称	出版社
吴英成	2010	《汉语国际传播:新加坡视角》	商务印书馆
田 艳	2010	《国际汉语课堂教学研究》	中央民族大学出版社
吴应辉	2012	《汉语国际传播研究理论与方法》	中央民族大学出版社
央 青	2012	《国际汉语师资教育中的案例教学及案例库构建研究》	中央民族大学出版社
吴应辉 央 青 谷陵等	2012	《北京市汉语国际推广现状与发展战略研究报告》	中央民族大学出版社

---

① 中国新闻网 http://www.chinanews.com/hwjy/2012/10-15/4248059.shtml。

续表

作者	出版年度	专著名称	出版社
哈嘉莹	2013	《汉语国际传播与中国国家形象的构建》	对外经贸大学出版社
吴 瑛	2013	《孔子学院与中国文化的国际传播》	浙江大学出版社
叶婷婷	2013	《马来西亚高校汉语作为二语教学研究》	中央民族大学出版社
龙伟华	2013	《泰国汉语能力标准研究》	中央民族大学出版社
潘素英	2013	《泰国中小学汉语课程大纲研究》	中央民族大学出版社
冯忠芳	2013	《泰国中小学本土汉语教师发展的历时考察与标准研究》	中央民族大学出版社
孙晓明	2013	《汉语国际推广背景下的词汇等级标准研究》	中央民族大学出版社
黄金英	2013	《基于五套汉语教材自建语料库的缅甸小学本土化汉语教材建设研究》	中央民族大学出版社
袁 礼	2014	《基于空间布局的孔子学院发展定量研究》	中央民族大学出版社
邹丽冰	2014	《缅甸汉语传播体系研究》	中央民族大学出版社

以上专著从国际视角探讨了汉语国际传播的背景、现状、问题和方法,其中吴应辉的《汉语国际传播研究理论与方法》从理论的高度全面阐述了汉语国际传播的学科内涵、研究对象和研究方法,是第一部构建该领域理论体系的奠基之作。

近年来研究汉语国际传播的刊物不断涌现,其中,中央民族大学国际教育学院主办的《汉语国际传播研究》是首家以该领域命名的学术集刊。此外,还有一些学术刊物以国际汉语教学和汉语国际传播为主要研究领域,或开辟相关专栏进行专门研究,还有相当数量的学

术论文集聚焦于汉语国际传播的新情况、新问题。截至目前,相关统计如下:

表 4-2-3　汉语国际传播研究相关刊物一览表

编号	刊物名称	主办单位	相关专栏
1	《汉语国际传播研究》	中央民族大学国际教育学院	(全部栏目)
2	《民族教育研究》	中央民族大学	国际汉语教育研究
3	《华文教学与研究》	暨南大学华文学院	汉语国际教育研究
4	《云南师范大学学报》(对外汉语教学与研究版)	云南师范大学	汉语国际传播研究
5	《国际汉语教育》	北京外国语大学	语言政策与汉语国际传播
6	《国际汉语学报》	厦门大学国际学院,厦门大学海外汉语文化研究所,厦门大学新侨研究院	
7	《国际汉语》	中山大学国际汉语教材研发与培训基地,中山大学国际汉语学院	
8	《国际汉语教学研究》	北京语言大学出版社	

3. 相关博士点建设取得进展

中央民族大学于 2008 年在语言学及应用语言学二级学科博士专业之下设立了国内外第一个"汉语国际传播"研究方向。2012 年又在中国语言文学一级学科授权点之下设立了"国际汉语教学"二级学科博士点,下设"汉语国际传播理论与实践"研究方向。近年来该方向的研究和人才培养获得了较大发展,到 2014 年底,已有 18 位该方向的中外青年学者获得博士学位,撰写了一批该领域的博士论文,如《汉语典籍对外传播理论探究》(李志凌,2014)、《国际汉语教材评价理论研究》(梁宇,2014)、《泰国汉语作为外语教育政策制定的全球视野比较研究》(黄德永,2014)、《中土关系背景下的土耳其汉语传播研究》(艾登·阿里,2014)《韩国汉语传播体系研究》(张敬,2013)、《美国高校汉语教材研究》(盛译元,2013)、《马来西亚华文教学研究》(叶俊杰,2012)、《美国名校在华汉语强化教学模式研究——兼谈国际汉语教学模式研究理论与方法》(谷陵,2012)、《泰国汉语教材研究》(吴峰,2012)等。

其他高校也相继设立了相关二级学科博士点,详见表 4-2-4:

表 4-2-4　汉语国际传播相关二级学科博士点列表

建立年份	所在院校	专业名称
2011	华东师范大学	国际汉语教育
2013	厦门大学	汉语国际教育
2013	四川大学	中华文化国际传播
2014	厦门大学	汉语国际推广
2014	北京语言大学	汉语国际教育
2014	北京外国语大学	汉语国际教育

4. 汉语国际传播相关课题陆续获得国家社科基金资助

近年来,汉语域外传播已作为选题领域列入"国家社科基金课题申报指南",一批课题已陆续获得资助,如"泰国汉语快速传播模式及其对汉语国际传播的启示研究""汉语国际推广背景下的词汇等级标准研究""国际汉语教学中的基本层次范畴词库建设研究""东南亚汉语传播的国别比较研究"(重点)等。

上述情况表明,汉语国际传播研究已成为一个新兴研究领域。

六、孔子学院在个别国家的发展遇到"噪音"

正当汉语国际传播事业蓬勃发展,日益受到各国认可之际,最近几年间,汉语国际传播的重要阵地——孔子学院在美国、加拿大等地却遭遇了极个别机构和人群的质疑和排斥。几次代表性事件列举如下:

2012 年 5 月	美国国务院文教局在 17 日发出第一份指导意见,要求"孔子学院必须在美进行注册、部分持交换学者签证的孔子学院教师将限期于 6 月 30 日前离境"。
2013 年 11 月	美国《国家》(The Nation)杂志发表芝加哥大学退休教授马歇尔·萨林斯(Marshall Sahlins)的长文 China U.,认为孔子学院审查课堂上的政治讨论,限制学生自由交换思想,并建议美国大学取消孔子学院。
2013 年 12 月	加拿大大学教师协会呼吁加拿大各大学和学院切断与"中国政府资助、监督的机构"的联系,呼吁高校终止与孔子学院的合作。
2014 年 6 月	美国大学教授协会以维护大学学术独立为理由,呼吁美国大学取消或重新谈判与孔子学院达成的协议。
2014 年 9 月 25 日	美国芝加哥大学宣布将停办该校的孔子学院。
2014 年 10 月 1 日	美国宾夕法尼亚州立大学宣布将终止与中国孔子学院合作。
2014 年 10 月 23 日	湖南省教育厅终止与多伦多公校教育局关于孔子学院项目的合作。
2014 年 12 月 4 日	美国国会众议院举行听证会,讨论中国影响是否侵蚀美国学术自由,其中有学者指责孔子学院是中国政府的"中庸手段",借此在美国高等教育中建立立足据点。[1]

　　以上事件相对于孔子学院蓬勃发展的大势而言,只是一些噪音,对汉语国际传播主流产生不了实质性的影响,但事件仍然给我们带来许多思考和启示,具体将在下一节讨论。

---

[1]　澎湃新闻 http://www.thepaper.cn/newsDetail_forward_1283984。

第三节　思考与建议

一、汉语快速向世界传播趋势明显

随着中国综合国力的日益增强,汉语快速向世界传播的趋势愈发明朗。汉语国际传播不是中国一厢情愿地单向输出,而是由世界各国同中国交流的愿望和需求决定的。越来越多的国家把"汉语"同"未来"联系起来,汉语的国际传播价值受到各国的广泛认同。如今,汉语国际传播已形成了政府牵头、民间积极响应、语言文化交流并重的良好格局,孔子学院在全球的布点初具规模,影响力不断扩大。在世界格局多元化的背景下,文化传播方式也从单向传播转向多元对话。汉语国际传播活动以其独特的优势,直接和间接地推动了中华文化的传播,成为提升国家软实力、促进我国公共外交的有效途径。目前,世界各国愈加重视少儿阶段的汉语学习,以期为国家未来的发展打下基础。我们应该把握时机,加大支持力度,保持汉语国际传播的良好局面,进一步推动汉语走向世界,在全球青少年心中播下知华友华的种子。

二、应大力推进汉语国际传播的本土化进程,重视高端人才培养和项目交流

一种语言的传播程度,可以从教学的本土化程度上得到证明。纵观世界主要外语的传播状况,如英语、法语、俄语等无不如此,语言传播得越广越深入,其本土化程度也越高。应当看到,自海外孔子学院兴建以来,1 000多名院长和数万名中方教师、志愿者为汉语国际传播事业做出了极大的贡献。但是,随着孔子学院的日臻成熟和汉语国际传播事业的深入发展,输出型的教师和教材已不能满足这项事业的发展需求。

因此,要进一步推动汉语国际传播事业,必须大力推进本土化进程。要在汉语国际传播的各个方面加速实现本土化,克服汉语教学"水土不服""隔靴搔痒"等问题。对于广大发展中国家来说,本土化

的核心是教师本土化,尤其要大力推进母语非汉语的本土教师队伍的发展。这类教师队伍的发展水平能够体现汉语教学为主流社会接受的程度。从目前世界各国的情况来看,本土教师中华裔教师仍占大多数,母语非汉语的优秀教师还十分稀缺。这从一个侧面说明,实现汉语国际传播本土化,让中国语言文化由"走出去"到"走进去"依然任重道远。

"本土化"最为核心的便是"人"。汉语人才的本土化将直接或间接地推动教材、教法及其他教学资源的本土化。在推进本土化的过程中,应当特别重视高端人才的培养和项目交流。高端人才的数量可以成为衡量汉语国际传播深度和广度的指标之一。一方面,随着汉语国际推广事业的发展,各国汉语教学将逐渐由"普及型"向"专业型"发展,对本土高端汉语人才的需求将会大大增加,这方面东亚国家如日本、韩国等已经走在了前面;另一方面,高端人才的培养和项目交流将成为促进本土化进程的"加速器"。如"孔子新汉学计划"这类高端人才项目,其培养的人才不但会成为中国语言文化的专家,更是本土汉语言文化传播的意见领袖。首先,他们的本土身份在汉语国际推广方面具有天然优势,不仅能够有效地避免对象国的抵触和质疑,还能够发挥巨大的示范作用;与中国教师相比,他们的意见对本国政府和民众更具影响力和号召力;其次,雄厚的专业背景是他们开展汉语国际推广工作的利器。高端人才的特点是受过系统训练,专业知识扎实,对中华文化有着深入的理解。系统的学习不但能够提高专业能力,而且能够建立专业意识,加强汉语国际传播的责任心,培养对中国和中华文化的深厚感情。这些与天然的身份优势相结合,使高端语言文化人才能够在汉语国际传播中发挥以一当十、以一当百的作用。因此,应当大力支持中国语言文化的高端本土人才培养计划,鼓励探索中外联合培养模式,从对象国选拔优秀、有潜力的本土青年作为培养对象,加大投入力度,提高奖助比例,使政策和资源向高端人才培养倾斜,推动汉语国际传播取得事半功倍的效果。

三、加强学科建设是促进汉语国际传播事业发展的学术保障

如前文所述,汉语国际传播的快速发展引发了学界的关注,已日

渐形成一个独立的研究领域。但与实践发展的速度相比,现有研究还十分薄弱,尤其缺乏系统的、指导性的宏观理论研究。在 CNKI 中国知网上检索到关于"孔子学院"的期刊论文有 24 783 篇,硕博论文10 765 篇,但绝大部分研究还停留在经验总结的层次,缺乏理论提升,缺乏宏观指导意义。究其原因,汉语国际传播研究尚未形成一个学科,其研究涉及多个学科领域,难度较大,缺乏专业的、跨学科的研究团队。当前,汉语国际传播事业将进入新的发展阶段,一些结构矛盾将会凸显,如何进行合理规划,优化结构,细分需求,制定传播方略,都是迫切需要解决的问题。例如,孔子学院体系的结构研究,孔子学院传播的区域特点,孔子学院发展策略研究,等等。要科学地解决问题,需要加强学术研究和相关智库建设。在此,我们提出几点建议:一、加强汉语国际传播相关学科建设,提高学科地位;二、加大投入,大力支持相关学会的发展,设立专项研究基金,使各类科研基金项目向汉语国际传播相关研究倾斜;三、加强相关博士点建设,培养汉语国际传播研究的高端人才;四、积极整合研究资源,建立汉语国际传播智库,为这项事业提供有力的智力保障,使学术研究真正服务于国家战略。

四、关于孔子学院遭遇"噪音"的思考

1. 西方发达国家与中国博弈加剧,汉语国际传播应淡化官方色彩

孔子学院遭遇的几次事件主要发生在西方发达国家,这是中国国力增强,与西方国家博弈加剧的结果。从西方国家孔子学院的增长速度可以看出,大部分国家对于中国抱有强烈兴趣,交流合作的愿望也很强烈。但同时,中国国力的增强又助长了"中国威胁论",催生了某些国家的防御心态。通过分析可以发现,孔子学院现有传播模式中争议的关键词主要是"官方资助"与"中外合作模式"。由于孔子学院的资金主要来自中国政府,加上西方国家对中国政府所持的偏见,使他们不可避免地将汉语传播同政治目的画上等号,同样的情况也发生在一些中国官方资助的文化中心或外籍专家身上。至于合作模式,孔子学院采取了与其他国家语言传播机构不同的中外合作模式,被指建在大学内部,试图控制对象国教学体系。

随着中国国力的增强,中国同西方发达国家的博弈仍将继续。这种情况下,汉语国际传播将成为更加敏感的地带,容易成为国家间矛盾的"火山口"。有研究显示,美国孔子学院的发展进度与美媒对孔子学院的负面评价数量存在正相关关系。[①] 政府主导在孔子学院发展初期的确起到了决定性作用,但如今孔子学院的汉语传播已初具规模,应进入持续平稳发展的新阶段,汉语国际传播需淡化官方色彩,逐渐过渡到政府支持、民间主导的模式,孔子学院应在外宣策划、纲领性文件、官方口径等方面做出相应调整。尤其在美国等发达国家,更应强化民间机构的形象,避免成为政治符号。

2. 提高汉语国际传播从业人员素质,突破人才培养技术瓶颈

从国外媒体对相关事件的报道中发现,关于孔子学院的消极报道大多有所谓"导火索"或"证据",汉语国际传播从业人员的一些言行与对象国价值观发生冲突,其中不乏欠妥之处。如对员工信仰问题的处理[②],媒体访谈中的话语失当[③],等等。上述情况表明,汉语国际推广工作人员须进一步提高素质、增强跨文化意识,尤其是国内选拔的外派人员。

此外,抵制孔子学院的事件也有技术层面原因。在美国签证风波中,中国志愿者的执教资格成为美方攻击的软肋。英美等国在未成年人教育方面有着严格的规定和认证体系,所有教师都需取得当地的认证方可上岗。如美国中小学教师需取得所在州的教师资格证,英国教师需取得 PGCE(Postgraduate Certification Education)或GTP(Graduate Teacher Programme)两种证书中的一种,获得这些证书的教师需在本土经过严格的培训和层层考核。而在孔子课堂(教学点)任教的志愿者多是国内本科生或在读研究生,对欧美教育传统缺乏了解,更不曾获得本土教学认证。长远来看,对象国推动本土师资取代中国输出的师资是一种必然趋势。因此,汉语国际传播需要创新人才培养方式,加强本土师资培养。要特别重视本土认证,

---

① 李开盛、戴长征:《孔子学院在美国的舆论环境评估》,《世界经济与政治》2011 年第 7 期。
② 见凤凰网转载《英国高等教育周刊》的报道:http://blog.ifeng.com/article/28500776.html。
③ 环球时报网 http://news.xhby.net/system/2015/01/12/023290218.shtml? t=1423640045597。

建立有效的认证培训途径。

五、结语

语言传播基于国家实力,语言传播又助力国家实力。过去四年中,汉语国际传播与中国国家实力的快速增长同步,取得了举世公认的长足发展。不仅体现在全球学习汉语的人数、孔子学院及孔子课堂数量、国家公派汉语教师及志愿者等方面,更重要的是汉语走向世界已经成为各国人民心中的预期,并逐渐成为各国与中国共同的事业。在这项事业取得可喜进展的同时,与之相应的汉语国际教育学科还显得薄弱。我们期待着学科与事业同步,相互支撑,共同发展。

(文/王祖嫘、吴应辉、刘文燕、闫槿)[1]

第四节 案例 1:"政商孔校"四方优质资源整合模式——美国肯尼索州立大学孔子学院可持续发展新模式案例研究[2]

孔子学院作为汉语国际传播的骨干项目,其长期可持续发展问题乃未来面临的首要问题,也是事关汉语国际传播事业长期可持续发展的重要问题之一。美国肯尼索州立大学孔子学院(以下简称"肯大孔院")由中国扬州大学和美国佐治亚州肯尼索州立大学合作建立。2012 年,该孔子学院(以下简称"孔院")被孔子学院总部/国家汉办评为"全球先进孔子学院"(2012 年度共 26 所)[3]。本节就该孔院独特的运营模式进行了调研,认为肯大孔院提供了一个具有良好"造血"机能的孔院可持续发展的成功案例。

---

[1] 以上三节的主要内容在《新疆师范大学学报》2015 年第 4 期上发表,特此说明。

[2] 本节内容原载于《汉语国际传播研究》2015 年第 1 期。诚挚感谢导师吴应辉教授对本论文的悉心修改以及美国肯尼索州立大学孔子学院美方院长金克华对论文素材的提供。

[3] 2012 年度"全球先进孔子学院"有美国孟菲斯大学孔子学院、肯塔基大学孔子学院、佐治亚州立大学孔子学院、内布拉斯加——林肯大学孔子学院、特洛伊大学孔子学院、韦伯斯特大学孔子学院、土耳其海峡大学孔子学院、巴西圣保罗州立大学孔子学院、英国伦敦中医孔子学院、泰国朱拉隆功大学孔子学院等。

一、肯尼索州立大学孔子学院运营情况

1. 定位明确,真抓实干

肯大孔院成立于 2009 年 8 月 17 日,该孔院将"建设一个以面向社会汉语教学为主,多元化、综合型的孔子学院"作为长远发展目标,主要业务领域涉及汉语教学、中华文化传播、来华学习、面向企业和社会组织的定向培训服务以及其他中华文化特色项目。在近六年时间里,该孔院在美国佐治亚州开展了大学和中小学多层次的汉语教学,同时举办了有关中国语言文化等方面的讲座、多种演出及其他活动 126 场。目前的教师队伍有 40 余人,主要由中央民族大学和扬州大学等高校派出的汉语教师志愿者组成,为肯大孔院与各大中小学合作建立的汉语教学项目约 7 472 名学生教授汉语与中国文化。该孔院现不仅是肯尼索州立大学对外交流的窗口和重要机构,而且已成为佐治亚州中国语言文化传播的关键组织机构。现将该孔院 2009 年—2013 年发展的主要业绩指标列表如下:

表 4-4-1　肯大孔院 2009 年—2013 年发展主要业绩指标

指标	单位	2009 年	2010 年	2011 年	2012 年	2013 年
外方投入资金	美元	440 346	1 309 610	2 152 572	2 463 542	2 507 209
学生人数	人	140	1 890	2 303	10 269	7 126
汉语班	个	7	99	110	457	328
汉语桥	人	32	48	31	20	22
教育领导者、教师来华考察人数	人	22	77	37	15	20
各类来华游学学生人数	人	0	52	188	39	7
汉语教师	人	2	14	18	38	41
组织中华文化活动次数	次	4	12	16	10	19

（资料来源:美国肯尼索州立大学孔子学院提供）

2. 优化管理,加强团队建设

肯大孔院实行理事会领导下的院长负责制。理事会由肯尼索州立大学和扬州大学各派三名理事组成。孔院院长由美方委派的美籍华人金克华担任,负责孔院发展战略的制定,重点项目开发,为孔院的发展筹措资金,人力资源管理和财务决策。中方院长协助美方院长工作(目前无中方院长)。美方大学负责支付院长和一位副院长的工资和福利,并为孔院提供宽敞的办公场地和先进的办公设备。而孔院则利用自身的业务收入建立了一个专业的管理团队,包括:一位汉语教学主管、一位行政秘书、一位本土教师和一位半职的汉语教学专家,负责汉语教学的科研、课程大纲和本土化教材的开发。教师团队共 41 人,由 1 位本土教师、3 位汉语教师、1 位武术教师以及 36 位汉语教师志愿者组成。大学职能部门如教学、公共关系、人事、财务、科研、后勤等部门为孔院的运营提供了有关支持。

二、"政商孔校"四方优质资源整合模式

符合实际的运营模式是孔子学院实现长期可持续发展的根本保障。肯大孔院在近六年的发展历程中通过不断摸索与实践,找到了"政商孔校"四方优质资源整合发展模式。该模式是孔子学院以实现长期可持续发展为目标,将政府、企业、学校和孔院整合为一体,在动态运营中分享各自优质资源并满足各自需求的一种创新发展模式。该模式的主要内涵如下:

1. 顶层设计优先,争取政府支持

该孔院按照"思维国际化、传播本土化、管理整合化"的发展策略,创新性地实行了"政商孔校"四方优质资源整合的运营机制,以实现长期可持续发展目标。肯大孔院将自身置于全球主要语言推广机构的行业坐标中,全面了解全球孔院的发展趋势,积极寻找海内外潜在资源和合作机会,不断追求传播模式本土化、传播内容接地气,努力塑造具有亲和力的肯大孔院品牌形象。

为解决汉语教学的经费问题,肯大孔院争取到了州政府有关部门的大力支持。2009 年,孔子学院第一个战略合作伙伴是佐治亚州

幼儿教育厅,双方共同在全州范围内推广幼儿(5 岁以下的儿童)汉语教育。汉语班的经费全部由佐治亚州政府财政预算支付,每个班拨款近 10 万美元。政府的拨款包括了每个班两位老师的工资,并提供教室和教学资源。

为解决汉语教师志愿者的签证问题,自 2010 年秋季开始,肯大孔院一直在争取州教育厅为汉语教师提供签证担保,并允许孔院的汉语教师在佐治亚州的学校从事汉语教学工作。在取得州教育厅和幼儿教育厅等部门的支持下,每年孔院的汉语教师能够顺利获得签证,保证了孔院汉语教学的顺利进行。

2. 文化传播走市场化之路,名企受益慷慨解囊

(1) 结合市场需求,开发中华文化教学宣传片

孔子学院的产业经营型模式赖以生存的条件是市场需求。"在汉语学习需求旺盛的国家和地区,产业经营型孔子学院分布较多,在教育产业发育程度较高的欧美国家,孔子学院的市场化经营情况也比较普遍。"①肯大孔院基于这种市场需求,做了大量关于中华文化传播的市场营销工作。如在孔子学院总部/国家汉办的支持下,肯大孔院和肯尼索州立大学艺术学院联合制作了中华舞蹈教学光盘,作为介绍中国文化的教材供美国舞蹈和艺术专业学生使用。该孔院还积极和佐治亚州公共电视台合作,拍摄有关中华文化的系列纪录片。目前,肯大孔院从美国弗里曼基金会申请到一笔资金,于 2015 年 3 月正式开拍中国茶文化的英文专题片。

2015 年秋季,在亚特兰大举行了首映式,并在公共电视台播放,同时也会将这个纪录片推荐给美国全国电视台系统在全美播放。此外,肯大孔院在筹划制作一套电视汉语教学节目,作为从幼儿到大学汉语课堂教学的辅助和补充,使课堂教学、网络教学和电视教学实现一体化。

(2) 借助当地资源,挖掘本地市场

跨文化传播并不单单是几场中华文化活动的举办,几次中国文化的体验。"不同的文化在跨文化传播的互相参照过程中认识文化

---

① 吴应辉:《孔子学院经营模式类型与可持续发展》,《中国高教研究》2010 年第 2 期。

的特性,各种文化通过传播和交流而获得思想新资源"①。孔子学院要想实现可持续发展,只有真正被当地民众认可、接受、融入当地文化之中,才能真正起到文化交流与沟通的作用。在传播中华文化过程中,肯大孔院与肯尼索州立大学艺术学院舞蹈系、亚特兰大芭蕾舞团正在策划,共同编排一部具有中华元素的芭蕾舞剧。通过亚特兰大芭蕾舞团的观众资料数据库,向他们的网络观众邮寄名单宣传肯大孔院的中华文艺演出活动,借此让观众熟知孔子学院,达到宣传中华文化的目的。肯大孔院还和本校的交响乐团合作,定期开展各种艺术演出,扩大了在肯尼索州立大学的影响。2014 年,肯大孔院与肯尼索州立大学艺术学院合作举办了全球首演的"新音乐节",邀请世界著名旅美华裔作曲家陈怡女士来校,与本校交响乐团排练并演奏其创作的小提琴协奏曲《中国说唱》。

(3)牵手名企,互利双赢

孔子学院的经费是孔子学院可持续发展最根本的保障。孔子学院规模越大,需要的投入也就越多,经费来源也就成了孔子学院可持续发展的最根本的问题。肯大孔院采取活动收费或争取合作方的赞助来增加孔院的收入。肯大孔院所在城市亚特兰大有 20 多家世界500 强公司总部,从建院开始,肯大孔院就面向企业和社会团体开发并提供各种专业的培训服务项目。主要有:a. 为跨国公司员工提供中华文化、商业礼仪、跨文化沟通技巧等方面的定点、定向培训,如为法国 Sodexo 集团(从事餐饮旅游服务业的跨国企业),UPS(世界上最大的快递承运商与包裹递送公司),Genuine Parts Company(大型汽车零件生产供应商)等公司提供各种中华文化讲座和翻译服务。b. 为美国公司员工开设汉语课程,如为 Home Depot(全球最大的家具建材零售商)的 32 位中层和高层经理提供了汉语培训、中国商业礼仪和中华文化讲座。c. 直接或间接参与美国大型企业员工的多元文化活动,如为 American Fiber Packaging(美国纤维包装公司)的全体职工举办了 10 次不同内容的中华文化讲座。这是孔子学院建院以来首次为一个企业举办中华文化系列讲座。d. 在大型企业总

---

① 董璐:《传播学核心理论与概念》,北京:北京大学出版社,2008 年,第 11 页。

部举办中华文化活动和演出,如邀请 2008 年北京奥运会开幕式的总设计师韩立勋在 UPS 全球总部,开展了关于中国的传统与现代的审美意识以及北京奥运会开幕的舞美设计创意的讲座。e. 为当地企业面向中国的招商引资提供服务。f. 为在美的中资企业提供汉语培训服务。

2013 年,肯大孔院与扬州大学旅游烹饪学院合作,将中华烹饪项目作为一个具有战略性和特色性的项目进行开发。同年,肯大孔院和美国丽兹卡尔顿酒店共同举办了名为:East Meets West(东西交融)的中华美食活动。2014 年,肯大孔院为法国 Sodexo 集团的行政主厨轮训中华烹饪和中华饮食文化。肯大孔院还计划建立"孔子农场"(Confucius Farm),并建立专用教学厨房,将其命名为"孔子厨房"(Confucius Kitchen)。

通过和世界知名企业合作,向基金会或政府部门申请赞助的筹资方式,肯大孔院获得了充足的资金保障。2013 年,肯大孔院的经费预算超过 300 万美元,其中将近 220 万美元来自各个合作方的资金投入,其余的 80 万美元主要来自肯尼索州立大学的投入和孔子学院总部/国家汉办的适量支持。2014 年,肯大孔院在原有筹资方式的基础上,从美国的基金会申请到了 10 万美元。2015 年,外方投入资金达 2 441 768 美元。这样的资金投入比例和多元化的经费来源,增强了孔子学院抗风险的能力。这种联姻大企业的多元筹资模式值得其他孔子学院借鉴。

3. 送教上门进社区,孔院学校共发展

肯大孔院为推动汉语教学项目的发展,密切和当地教育部门合作,同州教育厅、幼儿教育厅、学区和学校建立长期战略合作伙伴关系,双方承担相应的责任和义务推动汉语教学融入当地社区,形成了自身的发展特色。肯大孔院明确将"从幼儿起步,向小学发展,然后逐步推向初、高中的汉语教学项目,在佐治亚州建立一个从幼儿到高中的汉语教学体系"确定为自己的发展战略方向,将 HSK 和 YCT 考试作为衡量美国大学和中小学学生汉语学习成果的标准。2013 年起,肯大孔院组织中美教育专家小组和当地教育部门开展合作,把实现汉语教学的标准化和正规化作为工作重点,继续在佐治亚州扩展幼儿汉语和小学汉语教学,并逐步将汉语课程引入初、高中。

为了保证汉语教学的系统化、标准化,孔院与州教育厅根据美国外语教学大纲,并参照孔子学院总部/国家汉办的国际汉语教学大纲,共同编写了 K 至 12 年级的汉语课程大纲,并根据这个课程大纲与中国高等教育出版社联合编写从幼儿到高中本土化的汉语教材。采用这种模式开发本土化教材是肯大孔院的首创。这套课程大纲不仅填补了佐治亚州外语教学的空白,还对美国全国中小学汉语教学具有重要的指导意义,而且还将孔院的汉语教学内容公开化,以此打消了海外有些人对孔院的教学活动是为中国政府做宣传的疑虑。通过与州教育厅的合作,社会民众可以通过州教育厅的官方网站了解汉语教学内容。同时,通过这个项目,孔院所获得的知识产权也将为肯大孔院的发展提供长久的经费支持。

此外,肯大孔院还和佐治亚州教育管理部门、学区和学校建立长期战略合作关系,通过高中生汉语桥、大学生汉语和中华文化游学、美国青年领导者来华学习、大学生中医游学、大学生和高中生交响乐团访华演出、教育领导者访华学习等项目,组织已经开展汉语项目的学校和其他尚未开设汉语教学项目的学校来华访问和学习,这些项目为肯大孔院拓展与巩固汉语教学起到了重要推动作用。

在将社区学校嵌入汉语教学和组织来华游学项目的双轮驱动下,2014 年,肯大孔院共开设了 336 个汉语班,有 7472 名学生学习了汉语课程。其中 25 个幼儿班,共 398 个学生;286 个小学班,共 6 608 个学生;2 个初中班,共 14 个学生;17 个高中班,共 326 个学生;4 个网络班,共 90 个学生;2 个大学班,共 36 个学生。同时还组织了两次 YCT 考试,共 418 人参加;三次 HSK 考试,共 172 人参加。两项考试共计 590 人。

4. 团队建设常抓不懈,人文关怀温暖人心

古人云"康泰之树,出自茂林。树出茂林,风必折枝。"一个组织、集体要想不断前进、壮大,团队力量是不容小觑的。肯大孔院为实现长期可持续发展目标,进一步扩大汉语教学规模,把加强孔子学院的管理力量,建设一支高质量的管理团队作为孔子学院长期的工作重点。

（1）注重人才培养，提供多元发展机会

肯大孔院十分注重员工的专业素质和技能培养，为给员工创设更多的学习和晋升机会，肯大孔院建立了关键岗位的接班人制度，为帮助员工实现各自的职业发展规划开展了各种活动，包括开展研究生学历教育，组织各种培训辅导、专业会议、科研项目等活动。借鉴美国优秀企业的人力资源管理经验，即 Promote from within（自己培养和选拔适合孔子学院需要的专业人员），为员工的职业发展提供多种机会。

（2）搞好后勤保障，保证团队稳定

为保证汉语教学的顺利进行，肯大孔院为汉语教师提供了非常周到的后勤保障。首先是由项目主管负责组成一个汉语项目管理团队，主要负责汉语教师志愿者的管理和后勤保障，包括安排住宿、上下班和生活用车等工作。其次对教学点周边的社会环境进行调查，包括治安、住宿和交通。最后由学校和学区邀请社区的民众关心教师的生活问题等。这一系列的服务活动解除了教师们在生活上的后顾之忧，使他们能够集中精力抓汉语教学工作，同时也减轻了合作单位的压力和负担。这也是肯大孔院能够长期保持与合作单位良好关系，保证汉语教学项目稳定性的关键所在。

三、对海外其他孔子学院发展的启示与思考

1. 争取当地政府支持是办好孔子学院的重要途径之一

孔子学院的可持续发展获得当地政府支持的表现形式主要有两种：一是政策支持，二是资金投入。肯大孔院深刻认识到争取当地政府支持是办好孔子学院的重要途径之一，在其发展进程中，利用多次和当地政府的交流合作机会，既争取到了政策支持，又获得了资金投入，这不仅为孔院的可持续发展提供了政策支持，也为其发展提供了经费保障。

2. 增强文化自信，中华文化传播走市场化之路完全可能

文化自信，从根本上说是对文化本质的信念、信心。肯大孔院紧跟时代发展触点，走市场化传播之路，融入市场化因素，采用适应受

众文化价值体系的传播方式,将中华文化活动打造成肯大孔院一个市场化的特色品牌项目。该孔院主要采取了"请进来"和"走出去"的传播方式。一方面,邀请社会各界人士参与孔院组织策划的幼儿汉语教育、中华烹饪、艺术表演、企业培训等特色项目。另一方面,积极参与当地主流社会的重大活动,与州政府、教育厅或著名企业密切合作。用美国人熟知的方式传播中华文化,以此来扩大孔院的影响,达到实现外塑形象的目的。肯大孔院的实践证明,我们对中华文化国际传播的市场化之路应充满信心。

3. "单院长"负责制是孔子学院管理机制中可以探索的一种模式

从肯大孔院近几年由懂汉语的美籍院长全面负责孔院管理的"单院长"管理模式中可以看出,"单院长"负责制可以作为孔子学院管理机制中一种可以探索的新的管理模式。孔院中方院长任期一般为两年,任期较短,如果连任也只有四年,不利于孔子学院管理工作的连续性和稳定性。另外,中方院长的选拔和招聘也存在着一些需要改进之处,特别是中方单方面委派,外方对选派人员的选择无法参与决定。如能选到德才兼备的院长(外方或中方均可),"单院长"负责制可以让一方院长在孔院的日常行政管理中全面负责,有利于整合各方资源形成合力,权力适当集中有利于孔院减少内耗,提高工作效率。因此,"单院长"负责制是孔子学院领导体制的一种制度创新,至少在肯大孔院证明是一种充满活力、富有效率、更加开放、更有利于科学管理的领导体制,为促进孔子学院海外运营的科学管理与可持续发展提供了一种可借鉴的制度创新。当然,全球孔院千差万别,具体情况还得具体分析,"单院长"负责制只是一种选择,不能绝对化。

4. 可持续发展应成为全球孔子学院高度重视的首要问题

从孔子学院10年的发展历程看,孔子学院虽已成为中国国家形象的推介者、国家走出去战略和软实力战略的实践者、中国文化的表达者,但作为汉语国际传播的创举,孔子学院的发展没有任何历史经验可以借鉴,没有任何现成模式可以照搬。在没有理论的指导下,孔子学院还处于摸着石头过河、在探索中前进的状态中，①因国别、国情不同，孔子学院还是一个较为松散的教育联合体，目前相当一部分孔院还不能独立生存，而主要靠孔子学院总部/国家汉办"输血"维持运转。所以，可持续发展应成为全球孔子学院时刻高度重视的首要问题。

四、结语

要实现孔子学院的长期可持续发展还有相当长的路需要探索实践。肯大孔院尽管还面临许多发展问题与挑战，但其"政商孔校"四方优质资源整合模式不失为一种值得借鉴的创新发展模式。该模式不仅对美国孔院，而且对全球孔院都具有借鉴意义。

（文/武慧君、金克华、吴应辉）

第五节　案例 2：北京外国语大学孔子学院建设概况（2012—2014）

孔子学院作为中国语言文化走出去的重大事业，在十年间取得了飞速的进步，截至 2014 年底，在 126 个国家的大学或机构成立有 475 所孔子学院。伴随着孔子学院的成立，中国的语言文化以各种形式走入各国的社区，成为当地民众语言文化生活的组成部分。"随风潜入夜、润物细无声"，孔子学院以其"接地气"的方式、灵活多样的形式受到越来越多海外民众的欢迎和支持，成为中国语言文化走向世界的独特名片。

参与孔子学院建设，是北京外国语大学"十二五"时期教育和改革事业发展的重要内容，对促进北京外国语大学（北外）实现自身使命，即"让中国了解真实的世界，让世界理解变化着的中国"具有重要意义。在孔子学院总部/国家汉办的亲切指导和大力支持下，北外积极贯彻落实《孔子学院发展规划（2012—2020）》精神，扎实、稳健地推进孔子学院承办工作水平的提升。

本节旨在以北外的孔院建设实践为研究对象，归纳、分析孔子学院

---

① 吴应辉：《关于孔子学院整体可持续发展的一个战略构想》，《云南师范大学学报》2009 年第 1 期。

发展的规律、策略,为中国语言文化"走出去"提供实践经验和决策参考。

一、北外孔子学院建设基本情况

截至 2014 年,北外承办孔子学院的数量增至 21 所,分布在亚、欧、美洲 17 个国家,承办数量位居国内承办院校之首。北外承办孔子学院办学规模逐步扩大,办学质量不断提高,影响力也不断提升。2012—2014 年,北外承办孔子学院的学员总人数达 54 657 人,参加汉语水平考试人数为 14 973 人次,举办各类文化活动 1 116 次、受众人数达 711 196 人次,举办各类讲座与学术研讨会共 859 次,受众人数达 54 857 人次。三年来,北外荣获孔子学院总部/国家汉办"先进中方承办院校"表彰 2 次,北外承办的 8 所孔子学院荣获孔子学院总部先进集体或个人表彰 12 次。

二、北外承办孔子学院发展特点

为满足世界各地人民对中国语言文化了解的需求,孔子学院致力于开展汉语教学和中外教育、文化等领域的交流与合作。根据孔子学院章程,孔子学院为当地民众提供的服务主要包括:开展汉语教学,举办汉语考试,培训汉语教师,提供汉语教学资源,举办文化交流活动,提供中国教育、文化等信息咨询,增进各国民众对中国的了解[①]。北外承办的孔子学院充分利用自身优势,开展丰富多彩的汉语教学和文化活动,逐渐形成了各具特色的办学模式,成为当地民众学习中国语言文化、了解中国的重要场所,为促进世界多元文化的交流与发展贡献力量。北外承办的 21 所孔子学院,其中 20 所为教学型孔子学院,1 所为研究型孔子学院。本节的数据分析主要基于北外承办孔子学院的历史数据统计,从纵向(2012—2014 年)与横向(19 所孔子学院)两个维度展开。

1. 学员人数稳步增长

汉语教学是孔子学院的一项重点工作,而学员人数是最为直观的指标之一。2012—2014 年,北外承办孔子学院的整体办学规模逐

---

① 《孔子学院章程》,见孔子学院总部/国家汉办网站:http://www.hanban.edu.cn/。

步扩大,学员人数分别为:13 491、18 999、22 167,逐年稳步增长。这主要得益于孔子学院适应当地民众的不同需求,开设了不同层次的常规汉语课程,此外还开展了一系列中国文化特色体验课程,如太极拳、中国菜烹饪、中国舞蹈、中国书法、中国结等,激发了学员们了解中国语言与文化的兴趣。

　　具体到各孔子学院,如表 4-5-1 所示,大多数孔子学院都保持了增长的趋势。其中学员人数最多的为意大利罗马大学孔子学院。罗马大学孔子学院汉语课程类型除了常规汉语课程,还有商务汉语、外交汉语、政务汉语、法律汉语、HSK 考试辅导等。课程层次包括初级、中级、高级、学龄前汉语兴趣班,课程类型从学分课到非学分课,从语言课到中国文化课。授课形式既有面授又有远程网络授课,形成了一个多元化的课程体系,为罗马乃至其他周边地区提供了汉语课程。2014 年罗马大学孔子学院下设孔子课堂 7 个,教学点 24 个,利用自身的教学实力和辐射影响力,在罗马地区建立起覆盖各个年龄阶段、不同职业汉语学习者的课程体系。罗马大学孔子学院针对不同群体学习汉语的需求,量身订制了个性化的汉语课程。"一院多点"的模式,进一步扩大了孔子学院的辐射与覆盖面。

表 4-5-1　北外承办孔子学院学员人数概况

北外承办孔子学院学员人数概况

北外承办孔子学院	2012学员人数	2013学员人数	2014学员人数
阿尔巴尼亚地拉那大学孔子学院	0	0	203
奥地利维也纳大学孔子学院	1600	1820	2768
比利时布鲁塞尔孔子学院	246	356	156
比利时列日孔子学院	159	281	258
保加利亚索非亚孔子学院	425	1649	1823
捷克帕拉茨基大学孔子学院	36	194	339
德国杜塞尔多夫孔子学院	690	553	581
德国慕尼黑孔子学院	622	696	892
德国纽伦堡-埃尔兰根孔子学院	695	917	834
匈牙利罗兰大学孔子学院	2241	2500	2996
意大利罗马大学孔子学院	1500	3068	3136
马来西亚马来亚大学孔子汉语学院	921	1429	1530
波兰克拉科夫孔子学院	580	848	850
韩国外国语大学孔子学院	368	293	524
俄罗斯莫斯科国立语言大学孔子学院	30	156	230
西班牙巴塞罗那孔子学院	800	900	1268
阿联酋扎耶德大学孔子学院	502	753	746
英国伦敦孔子学院	0	250	567
美国夏威夷大学孔子学院	2076	2336	2466
总计	13491	18999	22167

北外承办孔子学院通过拓展下设孔子课堂与教学点,有力地推动了学员人数的持续增长。如图 4-5-1 所示,整体而言北外承办孔子学院的孔子课堂、教学点与合作机构数量稳中有增。北外承办孔子学院与当地政府、机构、学校、企业加强合作,融入当地社会,扩大服务领域,不断满足民众的多样化需求。

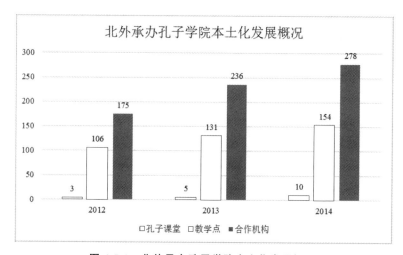

图 4-5-1　北外承办孔子学院本土化发展概况

2. 学员背景多样化

在注册学员类别方面,如表 4-5-2 所示,北外承办孔子学院 2014 年小学生、中学生、大学生、社会人士所占的比例分别为:27.06%、20.24%、23.22%、29.48%,四类受众群体比例接近平衡,表明当地民众学习汉语的热情得到了广泛的扩展,社会各个群体都已开始学习汉语、了解中国文化。

北外承办各孔子学院发展的侧重点也有所不同。奥地利维也纳大学孔子学院、保加利亚索非亚孔子学院、意大利罗马大学孔子学院、波兰克拉科夫孔子学院、阿联酋扎耶德大学孔子学院、美国夏威夷大学孔子学院积极拓展中小学教学点,在中小学推广汉语教学,因此中小学生所占比例较高。阿尔巴尼亚地拉那大学孔子学院、比利时列日孔子学院、德国纽伦堡-埃尔兰根孔子学院、捷克帕拉茨基大学孔子学院、马来西亚马来亚大学孔子汉语学院、韩国外国语大学孔子学院、俄罗斯莫斯科国立语言大学孔子学院、英国伦敦孔子学院在当地大学开展汉语教学,使得大学生学员所占的比例较大。西班牙巴塞罗那孔子学院、匈牙利罗兰大学孔子学院、德国慕尼黑孔子学院、德国杜塞尔多夫孔子学院、比利时布鲁塞尔孔子学院所在地区,越来越多的社会人士由于工作、交流等需求,开始主动学习汉语、了解中国,因此学员中社会人士所占比例较高,这些孔子学院顺应这一需求,正在逐步融入当地社区,成为当地具有规模和影响力的教学机构。北外承办各孔子学院根据自身优势,突出自身发展特色,最大限度地满足了多层次的学习需求。

表 4-5-2　2014 年北外承办孔子学院学员类型

孔子学院名称	小学生	中学生	大学生	社会人士
阿尔巴尼亚地拉那大学孔子学院	30	10	97	66
奥地利维也纳大学孔子学院	1365	707	391	305
比利时布鲁塞尔孔子学院	30	40	22	64
比利时列日孔子学院	0	65	141	52
保加利亚索非亚孔子学院	567	750	222	284
捷克帕拉茨基大学孔子学院	0	95	163	81
德国杜塞尔多夫孔子学院	6	21	260	294
德国慕尼黑孔子学院	72	141	215	464
德国纽伦堡–埃尔兰根孔子学院	88	173	353	220
匈牙利罗兰大学孔子学院	236	565	506	1689
意大利罗马大学孔子学院	676	1056	421	983
马来西亚马来亚大学孔子汉语学院	108	35	811	576
波兰克拉科夫孔子学院	400	50	200	200
韩国外国语大学孔子学院	0	60	381	83
俄罗斯莫斯科国立语言大学孔子学院	6	0	117	107
西班牙巴塞罗那孔子学院	185	203	325	555
阿联酋扎耶德大学孔子学院	372	191	171	12
英国伦敦孔子学院	157	25	215	170
美国夏威夷大学孔子学院	1700	300	136	330
总计	5998(27.06%)	4487(20.24%)	5147(23.22%)	6535(29.48%)

汉语课程程度方面,以 2014 年为例,初级水平学员占总人数的 65.94%,中级水平学员所占比例为 21.87%,高级程度学员所占比例为 12.18%,学员汉语水平从低到高呈金字塔型。总体而言,初级水平学员仍然是各承办孔子学院学员的主要组成部分,这符合非学历语言培训(业余学习)的基本情况,即随着学习汉语难度的增加,学员人数呈递减趋势。

从学员是否为学分制来看,如图 4-5-2 所示,2014 年北外承办孔子学院学分学员人数 7 516 人,占学员总数的 33.91%;非学分学员人数14 651人,所占比例为66.09%。2014年共有16所孔子学院开设了学分课程,表明大多数孔子学院已融入当地教育体系,开始为所在国培养高级汉语人才。而非学分学员已成为孔子学院学员人数快速增长的主要力量。

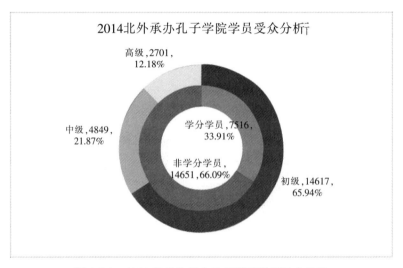

图 4-5-2 2014 年北外承办孔子学院学员受众分析

3. 文化活动丰富多彩

北外承办各孔子学院结合所在国家实际,融合中外文化元素,开展了一系列当地民众喜闻乐见的文化活动,内容涉及中国的历史、文艺、电影、音乐、宗教、戏剧、杂技、书法、绘画、摄影、图书、医学、饮食、茶道等中华文化诸多方面。活动次数不断增多、活动规模不断扩大、活动内容日益丰富多彩,为汉语和中国文化的传播提供了广阔的舞台。

2012—2014 年,北外承办孔子学院共举办文化活动 1 116 次,受众人数达 711 196 人次,总体呈现增长趋势,如图 4-5-3 所示。从活动类型来看,主要包括演出展览、传统节日、文化体验、竞赛、教育咨询等。演出展览类活动内容直观、感受直接、流动性强,已成为受众较广的文化活动;传统节日庆祝活动以传统节日为依托,传播中国文化的内涵,是孔子学院宣传文化的重要方式;文化体验活动以观众的切身体验为主,吸引了广大民众参与其中;汉语文化竞赛以其媒体宣

传、影响力大,成为广大学生积极参与的活动;教育咨询为中外高校
提供了学生交换、师资交流的机会。此外,2014 年孔子学院的活动
还增加了一大亮点,即"孔子学院日"活动。各孔子学院根据自身特
点,在 9 月 27 日前后举办了一系列活动庆祝孔子学院成立十周年。
"孔子学院日"把单一、独立的文化活动整合成一系列多样化、有影响
力的文化活动,不仅提高了活动的效率,也拓宽了活动的广度与
深度。

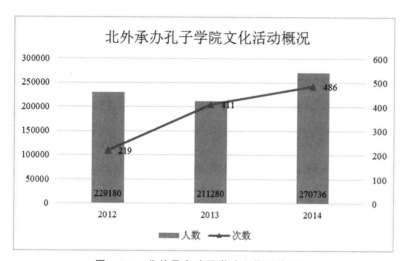

图 4-5-3　北外承办孔子学院文化活动概况

学术研究活动方面,北外承办孔子学院共举行讲座 629 次,受众
人数达 40 117 人次,举行研讨会 230 场,受众人数达 14 740 人次。
讲座占学术研究活动的 73.22%,内容涉及中国的方方面面;研讨会
占 26.78%,孔子学院通过开展一系列高水准的国际学术研讨会和
对某个专题开展深入研究,让世界更好地认识、了解中国。整体而
言,讲座与研讨会次数增多,规模不断扩大,受众群体逐步固定并持
续上升,孔子学院通过开展学术交流活动,为当地民众提供了一个了
解中国的平台,也促进了国际学术研究与交流的新发展。

4. 汉语水平考试人数逐年增长

汉语水平考试是一项汉语能力标准化考试,重点考查汉语非第
一语言的学习者在生活、学习和工作中运用汉语进行交际的能力。
2012—2014 年,北外承办孔子学院参加汉语水平考试的人数分别

为:3 226、5 597、6 150人次,呈逐年增长趋势。2014年有15所孔子学院举办了汉语水平考试,其中俄罗斯莫斯科国立语言大学孔子学院人数最多,达到1 124人。莫斯科国立语言大学孔子学院开设汉语水平考试时间并不长,短期内考试人数大幅提升,主要归功于该孔子学院对汉语水平考试的定位和宣传。孔子学院一方面扩大汉语水平考试的社会宣传,鼓励更多业余学习汉语的学生参加考试,另一方面,将汉语水平考试推广到莫斯科各大学的中文专业,将汉语水平考试与中文专业学生学业水平相结合,稳定了考试人群。

为方便考生,除传统笔试外,部分孔子学院也开始尝试通过电子考务平台,提供计算机考试和互联网在线考试等多种方式。孔子学院坚持"以考促教、以考促学、考教结合"的推广理念,为了提升汉语学习者未来就业和申请赴华留学深造的竞争力,孔子学院通过组织宣讲会、辅导课,满足汉语学习者的需求,为广大汉语学习者提供优质的服务。北外承办孔子学院推荐的赴华留学孔子学院奖学金生共计772人。

5. 师资队伍呈现本土化发展趋势

人力资源的合理构成与有效配备,保证了孔子学院的有序运转与可持续发展。孔子学院总部派遣汉语教师与本土汉语教师所占比例分别为53.03%、46.97%,专职教师与兼职教师所占比例分别为62.25%、37.75%。师资队伍本土化是孔子学院发展的趋势,孔子学院的师资队伍需要经历由以外派教师为主,向外派教师和本土教师并重转变,最后以本土教师为主的过程。师资队伍岗位建设由以兼职为主,发展为专兼职结合,最后以专职为主。目前大多数孔子学院的师资建设仍处于外派教师和本土教师相结合、专兼职人员相结合的阶段。

加强本土师资队伍建设,需要注重本土教师培养和本土师资培训。北外承办的孔子学院共开展本土汉语教师培训68次,受众人数达2 893人次。其中美国夏威夷大学孔子学院、匈牙利罗兰大学孔子学院、意大利罗马大学孔子学院为开展本土培训教师人数较多的孔子学院。孔子学院的师资培训各具特色:美国夏威夷大学孔子学院致力于为全美汉语教学提供师资培训和教学资源开发的支持,积极开展本土教师培训；由孔子学院总部/国家汉办和匈牙利罗兰大学合作建立的中东欧汉语教师培训中心设在匈牙利罗兰大学孔子学院，该中心是外国本土汉语教师培养培训模式的创新，顺应了中东欧国家对高质量汉语教师的需求，将进一步推动中东欧国家汉语教师队伍建设；意大利罗马大学孔子学院经过实践摸索，形成了中意教师合作的"1＋1"教学与培训模式，意大利本土教师和中方汉语教师合作，发挥各自的语言优势，提高课堂教学效率。

6. 注重本土需求，融入当地，服务社区

孔子学院开展的语言与文化活动注重本土需求，与当地政府、文化机构、企业等树立长期战略合作关系，服务社区，本土化进程不断深化。

针对马来西亚政府对公务员汉语学习的不同需求，如外交人员需要更好地用汉语交流，警方人员需要用汉语处理警务工作等业务，内政部人员需要用汉语从事本地华文书刊的审查工作等，马来亚大学孔子汉语学院都为其量身订制了相应的汉语课程，包括常规课程、短期强化课程、一对一辅导等课程。马来亚大学孔子汉语学院的公务员学员来自马来西亚能源部、水务部、外交部、高等教育部、信息通讯部、文化部、自然资源部、旅游部、交通运输部、工业部、首相署、环境部、卫生署、文物部、信息系、博物馆、测绘部、兽医服务部、马来西亚皇家警察总署、反腐败学院、农业研究所、马来西亚发展研究所、外交政策和对外关系研究所、战略与国际问题研究学院、马来西亚多媒体委员会等政府部门与相关机构。

纽伦堡-埃尔兰根孔子学院拥有合作伙伴 66 个，与当地机构保持长期合作关系。该孔子学院根植于当地社会，广泛了解社区的民众需求，联合当地社会的决策层，共同开发合作项目。纽伦堡-埃尔兰根孔子学院联合德国经济界的最高代表——纽伦堡工商联合大会共同为北京朝阳区职业教育中心的工作人员举办了为期两周的"双元制教育"的培训项目，朝阳区职业教育中心表示对孔子学院设计的理论和实践相结合的课程非常满意，同时纽伦堡工商联合大会也有机会向中国专家介绍德国的经验，促进中国技工的培养，有助于在中国的德国企业人才方面的聘用，实现了双赢。此外，纽伦堡-埃尔兰

根孔子学院还通过对当地市政府、西门子公司的了解,获知他们因缺少优秀的文化项目而希望探索政府、企业对地方文化项目支持的原则及方法,孔子学院为此精心设计文化活动,为埃尔兰根市政府、西门子公司打出了漂亮的"文化品牌",并不断以各种成功的文化形式,回报政府和企业,与之形成了平等、共赢的战略合作关系。

三、北外孔子学院建设的重点工作及主要经验

北外承办孔子学院的快速发展离不开中外合作高校/机构的大力支持。为了实现孔子学院"综合文化交流平台"的功能,北外一方面提供智力、人力、物力的支持,助力孔子学院完善基本制度、建设人力资源、开发文化项目;另一方面积极参与孔子学院总部的调研、翻译、培训、人员储备等项目,为孔子学院总部提供决策参考。

1. 完善孔子学院制度建设

为了切实提高孔子学院办学质量,北外与外方合作大学和机构保持坦诚务实、积极有效的沟通。不断深化理事会建设机制,全力支持孔子学院完善制度建设,包括理事会制度、人员聘任与考核制度、财务管理制度等。2012—2014年,北外承办的孔子学院共召开理事会议34次。中外双方理事共同审议孔子学院的年度报告、财务报告、人事管理、制度建设与发展规划等事宜,并就孔子学院的重大事项进行协商,推动孔子学院的规范、优质与创新发展。此外,部分孔子学院也通过电话会议、中外互访、邮寄信函等形式对孔子学院发展中的重大问题进行了沟通与交流。通过理事会议,建立了中外双方对孔子学院的规范化监督与管理。

2. 加强孔子学院师资队伍建设

师资队伍建设是保障孔子学院发展的关键,北外积极支持孔子学院师资队伍建设,2012—2014年,共派遣中方院长16名,汉语教师58名,汉语教师志愿者192名。中外双方工作人员合作良好,出色地完成了各项工作。北外对外派人员队伍进行规范化管理,建立外派人员、离任人员数据库,采用数字化管理模式。鼓励外派人员的自身发展与监管相结合的建设机制,针对在岗中方院长和汉语教师,

采取定期工作汇报、年度述职、任期考核相结合的评价机制，对外派人员进行指导与管理，同时注重人文关怀，建立奖励机制，激发了外派人员的活力。

2014年，北外汉语国际推广多语种基地举办了"孔子学院中方院长论坛"。来自全国28所高校的30余名代表参加。与会者就中方院长与孔子学院发展、中方院长与岗前培训、中方院长队伍建设等问题进行了研讨，为孔子学院的可持续发展献计献策。论坛开幕式还举行了《我们曾走过——孔子学院中方院长手记》发布仪式，该文集由参加过"2009年孔子学院中方院长岗前培训"的中方院长共同倡议编写，在培训项目举办5周年之际发布该文集，旨在呈现中方院长在海外孔子学院的生活和工作、奋斗和探索、实践与思考。

3. 支持孔子学院品牌建设

为支持海外孔子学院发展，北外注重中国文化体验资源建设，培育系列文化品牌项目，通过开发组织来华夏令营、校长团、中国文化巡讲团、"三巡"，构建多语种支持的中国语言文化研发与体验基地。

由孔子学院总部/国家汉办资助、北外独立开发组织的"你和我·在北京"夏令营，7年来共吸引了来自亚、欧、美三大洲14个国家的600余名中学生，通过丰富多彩的语言文化交流活动，促进了各国青年的人文交流，培养各国青年的国际情怀。北外创新策划组织"文化中国你我谈"北外学者海外巡讲项目三期，组织专家9名赴孔子学院，以英语为媒介，介绍中国的经济、政治、文化，反响热烈，"文化中国你我谈"项目是推动中华文化"走出去"的成功尝试，通过利用优势资源，提升北外承办孔子学院的社会影响力，加强中外学者交流和校际合作。

2012年北外组织学生艺术团赴奥地利各孔子学院，开展以巡演、巡展、巡讲活动为主要内容的"迎春之旅"。"三巡"活动以"欢乐春节"为主题，重点表现"欢乐、丰收、和睦、共享"的春节文化内涵。文艺演出的内容丰富多彩，包括民乐、舞蹈、京剧、合（独）唱、武术、相声、国画书法等多种中国传统艺术表演形式，参加演出的艺术团成员大多是北外的在读学生，所学专业均是外国语言，主持人是来自德语系的专业老师，他们利用自己的语言优势，向奥地利观众演绎中国文化,拉近了与观众的距离,使文化交流更加自然流畅。2014年北外组织学生艺术团前往泰国7所孔子学院/课堂开展"庆祝孔子学院十周年"文艺巡演活动,观众近万人。此次文艺巡演突出了中国文化特色,艺术团准备了中国民乐、舞蹈和歌曲,以及武术、杂技、变脸等多种艺术形式的节目,受到了中泰两国媒体的高度关注。"三巡"对中国文化和艺术的海外传播起到了重要的作用,也为北外学子扩展国际视野,体验中外文化差异,提升对外交往能力,展现中国大学生风采提供了难得的机会。

此外,2012—2014年,北外共接待孔子学院学生夏令营650余人,孔子学院来华校长团共计150余人;组织学生艺术团赴德国慕尼黑、纽伦堡开展"对话巴伐利亚"艺术巡演,用西洋乐器演奏中国传统曲目,用英语和德语表演中国相声;组织学生合唱团赴德国参加拜罗伊特国际青年艺术节,与各国青年进行了音乐、艺术方面的沟通与交流。

4. 积极承办重大项目

(1)孔子新汉学计划

作为"孔子新汉学计划"的实施院校,2013年北外首批录取了8名政要和学生,其中4名联合培养博士,4名来华攻读博士学位。学校实行导师组联合培养机制,中外高校之间学分互认,开创了中外联合培养人文交流高端人才的新模式。2014年"孔子新汉学计划"有14名学生申请来我校学习,其中6名学生被批准录取。1名意大利学者和1名亚美尼亚的学者申请了"孔子新汉学计划"子项目——"理解中国访问学者"项目来北外访学。北外还接待了纽伦堡-埃尔兰根孔子学院推荐的"青年领袖项目"法学专业学者1名,协助其了解中国法律制度,促进了中德大学、司法机构的交流。

(2)孔子学院专职汉语教师

北外是孔子学院总部正式授权的专职教师储备学校(全国12所院校之一)。北外完成23名专职教师的选拔、入职、签约、岗位安排等工作,成立了孔子学院专职汉语教师储备中心,设专人统一管理,制定了"专职汉语教师管理规定",对于岗位要求、工作量、待遇、职业发展给予明确的规定。首批23名专职汉语教师均已安排相应的教学与管理工作,其中 20 名专职教师已赴海外孔子学院任教。专职汉语教师指长期专门从事国际汉语教学的人员,具有较强的国际汉语教学能力、跨文化交际能力和文化传播能力的新型人才。孔子学院总部对专职教师进行统一选拔、统一培训、统一派出、统一管理,实行外派工作和回国储备相结合的循环使用机制。专职教师队伍建设对师资队伍的职业化、专业化进行了探索与尝试。

5. 构建多语种支持的教学资源平台

(1)调研项目

受孔子学院总部/国家汉办委托,我校开展了"世界主要国家文化学院语言推广政策法规收集、翻译与比较研究"课题调研,收集、翻译了英国、法国、德国、意大利、西班牙、俄罗斯、美国、日本、韩国 9 个国家文化学院的语言推广政策法规,对世界主要国家文化学院语言推广政策法规进行比较研究,为孔子学院总部汉语国际教育与推广相关法规的制定提供决策参考。

受孔子学院总部/国家汉办委托,北外针对"外国人对中国文化有哪些不理解"项目进行了调研,对北外学历、非学历的留学生以及外国专家设计了问卷,开展调研与分析,完成了《外国人对中国文化有哪些不理解》调研报告。北外受孔子学院总部/汉办委托,还将聘请国内优秀国学专家、翻译专家和国外汉学家,把《论语》和《孟子》翻译成法、德、西、日、俄、韩、泰、阿拉伯等 8 种文字。

(2)教学资源项目

北外汉语国际推广多语种基地重点研发孔子学院非通用语种国别汉语教材及教辅工具书。2012—2014 年,出版了"汉外-外汉学习词典"系列之《汉语小词典》,已签约语种 20 个,包括泰语、俄语、老挝语、马来语、斯瓦希里语、缅甸语、越南语、乌克兰语、僧伽罗语、德语、罗马尼亚语、柬埔寨语、波斯语、法语、芬兰语、英语、日语、葡萄牙语、保加利亚语、韩语,目前小词典已交稿 10 个语种,其中斯瓦希里语、罗马尼亚语和柬埔寨语 3 个语种已出版;《中国文化读本》出版了中文、英语、法语、日语、俄语、阿拉伯语、西班牙语、德语、韩语 9 个语种;出版了《我的汉语读本》分级读物、英汉对照"中国故事"系列丛书。此外,我校研发、组织编写的教材《中华文化与传播》、与俄罗斯莫斯科国立语言大学合作编写的本土汉语教材《彼岸汉语》获得孔子学院总部/国家汉办审批并立项。

6. 探索孔子学院建设思路与发展方向

孔子学院是一个新生事物,北外对如何做好承办工作不断探索,且行且思,根据孔子学院发展的不同阶段,及时理清思路,确定工作重点。每年度北外均会举行承办海外孔子学院年会,交流经验,共同探讨孔子学院发展中面临的重要问题。2012年,年会上提出孔子学院要关注制度建设和特色发展;2013年北外引导各孔子学院认真思考如何进一步提升孔子学院的影响力,包括孔子学院如何参与当地的多元文化教育交流,资金管理如何规范有效;2014年,年会围绕孔子学院的成功之路与未来发展面临的机遇与挑战两个议题展开了讨论和交流。

2012年5月,在北外孔子学院工作处成立5周年之际,学校开展了以"光荣与梦想"为主题的"六个一"系列活动,进一步贯彻落实"全国孔子学院工作会议"精神,深入总结承办工作经验。一是召开北外孔子学院工作会议,与会人员针对孔子学院建设如何与学校的学科建设相结合、如何进一步加强孔子学院能力建设、孔子学院人员选派如何实现可持续性等问题提出了很好的建议;二是举办孔子学院建设五周年庆祝大会,大会以"总结过去、展望未来、牢记使命、跨越发展"为主题,对北外参与孔子学院建设的先进集体和个人进行了表彰。国务院参事、国家汉办主任、孔子学院总部总干事许琳出席会议,高度评价了北外的孔子学院建设工作,把北外比作汉语国际教育与推广的旗舰,许琳主任用"六个最"概括了北外汉语国际推广工作,即承办孔子学院最早、最多,设立孔子学院工作处最早,建设汉语国际推广多语种基地最早,设立汉语国际教育专业硕士学位最早,承办的孔子学院接待国家领导人最多;三是举办"开拓与创新"孔子学院承办工作可持续发展论坛,来自全国28所国内高校的近50余名代表参加,各高校代表围绕着"孔子学院的管理制度与运作模式""中方人员的职业规划与未来发展""中方院校的资源整合与项目培育"三个议题展开了研讨;四是录制"光荣与梦想"孔子学院建设五周年系列访谈,邀请北外校领导、孔子学院工作处管理人员、中外方院长、汉语教师、志愿者等 13 人作为访谈嘉宾,从发展理念、管理经验、实践操作等层面回顾了孔子学院的发展;五是成立"中华语言文化国际推广协会",协会由研究生会、中文学院研究生会发起,在校团委和孔子学院工作处的支持下成立,协会以协助完成汉语国际推广为工作目标,参与各项中华语言文化的海外推广活动;六是举行"汉语国际推广项目宣传日"活动,为北外师生提供了了解孔子学院、熟悉汉语国际教育与推广事业的机会。"六个一"活动全面展示了北外五年来孔子学院建设成果,使全校师生更加关注和支持孔子学院建设,服务汉语学习需求,解读中国文化精髓,介绍中国现代生活,为孔子学院的健康可持续发展夯实基础。

四、对孔子学院未来发展的思考

从 2004 年至今孔子学院建设已走过了十余年,深化体制建设,完善机制,提高质量应该是下一阶段的工作重点。过去十余年,孔子学院通过大众化、普及型的语言教学和丰富多彩的文化活动,使各国人民对中国语言文化产生了兴趣。未来孔子学院应该设计什么样的课程、开展哪些活动使各国人民更加深入地了解中国,理解中国?这是孔子学院需要认真研讨的问题。孔子学院需要通过深化制度改革和队伍建设以"强健体魄",也需要通过加强硬件建设和品牌建设来"塑造形象"。

1. 促进汉语课程的连续性

目前北外承办大多数孔子学院已经建立了常规汉语课程与特色汉语课程体系。汉语学习者在汉语课程学习的连续性方面出现间断现象。有些孔子学院也反映,学习初级汉语课程的学员常常不能坚持学习中级课程和高级课程。例如马来西亚马来亚大学孔子汉语学院自成立以来共培训了 4 000 余人,只有 10% 的学习者现在可以说汉语,大部分学员还是不能用汉语进行交流。对于汉语和对中国文化感兴趣的学员,如何使他们从兴趣学习逐步转向知识学习和技能学习,需要孔子学院进一步探索。

为促进业余学员学习更高级别的汉语,孔子学院在培养当地民众对汉语学习兴趣的同时,还应注重提升民众对中国文化的了解,将表层的学习兴趣转化为深层次的学习动力,并开发和延伸各类汉语课程,逐步构建汉语教学的课程体系,使初级、中级、高级连续学习的学生越来越多,让更多的学习者能够真正掌握汉语交际能力。另外,提高学分制学员的数量,也是增加稳定的高级汉语学习者的有效途径之一。

教学质量是孔子学院发展的生命线,目前一些孔子学院的汉语教学还缺乏针对性和规范性,例如尚未建立专业的、系统性的、规范化的课程大纲和教学计划。保持汉语学习的持续性,需要各孔子学院逐步构建完善的汉语教学体系、人员体系、课程体系和资源体系①,同时建立汉语教学评估机制,保证孔子学院的汉语教学质量和办学水平,这样才能保证孔子学院汉语教学的可持续发展。

2. 注重文化活动的多层次性

孔子学院的主要任务之一是通过推广汉语及中国文化来增进世界对中国的了解。目前大多数孔子学院开展文化活动往往是针对大众群体介绍太极拳、剪纸、中国结、中国饮食等表层文化元素的文化项目,在初创时期,这有利于提升孔子学院的认知度。随着孔子学院的发展进入新的阶段,孔子学院需要创新文化传播方式,针对不同目标群体设计多层次的文化活动和学术研讨活动,在深度和广度方面延伸和拓展,引导当地民众更多地关注中国文化的内涵,吸引更多的专家从学术角度关注中国和中国文化,增进中国与世界的交流。在新的发展阶段,孔子学院也面临着新的挑战,如何使世界各地民众了解中国,从了解到理解,从理解到认同,仍需要孔子学院不断思考与实践。

3. 推进制度改革、建立考核评估机制

处于初创时期的孔子学院,在旺盛的市场需求面前,需要快速发展,因此往往来不及制定详细的管理制度,再加上孔子学院实践的崭新性、初期人手少等特点,客观上造成了以少数人的办事惯例和行为规范代替了管理制度。这个做法在孔子学院的初创时期灵活性大、

① 《优秀办学案例论坛》,《孔子学院》(中英文对照版)2014 年第 1 期。

效率较高,对孔子学院的快速发展起到了重要的作用。然而,长期保持这种做法,势必限制孔子学院规模的进一步扩大,继而影响孔子学院的可持续发展。因此,制度建设是值得所有孔子学院深入思考的一个重要问题。

基于北外承办孔子学院的经验,以及各所孔子学院在制度建设方面做出的尝试,孔子学院的制度可以分成三个层次来建设。第一个层次是理事会对孔子学院发展的管理制度,即孔子学院的理事会组织程序、理事会的议事规则及决策办法、理事会成员选举及任期制度、理事会的职责与权利等。第二个层次是中外双方合作的管理制度,即孔子学院的双方合作高校之间,中外方院长之间,中方派遣人员与本土工作人员之间的基本分工、合作机制等。第三个层次是孔子学院日常运营的基本管理制度,即孔子学院的人员管理制度、财务管理制度、资产管理制度、公共关系管理制度、突发事件处置制度等。这三个层次彼此独立,而又互相联系,它们共同作用,形成孔子学院的基本运营模式,使各位工作人员统一步调、各司其职、专心工作,从而各尽其能,增强孔子学院的整体实力与核心竞争力。

为适应孔子学院快速发展的需要,目前北外承办孔子学院大多建立了相关层面的规章制度和考核机制,明确了工作人员的责、权、利,然而在规章制度的实施过程中,孔子学院还需不断完善考核评估机制。未来有效的考核评估机制可以从人员考核、机构评估、财务审计三个方面加强建设。

4. 加大各方投入、切实改进办学场所与环境

充足的办学场所、良好的办公条件与设施,为孔子学院开展汉语教学与文化活动提供了硬件条件,为孔子学院的可持续发展提供场地保障。在办学场所方面,外方合作院校、机构为孔子学院提供了一定的专用办公、教学场所,一些外方承办院校、机构还为孔子学院提供了较大的公用教学与公用办公场地。随着孔子学院汉语教学工作的不断深入和文化活动的大力扩展,办学场所与条件也有必要随之改善,部分孔子学院的专用办公与教学面积尚未达到孔子学院总部/国家汉办的基本标准,还需争取外方的大力支持,扩大办学场所,改善办学环境。北外通过理事会议与外方协调,积极推动孔子学院改善办学场所与环境。

综上所述,北外承办的孔子学院采取因地制宜、灵活多样的办学形式,实现了办学规模的逐步扩大,取得了新进展。未来孔子学院的建设应在注重深层次发展、提高办学质量方面下工夫,进一步发挥孔子学院"综合文化交流平台"的优势,努力深化合作内涵,在展示真实中国、推动多元文明交流互鉴方面发挥更重要的作用。

(文/张晓慧)

第五章　华语"走出去"

第一节　华语"走出去"年度报告(2012—2014)

一、华文教育概述

人们常以"凡有阳光的地方就有华人"这一夸张的说法来形容华人在海外的人数之多和分布之广。凡有华人聚居的地方,就多多少少存在着各种形式的华文教育。尽管华文教育在海外历经艰难坎坷仍薪火相传、生生不息。华文教育,是几个世纪海外中华儿女心系祖国的真实写照,也是其祖祖辈辈为留存中华民族之根、传承中华语言文化之魂、实现华族在海外繁荣发展梦想的一个缩影。

早在 2004 年胡锦涛就曾经讲到大力开展海外华文教育是海外侨胞传承中华文化、保持民族特性的重要保证,是海外侨胞促进华人华侨社会发展的内在动力。2010 年时任国家副主席的习近平也曾经用根、魂、梦来形容海外的华文教育的价值所在。他说团结统一的中华民族是海内外中华儿女共同的根,博大精深的中华文化是海内外中华儿女共同的魂,实现中华民族的伟大复兴是海内外中华儿女共同的梦,所以华文教育实际上也是植根、种魂和圆梦的一个工程,是海内外中华民族的一个共同的、伟大的事业。

华文教育是面向海外华人华侨社会的青少年的一种民族语言和中华文化的教育,它有两个明显特点。第一个特点是它的对象是特定的,就是海外的华人华侨,尤其是华裔青少年。因为有特定的对象,所以可以说海外的华文教育是一种民族语言和中华文化的教育。华文教育的第二个特征就是民族文化或中华文化教学的内容更加突出,或者说它强调的是语言和文化的并重,因为很多的华人华侨家庭让孩子去学习汉语,并不仅仅是单纯地为了掌握一门语言,更重要的是通过语言的学习、训练和使用,来了解、认识继而保持和传承中华文化的优秀传统。

二、2012—2014 年华文教育走向海外的进展

2012—2014 年,华文教育工作进展主要体现在两个方面:一是祖(籍)国进一步加大扶持力度,二是海外华人社会在祖(籍)国各方面发展的形势激励下积极奋进。这三年,华文教育走向海外取得的一系列进展具体体现在如下几个方面:

1. 华文教育受到国内外政府重视(详见表 5-1-1)

2012 年 4 月 9 日国务院侨务办公室(以下简称"国侨办")领导在第六届世界华侨华人社团联谊大会开幕式上表示,国侨办将大力拓展华文教育,加强与相关国家政府教育主管部门的交流合作,努力推动华文教育进入当地主流教育体系。同时,将加大华文师资的培训力度,通过学历教育、专题培训、远程教学、巡回讲学等多种形式,培养骨干人才,培训华文教师。进一步完善华文教材体系,重点开发"本土化"教材和多媒体、网络教材,努力满足海外华裔青少年多样化、多层次的学习需求。国侨办计划在 5 年内邀请 10 万名华裔青少年参加各类"中国寻根之旅"夏(冬)令营活动,在侨胞聚居国家和地区开展"中华文化大乐园"夏(冬)令营活动,增进华裔青少年学习中华文化的兴趣。浙江、海南、江苏、广东、山东等省加强了华文教育工作规划和基地建设,云南省成立了云南华文学院,海南省还设立了华侨华人子女留学奖学金。

2013 年 2 月 10 日,"文化中国·四海同春"艺术团团长、中国国务院侨办国外司司长王晓萍及中国驻泰国孔敬总领事馆总领事谢福根一行走访了孔敬公立华侨学校。2013 年 8 月 12 日,由全国政协副主席、致公党中央主席、科技部部长万钢率领的全国政协代表团一行前往缅甸曼德勒福庆学校进行参观访问,万钢在访问中指出,"办好

华文教育意义重大,中华语言是中华文明的载体,世界文明的瑰宝,人类文明的结晶,是世界经济发展、文化融合、各国友好交往的需要。我们要共同努力,促进海外华文教育的健康发展,为中华文化的传承努力奋斗。"2013 年 10 月,国务院总理李克强参观了泰国具有 110 多年历史的清迈崇华新生华立学校。

2014 年 4 月 17 日,全国政协双周协商座谈会在京召开,华文教育正式列入全国政协双周协商座谈会议。全国政协主席俞正声主持会议并讲话。与会委员们一致认为,海外华文教育是面向广大华侨华人,特别是华裔青少年群体系统开展民族语言学习和中华文化传承的一项重要工作,对于增强中华民族凝聚力、促进中外文化交流、增进友好关系、保持华侨华人的民族特性、提升国家软实力等具有深远意义。

此外,2012 到 2014 年国侨办和各地方侨务办公室还举行了众多的访问活动,助力华文教育发展。

值得一提的是,华文教育在国外同样也逐渐引起了所在国政府部门和领导的重视。据马来西亚消息,2013 年马教育部决定再派 400 名教师赴华小,以缓解师资短缺的情况。同年,马首相宣布拨款 40 万林吉特,援助 8 所华小。[①] 2013 年 2 月 19 日,意大利托斯卡纳大区副主席斯黛拉－塔勒杰迪参观了普拉托华侨华人联谊会中文学校,对普拉托中文学校的教学模式给予赞赏,对华人华侨子弟积极学习祖(籍)国语言表示肯定。

[①] 《大马教育部拟再派 460 位教师赴华小、师资荒获缓解》,http://www.gqb.gov.cn/hjzx/index.shtml。

表 5-1-1　国内外领导、部门支持华文教育主要活动一览表

序号		活动内容	日期
1	国内	国侨办国外司司长访华校,赞泰国孔敬华文教育发展	2013.2.21
2		上海政府部门"牵线",助华裔青少年融入社区	2013.5.13
3		国侨办文化司组织华文师资培训团送教西班牙巴塞罗那	2013.5.31
4		国侨办主任裘援平履新后出访泰国、马来西亚、柬埔寨并走访当地华校	2013.7.2
5		国侨办代表赴武汉看望哈萨克斯坦华文教师	2013.7.29
6		全国政协副主席万钢观看"中华文化大乐园"表演	2013.8.13
7		国侨办文化司赴深圳考察中华文化大乐园筹备情况	2013.9.10
8		国务院总理李克强参观清迈崇华新生华立学校	2013.10.13
9		国侨办文化司官员赴广西华侨学校调研华文教育	2013.11.4
10		华文教育列入全国政协双周座谈会	2013.4.17
11		国务院侨办及中使馆资助柬埔寨华文教育发展	2013.4.22
12		国侨办文化司司长雷振刚赴新疆调研华文教育工作	2013.4.22
1	国外	马来西亚教育部再派 460 位教师赴华小	2013.2.7
2		马来西亚首相宣布拨款 40 万令吉,惠及 8 所华小	2013.2.6
3		马来西亚霹雳州政府拨款百万以实际行动支持华教	2013.2.17
4		意大利地方政要访华校贺新春	2013.2.20
5		马来西亚教育部多举措推华文师资培训,缓解"师资荒"	2014.10.30

2. 海内外华文教育合作交流频繁

2012—2014 年度,国内外相关华文教育学校的交流、访问活动日益频繁,国内院校、单位积极走出国门,与国外相关华校、单位建立合作关系,共同推进华文教育的发展。国外华校、单位通过到国内学

校访问、游学,进一步加强了国内外华文学院的合作与交流。根据国侨办华教咨询的粗略统计,2012—2013 年度,国内外院校交流、访问、座谈达 40 余次,深入地推动了华文教育的发展。

表 5-1-2 国内外相关院校、机构主要的合作、交流活动

序号	相关合作、交流、座谈	时间
1	两岸华文教育协同创新研讨会在华侨大学召开	2012.3.3
2	全国侨务系统五校华文教育工作会议在昆明举行	2012.9.12
3	北京市教委代表团访问马来西亚	2012.12.13
4	华侨大学与昆明华文学校合作开办华大昆明教学点	2013.3.26
5	35 名海外华校高层集体来粤考察交流	2013.9.23
6	全美中文学校协会访华团赴北京华文学院参观访问	2013.11.8
7	印尼三语学校协会到访广东省海外交流协会	2013.11.8
8	北京华文学院青年教师与美国香港中文教师座谈	2013.11.22
9	上海华教研究中心专家年会暨大马华教研讨会召开	2013.12.17
10	暨南大学华文学院与泰国学校合作推广汉语教学	2013.12.19
11	马来西亚教育局访北京华文学院,邀教师赴马任教	2014.1.22
12	北京华文学院泰国分院斯巴顿大学语言中心成立	2014.3.3
13	加拿大华文校长研习班赴北京华文学院"取经"	2014.3.31
14	亚洲华校校长齐聚广西座谈,冀望加强项目合作	2014.5.30
15	逾百名海外华校校董齐聚广州,推动华文教育发展	2014.7.11
16	华文教育再添新军,暨南大学将与阿根廷学校合作办学	2014.8.22
17	欧亚多名华文教师聚广西座谈,共商海外华文教育事业	2014.9.2
18	广西华侨学校与老挝开展多项合作,共推华教发展	2014.10.9

3. 华文师资培训力度加大

2012—2014 年,在国侨办、各省市侨办、中国华文教育基金会、中国海外交流协会、各大院校的通力协助下,华文师资培训进一步发展。国侨办通过外派志愿者、华文教师去所在国任教,请国内院校专家外出培训教师,请国外华文教师到国内参加培训,网络远程培训等多种方式加大了对海外华文教师的派遣力度,加强华文教师的培训,以解决海外华文师资短缺的局面。(详见表 5-1-1、表 5-1-2)

（1）外派教师数量继续增多

据相关资料,2012 年全国派往海外的华文教师共计有 730 人。其中,广东省 2012 年外派华文教师达 130 名,外派华文教师分别被派往印尼、菲律宾、泰国、马达加斯加和意大利等 3 大洲、5 个国家、18 个城市的 33 所华校及教育机构。2004 年至 2012 年,广东省已向海外派出华文教师达 600 多人次,数量居中国各省首位。① 另外,广西壮族自治区外派教师 80 名,福建省外派教师 166 名,吉林省外派 17 名教师赴泰国任教。四川省侨办外派 7 名教师赴菲律宾任教,安徽省侨办外派 9 名教师赴菲律宾任教,山东东营市侨办选派 5 名教师赴泰国任教。② 相比 2012 年,国侨办 2013 年外派教师增加 70 多名。2012 年,国侨办向海外选派华文教师 730 多人。选派国内优秀教师赴外任教,不仅在一定程度上缓解了当地华文教师严重缺乏的困难,确保了华语教学的正常教学,也为当地华文教师起到了"示范教学"的作用,在很大程度上帮助提高了外派教师所在学校的教学质量。

广东省侨办和省教育厅联合出台的《广东省海外华文教育五年规划》,提出实施"南粤华教情——华文教师支教计划",依托国侨办资源,每年派出 100 名以上华文教师、华校管理人员赴海外华校任教任职;每年保持 200 名以上外派教师储备;每年组织 100 名以上外派华文教师(含备选)参加赴任前培训,不断扩大外派国家与地区。广东省通过近几年外派华文教师的工作,促成该省学校与海外合作办学项目 4 个;促成海外多所华校成为广东省高校对外汉语专业学生的实习基地;促成海外一批华教机构成为广东省高校的对外招生报名点;促成省内 40 多所学校与海外华校结对子。

福建是中国重要侨乡,旅居海外的闽籍侨胞达 1 260 多万。自2005 年以来福建海外华校师资培训和外派工作走在全国前列,与海外 452 所华校建立联系,外派 1 227 名汉语教学志愿者和教师到海

---

① 《粤外派华文教师数量居中国首位、今年再派出 130 人》,中新网 http://www.chinanews.com/hwjy/2012/。

② 《2013 年国务院侨办(广西)外派教师培训班开班》,中新网 http://www.chinanews.com/zgqj/2013/07—11/5032771.shtml。

外华校任教,培训海外华文教师近万人次,促进了海外华文教育水平提升。福建省侨办 2012—2017 年间计划培训教师 1 万名,安排赴外任教 1 500 名,提高海外华文师资队伍整体水平。[①]

(2)"走出去"培训华文师资

尽管外派教师数量有所增加,但培养当地师资,实现教师本土化,才能从根本上解决海外华校师资短缺的问题。

2012 年,国侨办组织讲师团分别赴意大利、澳大利亚、新西兰等地,培训华文教师 7 000 余人次。国侨办还委托辽宁师范大学、湖南师范大学、云南师范大学、暨南大学、华侨大学、上海师范大学、华中师范大学等单位,开办了海外华文教师华文教育、汉语言和对外汉语教学专业的全日制或函授学历教育,现已有 472 人顺利毕业并获得学士学位和大专学历(专升本),现在读学院还有 484 人。国侨办和一些地区还为学生提供了奖学金和助学金。为鼓励教师安心从教,鼓励热心人士关心华教,2012 年国侨办还邀请了 166 位曾获表彰的优秀华文教师和杰出人士来华参加培训,同时到文化资源丰厚的省市开展文化考察,领略名胜古迹,亲身感受祖(籍)国的文化。[②]

2013 年,国侨办继续实施"走出去"培训师资工程。5 月 30 日,由国侨办文化司"'走出去'师资培训团"组织的师资讲座课堂,在巴塞罗那 ESERP 商学院隆重举行,来自巴塞华文教育界的老师、工作者 100 人参加了此次活动。6 月,福建讲学团在印尼培训,当地 60 名华文教育工作者参加了培训。8 月 27 日至 9 月 11 日湖南师范大学讲习团赴菲律宾马尼拉、三宝颜、鄢市、纳卯等四个城市巡回讲学,培训当地华语教师 400 余人。9 月 11 日至 22 日,山东青岛市侨办组织专家讲学团赴马来西亚开展华文教育培训讲学,为 1 600 余名华文学校校长、1 400 余名华文教师和 300 余名学生作了 15 场精彩的专题讲座。12 月,福建讲学团赴马来西亚培训,当地 493 人华文教育者参加了培训。

---

① 《福建持续拓展海外华教、力争 5 年培训万名教师》,中国华文教育网 http://www.hwjyw.com/info/content/。

② 《国务院侨办 2012 年"走出去"培训华文教师 7000 余人次》,新华网 http://news.xinhuanet.com/politics/。

（3）邀请华文教师来华培训

2012 年国务院侨办邀请了 3 400 多名华文教师来华培训。[①]
2013 年,国侨办与国内院校协作,通过举办"华文教育·教师研习"
"华文校长培训班"华侨领袖研习培训班""幼教培训班""骨干教师培
训班""高级管理人员培训班"等多种途径,继续加大来华华文教师培
训。据中国华文教育网信息不完全统计,2013 年度,海南师范大学、
九江学院、四川大学、陕西师范大学、湖南师范大学分别开设"华文教
育·教师研习"泰国班、英国班、欧美班、泰国班、马来西亚班,共计培
训学员近 200 名。

2014 年,北京华文学院、华中师范大学、暨南大学、广西华侨学
院分别举办"华文教育·教师研习"印尼班、中亚班、欧美班、泰国班、
泰国班,共计近 400 多名华文教师参加了此系列的培训。此外,天津
大学国家教育学院还承办了 2014"华文教育优秀教师华夏行"研习
班,来自世界 20 多个国家华文学校的近 60 名优秀华文教师参加了
此次研习。华侨大学举办第九届"外国政府官员中文学习班",招收
泰国、印尼等政府官员 79 名。

值得一提的是,暨南大学自 2012 年以来,每年开办《中文》教材
研习班,以解决海外华文教师在教材使用过程中的问题。2013 年,
海外华文教师《中文》教材教法研习班招收学员 60 多名,比 2012 年
增加 20 名。2014 年招收学员 130 名。迄今,共有 210 名学员参加了
《中文》教材研习班的培训。

（4）通过网络远程培训教师

2012 年,中国华文教育基金会主办、北京海外交流协会和北京
燕京文化专科学校共同承办的"2012 华文师资远程培训"开课仪式
在北京、印度尼西亚的万隆、雅加达、葡萄牙的里斯本四地同步举行,
来自印度尼西亚和葡萄牙的 300 余名海外华文教师在当地通过远程
网络视讯系统参加了持续半年的培训学习。2013 年 1 月,该批学生
顺利结业。2013 年 5 月 29 日,中国华文教育基金会与北京四中网校

---

① 《国侨办拓展海外华文教育、年培训师资超万人次》,中国新闻网 http://www.chinanews.com/
hwjy/2012/。

签署了开展葡萄牙、印尼和文莱华文教师远程培训的合作备忘录。6月，沪侨办首创华文师资远程培训，澳大利亚墨尔本新金山中文学校230多位教师听取了上海静安区教育学院的远程培训课程。11月，中国华文教育基金会主办，北京四中网校、北京燕京文化专科学校承办的"雅居乐"海外华文教师远程培训结业仪式举行，来自文莱、印尼和葡萄牙等国家的300多位华文教师通过远程教学平台的学习顺利结业。同月，中国华文教育基金会项目与北京燕京文化专科学校负责人抵达葡萄牙检查验收了远程华文师资培训项目在葡萄牙的开展情况。2014年4月，上海市侨办与加拿大蒙特利尔佳华学校共同主办的海外华文远程师资培训班在上海和蒙特利尔同步举行，蒙特利尔的58名华文教师通过网络参加了培训。

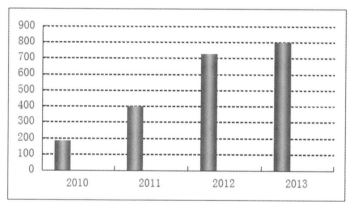

图 5-1-1 国侨办外派教师情况

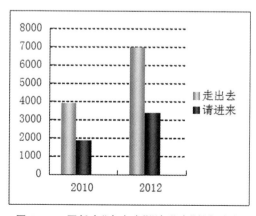

图 5-1-2 国侨办"走出去""请进来"教师人数

4. 国内华教基地发展迅猛(详见表 5-1-3)

国侨办从 2000 年开始建设华文教育基地,到 2013 年华文教育基地院校已增加至 43 所。此外,各个省、市侨务办公室也设立本省、本市的华文教育基地、华文教育示范基地等。截止 2014 年,广西壮族自治区共设立华文教育基地 17 所。2009 年,福建省设立首批华文教育基地 33 所,2012 年又增加 10 所,2014 年 8 月 14 日,福建省侨办公布了第三批 9 所海外华文教育基地名单。截止 2014 年,福建全省共有 52 所华文教育基地学校。

表 5-1-3 国内外主要华文教育基地数量一览表

国侨办	国内基地	43
	海外示范学校	189
省份	福建省	52
	浙江省	25
	广西	17
特大城市	上海	35
	广州	7

各级华文教育基地为海外华文教育提供了更多的支持平台。传统的华文教育基地如暨南大学和华侨大学分别成立了华文教育研究院,力图在华文教育状况普查、华文教材编写、华文教师资格认证、华文水平测试等方面有所突破。华侨大学还成立了华文教育协同创新中心,希望通过各方合作,形成自己的品牌。建校 62 年的北京华文学院成立了华侨华人与华文教育研究中心,整合力量,借 2012 年新校区的建成投入使用,将该校打造成华文教学理论研究中心、华文师资培训中心和华裔青少年中华文化体验中心。2012 年,来该院参加培训和体验活动的各种团队达 80 多个,总人数达 2 500 多人。

2002 年,暨南大学在印尼开设了首个海外函授本科教学点,至2014 年 6 月,该校已在海外 5 个国家开设了近 30 个海外函授教学点,成功培养 800 多位函授本科毕业生。仅在印尼一个国家,就设有20 个面授教学点,培养毕业生 700 多名。2013 年,暨南大学海外函授点共毕业 90 人,其中德国教学点 10 名,印尼、泰国教学点共计 80

名。2014年,该校海外函授点共计毕业100人。①

2003年起,华侨大学开始实施华文教育奖学金项目,迄今共招收近400名学生来校学习,已有200余名学生完成学业。2012年招收107名华文教育专业本学生,2013年,招收近100名华文教育专业本科生,2014年招收130名,比去年增长40名。2013年开始,华侨大学将泰国华文教师培训班提升为华文教育学历班,迄今已对其进行了4期的培训。②

2011年9月,"华语与华教"硕士点在华侨大学成立。2012年,华侨大学招收首批海外华语与华文教育日本硕士研究生班学员20名;2013年4月,华侨大学昆明班硕士点招收来自缅甸、泰国的24名学员;2013年12月,华侨大学在菲律宾开办第一个硕士研究生班,共招收学员18名;2013年华侨大学招收"华语与华文教育"硕士生12名,2014年招收13名。此外,上海师范大学、福建师范大学应用语言学方向下开始招收华文教育的国内硕士生。

2012年暨南大学华文学院在国内首先设立了"海外华语及华文教学"博士点和硕士点。该专业首批9名硕士研究生和1名印尼籍博士研究生已于2013年9月入学,他们也将成为华文教育和华语研究领域的生力军。2014年暨南大学华文学院招收"海外华语及华文教学"硕士10名,博士3名。

2014年8月,中国华文教育基金会秘书长左志强表示,十年来基金会建立了全面的学历教育体系,资助了逾5 000名海外华裔学生和老师到中国求学。2013年,暨南大学在校的华侨、港澳台和外国学生11 560人。海南大学、海南师范大学两个华文教育基地近两年共招收各类外国留学生1 235名,其中华人华侨子女约占20%。

5. 海外华校建设得到重视和扶持

海外华文学校一直是华语传播和传承的主力军。为了推动海外华文教育,国侨办在海外评选了一批华文教育示范学校。2009年,

---

① 《暨南大学华文教育专业2014届函授本科学历教育毕业典礼隆重举行》,暨南大学华文学院网站:http://hwy.jnu.edu.cn/hwxy/publish/funonews.aspx? IDX=5391。
② 《华侨大学:华文教育新亮色》,中国共产党新网 http://cpc.people.com.cn/n/2013/0620/c83083。

中国国务院侨务办公室公布了首批海外"华文教育示范学校"名单,共有 21 个国家的 55 所华文学校入选。2011 年 8 月 31 日,国侨办公布第二批"华文教育示范学校(单位)",共有 15 个国家的 46 所华校入选。

2012 年 11 月 27 日,在南宁召开了首次海外华文教育示范学校暨华文教育组织工作座谈会。国侨办官员以及来自海外华文教育示范学校代表、主要华教组织代表、中国国内华文教育基地院校代表、有关省市侨办代表 300 余人与会,围绕如何加快华文教育示范学校建设,如何发挥各方面作用,加强与华侨华人住在国主流社会联系,共同营造华文教育发展良好环境等 4 个议题展开讨论,共同探讨新时期华文教育发展之道。

会议上,国侨办领导表示,要高度重视华文教育工作,继续加大投入,采取更为有效的措施支持海外华校快速发展,将本着"成熟一批,建设一批,完善一批"的原则,在已建设 104 所海外华文教育示范学校的基础上,用五年左右的时间再建设 300 所华文教育示范学校,逐步将其打造成为在海外传承中华文化的示范基地;每年给予 100 所初创或举步维艰的华校以必要的物资支持,帮助其改善办学条件,尽快走出困境;每年重点资助、支持一批全国性或地域性的华教组织,每年资助 200 所华校建立"华星书屋",为之配备一批图书、音像制品,满足华校师生日益增长的文化需求。2012 年,侨办已经向海外赠送了一大批教材和图书。

2013 年 11 月,国侨办又遴选出第三批华文教育示范学校,共有 88 所海外华文学校入选。至 2013 年 11 月,国侨办已在海外设立 189 所华文师范学校。

6. 华语本土化教材建设力度加大

经过多年努力,国侨办已经初步建立起了从幼儿园到初中的华文教育主干教材体系,华文教材的发行量已连续两年突破 200 万册,覆盖了 50 多个华侨华人聚居国。在继续完善主干教材体系建设的同时,推动华文教材编写的"本土化"、多样化,也是今后几年的关注点。在海外华文教育示范学校暨华文教育组织工作座谈会上,国侨办领导表示,未来将加大"本土化"教材的研发力度,力争约 5 年时间初步完成"本土化"、多样性教材体系建设,满足海外华校的多样性需求。据介绍,经过多年努力,国侨办已经初步建立起了从幼儿园到初中的华文教育主干教材体系,华文教材的发行量已连续两年突破200万册,覆盖了50多个华侨华人聚居国。

华文教材只有本土化,以当地人熟悉的题材进行教学才能有生命力,才能更贴近学习者的语言、生活习惯,令当地人感觉更加亲切,更利于学习者接受。2012—2014年,华文教育教材"本土化"工作进展顺利。如:为中亚地区新疆籍华侨华人子女编写的中文教材已经进入终审阶段;为欧洲地区部分国家中文学校编写的小学教材,为缅甸、泰国北部地区华校改编的"人教版"九年义务制小学教材,为印尼华校编写的小学教材,为柬埔寨华校编写的初中教材,以及为东南亚地区幼稚园教师编写的培训教材等教材都在紧锣密鼓进行中。

(1)柬埔寨《华文》(初中版)

2012年1月初,暨南大学访问柬埔寨柬华理事总会,双方商定为柬埔寨编写一套初中版华文教材。随后,在国侨办的大力支持下,暨南大学华文教育研究院专门成立了教材编写组,积极进行教材编写相关工作。2012年11月,暨南大学华文教育研究院柬埔寨《华文》(初中版)编写组实地考察了柬埔寨有相关华校,通过与校长、华文教师、学生进行座谈,发放问卷等多种方式,了解了柬埔寨华文教材的实际需求。

2013年3月,该教材开始各册分组编写,10月完成初稿。11月17日,柬埔寨《华文》(初中版)编写座谈会召开,柬埔寨华理事总会代表对该套教材给予了充分肯定。2014年1月15日,柬埔寨《华文》教材(初中版)专家指导会在暨南大学华文学院举行,国内5位知名学者担任审稿专家,就该教材进行了评阅。

(2)澳大利亚《中文》(高中版)

近年来,随着澳大利亚"全国学校亚洲语言学习计划"(NALSSP)的实施,中文教学在澳大利亚主流学校日益受到重视。新南威尔士州在此背景下为具有亚洲文化背景的学生制订了新的Heritage Course语言教学大纲。为适应华裔学生中文教学的需要,暨南大学华文学院应澳大利亚中文教育促进会的邀请,将为该计划下的华裔中文教学课程编写适用的本土化教材,供开设 Heritage course 的主流学校选用。2014 年 5 月,该教材编写计划获国侨办立项。8 月 29 日至 9 月 2 日,暨南大学华文学院前往悉尼、墨尔本,通过听课、访谈与发放问卷调查的方式,深入细致了解当地华校需求。调查进一步明确了教材定位,掌握了当地中文高考信息和教学制度的基本数据,对澳大利亚中文教学发展趋势有了较好的把握。

7. 华文教育学术交流活动频繁

2012 年 5 月 26 马来亚大学文学院举办 2012 年华语国际学术会议。研讨会围绕"21 世纪华语的传播与发展"这个主题,探讨了华语在世界各地的传播与发展、华语的本体研究、华语作为第一语言教学的问题,研究与分享了华语作为第二语言教学的心得,研究了华语与翻译、华语与文化、华语与科技等的关系。

2013 年 1 月 19 日,"第五届世界华语文教学研究生论坛"在华侨大学厦门校区开幕。来自韩国、泰国、日本等国家及中国大陆(内地)、台湾、澳门等地区的 40 多所高校的专家学者共 150 多人出席。本次会议共收学术论文 98 篇,会议主题为"全球化时代的世界华语文教学与中华文化传播"

2013 年 5 月 22 日,华侨大学、台湾世界华语文教育学会共同举办的"两岸海外华文教育论坛",在台湾师范大学举行。来自海峡两岸的 20 余位专家学者出席会议。

2013 年 8 月 24 日,"第三届两岸华文教师论坛"在华侨大学厦门大学举行,来自海峡两岸和泰国的 34 所学校、百余位华文教育专家学者参加了会议。本次会议共收到论文报告 58 篇,教学观摩 7 篇,教案 2 篇。会议主题为"华文教学实践研究"。

2013 年 10 月,"第十届东南亚华文教学研讨会"在缅甸曼德勒隆重举行。来自马来西亚、菲律宾、新加坡、泰国、印尼、文莱、缅甸等东南亚国家的华教机构代表以及来自中国各地高校代表等 180 多人参加,收到论文 32 篇。

2013 年 11 月,"华文教育国际学术研讨会"在广州暨南大学华文学院举行。来自全球 23 个国家和地区的 140 多位专家和学者参加了本次会议。会议主题为"华文教育发展研究"。分议题有华文教育历史与未来发展、华文教材与教学法研究、华文师资培养与资格认证研究、华语与华文水平测试研究、国别语言政策与华文教育当地化研究、华裔汉语习得与教学类型研究、两岸华文教育研究等。

2013年12月8日,第六届华文教学国际论坛在云南师范大学举行,来自海内外的70余人出席了本次会议。

2014年8月,"第四届两岸华文教师论坛"在北京华文学院昌平校区举行,来自海外及海峡两岸的120余位华文教学专家参加了此次论坛,本论坛主题为"华文教学的理论和实践"。

8. 华文教育研究成果丰硕

（1）出版了多种华文教育专业期刊、著作及论文集

华文教育研究领域比较重要的期刊有《华文教学与研究》（暨南大学华文学院）,《海外华文教育》《海外华文教育动态》（厦门大学海外教育学院）,《华文教学通讯》（北京华文学院）,《华文教育》（菲律宾）等。2014年7月《世界华文教学》创刊出版第一期,该刊以"反映华文教学与研究最新成果,推动华文教育学科发展"为宗旨,设置以下栏目:（1）华文本体研究;（2）华文教学研究;（3）华文教育史研究;（4）华文教育规划与政策研究;（5）华语应用研究;（6）跨文化交际研究;（7）华文教师教育研究;（8）华文教学资源研究。

2012年出版了一系列海外华文教育系列教材,其适用对象为海外华文教育、对外汉语、汉语言、汉语言文学等专业成人教育系列本科生。首批12本为《华语语音》（孙玉卿主编）、《华语词汇》（李军编著）、《华语语法》（周静、杨海明编著）、《华语修辞》（曾毅平主编）、《华语写作》（王晶编著）、《中国概况》（莫海斌主编）、《儿童语言学习心理》（唐燕儿编著）、《华文教材教法》（贾益民主编）、《华文教育概论》（贾益民主编）、《华文教育心理学》（马跃主编）、《汉字理论与应用》（李香平编著）、《计算机辅助华语教学》（熊玉珍编著）。

此外,其他一些专业研究专著如《两岸华文教师论坛文集》《海峡华文教学论丛》（暨南大学出版社）,《华文教学概论》《华语研究录》（商务印书馆）,《华文教育心理学》（广东高等教育出版社）,《海外华文教师培训教程》（北京师范大学出版社）,《华语测试中的阅读研究》（北京大学出版社）等,在海内外产生了较大影响。

从搜集到的资料来看,2012—2014年国内发表的以"华语、华文"为主题的文章有150多篇,内容覆盖华文教学、华文教育、华语语法等多个方面。

(2)华语测试研发工作进展顺利

华裔不同于普通汉语二语者,对华裔的语言测试应该有自己的特色。

2011年10月,国侨办决定研究制订海外华裔青少年"华文水平测试系统",并委托暨南大学华文学院华文水平测试中心全面负责华文水平测试(华测,HSC)的理论构建、试卷开发、测试实施、后效研究等工作。

2013年,暨南大学华文水平测试中心正式向外公布"华测"的总体设计和理论框架,包括参考母语者能力标准设立的"华测"等级标准、参考普通话标准建构的华语标准、突出汉字和中华文化两大设计特色的理念。

2014年10月11日,暨南大学华文水平测试中心和厦门大学国教育教材语言分中心签订了"中小学教材词汇研究"的项目合作协议,将获得国内中小学教材相关资料及有关研究成果,为"华文水平测试"的研发提供强有力的支持。

2014年11月19日,国家级华文水平测试(HSC)专家论证会在广州的暨南大学举行,来自国内高校的专家学者及海外华文学校的负责人参加了本次论证会,与会专家共同签署了论证意见,对"华测"给予了充分的肯定。

(3)《华文教师证书》项目进展顺利

《华文教师证书》实施方案是国务院侨务办公室委托暨南大学承担的一项重要科研课题,由暨南大学华文学院15名具有丰富教学及科研经验的教师组成课题组。

2011年2月,国侨办正式设立"《华文教师证书》等级标准研制"项目,项目研究成果包括:《〈华文教师证书〉实施方案》《〈华文教师证书〉考试样卷及答题卡》《〈华文教师证书〉考试试测报告》《〈华文教师证书〉考试调研报告》五个部分。

2012年初,课题组向国侨办提交了认证方案初稿,9月,《〈华文教师证书〉认证标准》审稿会在暨南大学华文学院召开,国内 12 位语言学及应用语言学领域的知名专家学者出席会议,就该标准二稿进行了评阅。

2013 年 4 月 19 日,《〈华文教师证书〉实施方案》定稿会召开,国内 14 位知名专家学者出席会议,就该项目成果进行了评审鉴定。

2013 年 12 月 17 日,"《华文教师证书》等级标准研制"顺利结项,该项目研发工作的完成,为《华文教师证书》的实施奠定了基础。随后,暨南大学华文学院分别赴缅甸、印尼、菲律宾、泰国等国进行试测,以检验华文师资培养操作模式与流程,根据试测情况将对培训体系以及题库进行做进一步的丰富和完善。

2014 年 1 月 27 日,暨南大学华文学院启动《华文教师证书》考试题库建设工作,就讨论题库建设的基本思路,对计算机题库的主要功能、基本架构、核心模块等进行了规划;4 月,国侨办文化司正式批复暨南大学华文学院,同意立项支持"《华文教师证书》考试题库"项目的研究;6 月,《华文教师证书》题库平台正式启用。

(4) 华文教育研究专业机构成立

华侨大学华文教育研究院成立于 2012 年 2 月,有专职研究人员 5 名,研究院设立了四个研究中心,分别为华文教育理论研究中心、华文教育调查研究中心、教师发展研究中心和教学资源研发中心。华文教育理论研究中心是研究性机构,范围包括世界华文教育体系、华文教育历史与现状、华文传播、华语本体研究、华文教学研究等诸多方面。华文教育调查与研究中心的主要任务是,开展海外华校普查、海外华文教育组织调查及海外华文教育政策调查,在调查的基础上撰写《世界华文教育发展年度报告》,编纂出版《世界华文教育年鉴》。华文教学资源研发中心的主要职任务是研究、开发、编写本土化华文教材,提供优秀教案、教学音频、视频。教师发展研究中心的主要任务是研发华文师资培训系列教材、研发华文教师认证体系、开展华文师资培训工作。

2012 年 4 月 28 日,暨南大学华文教育研究院成立,目标定位于华文教育研究领域学术研究、产品研发和社会服务,为国家相关政策制定、全球华文教育发展提供智力支持和咨询服务。华文教育研究院下设华文水平测试中心、华文教材研发中心、海外华语研究中心、华文教师资格认证中心、华文教育服务平台和《华文教学与研究》编辑部,该研究院已成为一个集科学研究和产品开发为一体的综合平台。

2012年,由华侨大学牵头成立的"海外华文教育与中华文化传播协同创新中心"于9月25日在华侨大学厦门校区举行隆重的揭牌仪式。该协同创新中心由华侨大学与中国社会科学院文化研究中心、中国华文教育基金会、世界华语文教育学会等共同组建,主管部门为国侨办。该中心拥有专职教学科研人员130余人。近几年内,该中心将重点开展海外华文教育与中华文化传播研究,中华文化传播与海外华人社团、华人社会发展研究,海外华侨华人的中华文化认知度研究,海峡两岸华文教育的运行模式与协作创新等课题。

(5)华人、华侨、华文教育普查研究工作有序开展

为全面了解海外华文教育的现状,2012年4月12日,国务院侨务办公室委托华侨大学负责"海外华文教育情况普查及动态数据库建设"工作。2012年,项目组制定了初步的实施方案,设计了海外华校、华文教育组织、华文教育政策调查问卷,在学校范围内进行了第一次专家论证,面向海外华校负责人进行了第二次专家论证。在论证的基础上对方案和问卷进行了相应的修改,最终设计成电子调查问卷。2013年已制定了合作中心设立的初步方案,对调查站设立的国家、城市以及对应的国内院校或单位已有了明确目标。与各合作中心的合作协议,人员、岗位职责等项目已经草拟。该数据库主要包括三个方面的内容:一是各个国家和地区的华文学校的基本情况,二是各个国家或地区的华文教育组织的基本情况,三是各个国家或地区执行的有关华文教育的政策的情况。在此数据库基础上,华侨大学每年将发布《海外华校总体情况报告》《海外华校国别报告》《海外华校办学要素报告》等。

2012年4月28日,暨南大学首次发布《世界侨情报告:2011—2012》。该书是国内首部以海外侨情变化及相关政治经济形势为主要内容的专题报告出版物,涵盖华侨华人居住国国情与政治经济形势、华侨华人生存和发展的基本状况、华侨华人与居住国主流社会的

关系、华侨华人与中外关系、华侨华人社会近期面临的问题以及可能存在的风险分析等内容,及时反映出全球传统和最新华侨华人侨居地的侨情动态变化,时效性非常鲜明。《报告》除关注东南亚等传统华侨聚居区外,对欧美等新兴华侨聚居地也有研究。2013 年 7 月 2 日,《世界侨情报告:2012—2013》发布,与 2012 年报告相比,2013 年的侨情报告增加了十余个国家的内容,对华人认同、移民治理、华人参政及华侨华人专业社团与中国创新体系建设进行了详尽细致的报告。

2014 年 1 月,《华侨华人蓝皮书/华侨华人研究报告(2013)》在北京发布。该书分总报告、侨情篇和华文教育篇三大部分,主要介绍了全球各个国家华侨华人的规模、分布、结构、发展趋势,以及全球涉侨生存安全环境和华文教育情况等。

2014 年 6 月,《世界华文教育年鉴(2013)》由社会科学文献出版社出版发行。该书是记录和反映世界华文教育领域各方面重要发展的首部年鉴,其主要内容包括综述、大事记、华教资讯、学术动态、论著选介、华教天地、重要文献等。

9. 开展了丰富多彩的华文教育活动

（1）中国寻根之旅

海外华裔青少年"中国寻根之旅"是国侨办重点打造的华文教育品牌活动。主要分三类:一是由国侨办与地方侨办合作举办的常规营;二是由国侨办委托基地院校举办的特色营,如舞蹈营、武术营、优秀营等;第三类则是由国侨办自己主办,如领养中国儿童外国家庭夏令营等。2012 年,国内举办的海外华裔青少年"中国寻根之旅"系列活动的参加者超两万人,并首次搭建夏令营网上交流平台,参营者和希望合作办营方都能通过网络及时了解夏令营的所有信息。活动实行"游教结合,以教为主"的方针,带领 12 到 18 岁的海外华裔及港澳台地区青少年参观游览中国的历史名胜,并通过教学活动,使其了解和掌握中华文化知识,深受华裔青少年及其家长、老师的喜爱。2012 年还在福建、广东、浙江等重点侨乡举办了省内集结营。2013 年 8 月 3 日,由国侨办、中国海外交流协会共同主办的 2013 年海外华裔及港澳台地区青少年"中国寻根之旅"夏令营在北京人民大会堂开营,来自世界 55 个国家和港澳台地区的 4 000 名青少年欢聚北京,开启寻根之旅。迄今已有 15 万名海外华裔青少年参加寻根之旅活动。① 集结活动结束之后,营员们将分散到全国各地继续寻根之旅活动,此次参加国家比 2010 年的多了 4 个。

（2）海外华裔青少年中华文化知识大赛

"海外华裔青少年中华文化知识竞赛"是 2008 年新创立的华文教育品牌项目。原名"海外华裔青少年中华文化竞赛"。该赛事是一项综合性竞赛活动,旨在提高海外华裔青少年学习汉语和中华文化的兴趣,增进其对祖（籍）国的了解和认识。2012 年,为进一步提升活动效应,扩大活动影响力,在总结以往三届知识竞赛经验的基础上,国侨办对该项赛事进行了全面升级,并正式更名为现名。2012 年后每年举办一届。2012 年度赛事吸引了 19 个国家的 3.6 万多名华裔青少年参加。12 月 13 日至 26 日,年度分赛区优胜者冬令营暨复赛和总决赛在厦门举办,有 13 个国家的 65 名中华文化大赛优胜者参与争夺团体和个人单项大奖等 12 类奖项。

2013 年 12 月 26 日,第二届海外华裔青少年中华文化大赛总决赛在厦门广电集团演播厅上演。经过 14 个国家 3 万名华裔青年在欧洲、美洲、东南亚三大赛区的决赛评比,共 300 名营员和领队参加了在厦门举办的"第二届海外华裔青少年中华文化大赛优胜者冬令营暨总决赛"活动。

（3）中华文化大乐园活动

"中华文化大乐园活动"是国侨办、中国海外交流协会继"中国寻根之旅"活动之后,推出的又一项旨在增进海外华裔青少年了解中华文化的品牌活动。活动根据海外华裔青少年的特点和需要,采取组派国内优秀教师赴海外举办中华文化夏令营的形式,通过开设汉语知识、中华武术、民族音乐、民族舞蹈、中国书法、绘画等课程,进一步加深广大海外华裔青少年对博大精深的中华文化的了解。活动强调因材施教,注重快乐教学。国侨办自 2011 年开始尝试与省市侨办合作到海外举办"中华文化大乐园"夏令营,把中华文化精品课程送到

① 《四千华裔青少年北京集结、杨洁篪出席提 3 点希望》,中国华文教育网 http://www.hwjyw.com/zt/SummerCamp2013/index.shtml。

孩子们的家门口,以突破海外华裔青少年在参加国内活动时遇到的名额、年龄、时间、经济等局限。2012 年,国侨办联合北京等 18 个省市(自治区)侨办及基地院校,分赴欧、美、澳、东南亚等 15 个国家的多个城市举办"中华文化大乐园",吸引了 7 000 余名华裔青少年参营。①

2013 年"中华文化大乐园"增加了韩国、新西兰、斐济、西班牙、法国 5 个国家,包括欧洲、美洲、大洋洲、东南亚等海外 14 个国家 28 个城市举办"中华文化大乐园"夏令营活动,共约 6 000 多名海外华裔青少年在家门参营学习中华文化。② 此外,国侨办派出了两个"中华文化大乐园—少儿才艺交流团",第一个"才艺团"5 月份赴泰国、菲律宾、马来西亚三个国家的"大乐园"营地访演;第二个"才艺团"9 月访问了美国的华盛顿、波士顿、纽约、休斯敦,澳大利亚的悉尼、墨尔本等"大乐园"营地。"中华文化大乐园"夏令营活动自 2011 年推出以来,共有 20 多个国家的 2 万多名营员参营。

(4)华文教育人士"华夏行"

2013 年 10 月 24 日,来自 32 个国家的 384 位华文教育界人士齐聚北京,参加由国侨办和中国海外交流协会共同主办的"2013 年华文教育华夏行"系列活动,该系列活动包括华校校长华夏行、华校校董华夏行、华文教育杰出人士华夏行、优秀教师华夏行等。

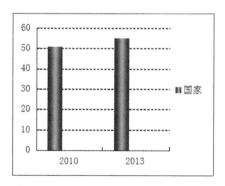

图 5-1-3　中国文化寻根之旅北京大型集结营参与国家数目

---

① 《中国华文教育网十大新闻(2012)》,中国华文教育网 http://www.hwjyw.com/zt/top10news/2012.shtml。

② 《中国华文教育网十大新闻(2013)》,中国华文教育网 http://www.hwjyw.com/zt/top10news/2013.shtml。

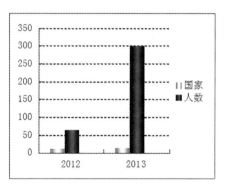

图 5-1-4　海外华裔青少年中华文化大赛总决赛参赛国家与人数

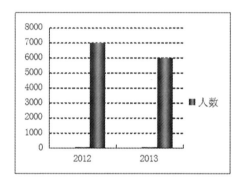

图 5-1-5　国侨办文化大观园活动参与人数图

10．海外华裔、华侨学子学习华文的人数和规模不断增加

（1）亚洲

马来西亚共有 61 所"独中"（独立中学是由马来西亚华裔、民间赞助维持创办的中学总称）。约 7 万左右在校生；华文小学超过 1 300 所，在校生超过 60 万；还有三所华文大专院校。

泰国是国侨办开办华文教育工作的重点国家，也是国侨办外派教师数量最多的国家。据了解，2012 年泰国学习中文的人数达到了 80 万。①

老挝的华文教育办学条件较好，主要华校有寮都公学，巴色华侨公学、寮东公学、崇德学校、新华公学、老挝国立大学中文系。此外，老挝国内还有许多中文培训中心与私人举办的中文培训班。寮都公学是老挝规模最大、师资最强的华文学校，现有学生 2 000 名。该校

---

① 刘华、程浩斌：《近年来海外华文教育发展的现状、问题及其趋势》，《东南亚研究》2014 年第 2 期。

是国侨办确定的三所老挝华文教育示范学校之一，每年都有毕业生到中国的暨南大学和华侨大学接受高等教育。巴色华侨公学是老挝南部最著名的华文学校，该校由当地的华社创办管理。寮东公学是由甘蒙省他曲中华理事会创办的华文学校。崇德学校位于老挝沙湾拿吉省，新华公学位于老挝朗勃拉邦省，崇德学校同样也是国侨办批准的老挝华文师范学校之一。老挝国立大学中文系成立于2003年，学制5年，2008年改为4年，教师由国家汉办委派，使用从中国进口的教材。①

近年来，越南政府对少数民族的教育日益重视，实施了一系列政策鼓励华人学校华语。从胡志明市来看，2010年—2011年，该市的8个县有27个小学开办了128个华文教育班，共有学生5 020人。此外还有19个华文培训中心，共计开班414个，有学生10 054名。②

文莱共有8所华校，全部为私立学校。其中5所小学、3所中学，提供从幼儿园到中学的五年的华文教学。8所华校学生人数约为6 000。③

韩国本来有老华侨2万人，近年来中国赴韩新侨民增多，已超过10万人。截止2013年，韩国共有全日制华侨中学4所、小学26所、幼儿园2所、学生3 000多人，教师200余人。

日本全国共有5所华文教育学校，与中国内地联系较为紧密的是横滨山手中华学校与神户中华同文学校。2010年4月，横滨山手中华学校建立新校区，可容纳学生800人，满足了华侨学子华文学习的要求。此外，东京、大阪、名古屋等大城市有很多规模不等的周末中文学校，规模较大的有学生达到七八百人；较小的中文教室人数不等。据不完全统计，仅在关东地区就有100多所周末中文补习学校。日本新世纪电视局成立的新世纪电视中文学校为华人华侨学子也提供了便利、科学、专业的学习机会。④

（2）欧洲

欧洲的华文教育大部分是周末制学校，华文教师也是兼职。西

---

① 《世界侨情报告》编委会：《世界侨情报告（2012—2013）》，广州：暨南大学出版社，2013年，第194页。

② 《2010年华人工作总结报告》，国侨网 http://www.nguohoa，hochiminhcity. gov. vn/web/guest/tin－cong－dong。

③ 《文莱华社》，易华网 http://www.e－huawang.com/brunei－CA3. htm。

④ 《世界侨情报告》编委会：《世界侨情报告（2012—2013）》，广州：暨南大学出版社，2013年，第144页。

班牙华人超过 30 万,中文教育已经引起来西班牙政府的重视,很多华文学校都开设了中文科目,华裔、华侨学子基本每周可以接受两三小时的中文教育课程。①

2012 年 10 月,意大利曼多瓦木兰华文学校正式开学,并迎接首届新生。该校在根据学生特点开展华文教育的同时,还对孩子进行完整的中国文化教育。

2012 年 11 月 3 日,塞浦路斯首都设立的华裔子女活动中心正式投入使用。该中心面向所有在塞浦路斯定居的 18 岁以下华裔子女,免费向他们教授汉语、书法等。②

(3)美洲

北美地区现有 570 万华侨学子,对中国文化教育渴求强烈。

加拿大的华文教育主要由各地的中华文化中心、教会、侨社、孔子学院承担。其中中华文化中心是主体,较大的中华文化中心学习华文的人数达几千人。一些大教会,如蒙特利尔华人基督教会开办的华文教育中心就拥有 1 000 多人学习中文。远远超过一般侨社的几倍。不过,加拿大的华文教育或纯粹以拼音教学,或纯粹教学用中文教授当地社会的一些事物、事件,显得与国内的联系较为松散。

阿根廷的华文学校主要有侨联中文学校、新兴中文学校、爱育中文学校、华兴中文学校、富兰克林中文学校,前四所学校由台湾侨办资建。其中,侨联中文学校、新兴中文学校、华兴中文学校为周末班,设有幼儿部、小学部、高中部。2012 年,华兴中文学校共有 31 个班,学生 517 名。富兰克林中文学校创建于 1994 年,是阿根廷华人创建的一所私立语言学院,该校于 1998 年开设中文班。2012 年,该校有 6 个班级,学生超过 300 名。此外,阿根廷还设立了希望华文教育基金会,用于推广华文教育,让华裔子弟有更多的机会学习华文。2011 年,阿根廷华文教育网开始线上运行。③

(4)澳洲

澳洲华裔学子多数不懂华文,也不愿意学华文。但澳洲的华文

---

① 《世界侨情报告》编委会:《世界侨情报告(2012—2013)》,广州:暨南大学出版社,2013 年,第 205 页。
② 贾益民主编:《世界华文教育年鉴》,北京:社会科学文献出版社,2014 年,第 64—66 页。
③ 阿根廷华兴中文学校,http://www.hwashin-culturate.com/asociacultuartec。

学院越来越多,华裔学生数量逐渐增多。

新西兰的华侨华人在积极的开办华文学校,尤其是 20 世纪 80 年代之后,随着中国内地新移民的涌进,华文学校数量迅速增长。奥克兰是华人聚居最多的地方,华文学校最多,有 40 多所。奥克兰每年都召开中文教育表彰大会。[①]

（5）非洲

据《世界侨情报告(2012—2013)》资料,毛里求斯华侨学校以"新华小学"为代表,是国家侨办批准的第二批海外华文示范学校之一。该校性质为周末制补习学校,截止 2012 年底,学校在校人数 200 多名。[②]

表 5-1-4　全球华人学校与华裔学生数

大洲	国家	华侨学校与华裔学生数					共计
		大学	中学	小学	周末学校	补习班	
亚洲	日本	/	5	/	/(50—800)	/	/
	韩国	/	4	26	/	/	3 000
	马来西亚	3	61(7 000)	1 300(60 万)	/	/	/
	泰国	/	/	/	/	/	800 000
	老挝	1	5	/	/	/	/
	文莱	/	3	5	/	/	6 000
美洲	北美	/	/	/	/	/	570 000
	阿根廷	/	5(1 000)	/	/	/	/
澳洲	新西兰	奥克兰市有 40 多所华文学校					/
非洲	毛里求斯	/	/	新华小学(200)	/	/	/

（注:此表根据上文已收集到数据绘制而成,不代表全球华人学校与华裔学生总体数据,"/"表示暂未收集到数据,后续的报告中将进一步完善。）

---

① 《世界侨情报告》编委会:《世界侨情报告(2012—2013)》,广州:暨南大学出版社,2013 年,第 479 页。
② 同上书,第 455 页。

第二节　思考和建议

一、华文教育是汉语国际推广的重要组成部分

1. 华文教育与对外汉语教学的联系与区别(详见表5-2-1)

海外的华人作为住在国当地的少数族群——华族,他们的语言自然被称为"华语",书写的文字自然是"华文"。华文教育和对外汉语教学相比最大的独特性在于前者是面向海外华人华侨的以汉语为母语,传承中华文化的教育,而后者则是把汉语作为第二语言,教学目的是使其他族裔理解中国和中华文化。具体说,华文教育有如下两个特点。第一就是其对象是特定的海外的华人华侨群体,尤其是华裔青少年。第二就是中华文化教学的内容更加突出,或者说它强调的是语言和文化的并重,因为很多华人华侨家庭让孩子去学习汉语,并不仅仅是单纯地为了掌握一门语言,更重要的是通过语言的学习训练和使用,来了解认识甚至保持和传承中华文化的优秀传统。

华文教育在海外很早就存在了,但作为一个术语使用,它的历史并不长。很长的一个时期里,人们并不区分华文教育和所谓"对外汉语教学",亦即汉语作为第二语言的教学。20世纪80年代以来,中国国内陆续建立了一批华文学院或学校,后来又陆续提出了华文教学、华语教学的概念。国侨办还设立了一批华文教育基地,有力地促进了华文教学工作的开展。据不完全统计,全球不包括以汉语为母语的国家和地区,学习中文的人数已达数千万人,100多个国家2 000余所高校开设了汉语课程。而海外各类华文学校也有两万所,在校学生数百万人。

表 5-2-1　华文教育和对外汉语教学的异同

	性质	教学对象	教学目标
华文教育	母语教学	海外华侨、华人	保持和传承中华文化
对外汉语教学	非母语教学:非华人的汉语作为第二语言的教学	非华人	使学习者掌握一种新的交际语言

2. 华文教育有力助推汉语热

现在海外大约有 5 000 多万华侨华人，其聚居区早已不再是传统的东南亚地区而几乎遍及全球各大洲的各个国家。相比对外汉语教学而言，华文教育的历史更为悠久、范围和受众更为广泛、稳定性和传承性更强，在尚未受到祖（籍）国关注时，已如星星之火般燃遍全球。在海外的华侨人群中，新一代侨胞正晋升为"主力军"。由于新生代侨胞普遍对中国文化缺乏了解，只有让他们感受到中国文化的魅力，才能让他们找到"根"，增强民族认同感，避免华侨群体"断层"。因此，华文教育是维系海外华侨华人中华民族特性的"留根工程"，是中华文化在海外薪火相传的"希望工程"。

根据相关部门统计，2012 年海外学习汉语的人数已超过 5 000万人。而海外汉语学习者中华裔和非华裔的比例是 7∶3。可以说"汉语热"在相当大的程度上是"华文热"。华文教育无疑有助于"汉语热"热得持久、热得深入，理应得到中国政府及民间力量的更多关注和支持。海外华裔青少年是未来其所在国及华人社会经济参与、文化参与的中坚力量，也是语言使用和文化传承的主力军。海外华裔青少年所掌握的华语将为中国提供丰富的海外语言资源，他们所传承的中华文化也将在世界范围内得到更多的理解和认同。由此可见，华文教育的兴盛梦也是中华民族复兴梦的重要组成部分。

华侨华人是中国走向世界的桥梁，是中国民间外交的重要组成部分。文化是维护民族特性最重要的手段，要维系海外华侨华人与中国的联系和交往，必须加强海外华文教育。华文教育的实质就是通过语言的推广，中华文化的传承、弘扬，保持华侨华人的民族特性。发展海外华文教育，不能局限于语言的传授，要将语言文字的学习与文化的传承有机地结合起来，使华裔在学习语言的过程中，了解、继承和发扬中华民族优秀的传统文化。

二、华文教育与国家软实力互相影响

1. 华文教育的兴衰取决于中国文化软实力的强弱

以海外华人相对比较聚集新加坡为例，华文是其官方语言之一，有较为良好的华文教育基础。但由于政治和历史原因,自新加坡建国至 20 世纪初,相较于华文教育,他们更推崇英文教育。在此背景下,当时在华人圈中,高端人才为了更好地融入当地社会、破解"透明天花板"困境,在培养下一代时选择了英文为第一语言。大部分年轻华人的华文能力与程度往往仅限于口头表达,以及简单的听讲。华文教育在新加坡的衰落式微、边缘化的尴尬处境和岌岌可危的地位对中华文化的传承带来了很大的负面影响。

进入 21 世纪,随着中国经济的持续高速增长、中国文化在世界范围的影响力与传播力的不断拓展,新加坡政府很快意识到中国经济崛起的边际效益和文化发展中可能蕴藏的巨大商机,对华文政策进行了很大调整,鼓励年轻人加强华语学习,以便搭乘中国经济发展的顺风车。2005 年新加坡内阁资政李光耀将其数十年来坚持学习华语的心得出版成书,名为《学语致用:李光耀华语学习心得》,在新加坡国内产生了极大的示范效应与社会影响。华文教育、双语教育在新加坡也越来越受到政府、社会、民众以及华裔华侨的重视与推崇。

以新加坡多年来对华文教育的政策变迁和走向为例,我们不难看出,华文教育的前景取决于中国经济发展和中国文化软实力的兴衰强弱。随着中国经济社会持续快速发展、综合国力尤其是文化软实力的增强、大国地位的不断提升,海外华侨华人经济实力和社会地位的提高,海外华文教育必将走上发展的快车道,在文化传承、文化输出方面发挥日益重要的作用。

2. 华文教育对提升中国软实力有重要意义

(1) 华文教育是中国文化软实力强弱的体现

"软实力"(Soft Power)的概念是由美国哈佛大学教授约瑟夫·奈提出来的。软实力是文化和意识形态吸引力体现出来的力量,是世界各国制定文化战略和国家战略的一个重要参照系。表面上文化确乎很"软",但却是一种不可忽略的伟力。任何一个国家在提升本国政治、经济、军事等硬实力的同时,提升本国文化软实力也是更为特殊和重要的。"提高国家文化软实力",这不仅是我国文化建设的一个战略重点,也是我国建设和谐世界战略思想的重要组成部分,更是实现中华民族伟大复兴的重要前提。华文教育是面向海外华裔开展的华语和华族文化教育活动。海外华侨华人虽然永久或暂时脱离了祖(籍)国而移居其他国家,却依旧希望子女保持母语和文化,这是他们持久保持自己民族特性和认同祖(籍)国的证据。所以,华文教育很大程度上就成了中国拥有吸引力和影响力的证明。海外华侨华人社会保留华文教育的人群越广,保持华文和华族文化的程度越深,就说明中国的软实力越强大。

（2）华文教育也是提升中国软实力的重要途径

美国哈佛大学教授、著名国际关系问题学者约瑟夫·奈提出,一个国家的实力既体现在军事、经济等方面的"硬实力",又包括"软实力",这种能力源自该国的文化、政治价值观和外交政策。华文教育即是中国提升软实力的重要途径之一,它对中国软实力的培育和运用具有重要意义。有国外媒体曾就此评论说,"中国正在用汉语文化创造一个更加温暖和更加积极的中国社会形象。""中国政府的汉语推广战略高明之处在于,学习过去其他一些国家的经验,推广教育和语言有助于加深外部世界对一个国家的了解,这是扩大一国影响力的最有效途径。战舰可以让别国的人民暂时臣服,而让他们理解你的语言却能使大家成为朋友。

（3）华文教育还是中国软实力建设的重要内容

暨南大学华侨华人研究院承担了 2010 年度教育部哲学社会科学研究重大课题攻关项目"华侨华人在国家软实力建设中的作用研究",先后派出 10 余位课题组成员赴印度尼西亚、马来西亚、菲律宾、泰国等地进行实地调研,获得了大量一手数据,发现无论是华裔还是非华裔,华文教育不但增加了他们对华族文化乃至中华文化的了解,还在一定程度上增加了他们对华族文化乃至中华文化的喜爱和认同。华文教育让更多的海外华裔保留和传承了中华文化,很多华校还招收大量非华裔,让更多人了解中国、熟悉甚至认同中华文化,这既增强了中华文化的辐射力,对中国软实力的建设也具有重要意义。

三、华文教育与国家"一带一路"的战略互相促进

丝绸之路是中国自古以来对外商贸重要通道的统称,陆上丝绸之路是指 2 000 多年前从中国西安延伸至地中海东岸的一条横贯亚

洲、连接欧亚的陆路商贸通道,海上丝绸之路泛指秦汉时代就已经出现,由广东福建沿海港口出发,经南海、波斯湾、红海通往欧洲和亚非国家的海上贸易通道,也被称为"瓷器之路"和"香料之路"。历史上,陆上丝绸之路和海上丝绸之路就是我国同中亚、南亚、欧洲等地区进行经贸和文化交流的大通道,从中国西汉王朝的张骞通西域,到明朝郑和七下西洋,两千多年来丝绸之路不但开启了中国与海外的商贸合作,更成为东西方人文交流、友谊源远流长的象征。"一带一路"具有深厚的历史渊源和人文基础。随着中国的改革开放,具有辉煌历史的丝绸之路更是焕发了新的活力,而中国政府提出包括"丝绸之路经济带"和 21 世纪"海上丝绸之路"的"一带一路"战略设想更是为丝绸之路带来了新的生机。

"一带一路"的战略最早见于 2013 年 9 月习近平在访问哈萨克斯坦时提出来的构建"丝绸之路经济带"设想。同年 10 月,习近平又在出席亚太经济合作组织(APEC)领导人非正式会议期间提出了中国愿同东盟国家加强海上合作,共同建设"21 世纪海上丝绸之路"的倡议。

近年来,中国与丝绸之路沿线国家和地区之间的经贸合作日益密切,人文交往也在不断增多。当今世界,和平、发展、合作、共赢既是时代潮流,也成为国际共识。区域之间、国家之间利益融合不断深化,地球村不断走向"你中有我、我中有你"的利益共同体。以融通促合作,以合作谋互惠,以互惠求共赢,既是一国实现发展的重要路径,也是地区乃至全球实现繁荣的必然选择。无疑,"一带一路"不仅是实现中华民族伟大复兴之战略构想,更是沿途国家共同繁荣之有益路径,是中国梦与世界梦的有机结合,有利于增进沿途国家关系、地缘政治稳定、经济繁荣昌盛、百姓安居乐业。故此,借助"一带一路"战略,将优势互补转化为务实合作,真正构建起"利益共同体"和"命运共同体"。

近年来,在中国与沿途国家的共同努力下,"一带一路"正逐步由构想变为现实,中国与东盟"10＋1",以及与俄罗斯、中欧、中亚、中东、南亚等国家夯实了双边关系,在很多方面的合作取得了长足进展。

"一带一路"的辐射面,涵盖亚太地区多数国家。沿线各国大部分是华人华侨的聚集区,有超过 4 000 多万华侨华人。"一带一路"的战略,对广大海外华侨华人来说,是难得的发展机遇,无疑将给予中国从东南到西北地区推广国内华文教育和助推华文教育在海外大发展以难得的良机。可以预见,在不久的将来,受这一战略的影响,中国周边国家的华语热将会达到一个新的高度,另一方面,华文教育在海外的大力推广也将有助于"一带一路"战略的早日实现。

四、华文教育面临的困难和问题

首先,世界"汉语热"导致华文教育面临新问题,其中包括汉语国际推广与华文教育分工不明确,工作范围上存在交叉和重叠,资源配置的不平衡,国内和海外的汉语国际推广机构和华文教育机构之间不管是在国内还是在海外均缺乏有效的协调和沟通等。

其次,现阶段海外华文教育工作尚存在发展不平衡、资源不到位、数据不准确等诸多问题,需要祖(籍)国加大对华文教育工作的重视力度。如东南亚等传统华侨华人聚居国国家的华文教育受到的关注、投入和研究远超其他如北美、澳洲等新的华人移民区。

再次,和汉语国际推广、对外汉语相比,华文教育的宣传力度不够,应逐渐加强。经过近十年的宣传推广,国家汉办、孔子学院在海内外已经广为人知,但是,华文教育、海外华语这些概念却在社会上知者甚少。

最后,华文教育是一项构成要素、特点、运行机制都极为复杂的系统工程,受所在国相关政策环境因素影响较大。这使得在开展具体工作时会遇到诸多问题和困难,如师资、生源、教材、办学经费、学校管理等。这需要从当地的实际情况出发,具体问题具体分析和解决,以发展的眼光看待所面临的问题。

五、华文教育处于重要的战略机遇期

总的来看,海内外的华文教育正蓬勃发展,海外办学模式则更趋多元,大有"千帆竞发,百舸争流"之势。近年来,一些海外华文学校顺时应势,既因地制宜又开拓创新,根据不同国家和城市的实际情况,探索出不少推动华文教育发展的新思路、新办法、新举措。如有

的学校积极探索与当地国民教育体制相衔接,争取学分承认或学历认可,从而打破了华文教育与当地国民教育的"隔断",创办了一些双语或三语学校,使华文教育进入"主渠道"。有的学校创新办学模式,由"流动式"的周末制、补习制向"固定化"的全日制华校或中文国际学校转型。有的学校延伸办学层次,从幼儿园、小学阶段向初中、高中阶段挺进。海外华文学校办学模式的多元化,一方面有力促进了中华文化与当地其他族裔文化的融合,增进了中外友好;另一方面也为海外华文教育转型升级,向着标准化、正规化、专业化方向迈进奠定了基础。同时,也为吸引社会力量、鼓励社会资金参与华文教育发展提供了条件。

随着中国在国际舞台上的地位和作用持续提升和国际形势的改善,华文教育迎来了大发展和大有作为的战略机遇期,有全球华人齐心协力,共同奋斗,华文教育一定能实现繁荣发展的梦想,有一个灿烂美好的明天。

第三节　案例:马来西亚华文教育的现状与进展

马来西亚是一个多元民族、多元宗教、多元文化的国家。马来族是最大民族,华人为第二大民族,此外,还有印度人等其他民族。马来西亚总人口约 2 600 多万,其中马来西亚华人约 620 多万,约占全国人口的 23.6%,祖籍以中国福建、广东和海南为主,日常社交中除使用方言外,华语是他们共同使用的母语。马来西亚的华文教育在东南亚乃至全世界首屈一指,是除了中国内地(大陆)和港澳台地区以外,全世界华文教育最为发达之地。该国有华文幼儿园、华文小学、独立华文中学和华文大专院校,是国外唯一拥有完整华文教育体系的国家。

一、马来西亚华文教育历史悠久

在马来西亚,华文教育已经有将近二百年的历史。马来西亚第一所华文学校是 1819 年在槟城设立的私塾——五福书院,和其他华文学校一样,在第二次世界大战前,五福书院采用的是中国的教材,也深受中国政治环境的影响。1919 年五四运动的浪潮也吹袭到当时的马来亚,当地的华文学校也开始改用白话文教材,同时用华语教学。1957 年马来西亚独立后,教材开始由本土编写,以符合国情。但同时,华校也依循中国内地的变化,在 1982 年采用简体字取代繁体字。近二百年,华文教育在马来西亚虽历尽艰辛坎坷,但从未在马中断过。不论是在英国殖民时期、日战期间,还是在独立以后,无论受政府法令和政策的限制,还是受马来民族主义情感的制约,在华人社团和马来西亚华人政党的共同努力下,马来西亚华文教育一直保存完好。

二、马来西亚华文教育具有良好的基础和相当的规模

马来西亚是除新加坡以外华人占全国人口比例最高的国家。华语在华人社会中被广泛使用,这反映在日常生活、学校教育、商业活动、娱乐及媒体等。据马来西亚教育部提供的最新资料,马来西亚现有华文小学 1 290 所,华文独中 60 所,华文大专院校 3 所(南方学院、韩江学院、新纪元学院)。除此之外,还有 153 所国民小学提供交际华文课程,78 所国民改制型中学设有华文必修课程,24 所寄宿中学向马来学生提供华文课程,16 所师范学院开办中小学中文教师培训课程,马来亚大学、博特拉大学、国民大学等国立大学也设有中文系,其中马来亚大学还设有中国问题研究所。全国就读华文人数超过 20 万人,其中华文独中在校学生 6 万多人。近年来,不仅是华裔子女进华校,一些马来人、印度人的子女也开始到华校读书。2012 年就读华文独中的马来学生约 5 000 多人,就读华文小学的非华裔学生近 7 万人。

马来西亚的华文教育坚持传统的同时,又十分注重自身的发展和与外界的交流,不断拓宽教育视野。华校的领导十分重视与外界,尤其是与中国国内学校的交流。他们经常邀请国内的华文教育专家前去讲学、交流,也经常组织学校领导和教师访问国内的学校。马来西亚华校校董会除了积极为学校创造与外界交流的条件外,也十分重视不断提高华文教育工作者的素质。他们积极投入开展学校领导和老师的培训工作,组织教师参加各种各样的培训以提高师资水平,

更新教育理念。马来西亚华校使用的华文教材由马来西亚维护与发展华文教育的全国领导机构"董总"（马来西亚华校董事联合会总会的简称,它的会员是各州的华校董事联合会）组织人员编写,他们坚持做到五年一更新,让教材的内容紧贴学生的生活,跟上时代的步伐。马来西亚教育部还多次邀请中国汉语语言专家去马来西亚进行华语规范讲座。2007 年 5 月,应马来西亚教育部的邀请,由中国教育部语言文字信息管理司副司长王铁琨教授、《现代汉语规范词典》主编李行健教授和上海大学教授余志鸿组成的华语规范讲演团赴马来西亚,在吉隆坡和槟城等地举办巡回讲座。马来西亚高教部副部长韩春锦亲自担任讲座筹委会主席。这些互动形式的讲座广受马来西亚华文界的欢迎,吸引了数千人次出席。

华文已成为马来西亚新闻媒体的主要语言之一。2012 年马来西亚全国中文报纸杂志几十家,马来西亚国家新闻社提供中文资讯服务,国家电视台开设了华文新闻,播放华语影片,Astro 卫星电视设有多个华语频道。吉隆坡国际机场不仅在 3 年前开始使用中文投影通告,而且在 2012 年年初开始用华语广播航班抵离信息。多年来,马来西亚华人文化协会、华人作家协会、华文出版社和文艺团体积极开展各项活动。精通中国历史文化的汉学家在马来西亚不乏其人。这些传媒、组织和学者对华文的传播和中华文化的发展提供了良好的平台。

三、"董教总"——马来西亚华文教育领导和推动者

海外华侨华人都把祖籍地当作自己的根,祖籍地的语言就是"根"的象征。因此,保住华文教育,就是保住了华侨的根。要保住根就要出钱出力办华文学校,华校的一草一木、一砖一瓦,皆由华侨捐款而来。在马来西亚,华人要缴纳"两种税":一种是交给政府的所得税,一种是捐钱给华校。马来西亚的华人都希望自己的子女能学习华文,从而对祖（籍）国和家乡有更深的了解。可是马来西亚的华校大部分是没有政府资助的。可以说,华文教育在马来西亚的蓬勃发展,凝聚了一群经济实力雄厚、热心华文教育、执著中国传统文化的华人有识之士的满腔热血。在马来西亚,只要事业略有所成的华人

都会不遗余力地为华文教育添砖加瓦,并以此为荣。

长期以来,为了维护华人学习母语的权力,继承和弘扬中华文化,马华社通过华人政党向政府提出诉求;"董教总"(马华文学校董事联合会总会和马华文学校教师会总会的简称),作为维护和发展马来西亚华文教育的主要民间机构,为华教进行了不懈的抗争;华社、华商出钱出力,支持华小和独中的生存与发展。马来西亚华文教育能有今天的发展,凝聚了马华各政党和一批经济实力雄厚、热心华文教育的华社有识之士的满腔心血。

在华文教育推广上,马来西亚华校董事联合总会(以下简称"董总")功不可没。该机构成立于1954年,是马来西亚维护与发展华文教育的全国领导机构。他们通过卓有成效的工作,已树立起民间教育部的鲜明形象。在他们的领导下,华校已成为国家教育体制外的重要补充,为社会各界培养了大批高素质的人才。为了华文教育的前景,"董总"决定着力于华人领袖的培养,并敞开华校的大门,接收非华裔的优秀子弟入学。随着华校影响力的扩大,有条件的马来人、印度人也开始送孩子到华校读书。据不完全统计,在全马各华小就读的非华裔学生已接近70 000人。华校在校舍不足、学位有限的情况下仍然敞开大门接纳非华裔学生,在促进民族团结、为政府分担责任的同时,也为华校未来的发展奠定了基础。

四、马来西亚华文教育面临的困难

由于历史和种族的因素,马来西亚政府对华文教育采取过多种限制政策,使华文教育发展曾经一度步履维艰。

首先,马来西亚政府长期不承认独中的文凭,初、高中毕业生必须在参加政府学校同等的水平考试,才能获得政府承认的相关文凭,进入高中或大学。此外,马来西亚政府至今还不承认中国大学的文凭,给赴华留学生回国就业造成困难,影响了学生到中国留学的积极性。

其次,马来西亚政府长期致力于马来语成为唯一教学媒介语的努力。前两年,马来西亚政府又提出用英语作为数学等理科教学用语。这些都对华文母语教学产生重大冲击。

再次,依据马来西亚的教育制度,中学分为三种类型:一是政府给予津贴的国民中学,这类中学以马来学生为主,用马来语教学;二是原来接受政府津贴的准国民中学改名为国民型中学,这类中学以华族和印度族学生为主,用英文或马来文教学,华文和泰米尔文仅作为一个科目学习;三是原接受政府津贴的华文中学,后因不按国民型来改制而得不到政府津贴的中学。马来西亚现有60所第三种类型的中学,他们坚持母语教学,因拒绝改制而被迫自行筹措经费办学,政府没有一分一厘的资助,称之为"独立"中学。

五、马来西亚华文教育发展的契机

近十年来,随着中国经济的快速发展和国际地位的不断提高,汉语在全球已成为一种强势语文。马来西亚政府对华文教育态度随之有所好转。同时,中国积极与马来西亚开展教育交流,为马来西亚华文教育提供强有力的支持。马来西亚华文教育有着广阔的前景。中国宜继续做好马来西亚上层的工作,将马来西亚华人社团、马来西亚华人政党、国内教育部门及中国驻马来西亚使馆的共同努力形成合力,使马来西亚华文教育有更大的发展。

马来西亚政府主张保持各种族文化特色,鼓励各种族交流和融合,学习对方的语言,促进种族和谐。随着中国经济发展与强大,中文日益受到世界各国的青睐,为便于在中国寻找更大的商机,吸引更多中国游客来马来西亚旅游,马来西亚政府对华文的重要性有新的认识,对华文教育的态度也有所松动。目前,马来西亚华小的教师工资由政府发放。政府也承诺将改善华小教学设施,培训更多华文师资。马来西亚第五任总理巴达维宣布在第九五计划内,马来西亚所有国民小学将开设中文课程。在压倒多数的国民小学引进华文课程,将意味华文进入马来西亚主流社会,其意义不同凡响。据新加坡《联合早报》2014年10月11日报道,马来西亚总理纳吉布公布2015年财政预算案,政府将拨款2 500万令吉(约合4 700万元人民币)给推行双轨制的华文独中及国民型中学,该计划给马来西亚的华人带来很大惊喜。

六、中国各界积极助力推动马来西亚华文教育的发展

从 2012 年到 2014 年的三年时间里,在国侨办的领导下,中国各界包括地方各级侨办、各级学校、企业、甚至个人都在以各种方式和途径积极推动马来西亚华文教育发展,促进两国教育交流与合作。具体如下:

1. 华侨大学组团访问马来西亚,探讨马来西亚华文教育发展

2012 年 2 月 23 日,由华侨大学副校长张禹东率领的华侨大学华文教育访问团一行赴马来西亚吉隆坡拜访马来西亚首相对华特使、马中商务理事会主席黄家定和马来西亚高等教育部副部长何国忠,深入探讨华文教育发展等问题。访问期间,张禹东向马方介绍了华侨大学华文教育以及与马来西亚文化教育交流合作的情况,并了解中马两国学历互认进展情况。两位马来西亚官员还就华大在马设立办事机构等问题提出建议。

2. 中国民企慷慨解囊,资助马来西亚华文教育发展

2012 年 10 月 3 日,中国知名民营房地产企业碧桂园正式在马来西亚雪兰莪州的三育华文学校设立奖学金和助学金,资助马来西亚华文教育。

碧桂园马来西亚公司代表徐庆威在当天的新闻发布会上表示,碧桂园了解到学校一部分贫困但优秀的学生仍为学费而困扰,在与校方沟通后,从今年开始在学校设奖学金和助学金,奖励成绩优异的学生,同时帮助家庭贫困的学生,为马来西亚华文教育贡献力量。

碧桂园 2011 年底进军马来西亚房地产市场。公司方面表示,在今后 6 年内,预计将有 200 名学生因奖学金、助学金计划而受益。三育华文学校位于马来西亚首都北郊,已经有 96 年历史,曾经培养了大批人才。

3. 浙江 30 所小学与马来西亚 30 所华文小学签约姊妹学校

2012 年 10 月 31 日至 11 月 5 日,浙江省友协组织全省首批 30 所小学校长赴马来西亚开展为期一周的华文教育考察。11 月 2 日上午,浙江省 30 所小学与马来西亚 30 所华文小学在马来西亚时代

广场酒店举行友好姐妹学校签约仪式。

4. 浙江大学承办"马来西亚华文教师研习班"

2012年11月24日,由国侨办、浙江省侨办主办,浙江大学承办的"2012年马来西亚华文教师研习班"在杭州举行。来自马来西亚各地华校的50名华文教师参加了为期三周的培训。此次研习班针对海外华文教学的现状和特点,结合课堂教学和实地考察,以提高参训教师的中国文学鉴赏能力为主线,特别开设唐诗赏析、中国哲学与中国社会、电影与中学语文教学、跨文化交流与海外华文教育、小说与中国文学等近三十门课程,着重培养华文教师的中国文学鉴赏能力。

5. 著名影星成龙举办慈善演出,支持马来西亚华文教育事业

2013年3月,著名华人影星成龙在马来西亚东北部关丹市举办了"龙情厚谊献关丹"慈善演出活动,并现场募集资金,支持马来西亚华文教育事业。马来西亚总理纳吉布事后在赞扬著名华人影星成龙的善举之时重申马来西亚政府将通过各种措施支持华文教育,确保华文教育和国家建设同步发展。纳吉布还强调,政府知道华文教育对于华社和国家发展的重要性,华文教育是国家教育体制的一部分,不会被排除在国家发展的进程之外。

6. 马来西亚华文教育·教师/校长研习班在华侨大学开班

2013年11月27日,由国侨办主办,华侨大学承办的"马来西亚华文教育·教师/校长研习班"在厦门校区开班。此次研习班由来自马来西亚沙巴州、吉隆坡、砂拉越、柔佛、雪兰莪、槟城等州50所华小的64位校长组成。为期一周的研习班活动主要包括学术文化讲座、中小学教学观摩等,力求让各位校长在有限的时间内了解和学习中国的教育管理模式。在课余时间,校长们还参观了厦门及周边地区的风景名胜,了解福建的传统人文历史与经济发展现状。

7. "马来西亚华文教育·教师研习"培训班在北京开班

2013年11月24日至12月15日,北京市海淀区教师进修学校附属实验学校受国侨办文化司、中国海外交流协会委托,承担举办马来西亚"华文教育·教师研习"培训班的任务。来自马来西亚华校教师会总会 41 位学员参加了此次培训。本次培训目标是"以小学课堂教学技能训练为重点，通过理论学习及教学观摩、模拟教学，掌握以儿童为对象的汉语教学的基本技能、教学方法，具备课堂教学的组织及管理能力"。

8. "华文教育·教师研习"培训班在湖南师范大学开班

2013 年 11 月 25 日，由国务院侨务办公室、中国海外交流协会主办，湖南省外事侨务办公室协办，湖南师范大学校承办的"华文教育·教师研习"马来西亚班开班。马来西亚的教师们在该校研习汉字教学、语音教学、朗诵、书法、舞蹈等课程；聆听中国文学、湖湘文化等讲座；观摩海南师范大学附中、长沙燕山二小、长沙育才小学等学校的校园文化建设及品牌课程等。

9. "马来西亚独中教师研习班"在华中师范大学开班

2013 年 12 月 4 日，马来西亚独中生物、地理教师研习班在华中师范大学开班。此次研习班由国侨办主办，湖北省侨办与华中师范大学共同承办，共有 69 位来自马来西亚从事华文教育工作的教师在为期三周的时间里较为系统地学习了生物、地理课程并安排了教学观摩、楚文化讲座、宜昌三峡地理生态考察等。

10. "马来西亚华文教育校长研习班"在青岛开班

2014 年 6 月 10 日，"马来西亚华文教育校长研习班"在青岛闭幕。参加研习班的马来西亚 86 位华文学校校长正式结业。本次研习班历时两周，针对海外华文学校校长教学工作实际需要设计的课程紧凑而丰富，采取专家授课、讨论研讨、实地观摩相结合等方式，开设教学管理理念、校长管理艺术、学校行政管理等多种课程。许多学员表示，将会把学习成果带回马来西亚，融会贯通到当地的华文教学教育管理工作中，增进中国和马来西亚两国的友谊与交流。

11. "马来西亚华文独立中学校长研习班"在深圳开班

2014 年 11 月 23 日由深圳市政府侨务办公室主办、南山区教育局承办的"马来西亚华文独立中学校长研习班"，在深圳南山区开班。马来西亚华校董事联合会总会副秘书长、森美兰华校董事联合会主席苏祖池，南山区教育局局长刘根平以及 64 位马来西亚华文教育工作者(校长)参加了该班学习。

12. 马来西亚广西总会回乡考察,促进华文教育发展

2014 年 11 月 26 日,以马来西亚广西总会会长钟广北为团长的代表团一行 13 人回乡考察,寻商机,他们希望通过此行加深与广西的民间交流,在发掘商机的同时,促进马来西亚华文教育界与广西的交流,让更多马来西亚华裔子弟到广西交流、参访、留学。

广西侨办领导热情接待了代表团一行,并表示广西侨办将积极做好服务工作,争取让更多马来西亚华裔子弟到广西交流学习,促进他们中文水平的提高和华文教育事业的发展。

七、结语

综上所述,马来西亚的华文教育扎根已久、为数众多、分布广泛、基础牢固,一直深受华侨华人和友族民众的欢迎与好评。经过了改革开放 30 多年的发展,中国的综合国力和国际地位已今非昔比,中国国际地位显著提高。近年来中国政府和马来西亚华人社会更加重视华文教育,华文教育发展动力更加强劲,虽然仍存在着诸如政府限制、华校资金和师资不足等诸多困难,但拥有良好基础的华文教育,在马来西亚华人社团和华人政党的重视和支持下,特别是随着我国综合国力的不断提高和中马关系的进一步发展,马来西亚华文教育仍有很好的发展前景。

(文/钱伟)

第六章　中国电视"走出去"

2012 至 2013 年,我国电视领域紧密结合国家外交政策和工作部署,在电视媒体和产品的对外交流合作上取得了重要进展。电视"走出去"主体进一步增多,中央和省级媒体加大海外落地覆盖的同时,民营企业也成为中国电视"走出去"的重要力量;电视"走出去"方式更加多元,传统媒体走出去步伐进一步加快,新媒体也迅速崛起,成为中国电视对外交流的重要平台;电视覆盖的国家和人群不断扩大,在全球覆盖网络建设的同时,有效用户也在不断增加,海外关注度有所提升。随着我国电视节目和服务"走出去"成效的不断提高,有效地展示了国家良好形象,进一步增强了国家文化软实力。

第一节　中国电视"走出去"主体情况

近两年,中国电视"走出去"主体更加多元,既有中央电视台(CCTV,简称央视)等中央媒体,也有省级广电机构等地方媒体;既有长城平台等国有广电机构,也有蓝海电视等民营影视机构。各类电视媒体充分利用多种平台,大力促进了中国电视节目和服务走出去,进一步增强了中国电视媒体与产品的竞争力和影响力。

一、央视海外落地与覆盖稳步增长

截至 2013 年年底,央视拥有汉、英、西、法、阿拉伯、俄等 6 个语种,7 个国际频道。随着 2012 年中央电视台非洲分台、北美分台正式开播,央视共有 2 个海外分台,欧洲、中东、亚太、拉美和俄罗斯等 5 个区域中心站和 63 个驻外记者站,数量在全球电视媒体中位居前列,基本形成了全球化的传播格局。同时,央视还是全球唯一一个每天用 6 种联合国工作语言不间断对外传播的电视媒体,其节目已在 171 个国家和地区落地,拥有 3.14 亿海外用户。[①] 熊猫频道原创内容获得境外主流媒体广泛使用,国际影响力显著提升。熊猫频道在都江堰疾控中心、核桃坪野化培训基地、卧龙大熊猫野外栖息地布设 60 多路摄像头,将熊猫频道直播节目信号数量提升至 22 路,上线德语版,成为全球最大的关注单一野生动物物种直播平台。不断加大原创内容制作,与美联社、路透社等境外主流媒体建立直接联系,对外发布的视频被包括 BBC、CNN 等 1 144 家境外电视频道使用 1.5 万多次。加强在海外社交平台上的运营,已有粉丝 10.5 万人,周覆盖人数超过 45 万人次。

二、中国国际广播电台海外建设步伐加快

国际台是中国广播电视"走出去"的重要主体。截至 2014 年底,国际台使用 65 种语言向全世界传播,每天累计播出节目 4 800 多小时,拥有 102 家境外整频率电台、6 套对内外宣广播频率、13 家广播孔子课堂、32 个驻外记者站、8 个地区总站、25 家境外节目制作室,遍布世界各地的听众组织 4 112 个,外籍员工 200 多人。2014 年,共收到全球 161 个国家和地区的海外受众纸质、电子类信件 357.3 万件;社交媒体账户拥有用户总数 2 475 万,比 2013 年增长 178%;102 家海外分台覆盖城市人口 3.68 亿;国际在线多文种网站、中华网和其他网站的独立用户数(UV)月均 4 399 万,页面浏览量(PV)日均 1 012万,音视频访问量日均 23 万;多文种平面媒体发行总量 652 万。2014 年 1 月 18 日,中华网首批 11 个多语种网站面世,成为中国商业网站中唯一具有多语种传播优势的平台。这 11 个语种分别为英语、印尼语、越南语、菲律宾语、泰语、印地语、日语、韩语、俄语、西班牙语、土耳其语。2014 年 4 月和 10 月,土耳其文中华网网站和土

---

① 央视网:www.cctvenchiridion.cctv.com。

耳其文 App"你好,中国"分别在伊斯坦布尔举办发布会。2015 年 1
月 1 日,中华网第二批 10 个多语种网站、首批 5 个语种的中华新闻
App 正式上线运营。这 10 个网站涵盖法语、尼泊尔语、柬埔寨语、缅
甸语、阿拉伯语、波斯语、马来语、孟加拉语、老挝语、蒙古语等,5 个
语种中华新闻 App 为俄语、越南语、菲律宾语、泰语、蒙古语。第二
批 10 个语种网站 WAP 端同步上线。至此,中华网新媒体传播体系
已有包括中文、英文在内的共计 22 个语种网站、6 个语种的 App,传
播声音辐射至全球主要国家。

三、长城平台成为中国电视"走出去"的重要渠道

截至 2013 年年底,中国电视长城平台已建成北美、欧洲、非洲、
大洋洲等 9 大系列平台,拥有全球付费用户约 15 万户,是目前全球
最大的付费华语电视平台。2012 年 3 月和 2013 年 7 月,长城(非洲)
平台和长城(新西兰)平台正式开播,为非洲和新西兰等地区的观众
提供优质中文电视节目,进一步扩大了长城平台在全球范围的覆盖。
其中,长城(非洲)平台用户覆盖数已达 300 万户,成为非洲地区拥有
最多用户的华语电视包。经过近 9 年的市场化运作,中国电视长城
平台已有效带动了中央和地方 30 多个中文和外语频道在一些国家
主流电视媒体基本层落地。截至 2013 年年底,长城平台在国际主流
电视媒体基本层落地的央视国际频道用户数超过 4 000 万户。①

四、省级电视节目"走出去"成效显著

1. 省级广电媒体加强海外落地覆盖

截至目前,我国北京、天津、重庆、山东、安徽、江苏、浙江、湖南等
10 余个省(市、区)广播电视台都开通了国际频道,面向海外覆盖。
其中,安徽国际频道覆盖北美、欧洲、澳洲、亚洲和非洲 40 多个国家,
每天 24 小时播出,日更新节目量 8 小时,在长城(美国)平台的 29 个
频道中,收视排名全国省级台前列。河南国际频道集中了河南电视

---

① 杨明品主编:《中国广播电影电视发展报告(2014)》,北京:社会科学文献出版社,2014 年,第 135—
136 页。

台卫星频道的《梨园春》《武林风》和地面频道的《你最有才》《华夏剧场》等优秀栏目,全天 24 小时播出,收到良好反响。2013 年,东方卫视国际频道自主拓展马来西亚等落地国家,全球收费用户已达到 17 万户,开放用户已超过 600 万户。广东国际频道加强与美国精宇公司、香港电讯盈科的合作,2014 年初在加拿大罗杰斯有线 823 频道和贝尔有线 728 频道正式播出并试运营,覆盖加拿大境内约 420 万户,主要播出粤语节目。南方卫视借力长城平台在覆盖上不断开疆拓土。目前,通过长城平台的美国平台、亚洲平台、欧洲平台、加拿大平台、拉美平台、东南亚平台、澳大利亚平台、新西兰平台和非洲平台这九大平台完成了遍布世界的覆盖,全球付费用户数突破 16 万,比 2008 年的 10 万高峰值增长了 60%。2014 年,江苏广电总台影视节目海外销售总额达到 150 万美元,同比增长 30%。《非诚勿扰》继续实现销售佳绩,在美国、加拿大、澳大利亚、马来西亚、新加坡、香港、澳门等多个电视媒体播出;电视栏目《星厨驾到》《花样年华 2》《明星到我家》《女神的新衣》《星星的密室》,电视剧《涛女郎》《咱们结婚吧》《一代枭雄》,纪录片《丝绸之路上的美食》《豆腐味道》《非遗中国》,动画片《哈皮父子》等先后销往港澳台、东南亚、中东、欧洲、大洋洲、北美及非洲。

2. 边境省区加强与周边国家和地区的交流合作

为配合国家外交战略,贯彻落实中央构建"丝绸之路经济带"和"21 世纪海上丝绸之路"战略构想,一些边境省区电视台加快推动电视节目向周边国家"走出去",取得良好成效。2014 年,云南台国际频率依靠短波 6 035 千赫用越南语、华语向以越南为主的东南亚、南亚对象国受众和华侨华人进行远程覆盖,全年共采、编、译制播出了新闻消息 13 000 多条,专题 1 600 多条(组),共 900 多万字。编发、翻译制作播出越南语、华语文艺节目 6 570 多分钟。云南台国际频道在老挝实现有效落地,拓展海外用户约 15 万户。目前,云南台国际频道已通过老挝语译制并播出了《木府风云》(40 集)、《天真遇到现实》(34 集)、《女人的颜色》(36 集)、《女人的抉择》(34 集)、《舞乐传奇》(42 集)、《少年包青天》(40 集)、《金太狼的幸福生活》(40 集)等 7 部电视剧共 266 集中国精品电视剧。国际频道目前已经成为国

内最大、最权威的老挝语影视译制基地。由云南国际频道精心译制
的中国优秀电视剧《木府风云》在老挝掀起一阵中国风,剧中男主人
公木增和女主人公阿勒秋更是成为老挝观众街头巷尾热议的话题。

五、民营影视企业成为中国电视"走出去"新生力量

1. 自建频道和平台,推动电视服务"走出去"

2007年,以四达时代传媒(卢旺达)有限公司成立为标志,四达
时代拉开了其"走出去"发展战略的序幕。目前,四达时代已在尼日
利亚、肯尼亚、坦桑尼亚、南非、乌干达等23个非洲国家注册成立公
司,在12个国家开始运营,发展用户超过400万,成为集系统集成、
技术提供和网络运营于一身的传媒集团。2010年5月,北京蓝海天
扬创办了蓝海电视英语频道(Blue Ocean Network,简称BON),该频
道专注中国内容,以自制节目为主,以民营机制运营,是目前覆盖和
落地范围最广、拥有西方受众数量最多的中国民营英文电视媒体。

2. 积极与海外媒体合作,推动电视节目走出去

2012年,海润传媒娱乐集团与香港NOW TV宣布成立合资公
司,推出24小时全天候播出的NOW海润电视台,并将进一步拓展
海外市场,推动国产剧海外落地。2012年伦敦奥运会期间,西京文
化传媒在伦敦成立奥运会媒体运营中心,为中国的企业播放宣传片,
也为地方媒体前往伦敦采访奥运会提供便利和帮助。2013年,北京
华韵尚德国际文化传播有限公司与德国四家电视台NRW TV,
Rhein Main TV,SALVE TV,FTL TV共同推出《中国时间——来
看吧》和《走进中国》两档用德语向德国观众全方位介绍中国的日播
电视栏目。

3. 收购境外电视台,实现"走出去"

广州广播电视台下属广视传媒自2012年完成对美国天下卫视
100%的股权收购并独立运营后,不断进行市场调整和平台搭建。
2014年,新增设第三个频道"天下无线3频道",覆盖南加州地区和
全美,成为目前美国所有华语电视台中覆盖率最高的电视台。天下
卫视粤语二台仅仅开办两年,也一跃成为当地粤语人群中收视排名

第二的频道,仅次于香港的 TVB。

4. 通过海外发行,开拓国际市场

广州蓝弧通过代理机构重点发行东南亚地区和中东北非地区,同时积极拓展欧洲市场和北美市场以及海外影视渠道,包括海外电视台、海外新媒体平台等。广州易动文化 2015 年计划将《美食大冒险》第一季与第二季一起进行海外发行,出口范围扩大到欧美地区及日韩等发达国家。深圳华强文化除了维护已开拓的海外市场和客户,还将重点开拓南美、拉美、欧洲等全新的国际市场,更大范围寻求国际合作,占领更广阔的国际市场。深圳方块《超智能足球》将于 2015 年在中东以及欧洲国家播出;《甜心格格 III》即将在整个东南亚推出;《正义红师》吸引各个国家的发行商预购,泰国、越南已预定,接下来将如期于 20 多个国家播出。广东咏声《猪猪侠》《逗逗迪迪》《疯狂小糖》相继在美国、新加坡、马来西亚,泰国等国家和中国台湾等地区播出。广州达力《神兽金刚 II》出口至中国台湾、马来西亚,《数学荒岛历险记 I、II》出口至马来西亚、新加坡。广州奥飞已有《巴啦啦小魔仙之奇迹舞步》《电击小子 3》《超限猎兵凯能》《神魄》《火力少年王之传奇再现》《巴啦啦小魔仙之梦幻旋律》6 部作品出口海外。

六、其他新闻机构也成为中国电视"走出去"的重要组成部分

除上述广播影视机构和企业外,由新华社主办的"中国新华新闻电视网"(China Xinhua News Network Co. Ltd,简称 CNC)也通过卫星向海外播出,进一步加快了中国电视"走出去"的步伐。目前 CNC 拥有中文台和英语台两个频道,分别于 2010 年 1 月和 7 月开播,海外内容约占 70%,国内内容占 30%。其中,中文台 24 小时滚动发稿,日均纯首发新闻及专题 380 分钟,日均总播发新闻及专题数量 1 050 分钟。英语台 24 小时滚动播出,目前日均纯首发新闻及专题 295 分钟,日均总播发新闻及专题时长达 1 210 分钟。截至 2014 年 4 月,CNC 在英国、美国、加拿大、新西兰等英语国家主阵地取得了进入主流电视网的突破;在亚太地区形成台群,在中国内地周边形成台港澳、泰国、马来西亚、菲律宾等大中华台群;在撒哈拉以南非洲形成非洲国家台群;另外,还形成了波罗的海国家、东欧国家、中欧国

家台群。英美主阵地、次重点英语地区、亚太地区、非洲地区的梯次明显的落地结构基本形成。①

第二节　中国电视"走出去"主要方式

近两年，中国电视利用卫星、有线、新媒体等多种传播渠道，通过合拍、销售等多种方式挺进国际市场，扩大电视产品和服务出口。

一、利用卫星扩大海外整频道覆盖

2012 年，中央电视台共有 CCTV-4，CCTV-Documentary，CCTV-News 和 CCTV-法语、西语、阿语、俄语等 7 个频道在海外落地覆盖，这些频道通过多颗国际卫星进行传输，基本实现卫星传输信号的全球覆盖和卫星直播信号的重点地区覆盖。其中 CCTV-4 被国外十余个卫星电视运营商进行集成播出；CCTV-Documentary 与CCTV-News 通过 3 颗卫星 6 个平台覆盖欧洲、亚洲和美洲地区。长城（亚洲）平台通过亚太 5 号卫星覆盖香港、澳门、台湾地区和韩国、越南、缅甸、泰国等亚洲国家；长城（美国）平台通过艾科斯塔直播卫星平台覆盖美国；长城（拉美）平台和长城（非洲）平台也通过与卫星公司合作，利用卫星覆盖拉美和非洲地区。国际台环球东方有限公司于 2012 年 3 月创办了环球东方卫视美洲台，随后两年陆续开通欧洲台和亚洲台，并登陆 CIBN 网络电视系统和美国最大卫星转播商ECHOSTAR 旗下的 Dish Network 平台，覆盖美、欧、亚近百个国家的 2 000 余万观众。2014 年 4 月 8 日，环球东方卫视亚洲台开播。自 2014 年 11 月中旬起，国际台在现有两套 24 小时落地节目的基础上，成功实现环球资讯广播全国版和世界华声广播节目（广、客、闽、潮、温州话）通过卫星向各海外合作伙伴传送节目和素材。地方卫视也积极加入长城平台推进海外覆盖，江苏国际频道已进入长城全部8 大平台，覆盖全球 55 个国家和地区，直接用户超过 1 500 万。

---

① 陈怡:《寻找中国电视新闻频道"走出去"的突破口——以 CNC 为例》,《中国记者》2014 年第 5 期。

二、在海外建立分台或接收转播基站落地

截至 2014 年 12 月底,国际台通过自建、公司化等模式,在海外新增 7 家海外分台,共计在 56 个国家开办 102 家海外落地分台,每天播出落地节目 2 500 余小时,参与整频率落地的语种达到 43 个。尤其是在周边国家整频率落地工作实现重点突破,在我周边国家孟加拉、菲律宾和缅甸实现整频率落地,并通过其母语实现对两国受众的针对性传播。在周边国家已形成多个有代表性的品牌媒体,包括万象调频台、曼谷调频台、中柬友谊台等海外分台品牌,《悦生活》《中国风》等报纸、杂志品牌,《你好,俄罗斯》《你好,中国》等大型多媒体文化项目品牌,"同唱友谊歌"——中越歌曲演唱大赛、"红白歌会"——中日歌曲大赛等文化交流活动品牌,实现对周边国家的特色传播、品牌传播。在英国伦敦开启首个海外数字广播整频率落地,填补了在英国整频率落地项目的空白。为了做到有效传播,云南国际频道在老挝首都万象和琅勃拉邦、沙湾那吉、巴色等地建设了 4 个接收转播基站,实现了电视信号节目入户。目前,仅万象的用户规模就接近 10 万户,覆盖人群约 50 万人。

三、电视节目进入当地主流媒体

2013 年,国际台《你好,中国》(旅游季)项目,推出百集高清电视纪录片等多媒体产品,全方位登陆俄罗斯国家级电视、广播、平面与网络主流媒体,向俄罗斯民众推广中国的旅游资源及旅游文化。2014 年,央视法语频道制作的特别系列节目《50 年 50 人》在法国国际电视五台(TV5MONDE)的 9 个频道播出。深圳华强文化科技集团创作的《熊出没》动画片于 2013 年成功与迪士尼签约海外版权,进入全球知名儿童频道,并在俄罗斯、伊朗等多个国家电视频道中播出。此外,2014 年于浙江卫视热播的《中国好声音》第三季在走进马来西亚过程中,也是通过向当地影响力较大的华语电视媒体借力,通过 8TV 这一优质华语媒体作为其在马来西亚的落户平台。2014 年11 月,云南台和印度 Zee TV 正式签订了战略合作协议,云南台向对方提供一部 25 集电视剧的播映权,中国优秀电视剧将通过 Zee TV

与印度观众见面。2014 年 6 月,云南广播电视台与柬埔寨国家电视台达成协议。从 2015 年开始,柬埔寨国家电视台将开辟一个周播时段,固定播出由云南国际频道制作的介绍云南的电视节目。

四、通过新媒体平台增强海外影响力

1. 加强自身互联网平台建设

2014 年,上海五岸传播有限公司建立"国际版权传播及交易平台"(MGmall.com),发挥云技术、实时下载技术等优势,打造数字媒体版权内容综合交易的第三方电商平台,使传统的版权交流、交易向全球化、网络化、全媒体化转变,与 20 多家影视机构签订了内容战略合作协议,汇聚了 200 多部影视作品,节目总量超过 1 万集,成片及素材总时长达到 30 万小时。近年来,央视旗下的中国网络电视台(CNTV)全面部署多终端业务架构,建成网络电视、IP 电视、手机电视、移动电视、互联网电视五大集成播控平台,通过部署全球镜像站点,已覆盖全球 190 多个国家及地区的互联网用户,并推出了英、西、法、阿、俄、韩 6 个外语频道以及蒙古语、藏语、维吾尔语、哈萨克语、朝鲜语 5 种少数民族语言频道,建立了拥有全媒体、全覆盖传播体系的网络视听公共服务平台。2013 年,CNTV 欧洲(英语)、拉美(西班牙语)、中东(阿拉伯语)3 个本土化网站开播运营,同年推出特色互联网频道"熊猫频道",独立访问用户数(UV)累计突破 340 万人次,在进一步扩大海外覆盖范围的基础上,吸引力和影响力进一步增强。2014 年底,中国网络电视台"直播中国"正式开通,该平台采用定点直播的方式,向世界更直观地展示了中国文化。2014 年,国际台旗下环球东方有限公司在国际台所属海外公司率先开通移动终端发布平台 App。

2. 充分利用国外互联网平台

2014 年,央视持续加强海外社交媒体账号的运营,在国际、国内重大热点事件发生时及时向全球网友发出来自中国的真实声音。英、西、法、阿、俄五个语种频道在 CCTV 的统一主品牌下已形成海外社交媒体账号集群,通过电视屏幕、社交媒体以及客户端三大传播

平台的联动有效提升了国际传播影响力。各频道注重通过内容营销,增强与海外用户互动,有效扩大国际影响力。推出了海外社交媒体互动平台"中国两会,提问高官""Ask China",这是中国政府官员与海外网友首次实现互动。互动活动共发布网络图文帖 159 条,海外线上浏览量 490 万,社交媒体平台全球粉丝增长超过 8 万,增长率 150%。

2014 年,央视新媒体传播取得一系列历史性突破。一是 CCTVNEWS 在 YouTube 上点击量首次超过 CNN 国际频道账号。截至 2014 年 10 月 29 日,在拥有 10 亿海外用户的 YouTube 视频平台上,运营仅一年多时间的 CCTVNEWS 账号总点击量已经达到 1 393 万,首次超过运营时间长达九年的 CNN 国际频道账号。

二是在 Facebook 平台上,CCTVNEWS"粉丝"遍布 45 个国家,首次覆盖人群超过 1 亿。CCTVNEWS 主账号的粉丝增长率超过 RT,半岛,BBC,CNN 等知名媒体国际频道账号,仅 10 月一个月海外浏览量增长超过 2 310 万,其中,10 月 15 日至 29 日期间,CCTV-NEWS"粉丝"增长率为 14%,"粉丝"增速超过 BBC 国际新闻频道账号(BBC world news,1.04%),CNN 国际频道账号(CNN international,0.9%),RT 账号(1.03%)和半岛英语新闻频道账号(AI Jazeera English,0.8%)。2014 年底,央视网在 Facebook 平台运营"CCTV 中文"账号创新开展"CCTV 中文主题月"活动,获得良好反响。相关主题帖覆盖人群近 2 300 万,总曝光量达 4 200 万次,超过 250 万海外实名用户参与互动。多媒体方式拍摄制作国庆特别报道《中国面孔》。该报道通过普通人的故事,展示中国在过去 65 年的飞速变化与重大进步。该系列报道主账号观看量近 133 万,在社交媒体平台 Facebook 上的观看量超过 300 万,得到了 4.3 万海外网友点"赞"。

三是在 Twitter 平台上,吸引众多精英"粉丝"和意见领袖。包括 BBC,半岛,美联社,路透社,法新社,《纽约时报》《华尔街日报》,哥伦比亚广播公司等主流媒体的记者;利兹大学、诺丁汉大学、约翰内斯堡大学、阿尔伯塔大学、经济学者协会等机构专家学者,以及政商界精英,如美国纽约梅隆银行资产管理公司旗下牛顿投资管理公司的首席执行官、纽约国际集团首席执行官和摩根斯坦利的首席执行官等。2014年,国际台在华语地区和欧美世界最流行的6个新媒体社交网络平台全部开通专属账号,每天发布至少3条原创或本土新闻。各类新媒体传播平台音视频节目年度访问数量超过70万次,"粉丝"除广泛分布于北美地区外,还来自中国大陆(内地)和台湾、香港地区以及东南亚各国。此外,通过与主流新媒体平台合作,公司将旗下20个北美整频率落地分台节目推介到欧美地区备受欢迎的TuneIn网络广播集成网站,实现节目网络流媒体直播。

3. 加强品牌化传播

CCTVNEWS品牌已经成为海外主流媒体关注中国新闻的窗口。CCTVNEWS发布的多条中国突发新闻被NBC的突发新闻账号抓取并多平台推送,该账号拥有1 000万以上的活跃海外"粉丝"。BBC网站2014年10月20日在中国版面的头版引用了CCTVNEWS多媒体工作室的原创文章《中国人如何取英文名》。2014年,央视五个语种频道在CCTV的统一主品牌下已形成海外社交媒体账号集群,通过电视屏幕、社交媒体以及客户端三大传播平台的联动有效提升了国际传播影响力。英语新闻频道于2013年7月正式成立CCTVNEWS多媒体全球工作室,建立了链接北京总部与北美、非洲区域制作中心的生产体系,推出主打短视频的CCTVNEWS客户端,通过海外社交平台和客户端产品进行全球化运营。2014年,非洲区制中心针对南非5 000多万人口潜在观众,与南非品牌视频发布平台Cinemo签订和合作协议,成为其平台上唯一电视媒体报道提供者。此外,非洲区制中心与肯尼亚Buni TV网站签署了合作协议,在其网站上提供频道节目视频。北美分台网站www. cctv-america. com于2014年4月正式上线,注重满足美洲地区用户的阅读体验,平均每周流量近10万次,单日最高流量近35 000次,累计用户近40万。目前,英语新闻频道全球三地共运营6个不同的社交平台、17个账号,仅主账号CCTVNEWS的日发稿量就近70条。据统计,全球视频总点击量已突破4 500万,相当于电视收视率3.49%。全球总"粉丝"数236万,其中包括海外活跃"粉丝"80万,"粉丝"遍布45个国家,覆盖人群超过1亿。CCTVNEWS

客户端短视频移动新闻客户端上线,短短 10 天海外下载量突破 6 万。

4. 增强新闻视频发稿能力

成立于 2011 年的央视国际新闻视频在线发稿平台"国际视通",通过互联网向全球媒体机构发布各种格式的新闻视频。2014 年全年,"国际视通"多语种对外发稿 4.4 万条,70 个国家和地区的 1 656 家境外电视频道播出相关素材 70.6 万次,比 2013 年增长 14%。CNN,BBC,法新社等 79 家注册用户通过"国际视通"的全球发布系统下载 5 655 条央视新闻素材。2014 年,央视全球报道网络已基本稳定,与 2013 年相比,海外记者发稿数量稳中有升。截至 2014 年 10 月底,央视海外记者总发稿量已达 19 831 条,同比增长 3%。2014 年 5 月,"非洲视频传输渠道"正式投入运行,目前有两批共 20 余家非洲广电机构与"国际视通"签约。其中有 12 家已完成技术搭建,并通过专用客户端累计下载 1.5 万条新闻素材。

五、通过联合制作节目"走出去"

2013 年,国际电视总公司与美国 PASSMORE 公司签约,合作制作《舌尖上的中国》3D 版,并针对全球市场发行;与委内瑞拉 VENEVISION 公司签署纪录片《超级工程》的西班牙语版改编发行协议。同年,国际台完成了中日合拍纪录片《谷顺的中国之旅》,开创了其与外国电视媒体合拍高清纪录片的先河。2014 年,央视中国国际电视总公司加大力度和投入,以国际合拍形式推动更多中国节目走入欧美主流市场。例如,在美国国家地理频道网络播出的《史前天坑群》、与英国 Lion TV 公司共同合作的纪录片《孔子》、与德国 2KTV 共同制作的纪录片《海上丝路》、与澳大利亚 Sea Light 公司合拍的纪录片《深潜》、与南非独立传媒集团签署《深化合作备忘录》等。9 月,总公司节目代理部联合印度最大商业电视台 Zee TV 举办中国纪录片展映周,成功推动《舌尖上的中国》《故宫》《超级工程》等多部优秀纪录片在印度热播。

2014 年,国家新闻出版广电总局与新西兰签订了首个中外政府间合拍协议《中新电视合拍协议》,并将动画《大熊猫与奇异鸟的故事》(暂定名)作为首批重点合作项目。央视电视剧频道还与英国载闻集团、央视国际频道与法国国际电视五台签署了系列合作协议,在未来开展更深入的文化交流合作。同年 10 月央视动画和捷克小鼹鼠公司联合打造的两国文化合作项目《熊猫和小鼹鼠》成功签约。

地方电视台也通过合拍合作的方式积极推动广播电视"走出去"。2014 年 1 月,吉林省延边电视台与朝鲜合作录制了《2014 年春晚——图们江传说》。8 月,柬埔寨国家电视台与广西人民广播电台签署《中国剧场》合作协议,这是继柬语版动画片《猫眼小子包达达》交付后,广西电台与柬埔寨国家电视台开展的又一大创新合作。根据协议,广西电台在柬埔寨国家电视台开办固定栏目《中国剧场》,播放中国电视剧,每周播出 2 集,下一步中方还将向柬方提供电视剧、纪录片、动画片等更多的优秀译制作品。10 月 9 日,《猫眼小子包达达》成功在柬埔寨国家电视台开播,并作为《中国剧场》栏目固定播出。11 月,广西人民广播电台与老挝国家电视台签署了《中国剧场》栏目合作协议,这一栏目是广西电台继与柬埔寨国家电视台合作之后,第二个与东南亚国家合作开办的同类栏目。根据协议,双方将在老挝国家电视台第一频道合作开办固定栏目——《中国剧场》,每年在栏目中固定播出由广西电台译制的优秀中国电视剧 100 多集,电视剧采用贴片广告方式播出。

六、加大电视节目海外交易

2012 至 2013 年,我国电视海外交易实现从传统单一的节目出口向原创栏目、模式出口的转型。2013 年,全国电视产品和服务出口分别为 6 000 多万和 6.8 亿美元。

1. 进一步扩大电视节目的海外销售

2013 年,央视全年外销影视节目 8 322 小时,其中,澳大利亚 SBS 电视台购买了《透视春晚》《熊猫淘淘》等 7 个节目,并拟在固定时段播出。2014 年,中国国际电视总公司的影视节目也逐步从单一节目销售模式向批量化节目播出和整频道运营转变,与东南亚、南非等地主流媒体合作,建设运营拥有自主权的海外本地化中国节目专属频道 Hi-Indo!,并与 Talpa 公司、南非独立传媒集团等进行合作,不断扩大媒体经营范围。此外,纪录片逐渐成为中国电视"走出去"的核心文化产品。2012年全年,央视纪录片的海外销售超过220万美元,是2011年的140%。以《舌尖上的中国》为例,其首轮播出的两个月内,海外授权金额就达28万美元。

2. 拓展原创电视节目模式的出口

2013年,澳大利亚最大的无线电视台SBS和津巴布韦国家电视台购买了江苏广播电视台的热播相亲节目《非诚勿扰》。上海广播电视台的《百里挑一》、江苏卫视的《全能星战》等电视节目,也与新加坡、以色列等国家的电视传媒机构达成协议,进一步扩大我国原创节目模式的海外销售。

七、建立海外频道和本土化工作室

2012年中央电视台建立了北美分台和非洲分台,这不仅为英语、阿语、俄语等外语频道提供了坚实的新闻报道资源,更是这些外语频道实现对象化、"本土化"传播的重要支撑。2015年1月22日,CCTV大富频道在日本开播三周年,并进入日本三大主流平台中的"Sky PerfecTV"和"光TV"播出,覆盖观众超过1 200万人。

2012年底,国际台在老挝万象、柬埔寨金边、泰国曼谷、美国洛杉矶、加拿大温哥华、澳大利亚墨尔本、法国巴黎等首都城市或大城市,设立了22家海外节目制作室。2013年,国际台完成了对土耳其伊斯坦布尔、塞内加尔达喀尔节目制作室的验收工作,以及葡萄牙里斯本节目制作室的建设工作,并建立韩国首尔节目制作室及博茨瓦纳节目制作室。2014年,国际台向总局重新申报菲律宾马尼拉、约旦安曼、缅甸仰光、日本东京等10个节目制作室。待总局批准后,将适时逐步推进。同时,国际台不断完善海外节目制作室靠前管理,以公司化方式完成向部分海外节目制作室派员工作,规避了法律风险,实现了海外机构的靠前管理,初步摸索出海外机构管理及运行方式。目前国际台海外节目制作室直接制作的海外本土化节目制作量每天约230个小时,节目内容更符合当地受众收听习惯,为国际台海外分台扩大影响、打造品牌奠定了基础。

第三节　中国电视"走出去"的特点和趋势

一、新媒体平台成为中国电视"走出去"的重要手段

随着网络技术的日益普及和影响力的逐渐扩大,手机、互联网等新兴媒体已成为各大电视台传播的重要平台。近年来,我国重点媒体不断加强自身新媒体平台建设,加大与海外新媒体平台的合作,取得显著成效。2014 年,亚太经合组织领导人会议周期间,央视网利用海外社交平台,借助新媒体覆盖范围广、时效性强、互动方便等特点,建设专题专页、加大互动比重、刊播短片视频,极大增强了该活动的曝光率和影响力。其英语频道、法语频道在 Facebook 的页面阅读量也不断增多。此外,国际台也在土耳其、泰国、意大利、英国等 6 个重点国家实施全媒体建设项目,建设区域传播中心,进一步推进海外传播覆盖。

二、地市级广电媒体开始"走出去"

佛山电视台下属珠江传媒文化影视公司独家制作的 35 集大型电视连续剧《孔子》,2014 年 4 月 3 日起在台湾人间卫视播出,成为该地区黄金时段热播大剧。这是在中国孔子基金会积极促成下,继《孔子》在日本、韩国、泰国等多地发行播出后,在华语区首播。《孔子》在国外和台湾地区的热播,对传播、传承中华优秀传统文化起着积极推动作用。梅州广播电视台 2014 年 9 月与毛里求斯国家电视台签订了节目交流备忘录。毛方向梅州台购买了 52 小时有关客家风土人情的电视节目、客家妹形象使者大赛、客家流行音乐金曲等节目,进一步拓宽了外宣渠道,为宣传梅州形象、传播客家文化奠定了良好基础。梅州台今年还成功举办了第六届全球客家妹形象使者大赛,在全球各主要客属地区如马来西亚、印度尼西亚、新加坡、毛里求斯等地设立分赛区进行报名和选拔,传播了客家文化,提升梅州"世界客都"的形象。吉林省延边电视台卫视频道已在俄罗斯的乌苏里斯克全城覆盖,在朝鲜罗津、先锋等地大型涉外宾馆落地,在朝鲜平壤羊

角岛国际宾馆落地播出,通过 IPTV 在日本全程播出,《延边卫视新闻》朝语版在韩国 CNM 电视台播出。

三、民营企业成为"走出去"新生力量

2012 年 5 月,国家新闻出版广电总局出台了《广电总局关于鼓励和引导民间资本投资广播影视产业的实施意见》(广发【2012】36 号),明确提出支持民营企业参与广播影视的创作并向海外推广销售,大力提高了民营电视企业"走出去"的积极性和主动性。近年来,以四达时代、蓝海电视、俏佳人传媒等为代表的民营影视公司不断扩大海外投资,通过多种方式推动广播影视节目和服务"走出去"。目前,蓝海电视覆盖北美、欧洲和亚太地区,付费用户超过 7 000 万;俏佳人传媒旗下的"美国 ICN 电视联播网",其无线和有线电视直接可收视人群达 1 亿以上;北京四达时代公司也通过其先进的卫星通讯与地面无线数字技术,先后在 23 个国家注册成立公司,目前业务遍布 12 个国家的 100 多个城市,用户超过 400 万,成为泛非地区发展最快的数字电视运营商。随着我国对外开放的不断深入,我国民营企业在电视内容与服务对外交流合作中起到越来越重要的作用。

四、电视节目本土化运作不断强化

近年来,我国媒体在通过建设海外节目工作室、制作室进行全球化布局的同时,还进一步加强影视剧的多语种译制,不断推动电视节目本土化运作。2013 年以来,央视阿语频道陆续制作播出的《李小龙传奇》《美人心计》《永生羊》等阿语电视剧,受到阿拉伯国家和地区观众的欢迎,成为阿拉伯人民了解中国的重要窗口。国际台先后使用英语、法语、阿拉伯语、缅甸语等 8 种语言,将《医者仁心》《杜拉拉升职记》等 10 多部电视剧、动画片和纪录片,译制成本土母语配音或外语字幕片,发行范围涵盖亚洲、非洲和拉美等地区,对加强中外文化之间的深入交流,实现中华文化的广泛传播,有积极的促进作用。其中,在尼日利亚播出的《北京爱情故事》豪萨语版等电视剧,激发了所在国家观众对中国影视剧的兴趣和热情。除了加强电视剧本土化译制,各媒体还加大了对中英文双语字幕建设的力度。2014 年,中

文国际频道《今日关注》的标题、嘉宾身份等核心信息都以中英双语形式呈现,成为央视首个中英双语字幕的直播类新闻节目。

五、中国电视"走出去"内容更加丰富

近年来,为符合国际市场的需求,我国电视剧、纪录片、动画片等电视节目在节目时长和内容上都作了相应的精简和调整,国际竞争力得到进一步提升。电视剧作为电视内节目容的主要组成部分,近年来海外影响力持续增强,《楚汉传奇》《大秦帝国 2》《媳妇的美好时代》等优秀国产电视剧都受到了国外观众的好评。2013 年,国内热播电视剧《甄嬛传》分为 3 部在日本富士电视台开播。同时,纪录片也成为近年来我国电视节目"走出去"的重点内容。2013 年,有《舌尖上的中国》《京剧》《春晚》等 30 多部中国纪录片在海外主流媒体播出,央视纪录片的国际发行区域已经覆盖美洲、欧洲、澳洲、亚洲、非洲的 51 个国家和地区以及 14 个海外航空公司的国家航线。动画方面,继《喜羊羊与灰太狼》后,《熊出没》系列动画也在国际市场中取得优秀成绩。截至 2014 年 5 月,该动画已出口的国家和地区达 50 多个,并在俄罗斯、伊朗等主要电视台热播。

第四节　案例:蓝海电视"走出去"新探索

蓝海电视(BON)是"蓝海电视全球传播平台"的简称,于 2010 年由蓝海传媒集团创立。BON 每天首播新节目量约 6 小时,日播 20 多个栏目,年产英文节目达 10 万分钟、4 000 多集节目。经过三年多时间的努力,BON 卫星频道已覆盖亚太、欧美、北非地区的 120 多个国家,有线频道进入欧洲、美国的主要有线电视网络系统,覆盖 6 000 多万用户,并在持续扩大中。近年来,蓝海电视逐渐探索出了一条中国民营电视"走出去"的新路子。

一、中国内容西方表达,突破沟通障碍

"中国内容,西方表达"是蓝海电视英文节目制作的理念、模式和流程。其核心是适应西方观众收看心理与习惯,用西方视角选择、制

作电视节目,突破中西方在文化沟通与消费上的障碍,以满足西方观众的收视需求。

1. 用西方视角选择内容,抓住观众真实需求

蓝海电视的全部内容来自中国,均由蓝海电视自制。蓝海电视在节目制作之前,十分注重挖掘海外观众对中国电视节目的真实需求。通过研究美国观众市场并结合市场调研公司的分析,蓝海电视将内容生产的焦点集中在为美国观众提供"真实而实用的信息"方面,为此制作了有关中国经济、商务、科技、文化、旅游、生活方式等方面的内容,每天24小时不间断地向西方主流社会传播"中国故事",展现中国发展步伐,让西方主流观众看到真实、鲜活、生动的中国,满足了西方主流观众渴望了解中国的收视需求。比如,《中国价格观测》(Price Watch)栏目翔实报道中国日常消费价格,向西方观众展现中国经济生活的真实状态,深受西方观众欢迎。为更好地抓住西方观众的收视需求,蓝海电视在美国、英国等国家设立了常设机构,研究其市场行情,并进行观众调查,以便制作观众感兴趣的节目。蓝海电视开播以来,受到北美和欧洲电视运营商的一致好评,它们认为蓝海电视为观众提供了大量新鲜有趣的中国电视内容服务,帮助它们吸引了更多用户。

2. 用西方思维制作节目,消除观众文化障碍

蓝海电视节目,无论是原创还是改编的节目,都是地道的英文表达,而且都遵循西方媒体的制作方式,其节目主持人和主编均来自母语为英语的国家,以保障节目选择和制作的角度及其表达方式都符合西方观众心理,满足其兴趣和需要,进而消除西方观众收看中国电视节目普遍存在的文化障碍。例如《西藏归来话西藏》栏目,蓝海电视通过在西藏旅游和工作的外国人,讲述其亲身经历以及在西藏的旅游体验,以现身说法的方式介绍西藏。既不涉及敏感话题,也不是浅层次的介绍风光美景,因而具有很强的可信度和感染力。

3. 用西方方式沟通,让收看蓝海电视成为习惯

蓝海电视特别注意与西方观众建立长期的沟通与互动,包括收视调查、回访等,都按照西方主流传媒机构普遍采用的方式运作,以确保这些沟通能够适应西方观众的心理和文化背景,并以他们喜欢

和乐于接受的方式开展。蓝海电视与专业调查机构合作,建立外国观众节目评价体系,以付费的形式邀请外国观众对节目进行评价。这种方式虽然会有较大的费用投入,但付费模式符合那些认真收看节目并有意参与调查的西方观众的心理,从而能够了解他们对于节目的真实想法。在深入调查用户收视习惯及意见的基础上,蓝海电视发掘和制作出更符合西方观众需求的节目。例如,在多次回访中,蓝海电视发现海外观众中那些高端的商务人士,对中国经济的发展变化,特别是财经动态非常感兴趣,便策划开播了《中国商务咨询》(BizWiree)栏目。《中国百姓声音》(China Talk)栏目关注中国网民在各新闻网站、博客、微博和论坛中热议的话题,客观、及时地反映中国网民对热点事件的理解和看法。该栏目充分尊重西方观众的收看习惯,按照西方方式制作节目,全貌展现中国普通民众的真实想法,极大地提高了蓝海电视的公信力。以"西方方式"与观众沟通,体现了蓝海电视对观众的尊重,以及"观众导向"的节目制作理念。在长期的互动中,西方观众逐渐形成了对蓝海电视的收视习惯,蓝海电视也因此成为他们了解中国的重要渠道。

二、民营电视企业更适应国际传媒市场竞争

1. 有"民间声音"与"民间面孔"

蓝海电视作为一家民营电视机构,通过民间立场、民间视角向西方主流社会介绍中国经济、文化、社会发展情况,更容易获得西方观众的认可,有利于建立中国电视媒体在国际上的公信力。蓝海电视在"走出去"的过程中,其"民间面孔"和"民间声音"更能获得西方观众的认可,被认为"内容可信""面容可亲""更具公信力"。欧美电视运营商认为蓝海电视作为民营电视机构,为中国电视内容"走出去"开启了一个新窗口,满足了西方观众对中国民营电视的收看需求。美国市场调研公司 2012 年关于"蓝海电视观众"的一份调查报告显示,很多受访者对蓝海电视的民间身份都给出了积极评价。

2. 有清晰的商业运作模式

作为高度市场化的对外传播媒体,蓝海电视采用灵活的企业机

制,具有清晰的商业运作模式。蓝海电视自我定位为"中国内容,全球传播"。围绕这一定位,蓝海电视积极吸收西方电视运营经验,与卫星、有线电视网络运营商以及互联网视频网站签署收视费分成协议,在向国外用户提供中国内容的服务过程中,产生商业收益。这种商业收益既包括收视费分成以及商业广告收入,也包括面向国外机构用户进行内容发行而产生的发布费和版权使用费等。通过构建起面向大众和机构两种不同的商业模式,蓝海电视探索了中国电视对外传播的商业模式。2013年,蓝海电视创收4 200多万元,并开始实现赢利。蓝海电视这套成功的商业模式已进入规模化运作阶段。

未来,蓝海电视还将借鉴成熟的电商交易模式,通过蓝海云搭建基于视频内容的电商交易平台,广播电视台、中小型节目制作机构及个人制作者都可以通过蓝海云,参与全球广播电视节目在线交易。

3. 有风险投资等各类资本的支持

蓝海电视的运营机制和商业模式得到了资本市场的高度认可。自创立以来,蓝海电视已经进行了两轮融资,共获得1.6亿元风险投资的支持,是第一家获得风险投资的对外传播企业。蓝海电视正进行新一轮的融资,预计融资额度1亿元。充足的资金支持使得蓝海电视能快速建立全球传播覆盖体系,快速进入欧美市场,实现可持续发展。

4. 有高素质的专业化、国际化运营团队

蓝海电视非常注意团队建设,从一开始就打造了一支专业化、国际化的团队,从而能在激烈的国际市场竞争中立足并崛起。在早期,蓝海电视团队曾创办过多档具有广泛社会影响力的电视栏目如《环球》《让世界了解你》《国际双行线》等,先后在中央电视台、北京电视台等多家电视台播出,并在国外发行,为蓝海电视平稳运行建设提供了坚实的基础。另外,它还拥有一支由200多人组成的国际化的专业节目制作团队。其中,主持人和主编均来自母语为英语的国家,以美国、加拿大、英国、澳大利亚等国家为主,确保电视节目内容选择与制作的"西方化"。制片人和编导大都为有海外留学背景、中英文兼通的电视专业人员,确保内容具有中国特色,传播中国文化与中国声

音。由于整个团队都具有高度的专业化、国际化水平,不仅英语纯正地道,而且表达与呈现的角度和逻辑符合西方主流社会观众的接受心理、习惯与兴趣,因而能够迅速地拓展海外市场。

（文/朱新梅、戚雪）

第七章　中国电影"走出去"

　　2012 年 11 月,党的十八大提出"两一百年"战略,为新形势下的中国改革开放明确了发展目标,即:在中国共产党成立一百年时,全面建成小康社会;在新中国成立一百年时,建成富强、民主、文明、和谐的社会主义现代化国家。本着这一精神,习近平总书记在 2012 年 11 月 29 日参观"复兴之路"大型展览时,首次提及"中国梦",指出"实现中华民族伟大复兴,就是中华民族近代最伟大的中国梦"。此后,他在系列重要讲话中,多次重申"中国梦"的理论思想,并阐明"在新的历史时期,中国梦的本质是国家富强、民族振兴、人民幸福"。2014 年 11 月 28 日至 29 日,习近平主席在中央外事工作会议上发表重要讲话,指出当前的工作重点是"提升软实力,讲好中国故事"。

　　综上所述,在新一届政府上任后,中国形象的国际传播新思想、新政策与新举措不断推出,可以说是 1978 年改革开放以来中国"走出去"最具创新活力的时期。以此为背景,中国电影"走出去"取得了怎样的国际传播效果?

　　为此,本章综合国际政治、国际经济学与社会学的相关理论,提出"国家形象"国际传播的三个宏观层面评价指标,分别是"活动力(activity)"、"关注度(attention)"和"影响力(influence)",并以此为依据分析 2012 年至 2014 年,中国电影的国际传播。研究选取 Readex U. S. Congressional Serial Set,World News Connection 等多个国际权威数据库,从政府文献、行业协会和媒体报道等方面进行多维度资料收集与分析,并配合了访谈。在此基础上,本章将有针对性地从上述三个方面提出策略建议。

第一节　中国电影"走出去"国际传播评价

一、中国电影"走出去"国际传播评价:活动力

在推进中国电影"走出去"方面,我国从政府层面主要采取的策略有两个。一方面,在国家新闻出版广电总局的领导与推动下,中国积极参与国际性电影交流与合作,鼓励中国电影走出国门,亮相世界;另一方面,中国开始注重成为电影国际舞台上的合作者,强化了建设者和贡献者的责任意识。从这两个大方面进行分析,可以得出结论自 2012 年以来中国电影国际传播活动力是活跃而旺盛的。以2014 年的具体举措为例。根据国家新闻出版广电总局发展研究中心的总结,中国电影国际传播取得了以下主要成绩[①]:

2014 年,为配合外交大局、进一步加强中外电影合作,在习近平主席见证下,蔡赴朝与韩国、印度代表先后签订了《中韩电影合拍协议》和《中印视听合拍协议》;在李克强总理见证下,蔡赴朝与西班牙代表签订了《中西电影合拍协议》;在刘延东副总理见证下,童刚与英国代表签订了《中英电影合拍协议》;张宏森与意大利代表签订了《中意关于合作摄制电影片的协议》的附件——《合拍影片程序》。

为配合"丝绸之路经济带"和"21 世纪海上丝绸之路"战略构想,在国家新闻出版广电总局"丝绸之路影视桥工程"的框架下,广电总局与陕西省人民政府作为主办单位,创立并成功在西安举办了首届"丝绸之路国际电影节",有 26 个国家的 147 部故事片、纪录片、短片报名参加,涵盖俄语、韩语、阿拉伯语、土耳其语等 18 个语种。来自20 余个丝路沿线国家的驻华使节、100 多个电影剧组代表及众多国内外电影界人士参加了电影节活动,期间举办了开闭幕式、中外影片展映、丝路电影论坛、电影合作项目签约、节目市场交易等活动,取得

---

① 本部分统计由国家新闻出版广电总局发展研究中心朱新梅研究员提供。

较好效果。在外交部的大力支持下,由国家新闻出版广电总局倡议发起的《首届丝绸之路国际电影节国际合作共同宣言》得到了相关国家的积极响应,并在电影节期间对外发布,为进一步加强丝路国家在电影领域的合作与交流架起文明进步的友谊之桥。

紧紧围绕"一带一路"和"丝绸之路影视桥工程",配合中外建交年、国家年和国家领导人出访,在境外举办的中国电影节展重点突出、亮点纷呈。据国家新闻出版广电总局电影局提供的以下材料:

(1) 2014 年 9 月,在罗马尼亚、希腊、伊朗举办了中国电影展,童刚率团出席相关活动。在罗马尼亚的电影展更是作为庆祝中罗建交 65 周年的重点项目,得到罗政府及我驻罗使馆的高度重视,成龙、章子怡出席开幕式,在当地引起轰动。

(2) 为落实习近平主席访印成果与《中印联合声明》的内容,作为"中印友好交流年"活动的重要内容之一,2014 年 11 月中国作为主宾国参加了印度国际电影节,童刚率阵容强大的代表团出席电影节,影片参展参赛、导演张建亚担任国际评委,王家卫获颁"终身成就奖","聚焦中国"活动圆满成功。

(3) 2014 年 11 月在习主席出席布里斯班 G20 峰会并对澳大利亚进行国事访问期间,国家新闻出版广电局在布里斯班举办了首届中澳国际电影节,五位中澳重量级电影人担任评委,评选出十个"金合欢奖",开辟了中澳电影交流的新平台,弥补了近年来中澳电影交流在此领域的空白。

(4) 按照业已形成的电影交流机制,2014 年 5 月中国新闻出版广电总局电影局与法国巴黎文化中心合作举办了第四届法国中国电影节,9 月中国新闻出版广电总局电影局与俄罗斯文化部电影局又合作举办了第七届中国电影节。

据统计,国家新闻出版广电总局电影局在境外 44 个国家及港澳台地区举办了 65 次中国电影节展活动,展映影片 452 部次。其中,根据 2013 年底中国新闻出版广电总局电影局与文化部外联局达成的战略合作协议,应各使领馆要求,电影局向 27 个驻外使领馆提供了 194 部次影片,用于在当地举办中国电影节展或参加当地的国际电影节活动。共有 345 部次国产影片(含合拍影片)参加了 29 个国家和港澳台地区的 99 个国际电影节,其中 70 部次影片在 22 个电影节上斩获 117 个奖项。我国国产影片的海外销售和海外票房收入约 18.7 亿元,同比增长 32.25%。

中国中央电视台电影频道继续加大落实"中非影视合作工程"的实施力度和实施范围:与中国中央电视台国际台在土耳其开办的电视台 CTV 合作,从 2014 年底起在该台播放一批土耳其语配音的电视电影;与斐济广播公司合作,以广告换节目形式在该台播放一批影片;与新西兰最大华文媒体——中华电视网签订了合作协议,实现了整频道落地。同时,电影频道 2015 年已启动了第一批 26 部国产影片的译制计划。

综上所述,从整体布局来看,2012 年至 2014 年,中国电影的国际传播是面向五大洲的,而且很好地配合了我国外交战略布局。其中,值得关注的亮点是显示出"两条腿走路"的科学理念,即一方面不减少与发达国家的联系,另一方面开始着力与发展中国家建立合作。面向未来,中国电影国际传播需要进一步提升与周边国家交流的活动力,针对这些国家的各自特点量身订制方案与项目,更好地顺应我国"周边外交"的大思路,为推动中国与周边国家的人文交流与合作贡献力量。

二、中国电影"走出去"国际传播评价:关注度

近年来中国创办,或者承办了很多具有影响力的国际性电影活动。其中,北京、上海等城市推出的上海国际电影节、北京国际电影节和长春国际电影节是具有代表性的案例。

1. 中国海外参赛电影国际传播评价:关注度

在分析中国海外参赛电影的国际传播时,本章提出的评价指标是该片入围国际电影节的情况,并据此提出中国海外参赛电影国际传播"四梯队"评价模型(见图 7-1-1)。

第一梯队	柏林、威尼斯、戛纳三大电影节 (入围三大电影节电影)

第二梯队	蒙特利尔、卡罗维发利国际电影节 (入围蒙特利尔、卡罗维发利国际电影节电影)

第三梯队	其他国际A类电影节 (入围其他国际A类电影节电影)

第四梯队	入围其他电影节电影

图 7-1-1　中国海外参赛电影国际传播四梯队评价模型

在本章提出的评价模型中,国际电影节被分为四级,主要依据国际电影制片人协会(International Federation of Film Producers Associations,FIAPF)的官方分类。根据 FIAPF 的标准,全球共有 14 个国际 A 类电影节,并被进一步分为"三大电影节"和"五大电影节"等两类。其中,戛纳国际电影节、柏林国际电影节、威尼斯国际电影节是世界三大电影节。"五大电影节"是戛纳国际电影节、柏林国际电影节、威尼斯国际电影节、蒙特利尔国际电影节,以及卡罗维发利国际电影节。因此,入围柏林、戛纳和威尼斯三大电影节的电影为第一梯队,入围蒙特利尔国际电影节和卡罗维发利国际电影节的中国电影为第二梯队,入围其他 A 类国际电影节的中国电影为第三梯队,入围其他电影节的中国电影为第四梯队。

根据中国海外参赛电影国际传播"四梯队"评价模型,可以发现,2012 年至 2014 年,中国电影海外参赛取得了良好的传播效果。以 12 部 2014 年中国电影为例(见表 7-1-1):

表 7-1-1　2014 年中国海外参赛电影国际传播案例统计

排序	影片名称	入围/获奖情况
1	《白日焰火》(*Black Coal, Thin Ice*)	第 64 届柏林国际电影节最佳影片金熊奖、最佳男主角银熊奖
2	《推拿》(*Blind Massage*)	第 64 届柏林国际电影节入围主竞赛单元金熊奖,获得最佳艺术贡献(摄影)银熊奖
3	《闯入者》(*Red Amnesia*)	第 71 届威尼斯国际电影节入围主竞赛单元金狮奖
4	《无人区》(*Wu Ren Qu/ Western Sunshine/No Man's Land*)	第 64 届柏林国际电影节入围主竞赛单元金熊奖
5	《狗 13》(*Einstein and Einstein*)	第 64 届柏林国际电影节国际评审团特别推荐奖
6	《幻想曲》(*Fantasia*)	第 67 届戛纳国际电影节入围"一种关注"单元;第 30 届波兰华沙国际电影节入围"探索"单元
7	《归来》(*Coming Home*)	第 67 届戛纳国际电影节展映
8	《打工老板》(*Factory Boss*)	第 38 届蒙特利尔国际电影节入围主竞赛单元,获最佳男主角
9	《殡馆》(*The Coffin in the Mountain*)	第 30 届波兰华沙国际电影节国际竞赛单元奖
10	《我的爸爸是摇滚歌手》(*My Dad's a Rocker*)	第 30 届波兰华沙国际电影节最佳短篇纪录片
11	《刺眼的阳光》(*The Blinding Sunlight*)	第 36 届开罗国际电影节入围主竞赛单元金金字塔奖
12	《家在水草丰茂的地方》(*Where Is My Home*)	第 27 届东京国际电影节入围主竞赛单元

在此基础上,本章进一步分析所遴选的 2014 年度 12 部海外参赛的中国电影的国际传播关注度(见表 7-1-2)。

表 7-1-2 2014 年中国海外参赛电影国际传播

关注度案例统计分析(单位:条)

排序	影片名称	报道量
1	《白日焰火》(*Black Coal，Thin Ice*)	445
2	《打工老板》(*Factory Boss*)	207
3	《推拿》(*Blind Massage*)	168
4	《闯入者》(*Red Amnesia*)	129
5	《无人区》(*Wu Ren Qu/Western Sunshine/No Man's Land*)	21
6	《刺眼的阳光》(*The Blinding Sunlight*)	11
7	《家在水草丰茂的地方》(*Where Is My Home*)	10
8	《殡馆》(*The Coffin in the Mountain*)	9
9	《我的爸爸是摇滚歌手》(*My Dad's a Rocker*)	2
10	《归来》(*Coming Home*)	1
11	《狗13》(*Einstein and Einstein*)	0
12	《幻想曲》(*Fantasia*)	0

根据表 7-1-2 的统计结果,可以验证一个基本规律,即中国海外参赛电影的国际传播关注度与所参加的国际电影节的号召力与影响力成正比。例如:《白日焰火》的 445 条报道中,有 243 条涉及第 67 届柏林国际电影节。

2. 中国国际电影节国际传播评价:关注度

通过分析可以发现,2012 年以来,上海国际电影节和北京国际电影节的国际影响力稳健提升。以 2014 年为例,国际媒体对上海国际电影节的深度报道量为 365 条,北京国际电影节的深度报道量为 163 条。

通过进一步分析,根据媒体所属国家和地区,排名前五名的统计情况见表 7-1-3、表 7-1-4。

表 7-1-3 2014 年中国上海国际电影节报道量前 5 名国家
和地区统计分析(单位:条)

国家或地区	报道量
中国	245
德国	56
美国	53
比利时(布鲁塞尔)	43
奥地利(维也纳)	40

表 7-1-4 2014 年中国北京国际电影节报道量前 5 名国家
和地区统计分析(单位:条)

国家或地区	报道量
中国内地	142
英国	30
美国	15
印度	8
中国香港特别行政区	3

通过对 2012 年至 2014 年,中国海外参赛电影和中国主办的国际电影节的国际传播关注度分析,可以得出结论:我国外宣媒体对于中国电影"走出去"的国际传播贡献最大,发挥了积极作用,有助于让世界听到中国声音,了解中国立场。就国外媒体而言,以国家为单位,对于中国电影"走出去"话题最关注的国家是美国。从地区的层面看,欧洲最重视中国电影,其报道量占总数的约 70%。

值得一提的是对于"关注度"的区域国别分析反映出了电影在中国"走出去"进程中的独特优势,即能够引起欧洲等对于中国新提出的理论思想关注度较为有限的地区的兴趣。根据本章作者对 2014 年"中国梦"国际传播关注度的统计,法国对此的深度报道为 6 条,德国为 5 条,比利时和奥地利等欧洲国家为 0 条。这与欧洲对中国电影的关注度形成了较大反差。这项统计证明了在深化中国与世界的了解方面,中国电影确实可以发挥独到作用。

总之,2012 年至 2014 年,中国电影的国际传播赢得了较高的关注度,这说明中国电影确实在"走出去"的道路上继续稳步向前。此外,2012—2014 年,中国电影引发关注的国家和地区的覆盖面进一步扩大,突出的表现是得到了卢森堡、秘鲁、罗马尼亚、波斯尼亚、爱沙尼亚,以及斯洛文尼亚等对中国关注度非常有限的国家的报道。从这个意义上说,中国电影切实发挥了文化使者的专长,为让"中国更好地了解世界,让世界更好地了解中国"起到了破局的作用,做到了让部分尚不充分了解中国的国家和地区通过中国电影,开始感受中国。

在面对已经取得的成绩的同时,针对当前国家的总体战略部署,中国电影"走出去"在提升国际传播关注度方面,需要进一步完善的工作主要有三个:

(1) 2014 年中国的大外交战略基本形成,其核心特点是"中国开始从'被领导'过渡到'既不被领导,也不领导别人'的平等的合作者"[1]。顺势而为,中国电影"走出去"战略需要加大力度扶持与推广中国主办,或者创办的国际性电影活动。这项工作关乎中国电影"走出去"的指导思想,尤其是评价指标等根本性问题。一直以来,我国电影业对"国际化"的理解是"重在参与",因此能否得到"他者"的认同,成为评价中国电影国际影响力的核心指标。因此,中国电影业逐渐形成了视"国际大奖"为马首是瞻,视国际评价为核心竞争力的行业标准。毋庸置疑,中国电影"走出去"应该,而且必须积极主动地参与国际性电影节等活动,正是这种参与推动着 20 世纪 90 年代陈凯歌、张艺谋等改革开放后第一批中国电影人走向了世界。可以说,现有的框架发挥了巨大作用,具有合理性。然而,中国的发展,以及国际与地区局势的深刻嬗变意味着现行框架需要在继承连贯性的基础上,做出变动与调整。中国电影"走出去"不能再只是停留于"参与",这个策略遭遇的越来越突出的问题是会在一定程度上限制中国电影"讲好中国故事"的自主权与话语权。近年来,入围,乃至获奖于重大国际电影活动的中国电影虽然总体是百花齐放式的,提升了中国形象国际传播的关注度。然而,两个问题长期存在。首先,入选的中国

---

① 刘畅、邢晓婧、魏莱:《中国外交从布局走向落实》,《环球时报》2015 年 1 月 5 日第 7 版。

电影难以摆脱类型化的束缚,多数依赖武侠题材、历史题材,或者神话题材,距离中国现实生活甚远,难以直接,且生动地反映当前的中国社会精神、文化风采与核心价值观。根据本章作者的访谈,海外普通观众通过这些中国电影,对中国的认知更多是觉得中国"好玩(fun)"、"花哨(fancy)"和"神秘(estrange)",但是觉得它们在帮助自己了解中国方面,"作用非常有限"。第二,某些反映现实题材的中国电影作品成为固化中国刻板印象的"中国故事"。此类电影只重于描写扭曲的人性、生活的压抑,甚至是令人发指的残酷故事。如此一来,银幕上的中国形象几乎完全是负面的,这显然已经超越了自我审视和自我批评的范畴,而且在一定程度上迎合了国际上部分对华偏见。在对这种"走出去"的中国电影进行评论时,某些国际媒体会将其形容为"中国好声音(Good voice from inside China)",成为肆意批评中国的所谓有力佐证。

（2）2014 年,中国提出构建"中国特色的大国外交"。对此,新加坡学者郑永年认为,中国的新的外交思路是"面向发展中国家,尤其是'一带一路'的新丝绸之路和周边外交"[①]。以此为背景,中国电影"走出去"需要增强与发展中国家,尤其是我国周边国家的交流与联动。在这方面,中国的外交新策略为中国电影的第三世界传播,以及周边传播创造了有利的大环境。根据本章作者对 2012 年以来"中国梦"思想国际传播关注度的统计分析可见,发展中国家最关心第三世界话题。以亚洲为例,有关"中国梦"的亚洲报道量在 2012 年至 2014年一直排在首位,远远超过欧洲和北美(美国和加拿大)。因此,对于中国的密切关注显然是有利于中国电影在这些国家的传播的。需要中国电影发挥作用的地方是报道"中国梦"思想的亚洲国家一直比较固定且局限性很大,主要是印度、泰国等,始终未能拓展至中亚和蒙古等丝绸之路经济带上的重要国家,以及缅甸、文莱等更多东盟国家。可以说,若想提升这些国家对中国的关注度,仅凭外交和经济等途径是难以突破的,需要强化人文交流。因此,中国电影在今后的工作中需要制定方案,着力加强与这些国家的合作和沟通,让中国电影

---

① 郑永年:《中国大外交时代的来临》,《联合早报》2014 年 12 月 23 日。

成为中国的文化使者。

（3）在解读中国大外交战略时，我国始终强调会"两条腿走路"，也就是说在发展与第三世界国家的关系时，继续与美、欧和俄建立新型大国关系。在这个范畴中，美国对中国的关注度一直是密切而广泛的，尤其是新一届中国政府提出的新思想、新方针与新政策。然而，欧盟和俄罗斯对华提出的新政的关注度却相对有限。以 2014 年"中国梦"思想的国际传播分析为例，2014 年，美国媒体对"中国梦"思想的深度报道量是 84 条，是俄罗斯的近 4 倍（23 条），是英国（7条）、法国（6 条）、德国（5 条）的 10 几倍（见图 7-1-2）。

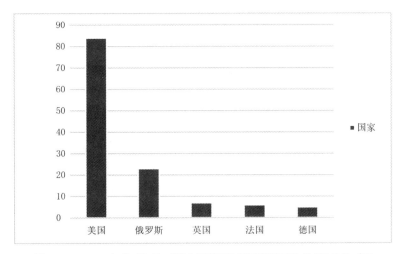

图 7-1-2　2014 年美、英、法、德"中国梦"思想报道量对比分析（单位：条）

与此形成对比，英、法、德，乃至更多欧洲国家却对中国电影表现出了兴趣。因此，如何发挥这个优势，在与欧盟和俄罗斯的交流中传递中国发展的新思想、新理念是一个值得重视的议题。

3. 中国电影"走出去"国际传播评价：影响力

根据"国家形象"概念提出者，英国政策顾问西蒙·安赫特（Simon Anholt）的观点，"国家形象赢得尊重才是传播的结果"[1]。为此，本章在评价 2012 年至 2014 年中国电影"走出去"的国际传播时，

---

[1]　Simon Anholt, *Competitive Identity*：*The New Brand Management for Nations*，*Cities and Regions*，London：Palgrave Macmillan，2007，p. 1.

以"关注度"为基础,进一步分析国际社会对中国海外参赛电影和中国主办的国际性电影节的讨论焦点与立场,从而对中国电影的国际传播影响力进行评估。

通过分析本章所遴选的 2012 年至 2014 年中国海外参赛电影的国际媒体报道,可以发现其主题涉及的范围较为广泛,全面覆盖了中国形象的政治、经济与文化等三个主要维度(见表 7-1-5)。

表 7-1-5　2012—2014 中国海外参赛电影国际传播报道前
5 个选题统计分析(单位:条)

报道选题	报道量
电影	988
电影节	573
犯罪	87
中国政治	71
审查制度	40

根据表 7-1-5 的统计,可见在介绍 2014 年中国海外参赛电影时,国际媒体设置的前五个议题依次是"影片评价""电影节活动""中国社会的犯罪情况""中国的政治制度",以及"中国的审查制度"。

由此可见,总体上国际媒体对于中国电影的评价是以影片本身为主,基本上能够从艺术创作的角度,客观分析中国电影作品。值得一提的是这些评价更多是正向的,有助于世界各国的观众了解,并且感悟中国电影人的创作追求、艺术贡献,以及中国电影的魅力。

第二节　中国电影"走出去"国际传播策略建议

通过分析 2012 年至 2014 年,中国电影的国际传播,可以得出结论:中国电影有助于丰富国际社会对中国的认知,增进国外观众对中国艺术创作的了解,深化中外之间的沟通与理解。

值得一提的是从这些电影中,很多评论者都意识到中国的社会转型并非一个简单的过程,中国的问题具有复杂性,因此不能仅凭若干经济指标,或者北京、上海、广州等部分中国城市的发展成绩就判定"中国是富裕国家(China is rich)",进而要求中国承担与美国等发达国家相匹配的责任,对于中国的新角色需要比较且辩证的分析对待。此外,很多评论都肯定了中国电影国际化的努力与诚意,认同中国电影"走出去"彰显了前进中的中国愿意与世界交流会通的美好意愿。在由影片故事推及中国政治等话题时,多数分析能够较为中肯地阐释中国社会所经历的改革。

就亟待解决的问题而言,中国电影国际传播在增强"影响力"方面,需要更好地平衡解读中国故事的视角,做到尽量客观,而且立体地呈现当下的中国风貌。众所周知,国际传播议程设置一直具有复杂性。近年来,这种设置变得更加明显,尤其是部分舆论每逢中国话题总是要扭曲,或者误读。因此,即便海外参赛的中国电影并非刻意渲染所谓中国的阴暗面,而是对中国社会存在的一些问题给予关注,也会被某些国际媒体恶意联想和放大。例如:《白日焰火》讲述的是一个犯罪悬疑故事,而有些国外评论却将其上升到反映出中国"犯罪猖獗""道德沦丧",甚至极为生硬地与"黑社会"和中国政治体制等话题进行联系与臆测。此外,个别媒体在报道这些中国影片时,总是要抨击中国的审查制度、选举制度和司法制度,仿佛影片的主题无一例外是对中国制度的大批判。对此,国外民众在接受本章作者的访谈时直言,"因为不是很了解中国,而且也不一定会看到这些中国电影,所以媒体的报道确实会影响中国形象。"

综上所述,2012 年至 2014 年,中国电影"走出去"在国际传播中总体上为提升中国形象的影响力发挥了正向作用。面向未来,中国需要重视对中国电影国际传播的整体布局,改进现有模式,从"走出去"之前,"走出去"过程中,以及"走出去"之后等三个方面进行综合规划。在"走出去"之前,需要做好顶层设计,要鼓励中国电影诠释中华民族的传统美德,例如:爱好和平、和睦、和谐的理念,历来注重向别人学习的态度,注重敦亲睦邻、讲信守诚、协和万邦的世界观等。在"走出去"过程中,加强对国际环境,尤其是涉华舆情方面的把握,要注重对国际舆论热点的引导,充分发挥中国外宣媒体等渠道,促进相关报道和讨论更多转向客观与理性,发挥议题设置的带头作用,掌握国际传播话语权。在"走出去"之后,要提高相关调研的水平,及时总结经验,发现不足,从定量和定性等两个方面积累数据,进行评价,为今后决策提供依据。

结　语

改革开放 30 余年来,中国电影取得了长足进步。据国家新闻出版广电总局的统计,2014 年"中国电影票房收入增长显著。全年共生产故事影片 618 部,同比减少 20 部;全国电影总票房 296.39 亿元,同比增长 36.15%,其中国产片票房 161.55 亿元,占总票房的 54.51%;全年票房过亿影片共计 66 部,其中国产影片 36 部;国产影片海外销售收入 18.7 亿元,同比增长 32.25%;全年城市影院观众达到 8.3 亿人次,同比增长 34.52%;全年新增影院 1 015 家,新增银幕 5 397 块,日均增长 15 块银幕,目前全国银幕总数已达 2.36 万块"[①]。这些成绩一方面显示了中国电影业的进取精神和蓬勃生机,一方面也说明中国电影有能力、有潜力讲好中国故事,提升中国软实力。

就中国电影"走出去"而言,它面临着中国外交新战略从布局走向落实的关键时期。为了实践中国特色大国外交的理念,新一届政府做出了诸多努力。对此,王毅部长总结说,"十八大以来短短两年间,习近平主席、李克强总理先后出访 17 次,足迹遍及五大洲 50 多

---

① 中国新闻出版广电总局:《2014 年中国电影票房收入增长显著》,http://www.sarft.gov.cn/articles/2015/01/05/20150105174531720823.html,2015 年 1 月 6 日。

国,会见外国元首和政府首脑近500人次⋯⋯2014年是中国外交全面推进的丰收之年"。面向未来,中国必然会加大力度推进与世界的互通与合作。毫无疑问,这个过程会充满挑战,有大片地缘政治土壤是难耕,却必须深耕。因此,中国电影业在国家发展进入新的历史性时期之际,需要进一步发挥优势,以人文交流拉近中国与世界的距离,让"国之交"走向"民相亲"。

(文/刘琛)

第八章　中国文化艺术"走出去"

第一节　2012—2014 中国文化艺术"走出去"概览

近年来,我国对外文化交流与合作深入发展。"欢乐春节""中国文化年"等大型对外文化项目在世界范围内广泛举办,文化交流与文化贸易"双轮驱动",海外中国文化中心建设稳步推进,大力推动了中国文化"走出去",为我国在政府间文化合作机制和国际组织以及多边活动中争取了主导权、话语权,为社会主义文化强国的构建和文化软实力的提升做出了贡献,加深了中外人民的相互理解和认知、增进了彼此的感情和友谊。

一、重大对外文化项目举办频次提高、规模扩大

2012 年,在中美、中英、中欧等高级别人文交流机制以及中俄、中日、中德等双边文化磋商机制推动下,中国与欧盟、东盟、上合组织及世界各国的文化交流步入新阶段。中欧文化对话年、德国"中国文化年"、土耳其"中国文化年"、澳大利亚"中国文化年"、俄罗斯"中国文化节"、中日国民交流友好年、中韩友好交流年、阿拉伯国家"中国艺术节"、乌兹别克斯坦"中国文化日"、波兰"中国文化季"轮番举行。

随着新一届领导集体走上前台,文化部配合高层出访而举办的各类文化活动的次数、规模均有所增加。2013 年,文化部首次公开发布文化发展统计公报。根据公报,全年共配合中央领导和部级干部参与各类高访和出访 35 次,接待外国政府文化代表团 32

起,与24个国家签订或续签文化交流年度执行计划,与9个国家签订了互设文化中心协定或谅解备忘录。全国文化系统批准对外文化交流项目2 159起,66 338人次参加;批准对港澳文化交流项目425项,8 883人次参加;批准对台文化交流项目324项,10 802人次参加。

在中俄、中美、中欧、中英、中非、中阿、东盟"10+3"、上合组织等近20个区域性多边和双边政府合作机制框架下,加拿大"中国文化系列活动"、美国"跨越太平洋"系列活动、德国"中国文化年"闭幕式、第28届沙特阿拉伯"杰纳第利亚遗产文化节"中国主宾国活动、第55届威尼斯艺术双年展中国馆活动、"中阿丝绸之路文化之旅"等近百起重大对外文化项目举办。

中、日、韩三国于2013年共同启动首届"东亚文化之都"评选工作。中国泉州与日本横滨、韩国光州当选首届"东亚文化之都",并于2013年9月举行第五次中日韩文化部长会议期间,向首届"东亚文化之都"当选城市的代表授牌。

2014年,APEC第二十二次领导人非正式会议文艺演出等大型文化艺术交流活动有力配合了外交大局。第五届中俄文化大集、第二届中俄文化论坛、2014年中国—东盟文化交流年、"东亚文化之都"、第二届中非文化产业圆桌会议、上海合作组织成员国文化部长第十一次会晤、中阿友好年暨第三届"阿拉伯艺术节"、中阿文化部长论坛、中国"南非国家年"、美国史密森民俗节中国主宾国活动等大型活动的举办,有效推动了中外文化交流与合作。

"东亚文化之都"活动在中、日、韩三国举行期间,泉州加强与光州、横滨的交流互动,共同提炼"亚洲价值"。这积极拓展了惠及民生的公共文化服务,共享城市文化内涵,提升了文化产业的发展质量,激发了文化经济活力。

"中国—东盟文化交流年"于2014年4月7日至12月16日举办。中国—东盟文化论坛、电影周、书画展、南洋文化节、中国—东盟国际汽车拉力赛等100多项活动,涵盖演出、展览、人员培训与交流、新闻、影视、出版、体育、旅游、宗教、青年等各个领域。

2014年还是中法建交50周年。中法关系在"金婚"之年进入了一个崭新领域,促进了双方在教育、文化等领域的交流与合作,进一步加强了两国青年学生间的往来,深化了高教、科研、创新领域合作。中法两国从 2014 年 1 月 27 日建交纪念日开始,举办了一系列庆祝活动。

2014 年 6 月 25 日,中国首次以主宾国的身份参加第 48 届美国史密森民俗节并举办"中国:传统与生活的艺术"主题活动,108 位民间艺术家作品的集中展示,超过 100 万民众到场参观,成为近年来中国举办的规模最大、级别最高的民俗艺术对外交流活动。

11 月 10 日晚在北京水立方上演的 APEC 文艺演出成为北京 APEC 的亮点之一。此次演出是"国家订制"的重要对外文化交流活动和展示国家文化形象的重要机会。演出气势恢宏、特色突出,向 21 个经济体领导人乃至全世界展示了我国底蕴深厚的优秀传统文化以及近年来文化建设与艺术创作的成果。

二、"欢乐春节"成为世界范围内规模最大的文化交流活动,力推春节成为全球性节日

由文化部牵头,多部委共同举办的海外"欢乐春节"活动进一步增容。2012 年,在全球 82 个国家和地区、144 个城市同期开展的第三届海外"欢乐春节",以 323 项各类文化活动吸引了国外 40 多位总统、总理、议长、王室成员和 500 多位政要,以及 1 500 余家媒体和约 3 000 万外国民众及华人华侨的热情参与。

2013 年,"欢乐春节"活动共涉及 385 个项目,在世界 99 个国家和地区的 251 个城市举办,国内参与省(区、市)多达 29 个,另有 100 多个驻外使(领)馆、中国文化中心、上百家海外中资企业参与,吸引了约 3 500 万海外各阶层民众和华人华侨的参与,得到了 2 000 多家海外各类媒体的正面报道。

2014 年是"欢乐春节"活动举办五周年。据统计,2014"欢乐春节"期间,世界各地共有 112 个国家和地区的 321 个城市,累计开展各类春节文化活动 570 起,现场参与观众逾 7 000 万人次。

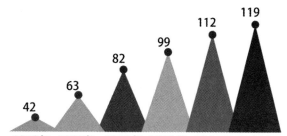

图 8-1-1　海外"欢乐春节"覆盖国家示意图(黄卓制图)

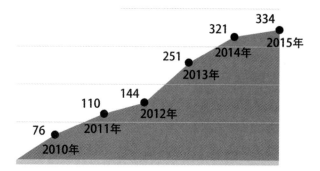

图 8-1-2　海外"欢乐春节"覆盖城市示意图(黄卓制图)

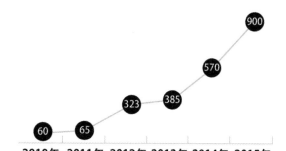

图 8-1-3　海外"欢乐春节"项目数量增长示意图(黄卓制图)

三、"一带一路"建设成为对外文化交流新抓手

自习近平主席于 2013 年提出共建"丝绸之路经济带"和"21 世纪海上丝绸之路"战略构想后,"一带一路"文化建设成为对外文化交流的新抓手。

文化部与新疆、宁夏、甘肃等有关省区市开展了多渠道、多层次、多形式的交流与合作,举办了一系列以"一带一路"为主题的综合性文化交流活动,协调指导西北五省区文化厅成立了"丝绸之路经济带西北五省区文化发展战略联盟",在陕西西安举办了首届"丝绸之路国际艺术节",在福建泉州举办了"海上丝绸之路国际艺术节"。

中国与"一带一路"沿线各国成立了政府间合作委员会,双方都是由副总理一级的领导人担任合作委员会中外方的主席,在委员会下面设立了文化合作分委会,由各国文化主管部门领导担任分委会主席,委员会基本定期轮流在双方国家召开会议,就国家之间的文化交流进行顶层筹划、统筹协调。

目前,中国已与"一带一路"沿线绝大部分国家签订了政府间文化合作协定。文化合作协定是代表两国关系在文化领域发展的基础性法律文件,为国家之间文化关系的发展奠定基础、指明发展的主要方向。此外,为了落实该基础性文件,还定期签署年度文化合作执行计划。

具体层面,则借助已有的文化交流机制与平台,制定政府文化交流的中长期规划,落实与"一带一路"沿线国家的政府间文化合作协定和年度执行计划,丰富上合组织、东盟"10＋1"、中阿合作论坛等现有机制框架下的人文合作内容。

四、海外中国文化中心建设迎来高速发展期,布局覆盖五大洲

2012 年,海外中国文化中心建设迎来了新的机遇。《海外中国文化中心 2012—2020 年发展规划》获得国务院批准,标志着中国文化中心事业成为国家对外战略的重要组成部分,中国文化中心进入加速推进、科学发展的新阶段。根据规划,到 2020 年,我国将在海外建成 50 个文化中心。也就是说,平均每年要建设 4 到 5 个文化中心。2012 年,曼谷、莫斯科、马德里中国文化中心正式启动运行,中国海外文化中心总数达 12 个。

2013 年,党的十八届三中全会将"鼓励社会组织、中资机构等参与孔子学院和海外文化中心建设"写入《中共中央关于全面深化改革若干重大问题的决定》,对海外中国文化中心建设和发展提出了新的要求。尼日利亚中国文化中心挂牌和西班牙马德里中心投入运营,海外中国文化中心总数达到 14 个。

2014 年,丹麦、斯里兰卡、澳大利亚、老挝、尼泊尔、巴基斯坦的中国文化中心陆续完成了揭牌启用或前期运营工作,海外中国文化中心总数已达 20 个。据统计,到 2014 年底,海外中国文化中心已覆盖五大洲,分别为亚洲 8 个、非洲 4 个、欧洲 6 个、大洋洲 1 个、美洲 1 个。

目前,我国还与保加利亚、荷兰、肯尼亚、爱尔兰、葡萄牙、缅甸、希腊、阿根廷等 13 个国家签署了互设文化中心的相关协定或谅解备忘录等政府文件。同时,与其他多国的协定和谅备商签工作也在积极推动当中。

五、国家对外文化贸易基地覆盖北上深,文化贸易总体布局初步形成

2011 年底,首个国家对外文化贸易基地在上海成立。该基地的前身是 2007 年 9 月 28 日由上海市委宣传部和浦东新区人民政府发起成立的上海国际文化服务贸易平台。除了打造成文化产品进出口贸易基地,国家对外文化贸易基地还以文化品牌企业集聚地、文化贸易金融政策试验基地、文化产品展览展示推介基地、文化贸易经营人才培训基地作为战略发展方向。

2012 年 3 月,国家对外文化贸易基地(北京)成立。该基地集成了国家支持中国文化产品和服务的政策资源体系、北京市发展文化创意产业的政策支持体系、天竺综合保税区的政策法规体系。作为我国第一个"文化保税区",保税区集国家对外文化贸易创新示范区、未来亚洲规模最大的文化产品集散中心等功能于一身,以往国家综合保税区享有的"免证、免税、保税"优势政策,被应用在文化产品贸易和资本运作等方面。

2013 年,中国文化国际推广联盟的成立,促进了北京、上海对外文化贸易基地加快发展。国务院批准设立了中国上海自由贸易试验区。自贸试验区挂牌前后,基地新增企业数量和注册规模呈井喷式增长,多家中外文化企业入驻。自贸区总体方案明确加快对外文化贸易基地建设,并在试验区内取消了外资演出经纪机构的股比限制,允许设立外商独资演出经纪机构,为上海市提供服务。同时允许设立外商独资的娱乐场所,在试验区内提供服务。众多开放举措为文

化企业进一步"松绑"。

2014 年初,国家对外文化贸易基地(深圳)成立。该基地旨在利用深圳综合优势,在文化进出口政策、文化科技、文化产权交易、文化金融等方面进行创新试点。基地以深圳创意文化中心为运营平台,建设深圳国家文化贸易综合服务平台,以"信息服务"和"品牌推广"为核心,打造完整的文化贸易服务链,为扩大我国文化产品和文化服务出口探索新路径。

此后,文化部对北京、上海和深圳 3 个国家对外文化贸易基地的定位、职能和分工进行了分析研究,提出了各个基地工作要带动国内周边省市、辐射国外相邻地区的"两个扇面"策略。

表 8-1-1 国家对外文化贸易基地分布表

成立时间	名称	地点	定位
2011 年	国家对外文化贸易基地(上海)	上海	文化产品进出口贸易基地、文化品牌企业集聚地、文化贸易金融政策试验基地、文化产品展览展示推介基地、文化贸易经营人才培训基地
2012 年	国家对外文化贸易基地(北京)	北京	集文化贸易口岸、协同创新平台、企业集群式发展于一体的国家级文化贸易示范区
2014 年	国家对外文化贸易基地(深圳)	深圳	文化贸易政策、科技、金融、人才、知识产权等方面的创新试验平台

六、世界遗产与非物质文化遗产保护稳中有进,国际合作渐趋深入

2012 年,中国申报的文化遗产项目元上都遗址列入《世界遗产名录》。同时入选的还有中国云南澄江化石遗址。至此,我国世界遗产总数达到 43 项。

2013 年,红河哈尼梯田文化景观列入《世界遗产名录》。同年 12 月,中国珠算项目列入联合国教科文组织人类非物质文化遗产代表作名录。这是我国第 30 项被列为"世界非遗"的项目。

2014 年 6 月 22 日,由中国、哈萨克斯坦和吉尔吉斯斯坦联合申

报的丝绸之路项目通过审议，正式列入《世界遗产名录》。这次申遗是世界上为数不多以联合申报的形式成功申遗的项目，也是中国第一个跨国申遗项目。此次联合申遗成功唤起了古丝路沿线国家和地区对于丝绸之路的共同记忆。同时申报成功的还有"中国大运河"。

截至 2014 年底，中国拥有世界遗产 47 项，人类非物质文化遗产代表作 30 项。

2012 年 2 月 22 日，联合国教科文组织亚太地区非物质文化遗产国际培训中心在北京成立。作为联合国教科文组织支持下的非物质文化遗产领域的区域性和国际性组织与协调机构，亚太中心通过开展非物质文化遗产领域的国际培训，搭建区域性及国际性交流与合作平台，参与实施联合国教科文组织针对《保护非物质文化遗产公约》缔约国开展的履约能力建设战略，为亚太地区乃至全球的非物质文化遗产保护事业做出贡献。亚太中心的成立传达了中国为世界非物质文化遗产保护事业和亚太地区可持续发展做出贡献的良好意愿，展示出中国作为负责任文化大国的良好形象。

表 8-1-2　2012—2014 年中国文化景观入选《世界遗产名录》情况表

列入时间	世界遗产	人类非物质文化遗产代表作
2012 年	元上都遗址 云南澄江化石遗址	
2013 年	红河哈尼梯田文化景观	珠算
2014 年	中国大运河 丝绸之路："长安 — 天山廊道"路网	

表 8-1-3　世界遗产数量排名表（前 10 位，截至 2014 年底）

名次	国家	遗产数量（文化＋自然＋双重）
1	意大利	50(46＋4＋0)
2	中国	47(33＋10＋4)
3	西班牙	44(39＋3＋2)
4	法国	39(35＋3＋1)

续表

名次	国家	遗产数量(文化＋自然＋双重)
5	德国	39(36＋3＋0)
6	印度	32(25＋7＋0)
7	墨西哥	32(27＋5＋0)
8	英国	28(23＋4＋1)
9	俄罗斯	26(16＋10＋0)
10	美国	22(9＋12＋1)

第二节 2012—2014 中国文化艺术"走出去"主要特点

一、顶层设计的引领作用增强,配合国家总体外交大局的官方文化交流主导文化"走出去"

中国共产党十七届三中全会和十八大的召开,建设社会主义文化强国、增强文化软实力等要求的提出,为对外文化交流的顶层设计和理论构建指明了方向,战略体系初步形成。

近年来,文化部"文化中国工程""海外中国文化中心建设工程""对外文化贸易促进工程"和"港澳台中华文化传承工程"四大工程建设稳步推进。对外文化"部际、央地、内外、部直"四大工作机制逐步完善。对外及对港澳台文化工作按照"制度化管理、机制化建设、品牌化发展、系统化运作"的"四化"方向,提出了进一步加强"思想理论、公共资源、统计评估和队伍保障"的四大体系建设。

配合总体外交大局的官方文化交流在推动中国文化"走出去"的过程当中扮演了主导角色。中国特色大国外交的重要特色是"合作共赢",这与文化交流的理念有着深刻的内在契合。围绕中国特色大国外交,政府间文化合作机制建设取得突破性进展。在中美、中英、中欧等高级别人文交流机制以及中俄、中日、中德等双边文化磋商机制推动下,中国与欧盟、东盟、上合组织及世界各国的文化交流步入新阶段。"中国文化年""中国文化节"、主宾国活动等上百次大型活动在土耳其、澳大利亚、德国、加拿大、俄罗斯、美国等多国举办,大大增强了中国文化在这些国家的影响力和吸引力,从整体上提升了我国的文化软实力。

周边外交进一步塑造了对外文化交流的新格局。习近平主席提出,我国周边外交的基本方针,就是坚持与邻为善、以邻为伴,坚持睦邻、安邻、富邻,突出体现亲、诚、惠、容的理念。围绕"亲、诚、惠、容"理念,一系列大型文化活动高频举办,如首届"东亚文化之都"评选活动,实现了对东北亚文化合作内容的突破。作为亚洲第一个国际性文化城市命名活动,对我国推动城市文化发展,提升中华文化国际影响力具有重要意义,也为向世界展示独具魅力的亚洲文化精神家园,推动东西方不同文明间的交流交融及和谐共生,推进东亚区域文化务实合作进行了积极创新。

此外,首届加德满都文化论坛通过了《加德满都倡议》,充实和完善了与亚洲周边国家的区域文化合作。为缅甸承办第 27 届东南亚运动会开闭幕式提供技术支持,是迄今为止我国对外文化援助方面规模最大的项目。2014 年举办的"中国—东盟文化交流年"为中国—东盟战略伙伴关系填充了丰富的内涵与外延,成为我国与区域组织开展文化合作的典范之作。

随着共建"丝绸之路经济带"和"21 世纪海上丝绸之路"战略构想的提出,中国和沿线国家政治、经济、文化各领域的交流互动蓬勃开展。"一带一路"进一步勾勒出了中国周边外交的路线图,成为中国外交实践的行动指南与指导思想,也为中国对外文化交流与合作指明了方向、明确了任务。"共建"显示出的是尊重历史文明、面对全球化的东方智慧。将"一带一路"倡议置于全球化和区域化的背景下看待,可以更充分地理解"共建"的重要意义:所谋求的是共同繁荣,而非独善其身;所追求的是从经济到社会到文化的可持续发展,而非涸泽而渔。在这一意义上,文化交流与合作将自始至终地、广泛而深入地发挥作用。

表 8-2-1　"中国文化年"举办情况表

名称	举办时间	活动数量	覆盖地域	涉及领域
澳大利亚"中国文化年"	2011 年 6 月至 2012 年 6 月	100 多项	悉尼、墨尔本、珀斯等多个城市	表演艺术、视觉艺术、文学、电影、非物质文化遗产等
土耳其"中国文化年"	2011 年 12 月至 2012 年 12 月	近 400 场	安卡拉、伊斯坦布尔、伊兹密尔等 40 多个城市	杂技、影视、舞蹈、音乐、戏剧、青年、美食、图书出版、新闻媒体、宗教、智库和动漫交流等
德国"中国文化年"	2012 年 1 月至 2013 年 1 月	500 多场	柏林、科隆、慕尼黑等 40 多个城市	音乐、戏曲、舞蹈、展览、对话、文学、电影等
"中国—东盟文化交流年"	2014 年 4 月至 12 月	150 多项	中国与东盟 10 国	演出、展览、人员培训与交流、新闻、影视、出版、体育、旅游、宗教、青年等

二、地方释放文化"走出去"热情,文化部与各省区市形成合力

文化部于 2011 年推出的"央地合作"机制颇有成效,2013 年,提法改为"部省合作"。

"部省合作"突出表现在地方与海外中国文化中心的合作上。在文化部的指导下,各海外中国文化中心与国内多个省市建立了合作关系,由海外中国文化中心提供展示和演出场地,国内各省、市文化部门提供展览、演出、讲座、报告会等项目,共同推动中国文化走向世界。

2011 年,天津、内蒙古、上海、福建、河南、陕西和青海 7 个省(区、市)派出交流团组共计 64 起,600 多人次;接待来访团组 27 起,106 名各国学员、艺术家来华参加人文交流活动。在国外举办了 89 场活动,出席活动的公众人数超过了 6 万人。2012 年,北京、重庆等 11 个省、市、区启动了对口合作,进一步强化了部省合作机制。至 2014 年,已有湖南、山东、天津、北京、甘肃等 18 个省、市与海外中国文化中心实现了相关业务对接。据统计,2014 年,各海外中国文化中心与相关地方部门全年联合开展了 200 余项文化活动,派出演艺、

展览、培训等各方面人员 300 多名,国外直接参与相关活动民众 30 多万人次。

同时,文化部还探索与地方合作共建中国文化中心。随着省部合作的进一步深入,海外中国文化中心与地方省、市、区形成了对口的年度合作机制,合作内容从项目合作扩展至资金、人员等全方位合作。首个获取省部(市)合作共建模式的海外中国文化中心——布鲁塞尔中国文化中心已正式挂牌启用。

"部省合作"使得地方政府对外文化工作思路更加清晰,定位更加准确。在"部省合作"的框架下,文化部实际上成为一个枢纽,架起了连通全国各地文化资源、信息、平台共享网络,有效推动了各方资源的整合,并调动了许多地方开展对外文化交流的积极性。同时,"部省合作"还带动了一些地方之间的合作,初步形成了"一盘棋"的局面。而与海外中国文化中心的合作,不但丰富了文化中心的活动内容,也为地方文化"走出去"搭建了平台。总的来说,"部省合作"提高了地方对外文化交流的积极性、主动性、计划性,形成了中央与地方对外文化交流的合力,大大丰富了我国文化"走出去"的内容与形式。

三、品牌效应和规模效应凸显,海外文化传播平台和渠道建设呈现出本土化特点

用世界语言讲述中国故事,是我国文化"走出去"面临的突出问题和迫切要求。近年来,文化"走出去"从主题选择、内容创意到产品形式,从受众定位、传播形式到营销方式等各个环节,都有了新的发展。品牌化、规模化、本土化等手段,成为文化传播的有效路径。

海外"欢乐春节"活动在全球范围内获得的成功,验证了品牌效应和规模效应在文化"走出去"方面的效能。数年来,"欢乐春节"品牌化发展战略日趋成熟,项目体系不断创新和丰满。主办方通过组织策划、设计制作、公关传播等系统工程面向全球推广"欢乐春节"品牌,逐步完善和确立品牌的价值内涵、定位、标志、生肖符号、口号等核心要素,并专门设计制作形象片、动漫、游戏、邮册以及各色春节纪念品,面向全球不同阶层的受众,通过多媒体和现场活动对外推介。同时,在具体内容

和形式上鼓励创新,注重提炼和对外推介当代中国文化风尚,推出了电视春晚、流行音乐、时尚展示、珠宝设计等创新型项目。在传媒上,除了传统电视和纸质媒体,"欢乐春节"活动还广泛利用了大型户外广告屏、互联网、社交媒体、移动终端等新媒体平台。

"欢乐春节"的本土化运作提升了活动的亲和力和吸引力,中外合作全面深化。如 2014 年,"欢乐春节"分别与 34 个外国中央政府和 36 个地市政府以及 228 家外国机构、企业合作推出了庙会、巡游、春晚、灯会、体验式展览等备受当地各阶层民众喜爱和参与的多元文化活动。此外,"欢乐春节"的市场化运作有效助推了中国文化企业和产品与国际市场接轨。

作为中国文化"走出去"的另一张"王牌",海外中国文化中心与驻在国政府、文化艺术、教育体育、医疗卫生等组织或机构展开合作,借力当地既有资源,加长了活动半径,在短时间内以较小投入积累了较大知名度,快速融入了当地文化生态。比如,曼谷中国文化中心与近 30 家泰国机构建立了合作关系,累计开展合作项目 20 余起。

四、高端思想对话和海外汉学家群体受到重视,人文交流走向大文化、深层次

2012 年,在北京举办的"中非合作论坛——文化部长论坛",开创了中非文化交流史上规模最大、规格最高、影响最广的高端对话先例。上海合作组织成员国文化部长共同签署了《上海合作组织成员国文化部长会晤北京宣言》,开启了上合组织文化合作的新篇章。第三届中美文化论坛吸引中美专家、代表深入探讨在全球化时代减少中美间文化误读与偏见、扩大文化交流的共识。第四届中日韩文化部长会议进一步加深三国人民之间的相互理解和沟通。中外文化领域的高端对话不仅表达了中国"和谐世界,和平发展"的思想,也进一步展示了中国文化在国际舞台上的良好形象。

2013 年,首届"汉学家与中外文化交流"座谈会召开,这一活动在国内外产生了很大影响,为中外思想文化领域的对话交流提供了新平台。虽然只有来自 17 个国家的 21 位汉学家与会,但此次活动的能量大、影响广,远远超出了 17 个国家的范围。此外,第四轮中美

人文交流高层磋商会期间举办的"跨越太平洋——中美文化产业对话""敢于信任——首届中德领袖论坛"等活动,为深化中外文化交流内涵积累了新的成果。在俄罗斯"中国旅游年"闭幕式期间举办的"中俄旅游文化论坛"为中俄思想文化交流搭建了平台。

2014年7月、9月,文化部和中国社会科学院联合主办了两期"2014青年汉学家研修计划"。来自美国、法国、哈萨克斯坦等30多个国家的50多位青年汉学家展开了研修之旅。该计划成为培养国际新生代汉学家的品牌项目。除了青年汉学家,世界知名汉学家也受邀来到中国。9月8日至9月22日,荷兰汉学家伊维德来华参加了"东方文化研究计划"。

2014年11月26日至30日,第二届中俄文化论坛在北京举行。中俄两国专家学者、文化从业者等各界代表近千人参与了论坛。论坛上,双方政府决策部门、文化艺术机构和学术研究机构、社会组织之间展开了深度对话。两国专家、学者通过面对面交流,促进了彼此之间的思想碰撞,对加强两国间人文交流与合作、促进两国文化产业发展、增进两国青年一代的相互了解和友谊、加强中俄边境地区的友好合作也大有裨益。

五、文化贸易政策激励作用初显,国家文化贸易基地为文化企业搭建平台

面对文化"走出去"、构建"文化强国"的内在要求,以及全球化背景下多国文化创意产业快速发展的外来挑战,文化交流与文化贸易"双轮驱动"已经成为一种必然。更多地利用商业渠道和市场化运作来推动中华文化"走出去",通过文化产品、文化服务、文化企业"走出去"来展示今日中国建设和改革开放的成果,已经越来越迫切。

近年来,我国文化贸易总量保持快速增长态势。数据显示,从主要乐器产品产量看,中国生产的钢琴、西管乐器、提琴、吉他、电声乐器等均占世界产量的50%至70%,其中大部分远销海外。中国已超越美国,成为世界主要乐器产品产量和出口量第一的国家。

不过,我国文化产品的输出以有形商品为主,大部分为依托廉价劳动力资源而获得成本优势的"硬件产品",属于内容和创意的"软件

产品"则比例不高。特别是设计服务、版权等文化服务出口相对较弱,发达国家占据了高附加值领域的主导地位。

为改变这一现状,加快我国文化出口和文化贸易发展,政府先后出台了一系列政策。2012 年 7 月,文化部发布《关于鼓励和引导民间资本进入文化领域的实施意见》提出:积极倡导"以政府为主导、民间为主体、市场化运作为主要方式"的方针,鼓励民间资本以资助、投资、捐赠等多种形式参与对外文化交流和对外文化贸易,鼓励民间资本参与节庆、演出、展览、展销等各种双边和多边文化交流活动及项目;逐步建立重大对外文化交流项目的招投标和采购制度,鼓励和支持有良好信誉和资质的民营文化企业参与投标,打造对外文化交流精品项目;鼓励和引导民营文化企业向规模化、集约化和国际化方向发展,努力开拓国际文化市场,扩大我国优秀文化产品和服务出口规模。鼓励民间资本通过新设、收购、合作等方式,在境外设立文化企业、收购文化设施、建立分支机构等。

2014 年 3 月,国务院印发《关于加快发展对外文化贸易的意见》。该《意见》成为我国对外文化贸易发展的指导性文件,其中提到:加快发展传统文化产业和新兴文化产业,扩大文化产品和服务出口,加大文化领域对外投资,力争到 2020 年,培育一批具有国际竞争力的外向型文化企业,形成一批具有核心竞争力的文化产品,打造一批具有国际影响力的文化品牌,搭建若干具有较强辐射力的国际文化交易平台,使核心文化产品和服务贸易逆差状况得以扭转,对外文化贸易额在对外贸易总额中的比重大幅提高,我国文化产品和服务在国际市场的份额进一步扩大,我国文化整体实力和竞争力显著提升。

在通过政策手段对民间企业和资本的进入给予鼓励和引导的同时,北京、上海、深圳 3 家国家文化贸易基地则成为文化贸易政策、科技、金融、人才、知识产权等各方面的"试验田"。在巩固国有文化企业竞争力的同时,国家文化贸易基地对民营企业的重视程度很高,通过多种手段扶持民营企业健康发展。实际上,从我国近年来对外文化贸易的增长来看,增量最大的是民营企业。在国家政策和基地的激励和扶持下,民营企业对文化贸易的关注度大幅提升,万达、阿里巴巴等企业均开始实施文化产业战略。

六、大型对外文化援助取得突破性进展,负责任的文化大国形象更加丰满

为缅甸承办第27届东南亚运动会开闭幕式提供技术支持,是新中国成立以来对外文化援助方面规模最大的项目,也是对外援助工作上的一次重大突破和创新。

2012年9月14日,应缅甸政府邀请,中国政府决定为缅甸举办第27届东南亚运动会提供全方位技术支持,两国正式签署了中方全面技术支持第27届东南亚运动会开闭幕式协议。当年底,商务部根据文化部的推荐,经过严格的资质能力审核流程,确定由中国对外文化集团公司承担项目。中国对外文化集团公司组成了由董事长张宇担任总指挥的中国援缅技术团队,召集组成了运营统筹、导演、音乐、LED大屏幕设备、视屏制作、通讯指挥系统等14个专业技术组,其中有北京奥运会及广州亚运会等大型活动的运营统筹人员、导演、编导、音乐总监、舞美设计师等。中方相关技术人员达300余人。

中方向缅甸提供的开闭幕式设备支持,包括舞台、道具、灯光、音响以及焰火等租赁设备。同时还向缅方提供了开闭幕式创意方案、舞台设计方案、音乐制作、视频制作,以及电力配置方案等具体技术支持。另外,中方还组派舞蹈专家和编导前往缅甸,在编舞等方面帮助缅方提高开闭幕式节目的艺术表现力和舞台效果,力求以国际水准的艺术呈现方式演绎缅甸以及东南亚地区的历史和艺术,展现缅甸的民族文化并赋予其新气象,为世界呈现出一台异彩纷呈、独具特色的运动会开闭幕式。

2013年12月11日至22日,第27届东南亚运动会在内比都成功举办。运动会开闭幕式被公认为自东南亚运动会1959年创办以来最为成功的一届。

中国政府的此次文化援助,得到了缅甸国家领导人和公众的高度认可。此次文化援外项目是实施文化"走出去"工程的重要成果,是新的历史时期加强与周边国家交流联络的创新举措,是中国践行睦邻友好,"亲、诚、惠、容"外交理念的代表性工程项目,我国"负责任

的文化大国"形象进一步丰满。

第三节　2012—2014 中国文化艺术 "走出去"典型案例

一、海外中国文化中心：文化"走出去"的前沿平台

作为我国政府派驻国外的官方文化机构,海外中国文化中心是文化交流、文化外交的桥梁和窗口,日渐成为对外文化工作科学发展的着力点。海外中国文化中心整合国内和驻在国资源,配合领导人高访、驻外使领馆及国内有关部门开展外交活动。

海外中国文化中心建设工作已上升至国家战略层面。近年来,海外中国文化中心建设提速,所举办的活动在广度和深度上实现突破,有力服务了外交大局,为国家形象和文化软实力的构建提供了必要支撑。

1. 近年中国文化中心建设历程

自 1988 年毛里求斯中国文化中心建成,中国文化中心在海外的发展已走过了 27 年历史。文化部副部长丁伟指出,海外中国文化中心建设先后经历了探索期(1988—2002)、起飞期(2002—2012)和目前的高速发展期。

2012 年,海外中国文化中心建设迎来新机遇。是年 12 月,《海外中国文化中心 2012—2020 年发展规划》获得国务院批准,标志着中国文化中心事业成为国家对外战略的重要组成部分,中国文化中心进入加速推进、科学发展的新阶段。根据规划,到 2020 年,我国将在海外建成 50 个文化中心。也就是说,平均每年要建设 4 到 5 个文化中心。这一年,曼谷、莫斯科、马德里中国文化中心正式启动运行,中国海外文化中心总数达到 12 个。

2013 年,党的十八届三中全会将"鼓励社会组织、中资机构等参与孔子学院和海外文化中心建设,承担人文交流项目"写入《中共中央关于全面深化改革若干重大问题的决定》,对海外中国文化中心建设和发展提出了新的要求。尼日利亚中国文化中心挂牌和西班牙马

德里中心投入运营,海外中国文化中心总数达到14个。

2014年,丹麦、斯里兰卡、澳大利亚、老挝、尼泊尔、巴基斯坦的中国文化中心陆续完成了揭牌启用或前期运营工作,海外中国文化中心总数已达20个。6月,第16个海外中国文化中心——哥本哈根中国文化中心正式运行,成为北欧第一家中国文化中心。作为在文化领域落实海上丝绸之路战略部署的重要举措,同年9月揭牌的斯里兰卡中国文化中心,成为中国在南亚地区设立的首个文化中心,标志着中斯人文交流进入新的发展阶段。11月,老挝中国文化中心正式揭牌启用,为开创中老友好合作新局面翻开了新的一页。11月22日,悉尼中国文化中心迎来正式揭牌后的启动仪式。作为中国在大洋洲设立的第一个文化中心,该中心自2012年12月注册以来举办了众多活动,为澳大利亚人民认识中国及中华文化开启了大门。2015年元旦前后,尼泊尔、巴基斯坦中国文化中心也进入前期运营。

到2014年底,海外中国文化中心已覆盖五大洲,分别为亚洲8个、非洲4个、欧洲6个、大洋洲1个、美洲1个。

目前,我国还与保加利亚、荷兰、肯尼亚、爱尔兰、葡萄牙、缅甸、希腊、阿根廷等13个国家签署了互设文化中心的相关协定或谅解备忘录等政府文件。同时,与其他多国的协定和谅备商签工作也在积极推动当中。

2. 中国文化中心建设原则、程序与职能、定位

海外中国文化中心设立原则为:根据国家对外关系的需要,立足当前,着眼长远,兼顾周边国家、发展中国家、发达国家和国际组织所在地等多个层面,先易后难,合理布局,创造条件,逐步推开。海外文化中心由文化部直接领导,我国驻外使(领)馆对文化中心予以政治指导。

两国政府以签署政府文件或互换外交照会的方式确认文化中心的设立,根据驻在国的具体情况,机构性质上采取外交机构、慈善机构、非盈利组织、公共公司等多种形式。在调研工作基础上,综合考虑机构性质,功能需求,驻在国法律、税收等实际情况,确定选址,经建设(装修改造)后,完成业务办公用房的建设工作后,正式对外开展工作。根据《中国驻外文化中心设施建设管理办法》的有关规定,文化中心的选址一般应位于驻在国首都或主要城市的城市中心,选址需充分考虑开展活动的需要,公共交通便利,靠近文化教育区,环境适宜、公共服务设施和市政配套设施条件良好,便于开展对外文化交流工作。

目前,海外中国文化中心的建设规模为 2 000 至 5 000 平方米,主体功能包括教学区、公共活动区、办公区和附属用房。主要内容包括多功能厅、展厅、图书馆、电子阅览室、培训教室和办公用房,具体面积则需考虑筹建模式和两国文化交流的情况合理确定。

海外中国文化中心的设施是文化中心开展活动的基础和平台,但文化中心的活动并不局限于此,各文化中心呈现出辐射效应,在所在城市的其他文化场馆、其他城市甚至邻国开展文化交流活动。

目前,海外中国文化中心建设主要有三种模式。一是置地建房。在已经投入运行的中国文化中心里,毛里求斯、贝宁、开罗、柏林、曼谷、墨西哥等 6 个中心采取这一模式。优点是可以完全按照文化中心的功能和需求来建设,最大限度地满足中心开展各项活动的需要。缺点是建设周期较长;二是购置现房。巴黎、马耳他、首尔、马德里、莫斯科、哥本哈根等 6 个中国文化中心采取这一模式;三是租用现房。东京、乌兰巴托、尼日利亚、悉尼、斯里兰卡、老挝、巴基斯坦、尼泊尔等 8 个中国文化中心采取这一模式。在这三种主要模式中,其中,柏林中心采用定制化建设方式,巴黎中心购置后再行扩建,老挝中心租用现房后继续开展新建工作。具体采取何种模式是根据不同国家的特点和海外中国文化中心的需要确定的,总体上把握"因地制宜,实事求是"的原则。

在对外文化交流过程中,海外中国文化中心主要发挥三大职能:一是组织职能。海外中国文化中心作为两国文化交流的桥梁,通过举办各类演出、展览、汉语教学、文体比赛、艺术节等文化交流活动,积极推动中国文化走出国门。二是培训职能。通过与国内外文化机构合作,利用中国文化中心的教学资源及远程教育平台,面向驻在国人民开展包括汉语学习、手工制作、武术教学等在内的多种培训项目,以满足驻在国人民的文化需求,并使其在学习过程中感受中国文化的魅力,加深对中国文化的理解,增进两国人民感情。三是信息服务职能。通过海外中国文化中心图书馆等信息资源的建设和对外开放,使驻在国人民更好地了解中国的历史、文化、艺术、经济社会发展成就及价值观。

《国家"十二五"时期文化改革发展规划纲要》将海外中国文化中心建设定位为:统筹宣传文化系统与地方资源,形成布局合理、功能多样、内容丰富的中华文化海外展示、体验并举的综合平台。海外中国文化中心今后十年的发展目标、主要任务、工程计划和保障措施都将逐步通过这个规划加以体现和落实,为促进文化中心的全面、协调和可持续发展打下坚实基础。主要内容包括:

一是制定科学合理的布局规划。加速形成在周边国家设立文化中心的布局,加大在发展中国家设立文化中心的数量,加强在发达国家,特别是在重点大国和重要国际组织所在国建设。到 2020 年,在海外建成 50 个中国文化中心,形成覆盖全球主要国家和地区的传播和推广中国文化的主干系统。

二是加强文化中心功能和内容建设。进一步品牌建设,加强大文化领域合作,进一步夯实运营基础能力建设,建立健全文化中心运营支撑体系建设。将海外中国文化中心打造成开展日常文化活动的国家文化中心,向驻在国提供全方位资讯的国家信息服务中心,推广和教授中国文化及其技能的国家培训中心以及促进国内外文化机构、人才在多领域的深度交流和项目开发的联合研发基地。

三是搭建统筹宣传文化系统与地方文化资源的中华文化海外展示、体验并举的综合平台:加强宣传文化系统各部门及其所属驻外机构间的通力合作,执行和落实各部门对外文化交流任务,为大文化形成对外合力服务,使文化中心成为国内宣传文化系统在国外开展文化交流的重要平台;建立健全部省合作机制,充分发挥地方的资源优势,为地方搭建长期稳定的工作平台,促进地方与国外文化、旅游和经贸往来,为地方文化走出去服务;支持当地机构的友好活动,发展合作伙伴,搭建合作网络,为驻外机构和友好组织服务;协助落实文化产品和服务走向世界规划,搭建文化贸易展示平台,推介优秀文化产品,为文化贸易和中资企业形象宣传服务。

3. 中国文化中心内容建设与活动特点

（1）通过"部省合作"统筹国内资源。"部省合作"是文化部近几年采取的新举措。每年，每个中国文化中心为一个省担任平台、桥梁，推动各省市区的对外文化交流。

2011年，中国文化中心启动"部省对口"年度合作。该年，天津、内蒙古、上海、福建、河南、陕西和青海7个省（市、区）派出交流团组共计64起，600多人次，在国外举办了89场活动，出席活动的公众人数超过了6万人。2012年，北京、重庆等11个省、市、区启动了对口合作，进一步强化了部省合作机制。

至2014年，已有湖南、山东、天津、北京、甘肃等18个省、市、区与文化中心年度对口合作实现了相关业务对接。据统计，2014年，各海外中国文化中心与相关地方部门全年联合开展了200余项文化活动，派出演艺、展览、培训等各方面人员300多名，国外直接参与相关活动民众30多万人次。如曼谷中国文化中心举办的"河南文化年""美丽浙江文化节"系列活动、毛里求斯中国文化中心组织辽宁非遗展演团参加唐人街美食文化节、乌兰巴托中国文化中心与安徽共同推出的"文化安徽"交流活动，以及新疆文化厅在莫斯科和柏林中国文化中心举办的"新疆文化周"活动等，都在拓展、丰富中心传播内容与形式的同时，让海外受众得以了解中国不同地域的特色文化和当代精神风貌。

同时，文化部还探索与地方合作共建中国文化中心。截止目前，布鲁塞尔中国文化中心由文化部与上海市政府合作共建，是首个获取部省（市）合作共建模式的海外中国文化中心，发挥了重要示范作用。目前，文化部还与苏州市政府签署了合作共建布达佩斯中国文化中心协议。

表 8-3-1　海外中国文化中心建设表

成立时间	国家	所在城市	合作省市（2014）
1988	毛里求斯	路易港	辽宁省
1988	贝宁	科托努	湖南省
2002	埃及	开罗	山东省

续表

成立时间	国家	所在城市	合作省市(2014)
2002	法国	巴黎	
2003	马耳他	瓦莱塔	北京市
2004	韩国	首尔	甘肃省
2005	德国	柏林	新疆维吾尔自治区
2009	日本	东京	海南省
2010	蒙古国	乌兰巴托	安徽省
2012	俄罗斯	莫斯科	湖北省
2012	西班牙	马德里	贵州省
2012	泰国	曼谷	河南省
2013	尼日利亚	阿布贾	江苏省
2013	墨西哥	墨西哥城	云南省
2014	丹麦	哥本哈根	
2014	斯里兰卡	科伦坡	天津市
2014	澳大利亚	悉尼	广东省
2014	老挝	万象	
2014	尼泊尔	加德满都	
2014	巴基斯坦	伊斯兰堡	

(2)活动品牌化,融入当地文化生态。依照当地实际,遵循传播规律,这样才能让文化走得更长、流得更远。这几年,海外中国文化中心已经从开始的"送文化"变为"种文化"。

各海外中国文化中心根据自身的发展特点和比较优势,通过举办演出、展览、文化节、影视周、图书节、旅游推介会、体育赛事、产品展示会等专题性或综合性的文化活动,更好地向全球传播中国文化,向世界讲好中国故事,推动中国文化产品、文化精神和价值观进入驻在国主流文化视野和公众的情感世界。东京、悉尼、墨西哥及乌兰巴托中国文化中心举办的中国文化周,首尔中国文化中心举办的首尔"中国日",马德里、首尔中国文化中心举办的"发现中国"讲座,莫斯科中国文化中心打造的"品读中国"读书周活动,以及巴黎、马耳他、开罗、墨西哥中国文化中心参与举办的中国电影节、中国电影周等活动,为我国与驻在国广泛开展交融互鉴,增进理解互信奠定了坚实基础。

海外中国文化中心不断推出和打磨各具特色的品牌活动,影响逐步扩大。如 2014 年,海外"欢乐春节"举办了 570 多项大型活动,其中,由 14 个中心所办的活动覆盖了 13.6% 的国家,共举办 120 余场;哥本哈根中国文化中心举办的"中国连接世界的桥梁——海外中国文化中心图片展"、开罗中国文化中心举办的第十届"大使杯"汉语歌曲大赛、贝宁中国文化中心举办的"第三届贝宁中国文化中心杯"暨"第十三届汉语桥"汉语大赛等活动,都成为反响热烈的知名活动。"发现中国"系列讲座成为现有中国文化中心共同的品牌活动,内容涉及政治、经济、文化、贸易、环保、教育、医学、体育、旅游、法律、宗教、科技等诸多领域,聆听者踊跃,宣传效果明显。

特别值得一提的是,马耳他中国文化中心参与举办了"温馨之约——中国马耳他文化传媒论坛"暨马耳他中国文化中心成立 11 周年庆典活动,通过主流媒体、政府官员和专家学者聚焦共同感兴趣的文化话题进行思想交流与碰撞,马耳他总理约瑟夫·穆斯卡特及该国多位部长出席论坛。活动搭建了增进双边了解互信、加强友好合作、实现互利互惠合作的有效平台,成为促进中外人文交流的一道别开生面的风景线。

与此同时,各海外中国文化中心也与驻在国政府、文化艺术、教育体育、医疗卫生等组织或机构展开合作,借力当地既有资源,加长了活动半径,在短时间内以较小投入积累了较大知名度。目前,曼谷中国文化中心与近 30 家泰国机构建立了合作关系,累计开展合作项目 20 余起。

(3) 常设培训班成主打。海外中国文化中心运用教学资源和远程教育平台,面向公众组织国家水准的培训项目,培养驻在国文艺骨干、文化管理人才和本土师资力量,所举办的培训班已经成为各海外中国文化中心常设活动。培训的内容包括中文、武术、太极拳,也包括掐丝、中国书画、中国结制作、扎风筝等各式传统手工艺,形式上则有体验式课程、短期培训和中长期的专业课程。

汉语课是海外中国文化中心的明星课程。贝宁中国文化中心

2013 至 2014 年度汉语班上,参加培训的贝宁学员大多数是零基础,通过近 1 年的学习,已经能够进行简单的会话交流。培训期间,学员通过参加文化中心举办的各类文化活动,特别是参加"欢乐春节"汉语征文比赛、"贝宁中国文化中心杯"汉语水平大赛和"汉语桥"比赛,提高了汉语水平,也学习到了很多中国文化知识,加深了对中国的了解。

马耳他中国文化中心自 2004 年以来每年都开办汉语班。2013 至 2014 年度,该中心针对外国学员开办了初级、初中级和中级三个层次的汉语班,共培养学员 45 人。作为汉语班的补充,从 2013 年开始,文化中心不定期地开展汉语角活动,受到学员的广泛欢迎。

2014 年年初,莫斯科中国文化中心开办首期儿童汉语班。6 名学员年龄均在 8 至 10 岁,经过近 4 个月的学习,小学员们基本掌握了拼音、笔画和七八十个常见汉字,对中国以及中国文化有了一定了解。9 月,这 6 名学员进入提高班继续学习。

自 2008 年起,巴黎中国文化中心作为国际授权的汉语水平考试(HSK)考点之一,每年 6 月举办一次汉语水平考试。作为毛里求斯唯一的汉语水平考试,毛里求斯中国文化中心每年举办两次国家标准化的汉语水平考试。在 2013 年 10 月举办的第一次汉语水平考试中,文化中心汉语班的 43 名考生全数通过。

乌兰巴托中国文化中心则与蒙古国立教育大学外语学院汉语系建立了常态联系机制。在文化中心的帮助下,该校汉语系举办的"汉语节"日益成熟,成为有效推广汉字文化的重要活动。

很多海外中国文化中心则常设武术课堂,与当地机构合作举办武术培训班,培养出一批又一批学员。开罗中国文化中心与埃及国家武协在 2013 年 12 月 13 日至 2014 年 1 月 5 日期间举办了首届传统武术项目培训班,埃及各省武术队、各地武术俱乐部的教练、队员,以及国家级裁判员等 80 余人参加培训。2013 年 12 月 3 日到 15 日,毛里求斯中国文化中心与毛武术联合会合作,由叶问的第二代嫡传弟子、李小龙的师侄梁旭辉教练在中心开设咏春拳培训班。此外,毛里求斯中国文化中心、贝宁中国文化中心、乌兰巴托中国文化中心武术培训班学员已成为当地一支极受欢迎的表演团体,在很多节庆活动上进行表演。

太极拳这项历史悠久的运动,凭借其内外兼修的养生功效和博大精深的文化内涵,一直是海外中国文化中心开展培训课的热门。目前在欧洲学习中国功夫的学员近 100 万人,其中太极拳、气功和武术学员的比例大致为 50%、30% 和 20%。

德国柏林中国文化中心设有太极拳学习班、八段锦学习班和气功健身学习班,学员大部分是德国人。他们每周到柏林中国文化中心上课,身着中国传统服装、学说中文问候语、施中式问候礼节、学练中国武术,已成为他们日常生活中不可缺少的一部分。随着毛里求斯中国文化中心开展太极拳培训并不懈推广,如今,该运动已经风靡这个印度洋上的岛国。岛上时常开展"世界太极拳健身月"展示交流活动,甚至毛里求斯医生给人看病时,也常常建议患者学习中国太极拳。毛里求斯中国文化中心的太极拳教练把这一运动进一步推向周边国家。继赴塞舌尔举办太极培训后,2013 年,毛里求斯中国文化中心又在留尼汪国家森林公园举办了持续 5 天的太极培训班。其中,太极音乐辅助授课广受好评。曼谷中国文化中心面向社会招生的太极拳基本功班,学员来自各行各业。值得一提的是,曼谷中国文化中心专门为当地中资机构开设过太极拳培训班。作为首期面向社会招生的太极拳课程,曼谷中国文化中心在招生过程中实施了一系列营销推广策略,并要求老师在教学过程中实行中、泰双语教学。

(4) 注重传播,信息咨询、服务与时俱进。各海外中国文化中心坚持传统方式与现代高科技方式并用,通过各种途径加大信息宣传力度,利用互联网、数字多媒体、微信、Facebook 平台,及时发布活动预告、活动情况、各类文化舆情和中方文化产业动态,信息量大、可读性强,点击量、关注度稳步提升。海外中国文化中心还与驻在国文化机构开展图书、信息交流与合作,向公众提供中国信息咨询与服务。

各海外中国文化中心与当地主流媒体、当地华文媒体及驻在国中文媒体保持联系,通过接受采访等方式"借声发音"。开罗中国文化中心与《今日中国》杂志社中东分社合作举办《习近平治国理政》一书的推介研讨会;毛里求斯中国文化中心促使中国电视剧在毛岛国家电视台常年播出,推动实现"买一赠三"的方式使中国电视剧的对毛岛输出逐渐从"无偿"到"有偿"转变；巴黎中国文化中心成为新里昂中法大学的合作伙伴和理事会的正式成员，每年向里昂中法大学提供至少4套介绍中国文化的展品；马德里中国文化中心获得华为技术西班牙有限公司及国家旅游局驻马德里办事处的资金赞助，并与恒大足校西班牙分校达成合作协议。

图书馆建设是海外中国文化中心基础设施建设的一项重要工作。这几年，图书馆文献管理及文献资源建设得到加强，图书数量愈加丰富，文献结构得到优化，适合国外汉语初学者的、有中外双语对照的图书增多，反映中国当代经济建设、社会生活和价值观的书籍不断得到补充。2013年，莫斯科中国文化中心与"尼山书屋"合作，推出了中心图书馆。当时，该图书馆即拥有馆藏中外文图书8 000册、期刊报纸40种、视听资料100余种。图书馆设有综合借阅室，进行开放式服务，读者可自选文献借阅；电子阅览室提供网络和资源导航服务，提供多媒体资料；基藏书库典藏研究性文献及地方文献，入藏"尼山书屋"、《湖湘文库》、"广东书屋"中文图书近2 000册。2014年，文化中心合作伙伴湖北省文化厅又赠送图书600册，设立了"湖北书架"。该图书馆安装了集成管理系统，实现了馆藏文献目录查询，图书借阅、预约、续借等服务。随着入藏量的增加和读者群的增长，图书馆除继续提供文献信息服务外，还将提供深层次的信息咨询服务，增加特色数据库、电子图书服务。

海外中国文化中心图书馆建设，特别是电子图书服务的发展，无疑将使更多的驻在国民众对中国的时事政治、经济建设成就、文化艺术成就、科学技术成就和社会生活有更深的了解，增强对中国文化的认同感。

（5）探索"政府主导、各方参与、共同发展"新模式。云南新知集团（金边）华文书店被授予"中国文化之家"铭牌，成为首个海外"中国文化之家"。这是文化部鼓励社会组织和中资机构等参与海外文化中心建设，探索海外文化中心发展新模式的突破性举措，对完善和丰富海外中国文化中心布局与发展具有重要意义。

文化外联局有关负责人介绍，目前，文化部正在制定中国文化之家的申办、实施细则，并进一步探索"政府主导、各方参与、共同发展"

的新模式,将符合条件的海外已建和拟建的文化推广机构纳入中国文化之家品牌系列里,并支持其发展成为海外传播中华文化的基地和展示、体验平台。

河北乐海乐器有限责任公司通过其合作单位中国音乐学院,主动提出向毛里求斯、贝宁、巴黎等 10 个海外中国文化中心捐赠 10 套总价值 100 万元人民币的民族乐器,供海外中国文化中心教学和交流使用。此次捐赠活动是海外中国文化中心首次接受国内民营企业以器物形式的捐赠,为吸引更多社会资源参与海外中国文化中心的建设带了个好头——接下来,文化部还将进一步创新工作方式、方法,采取多模式思路,有效引导地方、社会、民间、企业以及外方的更多社会资源以资金、器物、共建、冠名、赞助等多种形式参与到海外中国文化中心的建设中来。

二、中国对外文化集团公司:从演出中介商到全产业链集成商

作为文化"走出去""国家队",中国对外文化集团公司不仅承担着配合高层访问、对外展示国家文化艺术形象的任务,在海外商业演出(简称"商演")方面也颇有建树。特别是近年来,其推出的"中华风韵"等商演品牌通过良好的市场运营,成功进入海外主流演出季,赢得了市场份额。

与交流演出相比,海外商业性演出具有单个项目持续时间长、演出场次多、观众总量大、传播效应广的特点。中国对外文化集团公司每年海外演出多达五六千场,调动了全国的艺术院团资源。众多经典剧目在其运作下登上国际主流舞台,成为国际知名剧目。

可以说,中国对外文化集团公司堪称文化央企"走出去"的典范。

1. 定位"全产业链文化集成商"

从当年的事业单位,到 2004 年转企改制,再到文化体制改革背景下"全产业链文化集成商"的定位,中国对外文化集团不断对自身进行着调整。与身份转换相伴的是,商业演出在"走出去"业务中的比重不断提高。目前,商演在中国对外文化集团演出总量中的占比达 70%以上。据统计,2012 年,中国对外文化集团公司在全球 320座城市推出了各类演出 6 000 余场。2013 年,在全球 300 余座城市

举办各类演出 5 500 多场。2014 年,商业演出总计 5 100 场,观众达
1 100 万人次。

中国对外文化集团最初扮演的角色是中介代理,也就是演出经
纪。如今,它已不再是一个单纯的文化中介,而实现了从中介商到制
作商、集成商的跨越。除继续向海外大力推介中国演出,还推出了一
批外向型、长销型品牌演艺产品,提升了中国海外商业演出的美誉度
和影响力。

这得益于打造"全产业链"的战略规划。通过在演出产品制作、
全国票务营销网络和全国演出院线这三大板块的努力,中国对外文
化集团打造了覆盖生产、推广、营销的一条龙运作模式。

在相当长的一段时期内,中国演艺产品进入欧美商演市场多选
择保守的运作方式,即国内演出商与国外演出商对接,中方主要负责
前期提供产品,后期的推广销售等概不参与。这样做的好处是"旱涝
保收",各方面的压力相对比较小,但其缺陷也比较明显,即中方不但
对演出的时间、地点没有选择权,就连节目的内容也完全由对方来决
定。市场失败,中方固然规避风险。市场丰收,也无从分享边际效
益。与之相比,全产业链运作模式的好处之一就是掌握主动权,争取
将更多一点的海外市场权益握在自己手里。

中国对外文化集团董事长兼总经理张宇认为,传统的运作方式
属于 B2B,在相当长的时间内仍会是中国演出"走出去"的主要形式,
因为它收益固定、规避风险。但是,由于接触不到终端消费者,从根
本上掌握不了市场,也就无法形成核心竞争力。B2C 之路比较艰苦
但前景远大,也就是直接介入终端销售环节,直接面对终端消费者。
自己"亲手"把票卖给观众,除了直接的票房收入,还能够第一时间得
到消费者的反馈,把市场调查融入销售的全过程中。"一旦掌握了主
流媒体、主流渠道、主流观众,那么接下来演出的市场开拓问题便有
了掌握主动深度开发的可能性。"

从借台唱戏,到建台唱戏,中国对外文化集团公司成功实现了文
化"走出去"的"三级跳"。"全产业链模式提升了我们与外文化机构
谈判的议价能力,让中国文化以自信、从容、高迈、尊严的姿态走出国
门。"张宇认为,最好的文化企业还必须是最好的文化集成商。"中国

的文化企业应该有胸怀、有本事在世界范围内集成文化资源,成功地把中华优秀文化推广到全球去。"

2. 推出和打造文艺演出品牌

以"品牌"为核心的"走出去"战略,是中国对外文化集团公司海外制胜的一大关键。

在中国所有的表演艺术门类中,杂技曾经是重要的出口创汇产品。如今,杂技在国内的观众并不多,但它仍然是所有演出品种中最国际化、最市场化的。

1997 年,中国对外文化集团首次投资制作了自己的杂技品牌产品《东方》,赢得国际演出市场的关注。随后,世界著名的太阳马戏团与中国对外文化集团共同制作了杂技舞台剧《龙狮》,该剧成为太阳马戏团成立以来赢利之冠的单个剧目。《龙狮》在全球五大洲150 多个城市,实现了真正意义的世界大巡演,演出场次达 5 035 场,购票观众达到 1 100 万人次。

此后,中国对外文化集团独立制作的综艺舞台剧《少林雄风》,自2000 年出品以来在多个国家巡演五次,在北美市场上掀起了中国武术文化热。此后,又先后独立或合作打造了《武林时空》《美猴王》等一系列既有民族特色又能与国际接轨的品牌演出产品。

一个突出的变化是,从《少林雄风》开始,中国对外文化集团开始独立承担演出的风险。在制作时,中国对外文化集团公司进行了前期的所有投资,音乐、舞美设计、服装、剧本全为原创,将版权全部掌握在手中。这台纯商业制作的剧目,被 IMG 公司看中,全力代理其演出。由 IMG 承担租剧场、雇灯光师、宣传推广等责任,中方支付中介费,而所有的票房收入则归中方。

2013 年底,中国对外文化集团公司又新制作出品了主打欧美市场的舞台剧目《太极星云》。2014 年第一轮国际巡演,赴英国伦敦、曼彻斯特、伯明翰、爱丁堡等32 座城市,演出 38 场。

3. 从借船出海到海外直销

不难注意到,中国对外文化集团在数年前更多地是强调"借船出海"——与世界知名演出集团合作,借力"走出去"。与美国国际管理艺术集团、哥伦比亚演出经纪公司等世界各大演出集团结成合作伙伴,搭乘这些"巨轮",中国对外文化集团不断托举中国优秀舞台剧目登上纽约林肯艺术中心、华盛顿肯尼迪表演艺术中心、悉尼歌剧院等世界顶级艺术殿堂和舞台。

"借船"的同时,中国对外文化集团公司还与国际一流创作团队合作,打造精品剧节目。如将传统的中国杂技《空中飞人》等节目改创成多媒体梦幻剧《ERA——时空之旅》。到2013年底,《ERA——时空之旅》创造了单一剧目在上海连演8年、演出3 200场、接待观众近320万人次、票房收入超过4亿元的奇迹。其中,外国观众超过220万人次,占观众2/3以上。目前,俄罗斯国家马戏公司就《ERA——时空之旅》赴俄罗斯多个城市演出与中方签署了一系列协议。

如今,海外直销成为中国对外演出公司的主流运作方式。

2013年11月,中国对外文化集团公司与美国国际管理艺术集团在纽约正式签约,共同投资成立中美环球演艺股份有限公司。美国国际管理艺术集团经纪管理500多个世界顶级艺术家及艺术团体,在世界各地拥有直营剧院,与卡内基音乐厅、林肯艺术中心、肯尼迪艺术中心、悉尼歌剧院、巴黎歌剧院等48家全球知名剧院保持密切合作。与之合作经营,直接促进了中国文化产品在北美本土化运作,实现中国文化产品在欧美主流市场"直销"。

照此模式,2013年底,中国对外文化集团公司与美方在亚特兰大联合打造"天下华灯"嘉年华品牌,以独具特色的中国灯彩为载体,融合东西方文化视觉元素,1个半月吸引美国观众20万人次,门票收入超过300万美元。项目成功实现中美文化产品和市场资源良性配置,为中国文化走进美国主流市场搭建了"直通车"平台。

2014年11月22日,中国对外文化集团公司与美国最大的古典音乐推广公司国际管理艺术集团在纽约成立合资企业中美环球演艺股份有限公司,旨在借助其遍布北美、西欧的市场渠道网络。合资公司成立一月后,就在全球最大的演出交易会美国演艺出品人年会推出中国演出板块,把中国民族舞、川剧、吉剧、打击乐、现代舞等打包推向美国市场,并举办了中美演出经纪人论坛。

合资公司的成立,为中国文化产品的打造、包装、登场,建立起全新的国际视野。张宇说:"国际著名演出集团的背后,是资源与渠道的大集合。与'巨人'同行、化人为己,我们从中学到了经营理念和产业模式,目标是实现自身从'小帆船'到'万吨轮'的转变。我们努力将中美合作公司打造成中国艺术人才的经纪营销平台、世界高端演艺产品制作平台、中国文化'走出去'的全球推广营销平台。"

4. 打入国外主流演出季

近年来,中国对外文化集团坚持在纽约林肯中心、华盛顿肯尼迪中心等北美、西欧、大洋洲 30 多座城市中心剧院,定期推出优秀中国演出,进入国外主流剧院演出季、当地重要传统节庆活动,在主流文化消费市场中实现新的突破。

"中华风韵"是中国对外文化集团在 2009 年打造的中国文化"走出去"系列品牌。在文化体制改革和推动文化"走出去"的大背景下诞生的"中华风韵",首要目标之一就是通过在海外著名剧院推广中国演出剧目,直接了解欧美主流观众的欣赏需求和意见反馈,让中国优秀文化产品的国际推广以更准确的市场调研和信息收集作为坚实基础。

"中华风韵"先后推出了十几部优秀舞台剧目和演出项目。2009年,青岛交响乐团在美国卡内基音乐中心、肯尼迪表演艺术中心、常青藤高校巡演;2010 年,北京舞蹈学院青年舞蹈团赴美国中西部地区巡演;舞剧《一把酸枣》、中国音乐家小组、安徽民乐团在肯尼迪表演艺术中心、林肯表演艺术中心演出。2011 年,甘肃省歌舞剧院的民族舞剧《丝路花雨》在华盛顿肯尼迪表演艺术中心演出两场,随后在周边城市演出 5 场。此次巡演过程中,中国对外文化集团通过美国的主流媒体进行宣传推广,通过与肯尼迪表演艺术中心专业团队的合作进行市场营销,通过与美国航空公司的合作安排客货运输行程,随时根据华盛顿的票房销售变化调整推广营销策略。

表 8-3-2 "中华风韵"在海外推出的剧节目及巡演(不完全统计)

年份	演出院团	演出作品	演出国家、城市、场所
2009	青岛交响乐团	交响音乐会	美国卡内基音乐中心、华盛顿肯尼迪表演艺术中心、常青藤高校
2010	北京舞蹈学院青年舞蹈团	中国舞蹈精粹及民族舞剧《梁祝》	美国洛杉矶、旧金山、萨克拉门托、波特兰、西雅图
2010	山西艺术职业学院	舞剧《一把酸枣》	美国华盛顿肯尼迪表演艺术中心
2011	甘肃省歌舞剧院	舞剧《丝路花雨》	美国华盛顿肯尼迪表演艺术中心
2011	安徽民族管弦乐团	音乐会	美国华盛顿肯尼迪表演艺术中心,旧金山、盐湖城、安纳波利斯等地巡演
2011	天津市青年京剧团	改编京剧《金山寺》《断桥》	澳大利亚悉尼、阿德莱德、墨尔本和布里斯班,新西兰奥克兰
2012	金陵艺术团	舞剧《牡丹亭》	美国林肯表演艺术中心
2012	贵州民族歌舞剧院	民族歌舞《多彩贵州风》	悉尼州立剧院、墨尔本摄政剧院、悉尼奥克兰布鲁斯·梅森中心
2012	武汉杂技团	杂技节目	美国、加拿大 71 座城市
2013	金陵艺术团	《牡丹亭》	澳大利亚悉尼、墨尔本,新西兰奥克兰、惠灵顿
2013	中国国家交响乐团	交响音乐会	美国 30 座城市
2013	上海芭蕾舞团	原创民族芭蕾舞剧《梁祝》《仙女》	美国、加拿大 22 个城市
2013	河北京剧院	京剧《闹天宫》	美国加利福尼亚圣克拉拉市

续表

年份	演出院团	演出作品	演出国家、城市、场所
2014	甘肃省歌舞剧院	舞剧《丝路花雨》	英国伦敦、法国巴黎、德国法兰克福
	鄂尔多斯民族歌舞剧院	民族舞蹈诗画《鄂尔多斯婚礼》	美国华盛顿肯尼迪表演艺术中心
	宁波歌舞团	民俗风情舞剧《十里红妆》	美国纽约林肯中心大卫·寇克剧院
	沈阳杂技团	杂技节目	美国 70 座城市

2012 年 1 月,舞剧《牡丹亭》在美国林肯表演艺术中心上演。3 月,民族歌舞《多彩贵州风》赴澳大利亚和新西兰演出。9 月 12 日至 12 月 17 日,"中华风韵"——中国马戏北美巡演在美国、加拿大演出近百场,足迹遍布北美 27 个州的 71 座城市,平均上座率高达 90%,观众达 10 多万人次。通过与美国最具实力的演艺机构之一、哥伦比亚演出公司合作,利用对方丰富的院线资源、营销网络和布局经验,演出质量、接待规格、观众资源和票房收入等都得到了可靠保证。

2013 年,《牡丹亭》赴澳大利亚巡演,因契合主流社会观众的欣赏需求,销售情况良好。《牡丹亭》的演出更在剧场预订、团体选择、广告投放、媒体宣传、技术支持、票务营销等方面自主运作。与美国哥伦比亚艺术家经纪公司合作,推出中国国家交响乐团和上海芭蕾舞团北美大型商业巡演,在美国、加拿大的 20 多座城市的主流剧院分别演出 30 场和 32 场,创造出了中国芭蕾舞、交响乐北美商业演出的全新纪录。

2014 年 1 月 8 日至 24 日,在"中华风韵"支持下,《丝路花雨》以商业巡演姿态,从伦敦行至巴黎,再抵法兰克福,回归阔别了 32 年的欧洲舞台。1 月 16 日至 27 日,大型原创民族舞蹈诗画《鄂尔多斯婚礼》在美国肯尼迪表演艺术中心演出。3 月 3 日至 9 日,中国经典民俗风情舞剧《十里红妆》登陆纽约林肯中心大卫·寇克剧院。下半年,沈阳杂技团整台节目赴美国在 70 座城市的主流剧院巡演 92 场,全部进入当地城市主流剧院年度演出季系列,与其他数以百计的欧美名团一起提前一年开始营销推广,确保了相当好的票房销售率和媒体传播力度。圣诞节及新年前后,中国对外文化集团不失时机地推出了8个中国优秀杂技节目组分赴欧洲7个城市,在三个月内进行频繁的节庆商业演出。

"中华风韵"始终秉承选派优秀表演艺术、进入国际主流市场、面向主流观众的原则,依托具有长期国际市场运营经验和具备国内外资源集成能力的专业化团队,通过不同途径推动多种门类的艺术团体走出国门,实现产、供、销一条龙作业,达到了逐步扩大中国优秀表演艺术的国际影响力和市场份额的目的,开创了中国文化"走出去"的自主营销新模式,为提高中国演出产品核心竞争力和文化艺术"走出去"做出了可贵探索。

5. "院线联盟"整合剧院资源

打造演出院线,是中国对外文化集团公司全产业链计划的重要一环。中国对外文化集团此前已经建立了售票渠道"中演票务通",但院线资源整合才是真正的计划。剧院作为演出行业的最终呈现平台,是整个文化产业链条的一张晴雨表,直接影响到资本运作方的投入与期待、产品生产者的创意劳动和观众的欣赏与反响。院线既可以解决文化产品的市场流通环节,进一步明确产供销分工,以采购制解决大多数国内院团头疼的市场营销问题,也会根据市场变化不断对上游文化产品生产领域提出新的要求。此外,演出院线体系也为文化产业融资搭建了新的实体平台,院线的规模化运营需要大量资本进入,对资金和资源都有着庞大需求,将改变传统演出行业盘子小、业务过于分散的状态。

在建设文艺演出院线方面,演出企业并无前人经验可循。张宇认为,演出行业与电影行业从生产到销售的产业链结构非常相似,也同样面临着体制改革的新形势。为此,中国对外文化集团公司做了专门的调查分析报告,分析结果认为,参照电影院线体制建立演出院线,吸引各地剧院纳入,实现标准化管理,形成规模优势,不仅可以提高剧院资产使用效率、活跃文化市场氛围,还可以形成强有力的院线品牌优势。

2009 年 6 月,中国对外文化集团公司正式获得广州歌剧院经营管理权。这意味着酝酿已久的"演出院线联盟"计划以跨地区整合的形式得到实现。2010 年 5 月,"中演演出院线"启动,仅一年时间就拥有了分布在全国 15 个省区市的成员单位 34 家,年演出场次超过3 000 场,年度观众总量超过 200 万人次。2014 年,演出院线旗舰广州大剧院被美国发行量最大的日报《今日美国》评为"世界十大歌剧院",这是亚洲剧院首次入选。中国剧院与纽约大都会歌剧院、莫斯科大剧院、悉尼歌剧院等世界著名歌剧院相比肩,在某种程度上也象征着中国文化软实力在演出领域的提升。

在张宇看来,中国文化产业必须打造产业链,这样才能产生规模效应和互动效应,以规模化优势吸引国际演出商。在引进外来文化产品过程中,院线体系有利于提升议价能力,采取集中采购、统一宣传方式降低成本,从而达到降低票价的目的。更重要的是,能通过国际剧院院线合作、资源互换等方式,直接将国内文化产品向海外市场输出。如今,"院线联盟"已拥有 27 省区 9 家直营剧院、48 家成员剧院,进一步加强了国际国内演出产品联合采购配送体系。这些剧院除了为当地提供演出产品之外,还成为当地演出产品"走出去"的始发港。其旗下广州大剧院、珠海华发中国对外文化集团大剧院、厦门闽南大戏院借助地缘优势,成为大陆与港澳台文化交流的新平台。

三、海外文化年:中国文化软实力的集中释放
——以土耳其中国文化年为例

互办文化年是双边国家在特定时间和特定区域内,以文化艺术表现形式为载体开展的大规模交流活动。互办文化年在决策上,一般都是中国最高领导人和另外一国的最高领导人亲自确定;时间上,一般持续一年左右的时间,跨度较大;在覆盖面上,以首都或文化城市为中心,辐射举办国的大部分主要城市与地区;在活动种类上,包括文学、艺术、教育、广播、电视、出版、体育、旅游等诸多方面。

2012 年至 2014 年间,"中国文化年"在世界多国开展,如土耳其"中国文化年"、德国"中国文化年"、澳大利亚"中国文化年"等,展示

了中国文化软实力,加深了国际社会对中国的文化认同,增强了国际共识。其中,土耳其"中国文化年"与中国"土耳其文化年"是中土两国建交以来,两国互办的规模最大、历时最长、项目最多、门类最全、层次最高、延伸地区最广的系列文化交流活动。同时,土耳其"中国文化年"也是中国在亚非地区举办的最大规模的综合文化交流活动。

1. 决策层次高,由国家领导人亲自确定

互办文化年一般是两国最高领导人亲自确定和支持的项目。两国领导人共同倡议举办文化年,不仅体现了发展双边文化关系的良好意愿,更表达了两国人民希望加强文化交流和相互了解的迫切愿望,具有深远的政治意义和影响。

中土互办文化年,是 2009 年时任土耳其总统居尔访华时与时任中国国家主席胡锦涛达成的重要共识。2010 年,时任国务院总理温家宝访土期间,中土发表《中华人民共和国和土耳其共和国关于建立和发展战略合作关系的联合声明》,正式确定 2012 年在土耳其举办中国文化年,2013 年在中国举办土耳其文化年。两国文化部长签署了两国互办文化年的谅解备忘录。

土耳其中国文化年开幕时,两国领导人均致贺信,再次显示出互办文化年的高规格。胡锦涛在贺信中指出,"中国文化年"以丰富多彩的形式和内容,向土耳其人民介绍中国悠久历史、灿烂文化和发展成就。中国人民将对"土耳其文化年"投以极大的关注和热情。居尔则在贺信中说,"中国文化年"和"土耳其文化年"的相继举办,将使两国的文化交流走向更加广阔的天地,为增进两国人民的了解和感情提供重要的契机,无疑将为土中关系的新发展做出重要贡献。

2012 年 2 月 20 日,在对土耳其正式访问前夕,习近平(时任中国国家副主席)接受了土耳其《晨报》的书面采访,就中土关系、双边合作、文化交流及土耳其在地区、国际事务中的作用等提问进行回答,当涉及中土互办"文化年"问题时,习近平表示,两国互办"文化年"在中土关系史上尚属首次,是双边关系中的大事。互办"文化年",旨在宣传中土友好,增进传统友谊,为两国文化交流的发展提供新的重要平台,使两国民众有机会全面认识和了解对方国家、民族的历史和文化,现状和未来。中国政府高度重视 2012 年在土耳其举办的"中国文化年",并将派出包括音乐、舞蹈、戏剧、文学、电影、论坛等数十个优秀的文化项目,向土耳其人民展示中国文化的神韵和风采。同时,中方也期待土耳其政府2013年为中国观众带来精彩纷呈的土耳其文化艺术。相信在两国政府的支持下,通过各界的积极参与,中土互办"文化年"活动一定圆满成功,在两国人文交流的史册上书写浓墨重彩的一笔。

2012年2月22日,习近平在伊斯坦布尔出席中土经贸合作论坛,讲话提及"中土两国都是千年古国、文明之邦,两国文化在长期交流过程中相互尊重、相互借鉴,成为推动中土关系发展的重要力量。而于土耳其举办的'中国文化年'和将在中国举办的'土耳其文化年'等文化交流活动,将有助于加深两国人民的相互了解和友谊。今后,双方应继续加强人文交流,进一步夯实中土战略合作关系的社会基础"。

2. 土耳其"中国文化年"的主要特点

土耳其举办的"中国文化年"和在中国举办的"土耳其文化年"首尾相连,前后呼应,持续达两年之久,是中土两国建交以来,中国与土耳其互办的规模最大、历时最长的系列文化活动,堪称两国文化软实力在对方国家的集中展示和释放。

同时,土耳其"中国文化年"还是迄今为止,中国在亚非地区举办的最大规模的综合文化交流活动,呈现出时间跨度大、交流领域广、覆盖面积大、参与力量多等主要特点。

土耳其"中国文化年"于2011年12月12日拉开帷幕,2012年12月4日圆满落幕,历时整整一载。据中国驻土耳其大使馆文化处统计,"中国文化年"框架内,共有87个与中国文化有关的项目与团(组)赴土耳其进行交流,中国访土人员约1 700人次,共举行近400场展览和艺术表演,交流项目涵盖杂技、影视、教育、舞蹈、音乐、戏剧、展览、青少年、美食、图书出版、新闻媒体、宗教、智库和动漫等领域;现场出席相关活动的土耳其观众近24万人次。

土耳其"中国文化年"由中国文化部牵头,国务院对外文化工作部际联席会议机制框架下的13家部委以及与土耳其相关省市结为友好关系的中国地方人民政府共同主办,中国对外文化集团公司主承办,是在海外举办的历次中国文化年中中方参与主办机构最多的一次。

"中国文化年"采取政府主导、社会参与、多种方式运作的机制,充分调动中央和地方、官方和民间共同参与的积极性,各方面以不同方式参与,两国友好省区和城市对文化年活动都表现出很大的热情。这不仅丰富了文化年的项目,而且减轻了中央的财政负担。同时,中方多种方式运作的机制,也带动了土耳其方以不同的方式参与组织运作。

此次"中国文化年"超越了狭义文化的范畴,涉及文学、艺术、教育、科技、广播电视、图书出版、青年、体育、民族、宗教、建筑、环保、旅游、饮食等方面。丰富多彩、各具特色的项目以中国文化年为平台,将中国文化的古老面貌和当代气象,充分地展示在土耳其大地上。

"中国文化年"的活动并未局限于首都,而是辐射至土耳其全境,覆盖了该国40多个城市。从亚欧交界处的伊斯坦布尔,到中部的首都安卡拉,再到西部边境地区,土耳其20万人口以上的城市,几乎都有中国文化活动。

从在安卡拉举办的"北京之夜"文化周活动开始,上海、重庆、江苏、安徽、广东和新疆相继在土耳其各地举办了丰富多彩的具有地方特色文化的交流活动。北京、广州杂技团参加安卡拉购物节;江苏省整合南京小红花艺术团、江苏省女子民族乐团及云锦艺术和传统书画展览等多个特色艺术团体,在爱琴海之滨的土耳其第三大城市伊兹密尔举办"江苏文化节",进一步深化了两地在经济、科技、文化领域的合作关系;新疆艺术剧院艺术团参加"诺鲁孜节"庆典联合演出;北京京剧团和上海市歌舞团参加了伊斯坦布尔国际戏剧节;重庆市和广东省组派醒狮舞龙团在10个省市巡演;深圳交响乐团110人在土耳其举办巡回音乐会;安徽花鼓灯艺术团参加布尔萨国际民间艺术节;浙江省"西泠印社·中国印"特展在安卡拉举行;甘肃省《印象敦煌》及敦煌文化论坛在伊斯坦布尔举办。中国各地政府充分发挥文化资源优势,通过展示地方特色文化,进一步丰富了文化年的活动内容,也让更多远离首都和大城市的土耳其民众感受到了中国文化的魅力。

中国文化年显著增强了中国在土耳其的影响力。"土耳其刮起中国风""中国艺术在土耳其大放光彩"等醒目标题经常见诸土耳其各大报刊、网站头版头条,土耳其主要新闻媒体都对中国文化年进行了重点跟踪报道,"中国文化""中国艺术"一时间成了土耳其街头巷尾热议的话题。

3. "丝路"主题衔接"一带一路"

中国和土耳其分处亚欧大陆的东西两端,两国人民的友好交往源远流长。早在一千多年前,古丝绸之路就把两国人民紧紧联系在一起,在人类文明交流史上留下了光辉的印记。中国与土耳其互办文化年,再次用文化的纽带把两个古老而现代的国度紧密连接起来,作为两国文化关系和外交史上的重要事件,具有里程碑意义。中土两国文化机构在互办文化年期间开始的交流与合作,通过诸多演出活动得到进一步深化,并可一直延续下去。

值得注意的是,以"丝路"为主题的此次土耳其"中国文化年",是中国文化年首次在亚非地区举办,使得这一举措更具开创性。中国文化年举办之后,土耳其文化年在中国举办之时,习近平主席首次提出了加强政策沟通、道路联通、贸易畅通、货币流通、民心相通,共同建设"丝绸之路经济带"的战略倡议。

土耳其是古丝绸之路的重要节点国家。土耳其"中国文化年"和中国"土耳其文化年"的举办,与"丝绸之路经济带"倡议形成了紧密衔接,不仅唤起了土耳其人对于古丝绸之路的历史记忆和情愫,而且为"丝绸之路经济带"倡议的深入人心做好了文化铺垫,打下了民意基础。

土耳其国家领导人和多层高官很快表示,土耳其也有重建"丝绸之路"的设想。土耳其尤努斯艾姆莱文化研究所副所长锡兰的观点很有代表性。他认为:"建设'一带一路',需关注文化要素。对于中国和土耳其来说,文化外交都很重要。中国与土耳其有紧密的联系。2011 年,两国领导人达成了互办文化年的重要共识。2012 年,土耳其举办了中国文化年,形式多样、内容丰富的中国文化年活动得到了土耳其人民的欢迎和喜爱。2013 年,中国举办了土耳其文化年。文化年期间,中国的北京、上海等城市举办了土耳其电影周,土耳其电影在中国进行了展映,土耳其歌剧和芭蕾艺术家到中国进行了演出,土耳其总统府交响乐团在北京举办了音乐会,此外还开展了安纳托利亚文明展、土耳其现代画展等展出。以后我们要继续推动中土之间的文化交流与合作。'一带一路'不仅应在经济和商业领域发挥重要作用,而且应在文化等领域发挥重要作用。"

中国和土耳其同为历史悠久的文明古国,如今又同为致力于可持续发展的第三世界国家,在很多方面有着相似之处。土耳其外交部副次长、原土耳其驻中国大使埃森利说:"据我的观察,我们两国就家庭传统而言,非常相似。我们两国的文化价值观念几乎一样。但是土耳其深受中西方文化的影响,在生活中、在家庭关系中,土耳其人民可能更像亚洲人,但是在商业领域,可能更像欧洲人。但是从本质背景上来说,我们更像亚洲人,土耳其街头行人的行为举止可以提供佐证。不仅是文化领域,在媒体中,对中国也有很多报道,土耳其在欧洲被称为'在欧洲的中国'。"

长期以来,中土两国民众都是通过间接的、第三方资料或途径了解对方。而随着两国关系的快速发展,特别是中土文化年的举办,促进了两国民众直接交流,而不需要借助外国、西方通讯社的报道来了解彼此,这使两国民众能够看到直接而客观的报道,而不受任何西方成见的影响。这在一定程度上也为两国共建"一带一路"扫清了道路。

四、黑龙江与俄罗斯:边境文化交流的典范

作为毗邻国家之间的一种文化交流形式,边境文化交流是一种初始形态的交流形式,也是国家对外文化交流活动的重要组成部分。与我国陆地接壤的国家有 14 个:阿富汗、巴基斯坦、不丹、朝鲜、俄罗斯、哈萨克斯坦、吉尔吉斯斯坦、老挝、蒙古国、缅甸、尼泊尔、塔吉克斯坦、印度和越南。在中国特色大国外交和周边外交的大背景下,与这些国家之间进行的文化外交的重要性日益凸显。

本节特选取黑龙江与俄罗斯边境交流为例,尝试呈现边境文化交流和地方文化"走出去"的探索。

1．中国与俄罗斯文化交流现状

表 8-3-3　中国与俄罗斯文化交流现状表

时间	名称
2006	中国"俄罗斯年"
2007	俄罗斯"中国年"
2009	中国"俄语年"
2010	俄罗斯"汉语年"
2012	中国"俄罗斯旅游年"
2013	俄罗斯"中国旅游年"
2014	中俄青年友好交流年
2015	中俄青年友好交流年

中国与俄罗斯是全面战略协作伙伴，也是文化睦邻。中俄文化领域的交流合作一直依据政府间文化合作计划开展，官方文化交流在两国文化合作中迄今占有主导地位。

文化部外联局有关处室负责人表示，近年来，两国政府文化代表团互访频繁，文化领域的合作十分广泛。自 2006 年起，中俄连续互办国家级的大型活动，包括 2006 年和 2007 年互办国家年，2009 年和 2010 年互办语言年，2012 年和 2013 年互办旅游年。这些大型文化活动使中俄官方文化交流持续保持高水准，为两国语言、文化、旅游领域创造了更多交流合作的机会，全方位地拓展了两国间的人文对话。

2006 年和 2007 年，中俄两国文化部在国家年框架内互办建交以来规模最大的"文化节"后，互办"文化节"活动成为常态化的官方交流标志性项目。尤其是 2012 年 8 月至 12 月在俄罗斯举办的"中国文化节"，演出、展览、文化周和论坛等活动在莫斯科、圣彼得堡和叶卡捷林堡、西伯利亚和远东地区多地开展，多渠道、宽领域、全方位地向俄民众展示了中华文化。

两国在上海合作组织框架内开展了卓有成效的合作，都积极地参加了历届上合组织成员国文化部长会晤和上合组织成员国艺术节，共同批准了一系列旨在推动多边文化合作的文件。此外，中俄两国在动漫、电子游戏等文化产业领域的合作也取得了较大进展,10余家中国企业自主研发的近40款原创网络游戏出口至俄罗斯。

2013年3月22日,中国国家主席习近平和俄罗斯总统普京在莫斯科共同签署了《中华人民共和国和俄罗斯联邦关于合作共赢、深化全面战略协作伙伴关系的联合声明》。

《声明》与文化有关的内容包括:有效落实中俄人文合作行动计划,顺利举办俄罗斯"中国旅游年"各项活动;在机制化和长期化的基础上扩大两国青年交流,筹办2014年至2015年中俄互办青年友好交流年活动;双方一致认为,在全球化进程加速的背景下,当今世界进入以民族和国家间相互依存度增强、经济与文化相互融合加深为特征的发展转型期。推动世界多极化进程、实现全球经济可持续发展、推动文化多样性和社会信息化成为全球性主要议题。该《声明》成为当前中俄两国文化交流与合作的方向指引。

2013年11月22日,首届中俄文化旅游论坛在俄罗斯圣彼得堡塔夫里达宫举行。2014年11月27日,第二届中俄文化论坛在北京举行。中俄文化论坛旨在通过双方政府决策部门、文化艺术机构和学术研究机构、社会组织之间的深度对话,加强两国间人文交流与合作,促进两国文化产业发展,增进两国青年一代的相互了解和友谊,加强中俄边境地区的友好合作。

于2014年和2015年共同举办的"中俄青年友好交流年",则是中国首次与其他国家举办以青年为主体的国家交流年,显示出两个大国的文化担当。截止目前,中俄双方共同举办了300多项"青年友好交流年"活动已经举办200多项,交流规模超过上万人次,内容涵盖生活、创业、科技、体育、文化、艺术等各个方面。

从互办国家年、语言年、旅游年到青年友好交流年,中俄在政府层面开展的文化交流活动你方唱罢我登场。高频次和高规格的交流活动,丰富了中俄全面战略协作伙伴关系的内涵,更推动两国成为世界瞩目的模范文化睦邻。可以说,如今的中俄文化关系处于历史最好时期。

2. 黑龙江利用地缘优势"走出去"

《中华人民共和国和俄罗斯联邦关于合作共赢、深化全面战略协作伙伴关系的联合声明》特别提到了边境对话的重要意义：在双方长期共同努力下，两国边境地区已成为和平、友好与稳定的区域。双方将继续提高现有合作机制的效能，并根据需要建立新的对话机制，深化中俄边境地区合作。

黑龙江省与俄罗斯山水相依，与俄罗斯有 3 200 多公里的边境线。黑龙江省内分布着 18 个国家对俄一、二类口岸，与俄罗斯多个远东城市有着贸易往来，双方交流便利、交流意愿强烈、文化资源丰富、优势互补，有充分的条件发展边境文化交流与合作。

哈尔滨是沿边开放带上最大的中心城市，是国内各省进入俄罗斯的重要桥梁，在对俄罗斯的经济合作中具有重要的战略地位。牡丹江地处沿边开放的前沿地带，东与俄罗斯滨海边区为邻，居密山、虎林、绥芬河、东宁等扇形开放口岸的"扇轴"，发展同俄罗斯的贸易合作有着十分有利的条件和广阔的前景。黑河市与俄布拉戈维申斯克市隔江相望，是中俄边境线上距离最近、规模最大、功能最全的对应城市。抚远、同江、富锦、饶河、萝北等许多口岸城市都有着对俄交往的地缘优势和便利条件。口岸的对接与长期存在的经济优势互补，促进了中国和俄罗斯边境贸易和中国和俄罗斯运输的繁荣，为两国文化交流的深入发展提供了有利条件。

各口岸城市充分发挥历史渊源、地域优势和多元文化融合等优势，纷纷采取不同举措，不断加强中俄两国官方和民间文化交流，取得了不少成果。例如，鸡西市以"友好、交流、发展"为主题与俄滨海边区成功举办了多届中俄文化交流周，从首届中俄文化交流周开始，鸡西市便提出，城市文化建设围绕"交流"转、设施围绕"交流"建、品牌围绕"交流"干。交流周穿针引线，编织成中俄贸易的"彩带"。黑河市通过举办"黑龙江中俄文化大集"，不断拓宽中俄文化交流新渠道，"中俄文化大集"以"文化贸易，文化交流"为主题，自 2010 年以来已经连续举办了 5 届，成为中俄地区间文化合作的品牌项目。从2013 年起，绥芬河市每年举办一届中国绥芬河市国际口岸贸易博览会。两届博览会吸引了包括俄罗斯、韩国、日本等国家的参会者 3 万余人次。该市还先后举办了数届东北亚中俄旅游美食节等活动。

文化产业可持续、附加值高等特点，使对俄文化贸易已成为黑龙江省对俄贸易新的经济增长点。黑龙江省委常委、宣传部长张效廉指出:要加快完善工作机制。进一步树立"一盘棋"思想,健全对外文化贸易工作联系机制,统筹对外文化交流、文化传播与文化贸易,加快构建政府主导、企业主体、市场运作、社会参与的对外文化交流机制,形成全方位、多层次、多领域、各种所有制文化企业竞相参与的对外文化贸易格局;要不断深化文化交流。理顺内宣外宣体制,加强对外媒体内容建设,支持重点媒体加强与俄媒体合作,突出发挥东北网等省内媒体与俄媒体频繁开展互动交流的优势,探索建立地区性传播平台,完善"中国东北地区与俄罗斯远东地区媒体定期交流"机制,逐步推动向俄罗斯核心地区延伸;要着力拓展文化贸易。加快培育外向型骨干企业,鼓励文化企业在国外兴办文化实体,支持有条件的企业申报"国家文化产品出口基地"。深度挖掘俄罗斯文化元素,建立与俄罗斯重点文化产业项目交流合作引导目录和文化贸易信息平台,扶持文化产品和民间工艺品对俄出口;要加强多领域合作。与俄罗斯旅游组织合作,组建旅游合作网络,共同打造旅游线路,研发旅游产品,发展旅游贸易。开展对俄人才培养培训、合作办学、科学研究、举办学生夏令营、文艺演出等,促进了解和信任。

黑龙江省文化厅厅长宋宏伟则认为,应在互利互惠的基础上,把文化交流合作进一步引向深入。要努力把文化交流由艺术交流为主,逐步转向艺术交流和文博展览、图书交流、艺术教育等并重的全方位、多样化的文化交流。要加强文化产业合作,进一步扩大展览展销、商业演出、艺术品拍卖等内容,吸引双方更多的文化企业参与,逐步将艺术教育、影视合作、图书及动漫等文化产业纳入文化贸易中来,增加文化贸易合作在中俄边境文化交流中的比重。

3. "中俄双子城"的文化贸易大集

黑河市与布拉戈维申斯克市堪称黑龙江与俄罗斯开展文化贸易的个中典范。这是两座隔江紧密相守的城市,也是中俄边境线上规模最大、距离最近、规格最高的对应城市,最近处只有 750 米,因从空中俯瞰宛若一座城市,也被誉为"中俄双子城"。两城的距离非常之近,自由往来的边民手上拎着大包小包,把每天往返于黑龙江上的多班客船挤得满满当当。走在黑河的大街上或商店里,有时会有身处异国的感觉,因为随时可以碰上金发碧眼的俄罗斯人。

在这里,集中民俗、旅游、休闲、娱乐、展销、项目洽谈于一体的"中俄文化大集"活动,已经成为界河两岸民众每年期待的节日。首届"大集"上,边民们还有些怯意和矜持,活动显得有些"剃头挑子一头热"。这两年,"赶集"对于界河两岸的百姓来说,已成为一种串门般亲切的享受。特别是 2014 年新增的花车巡游活动,由普通百姓组成的巡游方阵蔚为壮观,几十人一组的俄罗斯青少年和群众歌舞队伍载歌载舞,格外活跃。

举办了 6 届的"中俄文化大集"已作为中俄国与国、部与部、省与州间的文化交流、文化贸易、文化旅游、文化产业的长效机制固定下来,成为边境地区文化交流合作的品牌示范项目。现在的"中俄文化大集"已具备如下特征:

丰富多元的文化交流内容。由原来单一的演出向文艺艺术品展销、摄影、绘画、民族民俗拓展,交流内容呈现多元化,民众文化交流异彩纷呈。相继在哈尔滨、上海、俄罗斯远东多地举办了黑河画展、中俄冰雪画巡回展、俄罗斯冰雪画作品展等。第五届中俄文化大集期间,首次举办了中俄民众巡游活动,两国民众载歌载舞,展示了黑河城市的独特魅力和中俄人民日益深厚的友谊。

民族民俗交流日益密切。中国民间传统文化艺术、剪纸艺术走进俄罗斯等活动,通过为期一个月的展销,引起强烈反响。同时,与俄罗斯边疆区的有关城市围绕民族语言、民族歌舞表演、民族手工艺品和加工制作等方面组织经常性的民间互访交流。

文化贸易成果丰硕。凭借多年的努力和得天独厚的区位优势,以俄罗斯油画、琥珀、玉石、漆器、有色金属等为主的艺术品交易平台正在形成。黑河已经建成了中俄艺术陈列馆,馆藏俄罗斯油画近千件。

中俄影视剧创作拍摄初具规模。黑河协助拍摄了电视剧《这里的黎明静悄悄》,组织俄罗斯演员参与了电视剧《玫瑰绽放的年代》的拍摄,由中国演员出演的连续剧《大江作证》已于 2015 年上映播出。

涉外商业演艺打下市场基础。国家京剧院、黑龙江省歌舞团、内蒙古歌舞团、俄罗斯话剧团、俄罗斯民乐团等分别到双方城市商演,为黑河市探索涉外文化产业发展奠定了基础。

目前,黑河市与布拉戈维申斯克市之间即将建设空中索道和跨江大桥。2014 年 12 月 1 日,黑河市政府宣布,黑河—布拉戈维申斯克货运浮箱固冰通道正式开通,较去年提前开通一个月。这条通道为中俄两国边贸企业降低了运输成本,被形象地称为"冰上丝绸之路"。"中俄双子城"在冰封的冬季也"如胶似漆",越来越热络。

黑河与布拉戈维申斯克的"甜蜜",是黑龙江与俄罗斯文化交流与合作的一个缩影。"双子城经验"值得推广到中俄边境的其他城市,结合各地的优势和特点,开展各具特色的交流活动,以便在整个黑龙江省和俄罗斯远东地区形成更大、更好的交流氛围。这对于推动中俄文化贸易有着积极的推动作用,也对全国边境省区开展边境文化交流具备示范意义。

第四节　中国文化艺术"走出去"思考与建议

一、民间、社会对于"走出去"的热情亟待释放

开展对外文化交流是一个综合性的系统工程,既需要通过官方渠道,由政府部门主导推动,也需要通过民间渠道,由社会组织、民间企业共同实施。无论从现实需要还是从长远发展来看,中华文化走向世界是全方位的,仅有政府间交流还不能完全适应我国国际地位不断提高的新形势的需要,不能完全适应国际社会越来越关注、越来越希望了解中国的需要。

开展对外文化交流时,民间力量往往方式更多样、更灵活,影响更深远、更持久,活力也更加强劲。坚持以政府为主导,民间为主体,政府推动与民间实施相结合的方式,有利于避开意识形态壁垒,增强中华文化"走出去"的亲和力和吸引力,在更广范围、更深层次上加强与世界各国的交流与合作。

如何引导民间企业、机构和个人参与到中国文化"走出去"的宏大事业当中来,一直是个难题。随着我国改革开放的深入,越来越多的民间机构、企业和个人有能力、有兴趣参与文化交流、推动文化"走

出去"。特别是共建"一带一路"倡议提出后,民间参与有关建设的愿望与热情呈现出激增态势。不过,很多时候,民间组织、社会人士空有热情,却找不到一个适用、快捷的入口和通道。政府可通过政策手段、财税手段、法律手段进一步鼓励社会参与文化"走出去",主管部门或可尝试制定较为具体的准入机制、审定程序、责任制度、负面清单等多种形式和手段,开辟"绿色通道",充分发挥和释放民间开展文化交流的积极性,鼓励、引导、整合、支持民间文化资源在对外文化交流中发挥更大的效力。

二、文化"走出去"亟须基础理论建设

目前文化"走出去"有关研究,呈现出零星分散、不成系统的特点,总体上还处于起步阶段。这与我国文化"走出去"的步伐是不相称的。我国在世界范围内影响力不断提升的现状,以及在全球化进程中扮演的新角色和采取的新姿态,已经对文化"走出去"提出了更高的要求。

没有深厚的理论支撑,对策研究及行动就不可能深入、持续和有效。多年来,人们对于文化"走出去"关注不够,缺乏足够的理论准备,文化"走出去"往往被简单化为办一场演出、展览,很多情况下甚至仍然依靠陈旧的思路和方法去实现。同时,长期以来,人们过于强调文化"走出去"在宣传自身、树立形象这一层面的价值,而忽略了对于中国文化之于世界文明发展重要贡献的阐释。在全球化和本土化矛盾统一的当下,这一层面的沉默、失语状态,不利于中国文化的可持续"走出去",不利于中国文化软实力的进一步构建。

推动文化"走出去"向更高层次和更广范围发展,迫切需要以科学理论和方法,深入研究文化"走出去"发生与发展的规律。加强文化"走出去"基础理论建设,需要对文化"走出去"的概念进行界定,对其目的、方式、方法、效果进行深入研究。尽快建立起包含本体论、方法论和认识论的独立基础理论,为文化"走出去"提供必要的动力和支撑。

三、文化服务贸易逆差依然巨大,文化企业的产业链竞争意识 需加强

与其他贸易领域的巨额顺差相比,文化服务贸易领域存在的逆差不但与我国作为世界贸易第一大国的地位不相称,也与我国作为文化资源大国的地位不匹配。

对此,国务院印发了《关于加快发展对外文化贸易的意见》,矢志扭转这一现状。《意见》提出了到 2020 年中国对外文化贸易的发展目标:从微观看,要实现培育一批具有国际竞争力的外向型文化企业,形成一批具有核心竞争力的文化产品,打造一批具有国际影响力的文化品牌,搭建若干具有较强辐射力的国际文化交易平台的目标。

作为一种市场行为,文化贸易是以文化产品为交换内容、以文化企业为主体的国际贸易。经济全球化的深入发展和市场规律,都要求文化企业成为文化贸易的主体。目前,随着文化体制改革的日渐深入,我国的文化企业正在经历重组阶段。应抓住这一时机,引导国有文化企业与民间企业进行关联性重组,以投资控股、并购、联合等多种形式进行资源整合,打造一批大型外向型文化企业集团。

基于国际贸易是国内贸易的延伸的基本观点,国际文化贸易也是国内文化贸易的延伸。因此,国际文化贸易的发展仍首先取决于国内文化产业的发展。目前,我国文化贸易发展还处于初级阶段,主要有 3 种出口模式,一是利用人力资源优势,如杂技、演艺等人才输出,动漫等服务外包;二是加工贸易产品出口,体现在满足国外创意的来料加工;三是品牌运营,版权贸易。总体上看,我国绝大多数文化企业在国际分工中处于产业链的底端,文化产品和服务的科技含量不高,自主知识产权严重缺乏。文化企业能否整合全球资源、抢占文化贸易产业链高端环节,或对其进行创新拓展,应当成为其参与全球文化贸易竞争时的重要考量。

四、对文化艺术"走出去"对其他产业的积极引致效应加以研究

美国、英国、韩国、日本等国的实践表明，文化艺术"走出去"对其他产业领域的贸易额具有显著的积极引致效应。如韩国进出口银行海外经济研究所发表的《韩流出口影响分析与金融支援方案》表明，韩国文化产业出口每增加 100 美元，就能使韩国商品出口增加 412 美元。伴随韩剧、韩国电影、歌曲等"韩流"席卷全球，各国对韩国产品的好感上升，带动了手机等其他韩国商品的销量。

该《方案》还显示，从消费品项目来看，文化商品出口对 IT 产品、服装、加工食品出口带来的影响很大。各项出口的增幅依次为：加工食品 0.07%，服装 0.051%，IT 产品 0.032%。在亚洲地区，韩国的 CD 唱片等音乐出口对韩国化妆品出口的牵引效果明显，电视剧、娱乐节目的出口对手机、电脑等 IT 产品贡献突出。而在中南美地区，CD 唱片等音乐出口对手机、电脑出口影响最大。

在我国，文化产业对国民经济的投入产出关系的实证研究已经起步，但在"走出去"层面的专门研究仍是空白。对文化艺术"走出去"的引致效应开展实证研究，科学认识外向型文化产品对于其他产业的带动效果，有助主管部门形成更加宏观的决策，有利于提升社会对于文化贸易的重要性的认识。

五、海外中国文化中心可借力"一带一路"基础设施建设

"一带一路"大背景下，基础设施建设成为战略突破口。作为文化部系统的独特输出平台，实际上，海外中国文化中心也是我国在海外投资建设的文化基础设施。海外中国文化中心可借此东风，在"一带一路"重要节点布局。目前，海外中国文化中心数量已达 20 个，分别为亚洲 8 个、非洲 4 个、欧洲 6 个、大洋洲 1 个、美洲 1 个。海外中国文化中心在"一带一路"沿线国家和地区具有极大建设需求和发展空间。

同时，海外中国文化中心还可考虑进一步拓宽职能，在展示文化艺术形象的同时，打造成为我国文化产业"走出去"和国际文化贸易的前哨，培育、挖掘当地文化市场，为中期打开海外文化消费市场做

铺垫。此外,还可考虑争取将对外文化援助纳入海外中国文化中心的职能范畴。

六、进一步整合设计地方文化资源

自"部省合作"开展以来,文化资源在一定程度上实现了纵向打通,与部际协调机制的横向打通一起,形成了良好的协同局面。

地方热情的焕发,为中国文化"走出去"提供了一个极大丰富的资源库。不过,目前地方文化"走出去"均突出地域文化特征,缺乏针对性,目标受众不明确,剧目节目"放之四海"。随着各地方对于文化"走出去"的积极性日益提升,对顶层设计、统筹规划提出了更高要求。

或可根据亚洲、欧洲、非洲、美洲、大洋洲不同国家民众的欣赏口味与需求,对国内地方的各类文化艺术演出及展览进行定向、筛选。一方面,挑选外向型剧节目和产品,一方面也将所甄选的文化艺术产品打包,进行"定点投放"。比如,针对美国,或应采取文化与科技相融合的项目。针对法国等欧洲国家,则更多采取推出舞台艺术精品的方式。针对亚洲国家,可主推非物质文化遗产等具有传统文化意蕴的项目。如此既能展现我国文化艺术的多样性,也能一以贯之地培养海外受众的欣赏习惯。

七、重视新媒体传播、文化艺术与互联网融合发展,融入信息生活

为尽量减少"文化折扣",推进文化"走出去"的过程中,方法与策略尤其重要。观此前在海外开展的许多文化活动,擅长营造艺术体验和现场效果,但对网络传播的重视不足。与信息生活的脱节,往往使活动的影响力局限于现场人群。

一方面,应广泛运用新媒体这一信息"放大器"。以信息技术为核心的新一轮科技革命正深刻改变着人们的生活。新媒体相对于传统媒体来说,最大的好处是传播更加迅捷、覆盖人群更加广泛,尤其是年轻的群体,基本上都倾向于使用网络获取信息。利用新媒体,将使受众群体不再局限于活动现场。而且,越来越成熟的新媒体,已经成为最经济、最实惠,也是效果最佳的信息传播平台。

另一方面,应策划、开发、推出一些在互联网、移动平台上举行的"线上"文化艺术活动。以互联网为代表的新媒体的交互性、及时性和虚拟性,与文化艺术的特征有着内在契合,这意味着线上活动具有成为文化传播的重要手段的潜力。值得注意的是,一些国家的驻华使馆文化处、文化机构开设微博、公众号,除了对在华举行的"线下"活动进行宣传,也尝试举行一些"线上"活动,聚拢人气。文化传播与互联网的深度融合,将成为数字时代的必然趋势。

(文/叶飞)

第九章 中国动漫、游戏产业"走出去"

第一节 2011—2013 中国动漫产业海外发展状况

动漫,是动画和漫画的合称与缩写,随着现代传媒技术的发展,同为造型艺术的漫画和动画之间的联系越来越紧密,并且在此基础上形成了动漫的组合概念。动漫是一种极具表现力的表达形式,它综合了文字、绘画、图像、声音等多种信息要素,借助现代科学技术和传播手段,加入了更多的艺术创作色彩。一般来说,动漫具有形象、剧情、场景、道具、文字、色彩、声音、乐曲八个内容要素,同时还具有功能性、价值性、体验性和娱乐性四个非内容要素。

动漫产业是指创作、制作、传播动画、漫画和动漫形象产品以及设计生产与动漫形象相关的衍生品的产业。在动漫产业中,动漫版权价值具体是指通过动画漫画创意、制作发行和传播,主要利用由动漫作品创作的知名漫画形象品牌进行二次开发利用,提升动漫创意的附加值,进行衍生品的开发、生产与销售。根据产业属性和特点,可以将动漫产业划分为产业核心层、产业外包层和产业相关层三个层次。核心层包括:动漫报刊、动漫图书、音像制品、电子出版物、广播、电视、电影、文艺表演、网络动漫、手机动漫等;外围层包括:动漫游乐园、主题公园、经纪代理服务、动漫广告、会展服务等;相关层包括:文具、玩具、游戏机、服装、食品等衍生品,动漫软/硬件生产和销售服务等。由此可见,动漫产业已经几乎渗透到演出业、影视业、音像业、文化娱乐业、文化旅游业、网络文化业、图书报刊业、文物和艺术品,以及艺术培训等各个文化产业门类中。动漫产业是文化产业各行业的一个规模庞大的跨行业、跨门类的集合体,是以创作、创造、创新为根本手段,以品牌形象、文化内容和创意成果为核心价值,以知识产权实现消费为交易特征,为社会公众提供文化体验的具有内在联系的行业集群。

一、动漫产业结构及收入

在动漫产业化和产业动漫化的共同推动之下,我国动漫产业继续保持快速增长的态势。近年来我国动漫产业快速发展,产值从"十五"期末不足 11 亿元,增长到"十一五"期末(2010 年)的 407.84 亿元,年均增长率超过 30%。2011 年我国动漫产业总产值为 621.72 亿元,2012 年为 759.94 元,2013 年我国动漫产业发展速度有所减缓,总产值达 870.85 亿元,较 2012 年增长 14.59%。(见表 9-1-1)

表 9-1-1　2009—2013 中国动漫产业总产值及增长率[①]

年份 指标	2009	2010	2011	2012	2013
中国动漫产业总产值 (亿元)	368.42	470.84	621.72	759.94	870.85
中国动漫产业增长率 (%)		27.8	32.4	22.23	14.59

1. 动画电视产值

2013 年全国共有 26 个省、自治区、直辖市和中央 273 家动画机构进行了国产电视动画片的制作备案,备案动画片 465 部,共计 327 955 分钟。

2. 动画电影收入

2012 年,国产动画电影已经开始形成一定的规模。2009 年,《喜羊羊与灰太狼之牛气冲天》以近 1 亿元的票房在大片林立的贺岁档胜出,让国产电影真正引起业界和观众的重视,但中国动画电影在制

---

① 数据来源——卢斌、郑玉明、牛兴侦:《中国动漫产业发展报告(2014)》,第 2 页。

作、技术和故事等方面急需升级,从产业角度出发,中国动画电影在产业规模和产业链的拓展等方面,仍然处于起步阶段。

2013年,中国制片企业和机构共制作完成并得到公映许可证的各类影片638部,全年城市影院票房首次突破200亿元大关,达到217.69亿元。2013年,中国参与动画电影投资制作及出品发行的企业和机构近百家,制作完成并取得公映许可的动画电影达29部,其中有26部登上大银幕,共产出票房亿元。中国的动画电影与往年相比,在故事、技术、制作水准等方面均有很大的提高,而且国产动画电影已经具备升级发展的条件。

表 9-1-2　2009—2013 中国动画电影总票房及增长率[①]

指标＼年份	2009	2010	2011	2012	2013
中国动画电影票房 （亿元）	1.9597	1.7616	3.1366	4.0524	5.8107
中国动画电影票房 增长率（%）		−10.11	78.05	29.20	43.39

3. 漫画产品收入

2011年,是中国"十二五"规划的第一年,漫画产业呈现出蓬勃发展的态势,原创漫画逐步摆脱最初的青涩,开始走向成熟,漫画期刊、图书的品种、质量和发行再创新高,在文化阅读领域的影响力进一步提升。中国的漫画市场变得更加多元和开放,部分原创漫画走出国门,为世界所接受。由于市场空间巨大,吸引了越来越多的海外知名企业投身进来,开展交流和合作,推动了我国漫画产业的成熟和完善,加速了其从文化产业的"生力军"向"主力军"转变的进程。

如果说2010年是中国漫画产业与世界接触的开始,2011年无疑是中国漫画产业与世界正式接轨的一年,中国漫画已经冲出亚洲,投入世界的怀抱。中国漫画创作保持着迅猛发展的良好势头,漫画作者由单打独斗逐步过渡到工作室作业,除已有的专业创作公司越

[①]　数据计算依据卢斌、郑玉明、牛兴侦:《中国动漫产业发展报告(2014)》,第55页。

做越大外,部分成功的工作室纷纷转制为公司化运作,其中的佼佼者有神界漫画、夏天岛、潜艇工作室、漫唐堂、小樱桃和盒子动漫社等。得益于日益规范的团队化创作、流水线式的生产模式,原创漫画作品产量和质量均大幅度提高。

截至 2011 年 12 月,全国动漫期刊批发零售市场调查数据显示,各地涌现出来的各类动漫期刊(其中部分是以图书形态出现,即 MOOK)达到 60 种左右,且运营状况趋于稳定。内容以中式作品为主的期刊,市场占有率达 85%,内容以日式作品为主的期刊,仅占其中 15% 的份额。2011 年漫画出版物的发行总码洋为 24.5 亿人民币。

2012 年,部分新的出版集团尝试进入杂志出版领域,例如现代出版社推出的《现代派·中国成人漫画志》等,广西出版传媒集团有限公司也和日本讲谈社合作,于 2012 年 5 月共同推出少年漫画杂志《劲漫画》。在纸质媒体整体下滑的今天,漫画类型杂志却吸引了更多投资者的目光。

2013 年,中国动漫产业发展继续稳步前行,动漫产业结构进一步优化,国内权威报刊发行研究专业机构——北京世纪华文国际传媒咨询有限公司推出的《2013 中国报刊媒体发行数据监测简报》第 1 期披露,2013 上半年期刊零售发行市场各类期刊有升有降,财经、育儿、男性等类别下滑明显,但是动漫类不降反升,覆盖率、销售指数排在全国第四位。漫画类杂志在覆盖率上已经可以媲美众多知名大刊,但销售指数还是有所欠缺,尤其是在缺乏广告收入的情况下,只能依靠提高销售量获得盈利,从而导致《知音漫客》《漫画世界》两本龙头杂志继续挤压其他小刊的发展空间。2013 年 7 月,国内唯一的青年漫画杂志《锋绘》宣布休刊,该刊创刊于 2010 年 8 月,出刊三年,针对主流漫画市场进行调整。后于 2014 年 3 月 20 日改版为少年漫画读本,杂志定位由青年漫画转变为面向中学生读者的正能量少年漫画读本,预示着成人漫画杂志最后阵地沦陷。

经过 2010 年快速创刊,中国内地已经逐步形成以幽默漫画为主要消费群的读者市场,来自日本角川集团的讲谈社的《天漫》与《劲漫画》杂志,或多或少都做出顺应的转变,纯粹的黑白杂志已经很难在期刊市场竞争中生存下来。

系列化、连续化漫画图书继续走好。国内知名网络图书销售商当当网在每一年的年末，都会颁布年度动漫/幽默类图书畅销榜前100 位的榜单。幾米、夏达、阿桂继续领跑销量榜单，其中 2013 年度动漫图书销量前五名内，幾米就有 3 本作品入选，成为长期的销售之王。《阿狸·尾巴》《妮玛，这就是大学》分别获得冠、亚军，夏达则以4 部作品入选，其中有 3 部是同一系列的漫画，阿桂也有两部同一作品入选，呈现出系列化、连续化的销售走势，此现象与国际漫画市场销售模式一致。

4. 新媒体动漫

长期以来，传统动漫产品的传播渠道主要是电影、电视、杂志和书籍等传统出版发行渠道，然而，随着通信和互联网技术的不断发展，Flash 动漫被成功移植到新媒体领域，这样就产生了一个新名词——"新媒体动漫"。新媒体动漫并不是简单地将传统动漫在新媒体播放，而是具有新媒体特征的全新动漫产品。它追求的不仅仅是内容本身或实现内容的技术形式与载体，而是对动漫内容全方位的体现。

新媒体动漫的表现形式丰富多彩，其产品包括：视频动画、有声漫画、网络游戏产品等，还包括基于新媒体渠道的一系列数字衍生产品，如动漫彩信、壁纸屏保、手机主题、彩漫、桌面秀等。

《中国互联网状况报告》显示，截至 2012 年 12 月底，中国网民数量达到 5.65 亿，互联网普及率为 42.1%，全年共新增网民 5 090 万人，普及率较 2011 年底提升 3.8%，其中，我国手机网民规模达到4.2 亿人，年增长率达到 18.1%，远超网民整体增幅。目前 3G 网络已基本覆盖全国，移动互联网正在快速发展。宽带互联网、3G 网络的普及为新媒体动漫产业的发展奠定了坚实的物质基础。而基于电信网、计算机网和有线电视网的"三网融合"更为新媒体动漫产业的发展提供了广阔的平台。

网络视频已经逐步成为动漫作品发行和推广的重要渠道。截至2013 年 6 月，中国网络电视用户规模已达 3.89 亿人，其中手机网络视频用户达 1.6 亿人。网络宽带的大幅提升以及 3G 网络的普及都是中国电视网络用户激增的重要原因。中国的中青年消费者已经逐步培养起提高网络收看视频节目的习惯。

继 2011 年爱奇艺推出原创动漫视频发行平台后,优酷、腾讯、搜狐等大型视频网站纷纷推出各自的动漫专栏。中国各大视频网站成为继电视、院线之外动画作品传播的又一重要载体。

企业与新媒体动漫的合作,利用新媒体的快速传播、互动性强、新颖、形象等优势,能够生动化地传播企业及品牌的品牌个性和核心诉求,培育市场,提升品牌力。

动漫游戏形象互为衍生,能延长动漫与游戏产品的生命周期;满足了用户深层次消费需求;为用户提供全方位一站式服务体验;整合与统一了产品品牌,扩大了产品线。

手机动漫给用户带来的不只是优秀的动漫作品盛宴,还有动漫元素结合手机通信的全新演绎所带来的移动生活新体验。

在移动互联网时代,QQ、微博、微信等社交网络平台的流行,图片配文字的表达手法被广泛利用,其中运用最多的图片应该是表情,而很多的表情来自于动漫。在各大社交网络平台里,动漫的形态能充分表现用户的情感、形象,反映内心感受,这也是动漫类应用不可比拟的优势。

2014 年 3 月,微信 App 支付接口也正式对外开放。这意味着,今后不仅在开放类目范围内的公共账号可以接入微信支付,第三方移动应用也可以接入微信支付。App 支付接口对第三方移动应用正式开放,是微信支付开放生态进一步完善的表现,也是新媒体动漫支付渠道进一步成熟的表现。

二、动漫产业国际化经营方式及产品结构

1. 产品出口

从 2008 年起,我国核心动漫产品的出口每年都呈现的大幅度持续增长,表现了很好的发展势头(见表 9-1-3)。

表 9-1-3　2009—2013 中国核心动漫产品出口情况①

年度	2009	2010	2011	2012	2013
出口额(亿元人民币)	3.19	5.17	7.14	8.3	10.2

另据国家广电总局在 2012 年 5 月 1 日第八届中国国际动漫节上公开的数据,2011 年,全国各影视机构共出口动画片 146 部 20 万分钟,金额 2 800 多万美元。而 2010 年出口时长为 17 万分钟,2006 年只有 4.5 万分钟。

(1)动画电视出口

根据国家统计局的统计资料,2011 年我国对外出口动画电视片的总金额为 3662.39 万元人民币。

表 9-1-4　2008—2011 中国动画电视出口情况②(单位:万元)

年份 \ 项目	2011	2010	2008	2008
动画电视出口总额	3 662.39	11 133.19	4 455.99	2 947.79
向韩国出口动画电视总额	1 246.74	271.82	7.00	
向中国香港出口动画电视总额	757.16	——	——	
向东南亚出口动画电视总额	511.09			
向欧洲出口动画电视总额	365.27	2 199.04	520.03	64.00
向美国出口动画电视总额	380.55	369.19	800.00	
向中国台湾出口动画电视总额	218.60			
向日本出口动画电视总额	78.00			

(2)动画电影出口

目前国内没有关于动画电影出口的统计数据,从相关报道可以看出,目前中国动画电影主要出口韩国和中东国家,与动画电视片的出口市场相类似。

(3)漫画出口

目前国内漫画出口主要面向代表着不同漫画风格的东南亚市场

---

① 苏锋:《中国对外动漫产品贸易年度发展研究》,《湖南社会科学》2014 年 3 月。

② 同上。

和欧美市场,成绩斐然。在向东南亚市场出口的公司中,以天津神界漫画公司为代表。2006年天津神界漫画公司出品的日文版漫画《水浒传》在日本市场全面发售,标志着中国原创漫画作品打入日本漫画市场实现了零的突破。2010年,日文版漫画《三国演义》在日本正式面世。按照天津神界漫画公司与日本学研社的协议,首批日文版《三国演义》将被放进日本国内中小学校的课堂、图书馆,以及面向大众读者市场的书店、便利店。如今,四大名著系列已进入日、韩、英、法、越等近20个国家和地区,全球发行550万册,收入达1 700万元,以其发行数量之多、出口金额之大、发行范围之广成为中国文化产品"走出去"的成功典范。2011年以来,神界漫画公司在经营模式上进行了创新尝试,从原有的版权出口到全球同步全产业化跨媒介授权。2009年,中国漫画家夏达的长篇漫画《子不语》得到日本集英社的推荐,正式登陆日本,连载于日本青年向漫画杂志ULTRA JUMP,成为内地首部打入日本主流漫画杂志的原创漫画。2011年,夏达的另一部作品《长歌行》继续在漫画杂志ULTRA JUMP上连载。可以看出,中国漫画家不仅可以凭借像四大名著这样传统的中国文化元素取胜日本及东南亚市场,也可以有像夏达这样以细腻画风表达对情感、世界和自然的人文关怀。不仅是画技的提升,更是漫画思想内容的魅力。在向欧美市场漫画出口的公司中,以北京天视全景文化传播公司为代表。与天津神界漫画公司力推本公司作品形成对比的是,该公司以漫画版权出口为主营业务,处于中国漫画作者和国外出版社之间,为国内众多漫画作者提供代理服务。具体的业务方式主要有三种,参展签售、版权授权和合作创作。三种方式均以市场需求为导向,逐次递进,不断贴近市场,适应市场,实现了中国漫画作者、中介公司、国外出版社和国外消费者的创作和消费的统一,为中国漫画"走出去"探索了成熟范式。在日本市场之外,法国、德国、芬兰等10个国家以及亚太地区卡通频道也确定购买《魁拔》动画片。

2. 参加各类国际动漫节和会展

如果说国内动漫节和会展是为了更好地促进国内动漫业界交流,培育国内动漫市场,那么中国动漫的"走出去"是让其他国家了解中国动漫,并积极向国际市场推介国内动漫企业和动漫产品,让国产动漫及其衍生产品进入世界动漫主流市场,扩大中国动漫产品在国际市场的份额,增强中国动漫品牌和中华文化的国际影响力。

"十一五"期间,从中央到地方,动漫节和会展总体上呈现出精品化、民族化、规模化特征。以中国国际动漫游戏博览会、杭州中国国际动漫节为代表,我国的几大动漫节经过几年努力,成功地迈向了品牌化、国际化。2010 年 6 月,在文化部的支持下,中国动漫集团有限公司组织 14 家中国优秀动漫企业参加 2010 法国安纳西国际动画电影节,这也是中国政府首次支持组团参加安纳西国际动画电影节。此次参加法国安纳西国际动画电影节的 14 家中国企业共达成 8 个中外合作项目,协议总金额达 4.35 亿元。

国内动画龙头企业浙江中南卡通从 2005 年开始走出国门,积极参加国外影视、授权展览,通过各种渠道宣传推广国产原创动画作品,累计出口值已达 1 300 万美元。海外市场日益青睐中国动画,国内动画机构也日益熟悉国际市场。中南卡通还走出国门,把原创动画推广到海外。

2012 年 4 月举办的东京国际动漫展览会上,中国动画电影《魁拔》的海外发行斩获颇丰,与日本、法国、德国等 10 余个国家达成购片协议。在日本市场方面,《魁拔》制片方青青树动漫已经与日本大型媒体集团——GETTI 集团就《魁拔》在日本的影院、电视台、互联网、DVD 等全面营销达成合作协议。

2012 年 7 月由深圳华强数字动漫有限公司制作出品了动画片科普作品《小虫虫有大智慧》和幽默作品《笨熊笨事》,前者以趣味故事的形式讲述了许多科学小知识,后者则是国内罕有默剧体裁,以夸张的搞笑表演来赢得观众的喜爱。亮相第 45 届休斯敦国际电影节,并分别获得电影节最高奖项"雷米奖"的"白金奖"和"黄金奖",成为唯一获此奖项的中国动画片。这也是华强动画继 2011 年摘得法国戛纳电视节儿童评审团大奖后,再度摘得重量级国际奖项。

2012 年又一部中国动画作品成功走向海外。在 5 月的戛纳电影节上,《侠岚》的出品方——若森数字科技有限公司总经理张轶弢是为数不多的、组委会主动邀请参加电影节的中国嘉宾之一。让他获得如此殊荣的原因,则是自己的"孩子"——中国原创动画片《侠岚》在国内外市场上的出色表现。

2012 年,影院动画片《犹太女孩在上海》首次在国际舞台亮相便获得第 27 届耶路撒冷国际电影节"最佳犹太人经历类影片"奖项提名,这是中国电影首次在该国际电影节获提名,这一提名体现了国际银幕对中国式动漫创作的肯定。2013 年,该片受邀参加多伦多犹太电影节,电影节期间,影片共放映了 4 场,场场爆满,该片编剧、上海肯米特唐华文化公司董事长吴林每次放映后都会发表 40 分钟的演讲,演讲结束,观众仍久久不肯散去,争先恐后与吴林交流。2014 年,《犹太女孩在上海》又多次参加各大电影节并摘得奖项,该片续集《项链密码》2015 年亮相上海电影节,这是一部为纪念中国人民抗日战争胜利暨世界反法西斯战争胜利 70 周年而拍的动画电影,好莱坞也抛来橄榄枝,希望制作《犹太女孩在上海》的真人版大电影。

一年一度的法国戛纳秋季电视节是目前世界上规模最大、影响力最广的国际视听产品与数字内容交易市场,每年吸引 100 多个国家和地区的上万名专业人士参加。MIPCOM 为参展商和买家搭建了交流、洽谈的平台,让买卖双方在此洽谈娱乐内容的融资、合作生产、收购、销售和发行。2011 年,来自 102 个国家的 7 747 家展商、4 371 名买家和 12 600 名业内人士参加了 MIPCOM,其中杭州动漫展团现场进行了 200 余场洽谈,直接签约项目 20 个,涉及金额 1 585 万美元(合计 1 亿多元人民币)。

近年来,我国原创动漫在产业规模、产品数量上大幅度增长的同时,优秀作品不断涌现,在国际节展上屡屡获奖,得到了国际市场认可,出口规模持续扩大,产业转型提质步伐不断加快,在"走出去"的道路上渐入佳境。

应美国圣地亚哥漫画节组委会邀请,由文化部文化产业司支持、天津市滨海新区人民政府主办、天津神界漫画有限公司承办的中国代表团首次出访 2013 圣地亚哥国际漫画节,52 部中国漫画作品在漫画节上进行了推介及参加商务洽谈。美国圣地亚哥漫画节是西半球规模最大、全球第二大的漫画展,仅次于法国的昂古莱姆国际漫画节。

2014 年恰逢中法建交 50 周年,昂古莱姆国际漫画节作为全世界最大的漫画节,与中国最大的漫画节"中国国际漫画节"达成了全方位的合作。第42届法国昂古莱姆国际漫画节举办了"东方画梦·中国国际漫画节主题展",盛邀中国漫画家集体参加,以此推动中欧两地漫画业界建立合作关系,实现平台对接。2014年全世界最大漫画节——第41届法国昂古莱姆国际漫画节闭幕,中国漫画家李昆武、CG艺术家BENJAMIN(本杰明)和水墨古风漫画家ENO等亮相漫画节,受到当地动漫迷的热烈欢迎。

以成人为主要受众的昂古莱姆国际漫画节,每年都会吸引20多万来自世界各地的漫画爱好者、品牌出版商、知名漫画家等云集于此。2014年中国国际漫画节代表团首次参加,该团的系列活动给昂古莱姆带来一股中国漫画风。李昆武凭借作品《从小李到老李》屡获多个欧美和中国漫画奖项,该书目前已发行12种语言版本,其动画电影也正紧锣密鼓筹备中。据悉,2015年第42届法国昂古莱姆国际漫画节设置了专门的"中国主题日"。

案例:
中国原创3D动画电影《魔幻仙踪》攻占国际市场
2014—05—30 17:05 **杭州网**

《魔幻仙踪》今天登录全国院线。

杭州网讯　今天,由浙江中南卡通打造的 3D 动画电影《魔幻仙踪》登录全国院线。这部电影改编自同名动画片,讲述的是女主角海婴为了探寻身世之谜,拯救亲生母亲的神奇魔幻探险之旅。

寻母之旅暗藏凶险　趣味紧张拿捏得当

日前,在片方曝光的影片终极海报和预告片中,生动展现了主角海婴和他的小伙伴们即将开启奇幻刺激的海洋冒险之旅,上演了一系列令人捧腹又颇具励志色彩的故事,堪称动画版"少年奇幻漂流"。与此同时,片方也直言在这个史上最强"六一"档,《魔幻仙踪》将是一部集合欢笑、温情、励志、正能量等元素的适合合家欢观看的影片。

"我们在《魔幻仙踪》的创作中,剧本反复修改,只为能让家长觉得给孩子看了一部趣味与深度并存的电影。"导演说,动画片应该越来越注重故事性,故事单一缺乏创意的低龄动画不应该是动画电影的主流。

故事以海婴寻找妈妈为内核,同时包含了正邪之间的较量,孩童之间从排斥到彼此信任的转变,以及充满想象力的各种发明,使得影片欢乐、趣味、紧张的节奏拿捏得非常合理。

未播先火　电影《魔幻仙踪》出口成绩斐然

据了解,5 月 21 日《魔幻仙踪》预告片首登美国纽约时报广场的电子大屏幕,这是中国动画电影再次亮相"世界的十字路口",当日见证该预告片播放的时报广场游客与行人纷纷表达了对影片制作水平的高度肯定。

其实,电影上映前期,片花播放中其精益求精的场景设计,细腻唯美的画风,生动鲜明的动漫形象就持续受到国际买家的热捧。记者从片方了解到,目前该片已与加拿大、新加坡、韩国、捷克、泰国、马来西亚、印度尼西亚等 20 多个国家达成合作意向,未来将在这些国家进行播放和出版发行。

（信息来源:杭州网　作者:记者　徐可　通讯员:詹一凯　编辑:陈焕）

3. 积极参与国际合资与合作

中外合拍有利于高效配置资源,实现优势互补,堪称共赢的运作方式。2012年4月10日,中国动漫集团有限公司、华特迪士尼(上海)有限公司和深圳市腾讯计算机系统有限公司在北京共同签署动漫创意研发合作项目协议,标志着我国第一个国际化、专业化、高端化的动漫创意研发合作项目正式启动。此次三方开展的动漫创意研发合作,有助于提高中国动漫产业国际化水平,提升中国动漫产业创意能力和高端创意人才培养,加速实现中国由动漫大国向动漫强国迈进的目标,并推动世界动漫产业的进一步发展。

早在1981年,中国就与日本合拍了《熊猫的故事》,这是中国第一部与他国合作拍摄的动画片。后来,又陆续出现了中美合拍的《大草原上的小老鼠》、中加合拍的《鸭子侦探》、中法合拍的《马丁的早晨》、中澳合拍的《牙刷家族》、中日合拍的《三国演义》、中德合拍的《功夫小子》等动画片或动画电影。虽然合作方式和所占比重各有不同,但这些合拍动画都不乏亮点。

近来,中外合拍动画在范围、数量、形式和成熟度等方面又有了新的发展。2011年,中国幸星数字娱乐科技公司与新西兰电影制片人签署协议,双方将共同投资1 500万美元制作中英双语动画电影《地下城传奇》;2012年,美国梦工厂动画公司表示将与中国合拍《功夫熊猫3》,并将在上海建立梦工厂主题乐园;2013年年初,中韩合作、投资近亿元人民币打造的3D动画大片《波鲁鲁冰雪大冒险》在国内院线公映,在好莱坞电影扎堆的1月闯出一片天;3月,来自西班牙的加泰罗尼亚TV3电视台、Neptuno Films动画公司等与中国香港的安高影业有限公司达成协议,合拍动画系列片"故事还没有结束";4月,由日本知名玩具厂商Takara Tomy与江苏卡龙动漫合作的动画《高铁英雄》在东京电视台开播,其电影版也于2013年在中国上映。

2013年11月14日,中国—澳大利亚动画电影联合制片发布会暨签约仪式在上海举行,上海河马动画、炫动传播、金鹰卡通与澳大利亚西澳电影局及Vue Group和Zac Creative两家澳洲电影公司达成联合制片协议,共同投资逾7 500万美元打造《81号农场2》《特"功"明星李多多2》《绿林大冒险2》,Deep Sea,The Awesomes,《马可波罗历险记》6部动画电影。从2014年下半年起,这些动画电影陆续问世面向全球发行,这是中澳动漫企业和机构在动画电影领域目前达成的最大规模的合作。中国创意、联合出品是此次中澳动画联盟的最大亮点。同时,澳大利亚相关方除了投资还将全程参与影片制作过程,形成了以河马动画为主导、中澳两国动漫业界多方认可和支持,众多上下游企业参与的全产业链合作模式,为中国动画"借船出海""走出去"提供了良好契机。

合拍动画进入合作方所在国家的市场顺理成章,其潜在的影迷基础、收视率和票房显而易见。中日合拍动画片《藏獒多吉》入围法国昂西国际动画电影节,并成为 2011 年中日电影周开幕式的主要影片,《三国演义》也是中国主题的动画大片进入西方主流动画频道的一次有益探索。据《三国演义》总制片人周凤英介绍,该动画片在合拍之初即将市场定位于中国、日本以及欧美的主流动画市场,主打"国际牌",其在生产流程的设定、前期制作、后期音效等方面,都是按国际化标准制作的。合拍还能推动国内动画产业积极、良性、高速发展。在中日合拍某动画片时,日方以 10% 的技术入股,负责该片的动漫设计,并对中方主创人员进行技术培训。通过这种合拍形式,国产动画从业人员专业能力获得提高,也更加了解国际市场的需求和规则。合拍得到不少业内专家认可,甚至被认为是动画"走出去"、在海外推广中国形象、提升中国软实力的有效载体。

2013 年 5 月,在第二届京交会北京市文化局动漫品牌授权洽商会上,马来西亚育式培创新科技教育集团及轩创国际文化发展(北京)有限公司两家中外企业举行签约仪式,共同创建"北京数字动漫科技出口平台"。平台的主要业务不仅包括发布国际市场需求信息、定制适合国际市场的数字动漫科技教育产品,还将代理数字动漫科技教育产品出口,为优秀的中国动漫科技教育产品出口创造更多机会。

综观漫画产品的出口或合作情况,一种新的合作方式——由熟悉当地市场的法国出版社主导故事创作、中国漫画家进行绘制的模式得到了进一步发展,比如由法国人帕特里克·马提编剧、我国漫画家聂崇瑞创作的《包拯传奇》,该书把中国传统公案转化为外国人容易理解的法律审判故事,配以版画风格的连环画式表达,使得包拯的人物形象和性格更加国际化。作品推出后一个月即在法国销售了8 000多册。由于这种"来料加工"的合作模式在发行市场上立竿见影,逐渐主导了中国漫画在法国的经营路线。值得一提的是,尽管来自欧洲的定制"外单"源源不断,但是中国原创漫画的自我形象和自主品牌始终未能建立起来,中国漫画要"走出去"并体现"中国芯",还需在"来料加工"基础上早日实现独立创作,甚至直接参与市场运营。

新疆卡尔罗媒体科技有限公司成立于2008 年,是一家主营软件开发、制作与研究媒体产品为基础的,拥有自主知识产权的软件、动漫、音像和较高的媒体技术开发机能的民营公司。近几年,自治区政府大力支持文化产业的发展,经过几年的发展壮大,卡尔罗 2014 年被授予自治区文化产业示范基地,2015 年作为第一家入驻上海浦东软件园的新疆企业,注册成立了上海卡尔罗软件有限公司,并被国家文化部确定为"国家文化产业示范基地"。伊朗经济状况较好,十分重视文化产业的投入,但目前国内反映东方文化的作品不足,伊朗电视台及国内文化公司制作动漫作品的能力十分欠缺,伊朗ALPHABET 控股国际集团有挖掘本民族文化创意产业的强烈需求,他们看了卡尔罗公司设计的角色、环境及人物服饰等,觉得非常符合伊朗人的审美观。该公司董事长帕合尔丁·卡尔罗介绍,此次签约,不仅是 8 000 万的动漫和相关衍生产品的生产与发行,双方还将合作建立合资企业,开发动画、软件、IIS(智能信息系统)、互联网、教育等领域,签约总金额为 3.6 亿元人民币(5 年合同)。"这次与外企合作,不仅引来了投资,更多的是为新疆本土动漫打开了发行渠道。"帕合尔丁·卡尔罗说。

2012 年 10 月 11 日《上海金融报》讯"中国动漫第一股"奥飞动漫(股票代码 002292)与美国著名品牌娱乐公司孩之宝 10 日在沪召开新闻发布会,宣布建立长期战略伙伴关系,并将共同投资 1 500 万美元在广州成立一家合资公司,开发、设计动漫玩具和相关衍生产品,并以全球运营方式,在全球范围内分销产品和开展品牌授权,双方在合资公司中的持股比例各占 50%。

作为国内唯一的动漫全产业链运营企业,也是国内最大的动漫玩具企业,奥飞动漫此次与孩之宝建立长期战略伙伴关系,将是其进军全球市场、启动国际化战略的第一步。奥飞动漫相关负责人表示，孩之宝在欧美乃至全球拥有广泛的营销网络，与之合作对奥飞动漫海外业务的拓展将起到事半功倍之效。而以"共同投资，全球化运营，区域化分销和管理"为模式的国际化合作，也将成为奥飞动漫抢占未来新机遇的发力点和新业务的增长点。

2012华特迪士尼中国公司，漫威影业和DMG娱乐传媒集团于4月16日宣布，三方将有望合作拍摄《钢铁侠3》。根据协议，DMG娱乐传媒集团将对这部影片投资，管理其在中国的拍摄过程并参与合拍。《钢铁侠3》的中国拍摄部分将由DMG娱乐传媒集团与漫威影业的制作与创意团队协调完成。DMG娱乐传媒集团与迪士尼中国公司合作在中国发行《钢铁侠3》。

中国原创动漫在推动作品"走出去"的方式上，也摸索出了与国外文化企业合作发展的新模式。北京青青树动漫科技有限公司与全球发行代理商Anime Limited公司签下价值350万美金的发行合约后，与法国动画领军企业"疯影"动画公司签订了高达1 000万欧元的合作制片合同。通过国际合作，中国的文化输出找到更平坦、更宽阔的道路。

4. 充分利用国际文化交流平台

2012年6月18日，一场别开生面的捐赠活动在比利时漫画及连环画艺术中心隆重举行，本次活动主办机构的相关负责人，比利时漫画及连环画艺术中心（博物馆）执行馆长威廉与中国美术家协会动漫艺术委员会副秘书长、中国国际漫画节（广州）金龙奖组委会主任金城、旅欧著名艺术家姚逸之教授共同启动赠书仪式，宣告228册中国优秀原创漫画出版物正式被比利时专业机构收藏，这也是中国优秀漫画首度集体进驻欧洲顶级漫画殿堂。中国驻比利时大使馆文化参赞向世海应邀出席了捐赠午宴。

作为"2012年土耳其中国文化年"的重要文化活动之一，由文化部、中国驻土耳其使馆、土耳其文化旅游部主办，中国动漫集团有限公司和土耳其电影制作人联盟承办的"中土动漫产业论坛"日前在土耳其成功举办。中土两国政府部门、业界以及媒体对此给予了高度关注和积极评价，成为新形势下利用动漫等新兴业态开展对土耳其文化交流的一次成功探索和创新实践。

在文化部外联局和文化产业司的倡议指导和协调支持下,中国动漫集团有限公司从打造国内动漫企业"走出去"平台的高度,分析了土耳其在动漫方面的兴趣和要求,遴选了吉林动画学院、吉林禹硕动漫游戏科技有限公司(北京)、宁波民和影视动画股份有限公司、黑龙江新洋科技有限公司、天津东方中法文化传媒有限公司 5 家有代表性的国内动漫企业及其作品,包括动画片《长白精灵》《探索地球村》《神童项橐》《炮灰兔》《少年阿凡提》以及 3D 动画电影《青蛙王国 1》等。这些动画作品内涵丰富,表现了中国传统文化特色,体现出较高制作水准,早在论坛举办之前,就在土耳其媒体(土耳其最大的少儿动漫频道 TRT 及埃斯基谢希尔电影院线)开始了轮番播映。播放周期至 2013 年 6 月底,引起了土耳其业界和民众的关注。"中土动漫产业论坛"是中土两国政府引导下的动漫界首次大规模聚会和正式交流,开启了中土动漫界交流的渠道,有助于促进中土两国动漫产业的共同发展。中国动漫集团有限公司有幸作为承办单位,组织实施了此次活动,结合举办"中土动漫产业论坛"的体会以及有关参与企业的意见,从做好对外文化交流工作,促进国内动漫产业发展的角度出发,提出以下 3 点建议:第一,落实"中土动漫产业论坛"的后续工作。第二,加强对外文化交流中动漫产业的比重。第三,依托海外中国文化中心设立动漫衍生产品商务平台。

深圳出品的《孔子》卡通系列读物在伦敦大放异彩。2012 年伦敦国际书展 16 日至 18 日举行。17 日,《孔子》卡通系列读物的全球首发式吸引了众多参展嘉宾的目光。《孔子》卡通系列读物改编自深圳原创动漫大片《孔子》,由深圳崇德影视传媒有限公司历时两年编撰完成。是中国孔子学院自成立以来,首次对外正式推出的关于介绍孔子思想和生平的汉语读物。此次《孔子》图书的全球首发式由中国国家汉办、中国孔子学院总部主持。在发布会现场,中国国家汉办主任、孔子学院总部总干事许琳向来自英国利物浦大学、威尔士三一圣大卫大学等当地 5 所大学的孔子学院代表们赠送了这套《孔子》图书。"首次尝鲜"的代表们和许多参观者,对这个"不一样的孔子"表现出浓厚的兴趣。

这套丛书最大的特色是充分利用了动画这种现代传播手段，大大加强了教材阅读的趣味性、娱乐性及科学性。兴趣是最好的老师。动画是一种世界语言，用动画的形式提高汉语爱好者的兴趣，体现了孔子学院总部在汉语推广方面的锐意创新意识。《孔子》卡通系列读物除了在全球孔子学院和孔子课堂中进行推广和发行，也同步在国内各大书店以及机场等渠道发行。

5. 设立海外子公司或分支机构

与合拍、联合开发模式不同，在海外设立子公司或分支机构是中国动漫企业发展到一定阶段的一种必然行为。对于实力较为雄厚的公司，海外分支机构的设立更加有助于动漫作品的当地化和运营工作，为企业的全球化布局服务。中国动漫企业完美世界于 2008 年初和 2010 年初分别在美国和荷兰成立全资子公司 PerfectWorld Entertainment Inc. 和 Perfect World Europe B. V.，负责拓展海外研发和运营实力。目前，完美世界已在全球分别设立了北美与欧洲子公司、日本子公司、韩国子公司和东南亚子公司等。对于立志"走出去"的动漫企业来说，海外独立运营也就意味着收益的全盘独享，属于出口的高级阶段。广东奥飞动漫也积极表达了设立海外子公司的想法。而上述这些公司也是中国网游企业的佼佼者。2002 年开始，南京动漫基地的水晶石公司逐步开始国际化业务的尝试，并在新加坡、迪拜、英国、日本等国家和中国香港等地区设立分公司和办事处，对于企业的当地化运营和业务的扩大起到了良好的促进作用。当然，目前众多网游企业仍主要借助于授权海外当地运营商代理，除利润不能独享外，产品的当地化也不能得到很好的实现，反而影响了市场的进一步扩大。所以对于动漫企业，设立海外子公司或分支机构不仅成为其产品出口的最佳模式，更成为企业发展壮大的必然选择。通过政策的推动和企业发展的内部驱动，让发展较好的动漫企业积极设立海外子公司，也是动漫"走出去"的重要布局。

三、动漫产品出口市场分布

韩国市场成为我国动画电视片出口的第一大市场,大约占动画电视总出口额的1/3,遥遥领先于其他市场,表现最为抢眼。而且在过去的四年中,保持了大幅增长的态势,说明我国动画产品在韩国市场已有了稳定的信誉;中国香港、东南亚与我国文化相近,地理相邻,文化折扣相对较小,是我国文化产品的传统市场;美国、欧洲和日本等市场,是传统的动画产业消费国,观众欣赏动画产品的品位高。与此同时,这些国家和地区又是竞争激烈的市场,是世界各国动画产业的必争之地。以目前我国动画电视片的现有制作质量(内容和形式)没有优势,只能处于市场的低端。从出口量的角度看,近4年的出口金额波动较大,说明我国动画电视在这些市场还没有建立稳定的市场地位。目前国内没有关于动画电影出口的统计数据,从相关报道可以看出,目前中国动画电影主要出口韩国和伊朗、土耳其等中东国家,与动画电视片的出口市场相类似。

四、动漫产品海外经营主体和典型案例

鼓励和支持我国文化企业参与国际竞争,扩大文化产品和服务出口,推动中华文化"走出去",商务部、中宣部、财政部、文化部、国家新闻出版广电总局根据《文化产品和服务出口指导目录》,经各地组织申报、相关部门评审,共同认定了2013/2014年度国家文化出口重点企业和国家文化出口重点企业项目。北京天视全景文化传播有限责任公司、央视动画有限公司、幸运星数字娱乐科技(北京)有限公司、天津神界漫画有限公司、内蒙古东联影视动漫科技有限责任公司、常州卡米文化传播有限公司、江苏久通动漫产业有限公司、上海美术电影制片厂、上海炫动传播股份有限公司、上海今日动画影视文化有限公司、美盛文化创意股份有限公司、浙江中南卡通有限公司、安徽时代漫游文化传媒股份有限公司、厦门青鸟动画有限公司、江西凯天动漫有限公司、青岛广电动画有限公司、河南约克信息技术股份有限公司、江通动画股份有限公司、湖南金鹰卡通有限公司、环球数码媒体科技研究(深圳)有限公司、重庆享弘影视股份有限公司等30

余家动漫企业和中国(浙江)动漫文化出口基地、卡酷影视动画海外投资和合作项目等多个动漫项目被分别认定为 2013/2014 年度国家文化出口重点企业和国家文化出口重点项目。

在这些重点企业之外还有更多的中小企业、小微企业和作家、画家等创意群体。

案例:

深圳华强动漫作品《熊出没》出口达 10 万分钟

2012—07—02 15:46 来源:《深圳商报》

动画作品出口,已成为华强动漫产业中重要组成部分。商报记者昨日从华强动漫获悉,华强原创动画产品已经累计出口 10 万分钟。

深圳华强动漫新作《熊出没》正在俄罗斯的 Karusel,伊朗的 IRIB 等电视台热播。(资料图片)

【《深圳商报》讯】(本报记者刘琼)继"六一"儿童节、端午节在央视密集播出之后,深圳华强动漫新作《熊出没》目前正在俄罗斯的 Karusel,伊朗的 IRIB 等电视台热播。此外,《熊出没》还被销售到美国、意大利等几十个国家及全球知名的迪士尼儿童频道。

动画作品出口,已成为华强动漫产业中重要组成部分。《深圳商报》记者昨日从华强动漫获悉,华强原创动画产品已经累计出口 10 万分钟,覆盖美国、意大利、俄罗斯、新加坡等 100 多个国家和地区。

新作瞄准新媒体

记者了解到,《熊出没》系列是目前华强的大热之作。该片以"熊大、熊二为保护森林,与伐木工光头强之间争斗"为故事主线,是国内少有的将"环保"与"幽默"全面结合、寓教于乐的动画片。该片曾获得国家广电总局 2011 年优秀国产动画片一等奖、2011 年第四批优秀国产动画片、2011 年广东省文艺精品创作扶持资金项目。该系列第一部《熊出没》已经于 2012 年春节期间在央视少儿频道播出,收视率居高不下。第二部《熊出没之环球大冒险》则将故事延伸至世界各地,光头强与熊兄弟之间的斗争也不断升级,带给观众更多的看点与笑料。

在今年的儿童节、端午节期间,央视少儿频道将该片作为两大假期的特别节目重磅推出,进一步稳固了《熊出没》的观众粉丝,更吸引了大量的新"熊出没迷"们。为了进一步拓展《熊出没》的影响力,华强动漫的营销团队还积极开辟新媒体渠道,《熊出没》系列动画在新媒体广泛播出,并长期稳居点击排行前三位,点播量惊人。

国际奖项带动全球热播

除了在国内的热播,《熊出没》等多部华强出品的动画片在国外的表现也不容小觑。据华强动漫提供的最新数据,《熊出没》目前已经销售到美国、意大利等几十个国家及全球知名的迪士尼儿童频道。《十二生肖总动员》进入俄罗斯等 33 个国家、《小鸡不好惹》进入缅甸、泰国等 56 个国家,播出覆盖欧洲大部及亚洲绝大部分国家和地区。同时,这两部作品还被全球知名的尼克儿童频道 Nickelodeon 看中,登陆 Nickelodeon India 和 Nickelodeon Asia,不仅创下高收视率,更得到了国外网络媒体的关注与推介。

华强动漫相关负责人认为,获得国际权威奖项为华强动画作品在全球的拓展增添了动力。华强多部作品曾获得捷克动画节、意大利 cartoon on the Bay，首尔国际动漫大奖等国外动画奖项的青睐。其中，《笨熊笨事》在 2011 年法国戛纳电视节上大放光彩，一举获得 KIDS' JURY 儿童评审团大奖，是该奖项自举办以来唯一获此殊荣的中国动画片。在今年 4 月底举行的第 45 届休斯敦国际电影节上，华强作品《小虫虫有大智慧》和《笨熊笨事》，分别获得电影节"雷米奖"的"白金奖"和"黄金奖"，为中国动画再添光彩。

（文/郭靖）

第二节　中国动漫产业海外发展的特征

一、市场规模不断扩大和新兴市场不断开拓

近年来，随着我国动漫产业的快速发展，动漫产品也在积极拓展对外版权贸易。2013 年，我国核心动漫产品出口额达 10.2 亿元，同比增长 22.8%；而 2012 年，该出口额为 8.3 亿元，同比增长 16.25%。2012 年，我国电视动画节目共对外出口 1 677 小时 49 分钟，出口贸易额 3 105 万元；同期进口 384 小时 50 分钟，进口贸易额 1 489 万元；实现贸易顺差 1 616 万元。

中南卡通已连续 6 年参加戛纳电视节，进入 70 多个国家和地区的播映系统。包括美国尼克儿童频道、新加坡新传媒等世界各大电视台首播和回放，一举成为中国动漫企业的最具影响力品牌。在日本市场之外，法国、德国、芬兰等 10 个国家以及亚太地区卡通频道也确定购买《魁拔》动画片。依托自身影响、品牌、信息、渠道等强大优势资源共同创建的"北京数字动漫科技出口平台"总部设于马来西亚首都吉隆坡，其传播、营销及服务网络覆盖东盟等国市场，直接触及马来西亚、印度、印度尼西亚、越南、新加坡、菲律宾等国的教育市场，覆盖近 5 000 余所涵盖幼儿园到大学的教育机构。平台的主要业务不仅包括发布国际市场需求信息、定制适合国际市场的数字动漫科技教育产品，还将代理数字动漫科技教育产品出口，为优秀的中国动漫科技教育产品出口创造更多机会。2012 年 11 月 16 日，新疆本土

动漫企业——新疆卡尔罗媒体科技有限公司与伊朗 ALPHABET 控股国际集团,在首府举行大型动漫连续剧《一千零一夜》合作签约仪式,双方将投入 8 000 万元人民币制作该动漫。《一千零一夜》大型动漫连续剧预计将制作 104 集,每集时长约 24 分钟,故事脚本全部来源于阿拉伯民间故事集《一千零一夜》(又译为《天方夜谭》),动漫在 2014 年 3 月份在伊朗电视台首播。作为"2012 年土耳其中国文化年"的重要文化活动之一,由文化部、中国驻土耳其使馆、土耳其文化旅游部主办,中国动漫集团有限公司和土耳其电影制作人联盟承办的"中土动漫产业论坛"日前在土耳其成功举办。中土两国政府部门、业界以及媒体对此给予了高度关注和积极评价,成为新形势下利用动漫等新兴业态开展对土耳其文化交流的一次成功探索和创新实践。北京天视全景文化传播公司 2011 年推出的《济公》系列,授权领域包括期刊连载、平面图书、苹果商城、手机动漫、网络付费漫画、动画片改编、周边衍生品、电视动漫画八大跨媒介领域;图书同步授权中文简体版、中文繁体版、越、意、泰、韩、日等 7 个不同地区及形式版本,为国产漫画产业化推广及"走出去"提供了新的思路。2012 年国产 3D 动画电影《兔侠传奇》已与韩国、泰国、意大利、俄罗斯、波兰等70 个国家签订了海外发行协议,开创了近 30 年中国电影"走出去"的最好成绩。另外,该片的付费电视播映权销售至澳大利亚、印度、巴基斯坦、新西兰、菲律宾等国家,发行保底金额已逾 50 万美元。山猫卡通在国家工商总局商标局注册有"山猫吉咪(SMJM)""山猫兄弟(SMXD)""山猫功夫(SMGF)"三大品牌,共包含 45 大类 30 000余种商品类别,同时还在美国、欧盟、阿联酋、印度、巴西等地申请了商标注册,为公司成就百年动漫品牌奠定了坚实的基础。

二、中国动漫"走出去"途径多元化

1. 国际版权输出

动漫及衍生品的版权是其价值的重要部分,也是动漫产业发展最具活力的部分。动漫版权输出是拓展国际市场的第一步,也是进行国际合作与传播的重要途径之一。中国动漫产业近几年的蓬勃兴起,助推了国产动漫版权的出口,使大量国产动漫走出国门,走向世界。

2010 年,创意、策划、制作历时三年完成的动画片《健康特攻队》出口中东地区;同年《火力少年王》出口北美地区;2011 年《铠甲勇士》出口南美地区。中国动漫出口已经基本覆盖到全球的重点地区,其国际传播力和影响力正在增强。

2. 构建中国动漫海外播出平台

根据美国学者拉斯维尔提出的 5W 模式,传播媒介是传播过程的基本组成部分,是传播行为得以实现的物质手段。提升动漫的国际传播,拓展海外播出渠道至关重要。随着中国动漫制作水平逐步提高,中国动漫开始借助国际媒体实现国际传播,打造具有中国特色的动漫品牌。2009 年,美国维亚康姆公司旗下的尼克儿童亚洲频道专门设置《中国卡通》栏目,这是国际电视传媒首次为中国原创动画设立的专门栏目。每期节目时长为一小时,首批播出《喜羊羊与灰太狼》与《魔幻仙踪》两部中国动画片,覆盖范围包括亚洲的 13 个国家和地区。该栏目成为中国动画对外展示的平台,为中国动画片走向海外市场搭建桥梁。中国动漫企业也积极探索合作新模式,提升中国动漫的影响力。海外首个中国动画剧场——"艺洲人动画剧场"落户马来西亚家娱频道,自 2011 年 9 月正式开播以来,收视率屡创新高。该剧场是广州艺洲人文化传播有限公司拓展的新领地,作为一个由中国动漫公司主导节目内容的播出平台,它主要向海外观众播放中国优秀的动漫作品。中国动漫国际传播的专属平台也在积极搭建。2009 年,俏佳人传媒股份有限公司成功并购美国国际卫视,成立了 ICN 电视联播网,把中国优秀动漫卡通节目推广到美国,每天有半小时中英文两套动漫节目时长。截至 2012 年 1 月,已经在 ICN 动漫剧场累计播出中国动漫卡通片 600 余集,累计播出时间达 300 多小时,并且全部配上中英文字幕,成为美国观众了解中国和当代中国文化的窗口。然而,中国动漫国际传播平台的构建,仅限于中国动漫企业单方的努力,没有形成多方联动、专业化的国际传播模式。

3. 积极参加国际交流活动

早在 2006 年,中国就成立了由文化部牵头、相关政府部门组成的扶持动漫产业发展部际联席会议,并由中央财政设立扶持动漫产业发展专项资金。此后,文化部提出实施"国产动漫振兴工程",支持中国动漫企业走向国际市场。中国国际动漫节的创设,为中外动漫企业开展合作交流创造了条件。中国国际动漫节金猴奖系列赛事,自 2006 年首次启动以来,每年举办一次,评选和推荐了一大批优秀的海内外动漫作品,提高了中国国际动漫节的海外声誉。作为中国国际动漫节人气最旺的品牌赛事,2012 年中国 COSPLAY 超级盛典在以往国内分赛区基础上,首次设立日本、韩国、泰国等海外分赛场,让国际选手有机会与中国 COSPLAY 选手同场竞技和交流。此外,中国区域性的动漫节,如重庆举办的西部动漫节、郑州举办的中原动漫节、广西桂林国际动漫节、厦门国际动漫节等,也对扩大中国动漫的国际影响、加强对外交流合作和提升中国动漫国际传播水平起到了促进作用。中国动漫企业也积极参加国际文化交流活动,打造中国动漫品牌。中国动漫企业开始走出国门,相继参加法国、日本、韩国、美国等国家举办的动漫节展。2010 年 6 月,中国动漫集团有限公司组织 14 家动漫企业参加法国安纳西国际动画电影节,达成 8 个中外合作项目,协议总金额达 4.35 亿元,创历史最高纪录。中国动漫的国际交流,主要是依靠参加国际性动漫展、电影节和文化节,在打造动漫文化方面做的还不到位。作为一种具有代表性的文化消费品,动漫文化能够使动漫产品具有一种排他性的竞争力。中国动漫要想在国际上拥有自己的领地,就一定要打造出自己的特色。

4. 产品"走出去"

在全球化的市场环境中,一些优秀的动漫文化产品已成为全人类共享的财富。中国动漫国际传播的一个渠道,就是让动漫作品"走出去",将优秀的民族文化融入动漫产业中,打造属于自己的原创动漫品牌,吸引国际动漫企业来华合作,让更多的海外观众欣赏到中国动漫的独特魅力。以国内热播动画《喜羊羊与灰太狼》为例,其创作与制作单位广东原创动力,与博伟国际公司签订电视播映授权合约,将最新的 100 集《喜羊羊与灰太狼之羊羊快乐的一年》动画片,通过迪士尼拥有的播放渠道,计划在亚太区 52 个国家和地区播映。迪士尼播放渠道的国际覆盖面,大大缩短了其进入国际市场的时间。《喜羊羊与灰太狼》作为中国动漫品牌首次在亚太区享有如此广大的电视播映覆盖面积,是中国动漫产业发展中的一个重要里程碑。此外,中国动漫企业与翻译公司合作,让国外观众更好地理解中国动漫的文化内涵,使得国际传播的效果更加突出。如 2009 年湖南蓝猫动漫传媒有限公司全三维电视动画作品《蓝猫龙骑团系列》,由两次获得奥斯卡奖的美国影视工作室承担影片英译工作,进入欧美主流频道播出。在美国、西班牙、英国、巴西、印度尼西亚等 12 个国家和地区上映,该片节目时长 1 800 分钟,在海外播出时量达 25 000 分钟以上。

5. 企业"走出去"的方式

加强与国外动漫企业的合作,能够提升中国动漫的国际化程度,也能借助国际动漫企业在其本土的传播渠道,顺应当地受众的欣赏定位,增强中国动漫的国际传播效果。企业"走出去"主要采取三种方式。海外预售式——2004 年戛纳电视节,上海今日公司的《中华小子》用两分半钟的样片获得数千万元预售合同,为中国原创动画的国际运作开了先河。预售模式是国外动漫企业降低投资风险的一种常用手段,就是在动画片还未全部制作完成的时候,先期进行销售,减少资金占压。项目合作式——2009 年由北京辉煌动画公司创意、策划、制作,并与株式会社多美、央视动画有限公司共同投资拍摄的首部大型高清动画电视连续剧《三国演义》播出后产生了巨大影响。同年在东京国际动漫展上,中日两国 10 家动漫企业就 8 个项目签订合同,签约金额与合作意向近 1 亿元人民币。关注度很高的《武林外传》《秦汉英雄传》等多部中国动漫作品与日本 ADK 公司等知名动漫企业签订了国际发行、游戏授权、海外播映等相关合同。企业投资式——2012 年,华人文化产业投资基金、上海东方传媒集团有限公司、上海联合投资有限公司与美国"梦工厂"签署协议,合作建设"东方梦工厂"。作为中美文化产业领域的大型合资项目,该项目由中方控股 55%,美方持股 45%,首轮投资达 3.3 亿美元,涉及动画技术研发、动画影视制作、版权发行、衍生产品、演艺娱乐、数码游戏、主题乐园等多个领域。中国动漫企业与国外企业进行合作,不仅能够获得充足的资金,还能通过多种渠道在目标国传播,产生立体式的传播效应。

三、新媒体动漫产品呈上升趋势

媒体动漫,包括系列动画短片、漫画、手机主题、手机动画、表情,等等,随着 IPTV、数字电视、3G 等技术的应用及普及带来了动漫企业的巨大商机。我国网民超过 4 亿,移动电话用户近 5.5 亿,QQ 注册用户 5.7 亿,新媒体市场规模不可小觑。新媒体动漫题材涵盖广,风格多样,受到大量年轻人的喜爱。随着网络的普及和手机短信的通行,在成为当代青年人交流方式的同时,也激活了网络生活的创造力。新媒体的更新速度,新媒体动漫产业的核心竞争力将依然是内容创新。观念全新的新一代青少年已经成为动画片的主要消费者,他们最活跃、最挑剔,消费量也最大,开发出适合他们(12~30 岁年龄段)并受他们喜爱的动画片形象(例如糖果虎),将改变国产动画产品在人们心目中的幼稚形象,使动画业具有形成良性循环的可能。以互联网、移动互联网、手机平台、IPTV、移动电视、电子杂志、数字电视等为主的推广渠道,将传统新媒体动漫产品精准、有效地覆盖到主力受众群体,建立"以新媒体为依托,构建跨平台的动漫品牌推广模式"以创意作品版权为中心,把多层次、多元化内容建设放在突出位置,积极推进创意与科技融合,打造系列化创意品牌,以内容优势赢得发展优势,抢占创意产业发展的制高点,整合创意人才、信息、技术、资本等要素,进一步拓展国内外市场,打造出一条完整的创意产业链。

新兴媒体技术的发展改变了动漫艺术发展演示平台,很大程度上影响了动漫产品的创作手段和方向,使动漫产品的传播更为即时、方便、快捷,观众对于信息的获取也更为便捷。今后,计算机技术、数字媒体、移动终端平台将成为动漫产品的新舞台,随着智能手机、多媒体移动设备的进一步普及,动漫产品设计将呈现视觉多元化、展示多元化的局面。动漫艺术跨越国界、文化、地域的樊篱,在全球化的今天,对于视觉画面的接受越来越普遍,将带给观众新颖的视觉享受和使用乐趣。动漫产业在新媒体平台的发展前景体现在以下几方面:第一,动漫产品在新媒体应用上的商业化程度越来越普及。从国际发展趋势来看,我国的动漫产品在新媒体中的运用远远没有达到高水平的地步,仅处于起步阶段,更大的市场前景等待开发,从手机的应用可以看出,大部分动漫形象和动漫游戏都是国外开发的,至于在新媒体平台上的广告、产品包装、网络视频等领域的应用,我国的动漫产品开发才刚刚开始。第二,动漫产品在新媒体的应用将会越来越科学系统。高等院校对于动漫人才的培养由早期的动漫影视创作方向,逐渐转向市场应用型人才模式,并形成相应的课程体系和学科框架,随着市场的不断需求,高等院校势必成立专门研究动漫产品在新媒体领域的专业门类。第三,新媒体平台下的动漫产品不断拓宽行业间的联系。随着动漫产品在新媒体平台的应用越来越成熟,动漫产品不仅应用在传统影视、游戏行业上,也会在智能售卖系统、移动影音系统等其他行业间运用,在不断提高技术的同时,探索动漫产品设计与平台结合的可能性。

新媒体对动漫的影响,首先是散播区域幅员广。过去,绝大多数的动画制作机构,只能寄希望于电视台的播放。新媒体融入动漫产业后,在一定程度上突破了动漫作品"播出难、发表难、面世难"的瓶颈,透过数字化,动漫内容可传递至其他国家,甚至地球另一边。其次是散播速度快。透过数字化,动漫内容在数分钟内即可传递给上百万人。同时,也弥补了电视媒体"局限于某一时段,受地域与时间的限制"这一劣势,让更多的观众无须定点定时守候,完全自主选择。再有是竞争性的提高。以单一阅听者来看,现在可以看到的动漫内容量增加,任何人、任何地方都可创作发表。不是只有动漫内容如此,其他数字化内容也是如此(电影、小说、新闻、杂志、图片、个人日记、个人档案)。阅听者选择性和鉴赏度的提高,对于我们的动漫作品要求是情感投入更大,要有更大的吸引力才会具有竞争性。

(文/郭靖)

第三节　中国动漫产业海外发展的问题与建议

一、中国动漫产业海外发展的问题

1. 动漫创作的创新性不够强

动漫产业从本质上看就是文化创新的产业,动漫产品的核心价值主要体现在产品的创造性和创新性。纵观当今世界动漫产业发展状况,动漫创作不断推陈出新,陈旧的创作思想已不能满足当今世界对动漫产业的需求。近年来国产动漫产量提高较大,动漫电影总票房已经超过2亿。然而在产量提高的情况下,并不意味着国产动画在质量上的提高。从豆瓣网提供的调查数据中发现,观众将近年来国内上映的动漫作品与国外动漫作品进行比较,大部分观众将国产动漫批的"体无完肤",如故事内容老旧、故事情节缺乏逻辑性、想象力缺乏,等等都是诸多受众反映的问题。

2. 针对全球市场的特色民族符号融合有待加强

相比动漫产业比较发达的日本,我国动漫产品在创作上不能很好地体现出特色民族符号。日本与中国动漫虽是同时起步,但其产品不断突破创新,内容不断推陈出新。日本动漫产品在创作过程中,不仅融入了诸多现代流行元素,更注重日本文化内涵的包装,以体现日本民族特色为主,把日本文化和动漫融为一体。日本动漫产业为顺应广大观众的喜好,在内容和主体不断突破创新的基础上,还创作了不少适合不同年龄段的观众观看的动漫作品。

随着《魔神Z》和《铁臂阿童木》在亚洲和欧美的上映热播,日本动漫开始在全球文化贸易上步入快速发展轨道,日本动漫影片拥有新颖的内容和精美的画面质感,每个人物都唯美绝妙,在电影中还融入了强烈的日本民族文化,极具日本气息美感。我国动漫产业在民族符号提炼上还有很多不足,多是简单地套用历史形象或者小说人物形象,深层次内涵的提升还有待加强,如何在全球市场中进一步凝练民族文化和推广民族符号至关重要。

3. 高端人才缺乏造成动漫产业缺乏原动力

在我国,动漫产业属于一个新兴的产业。产业链的不完善成为国产动漫不够发达的最主要因素,其中人才的缺失和从事相关行业的人才不足是一个重要原因。从日本动漫产业发展的历程来看,日本漫画家手冢治虫带动了日本整个动漫产业的起步和发展,宫崎骏则推动了日本动漫电影的发展。由于日本拥有此类大师级人才,动漫产业愈加兴旺。而我国则缺乏这种大师级人才,暂时还未出现能推动我国整个动漫产业发展的高端人才。虽然我国有几百所学校开设了动漫相关的专业,由于其大多数动漫专业都是刚刚设立,课程设置乏善可陈,专业人才尤其是高端人才奇缺仍旧是中国动漫产业当前发展的瓶颈。中国动漫产业对人才的需求远远大于供给。在国内众多学校内,动漫教学不注重创新,偏重于技术传授,导致高端原创人才的缺少,原创作品少,产品质量低。此外,擅长将动漫产业化和市场化的高端经营管理人才奇缺,导致在动漫产品推广时很不理想。

4. 版权保护不力,形象侵权严重

动漫产业的长期可持续发展离不开完善的知识产权保护,保护知识产权构成对动漫产业最核心无形资产的保护。也只有把创意理念运用法律的手段进行法定垄断,并且赋予其法定垄断权力,才能从根本上保证整个产业链的运营和各个环节的利益不被侵害,在国内培育足够竞争力之后,才有更强的实力参与国际竞争。我国由于文化产业的发展时间还不长,政府对相关知识产权保护的法律法规还不够完善,导致不少偷用滥用知识版权的现象时有发生,严重阻碍了动漫市场的良性发展。我国玩具、文具卡通形象和传统的服装业对动漫产业的知识产权侵权事件经常发生,部分动漫作品及其衍生品被严重侵权;此外,随着近年来互联网的飞速发展,大量动漫形象在网络被肆意盗用,版权保护之路任重道远,这也是制约我国动漫产业竞争力提升的重要因素。在国际动漫产品贸易中,如果版权保护力度不够,必定会制约动漫行业的发展壮大,版权保护关系到动漫产业体系的可持续发展。

5. 缺乏品牌示范效应,盈利模式不合理

与动漫产业发达国家相比,我国动漫产业发展的市场结构不成

熟,龙头企业的示范效应不明显,尚未构建起科学有效的市场营销体系。当前动漫产业发展出现了一个独特的现象,动漫企业的盈利模式主要依赖动画播映权销售及政府补贴,而后才衍生出周边产品的出版、授权、网络等新媒体的授权。

我国动漫产业在如此粗放式的发展下,还没有形成有效的盈利模式,显现出了营销推广力度不够和创意策划欠缺的问题,从而造成中国动漫产业在国际市场上的竞争力不强,中国动漫行业尚未树立具有"中国特色"的动漫产业国际品牌。而日本凭借丰富的创意营销策划,得益于配套产业的完善,充分运用动漫制作成本比较低的条件,在全球动漫市场占有较大的竞争优势,动漫相关产品的开发是目前日本动漫产品海外贸易的最大亮点。

6. 动漫产业尚未构建起完整的产业链

在动漫产业发达的国家,漫画、动画和游戏的开发已经融为一体,相得益彰,拉动了众多相关周边产业的发展。动漫产业链主要有四个环节,它们分别为漫画创作与出版、动画片的制作、动画片的播出、动漫关联产品和衍生产品的开发,四个环节相辅相成缺一不可,一环扣一环的运营模式使得动漫产业的可持续发展得到保障。近年来,中国动漫产业规模虽然在不断扩大,但中国动漫产业却一直未能形成完整的产业链,现有的产业链明显不够成熟,上下游配套不够完备,未能形成可以培育动漫企业良性成长的生态系统。就目前现状来看,国内动漫产业不规范运作是导致国内动漫产业链断裂的主因。

7. 动漫产品的受众定位偏窄,潜在市场得不到有效开发

目前,我国动漫产业的受众大多定位为青少年和婴幼儿,这种理念导致动漫制作的目标受众狭窄,国内动漫受众群体低龄化的定位现象使得成年人市场得不到有效开发。由于受众定位偏差,长期以来,造成了动漫题材老套、缺乏新意,大多数作品都是来自中国古代传统故事和文化,最常见的是通过一些杰出古人的言行给小朋友们积极正面的影响,但这大多是老掉牙的故事不断重新编写或者改写,动画内容通常缺乏创造力,基本上是教育大于娱乐,使作品枯燥无味。我国动漫产业受创作边界的限制较大,在动漫创作的选题方面,

很多题材不能创作,也客观上形成了以古人和动物形象为主的创作主题,缺乏多样化的产品创意,此类动漫作品在海外市场的文化折扣现象明显,中华文化圈之外的受众大多不能很好理解作品内涵,不能全方位地开发潜在市场,也不利于提升我国动漫产业的国际竞争力。

8. 融资困难阻碍动漫企业做大做强

在动漫产品的创作过程中,人力成本所占比重较高,在作品尚未投入市场前就产生巨额的前期投入。此外,动漫产品的商业运作过程所需时间较长,从前期策划到后期制作,再到投资收回,不仅存在作品本身无法完成的风险,而且还面临着进入流通环节后无法达到预期收益等风险。而这带来的不良结果就是,资金短缺严重的动漫企业或缺乏投资回收手段的动漫企业很难单独获得融资机会。这主要是由于相比其他国有企业及大中型民营企业,动漫企业由于其规模普遍偏小,未来业绩预期不明确,难以形成对信贷资金的吸引力,存在金融机构融资困难、社会渠道融资成本偏高等问题。再加上我国资本市场发展尚不成熟,进入资本市场的门槛较高,绝大多数的动漫企业无法在证券市场上获得融资。资金匮乏的约束条件极大阻碍了我国动漫企业的做大做强,更无法与全球其他同类大型企业在国际市场上竞争。

二、中国动漫产业海外发展的建议

我国动漫产业要想获得更好发展并在国际市场形成竞争力,必须首先立足于国内环境的塑造,形成有利于动漫产业发展的产业环境,然后从产品创新方面加大力度,从人才支持、资金支持和渠道支持等几个方面着手,实现中国动漫产业国际竞争力的全面提升。

1. 不断完善有关政策法规,加大对动漫产业的支持力度

政府必须加快完善动漫产业的版权法律法规的建设,并做到有法可依、执法必严,充分保护动漫行业在知识产权方面的权益,特别要加大对动漫衍生品和相关产品的监管,以法律约束保障动漫企业的成长壮大。此外,政府还应加大对动漫产业的投入和支持,形成长效机制,对国内优秀的动漫作品进行表彰,把动漫产业作为"文化出口"的重要战略地位。进一步放宽对动漫产品创作的限制,只有放宽限制才能使动漫产业的创造力得到更好的发挥,搭建一个更好的平台去促进创作人员施展才华,才是动漫市场所需要的。

2. 校企合作培养动漫产业人才,注重培育高端人才

根据动漫产品的创作特点,高端创意人才和经营人才是动漫产业发展的核心竞争力。由于当前我国动漫人才普遍短缺,特别是高端创新型人才极度缺乏,此类人才的培养至关重要。我国数百院校已经开设了动漫相关专业,也培养了一些人才。校企合作无疑是让这些"人才"挖掘出自己的潜能的最好办法。只有产、学、研相互结合,不断提高人才培养层次,才能为我国动漫产业发展注入新鲜活力,才能切实做到动漫产品"走出去",进一步实现动漫企业"走出去",乃至整个动漫产业"走出去"。

3. 完善动漫产业的产业链,构建适宜动漫产业发展的生态系统

动漫产业的盈利点除了出售电视、电影播放权和图像版权,更大的市场在于其后的衍生品市场,比如:音像、游戏、图书、饮料、服装、玩具等产品的开发及销售。只有不断完善和调整整个动漫产业的上下游结构,才能促进动漫产业的健康发展。要改变片面注重动漫产品的出版和制作盈利的理念,加大对动漫相关产品和衍生产品的研发和生产,加强与其他产业的跨界合作,构建适宜动漫产业可持续性发展的产业生态系统,做好动漫产业上下游产业的衔接,解决产业链环节脱节的问题。

4. 鼓励动漫产品创新,拓宽动漫产业的创作边界

中国作为世界文明古国,有着悠久的历史文化,也有辽阔的地域面积,拥有有 56 个民族,上百个民族传统节日,武术、京剧等一系列的文化瑰宝,都是中国文化的独特性,应将具有独特性的中国文化植入动漫产品中,把优秀的动漫精品作为"文化大使",传播到世界各地。我国动漫企业应该不断改革并创新动漫主题和内容,在其作品中结合受众需求,恰当地融入中国元素和中华民族文化。民族特色的部分不能抛弃,但是在具体传承内容的选择上要根据对受众的调研和分析来决定,解决好"民族的"和"世界的"两个群体的融合。同时中国动漫"走出去"不仅是将中国文化推向世界,同时也要整合世界的文化资源,也可以将世界名著等国外的文化资源再创作推向国际市场以降低"文化折扣"拉近中国动漫与世界的距离。

5．采用信用保险的方式破解动漫企业融资难的问题

动漫企业融资难问题的破解可以采用类似出口信用保险的做法,在国家层面成立类似的动漫企业融资信用保险公司。银行在对动漫企业提供信贷支持的同时,可以通过风险货币化的方法,将该风险转嫁给融资信用保险公司。同时为解决动漫制作项目运作中普遍存在的项目估值不明确、执行过程信息不透明等信息不对称问题,可以逐步引导成立第三方的独立评估机构,对动漫创作项目开展项目评估,为融资银行、投资基金以及融资担保机构提供信息支持。对于支持动漫企业融资的专项基金,对该基金或投资项目给予税收减免,确定一个适当的减免水平,引导资金流向该类项目。

6．扩大动漫受众,拓展传播渠道

改变原有动漫定位的陈旧理念,针对不同年龄差的受众需求进行分析,准确定位,创作适合不同年龄层的动漫作品。同时,利用各种新型媒体平台,不断拓宽动漫传播的渠道,特别注重传播推介手段的创新。可以成立不同受众定位的各类动漫频道,降低动漫类期刊的费用,增加动漫期刊的发行量,同时利用各种电视频道、广播频道、微博、微信等公共媒体平台进行传播,从而不断拓宽动漫产品的受众面,不断增强我国动漫产品的竞争力与影响力。

(文/郭靖)

第四节　2011—2014 中国游戏产业海外发展基本情况

一、我国游戏产业海外发展的基本情况及典型案例

游戏是以直接获得快感为主要目的,且必须有主体参与互动的活动。一般来讲,游戏有智力游戏和活动性游戏之分,前者如下棋、积木、打牌等,后者如追逐、接力及利用球、棒、绳等器材进行的活动,多为集体活动,并有情节和规则,具有竞赛性。但当前日常用语中的"游戏"多指各种平台上的电子游戏。主要包括客户端网络游戏、页面网络游戏、移动端(手机)游戏、社交游戏、单机游戏等。这也是本书所指的游戏,它已经成为一个越来越大的产业——游戏产业。

曾经有一段时间,我国游戏产业一直登不得大雅之堂。但近几年仍然获得了较快的发展。特别是在"十二五"规划时期,由于政府取消了实行了多年之久的限制,游戏产业又获得了前所未有的发展,并实现了快速的提升和突破,目前年销售收入总额已从 2011 年的 448.1 亿元人民币发展到 2014 年的 1 144.8 亿人民币。[1]

2012 上半年,在国家发展和改革委员会、工业和信息化部等部委联合印发下一代互联网"十二五"发展建设意见中,将拉动网游出口作为新的目标。原新闻出版总署加大海外出口企业的扶持力度,就实施细则制定展开了一系列积极的交流工作,在网游企业当中引起了热烈反响。文化部也推出了《"十二五"时期文化产业倍增计划》,表示将培养一批内容健康向上、富有民族特色的游戏精品,力争每年向世界推出百款网游。地方政府紧随其后,北京、上海地区率先打响了为游戏产业健康发展提供有利政策环境的立法和行政保障。因此,游戏产业如雨后春笋一样迅速发展起来,现已成为文化产业中发展最快的行业了。

2014 年,游戏产业企业加快新产品的研发,产品数量翻倍增长、企业竞争力明显增强、海外市场增长势头强劲、游戏覆盖范围不断延展。电视、主机游戏市场前景广阔,微软、索尼加快进入中国市场步伐,越来越多的游戏企业希望通过家用游戏主机、游戏盒子和电视盒子等平台进入主机、电视游戏市场。互联网游戏融合发展,如 TCL联手京东等互联网企业进军电子游戏市场,360、百度、阿里巴巴等国内互联网巨擘积极布局游戏产业。

---

[1] GPC,CNG,IDC:《2014 年中国游戏产业报告》(摘要版),北京:中国书籍出版社,2014 年。

1. 游戏总收入与产品结构

表 9-4-1　游戏总收入与产品结构图

	总收入(亿元)	客户端游戏(亿元)	移动(手机)游戏(亿元)	网页游戏(亿元)	PC 单机游戏(亿元)
2011 年	446.1	366.9	17.0	55.4	0.61
2012 年	602.8	451.2	32.4	81.1	0.75
2013 年	831.7	536.6	112.4	127.7	0.89
2014 年	1 144.8	608.9	274.9	202.7	0.5

(数据来源:《2014 年中国游戏产业报告》〈摘要版〉)[1]

分析:2011 年以来,客户端游戏一直主导游戏市场,占有率为 60％以上,其次是页面游戏和移动游戏。但从 2013 年开始,移动游戏和页面游戏开始超速发展。2014 年移动游戏销售收入首次超越页面游戏。这使得各类型游戏市场占比结构发生较大变化,详见下图。

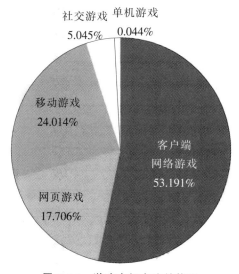

图 9-4-1　游戏市场占比结构图

(数据来源:《2014 年中国游戏产业报告》〈摘要版〉)

---

[1]　GPC,CNG,IDC:《2014 年中国游戏产业报告》〈摘要版〉,北京:中国书籍出版社,2014 年。

2. 游戏出口总收入及出口游戏产品结构

在国家文化产业"走出去"战略的引领下,游戏产业的海外出口也节节攀升,目前已成长为文化"走出去"的主力军,为国家的经济发展做出了重要贡献。

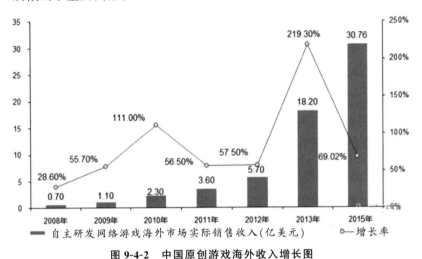

图 9-4-2　中国原创游戏海外收入增长图

(数据来源:《**2014 年中国游戏产业报告**》〈摘要版〉)

分析:2011 年中国原创游戏海外收入只有 3.6 亿美元,2012 年中国原创游戏海外收入提高到 5.7 亿美元,比上年增长 58%,而 2013 年中国原创游戏海外收入达到 18.2 亿美元,比 2012 年增长 219%,2014 年又达到 30.76 亿美元,比 2013 年增长 69.02%。可见中国原创游戏出口的速度是超常快的。

从 2014 年的游戏类型出口占比图(见图 9-4-3)中不难发现,在出口产品结构上有新的特征:移动游戏已超越网页游戏与客户端游戏,成为海外创收第一的游戏类型。其中,移动游戏占比 41.4%,网页游戏占比 30.9%,客户端游戏占比 27.7%。

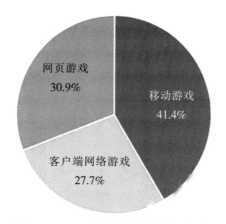

图 9-4-3　2014 年的游戏类型出口占比图

(数据来源：《**2014 年中国游戏产业报告**》〈摘要版〉)

从图 9-4-4、图 9-4-5、图 9-4-6、表 9-4-2 可以看出，2014 年客户端游戏出口维持 2013 年整体水平、网页游戏出口高速增长、而移动游戏出口保持了超高速增长。未来中国原创游戏走向海外，移动游戏和网页游戏潜力很大。

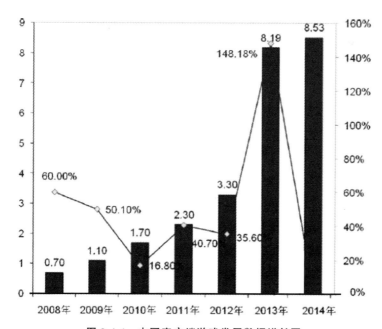

图 9-4-4　中国客户端游戏发展数据增长图

(数据来源：《2014 年中国游戏产业报告》〈摘要版〉)

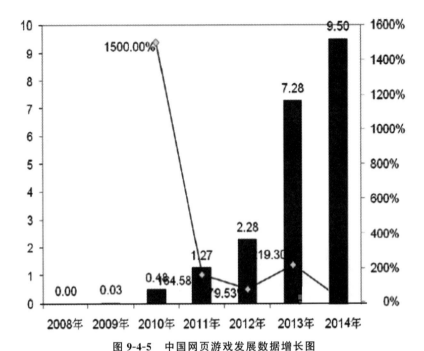

图 9-4-5　中国网页游戏发展数据增长图

(数据来源:《2014 年中国游戏产业报告》〈摘要版〉)

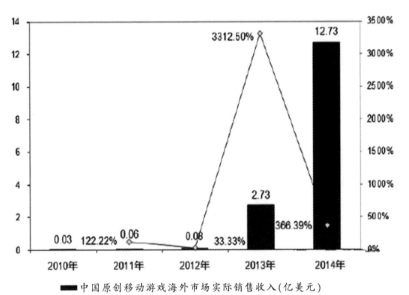

■中国原创移动游戏海外市场实际销售收入(亿美元)

图 9-4-6　中国移动游戏发展数据增长图

(数据来源:《2014 年中国游戏产业报告》〈摘要版〉)

表 9-4-2　中国游戏企业海外市场分布表

	港、澳、台	东南亚	欧洲	北美	南美	总数
2012	113 款	110 款（越、马、泰、新）	50 款（俄国 33）	37 款	11 款（巴西 11）	177 款（100 多国家）

（资料来源：柴冬冬：《游戏产业：我国对外文化贸易的生力军》，《中华文化论坛》2014 年第 4 期）

2014 年在中国游戏产业海外出口的地区中，东南亚地区依旧担负着中国游戏企业进军海外市场桥头堡的重任；东亚地区（日本、韩国）、美洲地区（包括南美、北美）、欧洲地区也作为重点出口区域，为中国的游戏出口企业贡献了大量收入；俄罗斯、中东等市场则进一步打开，成为了新的增长点。[①]

二、中国游戏产业的海外出口模式

中国游戏产品在出口海外的过程中，经历了几个阶段，先后采用了以下四种模式。[②]

初期为加快了解目标市场及相关政策，降低市场投入风险，大都采用非独立运营出口模式进入当地市场。以授权代理为主、合作研发、联合运营等模式为辅。版权授权代理模式主要是与国外的游戏运营商签署代理合作协议，将产品运营权交予代理一方，出口方则负责提供已开发好的游戏产品，并参与后期的技术层面运营维护和版本升级的一种出口形式。其收益可以包括一次性版权购买，以及后期运营的提成。这是目前中国自主研发网络游戏最主要也是最为简单和最早的一种出口方式。如完美时空的《诛仙 2 时光之书》《武林外传》《完美世界（国际版）》等游戏的国际运营就是如此。

第二阶段，在拥有一定海外市场拓展运营经验和市场规模后，部分拥有实力的中国游戏出口企业开始率先向独立运营出口模式转变。这主要是指企业具有一定的技术、资本实力之后，在海外设立子公司独立运营自身的游戏产品。如完美世界和紧随其后的网龙、畅

---

① GPC，CNG，IDC：《2014 年中国游戏产业报告》（摘要版），北京：中国书籍出版社，2014 年。

② 柴冬冬：《游戏产业：我国对外文化贸易的生力军》，《中华文化论坛》2014 年第 4 期。

游等,增强了对市场的控制力度,提升了盈利能力,同时以先期拓展留下的市场基础抵消了各方面的风险。这种运营的方式使得企业可以完全掌握海外市场的各种数据,及时了解客户需要,并且独享海外收益,同时对于以后针对国际市场的研发、母公司的游戏出口也有很大的帮助。近年,随着中国游戏企业在海外运营经验的不断丰富和自身资本实力的增强,很多企业已不再满足于简单授权代理海外出口模式,纷纷展开海外并购,以发展自己的独立运营模式。九城、完美时空、盛大、腾讯、畅游、金山、网龙、麒麟、趣游等都在海外开设了自己的子公司,如趣游的全球分支机构已达到 25 个。这些企业的海外运营范围覆盖了东南亚、北美、港台等地区和日本、韩国等国家。

同时,在各个阶段都在探索中外联合运营模式。这主要是指国内企业和国外企业联合运营(包括合作研发并联合运营项目),并进行收入分成。比如一部分企业展开与 Facebook,AppStore,Gree,Mobage 等国际大平台运营商的合作,如欢畅游戏的《神仙道》等网页游戏。又如完美世界在进入韩国市场时,就和韩国知名的游戏运营商 NEXON 公司共同出资,成立一家全新的合资企业,运营管理企业在韩国的在线游戏业务。相较于设立子公司,此种方式更易进入当地市场,能更有效地利用当地企业的营销、服务资源,以及时有效了解客户需求,从而降低整体风险。

第四阶段,全球整合模式。这种模式不同于单纯的海外独立运营和联合运营,而是基于二者的有机整合。具体指的是,网络游戏企业立足全球,通过收购海外游戏企业,将全球游戏产业的设计、生产、运营、服务等资源进行有机整合,进行全球化运作。其海外分支机构完全实行本地化发展,不仅会帮助母公司进行产品的研发和运营,同时还在本地进行产品研发。研发出的产品不仅在当地运营,还会同时在全球范围内推广。完美世界、盛大游戏都有采用海外研发全球运营的方式,比如完美世界北美研发团队 CrypticStudios 研发的《无冬之夜 OL》,是一款由美国人开发的典型的欧美游戏,但其版权却是属于中国企业,这款产品不仅会在海外进行运营,同时也会引入中国,进而在全球推广。它是在近几年我国游戏产业海外运营经验不断成熟和市场规模不断壮大的基础上出现的。

三、典型企业及案例

大约从 2000 年开始,中国企业本土原创的网络游戏作品开始输出至港澳台地区、周边邻国以及欧美,如《剑侠情缘网络版(壹)》《完美世界(国际版)》,等等。经过十余年的探索发展,中国本土游戏企业在游戏出口方面实践出多种商业模式,包括授权代理、自主运营、全球研发等,以及搭建起多个海外平台,从而将《女神联盟》《反恐行动》《啪啪三国》等涵盖各终端的多种类型游戏作品推向全乐体验同时,还为中外文化交流做出了积极贡献。①

在 40 余家游戏出口企业中,完美世界、九城、昆仑万维、盛大、腾讯、畅游、金山、网龙、掌趣、游族、云游、四三九九、飞鱼科技、麒麟、趣游、蜗牛等游戏企业较为突出。本章由于篇幅所限,仅介绍五个典型企业及游戏案例。

1. 案例一:完美世界游戏公司

完美世界有限责任公司(NASDAQ:PWRD)是一家总部位于中国的领先的网络游戏开发商和运营商。完美世界主要基于自主研发的游戏引擎和游戏开发平台开发网络游戏。完美世界强大的技术能力及富有创意的游戏设计能力,加之对游戏市场的深刻理解和丰富经验,使公司能够不断迅速推出广受大众欢迎的游戏,以迎合日益变化的用户需求及市场发展。完美世界目前自主开发的网络游戏包括大型多人网络角色扮演游戏:《完美世界》《武林外传》《完美世界(国际版)》《诛仙》《赤壁》《口袋西游》《神鬼传奇》《梦幻诛仙》《神魔大陆》《神鬼世界》《神雕侠侣》《圣斗士星矢 Online》《笑傲江湖 OL》《圣王》和《射雕英雄传》,一款休闲类网络游戏《热舞派对》,以及数款网页游戏和移动游戏。完美世界目前的大部分收益来自中国国内市场,同时还通过子公司在北美洲、欧洲、日本、韩国和东南亚运营游戏。完美世界还将游戏授权至包括亚洲、拉丁美洲和俄罗斯联邦及其他俄语地区的多个国家和地区的主要游戏运营商。完美世界还将不断开拓新的商业模式以致力于股东价值的最大化。

---

① CNG 中新游戏研究:《2014 年度中国游戏产业海外市场报告》。

连续 6 年蝉联中国游戏出口第一的完美世界公司 CEO 萧泓在 APEC 期间接受央视等媒体采访时表示:中国游戏全球化将进入新阶段。从完美的角度来讲,在过去的六年里面他们做了大概有几个步骤,一开始很简单,把他们的产品授权卖到海外,这可能是走向海外的第一步。第二个当然是在海外经营自己的子公司,他们开始做自己的运营,拿他们的产品放到海外的市场,通过他们对海外市场的理解,对这些产品进行加工改造,然后适应当地的市场。逐渐又进入下一个阶段,在海外做全球资源的整合,他们不断在海外运营自己的产品,同时在海外运营别人的产品,他们也在海外收购或者投资海外本地的原创团队,他们还推进中国和美国的研发合作,同时整合资源,不放弃继续地寻找第三方合作,寻找全世界顶级的优秀 IT,把他们拿到中国来或者海外来做中国自己的研发基地做资源整合,他们经历了大概三到四个阶段,而现在正处在全球资源整合的阶段。

事实上,已将网游出口到全球 100 多个国家的完美世界,早已跨越单纯与海外代理商合作的模式,在北美、欧洲等地区和日本等国家建立了子公司,自己独立运营。不仅如此,完美世界已经尝试"合作研发,联合运营"的高级阶段,并且在"海外研发,全球运营"的第四阶段积极拓展。2013年上半年整合全球知名漫画《圣斗士星矢》版权开发的同名游戏,上市即获得极大成功。①

　　2014年12月17日,2014年度中国"游戏十强"盛典在海口正式揭晓,80款作品、21位人物、20家媒体、50多家企业及单位当选。其中,国内游戏行业领军企业完美世界一举囊括中国"游戏十强"盛典的七项大奖,成为获得奖项最多的企业之一。在七大奖项中,完美世界因为产品出口全球100多个国家和地区,海外投资、合作的布局日益取得收获,带动更多中国本土企业通过PWIN等计划"抱团出海",荣膺"2014年度中国十大海外拓展游戏企业奖",以及"2014年度中国十大品牌游戏企业奖"。在北美、南美、中东及东南亚均有布局,进行游戏产品的全球输出及投资。2014年,完美世界在欧洲市场的筹划增加,预计进入西班牙、俄罗斯等国家游戏市场,进行产品出口。

　　从游戏出口阶段来看,完美世界属于"第三代出口企业",出口的是产品,也是品牌,更重要的是输出了中国文化元素。据央视、新华网等主流媒体报道,完美世界曾多次随同中国国家领导人出访欧洲、

① 信息来源:中国新闻网2013年10月7日。

拉丁美洲,以文化交流拓展海外市场,增进中国文化"走出去"。

例如,完美世界日前与联合国教科文组织总部共同签署了相关协议,未来双方将就"文化和睦"等全球文化交流项目展开一系列的合作,从长远来看这无疑彰显出完美世界等中国企业在促进全球文化科技交流方面的独特创意和前瞻性战略眼光。

中国"游戏十强"盛典是历届中国游戏产业年会的重要一环,旨在表彰当年为中国游戏产业做出了卓越贡献的企业和个人,以及揭晓最受玩家喜爱的游戏产品,是中国游戏产业领域最有权威、最具影响力的年度大奖之一。在表彰和欢庆的同时,给参会企业以及整个游戏界带来更多创作动力和期待。

2014年度中国"游戏十强"盛典共产生20项奖项评选,除了"2014年度中国游戏产业支持奖"外,今年所有奖项皆通过中国游戏产业调查活动产生。获奖企业、单位或者个人被看成是中国游戏行业的潮流引领者,而完美世界恰是其中的佼佼者。

自2007年在美国上市以来完美世界不断以"全局的眼光"去研究游戏等互动娱乐体验,将产品在电视、PC、手机、平板、可穿戴设备等上予以多维呈现,同时积极开展前瞻性投资并购等持续增强全球研发、全球合作的能力,极大地促进了中国游戏产业的全球化、开放式发展,比如旗下Cryptic Studios工作室已经将《无冬之夜》推向ARC,STEAM和Xbox One等全球娱乐平台,为全球玩家带来游戏享受。

完美世界将中国传统文化以游戏的形式,通过海外渠道传播到全球,并且用游戏产品的特点,持久、正面地将中国文化影响到全世界。同时,将希腊神话、日本神话、欧美骑士文化等异域文化进行全面整合创新,在充分尊重原著价值观的前提下进行中国式改造,打造好莱坞式的、具备全球影响力的大作。完美世界的海外收入占总营业收入约为25%~40%,根据完美世界财报显示,其2014年1—3季度营业收入达到27.94亿元。预估全年营业收入接近40亿元人民币,海外收入超过10亿元人民币。本次报告数据统计结果显示,在中国本土原创客户端网络游戏海外市场销售收入中,完美世界保持第一位置。[①]

2014 年,完美世界并未满足其在文化创意产业中取得的成绩。
2014 年,完美世界先后与莫斯科大学、哥伦比亚大学、欧洲学院等世
界顶尖学府,达成合作意向,希望通过游戏与艺术、医学等方面的融
合,为游戏的发展拓宽道路的同时,为文化交流,高尖端创意人才储
备提供后备资源。同年 10 月份,完美世界与联合国教科文组织就文
化交流等方面签订合约,致力于建设一个有利于文化间对话与和平
的合作平台,以"文化和睦"促进世界和平。12 月份,完美世界本着
推动中美人文交流的目的,组织参与"知行中国"——完美世界中美
青年精英项目,为推动中美人文交流、促进两国文化及教育领域的紧
密发展与合作贡献力量。[②]

2. 案例二:网龙网络公司

网龙网络公司(简称"网龙")是一家总部位于中国福建的网络游
戏与移动互联网平台开发商及运营商,在 2007 年 11 月登陆港股,股
票代码为 00777,产品及业务拓展至英语、法语、西班牙语、阿拉伯语
等 10 种语言区域 180 多个国家和地区。其客户端游戏有征服、魔
域、开心、TheWarlords(投名状),网页游戏有欧冠足球,移动游戏有
大海盗、ConquerOnline(征服)、妖界、疯狂部落。2014 年,网龙增加
了对 MMORPG,移动游戏等的投入力度,并计划在 2015 年推出多
款产品和全新资料片,包括旗下天晴数码研发的《虎豹骑》登录
Steam 平台。

在客户端网络游戏方面,网龙旗下天晴数码研发的《征服》,是网
龙第一款打入海外市场的客户端网络游戏作品。2004 年 1 月,网龙
开始推出自主运营的 FTP 模式的《征服》英文版、法文版及西班牙文
版等不同语言版本;2006 年 6 月,网龙旗下天晴数码研发的《魔域》
英文版开始在美国进行公测;2008 年 3 月,网龙《机战》(旗下天晴数
码研发)繁体版台湾地区代理运营权被授予台湾宇峻奥汀科技公司;
同年 3 月,网龙《魔域》繁体版台湾地区代理运营权被授予台湾华义

---

① CNG 中新游戏研究:《2014 年度中国游戏产业海外市场报告》。

② 信息来源:完美公司官网。

国际数位娱乐股份有限公司;2009 年 2 月,《机战》在越南的代理营运权被授予越南 Saigon Telecommunication&Technologies Corporation 公司;2009 年 4 月,网龙《投名状》(旗下天晴数码与中影集团联合研发)英文版在北美地区正式公测;2009 年 10 月,网龙《机战》繁体版香港地区和澳门地区独家代理权被授予香港智傲互动娱乐集团;2009 年 11 月,《魔域》在俄罗斯及独联体地区独家代理运营权被授予俄罗斯 Nival Network 公司;2010 年 1 月,网龙《开心》(天晴数码研发)繁体版台湾地区、香港地区和澳门地区代理运营权被授予台湾雷爵网络科技有限公司。

在网页游戏方面,网龙代理的《欧冠足球》(上海旭游网络研发)是其进军海外网页游戏市场的唯一一款产品。2013 年 9 月,网龙获得《欧冠足球》在阿拉伯语地区的独家代理运营授权。

在移动游戏方面,网龙旗下天晴数码研发的《征服》(iPad 英文版)是其首度试探移动游戏市场的产品。2011 年 12 月,网龙正式对《征服》(iPad 英文版)进行公测并登陆全球 AppStore;2012 年 9 月,网龙对公司自主研发的 ARPG 移动网络游戏《疯狂部落》进行了内部测试;2013 年 1 月,网龙开放自主研发的策略养成移动网络游戏《妖界》iOS 收费版本;2013 年 6 月,网龙自主研发的《战国天下》(韩语版)正式在韩国上线;2013 年 10 月,网龙自主研发的《疯狂部落》繁体中文版正式登陆港澳台市场,同时公司自主研发的《妖界》iOS 版本登陆越南市场;2013 年 12 月,网龙公司自主引擎开发的《大海盗》阿拉伯语版本正式登陆 AppStore;2014 年 6 月,《大海盗》阿拉伯语的安卓版本正式发布;2014 年 9 月,网龙自主研发的《魔域口袋版》正式登陆 Android 平台。①

---

① CNG 中新游戏研究:《2014 年度中国游戏产业海外市场报告》。

　　截至 2014 年 9 月 30 日,网龙旗下网络游戏的最高同时在线用户数量(PCU)达到 38.2 万人,平均同时在线用户数量达(ACU)到 22.5 万人,网络游戏每用户平均收入(ARPU)为 299.0 元人民币。截至 2014 年 9 月 30 日止 3 个月,网龙来自海外的网络游戏及其他业务收入达到 3 680 万元人民币,环比增长 38.3%,同比增长 51.4%,主要受益于收购创奇思的移动解决方案业务。

3. 案例三:畅游公司

畅游 2003 年作为搜狐集团(纳斯达克股票交易代码:SOHU)的游戏事业部开始运营,2007 年 12 月分拆成为一家独立运营公司,之后 2009 年 4 月 7 日完成在纳斯达克全球精选市场上市。畅游公司(NASDAQ:CYOU)是中国领先的互联游戏开发和运营商,畅游拥有领先的自主研发技术平台和顶尖运营团队,其自主研发的《天龙八部》是中国最受欢迎的大型多人在线角色扮演游戏之一。2010 年 4 月,其续作《天龙八部 2》推出,展示其次世代新武侠世界的独特魅力。2011 年 8 月,《天龙八部 3》携"天外江湖"重磅来袭,再次震撼玩家。2013 年,畅游推出浪漫武侠巨作《新天龙八部》,以极致惊艳的唯美光影,对情节与角色的全面重铸,开创全新形态的浪漫江湖。

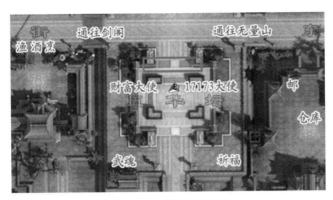

《新天龙八部》游戏界面

除了《天龙八部》之外,畅游目前正在运营的游戏还有《天龙八部3D》《神曲》《弹弹堂》等。畅游将继续秉承"第一精品·第一在线"的产品理念,为用户提供更好的服务和游戏体验。

畅游一直积极布局多元化发展。2013 年 12 月,畅游完成了对海豚浏览器开发商——MoboTap Inc,51％股权的收购,这将加快畅游打造全球网络游戏玩家平台的进程。

畅游拥有领先的技术平台,包括先进的 2.5D 及 Unreal,BigWorld3D 图形引擎,CryENGINE3,Unity3D 以及 Unreal3 引擎。同时畅游还拥有统一的游戏开发平台、有效的反作弊和反黑客技术、自主研发的跨网络技术和先进的数据保护技术等。产品开发团队和游戏运营团队紧密合作,共同将玩家的反馈及时地融入游戏升级和资料片中。另外,畅游还同年推出中国首款免费 3D 开源游戏引擎Genesis-3D,积极在互联网平台、移动游戏领域进行布局,致力于为全球玩家提供高品质的互联娱乐体验。2013 年被评为中国十大海外拓展游戏企业。

畅游是中国前三大游戏公司之一,根据公司在 2 月 9 日发布的截止2014 年 12 月 31 日未经审计的第四季度和年度财报显示,畅游 2014 年总收入达到了 7.553 亿美元,较 2013 年度增长 2％,达到历史新高,网络游戏收入为 6.520 亿美元,在线广告收入为 5,900 万美元。①

---

① 信息来源:畅游公司官网。

4. 案例四:蜗牛数字(全称:苏州蜗牛数字科技股份有限公司)

成立于 2000 年,是集自主研发、全球化运营数字文化娱乐内容为一体的新型数字科技公司,业务涵盖游戏、移动通信、虚拟科技等多个领域,是国家文化出口重点企业。蜗牛是中国最早的 3D 网络游戏研发企业,也是中国第一批拥有自主知识产权 3D 游戏引擎的企业之一。2004 年蜗牛成功开发了中国首款 3D 网络游戏《航海世纪》——成为中国第一款返销韩国的中国网游;随后几年,蜗牛先后在全球 100 多个国家和地区成功运营了《机甲世纪》《舞街区》《帝国文明》《黑金》等 50 多个版本的数字娱乐产品。2012 年,蜗牛创作的《九阴真经》凭借"无等级"成长模式、"永不下线"系统、创新 PK 玩法等一系列的创新,重新定义了武侠网游的标准,囊括 70 项业内大奖,成为武侠网游的第一品牌。

2014 年 1 月,蜗牛获得工信部颁发的虚拟运营商牌照,成为中

国唯一一家获此牌照的游戏公司。2014 年 4 月,蜗牛移动成立,蜗牛正式进军移动通信领域。目前,蜗牛移动其业务范围涵盖开放性移动游戏平台(免商店)、差异化流量产品服务(免卡)以及一系列为游戏玩家定制的移动终端设备(蜗牛游戏手机等),通过软硬件一体化的创新开拓,为用户带来全新的移动互联网体验。蜗牛从一开始就精准定位到了这个时代最核心的竞争力——核心技术和创新力,至今蜗牛已拥有多项自主知识产权的虚拟数字技术,并培养了一支具有多年研发经验的核心团队。

十多年来,蜗牛以"小小的壳里包含着大大的梦想"的品牌精髓享誉业内,获得全球亿万忠实用户的认可;连续三届获得"中国十佳游戏厂商"称号,并持续八年摘得"中国民族游戏海外拓展"的桂冠;成立至今,蜗牛已荣获"最佳原创企业奖""中国十大最受欢迎的网络游戏公司""中国十大品牌游戏企业"等近百个政府、媒体及行业奖项。

未来,蜗牛将继续在虚拟世界的各个领域不断探索,实现"让虚拟世界和现实世界成为相互的起点和终点"的终极目标。①

5. 案例五:昆仑万维

北京昆仑万维科技股份有限公司(简称"昆仑万维")是一家全球化的综合互联网公司,业务涵盖游戏开发、发行、运营以及互联网应用分发等,并于 2015 年 1 月 21 日登陆中国深交所创业板,股票代码 300418,产品及服务拓展至东南亚、北美和欧洲等地区和日本、韩国等国家。2014 年,昆仑万维增强对移动游戏的代理发行,如推出《啪啪三国》(上海火溶信息研发)、《放开那三国》(北京巴别时代研发)等,同时完善公司在海外市场的拓展能力。起家于网页游戏的昆仑万维,致力于将优秀作品推向全球用户,昆仑万维凭借其在中国港澳台、日韩、东南亚及欧美等地的发行运营网络,和本地化技术团队,在移动时代继续开拓海外市场。截至 2014 年 6 月底,昆仑万维已经在十余个语种的海外市场从事网络游戏发行及运营服务,产品覆盖至 10 个国家和地区,在海外发行及运营数十款游戏产品。截至 2014

---

① 信息来源:蜗牛公司官网。

年 6 月 30 日止 6 个月,昆仑万维来自海外的收入已经达到 7.63 亿元人民币,约占公司总营收的 78.8%。

在客户端网络游戏方面,《梦幻昆仑》(昆仑万维自主研发)是昆仑万维首款进军海外的客户端网络游戏。2011 年 7 月,昆仑万维旗下韩国分公司代理运营的 *Final Mission*(Epic Games 研发)开启内测;2012 年 2 月,昆仑万维宣布获得《裂痕:特拉娜 神域》(Trion Worlds 研发)在台湾地区的代理权;2012 年 3 月,台湾酷栗科技宣布获得《梦幻昆仑》在港澳台地区的代理权;2012 年 3 月,昆仑万维宣布获得《全球使命》(EpicGames 研发)在台湾地区的代理权;2012 年 7 月,昆仑万维宣布获得《伏魔者》(上海寅酷网络研发)在港澳台地区独家代理权;2013 年 8 月,艾斯科技宣布与酷栗科技联运《仙境幻想》(昆仑万维自主研发)。

在网页游戏方面,昆仑万维自主研发的《三国风云》是公司网页游戏走向国际的标志性产品。2010 年《三国风云》正式公测;2010 年 9 月,台湾统振旗下 E 次方宣布获得《封神天下》(昆仑万维自主研发)代理权;2011 年 2 月,昆仑万维签订《傲视天地》(上海锐战网络研发)在日本的独家代理权;2011 年 5 月,昆仑万维获得《富人国》(海南动网先锋研发)在台湾地区代理权;2011 年 7 月,昆仑万维通过旗下韩国分公司在韩国市场推出《K3 OL》;2011 年 12 月,昆仑万维获得《逆天诀之降龙十八掌》(杭州无端科技研发)繁体版在台湾地区代理权;2012 年 3 月,台湾酷栗科技宣布获得《梦幻昆仑 web》在港澳台地区的代理权;2012 年 5 月,昆仑万维获得《满江红》(成都朋万

科技研发)在港澳台地区的独家代理权;2014 年 1 月,Koramgame 宣布独家代理《千军破 2》(昆仑万维自主研发)在新加坡、马来西亚独家代理权。

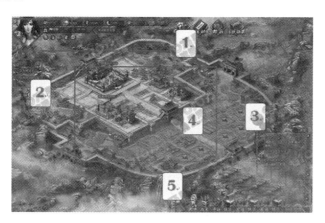

在移动游戏方面,昆仑万维自主研发的《风云三国》是公司首款推向海外的移动游戏作品。2012 年 7 月,台湾大哥大与昆仑万维合作在 Match Apps 应用商店推出《风云三国》Android 版;2013 年 1月,昆仑万维代理的《英雄战魂》(北京艾格拉斯研发)韩语版开始商业化运营;2013 年 5 月,昆仑万维代理的《英雄战魂》登陆日本市场;2013 年 8 月,昆仑万维代理的《时空猎人》(广州银汉科技研发)日语版上线;2013 年 10 月,昆仑万维代理的《君王 2》(上海美峰数码科技研发)登陆日本市场;2013 年 12 月,昆仑万维获得《神曲(移动版)》(第七大道与互爱科技联合研发)韩文版在韩国独家代理运营权;2014 年 1 月,昆仑万维获得《放开那三国》(北京巴别时代研发)在港澳台地区的代理权;2014 年 2 月,昆仑万维获得 Fantastic Eleven 在中国港澳台地区及韩国、泰国的代理权;2014 年 2 月,昆仑万维代理的《啪啪三国》(上海火溶信息研发)繁体版正式上线运营;2014 年 3月,昆仑万维代理的《啪啪三国》韩语版正式登陆韩国;2014 年 4 月,昆仑万维宣布获得《神魔三国志》(北京西山居研发)在中国港澳台地区、韩国的代理权。

截至 2014 年 6 月 30 日止 6 个月,昆仑万维境外收入中来自旗下自有平台的游戏收入(包括自主运营和代理运营)达到 7.34 亿元人民币,约占同期境外游戏收入的比重为 97.3%。截至 2014 年 6 月

30 日止 6 个月,昆仑万维境外代理境内开发商研发的游戏的收入达到 6.62 亿元人民币,约占同期境外代理运营游戏收入的比重为 95.8%。截至 2014 年 6 月底,昆仑万维网络游戏平台的注册用户数量约达到 4 亿人,平均月度活跃用户数量达到 786.2 万人,平均月度付费用户数量达到 27.7 万人。①

(文/宫玉选)

第五节　中国游戏产业海外发展的特征

一、市场规模不断扩大和新兴市场不断开拓

得益于移动互联的发展以及智能手机等硬件设备的普及,中国游戏的海外市场规模在不断扩大,出口总额和数量在不断增多,东南亚市场依旧是中国游戏出口的最大市场,而欧美市场的发展速度明显增加,而下一步,中国游戏的海外推广,应放眼更多的发展中国家,这些国家的互联网业起步虽较晚,但市场潜力巨大,是中国游戏产业可大有发展的新舞台。2007 年以来,随着游戏产业整体迈上了一个新台阶,游戏的对外出口也成为我国文化产业出口增速最快的产业。2012 年共计有 177 款我国自主研发的网络游戏出口海外,较上年增加 35.1%,实际收入达 5.7 亿美元,共涉及完美世界、盛大、腾讯、畅游、趣游、炎龙科技、第七大道、凯特乐游等传统和新锐企业 40 家。② 辐射范围既涵盖了传统的东南亚、东亚、欧美等传统的重点出口区域,又进一步向南美、中东、俄罗斯等新兴增长区域辐射,海外市场分布不断合理、完善,中国游戏已经出口到 100 多个国家和地区。另外,除传统的客户端游戏外,网页游戏、移动(网络)游戏、社交游戏成为新的出口增长点。

二、游戏进出口贸易顺差,国产网络游戏是主力

网络游戏依旧是中国游戏在海外市场的主力军,并在 2013 年取

---

① CNG 中新游戏研究:《2014 年度中国游戏产业海外市场报告》。
② 柴冬冬:《游戏产业:我国对外文化贸易的生力军》,《中华文化论坛》2014 年第 4 期。

得了喜人的增长。2013 年,中国原创客户端网络游戏出口销售收入达到 8.19 亿美元,同比增长 148.18%,原创网页游戏出口销售收入达 7.28 亿美元,同比增长 219.30%,而原创移动网络游戏的海外出口销售额达到了 2.73 亿美元,而在 2011 年,该数据仅为 0.08 亿美元,显示出了极强的增长态势。2014 年,移动游戏超速发展又达到难以置信的 12.73 亿美元,占中国游戏出口总额的 41.4%(成为第一主力),当然全球平均网速的不断加快以及移动端流量费用的不断降低,客观上也为中国网络游戏出口提供了便利。而网页游戏达到 9.5 亿美元,处于全球领先水平,借助便捷登录的特性和无需下载的方式,规避了部分国家客户端网络游戏进口审批难的风险。客户端网络游戏稳定增长,达到 8.53 亿美元,靠的是精品化带来的稳定的客户群和多元化的经营创收能力。[1]

　　从贸易数量上看,2012 年我国有 177 款原创网络游戏出口,进口数为 53 款;市场比例方面,进口游戏在我国市场的份额为 41.3%,而我国自主研发的互联网游戏产品则在国内占据了 58.7% 的市场份额,运营收入达到 314.7 亿元,同比增长 23.8%。[2] 可见,相较于其他文化产业门类,我国游戏产业实际处于顺差状态,而越来越多的出口份额也意味着我国游戏产业对外和对内综合影响力的增强。这种影响力不仅仅是对我国游戏产品认知度和海外运作模式的认可,更深一层的是对中国文化的认可。事实上,在中国出口的游戏产品中,蕴含中国传统文化的游戏题材一直是出口的热点,特别是在东南亚市场备受欢迎。在 2012 年的美国 E3 展以及德国科隆游戏展上,包括《笑傲江湖》《九阴真经》等中国网络游戏受到外国用户的广泛好评,海外用户对中国游戏在内容、动作以及引擎技术创新等方面都给予了高度认可。此外,一些全球知名的海外游戏开始尝试将中国文化元素加入游戏中去。如《暗黑破坏神 3》设置的新职业武僧,《异域》所有的战斗基本包含着中国传统的五行元素,体现了海外市场对中国游戏(文化)的借鉴,也是我国文化凭游戏走向世界的重要见证。

---

① GPC,CNG,IDC:《2014 年中国游戏产业报告》(摘要版),北京:中国书籍出版社,2014 年。
② 柴冬冬:《游戏产业:我国对外文化贸易的生力军》,《中华文化论坛》2014 年第 4 期。

三、出口模式多元并存

如前所述,由于各游戏企业的发展层次不同,在面对不同级别市场时,各游戏企业采用的出口模式也有所差异,形成了中国游戏出口模式多元并存的状态。对于小型的游戏公司,在资金不是那么充裕的情况下,采用产品授权模式进行出口,可以得到比较快的收益且能更有效地规避风险,如取得良好效果,则可以更深层地与海外公司合作,拓展市场。而对于较大的游戏公司,为了追求更高的利益,则普遍采用自建子公司的方式独立运营,虽然风险需要独自承担,但相应的回报率也要更高。

近年来,我国游戏企业的海外运作模式已摆脱了单纯的版权授予模式,走向了独立运营、联合运营、全球整合(包括应用商店式的全球互联网销售)等多渠道并重的多元模式。一些有实力的国内大企业如完美时空、腾讯、盛大等正在不断通过并购、合作等方式,组建自己的全球运作产业链,参与进全球游戏产业的竞争体系中,涵盖了游戏研发、发行、宣传等产业链的多个环节,一种垂直整合运作模式正在逐步建立。应该说,全球化已经成为整个行业的一个共识,其最突出表现就是产品批量化出口趋势。以往,中国网络游戏出口都是各个企业借助自身的出口渠道实现产品的出口,而进入 2012 年以后,"抱团出海"模式逐渐成为共识,一些具有实力的网络游戏企业整合自身海外渠道和相关经验,搭建了海外进出口平台(如完美世界为网络游戏产品进出口而打造的完美世界海外进出口平台〈PWIE〉于2012 年正式推出,至 2012 年底,入驻 PWIE 平台的产品超过 180款),以一种开放的运营模式将这些资源与其他企业特别是一些中小游戏企业共享,帮助这些企业走向海外。

四、移动(手机)游戏海外出口增长超速发展

2013 年是国产手游发展的临界点,移动智能设备的不断普及,以及人们对于娱乐多元化、移动化的要求使手游作品和制作团队急剧攀升,目前市面上流通的手游总数可达几十万款之多,而正在研发的手机游戏则超过 5 000 款。激烈的竞争令 30% 的手游开发

出来之后根本无法上线,投入运营的也有 80％以上无法盈利。但竞争也产生出不少影响深远的明星产品,2013 年 3 月份正式上线的《时空猎人》在国庆假期创造出单日营收 800 万元的历史新高,有望成为国内首款月流水破亿的手游产品;而由《魔兽世界》及其同人动画《我叫 MT》改编而来的《我叫 MTonline》也因其广泛的用户基础迅速抢占了市场,至今仍在各大榜单居高不下,令全世界看到了国产手游的惊人潜力。2014 年,移动游戏在中国游戏海外出口中的表现达到最突出的地位:收入 12.73 亿美元,比上年增长 366.39％。[①]

　　原因主要在于国内外智能手机的快速发展,尤其是 IOS 系统、Android 系统智能手机的推广以及 3G 网络的迅猛发展和 WiFi 的普及,越来越多的人通过 AppStore 和 Android 应用商店这种网络应用商店平台,接触到了手机游戏,从而带动手机游戏出口的大幅增长。相比传统网页游戏和客户端网络游戏,手机游戏的开发成本较低,简单易玩所以适合各年龄阶段的玩家,而更简易的支付方式也利于游戏厂商的增收,平台和制作方的双赢使市场参与者越来越积极投身于手机游戏的推广和制作。例如,通过苹果应用商店 AppStore,美国的玩家在路上只需点几下手指,就能轻松下载中国游戏厂商制作的如《捕鱼达人》和《保卫萝卜》等游戏,并可通过内购道具,增加游戏厂商的收入,这种便捷是传统网页游戏和客户端游戏所无法比拟的。除此之外,手机游戏的社交性更强,这对于持续地吸引客户、稳定玩家数量极为重要。可见,只有找到独特的盈利模式,才能在竞争激烈的游戏市场占据一席之地。

　　不过从 2013 年下半年开始形势迅速发生变化,单纯的卡牌、塔防、社交等游戏已经无法满足用户的需求,游戏类型不断走向融合,比如卡牌＋塔防,卡牌＋RPG,策略＋RTS,等等。游戏内容不断向重度化复杂化演进,有数据显示,2013 年后半期,新立项的移动游戏60％是中度和重度的。总之,相比其他游戏,移动(手机)游戏行业还处于争抢市场空白点阶段的末期,产品门槛处于相对低位。从中国

---

① 　GPC,CNG,IDC:《2014 年中国游戏产业报告》(摘要版),北京:中国书籍出版社,2014 年。

网民中移动游戏使用率来看,也存在大量新增网民有被转化和培养成游戏忠实用户的空间,创业者实现差异化竞争的机会较多,成功机会较大。

2014年以来,全球多个国家和地区同时表现出智能手机出货量快速增长,移动游戏下载量高速增长,付费用户增加的发展态势,中国游戏公司凭借产品的速度和数量优势,迅速打开国际市场,部分游戏公司自主研发的移动游戏,甚至能够在GooglePlay平台位于33个国家和地区排名前十,创造在全球市场半年收入6 000万美元的业绩。部分游戏公司依托移动游戏业务,建立起全球40余个国家或地区的业务网络,部分成立不久的小型游戏公司,凭借海外移动游戏业务运营,年收入高达数亿元,或提交上市申请,或受到资本市场的青睐。移动游戏已经成为推动中国游戏企业海外拓展、提升市场收入的重要因素。

五、出口产品本地化速度明显提升

随着游戏产业结构从最开始的客户端端游发展为现今的手游时代,新游戏研发所需的相关技术支持水平不断提升,研发人员经验不断增加,使得新产品的研发制作时间有了大幅度的减少,同时,同一产品在不同市场之间的本地化速度也有了明显提升。客户端游戏时代,新产品开发时间约需四年,不同市场间产品本地化切换约需一到两年时间,时间成本极为昂贵。而在移动游戏时代,开发时间可缩短至六个月,而本地化切换仅需一个月的时间,而且产品精良程度有了大幅提升,能够满足不同市场的需求。这种提升能够为中国游戏产业带来的最直接的影响,就是企业在进行海外市场拓展时,能够用较短的时间完成市场测试、本地化修改、市场推广等各个环节,达到快速抢占市场份额的目的,使利用技术提升所带来的市场红利最大化。

(文/宫玉选)

第六节　中国游戏产业海外发展存在的问题与建议

一、中国游戏产业海外发展存在的问题

1. 同质化现象严重,创新不足,红海式竞争激烈

同质化严重是中国游戏海外出口的重要问题之一,这里的同质化,指的不只是游戏产品类型的同质化,亦是指游戏在运作过程中,是否能对市场有针对性的推广。当今中国在国际游戏市场上依然以出口传统的 MMORPG(大型多人在线角色扮演游戏)为主,以回合对战为游戏模式,以武侠和神话为背景,如《完美世界》《桃园》《大明浮生记》《剑侠传奇》《神兵传奇》等游戏,虽然在海外受欢迎程度很高,但由于同类型游戏竞争激烈,新款游戏层出不穷,一款游戏可以在短时间内火爆,但也有可能会面对持续增长乏力的困境。相比于游戏类型的同质化,由于许多游戏厂商并没能对于出口游戏进行本土化改造,而采用与在国内一样的宣传推广方式,只追求出口的数量而忽视出口的质量,忽视了海外玩家的多样性市场需求,或竞相模仿成功游戏的经验模式,将自己的创新探索束缚了起来。其实,这与游戏产业链的畸形发展有必然联系。在研发商、渠道商与发行商的竞争合作关系中,由于平台或渠道拥有较为明显的用户资源优势,研发商处于弱势地位,而且这样的态势短期内较难扭转。2014 年,平台、渠道、发行公司先后通过投资、并购、培养研发团队的方式争夺市场竞争的主动权,加上产品研发的精品化程度不足以支撑研发商聚拢大量用户等因素,扩大了两者间的距离,研发商对渠道平台的依赖进一步增加,议价权再度被削弱。[①] 这种游戏产业链间的竞争,导致研发商生存空间变小,形成典型的双向承压,即资本方和渠道方压迫产品研发周期,市场竞争中不以量取胜就失去生存机会,研发商失去自主权,沦为工厂流水线模式,缺乏艺术从业者该有的激情。在时间上、空间上、价值上都限制了研发商的创新。除了完美世界、腾讯等

---

① GPC,CNG,IDC:《2014 年中国游戏产业报告》(摘要版),北京:中国书籍出版社,2014 年。

少数资金、研发实力雄厚的大型企业,基本上中小研发商均不同程度地面临这一问题。

2. 出口结构较集中

从实际的出口结构上看,我国游戏产品出口最多的市场集中在港澳台、东亚及东南亚等三个地区,占据整体出口量的半数以上。其中主要原因就在于这些区域位于我国的周边,在历史上不同时期均受过中国文化的影响,与我的贸易交流活动一直比较频繁,因此文化折扣相对较低,对带有中国风格的游戏产品接受度高。而西亚、欧美及非洲、南美洲等市场却不同,它们在文化、信仰、习俗、价值观、历史上均与我国存在很大差异,历史上的文化交流活动也不频繁,因此一直是我国游戏出口的薄弱环节。

3. 国际化游戏研发创新人才缺乏,游戏企业人才激励不完善

游戏产业作为文化创意产业的重要组成部分,属于知识密集型产业,是一个高科技高附加值的产业,需要优秀的游戏创造人才作为支撑。而现阶段,一面是巨大的游戏市场份额,另一面却是专业的游戏人才匮乏,导致游戏的自主研发能力不足。造成这种游戏制作人才缺乏的原因是多方面的。首先,一款优秀的游戏涉及了软件制作、形象设计、内容策划、市场开发维护等各领域的人才,但目前来讲,专业性游戏培训机构刚刚起步,还处于摸索阶段,这导致我国在优秀的复合型专业游戏人才培养方面产生供需缺口。除了人才早期培养的缺失问题,游戏企业人才激励机制又存在重大缺陷,所以优秀游戏人才流动性过剩也导致了行业的不稳定性。大型游戏公司对于中小型游戏公司优秀人才的"挖墙角"行为,导致游戏产业对于人才培养有所保留,客观上也不利于整个行业的发展。同时,面对技术条件更加优越、用户需求更加苛刻的欧美、日韩市场,竞争环境更加开放的海外多个国家和地区,中国游戏公司过于强调营销能力和竞争手段的提升,忽视研发创新能力培养的弊端逐渐显现。

4. 海外运营资源积累与团队建设仍显不足

现阶段,中国游戏产品研发速度和产量在国际市场上占有优势,但出于对海外市场的不熟悉,以及文化差异带来的市场准入门槛,中

国游戏企业在进入海外市场时大都采用授权代理的模式,通过与本土运营商合作进行市场拓展。这种模式虽然能够降低初期投入成本,规避市场风险,提升盈利能力,但却将经营的主动权拱手相让。长期看来,达不到积累开发海外市场经验的结果,在进行新市场开发时,仍然需要在当地寻找合作方,发展到后期,仅能够作为市场开发的配合者,而不是主导者。因此,对于中国游戏出口企业来说,利用现有资源积累海外运营经验,同时加强海外独立运营团队建设,是保证未来国际市场竞争能力的必要手段。韩国游戏公司比中国游戏公司更早将发展重心转移到海外市场上,并在全球游戏戏产业中占据着极为重要的位置,因此可以学习他们这方面的经验。

5. 知识产权保护不够,政策有漏洞

侵犯知识产权的行为在互联网行业十分猖狂,而对于知识产权的保护就十分重要。而这也是中国游戏产业在出口海外时所必须重视的问题。网络游戏作品是一个综合性产品,包含商标、著作权、游戏内容、文字、符号等多方面元素,而这些都是需要得到知识产权的保护。由于游戏产品数码复制的便利性,导致其十分容易产生知识产权的纠纷。前面已经提到,中国游戏出口存在同质化严重的问题,而由于知识产权保护的不到位,复制一部游戏就成为了最简便的获利方法。角色雷同、内容雷同、推广方式雷同导致游戏行业的恶性竞争,严重影响了出口游戏的质量,对我国游戏的国外口碑造成无形的伤害。在目前的知识产权保护法中,对于网络游戏知识产权的保护主要涉及的是程序代码、操作说明等,并未涉及游戏内容等具体细节的保护,而这种不全面的知识版权保护体系,就给了侵权厂商可乘之机,所以说扩大网络游戏知识产权保护范围是亟待解决的重要问题。除此之外,网络游戏还面临着建立私设服务器简称"私服"这种违法行为的困扰。这种行为虽然为玩家更快升级提供了便利,但这种未经游戏厂商许可的游戏修改,不但对游戏著作权造成了破坏,也对正规玩家的合法利益造成了严重损害。但在目前在法律上,并没有明确的条文对此行为加以制止。

6. 重娱乐、轻应用

尽管中国游戏产业的对外出口开展得如火如荼,景象蔚为大观,

但其性质却几乎无一例外的都是消遣娱乐。这里的问题是,尽管电子游戏是一种给人以休闲放松的产品,注重娱乐性无可厚非。然而我们也不能忽视游戏是作为一种应用性工具所产生的社会价值而一直存在。如美国早就利用计算机游戏实战模拟来训练士兵,成效较为明显。此外,游戏在医疗、教育、航空等领域都存在极大的价值。相关实验表明,简单的 2D 幻幻球游戏和宝石迷宫游戏使参与者的压力平均减轻了 60%,原因在于其能够分散游戏者的注意力。我国现在基本上是把游戏作为发展经济和休闲娱乐的手段,游戏的深层价值还未得到有效的发掘和主流的话语认可,这势必会影响到企业的对位投资,进而在相应的海外市场也难以获得竞争力。

7. 重经济效益、轻社会效益

游戏产品出口,毕竟是一种商业行为,只有赚来真金白银,才会激励游戏厂商不断投资和研究,以推出更新更有趣的游戏占领市场,带来收益。但一些不负责的游戏厂商,为吸引眼球,博得关注,将大量低俗的内容融入了游戏当中,在短期内可能受到国外玩家的欢迎,但不利于整个中国游戏的形象。这种只注重经济效益,忽视社会效益的短视做法,会影响中国游戏出口的长期发展。网络游戏是文化传播的重要载体,中国游戏的出口亦是中国文化"走出去"的一个良好方式,融合中华民族优秀文化的游戏,不仅可以依靠独特的文化魅力吸引玩家,在获得身心放松的同时,又能将中国文化传递到世界,达到共赢。但与国内游戏相比,出口游戏在以中国特色为核心的同时,亦要根据出口国的民俗、社会经济状况或宗教背景进行本地化改造,才能更好地适应多变的市场。但无论如何,游戏产业作为文化产业的重要核心之一,必须将优秀文化作为根基,才能获得经济效益和社会效益的双丰收。有关部门一定要禁止宣扬暴力,以及色情赌博的游戏出现在市场,给予游戏市场一个健康的风气,树中国游戏一个良好形象。

二、对中国游戏产业海外发展的建议

1. 加强产品的差异化,加强应用性开发,注重社会效益

差异化产品发展是提高中国游戏海外竞争力的重要战略。市场

差异化细分则是差异化经营的基础。中国游戏出口要对国外市场进行更有针对性的划分,锁定目标人群,不断开阔新的市场,如一些游戏是为青少年开发,而一些游戏是面向成年人设计,另一些则适合所有年龄段和层次的玩家。游戏产业,创意无限,产品差异化是竞争的核心。能为市场提供独特性产品的游戏公司,才能获得优势竞争力,避免和竞争者短兵相接。中国游戏公司要敢于在国际上打造自己的品牌,提升知名度,并不断试图在技术上有所革新,增强中国游戏的科技含量。中国游戏的独特魅力在于以中华优秀文化做依托,这是其他国家难以比拟的,游戏厂商应更好地利用我国文化资源,并根据出口国进行本土化扩展,如果将中华优秀文化和出口国优秀文化融合,则一定能带来良好的社会效益,从而带动经济效益的提升。

2. 合理布局出口结构

我国文化企业应在明晰我国游戏出口的海外市场分布现状的基础上,针对目标市场的文化特点、互联网及经济基础划分市场梯队,按照不同市场的文化接受诉求推出不同的产品。以目前的实际出口格局看,我国海外游戏市场大致可分为三个层级,港澳台、东南亚及日韩为第一梯队,南美、中东及非洲地区当为第二梯队,北美和欧洲当为第三梯队。因此,我国游戏企业应充分认识到这一现状,在实际"走出去"过程中采取先易后难、由浅入深的总原则。努力寻找横跨区域、种族、语言的共鸣因素,本着求同存异,具体问题具体分析的原则进行海外推广。在保证现有市场的基础上积极开拓欧美等市场。

3. 积极培养国际化人才,提高国际化开发和运营能力

人才是游戏产业能够持续健康源源不断发展的根基,中国游戏的海外发展,不仅需要游戏人才,更需要培养拥有国际化眼光,综合素质更高的国际化游戏人才。国际化游戏人才首先要拥有国际化理念,具有国际竞争的意识并愿意为提高我国游戏国际竞争力做出贡献,其次需要能承受多元文化的冲击,并以中华民族文化作为根基,这要求其有良好的政治觉悟和毅力;此外,国际化游戏人才要有独特和宽广的国际视角和创新能力,并具有跨文化沟通能力。因为游戏产业蕴含浓厚的文化积淀,是不同文化国家人民交流的一种独特工具,这要求从业者不仅要了解中国文化,更要对出口国文化有深层的了解。培养优秀的国际化游戏人才需要企业和学校共同承担,一方面,游戏人才需要在学校进行培训,而另一方面,他们又需要企业给予一个真正能接触到产业的平台,在不断实践中提升应用能力。培养国际化人才亦离不开国际合作,而我国游戏出口模式的多元化,为中国游戏国际化人才培养提供了便利。由于韩国游戏公司先于中国游戏公司将发展重心转移到海外市场上,并在全球的游戏产业占据着极为重要的位置,学习韩国游戏人才培养模式,是网游企业拓展海外市场,增加游戏出口业务的重要方法之一。

4. 进一步加强知识产权保护,抵制不正当竞争,促进创新

网络游戏是创新和技术的结合体,但由于网络游戏应用创新难度大,许多网络游戏采用了类似的框架平台,导致网络游戏代码复制难度很小,造成了山寨游戏的大量出现以及"私服"的横行。再加上游戏人才流动性大,造成的技术泄密事件时常发生,严重干扰了游戏市场的秩序。而避免这种情况的发生则需要进一步加强游戏知识产权的保护。传统意义上的知识产权保护主要涉及著作权、专利以及商标的保护,而游戏产业的知识产权保护则要有更全面更广的覆盖面,包括对于技术的保护,禁止非法代码复制、内容抄袭,此外,还要重点打击私设服务器等行为,因为相比更容易看见的技术内容复制抄袭,私设服务器更难以打击并在法律上并无明确界定,这也客观上纵容了这种行为的出现。而如果中国游戏在海外也遇到这种情况,很可能会遭到严厉的处罚,甚至碰到贸易壁垒。而面对人才流动可能造成的泄密,则需要厂商做好更完备的商业机密保护,同时国家也要对在海外市场运营的游戏公司提供必要的法律支持和建议。

5. 完善支持出口的政策

任何产业的发展都离不开政策法规的支持和保护,作为新兴而又发展迅猛的游戏产业,中国游戏出口更应实行合理完善的政策法规加以促进和保护。目前而言涉及游戏出口的专门性政策法规,主要有"中国民族网络游戏出版工程"和"中国原创动漫游戏海外推广计划"。"中国民族网络游戏出版工程"旨在促进中国网络游戏的产业结构和产业链更加合理完善,提升我国网络游戏整体竞争力。凡列入"中国民族网络游戏出版工程"的选题,新闻出版广电总局都会同国家有关部门提供多方面的政策扶持。主要政策是减税,对国家重点鼓励的文化创意出口实行营业税免税,对纳入增值税征收范围的国家重点鼓励的文化创意出口实行增值税零税率或免税。支持符合条件的企业上市,鼓励企业发行非金融企业债务融资工具。到2014 年,已推广到了第九批,共有近两百种优秀大型民族网络游戏获得国家相关政策优惠和资金扶持,远远超过了计划初期设定的计划数量。① "中国原创动漫游戏海外推广计划"是国家实施游戏"走出去"战略的具体内容之一,由文化部牵头,内容主要是支持、鼓励更多优秀动漫游戏企业积极拓展海外市场,为动漫游戏企业寻找新的盈利模式与空间,促进国内动漫游戏产品与国际接轨,推动我国动漫游戏产业的不断发展壮大。在 2012 年 5 月,文化部发布了《"十二五"时期文化改革发展规划》,对游戏产业的海外发展提出了新的方向。各种迹象都表明,国家正在重点支持和扶持游戏产业的发展,而游戏厂商必须抓住这样一个机会并与国家有关部门进行更深层次更广内容的磋商,国家需要真正了解游戏相关厂商的合理需求和市场秩序等环境需求。比如针对目前研发商、渠道商与发行商的不合理关系(研发商处于弱势),政府应出台一系列专门支持研发团队的政策,这将对于解决我国游戏出口同质化严重和创新不足问题非常有帮助。

(文/宫玉选)

---

① GPC,CNG,IDC:《2014 年中国游戏产业报告》(摘要版),北京:中国书籍出版社,2014 年。

第十章　中国新闻出版"走出去"

第一节　三年发展概述

中国新闻出版"走出去"的基本内涵，根据 2011 年出台的《新闻出版业"十二五"时期"走出去"发展规划》，对新闻出版"走出去"的内容进行了明确界定，主要有如下五个方面：一是版权输出。这是衡量一个国家新闻出版"走出去"水平的重要指标之一，主要从版权输出品种、数量和金额统计。二是数字出版产品出口。主要指数字文献数据库、电子书等出口，侧重从"走出去"金额统计。三是实物产品出口。主要指图书、报纸、期刊、音像制品和电子出版物等传统出版物出口，侧重从"走出去"品种、数量和金额统计。四是印刷服务出口，主要指我国承接境外印刷加工服务，侧重从对外加工贸易额统计。五是企业和资本"走出去"。主要统计我国新闻出版企业在境外建社建站、办报办刊、开厂开店的数量以及资本运营情况。本报告即根据这五个方面，对 2011 年至 2014 年的情况进行全面梳理。

随着中国综合国力的日益崛起，中国已经成为名副其实的出版大国。根据相关数据显示，2014 年按照全球新出品种（含再版）排名中，中国 2013 年的出版品种数量为 44 万种，超过美国的 30.4912 万种，成为全球第一[①]。不仅图书如此，年度日报发行量也是世界第一，电子出版物总量是世界第二，印刷业总产值世界排名第三，中国

---

① 数据来源：http://en. wikipedia. org/wiki/Books_published_per_country_per_year。

已经是名副其实的出版大国。

中国新闻出版作为中国文化"走出去"战略实施的主体与核心，在 2012 年至 2014 年的三年来，取得了显著的发展进步。其主要成绩体现在版权贸易、数字出版产品、实物产品出口、印刷服务和企业、资本"走出去"方面都取得了不同程度的突破，主要体现在：

一、版权输出指标提前完成"十二五"规划

与世界新闻出版业的发展步伐一样，中国新闻出版业拓展国际市场的主要方式仍以版权输出为主。版权输出作为一个衡量出版业世界影响力的重要指标，它体现着一个国家、民族文化产品在用市场手段交易的过程中，交易双方对于文化魅力的估价与比值。长期以来，中国一直是版权引进大国，在版权输出方面处于严重逆差的地位。主管机构原国家新闻出版总署曾经制定的《新闻出版业"十二五"时期发展规划》将版权引进输出比例控制在 2∶1，即在 2015 年年底，实现引进两本图书，输出一本图书的目标。作为"十二五"时期"走出去"目标之首，显示出中国对改变版权贸易逆差状况的高度重视。

经过各方面的不懈努力，2011 年中国版权引进数量为 16 639 种，输出版权为 7 783 种，引进与输出比例为 2.1∶1；2012 年引进版权为 17 590 种，输出版权为 9 365 种，引进与输出比例为 19.1∶1，年输出版权数量是"十一五"同期（2007 年）的 3.6 倍[①]。2013 年，全国共引进版权 18 167 种，输出版权 10 401 种，其中引进图书版权 16 625种，输出图书版权 7 305 种，图书版权贸易引进和输出比例为 2.3∶1。与 2012 年的 2.1∶1 相比，版权贸易逆差有所加大。可以确定的是，在"十二五"期间完成既定目标是毫无悬念的。

---

① 王玉梅：《2014 新闻出版走出去：迎重要机遇年》，《中国新闻出版报》2014 年 2 月 10 日。

图 10-1-1　2011—2014 引进与输出版权情况[①]

　　根据国家版权网站公布的数据,从 2011 年至 2013 年三年间已经完成的版权输出目标国来看,中国对发达国家的版权输出数量显著增长,版权贸易逆差进一步缩小。如 2012 年对美、加、英、法、德、日等发达国家输出版权 2 614 项,是 2007 年的 5.7 倍,逆差从"十一五"同期的16.1∶1 缩小到 4.1∶1。同时,中国内地(大陆)对港澳台华文地区版权贸易依赖度明显下降。2012 年,中国内地(大陆)对港澳台地区图书版权引进和输出分别为 1 842 项和 2 222 项,连续两年实现贸易顺差。具体如图 10-1-2。

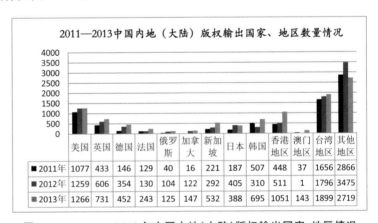

图 10-1-2　2011—2013 年中国内地(大陆)版权输出国家、地区情况

---

①　数据来源:中华人民共和国版权局网站 http://www.ncac.gov.cn。其中 2014 年为预估数据。

此外,在内容产品输出的同时,出版企业在版权贸易方式上也不断进行新的探索,版权形式符合国际市场需求,版权交易模式与国际接轨。一大批展示中华文化独特魅力、反映当代中国精神风貌的品牌产品走向世界;许多学术类、专业类出版社选择将纸质版和电子版版权捆绑输出,版权合同也从单一的纸质翻译权转让向复合权利合同转变;出版企业在重视版权输出的同时,积极尝试合作出版、国内作品版权代理、经营国外知名作家等模式①。

二、数字出版产品"走出去"持续升温

以期刊数据库、网络游戏为代表,涵盖网络出版和电子书的多种数字产品是"十二五"以来我国新闻出版数字化产品"走出去"的重要形态,在我国新闻出版业"走出去"进程中扮演着越来越重要的角色。电子出版物从 2011 年的 125 种,猛增至 2013 年的 646 种,电视节目、录音、录像制品均有大幅提高。特别是电子出版物增长明显。有数据证明,截止到 2013 年底,海外付费下载营业收入超千万美元,电子书海外销售收入超过 500 万美元,网络游戏出口额达 6 亿美元。具体如图10-1-3。

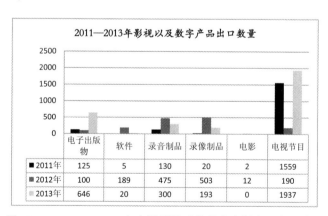

2011—2013年影视以及数字产品出口数量

	电子出版物	软件	录音制品	录像制品	电影	电视节目
2011年	125	5	130	20	2	1559
2012年	100	189	475	503	12	190
2013年	646	20	300	193	0	1937

图 10-1-3　2011—2013 年中国影视以及数字出版产品出口情况

其中中国知网、万方、龙源、维普已成为我国期刊数据库出口的主力军。"中国知网"系列数字出版产品在 2012 年已被 42 个国家和地区的

---

① 王珺:《"十二五"上半期新闻出版走出去的成就与思考》,《中国出版》2014 年 6 月(下),第 3—7 页。

1 245家海外机构使用,海外机构用户数量是"十一五"同期的两倍多。

一些传统期刊出版机构尝试建立自己的稿件在线处理平台,以吸引更多投稿和提高专家评审水平。高等教育出版社"中国学术前沿期刊网稿件在线处理系统"通过直观友好的界面,为作者投稿、专家审稿及编辑处理提供了畅通的渠道,吸引越来越多的海外学者来稿,并帮助期刊管理人员掌握投审进度,简化稿件的交付流程,减少延迟。更令人鼓舞的是,我国学术期刊在突破欧美主导行业标准制定上进行了有益尝试。《中国学术期刊国际引证报告》自2012年首次发布以来,真实全面展现了我国学术和期刊实力,是我国参与制定期刊国际影响力评价指标的一次大胆试验。

网络游戏是我国数字出版"走出去"的先锋,企业参与数量、原创游戏出口种数、海外市场实际销售收入都呈爆发式增长。根据国家新闻出版广电总局网站的数据显示,2011年中国PC网络游戏产品的海外销售金额为3.6亿美元;2012年我国共有40家网络游戏企业的177款自研产品进入海外,实现销售收入5.67亿元;2013年移动游戏和网页成为海外出口的新锐力量,加上客户端网络游戏持续增长,一些企业不再局限于简单的授权出口模式,开始尝试海外并购、设立分公司等多种模式,因此2013年的海外游戏收入呈爆发性增长,达到破纪录的18.2亿美元,是2012年的3倍还多。具体数字如图10-1-4。

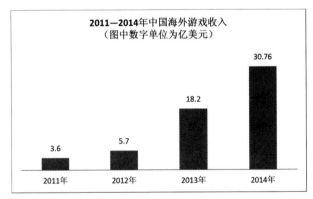

2011—2014年中国海外游戏收入
(图中数字单位为亿美元)

图 10-1-4　2011—2013 年中国网络游戏海外收入情况
(基于 PC 的海外市场收入)[1]

---

[1]　数字来源:国家新闻出版广电总局网站。

三、实物出口平稳增长,渠道建设初具规模

实物出口一直是我国新闻出版产品"走出去"的重要方式。"十二五"以来,在人民币升值、数字化存储技术广泛应用的背景下,我国书报刊、音像制品、电子出版物等新闻出版产品实物出口出现了大幅度提升。2011年全国累计出口图书、报纸期刊为1 549.17万册(份),金额为5 894.12万美元;2012年全国累计出口图书、报纸、期刊为2 061.77万册(份),金额为7 282.58万美元。年度数量增长33.09%,年度金额增长23.56%。2011年全国累计出口音像制品、电子出版物8.32万盒(张),出口金额为1 502.43万美元;2012年全国累计出口音像制品、电子出版物26.15万盒(张),金额为2 191.05万美元,年度数量增长214.30%,年度金额增长45.83%。音像制品、电子出版物处于一种爆发式增长状态①。

与此相呼应的是,我国越来越多的新闻出版进出口经营单位以"借船出海""造船出海"等多种方式开拓中国出版物国际销售市场,努力进入国际主流销售渠道。中国国际图书贸易集团有限公司与亚马逊联合建立"中国书店";上海新闻出版发展公司借助法国拉加代尔集团国际书店销售网络向全球高端读者推荐中国出版的优秀外文图书;博库书城、新知集团等在美国、柬埔寨、老挝等地建立网络或实体书店,实现中国图书销售渠道在当地市场直接落地。

四、印刷服务贸易稳中有升

目前,中国印刷企业总数已经超过10万家,主要集中在珠三角、长三角和环渤海地区。三个地区的印刷企业数量达到67 715家,占全国总数的66.5%;工业产值4 332.34亿元人民币,占全国的75.39%;外商投资印刷企业有2 043家,占全国总数的83.7%;这三

---

① 北京印刷学院文化产业安全研究院:《中国文化产业安全报告(2014)》,北京:社会科学文献出版社,2014年,第94—96页。

个地区的印刷外贸加工业务占全国总额的 98.7%。中国已经成为全球重要的印刷加工基地。在全球经济危机中的 2008 年,中国印刷外贸服务收入达到 450 亿人民币,2009 年略有下降,依然达到 439 亿,2010 年迅速增加,已达到 661.65 亿元人民币。欧美一些著名传媒集团、出版集团的期刊、报纸以及图书教材基本都在中国印刷。在 2012 年全球主要经济体需求仍然疲软的背景下,我国印刷服务贸易额达到 680.09 亿元,比上一年增长 13.5%,增幅远高于其他对外服务加工贸易的增长速度。珠三角、长三角、环渤海三大印刷产业带已成为全球重要的印刷加工基地。2012 年,中国印刷业在突破欧美主导行业标准执行方面也有新收获。中国印刷技术协会获准承担国际标准化组织印刷技术委员会秘书处工作,改变了国际印刷标准化工作一直由欧美发达国家主导的局面。

五、企业和资本"走出去"不断增多

据不完全统计,"我国新闻出版企业在境外投资或设立分支机构 459 家",比"十一五"末增加了约 100 家,业务涉及出版物编辑出版、发行零售、数字内容生产、印刷加工、会展交流、培训咨询等众多方向。新闻出版企业通过资本运作,在海外投资或创办实体,提高国际竞争力,巩固"走出去"成效。传统出版企业结合自身"走出去"实际需要,在做大做强主业的同时拓宽业务领域,力图形成多元化"走出去"业务格局。中国国际出版集团在整合原有出版、发行、书刊进口贸易和批发业务的同时,开发数字化商务平台,并为国内业界"走出去"提供培训服务,业务范围进一步拓宽。北京语言大学出版社北美分社突出本地营销优势,打破海外发行仅仅依靠代理商的不利局面。与此同时,我国"走出去"实体的渠道优势和纽带作用渐渐显现,渠道建设突破实物销售渠道这一传统范围,向编辑合作、发行合作、营销合作等多个方向延伸。中国科学出版集团东京分公司与国内多家出版机构签署战略合作、项目合作协议,走共同策划选题、多文种出版、多介质发布、多地域销售的全球化经营之路。昆明新知集团代理销售人民教育出版社的汉语和基础教育教材,凭借自身在东南亚、南亚的实体渠道优势提升人

教版教材在这些地区的认知度。

六、政策支持体系支撑作用明显

中国新闻出版"走出去",在"十一五"期间已经形成了一个清晰明确的政策支持体系。即政策推动、项目带动极大提高了企业参与"走出去"工作的积极性,重点和品牌会展、交流活动的持续开展为行业进行国际交流创造了良好环境。

1. 日益完备的"走出去"政策体系

经过多年努力,我国已形成行业鼓励、贸易扶持、国家重视的新闻出版"走出去"支持体系,为"走出去"企业主体提供稳定的政策环境。早在"十二五"开局之年,原新闻出版总署就发布了《新闻出版"十二五"时期"走出去"发展规划》,提出"政府主导、企业主体、市场化运作"的原则,阐述了新闻出版"走出去"的内涵和外延,将新闻出版"走出去"工作划分为版权贸易、数字出版产品出口、出版实物产品出口、印刷服务出口和企业境外投资等五个业务领域,并进一步强调了重大项目、会展平台、信息服务、人才培养、奖励机制等方面对"走出去"工作的支持作用。2012年,原新闻出版总署以一号文件的形式发布了《关于加快我国新闻出版业走出去的若干意见》,对"十二五"末的主要目标提出量化标准,明确加强"走出去"宏观布局、加强版权贸易等八项重点任务,提出优化新闻出版资源配置的10条"新政",极大激发了企业发展海外业务、拓展海外市场的积极性。各部委、金融机构通过事后奖励、服务支持等方式,实现与新闻出版"走出去"政策的紧密对接,为企业创造更为有利的对外贸易和金融投资环境。商务部等10部门修改发布《文化产品和服务出口指导目录》,将从事期刊数据库服务、电子书出口、版权输出代理服务、新闻出版产品营销服务的企业纳入年度国家文化出口重点企业奖励范围,调动企业外向发展积极性。原新闻出版总署相继与中国银行、中国农业银行、国家开发银行、中国工商银行、中国进出口银行等金融机构签订"走出去"支持协议。2012年7月,原新闻出版总署与中国进出口银行签署《关于扶持培育新闻出版业走出去重点企业、重点项目的合作协议》,为新闻出版企业"走出去"在随后5年内争取了不低于200

亿元人民币或等值外汇融资支持,对提高新闻出版业的"走出去"融资能力起到极大的推动作用①。

在明确实施"走出去"战略并取得初步成效之后,党的十八大将中华文化"走出去"迈出更大步伐作为全面建成小康社会的目标之一,通过并对外公布了《关于加快发展对外文化贸易的意见》等更多利好政策,形成了一个完整的政策支持体系。

2. 重大工程、项目推动作用明显

以重大项目为抓手是我国新闻出版"走出去"在"十一五"至"十二五"期间取得突出进展的重要经验。中国图书对外推广计划、经典中国国际出版工程、外向型图书互译计划、中国出版物国际营销渠道拓展工程、重点新闻出版企业海外发展扶持计划等国家级重大工程的先后实施,为"走出去"企业打磨内容精品,建设海外销售渠道提供了有效支持。

其中中国图书对外推广计划是新闻出版"走出去"战略实施以来首个政府资助项目。以"向世界说明中国,让世界各国人民更完整、更真实地了解中国"为一贯宗旨,已同 61 个国家共计 486 家出版机构签署资助协议,涉及 38 个语种、2 201 种图书。其成员单位 2012 年共向海外(不含港、澳、台地区)输出版权 3 672 项,是"十一五"同期的 2.7 倍。经典中国国际出版工程于 2009 年启动,以学术类、文学类图书为主,重点扶持介绍当代中国发展变化、反映当代中国精神风貌、传播优秀中华文化的精品出版物的翻译、出版、营销和推广,提升中国出版物的国际影响力。此工程实施以来,共有 2 100 种外向型图书获得资助,累计资助金额超过 1.1 亿元。2012 年起,该工程加大了对文学类作品的支持力度,今后更将放宽申报条件,惠及外国出版企业和译者。"十一五"末,原新闻出版总署启动了中国出版物国际营销渠道拓展工程,力图建立和不断深化与国外主流营销渠道、华文书店和网络书店的合作,以"借船出海"的方式与国外重点发行商、批发商和零售商建立业务往来,为我国出版物进入海外主流营销渠道和主流读者视野提供机会。目前,一批优秀外文图书已经逐渐

---

① 王玉梅:《2014 新闻出版走出去:迎重要机遇年》,《中国新闻出版报》2014 年 2 月 10 日。

进入法国拉加代尔集团的 3 100 多家国际书店销售网络；近万种图书通过"全球百家华文书店中国图书联展"被推介到五大洲的数十个国家；中国国际图书贸易集团有限公司与亚马逊联合建立的"中国书店"上线图书已超过 18 万种，实现销售数万册，并专门为保证信息编制和实时供货建立了项目联席会议制度，为我国出版物的全球传播探索出了一种全新模式。未来一段时间，该工程将延伸资助链条，惠及参与工程实施的海外渠道商。

重点新闻出版企业海外发展扶持工程是原新闻出版总署于"十二五"开局之年启动的又一重大"走出去"扶持工程。2012 年，该工程取得很大进展，为 13 个重点企业"走出去"项目争取到了 9 650 万元专项资金的支持，大大降低了企业海外投资的成本。

一系列重大工程，推动了中国新闻出版走向世界的步伐。以"中国图书对外推广计划"为例，该项目自 2004 年开始在法兰克福书展上提出，2005 年正式开始运作，截至 2012 年底，合同签约 1 095 项，涉及图书 2 201 种，资助出版机构已经达到 486 家，覆盖 61 个国家。CBI（中国图书对外推广计划）项目办公室在 2009 年又承接了"中国文化著作翻译出版工程"，截至 2012 年底，该工程已经与 17 个国家的 43 家出版机构签约 67 项，涉及图书 763 种，两个项目合计涉及图书 2 964 种。本报告根据 CBI 项目办公室对外公布的两个项目资助翻译出版的图书，梳理出接受中国政府资助的出版机构名单，时间是 2004 年至 2012 年，具体详见表 10-1-1。

表 10-1-1　CBI 计划资助的海外出版机构名称、完成品种一览表①

排名	出版社	品种数量
1	德国施普林格出版集团	135
2	法国友丰出版社	69
3	澳大利亚中国（悉尼）出版有限公司	63
4	中国蓝出版社	57

① 表中出版社名称、品种数量均来自 CBI 办公室 2013 年对外公布的《中国图书对外推广计划已出版图书目录》（光盘）。

续表

排名	出版社	品种数量
5	新加坡圣智学习出版公司	37
6	新加坡 Enrich Professional 出版社	23
7 （2 家）	荷兰布睿尔出版社	22
	西班牙 Editomal Popular	22
8	韩国大家出版社	18
9 （2 家）	美国海马图书公司	16
	英国查斯出版社	16
10 （2 家）	土耳其 Tohum Basim Yayincilik 出版社	15
	越南胡志明联合出版社	15
11 （4 家）	日本东方书店	14
	新加坡世界图书出版社	14
	英国大通国际出版有限公司	14
	西班牙 Cooperación Editorial	14
12	新西兰克劳德出版有限公司	13
13 （2 家）	日本勉诚出版有限公司	11
	越南国家出版社	11
14	新加坡世界科技出版社	10
15 （2 家）	美国金桃子出版社	9
	黎巴嫩 ASP 出版社	9
16	美国威芒出版公司	8
	新加坡汤姆森亚洲私人出版社	8
17 （8 家）	加拿大交流出版社	7
	英国 Taylor&FranCis 出版社	7
	中国蓝中国出版社	7
	西班牙欧洲基金会	7
	俄罗斯建筑大学联合会	7
	黎巴嫩阿拉伯科学出版社	7
	波兰华沙中文学校出版社	7
	巴西 Organizacao Andrei Endieora	7

续表

排名	出版社	品种数量
18 （4家）	美国普利尼斯出版社	6
	日本太藤出版社	6
	中国青年出版社伦敦分社	6
	波兰马尔沙维克出版社	6
19 （8家）	美国哈勃柯林斯出版集团	5
	美国汤姆森学习出版集团	5
	日本北陆大学出版社	5
	加拿大约翰·威利国际出版公司	5
	德国朗氏出版社	5
	印尼 PT. Karisma Aksara Mediatama 出版社	5
	越南方南文化出版社	5
	俄罗斯凤凰出版公司	5
20 （8家）	美国全球按需出版社	4
	新加坡时信出版有限公司	4
	英国多尼克出版社	4
	英国 Compendium Publishing,. Ltd	4
	英国剑桥大学出版社	4
	伊朗 Helal 出版社	4
	墨西哥 Editorial Lectorum 出版社	4
	巴西 Andrel 出版公司	4
21 （11家）	美国密苏里植物园出版社	3
	SANZINI Publishing	3
	韩国 Gimn young 出版社	3
	韩国 Monhak Soochup 出版社	3
	韩国子母出版社	3
	泰国 Tathata 出版社	3
	加拿大北美艺术出版社	3
	越南国家政治出版社	3
	吉尔吉斯斯坦新闻调查出版公司	3

续表

排名	出版社	品种数量
	匈牙利医学春天出版社	3
	匈牙利 KOSSATH 出版社	3
22 (36家)	美国长青图书公司	2
	美国麦格劳希尔出版集团	2
	日本白帝社	2
	日本侨报社	2
	日本中央ァート出版社	2
	韩国 Chungeoran M &B Publishing	2
	韩国青于蓝出版社	2
	韩国文学手帖出版社	2
	韩国熊津出版社	2
	韩国劳光出版社	2
	韩国黄梅玉出版社	2
	韩国集玉斋出版社	2
	韩国石枕出版社	2
	新加坡汤姆森学习出版集团	2
	泰国 Sataporn 出版社	2
	新西兰大卫·贝特曼有限公司	2
	澳大利亚国立大学出版社	2
	意大利 Erickson 出版社	2
	英国培生教育出版集团	2
	法国 Editions Federop 出版社	2
	法国 Music & Entertainment Books	2
	法国比奇出版社	2
	法国音乐和娱乐图书出版社	2
	法国东方书局	2
	德国塑特音乐出版社	2
	德国佛雷德出版社	2
	沙特阿拉伯思想基金会	2

续表

排名	出版社	品种数量
	阿联酋 Kalima 出版社	2
	乌克兰 Podgornov Publishing Co,. ltd	2
	罗马尼亚克鲁日大学出版社	2
	奥地利 Wieser Verlag 出版公司	2
	印尼 PT. Interact 出版社	2
	荷兰爱思维尔出版社	2
	越南教育出版社	2
	越南金童出版社	2
	俄罗斯东方文化出版社	2
23 (121家)	美国东域出版公司	1
	美国 Jones & Bartlett 出版社	1
	美国景观设计出版社	1
	美国数学科学研究所	1
	美国文荟图书公司	1
	美国双日出版社	1
	美国工业与应用数学学会	1
	美国培生教育出版集团	1
	美国诺娃科学出版社	1
	日本 BP 出版社	1
	日本 Komogawa 出版社	1
	日本 Maijobusu 出版社	1
	日本东方书局	1
	科学出版社东京分社	1
	日本学习研究株式会社	1
	日本财团法人农山渔村文化协会	1
	韩国多乐园（株）	1
	韩国成均馆大学出版部	1
	韩国耕慧出版社	1
	韩国 Changbi Publishings. Inc	1

续表

排名	出版社	品种数量
	韩国中友株式会社	1
	韩国 Bandi Publishing Co,. Ltd	1
	韩国 Book21 Publishing Group	1
	韩国 Ching Itouse Publishing Co.	1
	韩国 Wong-ik Publishing Ccompany	1
	韩国 Jae Seung Book Gold Co.	1
	韩国 KyungSung Universisty 出版社	1
	韩国 Mjing 出版社	1
	韩国 Odworks Inc	1
	韩国书坛子出版社	1
	韩国 Paperroad 出版社	1
	韩国 Jigma Books 出版社	1
	韩国艾达媒体出版社	1
	韩国美术文化出版社	1
	韩国 Daekyo Publishing Co,. Ltd	1
	韩国泛友出版社	1
	韩国语文出版社	1
	韩国出版泛友公司	1
	蒙古科学院索永布出版社	1
	新加坡名创亚洲私人出版社	1
	新加坡汤姆森亚洲出版集团	1
	新加坡好藏之美术馆	1
	新加坡培生教育亚洲公司	1
	泰国 Athens Publishing	1
	泰国 Matichon Publishing House	1
	泰国 The knowledge Center	1
	新华文化事业(新)有限公司	1
	澳大利亚 Images 出版社	1

排名	出版社	品种数量
	澳大利亚国立大学亚太分社	1
	加拿大企鹅出版社	1
	意大利威尼斯出版社	1
	意大利大都会出版社	1
	意大利 LAS 出版社	1
	意大利 Longanesi & Editori 出版社	1
	意大利 Metropli D'Asia 出版社	1
	意大利 Rizzol 出版社	1
	意大利米兰 Francesco Briosch 出版社	1
	土耳其社会主义研究学会	1
	土耳其 Gala Film 出版社	1
	土耳其 Kalkedon Yayinlari 出版社	1
	土耳其新生出版社	1
	尼泊尔 Janasandesh 出版社	1
	阿尔法科技国际有限公司	1
	英国帕斯国际出版有限公司	1
	英国坎农格特出版社	1
	英国牛津大学出版社	1
	英国兰登书屋	1
	英国新经典出版社	1
	法国贝冯德出版社	1
	法国 Bourin Editeur 出版社	1
	法国 Editions Belin 出版社	1
	法国 Editions Parentheses 出版社	1
	法国 Editions Philippe 出版社	1
	法国比基埃出版社	1
	德国 ISKOPRESS 出版社	1
	德国 Monsun Varlag	1
	德国 Wasmuth 出版社	1

续表

排名	出版社	品种数量
	德国 Zambon 出版社	1
	德国兰登书屋	1
	德国古意特出版社	1
	德国柏林出版社	1
	德国迪·格瑞特出版社	1
	德国贝塔斯曼书友会	1
	德国 Avedition 出版社	1
	Schottmusic Gmbh & Co. KG	1
	乌克兰贝塔斯曼书友会	1
	塞尔维亚 Geopoetiks Publishing	1
	瑞士 LTR Publishing Ltd	1
	瑞士 Varlag nord sud	1
	瑞士伯克豪斯出版社	1
	马里撒哈拉出版社	1
	荷兰 DE Geus 出版社	1
	荷兰 ELMar 出版社	1
	荷兰 Arbeidersppers 出版社	1
	西班牙未来建筑出版社	1
	西班牙 Federacion	1
	西班牙马德里 Kailas 出版社	1
	西班牙命运出版社	1
	SANTILLANA 出版社	1
	越南北方文化公司	1
	越南 Innovation 出版社	1
	越南文化与通信出版社	1
	俄罗斯 KARO 出版社	1
	俄罗斯 VECHE 出版社	1
	俄罗斯科学院出版社	1

续表

排名	出版社	品种数量
	拉脱维亚 Jumava 出版社	1
	黎巴嫩 Arab Scientific 出版社	1
	比利时海马出版社	1
	斯洛伐克出版公司	1
	匈牙利维多利亚出版社	1
	希腊赫姆出版社	1
	纳米比亚 Macmillan Education 出版社	1
	墨西哥 Castor 出版社	1
	冰岛 Forlagid Publishing	1
	巴西 Companhia das letras 出版社	1
	巴西 Corrad Editora 出版社	1
	巴西 Editora A Record 出版社	1
	巴西 BCSR 出版社	1
	上海新闻出版(美国)分公司	1
	日本 Mar-sha 出版社	1
	英国伍德海德(Woodhead)出版社	1

由上表的 222 家海外出版社名单可以发现,既有一些世界著名的跨国出版集团,如德国兰登书屋、施普林格集团、美国圣智出版社、美国哈勃柯林斯、麦克劳希尔出版社等著名跨国集团,也有英国牛津大学出版社、澳大利亚国立大学出版社、荷兰布睿尔出版社、英国剑桥大学出版社等世界一流的学术出版社,涉及欧洲、北美、东亚、东南亚等 78 个国家。

由于 CBI 计划实施时明确规定,海外出版机构接受 CBI 翻译出版资助的同时,必须要有一家中国出版机构与之对应合作,因此这 222 家海外出版机构在项目执行过程中,都与相应的中国大陆出版机构建立了或多或少的合作关系。如在表 10-1-1 中出版品种前 10 名的出版机构中,德国施普林格出版社与中国 50 多家出版社有合作关系,荷兰布睿尔出版社与 20 多家中国出版机构合作。有些海外出版机构,甚至以 CBI 项目为依托,开始专门从事中国图书的翻译出版业务,如法国友丰出版社完成了 CBI 项目的 69 种图书,澳大利亚中国(悉尼)出版有限公司完成了 63 种,中国蓝出版社完成了 57 种,这些都是以专业翻译出版中国图书为主的海外出版机构。

3. 多元化中外交流对话平台初步形成

借助和建立一系列交流平台,有助于增进国际各界对我国新闻出版领域的了解,扩大国内外业界的交流机会,加深理解。国际重点书展中国主宾国活动已成为我国新闻出版企业集中亮相的重要平台,同时也是"出版业积极参与国际市场竞争的重要手段"。

中国出版企业积极组织参加世界各地的重要书展活动。近几年来,中国出版企业连续组团参加法兰克福书展、北京国际图书博览会、伦敦书展、开罗书展、伊斯坦布尔书展等国际知名书展。并以主宾国身份参加贝尔格莱德书展和美国书展等,这些书展活动强化了国际出版文化交流合作活动的品牌效应。此外,中国出版企业还首次参加了古巴哈瓦那国际书展,尝试打开拉美图书市场;首次参加有全球第二大动漫展之称的美国圣地亚哥国际动漫节,推动中国原创动漫产品与国际业界同台竞技。中国出版企业在"走出去"参展的同时,也积极举办国际水准的行业会展,将国际同行"请进来",提高国内外业界的交流频率,增进双方的了解。同时,2013 年 9 月,首届中国(武汉)期刊交易博览会吸引了 40 多个国家和地区 150 多个国际知名出版机构、2 000 多海外嘉宾参加。11 月,首届中国上海国际童书展一举吸引了 76 家境外童书出版机构参展,占总参展数量的 49%。这些在国内举办的具有国际化水准的展会大幅度降低了我国出版文化企业的交流成本,逐步提升了业界会展举办能力,同时提升了我国出版品牌、会展品牌的国际知名度。值得一提的是,中法出版人圆桌会议、中英出版论坛、中欧出版论坛、中国(宁夏)国际穆斯林出版机构版权贸易洽谈会等依托国际会展开展的中外出版业系列研讨会大大提升了我国与国际业界的交流水平,成为中外行业交流的品牌活动。

作为主导中国新闻出版"走出去"的一项标志性的活动,即中华图书特殊贡献奖,作为国家级政府奖项旨在表彰对介绍中国、翻译和出版中国图书做出重大贡献、努力促进中外文化交流的外国翻译家、作家和出版家。该奖自 2005 年设立以来,已颁发 7 次,来自 14 个国

家的 33 名人士获奖,越来越多为传播中国文化做出努力的海外人士
受到我国政府和业界的认可与鼓舞,影响日益广泛。报告特别将
2011—2013 年的获奖名单、国家、获奖人物列表 10-1-2。

表 10-1-2　2011 年至 2013 年中华图书特殊贡献奖名单

年度	人数	获奖名单	简介
2011 年	5 人	狄伯杰	印度尼赫鲁大学中文副教授
		施舟人	荷兰莱顿大学教授
		饭塚容	日本中央大学文学系教授
		约翰·奈斯比特	美国埃森哲评选的全球 50 位管理大师之一
		潘世勋	英国剑桥大学出版社全球首席执行官及印刷管理总裁,主推剑桥中国文库项目
2012 年	6 人	克罗缇达(女)	柬埔寨作家,对中国传统哲学思想在柬埔寨传播起到了积极作用
		莫芝宜佳(女)	德国汉学家,研究并翻译中国文学
		金胜一	韩国翻译家
		达西安娜·菲萨克(女)	西班牙汉学家
		理查德·雷文	美国耶鲁大学校长,推动合作出版"中国文化与文明"系列丛书
		约瑟夫·V.里德	联合国副秘书长
2013 年	6 人	兰乔第	意大利汉学家,出版物有 150 多种,涉及书籍、随笔和中文译本,评论有 400 多篇
		陈安娜	瑞典汉学家、翻译家
		穆赫森·赛义德·法尔加尼	艾因·夏姆斯大学中文系讲师,埃及最高文化委员会翻译委员会成员,埃及国家翻译中心中文专家组成员
		马豪恩	阿根廷国际关系理事会研究员和萨尔瓦多大学当代中国研究系主任

续表

年度	人数	获奖名单	简介
		傅高义	哈佛大学教授
		杨兆骥	2002年创办联通书局,成为中印出版界交流与合作的重要桥梁
2014年	10人	康达维	美国汉学家
		贝尔纳·布里赛	法国作家
		莫普德	印度汉学家
		费德里克·马西尼	意大利汉学家
		山田真史	日本东方书店社长
		莉亚娜·阿尔索夫斯卡	墨西哥汉学家
		弗拉蒂斯拉夫·巴亚茨	塞尔维亚贝尔格莱德地缘政治出版社社长
		吉姆·克齐泽	土耳其新生出版社社长
		周海伦	英国企鹅出版集团(中国)董事总经理
		沙博理	美裔中国籍汉学家

在政府大力推动和中国企业积极参与之下,新闻出版"走出去"在"十二五"期间已经建立了符合现实发展状态的话语体系;搭建了上至中央、下到地方、细至企业的立体化扶持体系;企业主体、市场化运作已成为我国新闻出版国际化交流合作遵从的主要原则。①

七、一批出版集团开始发挥骨干作用

中国出版企业是新闻出版"走出去"的主体,在2011至2013年的三年来,中国出版企业发挥了核心和骨干作用。据不完全统计,目前我国新闻出版企业已在境外建立各种分支机构459家。一些"走

① 王珺:《"十二五"上半期新闻出版走出去成就与思考》,《中国出版》2014年6月(下),第3—7页。

出去"骨干企业积极探索"走出去"持久发展模式,研究走出去获得成功的商业模式①。

国家级出版集团充分发挥自身在大众出版、科技出版、教育出版和对外宣传方面的特长,明确集团战略和路径,为进入国际市场而不断努力。如凤凰出版传媒集团、时代出版传媒集团、上海世纪出版集团、中南传媒集团、北方联合出版传媒集团、黄河出版传媒集团、南方报业传媒集团等地方出版集团都不断强化"走出去"实施力度。如中国出版集团明确了本集团国际化的中长期主要目标,提出抓住版权、项目、翻译、数字化、人才、机制六个要点,努力打造国际著名出版集团。安徽时代出版传媒集团始终坚持"走出去"战略,积极创新文化贸易增长方式,大力发展文化产品、文化装备制造出口贸易和文化服务外包业务,积极建设内容贸易平台、项目开发平台、产品贸易平台三大平台。黄河出版传媒集团确定了"加强与阿拉伯国家和穆斯林地区的交流与合作,发挥比较优势,构建中国图书走向伊斯兰国家最大平台"的战略发展思路,以国际书展为依托,以版权贸易为突破,带动实物产品"走出去"。南方报业传媒集团明确了"借船出海"战略,选择与一批扎根海外多年具有丰富实践经验的媒体合作,借助海外主流华文媒体的版面,在保证中国立场的前提下,直接移植他们的选题需求和语言模式,将海外读者真正关注、关心的新闻,辐射到五大洲主要华人聚居城市,目前落地版实施项目已达 918 个。国家级出版集团国际化目标的确立及详细战术的明确,无疑对出版集团国际化发展起到了推动作用,预计不久的将来会有大量"走出去"的成功实践。

2012 年原国家新闻出版总署对于中国图书出版集团、报刊集团、发行集团等中国骨干企业,按照营业收入、增加值、总产出和利润总额 4 个招标,采用主成分分析法进行综合评价,得出如下前十名排行榜。具体如图 10-1-5、图 10-1-6、图 10-1-7,对于国家级出版集团、发行集团、报刊集团进行全面考核,并以科学评估来监督中国新闻出版企业"走出去"的业绩以及实施效果,将会成为一种常态。

---

① 张福海:《新闻出版走出去的七个什么》,《中国新闻出版报》2013 年 6 月 20 日。

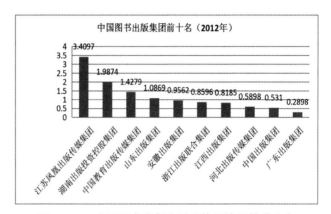

图 10-1-5　中国图书出版集团总体经济规模前十名

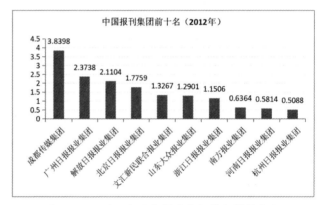

图 10-1-6　中国报业集团总体经济规模前十名

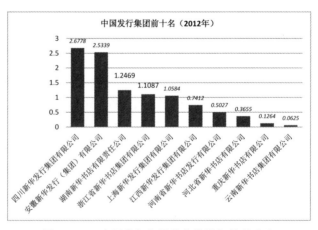

图 10-1-7　中国发行集团总体救济规模前十名

除出版集团之外,在单体社方面,近几年来"走出去"方面也取得了扎实的推进。如中国电力出版社与美国约翰威立国际出版公司、社会科学文献出版社与德国施普林格出版社、中国社会科学出版社与荷兰博睿出版社建立了战略合作关系。以战略合作为契机,接船出海,在选题、编辑、发行、渠道等多领域加强与国际知名出版机构合作,学习先进出版理念和市场运营模式,为向海外推广储备经验。

近几年来,一些"中国概念""中国故事"版权输出图书几乎都是中外出版社合作的成果。如《中国梦:谁的梦?》《中国强军梦——强军梦护航中国梦》《朱镕基讲话实录》(英文版)、《中国专利案例精读》《永远有多远》《民族精神——精神家园的内核》等表现我国时下政治热点、文学风貌和学术思考的作品不断走出去国门;"从博物馆看中国文化"50卷系列、"小布老虎丛书·中国儿童文学经典"系列等也从不同的角度尝试品牌长效"走出去"之路。与此同时,代表各企业特色的版权项目和合作出版产品也受到合作方的好评,在目标市场产生了重要影响。中国教育出版集团下属高等教育出版社与泰国教育部基础教育委员会、泰国BOWT出版社合作开发的《体验汉语中小学系列项目(泰国版)》在泰国已累计销售逾200万册,共有1 288所中小学使用此套教材;人民教育出版社的珠算教材《徐思众珠心算》向土耳其捷拉达电影制作与教育公司输出土耳其语版权,达到了"传播中国珠算文化,促进中土文化交融"的目的。中国出版集团旗下荣宝斋借助英国和加拿大数字出版公司的发行渠道,将艺术类图书和期刊通过手机和电脑平台推广及销售。中国国际出版集团旗下中国国际图书贸易集团针对喜欢中国菜的外国人开发了应用产品iChinese cooking,并在苹果商店上线销售,将内容产品转化成内容资源,利用数字形式加以推送。《今日中国》《北京周报》、俄文《中国》等对外宣传类期刊依靠其在海外的分支机构,建立了Facebook,Twitter等官方账户,并充分利用当地知名博客网站、社交网站等,构建了面向当地读者的微传播和互动平台交错的传播网,将"中国声音""中国观点"融入当地人民的日常生活①。

总之,近几年来,包含中国图书、报纸、期刊等传统出版业务以及

---

① 王珺:《"十二五"上半期新闻出版走出去成就与思考》,《中国出版》2014年6月(下),第3—7页。

数字出版、网络游戏与动漫等新媒体产品的市场份额不断增大,在数字出版的转型升级过程中逐步拓展国际市场,取得了令人瞩目的成就。在全世界的新闻出版业整体格局中,中国新闻出版业发展势头最好、最具有活力,并日益成为举足轻重的一部分。

八、中国新闻出版的世界影响

1. 进入世界图书馆系统的中文图书日益增多

2012年北京图书博览会期间,北京外国语大学与《中国传媒商报》首次联合发布了《中国图书的世界馆藏影响力报告》,从全球图书馆收藏数据的角度对于中国出版的世界影响给予评估,得到了业界的积极影响和反馈。2013年又发布了第二次报告,显示被全球30家以上图书馆收藏的中文图书品种,总量为18 010种,分别由392家出版社出版。与2012年相比,净增加了9 831种,出版社增加了31家。2013年总品种大幅增加的主要原因是纳入统计图书馆的范围较上一年有所扩大,但被海外图书馆收藏的中文图书品种逐渐增多是一个基本趋势。

2014年发布了中国600家出版社在2013年全年出版的新品种(含再版)进入全世界图书馆收藏系统的报告。根据报告数据显示,排名第一的是中国社会科学出版社,收藏品种为1 078种,第二名为社会科学文献出版社,收藏品种为940种,第三名为科学出版社,海外收藏品种为904种,第四名为清华大学出版社,收藏品种为798种,第五名为人民出版社,收藏品种为700种,第六名为北京大学出版社,上榜品种为687种,第七名为人民邮电出版社,上榜品种为523种,第八名为中华书局,上榜品种为519种,第九名为法律出版社,上榜品种为503种,第十名为电子工业出版社,上榜品种为483种。前两年没有进入前十名的社科文献出版社、科学出版社、清华大学出版社、法律出版社、电子工业出版社、人民邮电出版社等6家均进入了前十名排行榜。整个数据展现了2013年度中国内地出版社的年度品种生产与文化创新质量之间的一个动态发展状况。可以得出两个基本结论:

第一,总体上看,中国出版业的世界影响愈来愈大,文化创新质量水平已经具有了一定基础。2013 年中国内地 516 家出版社出版的 37 640 种中文图书进入世界图书馆收藏系统,这约占 2013 年全国新书 40 万种(含再版)9％的比例。这表明中国内地出版社的总量中,大约 有十分之一弱的比例符合知识创新与文化传承的要求,并进入了世界 图书馆系统。由于出版总量中含有大量的中小学教材品种,而这部分 品种是不在世界图书馆收藏系列的,这表明中国出版业的文化创新质 量水平已经具有了一定基础,中国出版的世界影响愈来愈大。

这里有一个大的背景,那就是近几年海外图书馆收藏中文图书 的总体趋势收紧,尤其是一些大学图书馆系统,受馆藏空间影响,加 大电子书采购比例,对中文纸质图书采购总体上保持原有规模没有 增加。以位于洛杉矶的加州大学系列东亚图书馆为例,加州大学洛 杉矶分校、伯克利分校、欧文分校、河滨分校、圣塔巴巴拉分校、圣地 亚哥分校等六家图书馆,具有超过百万种的中文藏书均没有副本,一 本书只要读者有需求,各个分馆之间进行互借和调剂。一些再版书, 如果不是修订版或者重新增删版,都不再新采购。

中国图书海外馆藏的新增加部分差不多都来自于公共图书馆, 尤其是北美各地中国城的图书馆增加最快。以芝加哥中国城图书馆 为例,根据陈思(Sicheng)馆长对笔者的介绍,全馆共有近 2 万种中 文图书,其中大陆出版社与港、澳、台出版社的比例各占 50％,是全 芝加哥 80 多个分馆中,按照工作强度最大、最忙的图书馆排名,20 多年间为均排在第一位,中文图书流转率每月超过 2 万种,以至于芝 加哥其他社区的居民,只要是想阅读中文书,就到中国城图书馆来借 阅。设在中国城的图书馆在全美公共图书馆系统中正在发挥着传播 中国文化的"窗口作用"。目前的芝加哥中国城图书馆的空间已经不 能满足藏书需要,最近中国城图书馆正在准备迁址,新馆的收藏空间 更大、设施更新。而带动这种增长的动力就是中国移民的快速增长, 因为服务与满足社区居民的需求是公共图书馆的第一职责。尽管如 此,陈思馆长告诉我,对于图书副本的选择,受公共经费的限制,也是 由过去的 2 到 3 种副本采购,改为不再选购副本。

由于公共图书馆的需求与大学图书馆的需求有着很大不同,但 在对于图书质量的选择上是一致的,那就是精挑细选。不是万不得已,不会花钱购进。由此可见,今年上榜的 516 家内地出版社的 37 640 种图书,在内容、质量等方面都是经过了一番检验的。

第二,文化资源与品牌优势对于知识生产推动明显,部委社、大学社、文艺社、少儿社等出版社文化创新能力、知识生产水平突出。

表 10-1-3　2013 年进入世界图书馆系统的品种数量、出版社类别、比例一览表

	大学出版社	部委出版社	地方社	少儿社	文艺社
比例	18%	51%	23%	3%	5%
品种数量	6 786	19 186	8 796	1 130	2 006
家数	92	179	200	23	22

表 10-1-3 是把 2013 年上榜的 516 家出版社按照类别进行细分。单就品种数量来看,传统具有行业、领域出版资源的部委社的品种最多,179 家出版社的 19 186 种被图书馆系统收藏,比例超过 51%;其次是地方社,包含地方人民社、科技社、教育社、古籍类出版社,合计 200 家的 8 796 种摆上了图书馆的书架,比例为 23%;再次是 92 家大学社的 6 786 种,比例达到了 18%。这三类出版社几乎囊括了中国最著名的大社、强社,既有作为文化传承与知识创新的主要阵地大学出版社,也有历史悠久,长期在某个领域耕耘的部委社、专业社。长期积累的出版资源与品牌优势积累,集聚了大量文化质量高的优质图书,使部委社、大学社领跑中国书业的知识生产。

这个结论还可以在不同类别出版社的平均上榜品种对比中得到验证,详见图 10-1-8。

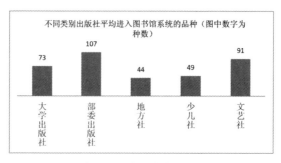

图 10-1-8　中国不同类别出版社平均品种对比

(数字来源:《2014 年中国图书的馆藏影响力报告》)

由图 10-1-8 的对比可以发现,部委出版社进入世界图书馆系统的平均品种最高,达到 107 种;其次是文艺社为 91 种,再次是大学社 73 种,少儿社也在 49 种。这表明部委社、大学社、文艺社、少儿社的文化创新能力、知识生产水平要远远高于其他类出版社。但是部委社、大学社与文艺社、少儿社的文化创新又有所不同。在新世纪十年来,随着国家各类出版工程、计划、项目的实施,各类出版资助的金额逐年增大,一些具有品牌优势的部委社、大学社成为国家出版资助的主要受益者,大量出版资金进入了这些出版社,使一些高质量的学术图书得到了出版。这是长期积累的品牌优势获得了出版资源,品牌与出版资源之间形成了良性循环。而文艺社、少儿社则主要依靠市场开拓带动文化创新。比如文艺类、少儿类图书在影视互动、动漫游戏互动、手机阅读、网络阅读、引进版与原创等多个方面风生水起,在纯粹市场开拓方向上走出了一条发展路径,文化创新与知识生产水平是在市场拼搏中形成的。从长远看,后者比前者更具有发展后劲。

2. 中国当代文学图书最受世界青睐

以 2012 年莫言获得诺贝尔文学奖为标志,中国当代文学开始进入世界文坛的核心地带,由此带动了中国文学图书的出版。根据《2013 年中国图书店馆藏影响力报告》显示,在全球 30 家以上图书馆中,中国当代文学图书最受青睐。表 10-1-4 是中国 600 家出版社 2013 年出版的 37 640 种图书中,最有世界影响力的中文图书排名。

表 10-1-4　2013 年度最有世界影响力的中文图书排行榜 TOP50

排序	书名	作者	类型	出版社	全球收藏图书馆数量
1	《第七天》	余华	文学	新星出版社	99
2	《带灯》	贾平凹	文学	人民文学出版社	90
3	《宝贝》	六六	文学	长江文艺出版社	61
4	《全世界人民都知道》	李承鹏	文学	新星出版社	60
	《黄雀记》	苏童	文学	作家出版社	60
5	《长安盗》	海岩	文学	江苏文艺出版社	59

排序	书名	作者	类型	出版社	全球收藏图书馆数量
6	《日夜书》	韩少功	文学	上海文艺出版社	58
7	《看见》	柴静	文学	广西师范大学出版社	56
8	《繁花》	金宇澄	文学	上海文艺出版社	53
9	《我所理解的生活》	韩寒	文学	浙江文艺出版社	52
10	《只有医生知道》	张羽	文化、科学、教育、体育	江苏人民出版社	49
	《邓小平时代》	(美)傅高义、冯克利	政治、法律	生活·读书·新知三联书店	49
11	《长相思》	桐华	文学	湖南文艺出版社	47
	《蚀心者》	辛夷坞	文学	江苏文艺出版社	47
12	《众声喧哗》	王安忆	文学	上海文艺出版社	46
13	《明清之际西学文本：50种重要文献汇编》	黄兴涛等	综合性图书	中华书局	45
	《眠空》	安妮宝贝	文学	北京十月文艺出版社	45
14	《立》	池莉	文学	长江文艺出版社	43
	《北去来辞》	林白	文学	北京出版社	43
15	《一号命令》	叶兆言	文学	江苏文艺出版社	42
	《幸福要回答》	杨澜、朱冰	文化、科学、教育、体育	江苏文艺出版社	42

续表

排序	书名	作者	类型	出版社	全球收藏图书馆数量
16	《炸裂志》	阎连科	文学	上海文艺出版社	40
17	《野性的红高粱：莫言传》	叶开	文学	二十一世纪出版社	39
18	《十年一觉电影梦：李安传》	张靓蓓	文学	中信出版社	38
	《不省心》	冯小刚	文学	长江文艺出版社	38
	《爱情的开关》	匪我思存	文学	新世界出版社	38
19	《朱镕基上海讲话实录》	朱镕基	政治、法律	人民出版社	37
	《忐忑的中国人》	梁晓声	文学	中国社会出版社	37
	《沙海：荒沙诡影》	南派三叔	文学	新世界出版社	37
20	《河神：鬼水怪谈》	天下霸唱	文学	安徽人民出版社	36
	《出梁庄记》	梁鸿	文学	花城出版社	36
21	《谢谢你离开我》	张小娴	文学	湖南文艺出版社	34
	《懦者》	梁晓声	文学	湖南文艺出版社	34
	《婚久必昏》	晓月	文学	湖南文艺出版社	34
22	《中国人的焦虑从哪里来》	茅于轼	经济	群言出版社	33
	《长相思2》	桐华	文学	湖南文艺出版社	33
	《从你的全世界路过》	张嘉佳	文学	湖南文艺出版社	33
	《波特哈根海岸》	王安忆	文学	新星出版社	33

续表

排序	书名	作者	类型	出版社	全球收藏图书馆数量
23	《所有人问所有人》	韩寒	文学	湖南人民出版社	32
	《迷冬:青春的狂欢与炼狱》	胡发云	文学	人民文学出版社	32
	《北京遇上西雅图》	薛晓路	文学	华艺出版社	32
24	《西藏秘密:1959 年以前西藏到底发生了什么?》	刘德濒	历史、地理	西藏人民出版社	31
	《文学回忆录》	木心	文学	广西师范大学出版社	31
25	《中国古籍总目·索引》		综合性图书	中华书局、上海古籍出版社	30
	《一个:很高兴见到你》	韩寒	文学	浙江文艺出版社	30
	《我们家》	颜歌	文学	浙江文艺出版社	30
	《晚安玫瑰》	迟子建	文学	人民文学出版社	30
	《铜雀春深》	赵枚	文学	作家出版社	30
	《莫失莫忘》	秋微	文学	中信出版社	30
	《返城年代》	梁晓声	文学	东方出版中心	30

将表 10-1-4 的 50 种书目按照内容进行分类统计,具体如图10-1-9。

由表 10-1-4 和图 10-1-9 的数据可以发现,中国当代文学图书已经成为世界图书馆系统最为青睐的主要内容之一。这主要体现在:

第一,中国当代文学已经成为最具有优势的板块,彻底改变了中国历史、典籍等占据主要地位的历史。2013 年出版的文学类图书上榜品种为 42 种,占据了全部 50 种书目的 79%,具有压倒性的优势,显然是最具有世界市场竞争力的内容。单就书名来看,排在第一名至第 9 名的全部是中国当代文学的内容,既有在世界文坛享有大名的纯文学作家,如余华的《第七天》、贾平凹《带灯》、苏童的《黄雀记》、韩少功《日夜书》,也有国内畅销书作家六六的《宝贝》、海岩的《长安盗》,还有双栖作家柴静的《看见》、金宇澄的《繁花》,还有 80 后作家韩寒的《我所理解的生活》,等等。

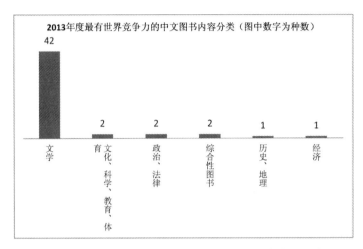

图 10-1-9 2013 年最有世界竞争力的中文图书内容分类

OCLC 的成员馆数量,按照 2012 年 OCLC 公布的数据为 22 955 家。其中公共图书馆 5 152 家,大学以及专业学院图书馆 4 793 家,中小学校图书馆 7 692 家,各级各类政府图书馆 1 683 家,职业学院、社区学院图书馆 1 102 家,企业商业图书馆 1 241 家,国家图书馆 108 家,基金会、协会机构图书馆 624 家,其他图书馆 204 家。这些图书馆采购中文图书的偏好各有侧重。从数量上来看,最多的是中小学图书馆,排名第二的是公共图书馆,第三才是大学以及专业学院图书馆。这三类图书馆的需求基本决定了中文图书在世界各个国家读者面前呈现的基本面貌。有的侧重教育与普及类图书,有的侧重学术研究类图书,但在对于中国文学等流行图书的选择上具有一定的共通性,那就是普遍受作家、作品知名度的影响。比如在笔者进行的北美实地调研中,对于莫言的各种版本(包含中国台湾的繁体字本),无论是大学图书馆还是公共图书馆,各个馆均有收藏,有的公共馆甚至设有莫言专柜。

因此,近几年大量国内流行的文学图书上榜,与这些作品在国内获得了广泛的知名度有关,因此也影响了世界图书馆系统的选择,使国内外判断标准逐渐合流。长期以来,欧美文坛以自己的标准对于中国当代文学进行选择和评价的情形,在图书馆系统正在逐步改变,即国内文坛开始影响和改变在世界图书市场对于中国当代文学的评判标准,显然这是一个重要变化。它意味着中国当代文学的世界话语权在逐步增强。这也再次验证了本项研究在 2013 年得出的结论:"在未来中国图书参与竞争世界的队伍中,文艺社是最具有世界竞争优势的一个出版方阵"。

第二,在中国当代文学领域,地方文艺社异军突起,而且国内流行的青春文学作家作品与传统纯文学的专业作家队伍一道,开始角逐世界市场。

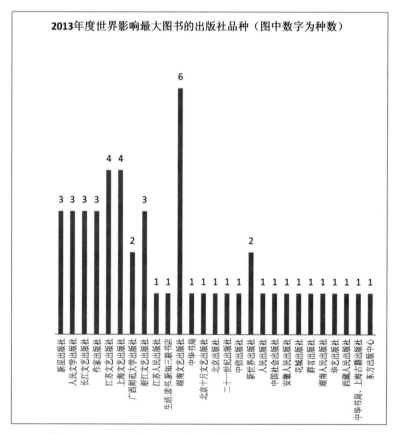

图 10-1-10   2013 年世界影响力最大图书的出版社品种对比

图 10-1-10 是将出版 2013 年最有世界影响力 50 本图书的出版社进行的品种对比,排在第一名的是湖南文艺出版社,有 6 本图书上榜;并列第二名的是上海文艺出版社和江苏文艺出版社,分别有 2 种图书上榜;排在第三名的有五家出版社,各有 3 种图书上榜,分别是人民文学出版社、作家出版社、长江文艺出版社、新星出版社、浙江文艺出版社;排在第四名的分别有 2 家出版社,各有 2 种上榜,分别是广西师范大学出版社和新世界出版社,排在第五名的有 11 家出版社,各以 1 种上榜。

从这样一个榜单中可以明确发现,在中国当代文学这个最具有世界竞争力的板块中,地方文艺出版社开始异军突起,并以读者群庞大的青春文学作品与人民文学出版社、作家出版社等传统大社进行竞争,同时也开始角逐世界图书市场。特别是湖南文艺出版社在 2013 年拔得头筹,从其上榜的 6 种图书来看,特点明显。这 6 种图书分别是《长相思》(桐华,并列第 11 名)、《谢谢你离开我》(张小娴,并列第 21 名)、《懦者》(梁晓声,并列第 21 名)、《婚久必昏》(晓月,并列第 21 名)、《长相思 2:诉衷情》(桐华,并列第 22 名)、《从你的全世界路过》(张嘉佳,并列第 22 名),除了梁晓声是已成名的纯文学作家外,其余的 5 部作品都是 80 后作家的青春文学作品。

在中国社会的快速发展过程中,形成了极具特色的中国当代文坛。既有仍然占据主导地位的纯文学,也有类型文学、网络文学、青春文学等新形态出现。特别是在类型文学方面,科幻小说、历史演绎、惊悚悬疑类、奇幻推理等文学作品层出不穷,有些图书销售动辄以百万计算。在专业创作的文学作者之外,还有一个庞大的业余创作者群体,在互联网这样具有无限可能的空间里,他们直面读者,尽情发挥着自己的文学天才。中国人口有 13 亿,中国文学的内容也深入到这 13 亿人口中最为丰富、广泛、幽微和精细的各个角落,对于一个想要了解中国人及其思维方式的外国读者来说,中国文学将成为进入这个世界的一把钥匙。此次大量青春文学作品进入世界图书馆系统,即是世界各国读者借助文学了解丰富多样的当代中国的开始。

(文/何明星)

第二节　出版能力与传播能力是短板

原国家新闻出版总署署长柳斌杰在一次讲话中谈到,目前中国新闻出版业仍然存在三大问题:第一,体现在思想观念上,许多方面的思想没有解放,过分强调文化的特殊性而忽略文化生产经营的一般规律,不能与时俱进。第二,行业部门利益障碍,一些党政部门为了既得利益,不愿意让文化单位转制脱钩,或者是明脱暗不脱,阻碍了文化企业兼并重组,使之不能做大做强。第三,条块分割、垄断经营的格局没有打破,影响了统一开放市场的形成。这些全行业的问题在"走出去"方面,就体现在如下几个方面:一是意识形态壁垒严重,东西方文化差异明显。由于一些西方国家对中华文化持有偏见,对世界范围内客观存在着的不同文化价值取向怀有对立心理,使我国新闻出版产品进入西方主流社会面临重重困难。加之英语为世界主流语言,欧美文化在国际传播中处于强势地位,使我国在对外文化传播中处于不利境地。二是新闻出版企业实力不强,"走出去"动力不足。尽管我国新闻出版企业取得了长足发展,但整体实力、影响力和竞争力同国际同行相比还有较大差距,特别表现在内容原创性、新技术运用、国际市场开拓等方面。一些新闻出版企业满足于在国内市场跑马圈地,对"走出去"有畏难情绪,对"走出去"的政策了解不够,运用不足。三是政府资源分散,政策资金不到位。一方面各部门制定的"走出去"扶持政策还较分散,没有形成合力;另一方面承担"走出去"责任的部门经费不足,一些扶持计划一时难以实现。此外,现有政策在支持力度、配套体系,以及可操作性方面与"走出去"现实需要存在一定差距,需要进一步细化和完善。四是"走出去"服务有待加强,统计有待完善。目前"走出去"信息服务体系还不健全,服务平台还不完善,中介服务组织功能未充分发挥。数字出版产品出口、中外合作出版的产品、作者和民营策划公司向境外输出的版权、非国有文化企业在境外销售的产品均未纳入"走出去"统计范畴。五是"走出去"人才缺乏,对国际市场了解不足。我国外向型版权贸易人才、专业技术人才、经营管理人才、翻译人才匮乏,导致对国际市场需求和发展趋势把握不准,对精品图书和畅销书国际运作缺乏判断力,对新闻出版国际传播和贸易规则缺乏认知和了解①。这五个方面的问题,既有客观的外部现实环境问题,也有主观的内部管理问题,有些是长期存在的问题,并不是一朝一夕就能解决的。但总体上看,中国新闻出版最为迫切需要解决的问题有两个方面,那就是中国文化产品出版能力弱、传播范围窄是长期制约中国新闻出版"走出去"的核心问题,必须要马上给予解决。

一、具有知识创新和文化传承的出版能力严重不足

所谓新闻出版能力,这里不是简单等于生产品种、生产规模的统计数字,而是指年度出版的新书品种(含再版)能够进入世界图书市场,能够进行传播的品种出版能力。单从中国图书每年出版的新品种(含再版)来看,因为有数量庞大的大中专学生教材、学习资料等大量的基础品种数字,所以中国早在 2013 年就以年度新书 44 万种位居世界第一出版大国的地位。但是要衡量出新闻出版业年度知识生产、知识创新的水平,必须将基数庞大的教材品种剔除之后,并与国际数字进行对比,才能衡量出中国新闻出版的真实水平。

本报告以进入世界图书馆系统的品种为依据,对比中国与美国的数据发现,中国的新闻出版能力还相对较弱,尚不能对于世界中国主题图书的出版产生引领性作用。

以北京、纽约为出版地选项,对于 2014 年出版的进入全球图书馆系统的图书品种(含再版)、连续出版物品种、互联网资源品种、视频资源品种的数据对比,具体如图 10-2-1:

---

① 张福海:《新闻出版走出去的七个什么》,《中国新闻出版报》2013 年 6 月 20 日。

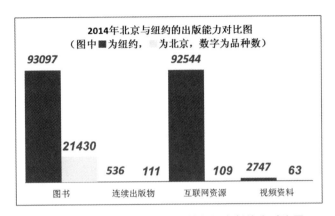

图 10-2-1 2014 年北京与纽约的新闻出版能力对比图

通过上图可以看出,在 2014 年全年新出品种(含再版)中,署名图书出版地为纽约的品种为 93 097 种,署名为北京的为 21 430 种,北京与纽约有 4.3 倍的差距;署名为纽约的连续出版物有 536 种,署名为北京的连续出版物有 111 种,之间有 4.8 倍的差距;在最能体现出版技术变革发展水平的互联网资源出版方面,纽约有 92 544 种,北京仅有 109 种,北京与纽约之间的差距是 849 倍,差距悬殊,几乎不成比例;在署名纽约为出版地的视频资源出版方面,纽约是 2 747 种,北京仅有 63 种,北京与纽约的差距是 43 倍。

上述数据,尽管有 OCLC 图书馆成员馆数量,侧重美国、英国、加拿大、澳大利亚等英语国家的图书馆的原因,因此导致中国图书、连续出版物等品种数据会有部分偏差。但是视频资源与互联网资源的品种出版,体现的是纸介等传统资源与新媒体、新技术的融合水平,北京与纽约这两个方面的差距已经达到了 43 倍与 849 倍,无论怎样进行统计数字的修正,都不会弥补北京与纽约之间的巨大鸿沟。年度出版能力的数据,应该是中国新闻出版业在出版技术巨大变革时代里的真实发展状况。因此,不管怎样说,中国都还难以称得上是一个出版大国。

二、传播范围窄、传播渠道有限等问题没有得到根治

中国出版的图书、期刊以及数字产品传播范围窄、出版渠道有限等问题,自"十一五"期间就是被反复提出的老问题,尽管相关部门和

主管机构想方设法进行解决,比如设立亚马逊中国网站,但受制于各个方面的问题,传播渠道问题依然没有得到有效根治。本报告依据OCLC 数据库,将中国主要报纸、杂志以及北京新闻出版广电局所管辖的报纸、杂志逐一检索,得出的数据与纽约的主要报纸、杂志的进行对比,发现两者之间存在着的差距与"十一五"初期的距离依然很大。

将北京新闻出版广电局所管辖的报纸、杂志也统计在内并重点考察,是因为中国新闻出版行业长期实行属地管理政策,北京地区的媒体在某种程度上,与中央一级媒体享受差不多具有同等人才、信息、政策等出版资源。这种对比,可以发现中国新闻出版业的真实发展水平。

1. 北京地区出版的主要报纸、杂志的影响力

依据 OCLC 数据库,本文逐一对北京地区的主要媒体进行检索,检索时间是 2014 年 12 月,发现北京日报集团、北京青年报集团所属的 20 家报纸中,只有 5 家报纸在世界图书馆系统有收藏:这 5 家报纸的名称、收藏图书馆数量分别是《北京日报》12 家、《北京青年报》10 家、《北京晚报》6 家、《法制晚报》4 家、《北京科技报》1 家。这 20家报纸中,没有一家具有外文版,这也客观上限制了以英语为主的世界图书馆收藏系统的传播与流布。

由北京新闻出版广电局管辖的杂志(理论学术、文学艺术、教育科学)约有 30 家,但只有 14 家有收藏:这 14 家杂志的名称、收藏图书馆数量分别是《收藏家》42 家、《十月》69 家、《北京文学》66 家、《首都师范大学学报》26 家、《前线》28 家、《北京社会科学》37 家、《北京档案》43 家、《北京观察》19 家、《中国特色社会主义研究》15 家、《新闻与写作》18 家、《父母必读》22 家、《大学生》9 家、《职业女性》8 家、《少年科学画报》4 家。

在 OCLC 检索到的报纸、杂志数量除以北京新闻出版广电局所管辖的所有报纸、杂志总数,就得出北京地区主流传媒的海外传播到达率,分别是杂志 46%,报纸为 26%,显然,这是一个很低的水平。

本文还专门选取了加拿大 22 家图书馆(13 家公共馆、9 家大学图书馆)对《十月》《北京文学》《前线》《父母必读》等四份具有普遍性读者的杂志,以及北京出版社出版的《北京土语词典》《北京老城门》《北京的胡同》《北京古建筑掠影》等四本具有北京特色的图书进行流转率(年借阅)的抽样,发现在鼓励文化多样性发展的加拿大地区,这8份具有北京特色的出版物和图书,年平均流转率均为<2次,流转率同样很低。可以说,北京地区的新闻出版的国际影响力很低。

除北京地区媒体之外,本文还在2014年12月底检索了办公室设在北京的主要国家级报纸、杂志的图书馆收藏数据:发现号称"中国第一大报"的《人民日报》是156家,是《北京日报》的13倍;面向全球发行的《中国日报》(英文版)在线数据收藏是252家,纸介版157家,是《北京青年报》的15倍;最能显现中国核心价值观的《求实》杂志是113家,是《前线》杂志的4倍。这些数据体现了中国国家级报纸杂志与地方报纸杂志之间国际影响力的差距。

在专业媒体方面,由中国新闻社主办,以国内、国际重大新闻报道为主,强化时政新闻的内容,旨在构建中国权威时政传媒在中国最有影响力的《中国新闻周刊》杂志,在全世界收藏图书馆数量仅仅有13家;全面观察并追踪中国经济改革的重大举措、经济政策以及行业发展动向的《财经》杂志是42家。这些数据虽然好于北京新闻出版广电局所辖的报纸、杂志,但与纽约的世界知名报刊相比,总体上的国际影响力还处于很低的水平。

2. 纽约主要报纸、杂志的影响力据

依据OCLC世界图书馆收藏系统可以发现,当今世界最有影响的《纽约时报》,其全世界收藏图书馆数量为3 610家,是《人民日报》156家的23倍,是《北京日报》12家的300倍;创造了世界政治人物评价的"《时代》(Time)封面人物"《时代》杂志,全世界收藏图书馆数量为6 849家,是《求是》杂志113家的60倍,是北京《前线》杂志的244倍;发行高达300万份、全世界各地新闻风向标的《新闻周刊》,收藏图书馆数量为6 279家,是中国新闻社主办的《中国新闻周刊》13家的483倍;以全球经济论坛闻名世界的"世界财富论坛"和"世界500强排行榜"的《财富》(Fortune)杂志社,全球收藏图书馆数量为4 623家,是中国《财经》杂志42家的110倍。不比不知道,一比吓一跳。这些数据显示了中国新闻出版业在国际上所处的真实地位。

　　显然,纽约具有覆盖全球的新闻出版传媒业集群,其无与伦比的国际影响力成就了纽约的世界政治、经济、文化中心地位。除以上提及的《纽约时报》《时代》杂志、《财富》《新闻周刊》等杂志外,美国三大广播电视网和一些世界有影响力的报刊、通讯社的总部都设在这里。世界排名前 10 位的消费类杂志中有 6 家总部设在纽约,美国 30% 的出版产业从业人员工作、居住在纽约。此外,纽约拥有 80 多种有线新闻服务、4 个国家级电视网总部、至少 25 家有线电视公司,全球著名媒体集团多数在这里有分公司,并吸引了不少的公司总部,比如维亚康姆公司、美国国家广播公司、纽约时报集团等。面向全球发行的最为知名的杂志社、出版社几乎都在纽约设有办公室。

　　正是这些"巨无霸"级传媒业,将纽约所代表的政治价值观、经济金融秩序、文化评判标准等信息传播到了全世界。如通过各类媒体,将位于哈德逊河上的美国自由女神像所代表的自由、平等、博爱的价值观念,传播到全世界不同国家、地区。每天从全世界各地来到纽约的无数游客,都会络绎不绝地来到自由女神像前参观、游览和摄影留念。将价值观成功赋予在一个雕塑身上,这是全世界绝无仅有的成功案例。华尔街位于纽约曼哈顿下城,地方不大,却是全球金融活动的心脏地区。不仅仅是因为纽约证券交易所的金融活动数量庞大,还在于纽约传媒业塑造了华尔街在全世界金融行业中的领导地位,并影响着全世界的金融秩序,因此纽约被称为世界金融中心。特别是文化娱乐方面,纽约市是众多世界级画廊和演艺比赛场地的所在地,芭蕾、古典音乐、歌剧、大型音乐会、爵士音乐、摇摆舞、戏剧、电影、卡巴莱歌剧表演、迪斯科、钢琴演奏表演应有尽有,生动活泼,扣人心弦,这些文化信息的全球传播使纽约成为西半球文化及娱乐中心之一。而代表性的文化标志是闻名世界的百老汇。以英式文化为基调,融合本土文学的百老汇演出剧目在世界范围内享有盛名,成为美国现代文化的代名词。可见,美国文化的全球传播,关键在于拥有了覆盖全世界的传媒业,这一点正是中国文化所不具备的。

(文/何明星)

第三节　建议和对策

随着中国综合实力的日益增强,中国日益成为世界文化与舆论的中心国家,包含图书、报刊、影视、数字出版等在内的文化产品,很难再有国内与国外的区别。因此,中国新闻出版"走出去",在客观环境已经完全变化的时代里,应注意处理好以下几个基本原则:

一是应处理好外宣和外销的关系。出版物只有在被阅读的时候,才能成为沟通心灵的桥梁和纽带。我们的外宣产品必须要为国外读者所需要,而不能仅仅是我们想推出的产品。应借鉴国外成功经验,通过建立可持续发展的商业模式,变外宣为外销,寓外宣于外销。

二是应注意处理好中国内容和国际表述的关系。任何文化输出,如果解决不好本土化问题,都可能因为水土不服而无法实现预期目标。应精心挑选我们想输出而对方又可能接受的内容,使用对方喜欢的表述方式,尽量选用以对方语言为母语的翻译家,与对方的主流发行渠道合作。

三是应注意处理好重点突破与全面兼顾的关系。应着力拓展欧美发达国家新闻出版市场,以此带动整个世界市场的开拓。应充分利用我们的地理、人文和商脉优势,加大对周边国家和地区的新闻出版"走出去"。在此基础上,统筹兼顾,不断加强对发展中国家、新兴国家和海外华文市场的布局。

四是应注意处理好数量和质量的关系。新闻出版"走出去"在数量达到一定规模后,应注重质量的全面提升。现阶段,在强调数量和质量并重的同时,应特别加强对质量重要性的认识,注重品牌的打造和输出。

五是应注意处理好政府扶持和政府干预的关系。"走出去"初期,需要政府更多的帮助和指导。发展到一定阶段后,政府则应侧重在政策设计、资金投入上发挥作用,努力为"走出去"营造良好的外部环境。在具体操作层面上则应尽量减少干预,把"走出去"工作更多地交给企业来完成。

六是应注意处理好资源投入和资源合理分配的关系。在"走出去"方面,资源投入不足和资源浪费两个现象同时存在。资源浪费的原因在于"走出去"的权责不统一。在目前"走出去"资源仍很短缺的情况下,一方面应想方设法增加"走出去"的资源投入,同时应注意资源配置的合理性。应特别强调权责统一,最大限度地避免由于资源配置的不合理形成的资源浪费①。

在目前现有体制、机制等环境下,中国出版企业,特别是国家级出版集团、发行集团、报刊集团等要加快国际化步伐。具体可在如下三个方面切入:

第一,在中国主题图书的全球出版方面,中国内地出版机构需在世界出版中心加大针对性选题的研发、出版、市场推广等活动,树立国际出版品牌。

中国图书的全球出版,必须要在世界信息中心、出版中心、传播中心展开选题策划、研发以及出版推广,增强中国出版机构在世界媒体上的宣传力度。缺乏具有针对性的前期调研,专业化的选题评估,全球传播的平台视野,则难以做大做强中国内地出版机构的中国主题图书对外翻译出版。

本调研报告依据 PressDisplay 的 2 200 多种报纸、54 种语言的媒体数据库②,对世界主要城市在媒体上的知名度进行统计,时间跨度是 2014 年 11 月 11 日至 2015 年 1 月 10 日的两个月时间,具体如图 10-1-1。

通过图 10-1-1 的数据可以得知,纽约在世界 2 200 多种报纸媒体上,两个月内的提及次数为 353 893 次,差不多为每天 5 898 次,媒体提及率次数是北京的 7 倍,稳坐世界知名大都市的头把交椅。伦敦是北京的 6 倍,巴黎是北京的 4 倍。纽约具有世界一流的出版、传媒产业集群,是全世界的信息传播高地。美国三大广播电视网和一些世界有影响力的报刊、通讯社的总部都设在这里。美国排名前 10

① 张福海:《新闻出版走出去的七个什么》,《中国新闻出版报》2013 年 6 月 20 日。
② PressDisplay:该数据库收录了全世界 97 个国家 54 种语言的 2 200 余份全世界知名的报纸,如《远东经济评论》(*Far Eastern Economic Review*),《华尔街日报》(*The Wall Street Journal*),《华盛顿邮报》(*The Washington Post*),《今日美国》(*USA Today*),《卫报》(*The Guardian*),《观察家报》(*The Observer*),《每日快讯》(*Daily Express*),《每日电讯》(*The Daily Telegraph*),《每日镜报》(*Daily Mirror*)等。

位的消费类杂志中有 6 家总部设在纽约。美国 18% 的出版产业从业人员工作、居住在纽约。欧洲一些老牌媒体集团多数在纽约设有分公司。因此纽约是当之无愧的世界信息中心。

从 2009 年至 2013 年,五年间全世界翻译出版中国文化主题图书最多的是美国,为 1 704 种,其中纽约最多。这也验证了上述的结论,纽约是全世界的出版中心,同样也是中国图书翻译出版品种最多的出版地。中华文化要在世界上获得更大的影响力,中国内地出版机构必须要在纽约、伦敦这样世界文化中心展开活动,借助覆盖全球的信息、人才、传播等系统把中国所代表的政治价值观、经济秩序观、文化标准等信息传播到全世界。这一点,专业从事对外翻译出版事业的出版机构,如五洲传播出版社、外文局所属的外文出版社等专业对外出版机构,需加快在世界一流城市设立分支出版机构的步伐。在世界范围内开展中国图书的翻译出版活动。

第二,中国出版机构的国际化水平需进一步提升,要扩大外籍人才的聘用数量,加快人才国际化、专业化发展步伐。

人才的国际化是加强中国出版国际化的重要因素。根据外国专家局的数据统计,2013 年,中国有 61.2 万人次的境外专家来中国内地工作[1]。但服务于出版行业的人才比例还很低。据不完全统计,全国 600 家出版社中,从事版权代理、中外信息沟通的版权部门,外籍人才仅有几十人。北京人力资源和社会保障局 2012 年组织的对在京外国专家分布行业的调研发现,聘用专家最高的单位是教育和科研机构,分别是 63 家,制造业为 21 家,其次是信息传输、计算机服务和软件业(5 家),而其他所属行业的分布则比较分散,主要包括生物医药、日用消费品、进出口贸易等。外国专家的就职岗位集中于教学、管理、技术以及研发这 4 类,中国新闻出版业外国专家的就职岗位的数字很低[2]。这表明,中国出版机构的国际化程度还处于一个较低的水平。与企鹅集团、培生集团、爱思维尔集团等国际出版巨头的中国化程度相比,仍有差距。中国要建设成为出版强国,出版机构必须国际化,而要实现国际

---

① 强薇:《外国专家的中国情缘——记国家外国专家局成立 60 周年》,《国际人才交流》2014 年 5 期。
② 陈蓓等:《北京市引进外国专家需求调查分析报告》,《第一资源》2013 年第 5 期。

化,第一步就是要拓展国际视野,取天下英才为我所用。加大外籍人才的聘用数量,加快人才国际化发展步伐,在选题针对性研发、翻译出版、全球传播等方面取得跨越式发展。

第三,中国出版企业要主动与中国海外投资协力打造中国文化对外传播的新格局。

众所周知,经济、外交、文化之间协调互动,全面打造国家综合软实力参与国际竞争已经成为通用模式。以美国为例,早在 2002 年发布的《国家安全战略》报告中就明确提出,要综合运用文化、经济、公共外交等多种形式对世界其他国家和地区进行渗透和推广,特别强调要以美国企业为中心向全世界推广美国式的价值观念和生活方式,是美国安全战略的灵魂与核心。美国这种大文化的世界战略有效地维护了其在全世界的文化霸主地位,以至于 2008 年爆发的金融危机也没有对其文化地位产生丝毫的负面影响。

而以此反观中国文化"走出去",对外文化传播与海外投资等经济活动没有协调互动,合力参与国际竞争的战略格局迄今尚未形成。据商务部公开的数据显示,"十一五"期间中国已经有 1.3 万家投资者在海外设立境外企业达到 1.6 万家,中国境外总资产已达 1.5 万亿美元。而根据 2012、2013 年的发展趋势估计,中国已经提前完成了"十二五"规划目标,即在 2015 年底实现对外直接投资达到 1 500 亿美元,年均增长 17％;对外承包工程合同额和营业额分别达到 1 800 亿美元和 1 200 亿美元,年均增长率各为 6％;对外劳务合作派出劳务 55 万人,在外劳务超过 100 万人的计划。中国已经稳居世界第二大对外投资国的地位。但美中不足的是,迄今为止,经济与文化双轮驱动打造中国软实力,全面参与国际竞争的战略格局一直没有出现。随着"一带一路"战略的实施,客观上进一步加快了中国优势产业和富裕产能向外转移的步伐。为此,中国出版企业要抓住"一带一路"战略契机,打造包含图书城、影视城以及出版上游的编辑出版中心、多语种人才培训中心在内的对外传播新格局。

总之,中国新闻出版"走出去",在实物出口、版权输出、数字出版、印刷服务、海外资本并购等方面,取得了长足的进步,在创新制度、完善法律、科学理论、文化发展以及创意、创新、创造能力等方面都有很大的提高。但同样存在着主观与客观方面的问题,有些问题,是要在提高现代国家治理体系、中国特色社会主义法律体系、先进文化、创新理论以及全民族创新能力等方面具有较大的突破时才能得到根本的解决,但有些问题,如加大中国出版企业的国际化问题,加大海外本土机构的设立问题,加大中国出版企业与中国海外投资协调互动问题,是可以通过解放思想,调动社会各界力量积极参与就可以迅速得到改变的。中国新闻出版业正大步走向世界,中华文化也正在越来越深刻地影响着世界。参与国际竞争、增强产业实力、提升国家文化软实力已经成为中国新闻出版业改革与发展的重要组成部分。中国政府正以更加开放的心态、更加开阔的视野,采取更为积极的措施,推动新闻出版业以更大的步伐"走出去"。只有不断加速推进新闻出版"走出去",不断提升中华文化国际影响力,才能早日实现中国梦。

(文/何明星)

附录　中国文化"走出去"协同创新中心大事记

当今世界各国都将提升文化软实力置于特殊的战略地位。中国也迫切需要形成与自身国际地位相对称的文化软实力。近年来,习总书记发表了一系列重要讲话,特别强调汲取中华优秀传统文化思想,向世界讲清楚历史中国和当代中国,促进中外文明交流互鉴。教育部 2011 协同创新中心建设规划,也专门提出要推动中华文化走向世界。可以说,中国文化"走出去"从未像今天这样迫切和重要!

当前,中国文化"走出去",还存在着诸多的问题。急需加强文化发展与传播的战略研究,建设高端智库;急需培养一大批能够进行跨文化沟通的高端人才;急需推动理论创新,提供学术支撑;急需加强国际话语体系建设,讲好中国故事。

长期以来,北京外国语大学肩负着"把世界介绍给中国,把中国介绍给世界"的使命。国有所需,我有所应。北京外国语大学作为牵头高校,以北京师范大学、中央民族大学、浙江大学、中国人民大学等为核心参与高校,协同外交部、文化部、商务部、国家汉办、中国外文局等相关政府部门、行业产业及国际组织,于 2012 年 8 月 28 日组建了中国文化"走出去"协同创新中心。其建设目标为"国家急需,世界一流,制度先进,贡献突出",中心任务是立足于国家文化强国战略实施和增强国家文化软实力、提升中华文化国际影响力的战略急需,坚持中国情怀,国际表达,着力打造融通中外的新思维、新概念、新范畴和新表述,讲好中国故事,传播好中国声音,积极引导世界各个国家和地区的人们更加全面客观地认识历史中国和当代中国,妥善回应和解决中国文化"走出去"过程中所面临的重大理论与现实问题,努力打造中国文化走出去的国家智库。

一、中国文化"走出去"协同创新中心组建优势

中国文化"走出去"协同创新中心的成立主要基于以下优势:

一是语种多、覆盖面广。中国文化"走出去",应该是讲着多种外语"走出

去",中心讲授的国外及周边主要跨境民族语言就达 80 多种,中心的多语言优势和跨文化交流能力,为推动中国文化走向世界提供了关键支撑。

二是人文研究和跨文化研究优势突出。中国文化"走出去",必须把内容建设放在首要位置,突出思想内涵,突出价值观念。协同中心以北师大价值与文化研究中心等教育部人文社科重点研究基地为依托,以中国语言文学、哲学、艺术学、民族学、社会学、外国语言文学等重点学科为支撑,拥有 70 余个区域国别研究基地,在人文研究和跨文化研究等方面,具有明显优势。

三是具有国家战略视野。中心在建设过程中得到了国家部委的大力支持,成为国务院对外文化工作部际联席会特邀单位,大大拓展了中心了解国家急需的渠道,在实际重大问题的研究中提升了中心满足国家战略需求的能力。

四是拥有对外文化传播的全球网络。在世界主要国家和地区,协同单位共建有 44 所海外孔子学院,15 个海外中国文化中心,为推动文化"走出去"提供了海外渠道;此外,中心还拥有广泛的国外汉学家资源。北京外国语大学作为外交官的摇篮,校友遍布世界各地。这为我们在世界范围内开展活动提供了保障。

二、中国文化"走出去"协同创新中心代表性成效

经过扎实建设,中心取得了系列代表性成效,主要体现在以下几个方面:

1. 智库作用突显

"对外传播中的国家形象设计战略"等建议,被国务院新闻办采纳;"关于增强中文在联合国影响力的建议"等被教育部采纳;"中国文化'走出去'的思考与建议"《成果要报》,获得李长春同志批示;编辑内部刊物《外宣研究与参考》《年度舆情分析报告》等,供国家部委厅局级以上领导参考;与文化部、中国作协合作,向中央提交《中国当代文学对外翻译与传播的现状调研报告》,直接推动了中国当代文学对外译介与推广工程的出台和实施。出版了《全球化时代的文化认同与国家认同》等学术成果。2012、2013 年,两次发布《中国国家全球形象调研报告》。《中国文化"走出去"年度研究报告》作为指定材料,被"国务院对外文化工作"部际联席会采用。

2. 产出重大研究项目成果

其中,国家社科基金重大项目"中国文化海外传播动态数据库"完成一期建设,累计投入 1 000 万元,建成四个数据库,涉及 76 个语种,西文全文数据约 10 万页。"中国文学海外传播工程",与美国俄克拉荷马大学《当代世界文学》杂志社合作,推动了中国当代文学对外传播;出版了 10 卷本"今日中国文学"英译丛

书,6期《今日中国文学》英文学术杂志,这是国外图书馆收藏量最大的中国文学杂志。教育部人文社科重大攻关项目"20世纪中国古代经典在域外的传播与影响"研究,成果共计23卷,涉及26个语种。刘延东同志为北外－人大联合出版的"中国京剧百部英译系列"成果作序。

3. 中国学术外译取得重大进展

与施普林格合作"中华学术文库"外译工程;已经完成55部,以英语、日语、德语、韩语、俄语等多种语言,与国外出版机构合作,推出了一批包括中国马克思主义、中国哲学、经济学、法学、社会学等领域的当代中国学术著作。中心邱苏伦教授翻译出版的《大唐西域记》《洛阳伽蓝记》,获得泰国最高翻译奖。

4. 产出域外藏中国文献整理研究成果

中国历代绘画大系项目,截止2014年3月份,已完成《元画全集》,并即将建成全球中国历代绘画信息综合数据库;欧洲藏中国文献项目,已投入600万元,截止2014年底已完成梵蒂冈藏明清中西文化交流史文献丛刊,第一辑44册,复制文献900余种。

5. 国际化高端人才培养成效显著

2012年底,启动欧盟官方语言文化平台和亚非官方语言文化平台建设;利用"国际区域问题研究及外语高层次人才"项目,向国外派遣500多名师生开展中外联合培养;新增8个硕士专业和2个博士专业;通过东盟10＋3"外交官了解中国"项目,培训了近100名国外政府官员;省部级领导干部培训班已培训近百人。

6. 2013、2014年连续两年参与组织文化部主办、刘奇葆参会的"汉学家与中外文化交流"座谈会、"汉学与当代中国"座谈会

来自全球多个国家的几十余名著名学者与会。张西平教授代表中心,参与了会议整体策划和组织工作,并在会上作了专题发言。

7. 搭建高端国际对话与合作平台

主办了博鳌亚洲论坛2014年年会中的"亚洲文化与企业发展新动力"分论坛,参与了"教育国际化"分论坛。中心还与国外政府部门合作共建研究中心,仅2012年来,乌拉圭总统、葡萄牙总统、斯里兰卡总统、拉脱维亚总理、马来西亚总理、埃塞俄比亚总理等国外领导人,分别为中心对象国研究机构揭牌。

中国文化"走出去"协同创新中心自成立以来,始终按照"国家急需、世界一流、制度先进、贡献突出"的总体要求,秉持着自己的建设目标和任务,充分发挥协同创新体的资源整合优势,以国家文化"走出去"重大理论和现实问题为导

向,以国家重大战略需求为驱动,以重大协同创新任务为牵引,以体制机制改革为保障,汇聚优秀的创新团队,聚集各类创新资源,形成一流创新环境,提升人才、学科、科研"三位一体"创新能力,努力培养一批中国文化"走出去"领域国际化拔尖创新人才,努力打造中国文化"走出去"的国家级智库,为服务于国家文化"走出去"的战略需求和现实需要而努力和奋斗着。

三、中国文化"走出去"协同创新中心 2012—2014 年大事记

1. 2012 年中心大事记

2011 年 4 月 24 日,胡锦涛同志在庆祝清华大学建校 100 周年大会上发表重要讲话,提出全面提高高等教育质量,要积极推动协同创新,通过体制机制创新和政策项目引导,鼓励高校同科研机构、企业开展深度合作,建立协同创新的战略联盟,促进资源共享,联合开展重大科研项目攻关,在关键领域取得实质性成果,努力为建设创新型国家做出积极贡献。随即,学校党委召开专题会议,认真学习领悟胡锦涛同志讲话精神,就全面提高北京外国语大学教育质量,提升人才培养、科学研究、社会服务、文化传承创新综合水平进行了认真研讨,特别是在推动协同创新方面统一了思想,形成了一致意见。

随后,在教育部系列工作会议精神中,推进协同创新成为提升国家创新能力的重要手段、战略选择及全面提高高等教育质量的重要着力点。2012 年 1 月 18 日,北京外国语大学校领导主持召开首次"2011 计划"工作会,及时传达教育部拟启动"2011 计划"的最新动态,要求由学校科研处作为牵头单位,会同发展规划处、研究生处、教务处、孔子学院工作处等相关职能部门开展前期论证工作。

2012 年 5 月 7 日,教育部、财政部联合召开视频会议,正式启动实施"高等学校创新能力提升计划",即"2011 计划"。学校随即正式启动 2011 协同创新中心申报筹建工作,多次召开不同层面专家论证会和专题学习会,就 2011 协同创新中心建设方向、建设内容进行广泛研究、调研和咨询。

2012 年 5 月 15 日,北京外国语大学与中国人民大学签署战略共同体合作框架协议。双方提出在人才培养、科学研究、社会服务、文化传承创新、队伍建设和管理水平提高等方面进行深度合作,推动两校共同提升高等教育质量,服务国家发展战略需要,同时提出作为协同创新高校相互支持申报国家"2011 协同创新中心"。

2012 年 7 月 25—28 日,学校集中利用四天时间,召开专家论证会,最终明确北京外国语大学筹建申报中国文化"走出去"协同创新中心。相关协同单位

联络工作和建设方案文稿起草工作亦随即展开。

2012 年 8 月 15 日,学校正式下发《北京外国语大学高等学校创新能力提升计划("2011 计划")申报工作方案》(北外校字【2012】168 号),成立由书记、校长为组长,由主管副校长为常务副组长的工作领导小组。同时,将学校"2011 计划"申报工作目标概括为"七个一",即成立一个协同创新中心——中国文化"走出去"协同创新中心;组织一场北京外国语大学与国家部委、行业单位共建仪式;举办一场北京外国语大学中国文化"走出去"成就展;出版一本著作《中国文化走出去年度研究报告(2012 卷)》并召开首发式;召开一次中国文化"走出去"长城论坛;创办一个中国文化"走出去"宣传网站;撰写一份协同创新中心实施方案。《方案》提出按照"国家急需、世界一流"的要求,立足国家文化"走出去"战略需要,充分发挥学校外语优势和国际化办学特色,有效整合校内外各种资源,加强战略部署与顶层设计,实施一把手工程,建设具有北外特色的中国文化"走出去"协同创新中心。

2012 年 8 月 28 日,由北京外国语大学牵头,联合多家政府部门、企事业单位和国内外高校共同组建的中国文化"走出去"协同创新中心正式成立。教育部副部长李卫红出席成立仪式,并与北京外国语大学党委书记杨学义、校长韩震一起为中心成立揭牌。中宣部、文化部、国家汉办、国家社科规划办、北京市教委、中国人民大学、北京师范大学、方大集团等协同创新中心相关支持和参与单位负责人近 200 人参加了揭牌仪式。中心提出未来的重点建设任务是,创建一个北外与国家政府部门、国内外高校、企事业单位及国际组织联合组建的协同创新体;构建人才培养和中国文化海外传播全球组织两个体系;重点实施智库营建工程、多语种复合型学科集群建设工程、中国文化海外传播动态数据库建设工程、中国文化"走出去"人才数据库建设工程、中华文化与学术精品推广工程、汉语国际传播创新工程等 6 项文化"走出去"工程。

随后,协同创新中心不断推进与协同创新参与单位间的实质性合作,多次召开协同创新参与单位联席会,不断完善各类规章制度,确保协同创新中心良性运行。

2012 年 9 月 10 日,与中国外文局签署协同创新合作协议,双方协同开展中国文化"走出去"高端翻译人才培养;中国文化与学术精品译介;中国文化与学术精品海外出版发行;中国国际舆情多语种研究;搭建中国文化"走出去"国内学术与实践对话平台和建设中国文化海外传播数据库等。

2012 年 9 月 15 日,与中国国际广播电台签署协同创新合作协议,协同开展高端人才培养合作;开展科研创新合作;开展高水平创新团队合作;国际舆情分析与国家形象构建研究等。

2012 年 10 月 10 日,与北京市政府外事办公室签署协同创新合作协议,协同开展中国文化走出去高端外语外事人才培养;科研创新与实践合作;首都文化"走出去"战略咨询智库建设。

2012 年 10 月 11 日,与文化部对外文化联络局签署协议,协同推动中国文化"走出去"相关数据库的建设;开展中国文化"走出去"相关课题研究;利用文化部建设的海外"中国文化中心平台",建设覆盖全球的中国文化海外传播与研究平台和工作网络;开展"国家对外文化交流与世界文化研究基地"建设;联合举办中国文化"走出去"高层论坛、分语种"走出去"地区政策研讨会等;同意协同创新中心列席国务院对外文化工作联席会,并将《中国文化"走出去"年度发展报告》作为联席会制定成果发布等。

2012 年 10 月 12 日,与中国—东盟中心签署协同创新合作协议,中国—东盟中心支持协同创新中心与东盟国家开展文化交流,加强双方在文化协同创新领域的合作;支持协同创新中心东盟国家语言学科建设;合作举办东盟国家驻华大使系列演讲活动;合作开展民间交流、区域与国别问题等领域的学术研究;合作举办有关学术会议和青年交流活动等。

2012 年 11 月 19 日,与澳门大学签署协同创新合作协议,协同开展澳门学研究,建设澳门学研究基地;整理和翻译有关澳门学研究的文献和档案;开展澳门学学科体系建设;加强澳门学领域的高端人才培养与培训;开展高层学术交流活动,举办高端学术会议等。

2. 2013 年中心大事记

2013 年以来,尤其是参加首批"2011 计划"答辩后,根据专家意见,及时查找不足,扎实推进建设工作,进一步明确国家战略急需,推动实体化建设,新吸纳多家协同创新单位。2013 年 8 月 30 日,北京外国语大学与北京师范大学签署战略合作协议,两校将在复合型高端人才培养、学科建设、社会服务、文化传承与创新、教师和管理干部队伍建设等诸多方面展开合作。两校共同签署了《北京外国语大学与北京师范大学建设中国基础教育质量评价与提升协同创新中心合作框架协议》《北京师范大学与北京外国语大学建设中国文化"走出去"协同创新中心合作框架协议》《北京外国语大学与北京师范大学战略合作框架协议》等三份协议。根据协议,两校将围绕"2011 计划"建立合作关系,相互支持对方学校 2011 协同创新中心建设,将各自拥有的、与协同创新中心相关的教学科研及社会服务等平台资源实现共享。

2013 年 9 月,中国人民对外友好协会会长李小琳与中国文化"走出去"协同创新中心主任韩震签署了关于"中国文化'走出去'"的战略合作协议,积极开展

中国文化国际传播、对外文化交流和民间外交工作等领域的合作。其中,首届
"中华文化海外论坛"于 2013 年 9 月 28 日－30 日在加拿大温哥华西蒙菲沙大
学(SFU)举行。该论坛系加拿大 2013 年中国文化年暨第五届温哥华中国文化
节系列活动之一。论坛由中国人民对外友协、北京外国语大学、中国文字博物
馆和加拿大中国文化促进会共同主办,取得了圆满成功。双方在合作框架下,
共同创建了"中国文化海外传播"专项基金,双方委托"中国友好和平发展基金
会"按照基金会的管理条例进行基金的日常管理和运作,利用专项基金共同开
展中国文化海外传播活动。

2013 年 10 月,北京外国语大学与故宫研究院签署共建中国文化"走出去"
协同创新中心战略合作协议。双方共同开展海外汉学、故宫学研究,开展国内
外藏中国文献、文物的整理研究,特别是在世界范围内收集与研究国外藏与故
宫有关的外文文献,双方互聘人员,共同开展故宫学研究生联合培养等。

2013 年 12 月,北京外国语大学与中国民营经济国际合作商会举行《中国民
营经济国际合作商会与北京外国语大学战略合作协议》签字暨"中国文化'走出
去'协同创新中心""中国民营经济国际投资咨询顾问机构"和"中国民营经济国
际化人才培训基地"揭牌仪式。双方积极探索"校、会、企"三方合作新模式,充
分调动各方积极性,做到优势互补、互利共赢。"中国民营经济国际化人才培训
基地"是我国首家民营企业国际化人才的培训基地。

3. 2014 年中心大事记

2014 年 1 月 2 日,北京外国语大学与中国作协在中国作家协会签订协同创
新协议,双方同意将协同落实在几件事上:首先,建立一个工作机制,一起建设
平台,进行原始数据收集工作,作协可以向作家、翻译家发调查函,信息搜集渠
道,当作品译介平台,作协已有 1 200 多个数据基础,40 多个出版社。其次,北
外可以在亚洲周边国家译介中国作品的平台,拟在印度、土耳其、埃及的著名杂
志开设一个"中国文学"栏目,每期翻译中国当代文学作品,这样读者群和受众
面广大,对此,作协可以提供作品,而北外的多语种教师可以参与进来,与外国
杂志联系,参与译介作品。

2014 年 1 月 9 日,文化部外联局与北京外国语大学共同建设的中国文化
"走出去"效果评估中心正式揭牌。中国文化"走出去"效果评估中心是北京外
国语大学与文化部外联局依托中国文化"走出去"协同创新中心共同筹建的。
这是目前国内正式成立的第一个文化"走出去"效果评估研究机构,具有一定的
开创性。

2014 年 1 月 12 日,由中心协同单位北京师范大学哲学与社会学学院及美

国罗格斯大学认知科学研究中心和哲学系共同主办的"语言与心灵"工作坊在北师大举行。本次研讨会主要围绕"语言与心灵"的主题进行了个人发言和相互问答。论题涉及了语言哲学中的诸问题以及心灵哲学中的知觉经验内容的概念性和非概念性争论,而且论及了中国古典哲学中的名实之争问题。

2014 年 3 月 21 日,由中国文化"走出去"协同创新中心、中华炎黄文化研究会和北京师范大学人文宗教高等研究院联合举办的"中华传统文化的特色"学术座谈会在北京外国语大学举行。第九、第十届全国人大常委会副委员长、中华炎黄文化研究会会长许嘉璐受邀出席并发言。座谈会上,与会专家从中华文化的独特性、形成及发展,如何认识"中华文化积淀着中华民族最深沉的精神追求",中华文化的独特性、连续性与生命力,中华传统文化与社会主义核心价值,中国特色社会主义道路的历史渊源与现实基础,以及中华文化独特性比较与人类文化的多元互补等角度阐述了中华传统文化的特色。

2014 年 3 月 28 日,由中国文化"走出去"协同创新中心主办的"中国文化海外传播动态数据库"平台系统发布会在京举行。"中国文化海外传播动态数据库"是一项直接提升中国文化软实力的重要举措,是为中国文化"走出去"的长期战略发展服务的,北京外国语大学已经把"中国文化海外传播动态数据库"作为正在筹建的"中国文化'走出去'协同创新中心"的一项重要工作。

2014 年 4 月 3 日,中国文化"走出去"协同创新中心工作联席会在北京外国语大学举行。校长彭龙出席会议,并与新增参与协同创新中心的浙江大学、中央民族大学、中国作家协会、中国社会科学院、中华炎黄文化研究会、国际儒学联合会等单位的主管领导签署共建北京外国语大学中国文化"走出去"协同创新中心战略合作协议。

2014 年 4 月 8 日至 11 日,博鳌亚洲论坛 2014 年年会在海南举行。中国文化"走出去"协同创新中心首次在这一国际性论坛中承办了"2014 亚洲文化与企业发展动力"分论坛。4 月 10 日,"2014 亚洲文化与企业发展动力"分论坛召开。

2014 年 5 月 6 日,"中国文化'走出去'协同创新中心人才培养机制讨论会"在北京外国语大学召开,会议决定中心的人才培养,以改革为核心,以创新为动力,结合学校优势,协同各方团队,以先进的理念和教育方式培养多个层次的文化"走出去"人才。

2014 年 5 月 9 日,中国文化"走出去"协同创新中心召开会议,讨论中心保障与支持情况,中心进一步明确国家战略急需,推动实体化建设,新吸纳多家协同单位,承担了 10 余项国家重大任务,组建 11 支学术创新团队,聘用各类人员148 人,召开各类工作会 80 余次,形成了"3+1"的核心组织架构,即设立战略咨询委员会、学术委员会和管理委员会三大委员会和 1 个实体管理办公室。不断深化体制机制改革,为中心运行发展提供保障和支持。

2014 年 5 月 12 日,中国文化"走出去"协同创新中心召开重大协同创新任务汇报会。截至目前,中心已开展包括国家战略急需非通用语种人才培养优势学科创新平台、中国文化海外传播动态数据库、中国历代绘画大系全球整理与研究、欧洲藏中国文献收集与整理、中国京剧百部经典译介工程、中国当代作品翻译工程子项目"中国知识"多语种词典系列项目、世界文化多样性研究领域建设、世界汉学家汇智创新工程、孔子学院与汉语国际推广多语种基地建设、中国文化"走出去"效果评估创新工程、中国文学海外传播工程、博雅中华国际创意出版工程等在内的重大协同创新任务 12 项,并在"智库作用、重大研究项目成果、中国学术外译、域外藏中国文献整理研究成果、国际化高端人才培养、搭建高端国际对话与合作平台"等方面取得了系列阶段性成效。

2014 年 5 月 15 日,中国文化"走出去"协同创新中心召开"建设任务与实施情况讨论会"。讨论中心目前正在实施与开展的建设任务,并将其概括为"1152"。即初步构建"1"个高端国际化人才培养体系和"1"个中国文化国际传播组织体系;完成"5"大学术创新平台建设;重点实施"2"项创新工程。

2014 年 5 月 19 日,中国文化"走出去"协同创新中心召开"各类规章制度讨论会",会议讨论并修改了《中国文化"走出去"协同创新中心章程(征求意见稿)》《中国文化"走出去"协同创新中心战略咨询委员会条例(征求意见稿)》《中国文化"走出去"协同创新中心学术委员会条例(征求意见稿)》《中国文化"走出去"协同创新中心管理委员会条例(征求意见稿)》《中国文化"走出去"协同创新中心人员聘用与管理办法(征求意见稿)》《中国文化"走出去"协同创新高校学生联合培养实施意见(征求意见稿)》《中国文化"走出去"协同创新中心绩效评价与奖励办法(征求意见稿)》《中国文化"走出去"协同创新中心项目经费管理办法(征求意见稿)》《中国文化"走出去"协同创新中心资助受聘人员参加学术会议管理办法(征求意见稿)》《中国文化"走出去"协同创新中心资源整合与开放共享实施办法(征求意见稿)》等规章制度。

2014 年 5 月 19 日,中国文化"走出去"协同创新中心召开"人事制度改革及执行情况"讨论会。中心深入贯彻落实教育部、财政部《关于实施高等学校创新能力提升计划的意见》,深化人事制度改革,协同创新中心作为学校学术特区,自主制定科学研究发展计划,自主组织科学研究;根据科研发展规律,建立相对独立的科研考核、科研奖励和科研评价制度;结合实际发展目标和建设需要,从政策制度、管理体制、资源配置多方位推进人才聘用、人事管理以及人员考核改革,建设高水平、具有国际影响力与知名度的协同创新团队,有效突破了传统的组织运行模式,奠定了良好的制度、人才和资源汇聚基础,为推动中国文化"走出去"协同创新体建设积累了组织管理与运作经验;与此同时,充分发挥中心在人事聘用、人才引进、考核管理、绩效奖励等方面的自主权,强化了创新团队求真务实、团结合作的科研精神,激发了参与人员的积极性和主动性,营造了协同创新的良好氛围。

2014 年 6 月 9 日,中国文化"走出去"协同创新中心召开全体委员会议,全体战略咨询委员会委员、学术委员会委员、管理委员会委员审议并通过了《中国文化"走出去"协同创新中心章程(征求意见稿)》《中国文化"走出去"协同创新中心战略咨询委员会条例(征求意见稿)》《中国文化"走出去"协同创新中心学术委员会条例(征求意见稿)》《中国文化"走出去"协同创新中心管理委员会条例(征求意见稿)》《中国文化"走出去"协同创新中心人员聘用与管理办法(征求意见稿)》《中国文化"走出去"协同创新高校学生联合培养实施意见(征求意见稿)》《中国文化"走出去"协同创新中心绩效评价与奖励办法(征求意见稿)》《中国文化"走出去"协同创新中心项目经费管理办法(征求意见稿)》《中国文化"走出去"协同创新中心资助受聘人员参加学术会议管理办法(征求意见稿)》《中国文化"走出去"协同创新中心资源整合与开放共享实施办法(征求意见稿)》等规章制度。并对中心下阶段工作进行部署。

2014 年 6 月 11 日－13 日,与法兰西公学院汉学高等研究院在巴黎法兰西公学院和法兰西学院铭文以及美文学院共同举办"雷慕莎及其继承者:纪念法国汉学两百周年学术研讨会"。

2014 年 7 月 15 日至 24 日,在中央民族大学举办"第三届海外民族志工作坊"。

2014 年 7 月 29 日,由中国文化"走出去"协同创新中心核心参与单位中国外文局牵头的中国翻译研究院在北京成立。百余名翻译名家、专家学者共同见证了中国翻译"国家队"的诞生。

2014 年 8 月 27 日,在第 21 届北京国际图书博览会上,发布《海外馆藏:"2014 中国图书世界影响力"年度报告》,就中国内地近 600 家出版社 2013 年海外全年出版的品种和收藏图书馆的数量进行研究。

2014 年 9 月 6 日,由中国文化"走出去"协同创新中心核心参与单位国家汉办和中国人民大学共同主办的第四届世界汉学大会在北京开幕。国务院副总理刘延东出席开幕式并致辞。

2014 年 9 月 24 日－29 日,由中国文化"走出去"协同创新中心协同单位国际儒学联合会主办、北京外国语大学中国海外汉学研究中心参与协办的"纪念孔子诞辰 2565 周年国际学术研讨会暨国际儒学联合会第五届会员大会"在北京举行,习近平出席开幕会并发表重要讲话。北京外国语大学党委书记韩震、中国海外汉学研究中心主任张西平教授、北京外国语大学外聘专家田辰山教授也应邀出席了开幕会。9 月 25 日,在国际儒学联合会第五届会员大会上,张西平教授当选为国际儒学联合会副会长。

2014 年 10 月 15 日,北京外国语大学中国与故宫博物院、中国人民大学签署合作协议,共建故宫研究院宫廷戏曲研究所。

2014 年 10 月 28 日,2014 年"汉学与当代中国"座谈会在北京开幕。中国文化"走出去"协同创新中心、中国海外汉学研究中心全程参与座谈会组织筹备工作。

2014 年 10 月,人力资源与社会保障部和全国博士后管委会联合下发文件(人社部发【2014】60 号),公布新批准的博士后科研流动站。由中国文化"走出去"协同创新中心的核心协同单位中央民族大学世界民族学人类学研究中心主任包智明教授牵头申报的社会学博士后科研流动站获得批准。这是继包智明教授牵头成功申报社会学一级学科博士点和社会学一级学科省部级重点学科之后,在社会学学科发展的又一个突破。

2014 年 11 月 4 日—5 日,由北京外国语大学和中国文化"走出去"协同创新中心核心参与单位中华炎黄文化研究会联合主办的第八届 21 世纪中华文化世界论坛"中欧文化交流的过去与未来"国际学术研讨会在奥地利维也纳大学召开。第九届、十届全国人大常委会副委员长、中华炎黄文化研究会会长许嘉璐,中国驻奥地利大使赵彬等出席会议并讲话。北外党委书记韩震以及张西平教授、张朝意教授等参加会议。

2014 年 12 月 5 日,由中国文化"走出去"协同创新中心和北京语言大学联合主办"跨文化论坛 2014:海外汉学与比较文学研究新方向"在北京语言大学召开。本次论坛给国外学者们提供了很好的学术交流平台,对试图开拓海外汉学与比较文学研究新方向起到了很大的推动作用。

2014 年,北京外国语大学和北京师范大学正式达成合办《中国哲学前沿》协议。根据协议,《中国哲学前沿》2014 年第 4 期开始正式加注北京外国语大学合办标志。北京外国语大学正式作为该刊物学术支持单位。

2014 年 12 月 24 日,"中华思想文化术语传播工程"首批术语发布仪式在北京外国语大学举行。教育部副部长、国家语委主任李卫红,教育部语言文字信息管理司司长张浩明,北京外国语大学党委书记、中国文化"走出去"协同创新中心主任韩震、副校长贾德忠,外语中文译写规范和中华思想文化术语传播部际联席会议成员、联络员以及相关学科专家近 100 人出席活动。

"中华思想文化术语传播工程"是由国务院副总理刘延东倡导,由教育部、国家语委牵头组织,多部委联合参与的国家级重大项目。该项目的实施是中国文化"走出去"协同创新中心以"重大任务为牵引,服务国家战略急需"的重大标志性成果之一。

中国文化走出去协同创新中心合作协议清单

序号	单位名称	文件名称	时间
1	文化部外联局	《文化部外联局关于支持北京外国语大学建设中国文化"走出去"协同创新中心的函》	2012 年 9 月
2	外交部	《关于推荐北京外国语大学申报"2011 协同创新中心"的函》	2012 年 9 月
3	中宣部	《推荐信》	2012 年 9 月
4	国家汉办	《关于推荐北京外国语大学申报"2011 协同创新中心"的函》	2012 年 10 月
5	国务院新闻办公室	《关于推荐北京外国语大学申报"2011 协同创新中心"的函》	2012 年 10 月
6	中央外事工作领导小组	《关于推荐北京外国语大学申报"2011 协同创新中心"的函》	2012 年 10 月
7	北京师范大学	《北师大支持北外中国文化"走出去"协同创新中心建设的决定》	2013 年 9 月
8	北京师范大学	《北师大北外战略合作框架协议》	2013 年 2 月
9	北京师范大学	《北师大北外战略合作框架协议》	2013 年 8 月

续表

序号	单位名称	文件名称	时间
10	北京师范大学	《北师大北外建设中国文化"走出去"协同创新中心合作框架协议》	2013 年 8 月
11	北京师范大学	《北外　北师大建设中国基础教育质量评价与提升协同创新中心合作框架协议》	2013 年 8 月
12	北京师范大学	《北外　北师大共建中国文化"走出去"协同创新中心合作协议》	2012 年 9 月
13	中国人民大学	《人民大学　北外战略共同体合作框架协议》	2012 年 5 月
14	中国外文局	《共建中国文化"走出去"协同创新合作协议》	2013 年 9 月
15	文化部外联局	《共建中国文化"走出去"协同创新合作协议》	2012 年 10 月
16	北京市外办	《共建中国文化"走出去"协同创新中心合作协议》	2012 年 10 月
17	中国国际广播电台	《共建中国文化"走出去"协同创新中心战略合作框架协议合作协议》	2012 年 9 月
18	中国建筑集团有限公司	《协同创新战略合作协议》	2012 年 9 月
19	中国—东盟中心	《合作备忘录》	2012 年 10 月
20	澳门大学	《共建中国文化"走出去"协同创新中心合作协议》	2012 年 11 月
21	中国人民对外友好协会	《中国文化"走出去"战略合作协议》	2013 年 9 月

续表

序号	单位名称	文件名称	时间
22	故宫博物院	《共建中国文化"走出去"协同创新中心合作协议》	2013 年 10 月
23	中国民营经济国际商会	《战略合作协议》	2013 年 12 月
24	中国社会科学院国际中国学研究中心	《共建中国文化"走出去"协同创新中心合作框架协议》	2014 年 4 月
25	中国社会科学院文化研究中心	《共建中国文化"走出去"协同创新中心合作框架协议》	2014 年 4 月
26	中华炎黄文化研究会	《共建中国文化"走出去"协同创新中心战略合作协议》	2014 年 4 月
27	中国作家协会创作研究部	《共建中国当代文学"走出去"战略合作协议书》	2014 年 4 月
28	中央民族大学	《共建中国文化"走出去"协同创新中心合作框架协议》	2014 年 4 月
29	浙江大学	《共建中国文化"走出去"协同创新中心合作框架协议》	2014 年 4 月
30	国际儒学联合会	《共建中国文化"走出去"协同创新中心合作框架协议》	2014 年 4 月
31	中国日报社	《中国日报社与北京外国语大学合作共建协议书》	2010 年 1 月
32	中国机械工业集团有限公司	《共建协同创新中心战略合作框架协议》	2014 年 4 月
33	中国电力国际有限公司	《共建协同创新中心战略合作框架协议》	2014 年 3 月
34	中国电信集团公司战略框架协议	《共建协同创新中心战略合作框架协议》	2014 年 4 月
35	龙江银行股份有限公司	《共建协同创新中心战略合作框架协议》	2014 年 5 月

(文/冯刚、慕妍春)

编后记

中国文化"走出去"是一个伟大的事业,"提高中国文化国际影响力"是几代人共同的奋斗目标,因为这样一个目标是和整个世界格局的转变联系在一起的,我们必须认识到中国文化"走出去"绝非一路凯歌,一路轻歌曼舞。中国文化将随着中国国家整体实力的崛起,重新回到世界文化的中心,在整个过程中伴随着与西方文化占主导地位的世界文化格局的博弈,这个历史过程必将充满变数,一切都是崭新的,我们需要认真地向世界学习,向西方学习,同时,西方国家也应适应整个历史的变革。

从西方来说,中国重新回到世界重要地位,不仅要改写世界的经济格局和政治格局,也必将对世界文化的格局重新洗牌。由于我国政治制度和文化传统与西方国家存在着重大差异,西方媒体至今仍惯用冷战思维来看待中国,他们往往从一些政治性文化问题入手,频频发起攻势。目前在西方国家舆论占主导地位的情况下,如何应对其在文化上的不理解、误解乃至进攻挑衅,是在文化"走出去"时必须考虑的问题。

目前,在世界文化的大格局中西方处于主导地位,西方文化价值观念在传播的体制上、舆论的控制规模上占有绝对的优势。美国新亚洲政策后,其在政治、军事和文化上对中国的围堵十分明显。这就是我们开始重新考虑文化"走出去"的文化价值问题及政治立场问题。

改革开放以来,中国主动融入了西方主导的世界体系之中,经济上的强大使我们开始考虑文化的重建和精神世界的重建。此时,我们发现,百年风雨,我们一直以西为师,在学习吸收的同时,不少人对自己的文化渐渐生疏,传统文化的伟大价值似乎只在书本之中,甚至连对自己近代历史的叙述也开始模糊。

近年来,费孝通先生曾提出的文化自觉,已经逐步被社会所接受,成为共识。我们在与西方文化对话过程中努力寻找共同点,并积极展开对话。2014年是中国文化发展的一个重要时间点,在这一年,习近平主席的一系列讲话开始勾画出中国文化的基本立场和轮廓,对待西方文化和世界各种文化的态度,以文明互鉴为核心的文化平等交流理论,将直接冲击西方中心主义;以儒家为代表的中国传统文化的重新理解,将一个完整的中国文化解释展现给我们,"文以载道,文以化人。当代中国是历史中国的延续和发展,当代中国思想文化也是中国传统思想文化的传承和升华,要认识今天的中国、今天的中国人,就要深入了解中国的文化血脉,准确把握滋养中国人的文化土壤。"这样使国人开始恢复文化自信,使文化"走出去"有了一个基本的自我认识和出发点。

但必须看到,至今为止,我们尚未更深入有效地利用西方现有的文化价值体系中所包含的合理成分为我所用,展开我们的文化价值解释;二是我们所说的一套文化价值大都仍不被西方接受。认识中国这个五千年的文明的深刻内涵及其世界性意义,对西方文化来说是一个艰难的课题。

所以,从中国和西方的文化特点与态度来看,中国如果重新回到世界文化的中心,与西方必然有着文化和意识形态的严重分歧。双方要通过长期的文化对话和文化斗争才能找到一条"和谐"之路。我们必须做好与西方文化长期对话与斗争的准备。"和而不同""斗而不破",这或许是我们与西方文化长期相处的基本形态。

为此,我们应开创中国自己的传播学理论,在世界范围内尝试建构新的文化话语体系,逐步掌握文化对话的制高点。一方面,努力建构中国自己的新文化价值体系,以向西方文化展示中国文化的魅力。更重要的是,我们应充分理解当今世界格局发生重大变化背后的文化背景,充分利用新兴工业国家与我们的经济政治诉求的连接点,塑造出新兴发展国家新的文化价值体系和话语系统,从而逐步建构一种在吸纳西方文化基础上更高的一种新的国际文化话语体系,使我们逐步掌握世界文化的主导权。

文化在本质上是无法摆脱意识形态的,所有从事文化传播的工作者,一定要把文化传播与文化斗争作为一体两面,纳入自己对文化"走出去"的理解之中;一定要记住:"不断扩大中华文化国际影响力,形成与我国国际地位相称的文化软实力,牢牢掌握思想文化领域国际斗争主动权,切实维护国家文化安全",这才是文化"走出去"的终极目的。

中国的崛起是近五百年来世界历史上最重要的伟大历史事件,这是全球化历史进程中最为辉煌的一个章节,中国文化恢复其应有的文化地位和影响力,作为一个强国,这是题中应有之意.但这一切需要我们的创造。走出东亚一隅的中国,在全球发展的中国文化,必须重新安排自己的文化布局,重新建立自己的文化传播理论,重新改革自己的国内文化体制,重新调整自己的思路,开创文化传播的新理论,为中国重新回到文化强国的地位而努力。

作为一个民间智库,北京外国语大学中国文化"走出去"协同创新中心汇集了中国文化"走出去"各个领域的学者,这本年度发展报告经过一年的努力,现在终于与读者见面了。年度报告凝结着所有作者的心血与智慧,我作为主编只是一个学术组织者,以下各章的写作作者是:

第一章　绪论:北京外国语大学张西平、北京外国语大学管永前、北京外国语大学郭景红;

第二章　中国哲学社会科学"走出去":北京外国语大学张妮妮、北京外国语大学陈文力、北京外国语大学善渊、北京外国语大学全慧、北京外国语大学李存娜、北京外国语大学郭小香、北京外国语大学招佩玲、北京外国语大学董天奇、北京外国语大学刘彦斌、北京外国语大学胡国平、北京外国语大学刘菁、北京外国语大学谭悦涵、北京行政学院刘汉峰,北京外国语大学管永前;

第三章　中国文学"走出去":北京师范大学姚建彬;

第四章　汉语国际传播:中央民族大学吴应辉、北京外国语大学王祖嫘、中央民族大学刘文燕、中央民族大学闫橞、中央民族大学武慧君、美国肯尼索州立大学孔子学院金克华、北京外国语大学张晓慧;

第五章　华语"走出去":暨南大学钱伟;

第六章　中国电视"走出去":国家广电总局发展研究中心朱新梅、国家广电总局发展研究中心戚雪;

第七章　中国电影"走出去":北京外国语大学刘琛;

第八章　中国文化艺术"走出去":中国文化报社国际文化部叶飞;

第九章　中国动漫、游戏产业"走出去":北京外国语大学官玉选、北京外国语大学郭靖;

第十章　中国新闻出版"走出去":北京外国语大学何明星;

附录　中国文化"走出去"协同创新中心大事记:北京外国语大学冯刚、北京外国语大学慕妍春;

我是一个纯粹的读书人,自己研究的领域是中西文化交流史,西方汉学史。在中国当下这个"三千年未有的大变局"的时代,自己也不可能整日守在自己的书桌前,我是在参与了北外的孔子学院建设中,不经意间,直接感受到中国文化在世界发展的实际进展。此时,作为一个读书人,在自己内心的那种家国天下心的推动下,感到应该将自己的知识为国家的文化发展做点事,这样在北外建立中国文化"走出去"协同创新中心后,我就主动和一些朋友做起了这本《中国文化"走出去"年度研究报告》。这样,自己开始在"为己之学"和"经世致用之学"两种学问之间游走。按照常理,自己在"耳顺之年",守好自己的书桌,能做好自己的学问就很不容易了。投入这种"经世致用之学"耗去我的很多好时光、费去我的很多精力,是否值得? 在去年编后记中我曾说:"'铁肩担道义,妙手著文章。'李大钊先生的这句话可以作为对这两种学问的概括,在一个混乱而崭新的时代前夕,这似乎是最好的选择。今天,发展的中国给了我们这一代学者前所未有的学术空间,强大的中国急需我们这一代学者为其提供智慧;这些年来,我开始向'经世致用'这个学术方向迈出了自己的步伐。""人生几何时,怀忧终年岁。"或怀犹于思想,或怀忧于家国,读书人是先天下之忧而忧,后天下而乐而乐,这大概是读书人一生的命运。

2015 年 6 月 1 日西平写于游心书屋